국가공인자격시험

김운주 편저

재경관리사 전과목
한권으로 끝내기

핵심이론
+
실전 예제문제풀이

· 비전공자도 독학으로 합격이 가능한 필수 교재
· 최신 출제 기준 및 출제 경향 반영
· 합격에 필요한 핵심 이론 완벽 정리
· 실전 예제 문제풀이 수록

동영상 강의 mainedu.co.kr

MAINEDU

독자들에게 드리는 편지

본 교재는 수험생 여러분들께서 재경관리사 시험을 준비하는데 최대한 효율적으로 구성하였습니다. 재경관리사 시험의 특징은 다음과 같습니다.

첫째, 국가공인 회계관리 영역의 시험으로 재무회계, 세무회계, 원가관리회계 등의 분야에서 실무 전문가임을 입증하는 시험입니다. 회계관리 1급, 2급은 재경관리사 시험의 하위 등급의 시험입니다.

둘째, 시험과목은 재무회계, 세무회계, 원가관리회계 3과목이며, 평균 70점 이상이 아니라 전과목 70점 이상이어야 합격입니다. 시험의 특성상 한과목이라도 포기하면 합격할 수 없으므로, 약한 부분이 없어야 합니다.

셋째, 시험의 난이도는 전산세무1급, TAT 1급 보다 약간 어려운 수준입니다. 재무회계의 경우에는 한국채택 국제회계기준으로 출제됩니다. 세무회계에서는 조세총론과 국세기본법, 법인세법, 소득세법, 부가가치세법이 출제됩니다. 원가관리회계도 원가회계 뿐만 아니라 관리회계의 영역도 출제됩니다.

재경관리사 시험은 범위가 너무 넓어서 효율적인 학습이 필요하다고 생각합니다. 저자는 이러한 과정에서 본 교재를 다음과 같이 집필하였습니다.

첫째, 각 과목별로 출제경향을 자세하게 정리하였습니다. 수험생 입장에서는 어느 부분이 중요하고, 중요하지 않은지 판단하는데 도움이 될 것입니다.

둘째, 각 단원별로 3개의 절로 구성했습니다. 강의를 하거나 자습을 하는 입장에서는 한 절당 평균 10분~20분 정도 시간을 할애하는 것이 적당하며, 이를 토대로 학습계획을 짜는데, 유용할 것입니다.

셋째, 최근 공개된 재경관리사 시험의 기출문제 등을 분석하여 이 책 한권만 보고 학습하여도 합격이 가능하도록 구성했습니다. 시험에서 출제되지 않는 부분을 과감하게 제외하여 수험생 여러분들의 부담을 줄이도록 했습니다.

재경관리사 시험일정은 삼일회계법인 자격시험 홈페이지(www.samilexam.com)에서 확인 가능합니다. 시험접수도 회원가입을 한 후 시험접수기간에 접수할 수 있으며, 정보마당 - 자료실에서 기출문제를 다운로드 받아서 연습할 수 있습니다.

이 책의 출간이 되도록 도와주신 메인에듀와 오늘날의 제가 있기까지 많은 도움을 주신 모든 분들에게 감사드리고, 마지막으로 시중에 여러 재경관리사 교재가 있음에도 불구하고, 본 교재를 선택해 주신 독자님들의 합격을 기원합니다.

저자 김윤주

국가공인 재경관리사는 재무회계, 세무회계, 원가관리회계 지식과 실무능력을 갖춘 재경전문가로의 역할을 수행할 수 있는지 평가하는 자격시험입니다.

1. 시행일정 및 시간
- 시행일정 : 연8회 시행 (1월, 3월, 5월, 6월, 7월, 9월, 11월, 12월)
- 시험시간 : 14:00~16:30 (150분, 3과목 동시 시행)
- 시험 일정 및 시간은 삼일회계법인 홈페이지(www.samilexam.com) 확인

2. 시험장소
- 서울, 부산, 대구, 광주, 인천, 대전, 수원, 청주, 천안
- 창원은 6월과 12월

3. 자격의 종류 및 자격발급기관
- 자격의 종류 : 공인 민간자격
- 자격발급기관 : 삼일회계법인

4. 응시자격 : 연령, 학력, 경력 제한 없음

5. 원서접수 : 삼일회계법인 홈페이지(www.samilexam.com)
- 원서접수 비용은 삼일회계법인 홈페이지 참조

6. 문의 : 070-4412-3131 (삼일회계법인)

7. 합격기준 및 평가범위
- 세부과목 : 재무회계, 세무회계, 원가관리회계
  (과목별 40문항 / 객관식 4지선다형)
- 합격기준 : 전 과목 과목별 70점 (100점 만점) 이상
  (합격 시 영구 자격 취득)

[시험과목의 구성]

재무회계		세무회계		원가관리회계	
재무회계 일반	재무보고와 국제회계기준	세법의 이해	세법에 대한 일반적 이해	원가회계의 기초	원가회계의 기본개념
	재무회계 개념체계	국세기본법	국세기본법에 대한 이해		원가회계의 흐름
	재무제표표시	법인세	총설		원가배분
	기타공시		각사업연도소득에 대한 법인세	생산형태에 따른 원가 계산방법	개별원가계산
재무 상태표	자산		과세표준과 세액의 계산		종합원가계산
	부채	소득세	종합소득세의 계산	원가측정 방법	표준원가계산의 기초
	자본		퇴직소득세		표준원가계산과 차이분석
포괄손익 계산서	수익		원천징수	원가계산의 범위 전부원가계산	변동원가계산과
	비용		양도소득세	계획과 통제	원가 · 조업도 · 이익분석
	기타사항	부가가치세	부가가치세 개념		기업환경의 변화와 새로운원가관리시스템
특수회계	관계기업		부가가치세의 계산	의사결정을	단기의사결정을 위한 원가정보의 활용
	환율변동효과				장기의사결정을 위한 원가정보의 활용
	파생상품회계			성과평가	책임회계제도와 성과평가
	리스회계				분권화와 성과평가
	현금흐름표				경제적부가가치(EVA) 분석과 성과평가

Part 01 재무회계 이론 _ 9

C/o/n/t/e/n/t/s

C/o/n/t/e/n/t/s

재무회계 이론

재무회계 부분 출제경향

	2019년						2020년				
	1월	3월	5월	7월	9월	11월	1월	5월	7월	9월	11월
재무회계 vs 관리회계	1	1			1					1	
국제회계기준의 필요성								1			
국제회계기준의 특징			1			1			1		
개념체계의 목적			3							2	
재무보고의 목적								3			1
회계정보의 질적특성	3	3		3	3		2		2	3	2
재무제표의 종류, 작성		2		4	2		1		3		4
계정과목의 분류	4		6			4			4		
요소의 측정						3					3
재무제표의 일반적 속성						2	3				
재무제표 작성기준	2		2	2				2			
유동과 비유동 구분							4				
포괄손익계산서		4		1	4		4			4	
보고기간 후 사건	5			5		5	30	5	5	5	
특수관계자 공시			4								5
중간재무보고		5			5		5				
재고자산의 종류		8	8	8			6		6		
재고자산의 취득원가					6				7	6	6
선입선출법	7					8	7	7			
총평균법, 이동평균법		6			7	7					
선입선출법 vs 평균법	6		5		8			6		7	8
재고자산 저가평가		7			9		8		8		
재고자산평가(감모)손실	8		6								7
저가평가 회계처리		7	7			6		8		8	
유형자산의 인식	10			9				9	10	9	
유형자산의 교환, 처분							9		9		
감가상각					10				11	10	
자산 재평가						10	10				
차입원가의 자본화		9	10							11	9
유형자산손상차손		10		10		9		10			10
유형자산의 제거	9		9								11
무형자산의 인식	12		12	11						13	
개발비				12	11	11	11	11	12	12	12
무형자산 제외항목		11	11					12			13
무형자산의 상각	11	12			12	12	12		13		14
투자부동산 포함여부		13		13			13				

	2019년						2020년				
	1월	3월	5월	7월	9월	11월	1월	5월	7월	9월	11월
투자부동산 인식 후 측정	13		13		13	13			14		
투자부동산 계정대체					16	16	13			14	
현금및현금성자산		16					15				
대손회계			14							17	
금융자산의 분류	14		15		14			14		15	
금융자산의 측정		15	16	15			14	15	15	16	15
상각후원가측정금융자산		14		14	16	15					16
금융자산의 손상					15		16	16			
금융자산의 제거	16			16					16		
금융부채의 분류						14					
상각후원가 금융부채							17				
사채 발행금액 계산	17		17		17				18		18
사채 이자비용 계산		17		17			18	17	17	18	17
사채상환손익					18					19	
전환사채 이론	18	18				17	18	19			
전환사채 발행(계산)											19
전환권조정의 계산			18	18		18					
충당부채 이론	20	20			19	20		20		20	20
충당부채 계산			19	20	20		20	19	20		
대리변제		19									
우발부채, 우발자산	19		20	19		19	19				
자본의 분류	21		22					21		22	21
주식의 발행				21	21						
우선주배당금 계산		22		22							
자기주식									22		22
무상감자 등							21	21			
이익잉여금처분계산서						21			21		
자본변동표	22	21	21		22	22	22	22			
수행의무			24			24		23		23	23
증분차입이자율		23									
수익금액 재측정									23		
수익인식기준 (이론)					23						
반품조건부 판매					24						24
라이선스	23										
장기할부판매	24		23	23			24		24		
고객충성제도			24		24		23	24		24	
세금의 회계처리									23		

	2019년						2020년				
	1월	3월	5월	7월	9월	11월	1월	5월	7월	9월	11월
건설계약 이론		26	26		26		25	26		26	25
계약손익 계산	25		25	25	25	25		25	25	25	
청구와 미청구 공사	26	25		26		26	26		26		26
확정기여형vs확정급여형	27		27		28	27		27	27	27	27
사외적립자산 계산		27		27			27				
주식보상거래의 종류	28		28		27	28			28		
주식보상비용의 계산		28		28			28	28		28	28
일시적차이와 영구적차이									29	29	29
이연법인세	29	29	29	29	29	29	29	29	30	30	30
회계변경 사례		30								31	31
회계변경 후 감가상각비			30	30		30					
오류수정	30				30		30	31			
기본주당이익	31			31	31	31		31	32	32	32
주가수익률		31	31								
희석주당이익							31				
유의적인 영향력				33	33		34	32		33	34
지분법 이론	32	33				33	32				
지분법 회계처리	33		33			32	33		34	34	
관계기업투자주식 계산		32	32	32	32			33	33		33
화폐성-비화폐성법	35	35	35		34	34					
기능통화와 표시통화			34	34					35		
외화환산손익 계산		34		35	35			35		35	35
외화 재고자산평가			35								
재무제표 반영환율	34						35	34			
파생금융상품의 종류			36								
통화선도 거래손익	36				36	36			36	36	36
선물거래와 선도거래							36				
위험회피회계		36		36				36			
운용리스와 금융리스	37				37						
내재, 증분차입 이자율	38			37				37			
무보증 잔존가치		37	37			37	37		37		
리스료와 감가상각비 계산		38	38	38	38	38	38	38		37	37
현금흐름표의 이론, 구분	39	40	39	40		40	39	39	40	39	38
영업활동(직접법)	40	39		39				40	39	40	39
영업활동(간접법)					39	39	40				
투자활동, 재무활동			40		40				38	38	40

제 1 장

재무회계의 기초이론

1.1 재무회계와 관리회계의 차이

	재무회계	관리회계
대상	외부 및 내부이해관계자	내부 이해관계자
목적	유용한 재무적 정보제공	경영자의 관리적 의사결정에 활용
작성기준	일반적으로 인정된 회계기준	특정한 양식이 없음
법적 강제력	있음	없음

[예제 1-1]

[1] 다음은 재무회계와 관리회계를 비교한 것이다. 빈칸에 들어갈 내용으로 가장 옳은 것은?

구분	재무회계	관리회계
주된 목적	외부정보 이용자의 경제적 의사결정에 유용한 정보의 제공	경영자의 관리적 의사결정에 유용한 정보의 제공
보고대상	(가)	(나)
보고양식	재무제표	(다)

	(가)	(나)	(다)
①	내부이용자	외부이해관계자	일정한 양식 없음
②	외부이해관계자	내부이용자	재무제표
③	내부이용자	외부이해관계자	재무제표
④	외부이해관계자	내부이용자	일정한 양식 없음

[2] 다음은 재무회계와 관리회계의 특징을 구분한 것이다. 옳게 설명하고 있는 것을 모두 고르면?

구분		재무회계	관리회계
(가)	보고대상	투자자, 채권자 등 외부 이해관계자	경영자 및 기타 내부이용자
(나)	작성근거	일반적으로 인정된 회계원칙	경제이론, 경영학, 통계학 등
(다)	보고양식	일정한 양식 없음	재무제표
(라)	보고시점	보통 1년 (또는 분기, 반기)	주기적 또는 수시
(마)	법적 강제력	있음	있음

① (가),(나),(다)　　　　　　　　　② (가),(나),(라)

③ (가),(나),(다),(라)　　　　　　　④ (가),(나),(라),(마)

해답

[1] ④ 재무회계는 외부이용자, 관리회계는 내부이용자를 위한 회계이다. 관리회계 보고양식은 일정한 양식이 없다.
[2] ② 재무제표는 일정한 양식에 의해 작성되나 관리회계는 일정한 양식이 없다. 관리회계는 법적 강제력이 없다.

1.2. 한국채택 국제회계기준의 특징

(1) **필요성** : 국제적 비교가능성
(2) **한국채택 국제회계기준 적용대상** : 대기업, 수출 및 수입업, 금융기관등은 의무적으로 적용한
다. 그 외의 기업(예 : 중소기업)들은 일반기업회계기준을 적용하나 기업의 선택에 따라 국제
회계기준 적용도 가능하다.
(3) **특징**

국제회계기준	일반기업회계기준
원칙중심(재량부여 O)	규칙중심 (재량부여 X)
연결재무제표 중심	개별재무제표 중심
공시의 강화 (주석의 양 증가)	필요한 부분만 공시
공정가치 적용확대	제한적으로 공정가치 적용

[예제 1-2]

[1] 다음 중 국제회계기준의 특징에 관한 설명으로 가장 옳은 것은?

① 국제회계기준은 규정중심의 회계기준으로 상세하고 구체적인 회계처리 방법을 제시한다.
② 국제회계기준은 원칙적으로 자산부채에 대해 공정가치 측정을 할 수 없다.
③ 국제회계기준을 적용한 후 주석공시 양이 줄어들었다.
④ 국제회계기준은 연결재무제표를 기본 재무제표로 제시하고 있다.

[2] 다음은 한국채택국제회계기준(K-IFRS)의 특징에 대한 설명이다. 빈칸에 들어갈 말로 가장 옳은 것은?

> 연결실체가 재무제표를 작성하는 것을 전제로 제정된 K-IFRS 는 (ㄱ) 중심의 회계기준으로서 회사 경영자가 경제적 실질에 기초하여 합리적으로 회계처리할 수 있도록 유도하고 있다. 또한 국제자본시장의 정보이용자들에게 보다 목적적합한 정보를 제공하기 위해 자산과 부채에 대해 (ㄴ)로 측정하여 공시하는 것을 확대하고 있다.

	(ㄱ)	(ㄴ)
①	원칙	공정가치
②	원칙	역사적 원가
③	규칙	공정가치
④	규칙	역사적 원가

해답

[1] ④ 국제회계기준은 규정중심이 아니라 원칙중심이다. 국제회계기준의 도입으로 공정가치 측정이 확대되었다. 공시의 강화로 인하여 주석공시 양이 증가하였다.

[2] ① 한국채택 국제회계기준은 원칙중심이며, 공정가치의 평가가 확대되었다.

1.3. 재무보고를 위한 개념체계

(1) 목적

① 회계기준 제정기구 : 회계기준을 제정하거나 검토하는데 도움

② 재무제표 작성자 : 재무제표 작성자(작성책임 : 경영진)가 회계처리하는데 도움

③ 재무제표 감사인 : 재무제표가 한국채택국제회계기준을 따르고 있는지 감사하는데 도움

④ 재무제표 이용자 : 재무제표를 해석하는데 도움

⑤ 기타 이해관계자 : 접근방법에 대한 정보를 제공

한국채택국제회계기준과 재무보고개념체계가 다른 경우에는 한국채택국제회계기준이 개념체계 보다 우선한다.

(2) 재무제표의 기본가정

한국채택 국제회계기준	일반기업회계기준
① 계속기업의 가정	① 기업실체의 가정
	② 계속기업의 가정
	③ 기간별보고의 가정

(3) 재무제표의 질적특성 : 근본적 질적특성이 보강적 질적특성 보다 더 중요하다.

한국채택 국제회계기준	일반기업회계기준

근본적 질적특성
(1) 목적적합성
  : 예측가치와 확인가치, 중요성
(2) 표현의 충실성
  : 완전한서술, 중립적서술, 오류의배제
	주요 질적특성
	(1) 목적적합성
	  : 예측가치, 피드백가치, 적시성
	(2) 신뢰성
	  : 표현의 충실성, 검증가능성, 중립성

보강적 질적특성
  : 비교가능성, 검증가능성
    적시성, 이해가능성
	부차적 질적특성

* 제약요인 : 효익 〉원가

[예제 1-3]

[1] 다음 중 '재무보고를 위한 개념체계'의 목적과 위상에 관한 설명으로 가장 올바르지 않은 것은?

① 재무제표 작성자가 한국채택국제회계기준을 적용하고 한국채택국제회계기준이 미비한 주제에 대한 회계처리를 하는 데 도움을 준다.

② 감사인이 재무제표에 대한 의견을 형성하는 데 도움을 준다.

③ 개념체계는 한국회계기준위원회가 향후 새로운 한국채택국제회계기준의 제·개정을 검토할 때에 도움을 준다.

④ 개념체계와 한국채택국제회계기준이 상충될 경우에는 개념체계가 우선한다.

[2] 다음 중 일반목적재무보고의 목적에 관한 설명으로 가장 올바르지 않은 것은?

① 일반목적재무보고의 목적은 현재 및 잠재적 투자자, 대여자 및 기타 채권자가 기업에 자원을 제공하는 것에 대한 의사결정을 할 때 유용한 보고기업 재무정보를 제공하는 것이다.

② 현재 및 잠재적 투자자, 대여자 및 기타채권자에 해당하지 않는 기타 당사자들(예를 들어, 감독당국)이 일반목적재무보고서가 유용하다고 여긴다면 이들도 일반목적재무보고의 주요 대상에 포함된다.

③ 보고기업의 경제적 자원과 청구권의 성격 및 금액에 대한 정보는 정보이용자가 보고기업의 재무적 강점과 약점을 식별하는 데 도움을 줄 수 있다.

④ 보고기업의 경제적 자원과 청구권의 변동은 그 기업의 재무성과, 그리고 채무상품 또는 지분상품의 발행과 같은 그 밖의 사건 또는 거래에서 발생한다.

[3] 다음 중 재무제표의 질적 특성에 대한 설명으로 가장 올바르지 않은 것은?

① 재무정보가 제공되기 위해서는 반드시 해당 정보 보고의 효익이 관련 원가를 정당화 할 수 있어야 한다.

② 비교가능성과 검증가능성은 보강적 질적 특성에 해당한다.

③ 목적적합성과 충실한 표현은 근본적 질적 특성에 해당한다.

④ 보강적 질적 특성은 가능한 극대화 되어야 하며 근본적 질적 특성의 극대화를 위해 감소되거나 포기될 수 없다.

[4] 소모품을 구입하는 경우 일반적으로 자산으로 인식하는 대신 전액을 비용으로 인식한다. 다음 중 이러한 회계처리의 근거로 가장 옳은 것은?

① 적시성   ② 중요성

③ 목적적합성   ④ 예측가치와 확인가치

해답

[1] ④ 한국채택 국제회계기준이 보다 우선한다.

[2] ② 일반목적보고의 주요 대상은 기업의 이해관계자들을 말한다.

[3] ④ 근본적 질적특성이 더 중요한 특성이다.

[4] ② 중요성의 사례이다.

제2장

재무제표

2.1 재무제표의 종류와 작성기준

(1) 재무제표의 종류

한국채택 국제회계기준	일반기업회계기준
(1) 재무상태표 : 일정 시점의 재무상태	(1) 재무상태표
(2) (포괄)손익계산서 : 일정기간의 경영성과	(2) 손익계산서
(3) 자본변동표 : 일정기간의 자본변동내역	(3) 자본변동표
(4) 현금흐름표 : 일정기간의 현금변동내역	(4) 현금흐름표
(5) 주석 : 다른 재무제표의 내용을 보충	(5) 주석
(6) 회계정책을 소급하여 적용하거나, 재무제표의 항목을 소급하여 재작성 또는 재분류하는 경우 가장 이른 비교기간의 기초 재무상태표	

(2) 재무제표 작성기준

- 발생기준 : 일반적으로 발생기준에 의하여 작성하지만 현금흐름표는 현금기준
- 총액표시 (특별한 경우를 제외하고 상계금지) : 단, 대손충당금은 상계의 성격이 아님

(3) 재무제표의 한계

주로 과거정보를 표시하며 미래 예측치를 표현하지 않음, 추정치를 일부 포함, 회계처리 방법에 따라 결과가 달라짐, 산업전반의 정보를 표시하지 못함

[예제 2-1]

[1] 다음 중 주석에 관한 설명으로 가장 올바르지 않은 것은?

① 주석은 특수한 형태의 재무제표로서 재무회계개념체계의 적용을 받지 아니한다.

② 주석은 정보이용자의 이해를 위해 재무상태표, 포괄손익계산서에 대한 추가적인 정보를 포함한다.

③ 주석에는 재무상태표 본문에 인식되지 않은 자원과 의무에 대한 내용도 공시될 수 있다.

④ 주석은 재무제표에 포함된다.

---

[2] 다음 중 재무제표의 활용에 대한 설명으로 가장 옳은 것은?

① 특정 시점의 재무상태는 어디까지나 과거 사건에 대한 기록이므로 이를 통해 미래 현금창출능력을 예측하기는 어렵다.

② 만기가 도래한 금융약정을 이행할 기업의 능력을 예측하기 위해 유동성과 관련된 정보를 파악해 볼 수 있다.

③ 기업의 수익성과 관련된 정보는 추가적인 자원을 효과적으로 동원할 수 있는지 판단하는데 있어서는 유용하지 않다.

④ 재무상태에 관한 정보는 주로 포괄손익계산서에서, 성과에 관한 정보는 재무상태표에서 확인할 수 있다.

[3] 다음 중 재무제표의 작성 및 표시에 관한 설명으로 가장 올바르지 않은 것은?

① 경영진은 재무제표를 작성할 때 계속기업으로서의 존속가능성을 평가해야 한다.

② 매출채권에 대해 대손충당금을 차감하여 순액으로 측정하는 것은 상계표시에 해당한다.

③ 기업은 현금흐름 정보를 제외하고는 발생기준 회계를 사용하여 재무제표를 작성한다.

④ 중요하지 않은 항목은 성격이나 기능이 유사한 항목과 통합하여 표시할 수 있다.

해답

[1] ① 주석도 재무회계개념체계의 영향을 받는다.

[2] ②

    ① 금융자산, 금융부채의 경우 미래 현금창출능력을 예측할 수 있다.

    ③ 재무상태표와 손익계산서를 통해 수익성을 측정할 수 있다.

    ④ 재무상태에 관한 정보는 주로 재무상태표, 성과에 관한 정보는 손익계산서에서 확인할 수 있다.

[3] ② 대손충당금의 차감은 상계표시에 해당하지 않는다.

2.2 재무상태표 작성방법

(1) 재무상태표 작성형식

한국채택 국제회계기준	일반기업회계기준
현금및현금성자산, 매출채권 및 기타채권 금융자산, 재고자산	유동자산 : 당좌자산, 재고자산
투자부동산 지분법에 따라 회계처리하는 투자자산 생물자산, 유형자산, 무형자산 당기 법인세 관련 자산, 이연법인세 자산 매각예정비유동자산과 매각예정자산집단에 포함된 자산	비유동자산 : 투자자산, 유형자산 무형자산, 기타비유동자산

	부채
금융부채 매입채무 및 기타채무, 충당부채 당기법인세 관련 부채, 이연법인세부채 매각예정자산 집단에 포함된 부채	: 유동부채, 비유동부채
지배기업 소유주 귀속자본 (자본에 표시된) 비지배 지분	자본 : 자본금, 자본잉여금, 자본조정, 기타 포괄손익누계액, 이익잉여금

(2) 재무상태표 작성기준

① 가지급금, 가수금 같은 임시계정은 표시하지 않는다.

② 자산과 부채는 총액에 의하여 기재함을 원칙으로 한다.

③ 재무상태표상에 자산·부채 및 자본을 기재하는 경우에는 종류와 성격별로 적정하게 구분 표시해야 한다.

④ 재무상태표상에 자본거래에서 발생한 잉여금과 손익거래에서 발생한 잉여금을 구분하여 표시해야 한다.

(3) 유동과 비유동의 구분

한국채택 국제회계기준	일반기업회계기준
① 유동성, 비유동성 구분법 원칙 ② 유동성 순서에 따른 표시방법 ③ ①과 ②의 혼합법	유동성배열법 (현금전환이 쉬운 것부터 배열) * 1년 또는 정상영업주기를 기준으로 유동, 비유동 을 구분

* 이연법인세자산(부채)에 대해 일반기업회계기준에서는 유동, 비유동으로 구분하지만 한국채택국제회계기준에서는 비유동으로만 분류한다.

[예제 2-2]

[1] 다음 중 재무상태표상 유동항목으로 분류될 항목으로 가장 올바르지 않은 것은?

① 정상 영업주기 내에 판매될 것으로 예상되는 재고자산

② 사용제한 없는 보통예금

③ 단기매매 목적으로 보유하는 다른 기업의 주식

④ 보고기간 후 12 개월 이내에 결제일이 도래하는 차입금으로서 보고기간 후 12 개월 이상 만기를 연장할 것으로 기대하고 있고, 그런 재량권이 있는 차입금

[2] 다음 중 재무상태표의 작성기준에 관한 설명으로 가장 올바르지 않은 것은?

① 재무상태표에는 가지급금이나 가수금 등 미결산항목이 표시될 수 있으나, 이러한 임시계정은 주석으로 공시해야 한다.

② 자산·부채 및 자본은 총액에 의하여 기재함을 원칙으로 한다.

③ 재무상태표상에 자산·부채 및 자본을 기재하는 경우에는 종류와 성격별로 적정하게 구분 표시해야 한다.

④ 재무상태표상에 자본거래에서 발생한 잉여금과 손익거래에서 발생한 잉여금을 구분하여 표시해야 한다.

[3] 다음 중 재무상태표의 작성기준으로 가장 올바르지 않은 것은?

① 한국채택국제회계기준에서 요구하거나 허용하지 않는 한 자산과 부채 그리고 수익과 비용은 상계하지 않는다.

② 중요하지 않은 항목은 성격이나 기능이 유사한 항목과 통합하여 표시할 수 있다.

③ 재무상태표에 포함될 항목은 세부적으로 명시되어 있으며, 기업의 재량에 따라 추가 또는 삭제하는 것은 허용되지 않는다.

④ 유동성 순서에 따른 표시방법이 신뢰성 있고 더욱 목적적합한 정보를 제공하는 경우를 제외하고는 원칙적으로 유동성·비유동성 구분법을 선택해야 한다.

해답

[1] ④ 1년 이내에 상환할 의도가 없으므로 비유동부채에 해당한다.

[2] ① 미결산 항목의 표시는 금지된다.

[3] ③ 국제회계기준에서는 재량의 허용이 많으므로 신뢰성을 훼손하지 않는 범위내에서 추가 또는 삭제가 가능하다.

2.3 포괄손익계산서 작성원칙

① 성격별 분류법

② 기능별 분류법 중에서 선택

* 단, 비용을 기능별 분류하는 기업은 비용의 성격별 분류에 대한 추가정보를 주석 공시

기능별 손익계산서 (이익을 매출액, 영업이익, 당기순이익 등으로 구분하여 표시)	성격별 손익계산서
(1) 매출액	(1) 수익
(2) 매출원가	매출액
(3) 매출총이익	기타수익
(4) 판매비와관리비	금융수익
(5) 영업이익	(2) 비용
(6) 기타수익	**제품과 재공품의 변동**
(7) 기타비용	**사용된 원재료와 소모품**

(8) 금융수익	종업원 급여
(9) 금융비용	감가상각비와 기타상각비용
(10) 법인세비용	기타비용
(11) 당기순이익	금융비용
(12) 기본주당이익	(3) 법인세차감전순이익
	(4) 법인세비용
	(5) 당기순이익
	(6) 기본주당이익

[예제 2-3]

[1] 다음 중 한국채택국제회계기준과 일반기업회계기준의 특징으로 가장 올바르지 않은 것은?

① 한국채택국제회계기준은 비용을 기능별 분류만 규정하고 있다.
② 한국채택국제회계기준은 연결재무제표를 기본 재무제표로 제시하고 있다.
③ 일반기업회계기준은 자본항목을 자본금, 자본잉여금, 자본조정, 기타포괄손익누계액, 이익잉여금(결손금)으로 구분하고 있다.
④ 한국채택국제회계기준은 포괄손익계산서를 작성하도록 하고 있다.

[2] 다음 중 포괄손익계산서의 작성과 관련된 설명으로 가장 올바르지 않은 것은?

① 단일포괄손익계산서 또는 별개의 손익계산서와 포괄손익계산서 중 하나의 양식을 선택할 수 있다.
② 포괄손익은 크게 당기손익과 기타포괄손익으로 구성된다.
③ 영업이익은 수익에서 매출원가 및 판매비와관리비에 해당하는 비용을 차감하여 산출한 금액이다.
④ 비용을 성격별로 분류하여 손익계산서를 작성한 기업은 비용의 기능별 배부에 대한 내용을 주석에 추가적으로 공시하여야 한다.

[3] 다음 중 포괄손익계산서에 대한 설명으로 가장 올바르지 않은 것은?

포괄손익계산서	
㈜삼일 20x1년 1월 1일부터 20x1년 12월 31일까지	
매출	XXX
매출원가	(XXX)
매출총이익	XXX
판매비와관리비	(XXX)
영업이익	XXX
법인세비용	(XXX)
당기순이익	XXX
기타포괄이익	(XXX)
총포괄이익	XXX

① 확정급여제도의 재측정요소는 기타포괄손익 항목이다.

② 포괄손익계산서를 작성할 때 '단일 포괄손익계산서' 또는 '별개의 손익계산서와 포괄손익계산서' 중 하나의 양식을 선택하여 표시할 수 있다.

③ 포괄손익계산서는 기타포괄손익을 후속적으로 당기순이익으로 재분류되는 항목과 재분류되지 않는 항목을 구분하여 표시한다.

④ 포괄손익계산서에서 비용을 성격별 분류를 하는 경우 주석에 기능별 분류 내용을 공시해야 한다.

해답

[1] ① 기능별 분류와 성격별 분류를 규정하고 있다.

[2] ④ 비용을 기능별로 분류하여 손익계산서를 작성한 기업은 비용의 성격별 배부에 대한 내용을 주석에 추가적으로 공시하여야 한다.

[3] ④ 포괄손익계산서에서 비용을 기능별 분류를 하는 경우 주석에 성격별 분류 내용을 공시해야 한다.

제3장
보고기간 후 사건, 특수관계자 공시, 중간재무보고

3.1 보고기간 후 사건

(1) 보고기간후 사건 : 결산일과 재무제표가 확정된 날 사이에 발생한 사건

(2) 수정을 요하는 사건과 수정을 요하지 않는 사건

수정을 요하는 사건	수정을 요하지 않는 사건
보고기간말 존재 + 보고기간 후 추가정보 ① 소송사건의 확정 ② 손상차손의 증거 ③ 자산의 취득원가, 매각금액의 확정 ④ 지급할 법적의무가 확정 ⑤ 부정이나 오류 발견	투자자산의 시장가치 하락 배당금의 지급

[예제 3-1]

[1] 다음 중 보고기간후사건에 관한 회계처리로 가장 올바르지 않은 것은(단, 보고기간말은 20X1년 12월 31일이며, 재무제표 발행 승인일은 20X2년 3월 10일이라고 가정한다)?

① 20X1년 12월 31일 공정가치로 평가한 당기손익－공정가치 측정 금융자산의 공정가치가 20X2 년 1월 20일 하락하여 추가적인 평가손실을 20X1 년 재무제표에 인식하였다.

② 20X2 년 2월 10일에 순실현가능가치 미만의 가격으로 재고자산을 판매하여 이미 인식한 20X1 년 말 현재의 해당 재고자산의 순실현가능가치 금액을 수정하였다.

③ 20X1 년 5월부터 진행 중이던 소송의 결과가 20X2년 1월에 확정되어 이미 인식한 손실금액과의 차이를 20X1년 재무제표에 추가로 인식하였다.

④ 20X1년 12월 2일에 취득한 기계장치의 취득원가가 20X2년 1월 10일 확정되어 이미 인식한 20X1 년말 현재의 해당 기계장치의 금액을 수정하였다.

[2] 다음 중 수정을 요하는 보고기간 후 사건에 해당하는 것을 모두 고른 것은?

> ㄱ. 보고기간 말에 존재하였던 현재의무가 보고기간 후에 소송사건의 확정에 의해 확인되는
>   경우
> ㄴ. 보고기간 말 이전 사건의 결과로서 보고기간 말에 종업원에게 지급하여야 할 법적 의무가
>   있는 상여금 지급금액을 보고기간 후에 확정하는 경우
> ㄷ. 보고기간 말과 재무제표 발행승인일 사이에 투자자산의 시장가치가 하락하는 경우

① ㄱ   ② ㄱ, ㄷ
③ ㄱ, ㄴ   ④ ㄱ, ㄴ, ㄷ

해답

[1] ① 금융자산 공정가치의 하락은 수정을 요하는 사건에 해당하지 않는다.
[2] ③ 투자자산의 시장가치 하락은 수정을 요하는 사건이 아니다.

3.2 특수관계자 공시

(1) 특수관계자의 범위 : 보고기업에 지배력 또는 공동지배력이 있는 경우
　　① 개인 : 주요 경영진 등
　　② 기업 : 지배기업 등

(2) 주요경영진의 주석공시
　　단기종업원급여, 퇴직급여, 기타장기종업원급여, 해고급여, 주식기준보상 등을 공시

(3) 특수관계자가 있는 경우의 주석공시
　　특수관계자가 있는 경우 채권, 채무 정보 뿐만 아니라 특수관계의 성격도 공시

[예제 3-2]

[1] 다음 중 특수관계자 공시에 관한 설명으로 가장 올바르지 않은 것은?

① 당해기업이 통상적인 대출을 받은 은행 등 금융기관은 당해기업의 특수관계자가 아니다.
② 종속기업과 매출 등 거래가 없다면 주석으로 특수관계자 공시를 할 필요가 없다.
③ 주요 경영진에 대한 보상의 총액과 분류별(단기종업원급여, 퇴직급여, 기타장기급여, 해고급여, 주식
   기준보상) 금액을 공시한다.
④ 당해기업이 유의적인 영향력을 행사하는 기업은 당해기업의 특수관계자이다.

[2] 다음 중 특수관계자 공시에 대한 설명으로 가장 올바르지 않은 것은?

① 최상위 지배자와 지배기업이 다른 경우에는 최상위 지배자의 명칭도 공시한다.

② 주요 경영진의 보상에는 단기종업원급여, 퇴직급여, 기타 장기종업원급여, 해고급여 및 주식기준보상을 포함한다.

③ 지배기업과 그 종속기업 사이의 관계는 거래의 유무에 관계없이 공시한다.

④ 보고기업에 유의적인 영향력을 행사할 수 있는 개인은 보고기업과 특수관계자가 아니다.

해답

[1] ② 특수관계자의 공시는 거래, 채권, 채무 뿐만 아니라 특수관계의 성격도 공시하여야 한다.

[2] ④ 유의적인 영향력을 행사할 수 있으면 개인, 기업과 무관하게 특수관계자가 될 수 있다.

3.3 중간재무보고

(1) 중간재무제표의 종류

- 재무상태표, 손익계산서, 자본변동표, 현금흐름표, 주석
- 중간재무제표의 경우에는 요약식으로 작성 가능함

(2) 중간재무제표를 전기분 재무제표와 비교하는 방식

- 재무상태표는 전기말과 비교한다.
- 자본변동표와 현금흐름표는 누적 중간기간을 비교한다.
- 손익계산서는 누적중간기간과 동일기간을 비교한다.
- 당기를 20x2년 3/4분기로 가정하면 다음과 같다.

	당기	비교기간
중간 재무상태표	20x2. 9. 30 현재	20x1.12.31 현재 (전기말)
중간손익계산서	20x2.1.1~20x2.9.30	20x1.1.1~20x1.9.30 (누적중간기간)
	20x2.7.1~20x2.9.30	20x1.7.1~20x1.9.30 (중간기간)
중간자본변동표 중간현금흐름표	20x2.1.1~20x2.9.30	20x1.1.1~20x1.9.30 (누적중간기간)

[예제 3-3]

[1] 다음 중 중간재무보고서에 포함시켜야 할 구성요소로 가장 올바르지 않은 것은?

① 요약재무상태표   ② 요약포괄손익계산서

③ 선별적 주석   ④ 요약이익잉여금처분계산서

[2] 다음 중 중간재무보고서에 대한 설명으로 가장 올바르지 않은 것은?

① 중간재무보고서는 한 회계연도보다 짧은 회계기간을 대상으로 하는 재무제표를 말한다.

② 포괄손익계산서는 당해 중간보고기간말과 직전 연차보고기간말을 비교하는 형식으로 작성한다.

③ 자본변동표는 당해 회계연도 누적기간을 직전 회계연도의 동일기간과 비교하는 형식으로 작성한다.

④ 현금흐름표는 당해 회계연도 누적기간을 직전 회계연도의 동일기간과 비교하는 형식으로 작성한다.

해답

[1] ④ 이익잉여금처분계산서는 재무제표에 해당하지 않으며, 중간재무보고서에서도 제외된다.

[2] ② 포괄손익계산서는 전기의 동일누적기간과 중간기간을 비교한다.

재고자산의 취득과 매출원가계산

4.1 재고자산의 종류와 취득원가

(1) 재고자산의 의의 : 기업이 판매목적으로 보유하는 자산이다. 토지와 건물 같은 부동산도 기업이 정상적인 영업과정에서 판매하기 위해 보유한다면 재고자산으로 분류한다.

(2) 재고자산의 종류

① 상품 : 상기업에서 판매목적으로 보유하는 자산

② 제품 : 제조기업에서 판매목적으로 보유하는 자산

③ 원재료 : 제품을 생산하는데 사용하는 재료

④ 재공품 : 아직 미완성된 제품으로서 판매가 불가능 한 것

⑤ 반제품 : 아직 미완성된 제품으로서 판매가 가능한 것

⑥ 저장품 : 제품 생산에 사용되는 소모성 재료

(3) 재고자산의 취득원가 : 자산을 원하는 용도대로 사용할 수 있을 때 까지 소요된 금액으로 계산한다. 매입에누리, 매입환출, 매입할인은 수익이 아니라 재고자산에서 차감하는 성격이다. (예를들어 상품이 10,000원인데, 매입환출이 1,000원이라면 재고자산은 9,000원이 된다).

> 재고자산의 취득원가 = 매입금액 + 매입부대비용 (매입운임, 수수료, 하역비, 운송보험료 등) - 매입에누리, 매입환출, 매입할인, 리베이트

① 매입에누리 : 구입한 재고자산에서 하자가 있어서 가격을 에누리 해주는 것.

② 매입환출 : 구입한 재고자산을 반품하는 것.

③ 매입할인 : 매입대금을 조기에 결제해 주고 할인을 받는 것.

④ 리베이트 : 정해진 재고자산 금액을 지불한 다음 일부를 되돌려 받는 경우와 업무 관행상 처음부터 일정금액의 일부를 차감하고 지급하는 경우가 있음.

(4) 추가고려사항

① 매입운임이나 매입수수료는 재고자산의 취득원가에 포함되나 매출운임과 매출수수료는 비용처리한다.

② 재고자산의 판매원가는 재고자산의 취득원가에 포함하지 않는다.

③ 외화로 취득하는 경우에는 거래시점의 환율로 계산한다.

④ 물리적 형태가 같더라도 판매목적이면 재고자산, 사업에 사용하는 목적이면 유형자산, 투자목적이면 투자자산(또는 투자부동산)으로 구분한다.

[예제 4-1]

[1] 다음 중 재무상태표상 재고자산으로 분류되어야 할 항목으로 가장 올바르지 않은 것은?

① 의류회사에서 공장의 일부를 폐쇄하면서 처분하고자 하는 설비자산

② 자동차제조회사의 공장에서 생산 중에 있는 미완성 엔진

③ 건설회사에서 분양사업을 위해 신축하는 건물

④ 부동산매매업을 영위하는 기업에서 보유하는 판매목적 토지

[2] 다음 중 재고자산의 취득원가에 관한 설명으로 가장 옳은 것은?

① 매입 시 발생한 매입운임은 당기비용으로 처리한다.

② 매입 시 발생한 하역료는 매입가격에 가산한다.

③ 판매 시 발생한 판매수수료는 매입가격에 가산한다.

④ 매입할인 및 리베이트는 매입원가를 결정할 때 가산한다.

[3] 자동차부품제조업을 영위하고 있는 ㈜삼일은 당기 중 원자재를 후불 조건으로 수입하는 과정에서 다음과 같은 항목의 원가가 발생하였다. 동 매입거래에 의하여 재무상태표 상에 증가하게 될 재고자산의 가액은 얼마인가(단, 거래당시의 환율은 @1,100 원이다)?

> ㄱ. 재고자산의 매입원가 USD 1,000
> ㄴ. 매입할인 USD 120
> ㄷ. 운송보험료 : 80,000원
> ㄹ. 재고자산 매입관리부서 인원의 매입기간 인건비 20,000원

① 968,000 원   ② 1,048,000 원

③ 1,118,000 원   ④ 1,140,000 원

[4] 다음 중 재고자산에 관한 설명으로 가장 올바르지 않은 것은?

① 고객에 대한 판매를 목적으로 구입한 상품, 미착품, 적송품은 모두 재고자산에 포함된다.

② 제품 또는 반제품의 제조를 위한 과정에 있는 미완성 자산도 재고자산에 포함된다.

③ 토지 및 건물 등의 부동산은 재고자산으로 분류될 수 없으며 모든 기업에서 유형자산으로 분류한다.

④ 영업활동의 일환인 서비스를 제공하기 위해 사용될 원재료 및 소모품은 재고자산으로 분류된다.

[5] 자동차 부품제조업을 영위하고 있는 ㈜삼일은 당기 중 원자재를 후불 조건으로 수입하는 과정에서 다음과 같은 항목의 원가가 발생하였다. 동 매입거래에 의하여 재무상태표 상에 증가하게 될 재고자산의 가액은 얼마인가(단, 거래당시의 환율은 @1,100 원이다)?

> ㄱ. 재고자산의 매입원가 USD 800
> ㄴ. 매입할인 USD 80
> ㄷ. 운송보험료 80,000 원
> ㄹ. 환급 불가한 수입관세 및 제세금 15,000 원
> ㅁ. 재고자산 매입관리부서 인원의 매입기간 인건비 20,000 원

① 792,000원	② 872,000원
③ 887,000원	④ 907,000원

해답

[1] ① 유형자산에 해당된다.

[2] ② 매입운임은 매입가격에 가산, 판매수수료는 비용처리, 매입할인 등은 매입원가에서 차감한다.

[3] ② (1,200 - 120) × 1,100 + 80,000 = 1,048,000원
　　　매입관리부서 인원의 인건비는 비용으로 처리한다.

[4] ③ 판매목적 부동산은 재고자산으로 분류한다.

[5] ③ (800 - 80) × 1,100 + 80,000 + 15,000 = 887,000원

4.2 재고자산 포함여부

(1) 재고자산 취득시 포함되는 원가와 포함되지 않는 원가

포함되는 원가	포함되지 않는 원가
재고자산을 매입하는데 사용된 원가	재고자산을 매출하는데 사용된 원가
제품 생산시 발생하는 원가	제품 생산시 비정상적으로 낭비된 원가
제조원가 성격의 원가(재공품, 제품원가)	판매비와관리비 성격의 원가
원재료의 보관원가 (추후에 자산원가 구성)	상품의 보관원가
선적지 조건으로 매입한 운송중인 상품	도착지 조건으로 매입한 운송중인 상품
도착지 조건으로 매출한 운송중인 상품	선적지 조건으로 매출한 운송중인 상품

수탁자가 보관하고 있는 위탁상품	위탁자로부터 받아 보관중인 상품
시용판매중으로 매입의사를 표시받지 않은 상품	시용판매중으로 상대방이 매입의사를 표시한 상품

[예제 4-2]

[1] 다음 중 재고자산에 대한 설명으로 가장 옳은 것은?

① 재고자산은 취득원가와 순실현가능가치 중 높은 금액으로 측정한다.

② 매입할인, 리베이트 및 기타 유사한 항목은 매입원가를 결정할 때 차감하지 않는다.

③ 재고자산을 현재의 장소에 현재의 상태로 이르게 하는데 기여하지 않은 관리간접원가는 재고자산의 취득원가에 포함한다.

④ 판매원가는 재고자산의 취득원가에 포함하지 않는다.

해답

[1] ④ 판매원가는 재고자산의 취득원가에 포함하지 않는다.

4.3 재고자산의 수량결정방법과 단가결정방법

(1) 매출원가의 계산 (일반적인 경우)

상품매출원가 = 기초상품 재고액 + 당기상품 매입액 − 기말상품 재고액

제품매출원가 = 기초제품 재고액 + 당기제품제조원가 − 기말제품 재고액

상품	
기초상품	매출원가
당기상품매입	기말상품

제품	
기초제품	매출원가
당기제품제조원가	기말제품

(2) 재고자산 수량결정방법

① 계속기록법 : 재고자산의 입출고시마다 재고자산 수량을 파악하는 방법

② 실사법 : 주기적으로 재고를 파악하는 방법

③ 두가지를 병행하는 방법 : 계속기록법과 실사법을 병행하는 방법

(3) 재고자산의 단가결정방법

① 개별법 : 각 재고자산을 개별적으로 단가를 파악하는 방법

② 선입선출법 : 먼저 구입한 것부터 먼저 판매된다고 가정하는 방법

③ 후입선출법 : 나중에 구입한 것부터 먼저 판매된다고 가정하는 방법으로 국제회계기준에서는 인정하지 않는 방법이다.

④ 평균법 : 평균적으로 재고자산이 판매된다고 가정하는 방법

(4) 선입선출법과 총평균법의 매출원가와 기말재고 계산

후입선출법은 국제회계기준에서 인정되지 않으며, 개별법은 재고자산마다 단가파악을 하는
방법으로 성격이 다르므로 제외하고 비교한다. 이동평균법은 다음장에서 총평균법과 비교하는
형식으로 정리하기로 한다.

	매출원가 계산	기말재고 계산
선입 선출법	1단계 : 판매수량을 파악 2단계 : 먼저 구입한 순서대로 매출원가 계산	1단계 : 기말재고수량을 파악 2단계 : 나중에 구입한 순서대로 기말 재고 자산을 계산
총평균법	1단계 : 총평균단가를 기록 $$총평균단가 = \frac{총매입금액}{총매입수량}$$ 2단계 매출원가 = 총평균단가 × 매출수량	1단계 : 총평균단가를 기록 $$총평균단가 = \frac{총매입금액}{총매입수량}$$ 2단계 기말재고 = 총평균단가 × 기말수량

[예제 4-3]

[1] ㈜삼일은 재고자산을 선입선출법에 의하여 평가하고 있다. 다음의 자료를 토대로 ㈜삼일의 20X1년
기말재고자산의 금액을 측정한 것으로 가장 옳은 것은?

	장부수량	취득단가	장부금액
전기이월	3,000개	@ 12,000	36,000,000원
구입 (7월 1일)	2,000개	@ 14,000	28,000,000원
시용판매 (11월 25일)*	4,800개		
구입 (12월 22일)	1,500개	@ 14,500	21,750,000원
차기이월	1,700개		

(*) ㈜삼일은 당기 중 4,800 개를 시용판매 하였으나 그 중 300 개는 고객이 기말 현재까지 매입의사를 표시하지
않고 있다.

① 24,550,000원   ② 24,650,000원
③ 28,750,000원   ④ 29,000,000원

해답 [1] ③

(1) 11월 25일 거래에서 300개는 고객이 매입의사를 표시하지 않았으므로 실질적인 기말재고는 2,000개(=1,700개
+ 300개)

(2) 최근 구입순서대로 2,000개 계산
: 1,500개 × 14,500 + 500개 × 14,000 = 28,750,000원

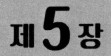

제 **5** 장

재고자산의 평가사례

5.1 상품재고장의 작성

[예제 5-1]

회사의 재고자산 관련 거래내역이 다음과 같을 때 1월 한달간의 상품재고장을 작성하고, 기말재고자산과 매출원가를 계산하여라.

1/ 1	기초 상품재고액 단위당 원가 @ 100원, 100개
1/10	상품을 @ 120원에 100개를 매입
1/15	상품을 150개를 매출
1/30	상품을 @ 130원에 50개를 매입
1/31	현재 기말 재고자산은 100개이다.

(선입선출법 – 계속기록법)

상품재고장

	입고			출고			잔고		
	수량	단가	금액	수량	단가	금액	수량	단가	금액
1/ 1	100	100	10,000				100	100	10,000
1/10	100	120	12,000				100	100	10,000
							100	120	12,000
1/15				100	100	10,000	50	120	6,000
				50	120	6,000			
1/30	50	130	6,500				50	120	6,000
							50	130	6,500
			28,500			16,000			12,500

* 매출원가 : 16,000원   * 기말재고 : 12,500원

(선입선출법 – 실사법) : 나중매입분부터 기말재고를 계산한다.

기말재고＝50개×130원 ＋ 50개×120원＝12,500원
매출원가＝100개×100원 ＋ 50개×120원＝16,000원
* 선입선출법의 경우에만 계속기록법과 실사법의 결과가 같다. 후입선출법과 평균법은 계속기록법을 적용할 때와 실사법을 적용할 때 금액이 서로 다르게 계산된다.

(이동평균법)

상품재고장

	입고			출고			잔고		
	수량	단가	금액	수량	단가	금액	수량	단가	금액
1/ 1	100	100	10,000				100	100	10,000
1/10	100	120	12,000				200	110	22,000
1/15				150	110	16,500	50	110	5,500
1/30	50	130	6,500				100	120	12,000
			28,500			16,500			12,000

* 매출원가 : 16,500원   * 기말재고 : 12,000원

(총평균법)

총매입단가＝28,500원 / 250개＝114원
기말재고＝100개×114＝11,400원
매출원가＝150개×114＝17,100원

5.2 총평균법과 이동평균법의 비교사례

(1) 총평균법과 이동평균법의 차이

	총평균법	이동평균법
결합방법	실사법 + 평균법	계속기록법 + 평균법
매입단가의 결정	한꺼번에 단가결정	매입시마다 단가수정

(2) 재고자산 수량방법의 비교 : 물가상승 + 기말재고 감소하지 않는 것으로 가정

기말재고, 당기순이익	후입선출법(LIFO) ≤ 총평균법(WAM) ≤ 이동평균법(MAM) ≤ 선입선출법
매출원가, 순현금흐름	후입선출법(LIFO) ≥ 총평균법(WAM) ≥ 이동평균법(MAM) ≥ 선입선출법

[예제 5-2]

[1] 재고자산 평가방법으로 이동평균법을 적용하고 있는 ㈜삼일의 재고자산수불부가 다음과 같을 때, ㈜삼일의 기말재고자산 금액으로 가장 옳은 것은(단, 기말재고자산 실사결과 확인된 재고수량은 600개이다)?

	수량	단가	금액
전기이월	1,000개	80원	80,000원
3월 5일 구입	200개	110원	22,000원
4월 22일 판매	800개		
6월 8일 구입	200개	120원	24,000원
기말	600개		

① 58,000원   ② 62,000원
③ 68,000원   ④ 72,000원

[2] ㈜삼일은 상품재고자산의 단위원가 결정방법으로 이동평균법을 채택하고 있다. ㈜삼일의 20X1 년 재고자산과 관련된 자료가 다음과 같을 때 아래의 각 물음에 답하시오.

구분	단위	단위원가
기초재고 (1.1)	100개	@ 100
매입 (3.5)	300개	@ 200
매출 (6.15)	300개	
매입 (11.10)	100개	@ 225
매출 (12.22)	50개	
실사 결과 재고수량 (12.31)	150개	

㈜삼일이 20X1 년 포괄손익계산서에 매출원가로 인식할 금액은 얼마인가(단, 재고자산 감모손실은 없다.)?

① 62,500원   ② 65,000원
③ 66,000원   ④ 67,500원

해답 [1] ①

① 3월 5일까지 상황
  전기 1,000개 × 80원 = 80,000원
  3/5   200개 × 110원 = 22,000원
  합계 1,200개 × 85원 = 102,000원
② 4월 22일 판매 : 800개 판매
  합계 400개 × 85원 = 34,000원
③ 6월 8일 구입 : 기말재고는 34,000 + 24,000 = 58,000원
  4/22까지 400개 × 85원 = 34,000원
  6/8 구입 200개 × 120원 = 24,000원

[2] ① 매출원가 : 52,500 + 10,000 = 62,500원

재고자산	매출원가
① 3월 5일까지 상황 전기 100개 × 100원 = 10,000원 3/5 300개 × 200원 = 60,000원 합계 400개 × 175원 = 70,000원	
② 6월 15일 판매 합계 100개 × 175원 = 17,500원	6월 15일 매출원가 : 300개 판매 300개 × 175원 = 52,500원
③ 11월 10일 구입 6/15까지 100개 × 175원 = 17,500원 11/10구입 100개 × 225원 = 22,500원 합계 200개 × 200원 = 40,000원	12월 22일 매출원가 : 50개 판매 50개 × 200원 = 10,000원

5.3 선입선출법과 평균법의 비교사례

(1) 선입선출법의 매출원가와 기말재고

① 매출원가 : 판매수량 확인 후, 먼저 구입한 순서대로 매출원가 계산

② 기말재고 : 기말재고수량 확인 후, 나중에 구입한 순서대로 기말재고 계산

(2) 평균법과 이익의 비교

물가 상승시 선입선출법의 이익과 기말재고는 평균법을 적용했을 때 이익, 기말재고보다 크게 계산된다. 예를들어 물가상승시 이동평균법을 적용했을 때 이익이 5,000,000원이라면, 선입선출법을 적용했을 때 이익은 5,000,000원보다 크게 된다. 반대로 물가상승시 매출원가는 선입선출법을 적용했을 때 보다 평균법을 적용했을 때 더 크다.

[예제 5-3]

[1] 다음은 ㈜삼일의 20X1 년 재고수불부이다. ㈜삼일은 20X1 년 1 월 1 일에 설립되었으며, ㈜삼일의 김사장은 기말재고자산을 총평균법으로 평가할지 선입선출법으로 평가할지 고민 중이다. 재고자산평가방법에 대한 다음의 설명 중 가장 올바르지 않은 것은?

	수량	단가	금액
5/5 구입	3,000개	2,000원	6,000,000원
6/6 구입	7,000개	3,000원	21,000,000원
9/9 판매	8,500개		
기말	1,500개		

① 기말재고자산금액은 선입선출법을 적용했을 때보다 총평균법을 적용하였을 경우 450,000 원만큼 작다.

② 매출총이익률은 선입선출법을 적용했을 때보다 총평균법을 적용했을 경우 상대적으로 더 크다.

---

③ 매출원가는 선입선출법을 적용했을 때보다 총평균법을 적용하였을 경우 450,000 원만큼 크다.

④ 당기순이익은 선입선출법을 적용했을 때보다 총평균법을 적용하였을 경우 450,000 원만큼 작다.

[2] 다음은 ㈜삼일의 20X1 년 재고수불부이다. ㈜삼일이 재고자산을 선입선출법으로 평가하는 경우와 총평균법(회계기간 단위로 평균단가를 산출하는 방법)으로 평가하는 경우 각각의 기말재고자산금액은 얼마인가?

	수량	단가	금액
전기이월	3,000개	2,000원	6,000,000원
1/20 구입	2,000개	2,500원	5,000,000원
6/15 판매	(2,500개)		
8/14 구입	2,000개	2,800원	5,600,000원
10/1 판매	(3,500개)		
12/4 구입	1,000개	3,000원	3,000,000원
기말	2,000개		

	선입선출법	총평균법
①	5,800,000원	4,900,000원
②	5,800,000원	5,700,000원
③	6,400,000원	4,900,000원
④	6,400,000원	5,700,000원

해설

[1] ② 계산문제처럼 보이지만 사실은 이론형 문제이다. 물가가 상승중이면 총평균법 보다 선입선출법의 이익이 더 크게 계산되며, 매출총이익률도 선입선출법이 상대적으로 더 크다.

[2] ①
* 선입선출법 기말재고 : 나중에 구입한 순서대로 2,000개를 계산한다.
  1,000개 × 3,000원 + 1,000개 × 2,800원 = 5,800,000원
* 총평균법 기말재고
  (1) 총평균단가 = $\dfrac{(6,000,000 + 5,000,000 + 5,600,000 + 3,000,000)}{(3,000개 + 2,000개 + 2,000개 + 1,000개)}$ = 2,450원
  (2) 기말재고 = 2,450원 × 2,000개 = 4,900,000원

제6장

재고자산의 저가평가

6.1 저가법의 적용

재고자산은 원가와 시가 중에서 낮은 금액으로 평가한다.

(1) 원재료 이외의 재고자산 = min (역사적 원가, 순실현가능가치)
(2) 원재료 - min (역사적 원가, 현행대체원가)

단, 완성될 제품이 원가 이상으로 판매될 것으로 예상되는 경우에는 저가평가 하지 않음

[예제 6-1]

[1] 회사 재고자산 평가액이 다음과 같을 때 재무상태표에 보고될 재고자산은 각각 얼마인가?

구 분	역사적원가	현행대체원가	순실현가능가치
원 재 료	50,000	45,000	40,000
재 공 품	60,000	65,000	55,000
제 품	100,000	150,000	140,000

	원재료	재공품	제품
①	50,000	60,000	100,000
②	40,000	55,000	140,000
③	45,000	55,000	100,000
④	50,000	55,000	100,000

[2] 다음 중 ㈜삼일의 재무상태표상 재고자산으로 표시될 순장부금액은 얼마인가(단, 각 상품은 성격과 용도가 유사하지 않다.)?

	장부수량	단위당 장부금액	실사수량	단위당 순실현가능가치
상품 A	1,500개	@ 100	1,500개	@ 90
상품 B	5,000개	@ 500	4,500개	@ 1,000
상품 C	2,000개	@ 400	2,000개	@ 300

① 2,985,000원   ② 3,150,000원
③ 5,235,000원   ④ 5,735,000원

[3] 다음은 모자를 수입하여 판매하는 ㈜삼일의 상품재고 현황이다.

	장부수량	장부금액	실사수량	실사수량에 따른 기말재고자산금액
모자	1,200개	4,800,000원	1,000개	4,000,000원

㈜삼일은 섬유신소재의 개발로 상품재고를 다음연도로 이월하여 정상가격으로 판매하기가 곤란하다고 판단하였다. 모자의 순실현가능가치가 3,000,000 원일 때 ㈜삼일이 모자에 대한 재고자산평가손실로 인식할 금액은 얼마인가? 단, 기초시점에 재고자산평가손실충당금은 없다.

① 0원   ② 800,000원
③ 1,000,000원   ④ 1,800,000원

해답

[1] ④
 재공품 : 원가와 순실현가능가치 중 적은 금액 55,000원 (순실현가능가치)
 제품 : 원가와 순실현가능가치 중 적은 금액 100,000원 (역사적원가)
 원재료 : 제품을 저가평가하지 않았으므로 원재료도 역사적원가로 평가 50,000원

[2] ①
 상품 A : 순실현가치 90원, 상품 B : 장부금액 500원, 상품 C : 순실현가치 300원
 기말재고 = (90원 × 1,500개) + (500원 × 4,500개) + (300원 × 2,000개) = 2,985,000

[3] ③ 장부상 금액이 4,000,000원인데, 순실현가능가치가 3,000,000원이라면 1,000,000원만큼 재고자산평가손실이 발생한다.

6.2 재고자산의 감모손실(수량부족)과 평가손실(단가하락)

(1) 재고자산감모손실과 재고자산평가손실의 계산

수량부족을 먼저 계산한 후, 남은 수량에 대하여 평가손실 계산한다.

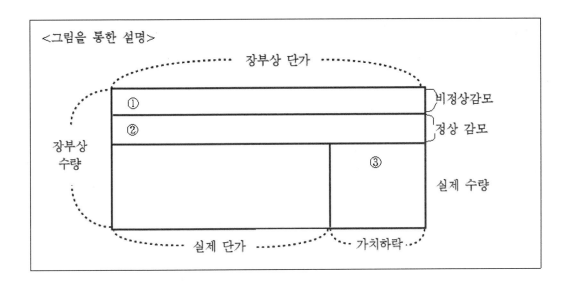

```
<그림을 통한 설명>
                    장부상 단가
        ┌─────────────────────────┐  ┐ 비정상감모
        │ ①                       │  │
        ├─────────────────────────┤  ┘ 정상 감모
        │ ②                       │  ┐
 장부상 ├───────────────┬─────────┤  │
 수량   │               │ ③      │  │ 실제 수량
        │               │         │  │
        └───────────────┴─────────┘  ┘
          실제 단가        가치하락
```

(2) 재고자산감모손실과 재고자산평가손실의 회계처리

①, ② 수량감소분 : 영업외비용 또는 매출원가로 처리 (구체적 규정 없음)

③ 가치하락분 : 매출원가로 처리

(3) 포괄손익계산서에 미치는 영향

감모손실, 평가손실 둘 다 비용처리한다. 결과적으로 "기초재고 + 당기매입 - 기말재고" 만큼 비용처리하게 된다.

재고자산	
기초재고	매출원가 (비용처리)
당기매입	감모손실과 평가손실(비용처리)
	기말재고

(4) 재고자산평가손실의 환입

① 재고자산평가손실 회계처리 (손상, 진부화 등에 의해 발생)

(차) 재고자산평가손실(매출원가 성격)　(대) 재고자산평가충당금

② 재고자산평가손실의 회복 : 평가손실을 인식했던 금액을 한도로 환입가능하다.

(차) 재고자산평가충당금　　　　　　(대) 재고자산평가손실환입(매출원가 차감성격)

[예제 6-2]

[1] ㈜삼일의 재고자산과 관련하여 20X1 년 포괄손익계산서에 비용으로 계상될 금액은 얼마인가(단, 기말재고자산 장부수량과 실사수량은 일치한다)?

ㄱ. 20X1 년 판매가능상품(=기초재고자산+당기매입액)	450,000원
ㄴ. 20X1 년 기말재고자산 장부금액(재고자산평가손실 차감 전)	130,000원
ㄷ. 기말재고자산의 예상판매가격	150,000원
ㄹ. 기말재고자산의 예상판매비용	60,000원

① 320,000원　　　　　　　　　　② 340,000원
③ 360,000원　　　　　　　　　　④ 380,000원

[2] 재고자산은 매년 결산일 현재의 순실현가능가치와 취득원가를 비교하여 둘 중 낮은 금액으로 측정한다. 다음 중 이와 관련된 설명으로 가장 올바르지 않은 것은?

① 한번 손상된 재고자산은 그 후속기간에 환입될 수 없다.
② 저가법은 원칙적으로 재고자산 항목별로 적용한다.
③ 기업은 매 후속기간에 순실현가능가치를 재평가한다.
④ 순실현가능가치의 중요한 하락은 물리적 손상뿐만 아니라 기술적 진부화에 의해서도 발생할 수 있다.

[3] 다음은 ㈜삼일의 20X1 회계연도 결산시 재고자산과 관련된 자료이다. 재고자산과 관련된 결산수정분개가 당기손익에 미치는 영향으로 가장 옳은 것은?

ㄱ. 결산수정분개전 기말재고자산 장부상 수량	100 개
ㄴ. 결산수정분개전 기말재고자산 장부상 매입단가	200 원/개
ㄷ. 기말재고자산 실사수량	95 개
ㄹ. 기말재고자산의 예상판매가격	160 원/개
ㅁ. 기말재고자산의 예상판매비용	예상판매가격의 5 %

① 4,800원 증가　　　　　　　　　② 5,560원 증가
③ 4,800원 감소　　　　　　　　　④ 5,560원 감소

[4] 다음 자료를 토대로 재고자산과 관련하여 ㈜삼일의 20X2 년 포괄손익계산서에 비용으로 보고되는 금액은 얼마인가?(단, 재고자산감모손실은 발생하지 않았다.)

20X1 년 12 월 31 일 재고자산	200,000 원
20X2 년 매입액	180,000 원
20X2 년 재고자산평가손실	73,000 원
20X2 년 12 월 31 일 재고자산(평가손실 차감 후)	50,000 원

① 280,000원   ② 312,000원

③ 330,000원   ④ 348,000원

[5] ㈜삼일의 재고자산과 관련하여 20X1 년 포괄손익계산서에 비용으로 계상될 금액은 얼마인가(단, 기말재고자산 장부수량과 실사수량은 일치한다)?

ㄱ. 20X1 년 판매가능상품(=기초재고자산+당기매입액)	450,000원
ㄴ. 20X1 년 기말재고자산 장부금액(재고자산평가손실 차감 전)	150,000원
ㄷ. 기말재고자산의 예상판매가격	170,000원
ㄹ. 기말재고자산의 예상판매비용	40,000원

① 320,000원   ② 340,000원

③ 360,000원   ④ 380,000원

해답

[1] ③

기말재고자산의 순실현가치 = 150,000 - 60,000 = 90,000원

비용처리 금액 : 판매가능상품 450,000원 - 기말재고자산 90,000원 = 360,000원

[2] ① 재고자산평가손실을 인식했던 금액을 한도로 환입가능하다.

[3] ④

재고자산의 장부상 금액 : 100개 × 200원 = 20,000원

기말재고자산의 단위당 순실현가치 : 160원 - (160원 × 5%) = 152원

기말재고자산 금액 = 95개 × 152원 = 14,440원

따라서 5,560원 만큼 비용을 더 인식하므로 당기순이익은 5,560원 감소하게 된다.

[4] ③ 200,000 + 180,000 - 50,000 = 330,000원

재고자산

기초재고	200,000원	매출원가 (비용처리)	
당기매입	180,000원	감모손실과 평가손실(비용처리)	
		기말재고	50,000원

[5] ①
 기말재고자산 순실현가능가치 : 170,000 - 40,000 = 130,000원
 비용처리 금액 : 판매가능상품 450,000 - 기말재고 130,000 = 320,000원

6.3 추정에 의한 재고자산 평가방법(매출총이익률법)

(1) 매출총이익과 매출총이익률

① 매출총이익 = 매출액 - 매출원가

② 매출총이익률 = $\dfrac{\text{매출총이익}}{\text{매출액}}$

③ 매출총이익률이 20%라는 의미는 매출액의 20%가 매출총이익이라는 의미이다. 반대로 매출액의 80%는 매출원가가 된다.

(2) 재고자산과 매출채권의 관계 : 모든 매출은 외상으로 이루어진다고 가정

재고자산

기초	매출원가
매입	기말

매출채권

기초	회수
매출 (매출원가 + 이익)	기말

[예제 6-3]

[1] ㈜삼일은 8월 21일 발생한 홍수로 인하여 보유하고 있던 재고자산이 손상되었다. ㈜삼일의 당기 회계자료 중 일부는 다음과 같다.

> (1) 재고자산 : 1월 1일 500,000원   8월 21일   ?
>   매출채권 : 1월 1일 2,000,000원   8월 21일 2,400,000 원
> (2) 1월 1일부터 8월 21일까지 발생한 거래
>   매출채권 현금회수액 : 7,000,000 원, 매입액 : 6,300,000 원
> (3) 8월 21일 현재 도착지 인도조건의 매입 중인 운송상품 10,000 원이 있다.
> (4) 손상된 재고자산의 처분가치 : 200,000 원

> 매출총이익률이 20 % 라고 할 때 홍수로 인한 재고손실액은 얼마인가(단, ㈜삼일은 모든 판매와 구매를 외상으로 하고 있다)?

① 662,000원   ② 670,000원

③ 672,000원   ④ 680,000원

[2] (주)우리의 20x1년 1월 1일 현재 기초제품재고액은 250,000원이며, 20x1년 중 당기제품제조원가는 1,400,000원, 매출액은 1,560,000원이다. (주)우리의 매출총이익률은 매년 30%로 일정한데 20x1년 말 실사결과 기말제품재고액은 160,000원으로 밝혀졌다. 제품 횡령액의 추정원가는 얼마인가?

① 290,000원   ② 398,000원

③ 412,000원   ④ 424,000원

해답

[1] ④

　① 매출채권 T계정에서 매출액은 7,400,000원이고, 매출총이익률이 20%라면 매출원가는 7,400,000원의 80%에 해당하는 5,920,000원이 된다.

　② 도착지 인도조건 매입중인 운송상품은 기말재고에 포함되지 않는다. 남아있는 재고자산은 200,000원이 된다.

재고자산		매출채권	
기초 500,000	매출원가 5,920,000	기초 2,000,000	회수 7,000,000
매입 6,300,000	**피해액 680,000원**	매출 7,400,000	기말 2,400,000
	기말 200,000		

[2] ②

　매출총이익률이 30%라면 매출원가는 매출액의 70%가 된다.

　매출원가 = 1,560,000원 × 70% = 1,092,000원

재고자산	
기초 250,000	매출원가 1,092,000
매입 1,400,000	**횡령액 398,000원**
	기말재고 160,000

제7장

유형자산 인식 I

7.1 유형자산의 외부구입

(1) 유형자산의 분류체계

① 비유동자산으로서 한 회계기간을 초과하여 사용할 것으로 예상된다.

- 사용기간이 단기간인 소모품은 유형자산에 해당되지 않는다.

② 기업의 영업활동을 위해 사용된다.

- 부동산 투기목적으로 보유하는 부동산은 투자부동산으로 분류하며 유형자산이 아니다.

③ 형체가 있음

- 특허권, 개발비, 소프트웨어 등은 형체가 없으므로 무형자산으로 분류한다.

④ 일반적으로 감가상각이라는 과정을 통해 내용연수에 걸쳐 비용처리한다.

- 예외적으로 토지와 건설중인자산은 감가상각을 하지 않는다.

(2) 유형자산의 종류 : 토지, 건물, 기계장치, 차량운반구, 비품, 건설중인자산 등

(3) 유형자산의 인식요건 : 다음의 인식기준을 모두 충족하여야 한다.

① 자산으로부터 발생하는 미래경제적효익이 기업에 유입될 가능성이 높다.

② 자산의 원가를 신뢰성 있게 측정할 수 있다.

(4) 유형자산의 외부구입시 취득원가

유형자산의 취득원가 = 구입금액 + 취득부대비용 - 매입할인, 리베이트 등

(5) 유형자산의 취득원가에 포함되는 항목과 제외되는 항목

취득원가 포함	취득원가 제외
구입금액	기계장치에서 생산된 새로운 상품을 소개하는 데 소요되는 광고비 → 광고선전비 성격
취득과 관련해서 발생한 운반비	유형자산의 관리 업무를 담당하는 직원에 대한 급여 → 급여로 처리
유형자산의 취득과 관련한 세금	유형자산의 보유와 관련된 세금 → 세금과공과금
설치 및 조립비 정상적인 가동여부를 확인하는데 소요된 원가	기계장치와 관련된 산출물에 대한 수요가 형성되는 과정에서 발생하는 가동손실 → 손익으로 처리
경영진이 의도하는 방식으로 자산을 가동하는데 필요한 장소와 상태에 이르게 하는데 직접 관련이 있는 전문가에게 지급한 수수료	경영진이 의도하는 방식으로 가동될 수 있으나 아직 실제로 사용되지는 않고 있음에 따라 발생하는 원가 → 자산의 효익이 없음
복구원가(회피불능원가)	취득시 발생하는 리베이트 → 취득원가에서 차감

[예제 7-1]

[1] 다음 중 유형자산에 관한 설명으로 가장 올바르지 않은 것은?

① 유형자산은 기업이 재화나 용역의 생산 등에 사용할 목적으로 보유하는 자산이다.

② 유형자산은 통상적으로 한 회계기간을 초과하여 사용될 것이 예상된다.

③ 사무용 소모품은 대표적인 유형자산의 예에 해당한다.

④ 모든 유형자산에 대하여 감가상각이 필요한 것은 아니다.

[2] ㈜삼일의 재무상태표상 유형자산으로 표시되는 기계장치의 취득금액으로 가장 옳은 것은?

> (1) 구입금액 : 700,000,000원
> (2) 기계장치에서 생산된 새로운 상품을 소개하는 데 소요되는 광고비 : 50,000,000원
> (3) 기계장치와 관련된 산출물에 대한 수요가 형성되는 과정에서 발생하는 가동손실
>   : 30,000,000원
> (4) 경영진이 의도하는 방식으로 자산을 가동하는 데 필요한 장소와 상태에 이르게 하는데 직접
>   관련이 있는 전문가에게 지급한 수수료 : 15,000,000원

① 700,000,000원   ② 715,000,000원

③ 750,000,000원   ④ 795,000,000원

[3] 전자기기 제조업을 영위하는 ㈜삼일은 당기 중 신제품 A 의 출시를 위해 필요한 유형자산 B 를 취득하였다. 이와 관련된 지출항목이 다음과 같다고 할 때, 유형자산 B 의 취득원가로 계상될 금액은 얼마인가?

지출항목	금액
유형자산 B 의 매입가격	100,000,000원
최초의 운송	5,000,000원
설치 및 조립	3,000,000원
신제품 A 를 시장에 소개하기 위한 광고	5,000,000원
정상적인 가동 여부를 확인하는데 소요된 원가	2,000,000원
유형자산 B 의 관리 업무를 담당하는 직원에 대한 급여	10,000,000원

① 100,000,000원   ② 108,000,000원
③ 110,000,000원   ④ 115,000,000원

[4] 다음 중 유형자산의 취득원가에 포함되는 요소가 아닌 것으로 올바르게 짝지어진 것은?

ㄱ. 설치장소 준비를 위한 지출   ㄴ. 최초의 운송 및 취급관련 원가
ㄷ. 보유중인 건물에 대하여 부과되는 재산세   ㄹ. 취득세
ㅁ. 매입할인

① ㄱ, ㄴ, ㄷ   ② ㄴ, ㄹ, ㅁ
③ ㄷ, ㅁ   ④ ㄱ, ㄴ, ㄷ, ㄹ, ㅁ

[5] ㈜삼일의 재무상태표에 유형자산으로 표시되는 기계장치의 취득금액은 얼마인가?

(1) 매입금액 : 600,000 원
(2) 설치장소까지의 운송비 : 30,000 원
(3) 관세 및 취득세 : 10,000 원
(4) 시운전비 : 50,000 원
(5) 매입할인 : 20,000 원
(6) 다른 기계장치의 재배치 과정에서 발생한 원가 50,000원

① 620,000원   ② 650,000원
③ 660,000원   ④ 670,000 원

[1] ③ 소모품은 사용기간이 단기간이므로 유형자산이 아니다.

[2] ② 700,000,000 + 15,000,000 = 715,000,000원

[3] ③ 100,000,000 + 5,000,000 + 3,000,000 + 2,000,000 = 110,000,000원

[4] ③ 보유와 관련된 세금은 비용처리하고, 매입할인은 취득원가에서 차감한다.

[5] ④ 600,000 + 30,000 + 10,000 + 50,000 - 20,000 = 670,000원

7.2 토지와 건물의 일괄구입

　토지와 건물을 일괄하여 구입하는 경우 토지는 감가상각을 하지 않고, 건물은 감가상각을 하므로, 해당연도부터 손익에 영향을 미치게 되므로, 토지와 건물의 취득원가에 배분한다.

　① 건물 사용시 : 토지와 건물의 공정가치 비율로 취득가액을 안분계산

　② 건물 철거시 : 건물의 순철거비용까지 토지원가에 산입

　　단, 사용중인 건물을 철거하는 경우에는 건물의 장부금액은 처분손실에 반영한다.

사례

다음의 각 상황에 대하여 토지와 건물의 취득원가를 구하여라.

(1) 토지와 건물을 600,000,000원에 보통예금에서 이체하여 취득하였다. 토지의 공정가치는 420,000,000이고, 건물의 공정가치는 210,000,000원이었다. (건물은 사용 예정이다.)

(2) 토지와 건물을 일괄하여 350,000,000원에 취득하였으며, 건물은 20,000,000원의 비용을 들여 철거하였다. 단, 철거중에 발생한 부산물은 3,000,000원에 처분하였을 때 취득원가는?

(3) 새로운 건물을 신축하기 위해 기존에 사용하던 건물(취득원가 50,000,000원, 감가상각누계액 40,000,000원)을 현금 10,000,000원을 지급하고 철거하였다. 이를 회계처리 하시오. 단, 부가가치세는 무시한다.

해설 (1) 토지 : 400,000,000원, 건물 : 200,000,000원

　　　　(토지와 건물의 공정가치 비율이 2 : 1이다.)

(2) 토지 : 350,000,000원 + 20,000,000원 - 3,000,000원 = 367,000,000원, 건물 : 0

(3) (차) 감가상각누계액　　40,000,000　　　(대) 건　　물　　50,000,000

　　(차) 유형자산처분손실　20,000,000　　　(대) 현　　금　　10,000,000

[예제 7-2]

[1] 다음 중 유형자산의 취득원가에 관한 설명으로 가장 올바르지 않은 것은?

① 토지는 취득세, 등록세 등 취득부대원가를 가산한 금액을 취득원가로 한다.

② 토지만 사용할 목적으로 토지와 건물을 일괄구입하는 경우 일괄구입대가 모두 토지의 취득원가로 처리한다.

③ 토지와 건물 일괄구입 후 기존 건물을 철거할 때 발생하는 건물철거비용은 토지의 원가에 가산한다.

④ 토지와 건물 일괄구입 후 기존 건물 철거로 발생한 폐자재들을 처리하는 비용이 발생하는 경우 당기손실로 처리한다.

[2] 다음 중 유형자산의 취득원가에 대한 설명으로 틀린 것은?

① 자산의 취득, 건설, 개발에 따른 복구원가에 대한 충당부채는 유형자산을 취득하는 시점에 해당 유형자산의 취득원가에 반영한다.

② 유형자산의 설계와 관련하여 전문가에게 지급하는 수수료는 유형자산의 취득원가에 해당된다.

③ 유형자산이 경영진이 의도하는 방식으로 가동될 수 있으나 아직 실제 사용되지 않는 경우에 발생하는 원가는 유형자산의 원가로 인식하지 아니한다.

④ 건물을 신축하기 위하여 사용중인 기존 건물을 철거하는 경우 철거비용은 토지의 취득원가에 포함한다.

해설

[1] ④ 사용중인 기존 건물을 철거하는 경우 철거비용은 처분손실에 반영된다.
[2] ④ 유형자산처분손실에 반영한다.

7.3 유형자산의 후속원가와 감가상각

(1) 유형자산의 후속원가

한국채택국제회계기준에서는 자본적 지출, 수익적 지출이라는 표현을 사용하지 않지만, 성격이 유사한 회계처리 사항들이 있다.

① 일상적인 수선, 유지, 원상회복, 능률유지를 위한 지출 → 비용처리
   (예) 파손된 유리교체, 건물의 도색, 자동차 수리비용 등

② 내용연수가 증가되는 지출, 유형자산의 가치가 증가하는 지출 → 자산처리
   (예) 건물의 증축, 엘리베이터, 냉난방설치, 피난시설 설치 등

(2) 감가상각

① 의의 : 감가상각의 주목적은 취득원가의 배분이며 자산의 재평가는 아니다. 유형자산의 감가상각대상 금액은 내용연수에 걸쳐 합리적이고, 체계적인 방법으로 배분한다.

상각방법	감가상각비 인식액	상각률
정액법	(취득원가－잔존가치)×상각률	$\dfrac{1}{\text{내용연수}}$
정률법	미상각잔액×상각률	$1-\sqrt[\text{내용년수}]{\dfrac{\text{잔존가치}}{\text{취득원가}}}$
연수합계법	(취득원가－잔존가치)×상각률	$\dfrac{\text{연차역순}}{\text{연수합계}}$
이중체감법	미상각잔액×상각률	상각률은 정액법의 2배
생산량비례법	(취득원가－잔존가치)×상각률	$\dfrac{\text{당기실제산출량}}{\text{추정총생산량}}$
작업시간 비례법	//	$\dfrac{\text{당기실제가동시간}}{\text{추정총기계작업시간}}$

사례

취득원가가 100,000,000원, 잔존가액이 10,000,000원으로 추정되는 기계장치를 구입하였다. 이 기계장치는 5년간 총 1,500 시간동안 사용할 수 있을 것으로 추정된다. 회사는 이 기계장치를 1월 1일에 취득하여 한 해 동안 400시간 동안 사용하였다. 그리고, 2년째에는 350시간, 3년째에는 330시간, 4년째에는 320시간, 5년째에는 100시간 동안 사용하였다. 각 연도별 인식할 감가상각비는 얼마인가?(단, 정률은 0.369라고 가정한다.)

해답

	정액법	정률법	연수합계법	작업시간비례법
1년째 감가상각비	18,000,000	36,900,000	30,000,000	24,000,000
2년째 감가상각비	18,000,000	23,283,900	24,000,000	21,000,000
3년째 감가상각비	18,000,000	14,692,141	18,000,000	19,800,000
4년째 감가상각비	18,000,000	9,270,741	12,000,000	19,200,000
5년째 감가상각비	18,000,000	5,853,218	6,000,000	6,000,000

(1) 정액법 : 매년 일정한 금액을 감가상각한다.
   : $(100,000,000-10,000,000) \div 5년 = 18,000,000$

(2) 정률법 : 매년 일정한 비율만큼 감가상각 한다. 초기에 많은 금액을 감가상각한다.
 1차연도 : $100,000,000 \times 0.369 = 36,900,000$
 2차연도 : $(100,000,000-36,900,000) \times 0.369 = 23,283,900$
 3차연도 : $(100,000,000-36,900,000-23,283,900) \times 0.369 = 14,692,141$
 4차연도 : $(100,000,000-36,900,000-23,283,900-14,692,141) \times 0.369 = 9,270,741$
 5차연도 : 5년간 감가상각비의 합계가 90,000,000원이 되도록 한다. 5,853,218원.

(3) 연수합계법 : 정률법처럼 초기에 많은 금액을 감가상각한다.

1차연도 : (100,000,000 − 10,000,000) × 5/15 = 30,000,000

2차연도 : (100,000,000 − 10,000,000) × 4/15 = 24,000,000

3차연도 : (100,000,000 − 10,000,000) × 3/15 = 18,000,000

4차연도 : (100,000,000 − 10,000,000) × 2/15 = 12,000,000

5차연도 : (100,000,000 − 10,000,000) × 1/15 = 6,000,000

* 1차연도 감가상각비는 정률법이 가장 크고, 그 다음 연수합계법, 정액법 순서가 된다.

* 정률법, 연수합계법처럼 초기에 많은 금액을 감가상각하는 방법을 체감잔액법이라고 부르기도 한다.

(4) 작업시간비례법

감가상각 대상 금액이 90,000,000원이고, 총 예상 사용시간이 1,500시간이므로 작업 시간당 60,000원의 감가상각비가 계산된다.

1차연도 : 60,000 × 400시간 = 24,000,000   2차연도 : 60,000 × 350시간 = 21,000,000

3차연도 : 60,000 × 330시간 = 19,800,000   4차연도 : 60,000 × 320시간 = 19,200,000

5차연도 : 60,000 × 100시간 = 6,000,000

* 1차연도 감가상각비를 비교해보면 정률법 〉 연수합계법 〉 정액법이다.

② 회계처리 : 감가상각비는 다음과 같이 회계처리한다. 유형자산의 취득원가에서 감가상각누계액을 차감한 금액을 장부금액이라고 한다.

    (차) 감가상각비   (대) 감가상각누계액

③ 기중 취득 또는 처분

기중에 취득한 유형자산은 취득한 날부터 결산일까지 월할상각하고, 기중에 처분하는 유형자산은 처분하는 달까지 월할상각을 한 후 처분에 대한 회계처리를 한다.

④ 감가상각방법의 변경

감가상각방법의 변경은 회계추정의 변경에 해당되는데, 전진법을 적용하여 처리한다.

> **사례**
>
> 20x1년 1월 1일에 기계장치를 10,000,000원에 취득하였다. 내용연수는 5년, 정률법으로 감가상각하고, 정률은 0.451을 적용한다. 20x2년 중에 해당 기계장치의 감가상각방법은 정액법으로 변경하고, 잔존가치는 없다고 가정한다면, 20x2년 감가상각비는?

해답

(1) 20x1년말 장부금액 : 10,000,000 − (10,000,000 × 0.451) = 5,490,000원

(2) 20x2년 감가상각비 : 5,490,000 ÷ 4년 = 1,372,500원

[예제 7-3]

[1] ㈜삼일이 보유하고 있는 건물의 20X3 년말 장부금액은 얼마인가?

20X1 년초 건물을 1,000,000원에 취득하였다. 건물의 내용년수는 5년이고, 잔존가치는 0원이며, 정액법으로 감가상각하기로 하였다. 20X3년초 건물 엘리베이터 설치비용 100,000 원을 지출하였으며 이로 인해 건물의 기능이 향상되어 내용연수가 2년 연장되었다(유형자산의 인식요건을 충족함)
* 장부금액 = 취득원가 - 감가상각누계액

① 500,000원　　　　　　　　　　② 560,000원
③ 640,000원　　　　　　　　　　④ 700,000원

[2] 다음 중 20X2 년 ㈜용산의 기계장치 A 의 감가상각에 관한 설명으로 가장 올바르지 않은 것은?

㈜용산은 20X1 년에 회사를 설립하고 기계장치 A 를 구입하였다. 구입시점에는 동 기계장치를 10 년 사용할 것으로 예상하였고, 매년 균등하게 소비될 것이라 판단되어 10 년의 내용연수를 적용하여 정액법으로 감가상각하였다. 그러나 예상보다 회사의 성장추세가 빨라 20X2 년의 생산량이 20X1 년 대비 80 % 이상 늘어났으며, 20X3 년의 생산량도 20X2 년 대비 100 % 이상 늘어날 것으로 예상된다. 이에 따라 기계장치 A 의 마모나 손상이 기존 예측치보다 빠르게 진행될 것으로 판단되어 내용연수를 8 년으로 변경하고자 한다. 또한, 회사는 소비형태를 보다 잘 반영하는 생산량비례법으로 감가상각방법을 변경하고자 한다.

① ㈜용산은 자산의 미래경제적효익이 소비되는 형태를 반영하여 감가상각방법을 결정해야 한다.
② ㈜용산은 기계장치 A 의 감가상각방법 변경에 대하여 회계추정의 변경으로 처리해야 한다.
③ ㈜용산은 자산의 미래경제적효익이 소비되는 형태가 변하지 않는 한 감가상각방법을 매 회계기간에 일관성있게 적용한다.
④ 소비형태를 신뢰성있게 결정할 수 없는 경우에는 정률법을 사용해야 한다.

[3] ㈜삼일은 20X1년 1월 1일 내용연수 5년, 잔존가치 500,000원인 기계장치를 5,000,000원에 취득하였다. 다음 감가상각방법 중 20X1 년 감가상각비로 인식되는 금액이 가장 작은 것은?

① 정액법
② 정률법(상각률: 0.451)
③ 생산량비례법(추정 총 생산제품수량: 6,000 개 중 20X1 년 생산량 1,500 개)
④ 연수합계법

해답

[1] ②

20x3년초까지 장부금액 = 1,000,000 - 200,000 - 200,000 = 600,000원

20x3년 초 엘리베이터 설치로 인하여 장부금액이 700,000원이 되었고, 남은 내용연수도 3년에서 5년이 되었다.

20x3년 감가상각비 : 700,000 ÷ 5년 = 140,000원

장부금액 = 취득원가 700,000 - 140,000 = 560,000원

[2] ④ 유형자산은 소비형태를 신뢰성 있게 결정할 수 있는 것으로 가정한다. 따라서 한국채택국제회계기준에서는 소비형태를 신뢰성 있게 결정할 수 없는 경우 처리방법에 대한 규정이 없다.

[3] ①

정액법 : (5,000,000 - 500,000) ÷ 5년 = 900,000원

정률법 : 5,000,000 × 0.451 = 2,255,000원

생산량비례법 : $(5,000,000 - 500,000) \times \dfrac{1,500}{6,000} = 1,125,000$원

연수합계법 : $(5,000,000 - 500,000) \times \dfrac{5}{15} = 1,500,000$원

제 8 장

유형자산의 인식 II

8.1 교환을 통환 취득과 처분

유형자산의 교환은 유형자산의 증가사유이면서 감소사유이기도 하다.

(1) 유형자산의 교환

구분	취득원가	처분손익
상업적 실질이 있는 경우	제공한 자산의 공정가치 + 현금지급액 - 현금수령액	제공한 자산의 공정가치 - 제공한 자산의 장부금액
상업적 실질이 결여된 경우	제공한 자산의 장부금액 + 현금지급액 - 현금수령액	인식하지 않음

(2) 유형자산의 처분(유형자산의 제거)

① 처분하는 유형자산 장부금액 〈 처분시 받은 대가 → 유형자산처분이익 발생

② 처분하는 유형자산 장부금액 〉 처분시 받은 대가 → 유형자산처분손실 발생

[예제 8-1]

[1] ㈜서울은 사용 중이던 차량운반구를 ㈜부산이 사용하던 기계장치와 교환하였다. 이 교환과 관련하여 ㈜서울은 공정가치의 차액 1,000,000 원을 현금으로 지급하였다. 이 경우 ㈜서울이 인식해야 할 처분손익은 얼마인가(단, 동 교환거래는 상업적 실질이 있다고 가정하며, 차량운반구의 공정가치가 기계장치의 공정가치보다 명백하다.)

	차량운반구	기계장치
취득원가	4,000,000원	5,000,000원
감가상각누계액	3,500,000원	2,500,000원
공정가치	2,000,000원	3,000,000원

① 유형자산처분이익 1,000,000원   ② 유형자산처분이익 1,500,000원
③ 유형자산처분손실   500,000원   ④ 유형자산처분손익 0원

[2] ㈜서울은 사용 중이던 차량운반구 A 를 ㈜부산이 사용하던 차량운반구 B 와 교환하였다. 이 교환과
   관련하여 ㈜서울은 공정가치의 차액 300,000 원을 현금으로 지급하였다. 이 경우 ㈜서울이 차량운반
   구 B 의 취득원가로 인식해야 할 금액은 얼마인가(단, 동 거래는 상업적 실질이 결여된 거래임)?

	차량운반구 A	차량운반구 B
취득원가	3,500,000원	4,000,000원
감가상각누계액	1,200,000원	1,500,000원
공정가치	1,700,000원	2,000,000원

① 2,600,000원   ② 2,300,000원
③ 2,000,000원   ④ 1,700,000원

[3] 통신업을 영위하고 있는 ㈜삼일은 20X1년 7월 1일 5억원에 취득하여 사용해 오던 건물 A(내용연수
   10년, 정액법, 잔존가치 0원)를 20X5년 4월 1일 3억원에 처분하였다. 다음 중 ㈜삼일이 유형자산
   A 의 처분과 관련하여 20X5년 포괄손익계산서에 인식할 계정과 금액으로 짝지어진 것은(단, ㈜삼일
   은 건물을 원가모형으로 후속측정한다)?

① 유형자산처분이익, 10,000,000원   ② 유형자산처분이익, 12,500,000원
③ 유형자산처분손실, 10,000,000원   ④ 유형자산처분손실, 12,500,000원

해답

[1] ② 제공하는 차량운반구의 장부금액이 500,000원인데, 공정가치를 2,000,000원만큼 인정받았으므로 유형자산처
   분이익 1,500,000원이 발생한다.

[2] ① 제공자산의 장부금액 2,300,000 + 현금지급액 300,000 = 2,600,000원

[3] ④
   연간 감가상각비 : 500,000,000원 ÷ 10년 = 50,000,000원
   3년 9개월 사용 후 처분했으므로 3년 9개월분 감가상각비 (9개월은 0.75년으로 계산)
   = 50,000,000원 × 3.75년 = 187,500,000원
   처분시점 유형자산의 장부금액 : 500,000,000 - 187,500,000 = 312,500,000원
   유형자산처분이익 = 처분금액 300,000,000 - 장부금액 312,500,000 = 처분손실 12,500,000

8.2 정부보조금을 수령한 취득

(1) 정부보조금 수령시

   ① 영업수익 보전목적인 경우 : (차) 현금 등   (대) 영업외수익

   ② 자산취득 조건인 경우 : (차) 현금 등   (대) 정부보조금(현금차감)−상환의무가 없는 경우

                                             (대) 장기(또는 단기)차입금−상환의무가 있는 경우

(2) 정부보조금으로 자산 취득시

   정부보조금을 원하는 용도대로 사용하였으므로 정부보조금을 차감하여 준다.

   (차) 유형자산   (대) 현금 등

   (차) 정부보조금(현금차감)   (대) 정부보조금(자산차감)

(3) 정부보조금으로 취득한 자산을 상각하는 경우

   정부보조금을 내용연수에 걸쳐 상각하는 금액만큼 감가상각비에서 차감한다.

   (차) 정부보조금(자산차감)   (대) 감가상각누계액

   (차) 감가상각비

(4) 정부보조금으로 취득한 자산을 처분하는 경우

   정부보조금도 감가상각누계액에 준하여 회계처리한다.

   (차) 감가상각누계액   (대) 유형자산

   (차) 정부보조금 (자산차감)   (대) 유형자산처분이익

   (차) 현금 등

│ 사례 │

다음 자료에 의하여 정부보조금 관련 회계처리를 하시오. 단, 각 상황은 계속 연결되는 상황이라고 가정한다.

(1) 20x1년 6월 1일 시설장치를 취득하는 조건으로 정부보조금을 보통예금 20,000,000원으로 수령하였으며, 이 중에서 10,000,000원은 프로젝트 성공시 3년 후에 상환할 의무가 있다.

(2) 20x1년 7월 1일 앞의 정부보조금 지원금을 통해 시설장치를 20,000,000원에 취득하고, 대금은 보통예금으로 결제하였다. 단, 부가가치세는 무시한다.

(3) 20x1년말 결산시 시설장치에 대하여 감가상각을 한다. 단, 정액법으로 상각하며, 내용연수는 10년이며, 잔존가액은 없다고 가정한다.

(4) 20x1년말 감가상각 후 해당 유형자산을 현금 15,000,000원을 받고 처분한다.

해설 (1) (차) 보통예금   20,000,000   (대) 장기차입금   10,000,000

                                               (대) 정부보조금(예금차감)   10,000,000

(2) (차) 시설장치   20,000,000   (대) 보통예금   20,000,000

     (차) 정부보조금   10,000,000   (대) 정부보조금   10,000,000

      (예금차감)   (시설장치 차감)

(3) (차) 감가상각비   500,000   (대) 감가상각누계액   1,000,000

     (차) 정부보조금(시설장치차감) 500,000

500,000원	500,000원
순수구입분 10,000,000원	정부보조금 10,000,000원

총 1,000,000원

  * 1년에 2,000,000원을 상각하여야 하나 취득일이 7월이므로 6월분만 상각한다.

 ** 정부보조금도 6개월분을 상각하며, 이 금액은 결과적으로 감가상각비를 감소시킨다.

부분재무상태표

시설장치	20,000,000
감가상각누계액	1,000,000
정부보조금	9,500,000

*** 부분 재무상태표에는 시설장치 20,000,000원, 감가상각누계액(차감) 1,000,000원, 정부보조금(차감) 9,500,000 원이 남게 된다.

(4) (차) 현   금   15,000,000   (대) 시 설 장 치   20,000,000

     (차) 감가상각누계액   1,000,000   (대) 유형자산처분이익   5,500,000

     (차) 정 부 보 조 금   9,500,000

[예제 8-2]

[1] 다음은 건설기계와 관련된 12월 31일 현재의 계정내용이다. 이에 대한 설명으로 틀린 것은?

- 건설기계는 20x1.1.1. 취득하였으며, 내용연수는 10년, 상각방법은 정액법을 적용한다.
- 정부보조금은 건설기계 취득 시 즉시 수령하였다.
- 건설기계취득원가 : 10,000,000원
- 20x1년 12월 31일 현재 감가상각누계액 계정잔액 : 1,000,000원
- 20x1년 12월 31일 현재 정부보조금 계정잔액 : 4,500,000원
- 20x2년 1월 1일에 건설기계를 5,500,000원에 처분하였다.

① 20x2년 건설기계의 처분이익은 500,000원이다.

② 20x1년 수령한 정부보조금 총액은 5,000,000원이다.

③ 20x1년 당기순이익에 미치는 영향은 500,000원이다.

④ 20x1년말 건설기계의 장부금액은 4,500,000원이다.

해답 [1] ①

장부금액이 4,500,000원인 자산을 5,500,000원에 처분하면 이익은 1,000,000원이 된다. 처분이익 : 장부금액

10,000,000 − 1,000,000 − 4,500,000 = 4,500,000원, 장부금액이 4,500,000원인 자산을 5,000,000원에 처분하므로 처분이익 500,000원이다. 국고보조금 잔액이 4,500,000원이고, 잔여 내용연수가 9년에 정액법 상각을 하면 매년 500,000원 상각하는 것을 알 수 있다. 최초 취득시 정부보조금은 5,000,000원이다.

8.3 차입원가의 자본화

(1) 취지

한국채택 국제회계기준에서는 기업이 사용할 건물을 자가건설하는데 발생한 이자비용에 대해서 특정요건을 충족하면, 이자비용으로 처리하지 않고, 자산의 취득원가로 처리하도록 규정하고 있다.

(2) 자본화할 차입원가의 계산

> 1단계 : 건설하는 자산의 연평균 지출액을 계산
>
> 2단계 : 특정차입금에 대한 이자를 계산
> * 연평균 지출액 〈 특정차입금 : 연평균 지출액 × 이자율만 계산
> * 연평균 지출액 〉 특정차입금 : 일반차입금이 있는 경우 3단계
>
> 3단계 : 둘 중 적은 금액 계산 - 특정차입금을 우선 자본화한다.
> ① (연평균 지출액 − 특정차입금) × 가중평균 차입이자율
> ② 연평균 차입금 × 가중평균 차입이자율
> 단, 차입금에서 발생한 이자수익은 자본화할 차입원가에서 차감한다.
>
> * 자본화 대상기간
> : (시작) 건설시작일과 차입일 중 늦은 날   (종료) 준공일과 결산일 중 빠른 날

(3) 건설하는 자산의 연평균 지출액, 연평균 특정차입금, 연평균 일반차입금의 관계

연평균 지출액	연평균 특정차입금	연평균 일반차입금	자본화할 차입원가
10억원	6억원	-	연평균 특정차입금에 대한 차입원가를 자본화
10억원	6억원	3억원	연평균 특정차입금에 대한 차입원가와 연평균 일반차입금에 대한 차입원가를 자본화
10억원	12억	-	연평균 특정차입금에 대한 차입원가 중에서 10/12를 자본화
10억원	6억원	6억원	연평균 특정차입금에 대한 차입원가를 자본화하고, 연평균 일반차입금 중에서 4/6을 자본화

연평균 지출액

㈜삼일이 20X1 년 연수동 신축과 관련하여 지출한 금액은 다음과 같으며 완공까지는 약 3 년이 소요될 예정이다. 연평균 지출액은 얼마인가?

지출일	지출액	비고
20X1년 1월 1일	10,000,000원	공사착공
20X1년 6월 1일	12,000,000원	
20X1년 9월 1일	9,000,000원	

해답

10,000,000원 x 12/12 + 12,000,000원 x 7/12 + 9,000,000원 x 4/12 = 20,000,000원

차입금이 2가지 이상 있는 경우 자본화 이자율 계산

㈜삼일은 연구개발을 전담할 연구소를 신축하기로 하였다. 이와 관련하여 20X1 년 1 월 1 일에 50,000,000 원을 지출하였고, 연구소는 20X3 년 중에 완공될 예정이다. 회사의 차입금 현황이 다음과 같을 경우 20X1 년도 일반차입금에 대한 자본화 이자율은 얼마인가(단, 차입금은 모두 만기가 3년 후이고, 적수계산 시 월할계산을 가정한다)?

차입처	차입일	차입금	연 이자율	용도
K은행	20x1년 1월 1일	10,000,000원	6%	일반차입금
S은행	20x1년 7월 1일	20,000,000원	9%	일반차입금

해답

K은행 연평균 차입금 10,000,000원, 이자비용 600,000원
S은행 연평균 차입금 20,000,000원 x 6/12 = 10,000,000원, 이자비용 900,000원
가중평균차입이자율 : 연평균 차입금 합계 20,000,000원이고, 이자비용 합계가 1,500,000원이므로 가중평균차입이
　　　　　　　　　　자율은 7.5%가 계산된다.

[예제 8-3]

[1] ㈜삼일은 공장을 신축하기로 하였으며, 이와 관련하여 20X1년 1월 1일 24,000,000 원을 지출하였고, 공장은 20X3 년 중에 완공될 예정이다. ㈜삼일은 공장신축을 위해서 아래와 같이 특정목적으로 차입을 하였다. ㈜삼일이 유형자산 건설과 관련된 차입원가를 자본화할 때 20X1년 특정 차입금과 관련하여 자본화할 차입원가는 얼마인가(단, 편의상 월할 계산 한다고 가정한다)?

차입금액	차입기간	연이자율	비고
24,000,000원	20x1년 3월 1일~20x2년 6월 30일	3%	공장신축을 위한 특정차입금

① 600,000원   ② 700,000원
③ 800,000원   ④ 960,000원

[2] ㈜삼일이 20X1 년 연수동 신축과 관련하여 지출한 금액은 다음과 같으며 완공까지는 약 3 년이 소요
될 예정이다.

지출일	지출액	비고
20X1년 1월 1일	15,000,000원	공사착공
20X1년 6월 1일	24,000,000원	
20X1년 10월 1일	8,000,000원	

20X1 년 적격자산에 대한 연평균지출액은 얼마인가? (단, 월할계산을 가정한다)

① 23,500,000원   ② 31,000,000원
③ 33,000,000원   ④ 47,000,000원

[3] ㈜삼일은 연구개발을 전담할 연구소를 신축하기로 하였다. ㈜삼일이 20X1 년 중 연구소 신축과 관련
하여 지출한 금액은 다음과 같으며 완공까지는 약 3 년이 소요될 예정이다.

지출일	지출액	비고
20X1년 1월 1일	10,000,000원	공사착공
20X1년 6월 1일	12,000,000원	
20X1년 9월 1일	9,000,000원	

**20X1 년 차입원가 산정시 적격자산에 대한 연평균 지출액은 얼마인가(단, 연평균 지출액 계산은 월단
위 기준으로 계산한다)?**

① 19,000,000원   ② 20,000,000원
③ 24,000,000원   ④ 28,000,000원

[4] ㈜삼일은 20X1년 중 기숙사 신축과 관련하여 지출한 금액은 다음과 같다. 20X1년 1월 1 일 착공한
이 공사는 20X2 년 중에 완공할 예정이다.

지출일	지출액	비고
20x1년 1월 1일	10,000,000원	착수금 지급
20x1년 4월 1일	9,000,000원	1차 중도금 지급
20x1년 7월 1일	6,000,000원	2차 중도금 지급
20x1년 11월 1일	12,000,000원	3차 중도금 지급

한편, ㈜삼일의 특정차입금 관련 사항은 아래와 같다.

차입일	금액	연 이자율
20x1년 1월 1일	5,000,000원	12%

특정차입금 중 1,000,000원을 20X1년 1월 1일부터 6월 30일까지 연 이자율 9 %(단리) 정기예금에 예치하였을 때, 유형자산 취득과 관련된 적격자산의 자본화 차입원가는 얼마인가?

① 455,000원   ② 500,000원

③ 555,000원   ④ 600,000원

해답

[1] ①
 (1) 연평균 지출액 : 24,000,000원
 (2) 연평균 특정차입금 : 24,000,000원 × 10개월/12개월 = 20,000,000원
 (3) 자본화할 차입원가 : 20,000,000원 × 3% = 600,000원

[2] ② 15,000,000 × 12/12 + 24,000,000 × 7/12 + 8,000,000 × 3/12 = 31,000,000

[3] ② 10,000,000 × 12/12 + 12,000,000 × 7/12 + 9,000,000 × 4/12 = 20,000,000

[4] ③ 일시예금에서 발생한 수익은 자본화할 차입원가에서 차감해야 한다.
 (1) 연평균 지출액
   : 10,000,000 × 12/12 + 9,000,000 × 9/12 + 6,000,000 × 6/12 + 12,000,000 × 2/12
   = 21,750,000
 (2) 연평균 특정차입금 : 5,000,000원
 (3) 정기예금 이자수익 : 1,000,000원 × 9% × 6/12 = 45,000원
 (4) 자본화 차입원가 : 5,000,000원 × 12% − 45,000원 = 555,000원

제9장

유형자산의 재평가모형과 손상차손

9.1 비상각자산의 재평가모형

(1) **원가모형** : 매기말 감가상각을 하고, 장부금액을 계산하는 방법이다. 감가상각에 대해서는 7.3 유형자산의 후속원가에서 이미 다뤘으므로 여기에서는 생략하기로 한다.

(2) **재평가모형 - 비상각자산**

일정기간마다 자산의 공정가치를 재평가하여 자산의 장부금액을 반영하는 방법이다. 원가모형을 적용했을 때와 비교하여 장부금액이 증가하면 기타포괄손익으로 처리하고, 장부금액이 감소하면, 당기손익으로 처리한다. 예를들어 토지에 대해 재평가모형을 적용하면 다음과 같다.

날짜	토지 공정가치	회계처리	
20x1.1.1	10,000,000원 현금취득	(차) 토지 10,000,000	(대) 현금 10,000,000
20x1.12.31	12,000,000원으로 변동	(차) 토지 2,000,000	(대) 기타포괄손익 2,000,000
20x2.12.31	9,000,000원으로 변동	(차) 기타포괄손익 2,000,000 (차) 손실 1,000,000	(대) 토지 3,000,000
20x3.12.31	11,000,000원으로 변동	(차) 토지 2,000,000	(대) 이익 1,000,000 (대) 기타포괄손익 1,000,000

[예제 9-1]

[1] 다음 중 유형자산의 후속측정에 관한 설명으로 가장 올바르지 않은 것은?

① 기업은 원가모형과 재평가모형 중 하나를 회계정책으로 선택하여 유형자산의 유형별로 동일하게 적용하여야 한다.

② 재평가모형이란 취득일 이후 재평가일의 공정가치로 해당 자산금액을 수정하고, 당해 공정가치에서 재평가일 이후의 감가상각누계액과 손상차손누계액을 차감한 금액을 장부금액으로 공시한다.

③ 재평가로 인하여 자산이 증가된 경우 그 증가액은 기타포괄이익으로 인식하고 재평가잉여금의 과목으로 자본(기타포괄손익누계액)에 가산한다.

④ 재평가로 인하여 자산이 감소된 경우 그 감소액은 기타포괄손실로 인식하고 재평가잉여금의 과목으로 자본(기타포괄손익누계액)에 차감한다.

[2] ㈜삼일은 20X1년 초 영업활동에 사용할 목적으로 취득원가 30억원의 토지를 매입하여 재평가모형을 적용하고 있다. 20X1년 말 해당 토지의 공정가치는 27억원으로 추정되어 3억원의 당기손실을 인식하였다. 20X2년 말 토지의 공정가치는 36억원으로 추정된다. 20X2년 말 ㈜삼일의 토지에 관한 회계처리로 가장 옳은 것은?

① (차) 토지 9 억원   (대) 토지재평가이익(당기손익) 3 억원
                         재평가잉여금(기타포괄손익) 6 억원
② (차) 토지 6 억원   (대) 토지재평가이익(당기손익) 6 억원
③ (차) 토지 9 억원   (대) 재평가잉여금(기타포괄손익) 9 억원
④ (차) 토지 9 억원   (대) 토지재평가이익(당기손익) 9 억원

해답

[1] ④ 재평가로 인하여 자산이 감소된 경우 그 감소액은 당기손실로 인식한다.
[2] ① 전기에 재평가손실을 인식했다가 당기에 재평가이익을 인식하는 경우에는 재평가손실을 인식하지 않았을 때 장부금액을 한도로 당기손익으로 인식하고, 초과금액은 기타포괄손익으로 처리한다.

9.2 상각자산의 재평가모형

재평가모형을 적용하는 방법으로 잔액제거법과 비례수정법이 있다.

(1) 잔액제거법

장부금액 증감분만큼 재평가손익을 인식한다.

사례

취득가액 100,000,000원, 감가상각누계액 10,000,000원인 건물을 180,000,000원으로 재평가

→ (차) 건물   80,000,000   (대) 재평가이익(기타포괄)   90,000,000
   (차) 감가상각누계액   10,000,000

	재평가 전	재평가 후
건물	100,000,000	180,000,000
감가상각누계액	-10,000,000	0
장부금액	90,000,000	180,000,000

(2) 비례수정법

유형자산과 감가상각누계액을 비례해서 조정하는 방법이다.

사례

취득가액 100,000,000원, 감가상각누계액 10,000,000원인 건물을 180,000,000원으로 재평가

→ (차) 건물   100,000,000   (대) 재평가이익(기타포괄)   90,000,000

(대) 감가상각누계액   10,000,000

	재평가 전	재평가 후
건물	100,000,000	200,000,000
감가상각누계액	-10,000,000	-20,000,000
장부금액	90,000,000	180,000,000

[예제 9-2]

[1] 다음 중 유형자산의 재평가모형과 관련된 설명으로 가장 올바르지 않은 것은?

① 재평가 결과 발생한 평가손익은 재평가잉여금의 과목으로 자본(기타포괄손익)에서 가산 또는 차감처리한다.

② 보고기간 말에 자산의 장부금액이 공정가치와 중요하게 차이나지 않도록 주기적으로 재평가를 수행하여야 한다.

③ 원칙적으로 동일한 분류 내에 있는 유형자산은 동시에 재평가하여야 한다.

④ 자산의 순장부금액을 공정가치로 수정하기 위하여 비례수정법 또는 전액제거법을 사용할 수 있다.

해답

[1] ① 재평가이익은 기타포괄손익으로 처리하고, 재평가손실은 당기손실로 처리한다.

9.3 유형자산의 손상차손

(1) 손상차손의 인식

유형자산의 가치가 급격하게 하락하여 회복이 불가능한 경우 손상차손을 인식한다. 손상차손을 인식할 때 회수가능액은 순공정가치와 사용가치 중 큰 금액으로 한다.

(2) 손상차손의 회복

손상차손을 인식하지 않았을 때 장부금액을 한도로 환입이 가능하다.

> **사례**

다음 각 거래일의 회계처리를 하시오. 단, 본 문제들은 서로 연결되는 문제이다.

(1) 20x1. 1. 1 기계장치를 50,000,000원에 현금으로 취득하였다. (부가가치세 무시)

(2) 20x1.12.31 기계장치를 감가상각한다. 내용연수 5년, 잔존가액은 없으며, 정액법으로 상각한다.

(3) 20x2.12.31 감가상각을 한 후 확인한 결과 기계장치의 사용가치는 15,000,000원이고, 시장가치는 10,000,000원이며 회복이 불가능한 것으로 판단되었다.

(4) 20x3.12.31 감가상각을 한 후 확인한 결과 기계장치의 사용가치가 22,000,000원으로 회복된 것을 확인하였다.

해설

(1) 20x1. 1. 1 (차) 기계장치   50,000,000   (대) 현   금   50,000,000
(2) 20x1.12.31 (차) 감가상각비   10,000,000   (대) 감가상각누계액   10,000,000
(3) 20x2.12.31 (차) 감가상각비   10,000,000   (대) 감가상각누계액   10,000,000
             (차) 유형자산손상차손 15,000,000   (대) 손상차손누계액   15,000,000

  * 장부금액이 30,000,000원에서 사용가치와 시장가치 중 큰 금액인 15,000,000원으로 조정

(4) 20x3.12.31 (차) 감가상각비   5,000,000   (대) 감가상각누계액   5,000,000
             (차) 손상차손누계액 10,000,000   (대) 유형자산손상차손환입 10,000,000

  ** 15,000,000원으로 조정하였고 잔여 내용연수가 5년이므로 5,000,000원 감가상각
  *** 손상차손을 인식하지 않았을 때 감가상각후 금액을 한도로 회복가능

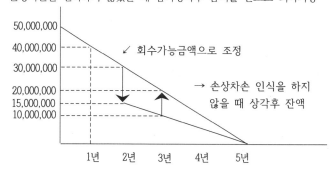

[예제 9-3]

[1] 다음은 ㈜삼일이 20X1년 7월 1일에 취득하여 20X1년말 현재 사용 중인 기계장치들에 대한 내용이다. 20X1년 말 사용 중인 기계장치들에 대하여 자산손상을 시사하는 징후가 존재하였다. ㈜삼일이 20X1년 말에 유형자산손상차손으로 인식해야 할 금액은 얼마인가?

구분	기계장치 A	기계장치 B
20x1년말 장부금액	225,000,000원	80,000,000원
20x1년말 처분시 예상 순공정가치	150,000,000원	40,000,000원
계속 사용할 경우의 사용가치	135,000,000원	96,000,000원

① 0 원   ② 59,000,000원

③ 74,000,000원   ④ 75,000,000원

[2] 다음은 ㈜삼일이 사용 중인 기계장치와 관련된 내용이다. ㈜삼일이 기계장치와 관련하여 20X2 년에 인식할 감가상각비는 얼마인가(단, 기계장치는 정액법으로 상각하고, 잔존가치는 0 원이라고 가정한다)?

> ㄱ. 20X1년 말 현재 기계장치 장부금액(손상차손 인식전): 60,000,000 원
> ㄴ. 20X1년 말 현재 기계장치의 순공정가치: 35,000,000 원
> ㄷ. 20X1년 말 현재 기계장치의 사용가치: 30,000,000 원
> ㄹ. 20X1년 말 현재 기계장치의 잔존내용연수: 10 년
> ㅁ. ㈜삼일은 20X1 년 말 상기 기계장치에 대해서 손상차손을 인식함

① 600,000원   ② 3,000,000원

③ 3,500,000원   ④ 3,888,889원

[3] ㈜삼일은 20X1 년 1 월 1 일에 기계장치(내용연수는 5 년, 잔존가치는 없음)를 100,000 원에 취득하였다. ㈜삼일은 기계장치에 대하여 원가모형을 적용하고 있으며, 감가상각방법으로 정액법을 사용한다. 20X1년 말에 동 기계장치의 회수가능액이 40,000 원으로 하락하여 손상차손을 인식하였다. 그러나 20X2년 말에 동 기계장치의 회수가능액이 80,000 원으로 회복되었다. 20X2 년 말에 인식할 손상차손환입액은 얼마인가?

① 20,000원   ② 30,000원

③ 40,000원   ④ 50,000원

해답

[1] ④

기계장치 A : 225,000,000원 → 150,000,000원 (손상차손 75,000,000원)

기계장치 B : 손상차손을 인식하지 않음

[2] ③ 20x1년말 장부금액을 35,000,000원으로 조정하고, 10년간 감가상각하면 3,500,000원이 계산

[3] ②

(1) 20x1년말 장부금액 40,000원 (남은 내용연수 4년)

(2) 20x2년 감가상각비 10,000원을 인식하면 장부금액 30,000원

(3) 만일 손상차손을 인식하지 않았다면 20x2년말 장부금액

     = 취득원가 100,000원 - 1차연도 감가상각 20,000원 - 2차연도 감가상각 20,000원 = 60,000원

(4) 장부금액 30,000원을 60,000원이 될 때까지 환입가능하다.

제**10**장

무형자산

10.1 무형자산의 정의와 인식

(1) 무형자산의 정의

① 비유동자산 + 영업활동을 위해 사용 + 형체가 없는 자산

② 무형자산의 인식요건 : 식별가능성, 자원에 대한 통제가 가능할 것, 미래 경제적 효익이 있을 것

(2) 무형자산에서 제외되는 항목

① 영업권 : 기업결합, 합병을 통한 취득분은 무형자산이고, 내부적으로 창출한 영업권은 제외.

② 고객과의 관계(고객목록), 조직 개편에 관련된 지출, 프로그램을 운용하는 직원에 대한 교육비, 내부적으로 창출한 상표, 프로젝트 연구단계에서 발생한 지출 등은 무형자산이 아니다.

> **사례**
>
> (주)대형은 (주)소형에게 현금 100,000,000원을 지급하고 흡수합병 하였다. 회계처리를 하시오. 합병 당시 (주)소형의 재무상태는 다음과 같으며 장부금액과 공정가치는 일치한다.
>
> **재무상태표**
>
> | 제품 | 80,000,000 | 단기차입금 | 90,000,000 |
> |---|---|---|---|
> | 기계장치 | 120,000,000 | 장기차입금 | 80,000,000 |
> | 임차보증금 | 50,000,000 | 자본금 | 80,000,000 |

해답

합병을 하게 되면, 자산과 부채가 모두 승계된다. 순자산 금액 보다 더 지급하는 부분은 영업권으로 한다.

(차) 제품	80,000,000	(대) 단기차입금	90,000,000
(차) 기계장치	120,000,000	(대) 장기차입금	80,000,000
(차) 임차보증금	50,000,000	(대) 현금	100,000,000
(차) 영업권	20,000,000		

[예제 10-1]

[1] 다음 중 무형자산으로 인식하기 위하여 필요한 조건이 아닌 것은?

① 자산의 물리적인 형체는 없지만 식별가능해야 한다.

② 자산으로부터 발생하는 미래 경제적효익이 기업에 유입될 가능성이 높아야 한다.

③ 자산의 원가를 신뢰성 있게 측정할 수 있어야 한다.

④ 사업결합에 의해 취득한 자산이어야 한다

[2] 다음 중 무형자산에 해당하는 것으로 가장 옳은 것은?

① 훈련을 통해 습득된 종업원의 기술　　　② 사업결합으로 취득한 영업권

③ 조직 개편에 관련된 지출　　　　　　　④ 프로젝트 연구단계에서 발생한 지출

[3] 다음 중 재무상태표에 무형자산으로 보고하기 어려운 항목은?

① 프로젝트 연구단계에서 발생한 지출　　② 어업권

③ 저작권　　　　　　　　　　　　　　　④ 프랜차이즈

해답

[1] ④ 무형자산의 인식요건 : 식별가능성, 자원에 대한 통제가 가능할 것, 미래 경제적 효익이 있을 것

[2] ② 무형자산 영업권에 해당된다. 나머지는 비용처리한다.

[3] ① 연구단계에서 발생한 지출은 비용처리한다. 나머지는 무형자산이다.

10.2 개발비 – 연구단계와 개발단계

일반적으로 내부적으로 창출한 무형자산은 인정하지 않으나 예외로 개발비는 무형자산으로 인정된다. 연구단계에서 발생한 지출은 비용처리하고, 개발단계에서 발생한 지출은 자산의 인식요건을 충족하면, 자산처리 가능하다.

(1) 연구단계와 개발단계 사례

연구단계	개발단계
(개) 새로운 지식을 얻고자 하는 활동	(개) 생산 전 또는 사용 전의 시제품과 모형을 설계, 제작 및 시험하는 활동
(내) 연구결과 또는 기타 지식을 탐색, 평가, 최종 선택 및 응용하는 활동	(내) 새로운 기술과 관련된 공구, 금형, 주형 등을 설계하는 활동

(다) 재료, 장치, 제품, 공정, 시스템, 용역 등에 대한 여러 가지 대체 안을 탐색하는 활동	(다) 상업적 생산목적이 아닌 소규모의 시험공장을 설계, 건설 및 가동하는 활동
(라) 새롭거나 개선된 재료, 장치, 제품, 공정, 시스템, 용역 등에 대한 여러 가지 대체 안을 제안, 설계, 평가 및 최종 선택하는 활동	(라) 새롭거나 개선된 재료, 장치, 제품, 공정, 시스템 및 용역 등에 대하여 최종적으로 선정된 안을 설계, 제작 및 시험하는 활동

〈주의〉 공장의 설계는 무형자산이 아니라 유형자산이다.

(2) 연구단계인지, 개발단계인지 구분할 수 없는 경우에는 모두 연구단계에서 발생한 것으로 본다.

[예제 10-2]

[1] 다음 중 내부적으로 창출한 무형자산에 관한 설명으로 가장 올바르지 않은 것은?

① 내부적으로 창출한 영업권은 자산으로 인식하지 아니한다.

② 재료, 장치, 제품, 공정, 시스템이나 용역에 대한 여러 가지 대체안을 탐색하는 활동은 미래경제적 효익이 창출될 것으로 예상되므로 무형자산으로 인식한다.

③ 무형자산을 창출하기 위한 내부 프로젝트를 연구단계와 개발단계로 구분할 수 없는 경우에는 그 프로젝트에서 발생한 지출은 모두 연구단계에서 발생한 것으로 본다.

④ 내부 프로젝트의 연구단계에서 발생한 지출은 발생시점에 비용으로 인식한다.

[2] 20X1 년 중 ㈜삼일은 연구 및 개발활동과 관련하여 총 500 억원을 지출하였다. 새로 개발한 무형자산이 20X2 년부터 사용가능할 것으로 예측된 경우 연구 및 개발비와 관련하여 20X1 년 중 비용으로 계상할 금액은 얼마인가?

1구분	금액	비고
연구단계	300억원	
개발단계	200억원	자산인식요건 충족 80억원, 자산인식요건 미충족 120억원

① 120억원 ② 300억원
③ 420억원 ④ 500억원

[3] ㈜삼일은 신제품 개발 프로젝트와 관련하여 당기 중 90 억원을 지출하였다. 동 지출 중 20 억원은 새로운 지식을 얻고자 하는 활동으로 소요되었고 70 억원은 사용 전의 시제품을 설계, 제작 및 시험하는 활동으로 소요되었다. 다음 중 이에 관한 회계처리로 가장 옳은 것은?

① 20 억원은 기간비용으로 처리하고, 70 억원 중 무형자산인식기준을 충족하지 못하는 것은 발생시점에 비용으로 인식하고, 무형자산 인식기준을 충족하는 것은 무형자산으로 인식한다.

② 신제품 프로젝트와 관련하여 발생한 90 억원은 전액 개발단계에 속하는 활동이므로 무형자산으로 인식한다.

③ 신제품 프로젝트와 관련하여 발생한 90 억원은 전액 연구단계에 속하는 활동이므로 현금지출시점에 비용으로 인식한다.

④ 개발단계에서 지출한 금액은 무형자산을 완성해 그것을 판매하려는 기업의 의도가 없더라도 무형자산으로 인식한다.

해설
[1] ② 연구단계에 해당하므로 비용처리한다.
[2] ③ 연구단계 300억원 + 개발단계 중 자산인식요건 미충족 120억원
[3] ① 새로운 지식을 얻고자 하는 활동은 연구단계 이므로 비용처리하고, 사용 전의 시제품을 설계, 제작 및 시험하는 활동은 개발단계에 해당되므로, 무형자산의 인식기준을 충족하는 부분은 무형자산으로 인식한다.

10.3 무형자산의 후속측정

무형자산의 후속측정 방법에는 원가모형과 재평가모형이 있다.

(1) 원가모형 : 매기말 무형자산 상각을 하는 방법이다.

① 내용연수가 유한한 경우

내용연수	경제적 내용연수와 법적 내용연수 중에서 짧은 기간을 적용한다.
상각방법	① 무형자산의 상각은 사용가능한 때부터 상각을 시작한다. ② 상각방법은 정액법, 체감잔액법, 생산량비례법 등이 있다. ③ 합리적인 상각방법을 정할 수 없는 경우에는 정액법으로 상각한다. ④ 무형자산의 상각기간, 상각방법을 변경하는 경우에는 회계추정의 변경으로 보고, 전진법으로 회계처리한다.

② 내용연수가 비한정인 경우
감가상각 X, 손상차손 O, 손상차손환입 X
단, 기업 환경변화, 법률개정 등으로 인하여 내용연수가 비한정인 무형자산도 내용연수가 유한한 무형자산으로 변경할 수 있다.

(2) 재평가모형

무형자산도 유형자산처럼 재평가모형을 적용할 수 있다. 단, 무형자산은 활성시장이 존재하는 경우에만 재평가 모형의 적용이 가능하다.

[예제 10-3]

[1] 다음 중 무형자산의 상각에 대한 설명으로 가장 올바르지 않은 것은?

① 내용연수가 유한한 무형자산은 내용연수 동안 상각을 하고, 내용연수가 비한정인 무형자산은 상각을 하지 않는다.

② 무형자산의 상각방법은 자산의 경제적 효익이 소비되는 형태를 반영해야 하며, 소비되는 형태를 신뢰성 있게 결정할 수 없는 경우에는 정액법을 사용한다.

③ 내용연수가 비한정인 무형자산은 상각을 하지 않고, 손상징후에 관계없이 최소 매년 손상검사를 수행하여 손상차손을 인식한다.

④ 무형자산의 잔존가치와 상각기간, 상각방법을 적어도 매 회계연도 말에 검토하며, 검토결과 잔존가치, 상각기간, 상각방법을 변경하는 경우에는 회계추정의 변경으로 보고 소급적용하여 회계처리한다.

[2] 제조업을 영위하고 있는 ㈜삼일은 신제품 개발활동과 관련하여 6,000,000원을 개발비로 계상하였다 (해당 개발비는 무형자산인식기준을 충족함). 해당 무형자산은 20X1년 10월 1일부터 사용 가능하며, 내용연수는 5 년이고 잔존가치는 없다. 동 개발비의 경제적 효익이 소비되는 형태를 신뢰성 있게 결정할 수 없다고 가정할 경우, 개발비 관련하여 20X1 년에 인식할 무형자산상각비는 얼마인가?

① 300,000원   ② 600,000원

③ 1,200,000원   ④ 6,000,000원

[3] 다음은 ㈜삼일의 20X1 년 중 연구 및 개발활동으로 지출한 내역이다.

> ㄱ. 연구활동관련 : 100,000 원
> ㄴ. 개발활동관련 : 150,000 원
> - 개발활동에 소요된 150,000 원 중 30,000 원은 20X1년 4월 1일부터 동년 9월 30일까지 지출되었으며 나머지 120,000원은 10월 1일에 지출되었다. 단, 10월 1일에 지출된 120,000 원만 무형자산 인식기준을 충족하며, 동일부터 사용가능하게 되었다.

개발비는 취득 후 5 년간 정액법으로 상각한다. 20X1 년 12 월 31 일 ㈜삼일의 재무상태표에 보고되어야 할 무형자산 금액과 포괄손익계산서서상 무형자산상각비는 각각 얼마인가(단, 무형자산에 대해서 원가모형을 선택하고 있다)?

	무형자산	무형자산상각비		무형자산	무형자산상각비
①	94,000원	6,000원	②	100,000원	24,000원
③	114,000원	6,000원	④	120,000원	24,000원

해설

[1] ④ 회계추정의 변경으로 보고 전진적으로 회계처리한다.

[2] ① 6,000,000 ÷ 5년 × 3개월/12개월 = 300,000원

[3] ③

개발비의 취득원가 : 10월 1일 지출한 120,000원

무형자산상각비 : 120,000원 ÷ 5년 × 3/12 = 6,000원

무형자산 잔액 : 취득원가 120,000원 - 무형자산상각비 6,000원 = 114,000원

투자부동산

11.1 투자부동산의 범위

(1) 투자부동산의 의의

임대수익이나 시세차익 또는 두 가지를 모두 얻기 위해 보유중인 부동산

(2) 투자부동산에 포함되는 것과 포함되지 않는 것

투자부동산에 포함	투자부동산에서 제외
장기시세차익을 얻기 위해 보유하는 부동산	자가 사용목적으로 보유하는 토지(유형자산)
장래 사용목적을 정하지 않은 부동산	판매목적으로 보유하는 토지(재고자산)
운용리스로 제공한 부동산	금융리스로 제공한 부동산(판매 간주)

[예제 11-1]

[1] 다음 중 투자부동산으로 분류되지 않는 것은?

① 장기 시세차익을 얻기 위하여 보유하고 있는 토지
② 장래 용도를 결정하지 못한 채로 보유하고 있는 토지
③ 미래에 투자부동산으로 사용하기 위하여 건설 또는 개발 중인 부동산
④ 금융리스로 제공한 부동산

[2] 다음은 ㈜삼일이 보유하고 있는 자산의 내역이다. 투자부동산으로 계정분류 되어야 할 금액으로 가장 적절한 것은?

> ㄱ. 장기 시세차익을 얻기 위하여 보유하고 있는 토지 100,000,000 원
> ㄴ. 장래 사용목적을 결정하지 못한 채로 보유하고 있는 건물 80,000,000 원
> ㄷ. 직원 연수원으로 사용할 목적의 건물 50,000,000 원
> ㄹ. 금융리스로 제공한 토지 40,000,000 원

① 90,000,000원   ② 100,000,000원

③ 140,000,000원   ④ 180,000,000원

[3] 다음 중 투자부동산에 해당하는 것을 모두 고르면?

> ㄱ. 정상적인 영업과정에서 판매하기 위한 부동산이나 이를 위하여 건설 또는 개발 중인 부동산
> ㄴ. 자가사용중인부동산
> ㄷ. 미래에 투자부동산으로 사용하기 위하여 건설 또는 개발 중인 부동산
> ㄹ. 리스제공자가 운용리스로 제공하기 위하여 보유하고 있는 미사용 건물
> ㅁ. 금융리스로 제공한 부동산

① ㄱ, ㄴ   ② ㄴ, ㄷ

③ ㄷ, ㄹ   ④ ㄹ, ㅁ

해답

[1] ④ 금융리스로 제공한 부동산은 실질적으로 판매된 것으로 간주하므로 기업의 자산에 포함하지 않는다.

[2] ④ 100,000,000 + 80,000,000 = 180,000,000

     직원 연수원으로 사용할 목적의 건물은 유형자산이고, 금융리스로 제공한 토지는 투자부동산에서 제외된다.

[3] ③ 판매목적은 재고자산, 자가사용은 유형자산, 금융리스로 제공한 부동산은 해당 기업의 자산에서 제외한다.

11.2 투자부동산의 후속측정

투자부동산은 원가모형과 공정가치 모형 중 한가지 방법을 선택하여 모든 투자부동산에 적용한다.

(1) 원가모형과 공정가치모형의 비교

	감가상각	자산재평가	손익계산
원가모형	O	X	감가상각비만큼 비용인식
공정가치모형	X	O	공정가치 변동분만큼 손익인식

(2) 유형자산, 무형자산, 투자부동산의 공정가치 모형 비교

	유형자산	무형자산	투자부동산
공정가치 증가	기타포괄손익	인식하지 않음	이익인식
공정가치 감소	손실인식	손실인식	손실인식

[예제 11-2]

[1] ㈜삼일은 20X1 년 초에 임대수익 및 시세차익 등을 목적으로 건물을 10 억원에 취득하였다. 취득당시 건물의 내용연수는 10 년, 잔존가치는 없으며, 회사의 감가상각방법은 정액법이다. 건물의 회계처리와 관련하여 ㈜삼일의 20X2 년 당기순이익에 미치는 영향은 얼마인가(단, 법인세비용은 고려하지 않으며, ㈜삼일은 투자부동산을 공정가치 모형으로 측정하고 있다)?

구분	20x1년 12월 31일	20x2년 12월 31일
건물	8억원	12억원

① 2 억원 당기순이익 감소　　　　　② 4 억원 당기순이익 감소
③ 2 억원 당기순이익 증가　　　　　④ 4 억원 당기순이익 증가

[2] ㈜삼일은 20X1 년 10 월 1 일 다음과 같은 건물을 구입하였으나 장래 사용목적을 결정하지 못하여 투자부동산으로 분류하여 보유하고 있다. 투자부동산의 회계처리와 관련하여 ㈜삼일의 20X1 년 당기순이익에 미치는 영향은 얼마인가(단, 법인세비용은 고려하지 않으며, ㈜삼일은 원가모형으로 투자부동산을 평가하고 있다)?

ㄱ. 취득원가 : 600,000,000 원
ㄴ. 감가상각방법 및 내용연수 : 정액법, 30년
ㄷ. 잔존가치 : 60,000,000 원
ㄹ. 공정가치

구분	20x1년 10월 31일	20x1년 12월 31일
투자부동산	600,000,000원	610,000,000원

① 2,500,000원 당기순이익 증가　　　　② 4,500,000원 당기순이익 증가
③ 2,500,000원 당기순이익 감소　　　　④ 4,500,000원 당기순이익 감소

[3] ㈜삼일은 20X1 년 초에 다음과 같은 건물을 구입하였으나 장래 사용목적을 결정하지 못하여 투자부동산으로 분류하고 있다. 투자부동산의 회계처리와 관련하여 ㈜삼일의 20X1 년 당기순이익에 미치는 영향은 얼마인가(단, 법인세비용은 고려하지 않으며, ㈜삼일은 투자부동산을 원가모형으로 측정하고 있다)?

ㄱ. 취득원가 : 10억원
ㄴ. 감가상각방법 및 내용연수 : 정액법, 10년
ㄷ. 잔존가치 : 1억원
ㄹ. 공정가치

구분	20x1년 10월 31일	20x1년 12월 31일
건물	10억원	8억원

① 90,000,000원 당기순이익 감소   ② 200,000,000원 당기순이익 감소

③ 90,000,000원 당기순이익 증가   ④ 200,000,000원 당기순이익 증가

[4] 다음 중 투자부동산의 후속적 측정에 대한 설명으로 가장 올바르지 않은 것은?

① 원가모형으로 측정해 오던 투자부동산이 매각예정으로 분류된다면 별도의 기준서에 따라 처리하여야 한다.

② 최초 인식 이후 투자부동산의 평가방법을 원가모형으로 선택한 경우에는 모든 투자부동산에 대하여 원가모형을 적용한다.

③ 공정가치모형을 선택한 경우에는 해당 투자부동산이 감가상각대상자산인 경우에도 감가상각은 수행하지 않는다.

④ 공정가치모형에서 공정가치를 산정할 때에는 매각, 또는 다른 형태의 처분으로 발생할 수 있는 거래원가를 차감하여야 한다.

해답

[1] ④ 공정가치 모형을 적용하면 투자부동산은 감가상각을 하지 않는다.
  직전연도 보다 공정가치가 4억원 증가했으므로 4억원의 당기순이익을 인식한다.

[2] ④ 원가모형을 적용하면 투자부동산의 공정가치 변동은 고려하지 않고, 감가상각비만 비용으로 인식한다. 감가상
  각비 : (600,000,000 - 60,000,000) ÷ 30년 × 3개월/12개월 = 4,500,000원

[3] ① 원가모형을 적용하면 투자부동산의 공정가치 변동은 고려하지 않고, 감가상각비만 비용으로 인식한다. 감가상
  각비 : (1,000,000,000 - 100,000,000) ÷ 10년 = 90,000,000원

[4] ④ 공정가치 산정시에는 매각 등 거래원가를 차감하지 않는다. 참고로 거래원가를 포함하는 것은 공정가치가 아니
  라 현행원가이다.

11.3 투자부동산의 계정대체

(1) 투자부동산의 계정대체 사유

    ① 투자부동산 → 다른 계정

        투자부동산을 자기가 직접 사용하는 경우

    ② 다른 계정 → 투자부동산

        다른 계정으로 보유하고 있던 부동산을 제3자에게 운용리스로 제공

(2) 분류변경의 회계처리

    ① 원가모형 : 계정대체만 하면 된다.

    ② 재평가모형(재평가 전 계정과목의 재평가 규정이 있음) : 먼저 평가를 한 후 계정대체

③ 재평가모형(재평가 전 계정과목의 재평가 규정이 없음) : 계정대체 후 재평가

분류변경 전 금액 50,000,000원, 분류변경 후 금액 60,000,000원으로 가정한다.

상황		회계처리			
투자부동산 → 유형자산	원가모형	(차) 유형자산	50,000,000	(대) 투자부동산	50,000,000
	재평가모형	(차) 투자부동산	10,000,000	(대) 평가이익	10,000,000
		(차) 유형자산	60,000,000	(대) 투자부동산	60,000,000
투자부동산 → 재고자산	원가모형	(차) 재고자산	50,000,000	(대) 투자부동산	50,000,000
	재평가모형	(차) 투자부동산	10,000,000	(대) 평가이익	10,000,000
		(차) 재고자산	60,000,000	(대) 투자부동산	60,000,000
유형자산 → 투자부동산	원가모형	(차) 투자부동산	50,000,000	(대) 유형자산	50,000,000
	재평가모형	(차) 유형자산	10,000,000	(대) 기타포괄	10,000,000
		(차) 투자부동산	60,000,000	(대) 유형자산	60,000,000
재고자산 → 투자부동산	원가모형	(차) 투자부동산	50,000,000	(대) 재고자산	50,000,000
	재평가모형	(차) 투자부동산	50,000,000	(대) 재고자산	50,000,000
		(차) 투자부동산	10,000,000	(대) 평가이익	10,000,000

[예제 11-3]

[1] 다음 중 한국채택국제회계기준 하에서 투자부동산으로의 계정대체가 가능한 경우는?

① 제 3 자에게 금융리스제공을 개시한 경우

② 제 3 자에게 운용리스제공을 개시한 경우

③ 자가사용을 개시한 경우

④ 정상적인 영업과정에서 판매하기 위한 개발을 개시한 경우

[2] 부동산매매업을 영위하고 있는 ㈜삼일은 당기 중 판매목적으로 보유하던 장부금액 100 억 원의 상가건물을 제 3 자에게 운용리스를 통해 제공하기로 하였다. 용도 변경시점의 동 상가건물의 공정가치가 120억 원 이었다고 할 때 ㈜삼일의 회계처리로 가장 적절한 것은?

① (차) 투자부동산 120 억　　　(대) 재고자산 100 억
　　　　　　　　　　　　　　　　재평가이익(당기손익) 20 억

② (차) 투자부동산 120 억　　　(대) 재고자산 120 억

③ (차) 투자부동산 120 억　　　(대) 재고자산 100 억
　　　　　　　　　　　　　　　　재평가잉여금(기타포괄손익) 20 억

④ (차) 투자부동산 100 억　　　(대) 재고자산 100 억

[3] 다음 중 투자부동산의 계정대체에 관한 설명으로 가장 올바르지 않은 것은?

① 원가모형 적용 임대수익 목적의 건물을 자가사용으로 전환하면 유형자산으로 분류하고 별도의 손익은 인식하지 않는다.

② 공정가치모형 적용 임대수익 목적의 건물을 자가사용으로 전환하면 유형자산으로 분류하고 대체시점에서 발생한 재평가차액을 기타포괄손익으로 인식한다.

③ 자가사용건물을 제 3 자에게 운용리스로 제공하는 경우에는 투자부동산으로 분류한다.

④ 자가사용건물의 사용이 종료되면 투자부동산으로 대체한다

해설

[1] ② 운용리스 제공을 하는 경우에는 투자부동산으로 분류한다. 그 외에는 투자부동산으로 분류하는 사유에 해당하지 않는다.

[2] ① 재고자산의 평가손익 관련 규정은 없다. 이 경우에는 먼저 계정대체를 하고, 재평가를 한다.

[3] ② 공정가치모형 적용 임대수익 목적의 건물을 자가사용으로 전환하면 대체시점에서 발생한 재평가차액을 당기손익으로 인식한 후에 유형자산으로 분류한다.

제12장

현금및현금성자산과 매출채권

12.1 현금및현금성자산과 유사항목

(1) 금융자산의 정의 – 보유자 입장
① 현금및현금성자산
② 다른 기업의 지분상품
③ 거래 상대방에게서 현금 등 금융자산을 수취할 계약상 권리 (채권)

(2) 현금및현금성자산
① 현금및현금성자산

통화 및 타인발행수표, 당좌예금, 보통예금, 우편환증서, 소액현금, 기일도래 공사채 이자표, 배당금지급통지표 등...

* 외부보고 목적으로는 이러한 계정과목을 통합하여 현금및현금성자산으로 보고하지만 내부 관리목적으로는 구분하여 표시할 수 있다. 당좌예금과 보통예금은 요구불예금이라고 부르기도 한다.

② 단기금융상품(취득일로부터 만기 3개월 초과, 1년 이내 현금화)

정기예금, 정기적금, 사용제한예금, 양도성예금증서(CD), 어음관리구좌(CMA), 환매체(RP), 초단기수익증권(MMF) 등

* **취득일로부터 만기가 3개월 이내인 것은 현금및현금성자산**이다.

③ 기타
 – 약속어음 : 받을어음으로 분류한다. (매출채권 = 외상매출금, 받을어음) 매출채권에 해당하므로 약속어음은 현금및현금성자산으로 분류하면 안된다.
 – 직원가불금 및 차용증서 : 단기대여금(또는 임직원등단기채권)
 – 우표 및 수입인지 : 통신비, 세금과공과금 등으로 처리한다.
 – 선일자수표 : 재고자산 판매시에는 받을어음, 그 외의 경우 미수금 성격이다.

- 당좌차월 : 당좌예금에서 차감하는 것이 아니라 단기차입금 성격이다. 예를들어 A은행 당좌예금 잔액이 3,000,000원, B은행 당좌차월 잔액이 1,000,000원이라면 장부상에는 당좌예금 2,000,000원으로 보고하는 것이 아니라 당좌예금 3,000,000원, 단기차입금 1,000,000원으로 각각 보고하여야 한다.
- 당좌개설보증금 : 특정현금과예금(장기금융상품)으로 처리한다.
- 질권설정된 보통예금 : 사용이 제한되어 있으므로 현금및현금성자산으로 처리하면 안된다. 사용제한 기간에 따라 단기금융상품이나 장기금융상품으로 구분한다.
- 금융상품 중 1년 이후 만기도래 : 장기금융상품으로 분류한다.

[예제 12-1]

[1] 다음 중 재무상태표상에 기재될 현금및현금성자산의 잔액을 계산하면 얼마인가?

ㄱ. 요구불예금 1,650,000원
ㄴ. 타인발행수표 2,500,000원
ㄷ. 취득일로부터 상환일까지의 기간이 2개월인 상환우선주 1,000,000원
ㄹ. 결산일로부터 만기일이 1개월 남은 1년 만기 정기예금 1,220,000원

① 3,870,000원   ② 4,150,000원
③ 5,150,000원   ④ 6,370,000원

[2] 다음 중 재무상태표상에 기재될 현금및현금성자산 잔액은 얼마인가?

- 양도성예금증서(60일 만기) 100,000원
- 환매채(90일 만기) 90,000원
- 배당금지급통지표 130,000원
- 당좌예금 100,000원

① 290,000원   ② 320,000원
③ 330,000원   ④ 420,000원

해답
[1] ③ 1,650,000 + 2,500,000 + 1,000,000 = 5,150,000원
[2] ④ 모두 현금및현금성자산에 해당된다.

12.2 매출채권과 대손회계

(1) 매출채권의 의의

① 매출채권의 종류 : 외상매출금과 받을어음을 말한다.

② 미수금과 구분 : 매출채권은 재고자산 거래에서 발생하고, 미수금은 그 외의 외상거래에서 발생한다.

(2) 대손충당금의 의의

채권의 회수불가능에 대비한 금액을 말한다. 대손충당금은 자산의 차감적 성격이다.

(3) 매출채권과 대손충당금의 관계

매출채권		대손충당금	
기초	회수	**대손발생**	기초
	대손발생		추가설정
외상매출	기말	기말	(손익계산서 비용)

(4) 재고자산과 매출채권과의 관계 : 모든 거래는 외상으로 발생한다고 가정

재고자산		매출채권	
기초	매출원가	기초	회수
			대손발생
당기매입	기말	외상매출	기말
		(매출원가 + 매출총이익)	

[예제 12-2]

[1] 다음은 ㈜삼일의 20X2 년 12 월 31 일 현재 매출채권 잔액 및 대손충당금에 관한 자료이다. 20X2 년 중 대손이 확정되어 상계된 매출채권은 얼마인가?

〈 매출채권 잔액 및 대손충당금 〉

구분	매출채권 잔액	대손충당금
20x2년 12월 31일	1,600,000원	85,000원

20X1 년 말 대손충당금 잔액은 42,500 원이고, 20X2 년에 인식한 대손상각비는 72,500 원이다.

① 10,000원 ② 15,000원
③ 27,000원 ④ 30,000원

[1] ④ 42,500 + 72,500 - 85,000 = 30,000원

대손충당금

대손발생 30,000	기초 42,500
기말 85,000	추가설정 72,500 (손익계산서 대손상각비)

12.3 현재가치 평가와 미래가치 평가

현가계수는 상각후원가측정 금융자산, 사채, 복합금융사채, 리스 등에서 활용되므로 이번절에서 정리하기로 한다.

(1) 미래가치 : 현재금액에 대한 미래의 가치

> **예시**
>
> 현재 100만원의 1년후 미래가치는? 단, 이자율은 10%를 적용한다.
> → 현재금액 × (1 + 이자율) = 1,000,000원 × (1 + 0.1) = 1,100,000원

(2) 현재가치 : 미래금액에 대한 현재의 가치

> **예시**
>
> 1년 후 100만원의 현재가치는? 단, 할인율은 10%를 적용한다.
> → 미래금액 ÷ (1 + 이자율) = 1,000,000원 ÷ (1 + 0.1) = 909,091원

(3) 연금의 현재가치 : 동일 금액이 연속되는 경우의 현재가치

> **예시**
>
> 1년후 100만원, 2년후 100만원, 3년후 100만원을 받는 현금흐름의 현재가치는? 단, 할인율은 10%를 적용한다.
> → (1,000,000 ÷ 1.1) + (1,000,000 ÷ 1.1 ÷ 1.1) + (1,000,000 ÷ 1.1 ÷ 1.1 ÷ 1.1)
>   = 2,486,852원

(4) 현가계수 : 시험에서는 계산의 편의를 위해 현가계수가 주어지기도 한다. 각 기간 현가계수의
합계를 연금의 현가계수라고 한다.

> **예시**
>
> 할인율 10%를 가정했을 때 1원의 현가계수와 연금현가계수를 계산하시오. 편의상 소수점 4자리까지만 표시한다.
>
> | 기간 | 현가계수 | 연금 현가계수 |
> |---|---|---|
> | 1년 | 1 ÷ 1.1 = 0.9091 | 0.9091 |
> | 2년 | 1 ÷ 1.1 ÷ 1.1 = 0.8264 | 0.9091 + 0.8264 = 1.7355 |
> | 3년 | 1 ÷ 1.1 ÷ 1.1 ÷ 1.1 = 0.7513 | 0.9091 + 0.8264 + 0.7513 = 2.4868 |
>
> 만약에 3년간 매년 1,000,000원의 현금흐름이 발생한다면 1,000,000 × 2.4868 = 2,486,800원으로 계산할 수 있다.

[예제 12-3]

[1] 3년동안 매년말 1,000,000원의 현금흐름이 발생하는 경우 현재가치는? 단, 할인율은 6%이며, 3년
현가계수는 0.8396이고, 3년 연금현가계수는 2.6730이다.

[2] 1년 후 1,000,000원, 2년 후 1,200,000원, 3년 후 1,500,000원이 유입되는 투자안의 현재가치는?
단, 할인율은 8%이며, 현가계수는 다음과 같다.

기간	1년	2년	3년
현가계수	0.9259	0.8573	0.7938

해답

[1] 1,000,000 × 2.6730 = 2,673,000원
[2] 1,000,000 × 0.9259 + 1,200,000 × 0.8573 + 1,500,000 × 0.7938 = 3,145,360원

제13장

금융자산 I

13.1 금융자산의 분류

당기손익-공정가치측정금융자산, 상각후원가측정금융자산, 기타포괄손익-공정가치측정금융자산으로 구분할 수 있다.

(1) 금융자산의 유형

① 현금및현금성자산

② 다른기업이 발행한 지분상품

③ 현금 등 금융자산을 수취할 수 있는 권리 (반대로 차입금, 매입채무, 미지급금 같이 미래에 현금 등 금융자산을 지급할 의무는 금융부채로 처리한다.)

④ 잠재적으로 유리한 조건으로 금융자산이나 금융부채를 교환하기로 한 계약 (불리한 조건은 금융부채에 해당된다.)

⑤ 자신의 지분으로 결제되거나 결제될 수 있는 계약으로서 수취할 자기지분상품의 수량이 변동가능한 비파생상품 (확정된 수량이 아니라 변동가능한 수량임에 주의한다)

(2) 금융상품의 분류

	당기손익-공정가치측정 금융자산	기타포괄손익-공정가치 측정금융자산	상각후원가측정금융자산
목적	단기간 매도 목적 (일반적인 지분증권)	매도목적, 계약상 현금흐름수취목적	계약상 현금흐름 수취목적
측정방법	평가차액을 당기손익으로 처리	평가차액을 기타포괄손익으로 처리	상각후 원가로 측정 (공정가치 측정이 아니다)

[예제 13-1]

[1] 다음 중 한국채택국제회계기준에 의한 금융상품의 발행자가 금융상품을 금융부채(financial liability) 와 지분상품(equity instrument)으로 분류할 때에 관한 설명으로 가장 올바르지 않은 것은?

① 잠재적으로 불리한 조건으로 거래상대방과 금융자산이나 금융부채를 교환하기로 한 계약상 의무는 금융자산으로 분류한다.

② 향후 현대자동차 에쿠스 5 대의 가치에 해당하는 확정되지 않은 금액의 현금을 대가로 자기지분상품 380 주를 인도하는 계약은 지분상품으로 분류하지 않는다.

③ 발행자가 보유자에게 미래의 시점에 확정된 금액을 의무적으로 상환해야 하는 의무가 있는 우선주는 금융부채로 분류한다.

④ 삼일회계법인과 동일한 공정가치에 해당하는 자기지분상품을 인도할 계약은 인도할 자기지분상품의 수량이 확정되지 않았으므로 금융부채로 분류한다.

[2] 다음 중 금융자산에 해당하지 않는 것은?

① 다른 기업의 지분상품

② 거래상대방에게서 현금 등 금융자산을 수취할 계약상 권리

③ 잠재적으로 유리한 조건으로 거래상대방과 금융자산이나 금융부채를 교환하기로 한 계약상 권리

④ 기업이 자신의 지분으로 결제되거나 결제될 수 있는 계약으로서 수취할 자기지분상품의 수량이 확정된 비파생상품

[3] 다음 중 금융상품에 대한 설명으로 가장 올바르지 않은 것은?

① 금융상품은 정기예·적금과 같은 정형화된 상품 뿐만 아니라 다른 기업의 지분상품, 거래상대방에게서 현금 등 금융자산을 수취할 계약상의 권리 등을 포함하는 포괄적인 개념이다.

② 한국채택국제회계기준은 보유자에게 금융자산을 발생시키고 동시에 상대방에게 금융부채나 지분상품을 발생시키는 모든 계약을 금융상품으로 정의하였다.

③ 매입채무와 미지급금은 금융부채에 해당하지 않는다.

④ 현금및현금성자산, 지분상품 및 채무상품은 금융자산에 해당한다.

[4] 다음 중 금융자산의 분류에 대한 설명으로 가장 올바르지 않은 것은?

① 원칙적으로 지분상품은 당기손익-공정가치측정금융자산으로 분류한다.

② 단기매매항목이 아닌 지분상품은 최초 취득시 기타포괄손익-공정가치측정금융자산으로 지정할 수 있다.

③ 원리금 수취 목적의 채무상품은 상각후원가측정금융자산으로 분류한다.

④ 매매목적의 채무상품은 기타포괄손익-공정가치측정금융자산으로 분류한다.

[1] ① 불리한 조건은 금융부채 성격이다.

[2] ④ 수량이 확정된 것이 아니라 변동가능해야 금융자산이다.

[3] ③ 매입채무, 미지급금은 장래에 금융자산을 지급해야 하므로 금융부채에 해당된다.

[4] ④ 매매목적의 채무상품은 당기손익–공정가치측정금융자산으로 분류한다.

13.2 금융자산의 취득원가

(1) 당기손익–공정가치측정 금융자산의 취득원가

거래원가(취득수수료, 취득관련 세금 등)를 비용처리한다. 다시말해 취득원가에 가산하지 않는다.

(2) 다른 금융자산의 취득원가

거래원가를 취득원가에 가산한다.

[예제 13-2]

[1] ㈜삼일은 20X1년 1월 1일 다음과 같이 금융자산을 취득하였다. 최초 인식시점에 재무상태표에 인식될 금융자산의 분류별 측정금액은 각각 얼마인가?

㈜용산의 지분증권	㈜마포의 채무증권	㈜구로의 지분증권
- 취득가역 : 1,000,000원 - 거래원가 : 100,000원 - 단기매매목적	- 액면가액 : 1,000,000원 - 시장이자율 : 10% - 액면이자율 : 10% - 계약상 현금흐름 수취목적	- 취득가격 : 1,500,000원 - 거래원가 : 150,000원 - 취득시점에 기타포괄손익-공정가치측정금융자산지정

	당기손익–공정가치측정금융자산	기타포괄손익–공정가치측정금융자산	상각후원가측정금융자산
①	1,100,000원	1,650,000원	1,000,000원
②	1,000,000원	1,650,000원	1,000,000원
③	1,100,000원	1,500,000원	1,100,000원
④	1,000,000원	1,500,000원	1,000,000원

---

[1] ②

㈜용산 : 단기매매목적이므로 당기손익–공정가치측정금융자산이며 거래원가는 취득원가에 가산하지 않는다.

㈜마포 : 계약상 현금흐름수취목적이면 상각후원가측정금융자산이다.

㈜구로 : 자료에서 기타포괄손익–공정가치측정금융자산이라고 주어졌고, 거래원가도 취득원가에 포함시킨다.

13.3 당기손익-공정가치측정 금융자산의 측정

(1) 금융자산의 후속측정

금융자산의 후속측정방법을 비교하면 다음과 같다. 이번절에서는 당기손익-공정가치측정 금융자산 위주로 학습하기로 한다.

① 당기손익-공정가치측정금융자산 : 공정가치 평가, 당기손익 반영
② 기타포괄손익인식금융자산(지분) : 공정가치 평가, 기타포괄손익, 처분손익 환원 X
③ 기타포괄손익인식금융자산(채무) : 공정가치 평가, 기타포괄손익, 처분손익 환원 O
④ 상각후원가 측정 금융자산 : 유효이자율법을 적용하여 상각후 원가 평가, 평가손익을 인식하지 않음

(2) 당기손익-공정가치 측정 금융자산의 회계처리 사례

20x1.11.11 단기간 자금운용목적으로 현금 5,000,000원을 지급하고, 다른 기업이 발행한 주식을 취득하였다. 취득하면서 취득수수료 100,000원이 별도로 발생하였다.

(차) 당기손익금융자산*   5,000,000   (대) 현금   5,100,000
(차) 수수료비용   100,000

* 당기손익-공정가치 측정 금융자산으로 표시하여야 하나 편의상 이번 예제에서는 줄여서 표시하기로 한다.

20x1.12.31 기말에 주식의 공정가치가 7,000,000원이 되었다.

(차) 당기손익금융자산   2,000,000   (대) 평가이익(손익)   2,000,000

20x2.10.04 주식 전부를 현금 8,000,000원을 받고 처분하였다.

(차) 현금   8,000,000   (대) 당기손익금융자산   7,000,000
                              (대) 처분이익   1,000,000

당기손익-공정가치 측정 금융자산과 관련한 손익은 다음과 같이 계산한다.
① 평가손익 = (1주당 기말 공정가치 - 1주당 장부금액) × 보유주식수
② 처분손익 = (1주당 처분금액 - 1주당 장부금액) × 처분주식수

[예제 13-3]

[1] ㈜서울은 20X1 년 초에 ㈜용산의 주식 1,000 주를 취득하고 당기손익-공정가치 측정 금융자산으로 분류하였다. 20X2 년 초에 1,000 주를 공정가치로 처분한 경우 ㈜서울이 20X2 년의 포괄손익계산서에 계상할 처분손익은 얼마인가?

일자	구분	주당금액
20x1년 1월 3일	취득원가	10,000원
20x1년 12월 31일	공정가치	9,500원
20x2년 1월 1일	공정가치	10,200원

① 손실 500,000원   ② 손실 700,000원
③ 이익 200,000원   ④ 이익 700,000원

[2] ㈜서울은 20X1 년 초에 ㈜용산의 주식 500 주를 취득하고 당기손익-공정가치 측정 금융자산으로 분류하였다. ㈜서울이 20X2 년의 포괄손익계산서에 계상할 평가손익은 얼마인가?

일자	구분	주당금액
20x1년 1월 3일	취득원가	10,000원
20x1년 12월 31일	공정가치	9,500원
20x2년 12월 31일	공정가치	10,200원

① 손실 350,000원   ② 손실 700,000원
③ 이익 350,000원   ④ 이익 700,000원

[3] ㈜삼일의 단기매매목적으로 취득한 금융자산의 취득, 처분내역은 다음과 같다. 다음 자료를 이용하여 물음에 답하시오. (㈜삼일의 결산일은 12 월 31 일이며, 시가를 공정가치로 본다)

> 20X1. 1. 7   주당 액면금액이 500 원인 ㈜용산의 주식 10 주를 주당 2,000 원에 취득하였다.
> 20X1. 9. 10 ㈜용산 주식 중 5 주를 주당 3,000 원에 처분하였다.
> 20X1. 12. 31 ㈜용산 주식의 시가는 주당 3,000 원이었다.
> 20X2. 4. 10 ㈜용산 주식 중 2 주를 주당 2,000 원에 처분하였다.
> 20X2. 12. 31 ㈜용산 주식의 시가는 주당 1,500 원이다

20X1 년 ㈜삼일의 포괄손익계산서에 보고될 당기손익-공정가치 측정 금융자산의 평가손익은 얼마인가?

① 평가이익 5,000원   ② 평가이익 6,000원
③ 평가손실 5,000원   ④ 평가손실 6,000원

해답

[1] ④ 처분손익
= (1주당 처분금액 10,200원 - 1주당 장부금액 9,500원) × 처분주식수 1,000주
= 이익 700,000원

[2] ③ 평가손익
= (1주당 공정가치 10,200원 - 1주당 장부금액 9,500원) × 보유주식수 500주
= 이익 350,000원

[3] ① 평가손익
= (1주당 공정가치 3,000원 - 1주당 장부금액 2,000원) × 보유주식수 5주
= 이익 5,000원 (문제에서 20x2년이 아니라 20x1년 금액을 물어본 것에 주의)

제14장

금융자산 Ⅱ

14.1 상각후원가 측정 금융자산

(1) 의의

상각후원가 측정 금융자산은 계약상 현금흐름을 수취하기 위한 금융상품이다. 계정과목 명칭대로 상각후원가법으로 측정한다.

(2) 상각후원가법 계산사례 : 현재가치를 이용하여 측정하는 방법이다.

예를 들어 액면가액 1,000,000원, 액면이자율 8%, 시장이자율 10%라면 다음의 현금흐름을 가진다.

현재	1년후	2년후	3년후
	80,000	80,000	80,000
			1,000,000

각 기간별 현금흐름의 합계는 다음과 같다.

$$\frac{80,000}{(1+0.1)} + \frac{80,000}{(1+0.1)^2} + \frac{80,000}{(1+0.1)^3} + \frac{1,000,000}{(1+0.1)^3} = 950,263원$$

1년이 지나면 1년 후 금액은 수령을 하고, 2년 후와 3년 후 현금흐름은 1년후, 2년후가 된다.

현재	1년후	2년후
	80,000	80,000
		1,000,000

$$\frac{80,000}{(1+0.1)} + \frac{80,000}{(1+0.1)^2} + \frac{1,000,000}{(1+0.1)^2} = 965,289원$$

1년이 추가로 지나면 현금흐름은 1년후에 1,080,000원만 남으며, 현재가치는 981,818원이 된다.

(3) 회계처리 : 앞의 (1)의 상황을 예로 들어서 제시한다.

20x1.1.1 상각후원가측정 금융자산을 현금 950,263원을 지급하고 취득

(차) 상각후원가측정금융자산   950,263   (대) 현금   950,263

20x1.12.31 1년분 이자를 현금수령 (시장이자율 10%)

(차) 현금   80,000   (대) 이자수익   95,026
(차) 상각후원가측정금융자산   15,026
* 상각후원가측정 금융자산 장부금액 = 950,263 + 15,026 = 965,289원

20x2.12.31 1년분 이자를 현금수령

(차) 현금   80,000   (대) 이자수익   96,529
(차) 상각후원가측정금융자산   16,529
* 상각후원가측정 금융자산 장부금액 = 965,289 + 16,529 = 981,818원

20x3.12.31 1년분 이자를 현금수령, 원금회수

(차) 현금   80,000   (대) 이자수익   98,182
(차) 상각후원가측정금융자산   18,182
(차) 현금   1,000,000   (대) 상각후원가측정금융자산   1,000,000

[예제 14-1]

[1] 다음 중 상각후원가측정금융자산에 관한 설명으로 가장 올바르지 않은 것은?

① 원칙적으로 지분상품은 상각후원가측정금융자산으로 분류될 수 없다.

② 상각후원가측정금융자산은 유효이자율법을 적용하여 상각후원가로 평가한다.

③ 원칙적으로 모든 채무증권은 상각후원가측정금융자산으로 분류한다.

④ 상각후원가측정금융자산 취득시 지출된 거래원가는 취득원가에 우선 가산한 후 유효이자율법에 의해 이자수익에 가감된다.

[2] ㈜삼일은 20X1년 1월 1일에 다음과 같은 조건의 회사채를 취득하였으며, 회사가 이 사채를 상각후원 가측정금융자산으로 분류할 경우 20X2 년 12 월 31 일에 인식해야 할 이자수익을 계산한 것으로 옳은 가장 것은(단, 소수점 이하는 절사한다)?

> ㄱ. 발행일 : 20X1 년 1 월 1 일
> ㄴ. 액면가액 : 1,000,000 원
> ㄷ. 만기일 : 20X3 년 12 월 31 일
> ㄹ. 표시이자율 : 8 % (매년 말 지급조건)
> ㅁ. 취득원가 : 950,266 원(유효이자율 10 %)

① 80,000원
② 95,267원
③ 96,529원
④ 100,000원

[3] ㈜삼일은 20X1 년 1 월 1 일에 다음과 같은 조건의 상각후원가측정금융자산을 취득 당시의 공정가치 로 취득하였다. 이 경우 ㈜삼일의 상각후원가측정금융자산의 취득원가는 얼마인가?

> ㄱ. 액면금액 : 100,000 원
> ㄴ. 발행일 : 20X1년 1월 1일
> ㄷ. 만기일 : 20X2년 12월 31일(2 년)
> ㄹ. 액면이자율 : 10%, 매년 말 지급조건
> ㅁ. 시장이자율 : 20X1년 1월 1일 현재 12%
> ㅂ. 현가계수

이자율	현가계수		
	1년	2년	계
12%	0.89286	0.79719	1.69005

① 96,000원
② 96,620원
③ 98,991원
④ 100,000원

해답

[1] ③ 채무상품이라 하더라도 매도목적인 경우에는 공정가치로 측정한다.

[2] ③
20x1년 말 회계처리
(차) 현금 80,000 (대) 이자수익 95,027
(차) 상각후원가측정금융자산 15,027
* 20x1년 말 장부금액 = 950,266 + 15,027 = 965,293
20x2년 이자수익 = 965,293 x 10% = 96,529

[3] ②

현재	1년후	2년후
	10,000	10,000
		100,000

10,000 × 0.89286 + 110,000 × 0.79719 = 96,620원

14.2 기타포괄손익-공정가치 측정금융자산(채무상품)

(1) 취득관련수수료의 처리 : 취득원가에 포함

(2) 평가이익의 계산 : 공정가치와 상각후원가로 측정했을 때 금액을 비교하여 평가손익을 계산한다.

(3) 처분이익의 계산 : 장부상 기록된 기타포괄손익을 제거한 후 처분손익을 계산한다. 처분이익 만 계산한다면 다음과 같은 결과가 계산된다.

> 기타포괄손익-공정가치 측정금융자산(채무증권)의 처분이익
> = 처분금액 - 상각후원가로 측정했을 때 장부금액

예시

(1) 기말 채무증권을 상각후원가로 평가했을 때 계산한 금액이 950,000원이고, 공정가치가 960,000원 인 경우

(차) 기타포괄손익금융자산*	10,000	(대) 기타포괄손익	10,000

* 편의상 줄여서 표현

(2) 앞의 채무증권 전액을 현금 970,000원을 받고 처분.

(차) 현금	970,000	(대) 기타포괄금융자산	960,000
(차) 기타포괄손익	10,000	(대) 처분이익	20,000

[예제 14-2]

[1] ㈜삼일은 20X1 년 1 월 1 일에 다음과 같은 조건의 회사채를 취득하였으며, 이 사채를 기타포괄손익 -공정가치 측정 금융자산으로 분류하였다. ㈜삼일이 이 회사채를 20X2 년 1 월 1 일에 현금 990,000원에 처분하였다. ㈜삼일이 처분시점에서 인식해야 할 금융자산처분손익은 얼마인가(단, 계 산금액은 소수점 첫째자리에서 반올림하고, 가장 근사치를 답으로 선택한다.)?

> ㄱ. 발행일 : 20X1 년 1 월 1 일　　　　ㄴ. 액면가액 : 1,000,000 원
> ㄷ. 만기일 : 20X3년 12월 31일　　　　ㄹ. 표시이자율 : 10% (매년 말 지급조건)
> ㅁ. 취득원가 : 951,963원(유효이자율 12 %)
> ㅂ. 20X1 년 12월 31일 사채의 공정가치: 980,000 원

① 금융자산처분손실 10,000원　　　　② 금융자산처분이익 10,000원
③ 금융자산처분손실 23,801원　　　　④ 금융자산처분이익 23,801원

[2] ㈜삼일은 20X1년 1월 1일 다음과 같은 조건의 회사채에 투자하기로 하였다. 동 투자사채의 취득과 관련하여 유출될 현금은 얼마인가(단, 소수점 이하 첫째 자리에서 반올림하며, ㈜삼일은 동 투자사채를 기타포괄손익–공정가치측정금융자산으로 분류하였다)?

> ㄱ. 액면금액 : 200,000,000 원
> ㄴ. 만기일 : 20X2년 12월 31일
> ㄷ. 액면이자율 : 12%, 매년 말 지급 조건
> ㄹ. 시장이자율 : 8%
> ㅁ. 금융거래 수수료 : 액면금액의 0.5%

① 186,479,592원 ② 200,000,000원
③ 214,266,118원 ④ 215,266,118원

해답

[1] ④

20x1년말 회계처리

이자수령	(차) 현금 1,000,000	(대) 이자수익 114,236
	(차) 기타포괄금융자산 14,236	
평가	(차) 기타포괄금융자산 13,801	(대) 기타포괄이익 13,801

* 이자수령 후 장부금액은 951,963 + 14,236 = 966,199원
** 20x1년말 공정가치가 980,000원이므로 추가로 13,805원 평가이익을 계산

20x2년 1월 1일 처분

(차) 현금 990,000   (대) 기타포괄금융자산 980,000
(차) 기타포괄이익 13,801   (대) 처분이익 23,801

*** 처분금액 990,000원에서 상각후원가측정 계산한 966,199원을 차감해서 처분이익을 계산할 수도 있다.

[2] ④

현재	1년후	2년후
	24,000,000	224,000,000

취득가액 = 1년후 현금흐름 현재가치 + 2년후 현금흐름 현재가치 + 거래수수료

$$= \frac{24,000,000}{(1+0.08)} + \frac{224,000,000}{(1+0.08)^2} + 1,000,000 = 215,266,118원$$

14.3 기타포괄손익-공정가치 측정 금융자산(지분상품)

(1) 취득 관련 비용의 처리 : 기타포괄손익-공정가치 측정 금융자산의 취득수수료는 취득원가에 포함하여 계산한다.

(2) 평가손익의 계산 : 당기손익-공정가치 측정 금융자산의 경우에는 평가손익을 손익으로 처리하는 반면, 기타포괄손익-공정가치 측정 금융자산의 경우에는 기타포괄손익(재무상태표 계정)으로 처리한다. 만일 평가이익(기타포괄손익)이 있는 상태에서 평가손실이 발생하게 된다면, 우선 평가이익(기타포괄손익)을 먼저 제거한 후에 평가손실(기타포괄손익)을 인식하게 된다.

(3) 처분

① 당기손익금융자산 : 공정가치 평가, 당기손익 반영
② 기타포괄손익인식금융자산(지분) : 공정가치 평가, 기타포괄손익, 처분손익 환원 X
③ 기타포괄손익인식금융자산(채무) : 공정가치 평가, 기타포괄손익, 처분손익 환원 O
④ 상각후원가 측정 금융자산 : 유효이자율법을 적용하여 상각후 원가 평가, 평가손익을 인식하지 않음

예시

(1) 기타포괄손익금융자산(지분)을 100원에 취득

(차) 기타포괄손익금융자산	100	(대) 현금	100

(2) 당기말 공정가치가 120원이 되었다.

(차) 기타포괄손익금융자산	20	(대) 평가이익(기타포괄손익)	20

(3) 전부를 현금 150원을 받고 처분

(차) 현금	150	(대) 기타포괄손익금융자산	120
		(대) 평가이익(기타포괄손익)	30

[예제 14-3]

[1] ㈜서울은 20X1년 초에 ㈜용산의 주식 1,000주를 기타포괄손익–공정가치측정금융자산으로 분류하고 있다. ㈜서울이 20X1년과 20X2년 말의 재무상태표에 기타포괄손익누계액으로 계상할 평가손익은 각각 얼마인가(단, 법인세 효과는 고려하지 않는다)?

일자	구분	주당금액
20x1년 1월 3일	취득원가	5,000원
20x1년 12월 31일	공정가치	6,500원
20x2년 12월 31일	공정가치	4,900원

	20x1년말	20x2년말
①	0원	0원
②	이익 1,500,000원	손실 100,000원
③	이익 1,500,000원	이익 100,000원
④	이익 1,500,000원	손실 1,600,000원

[2] ㈜서울은 ㈜용산의 주식을 취득하고 기타포괄손익–공정가치 측정 금융자산으로 분류하였다. 해당 주식과 관련하여 인식하게 될 계정과목 중 당기손익에 반영되는 항목으로 가장 옳은 것은?

① 주식보유로 인한 배당수익   ② 주식처분으로 인한 처분손익
③ 공정가치평가로 인한 평가손익   ④ 주식취득과 관련하여 발생한 거래원가

해답

[1] ②
　　20x1년말 : (기말 공정가치 6,500 – 장부금액 5,000) × 1,000주 = 1,500,000원 이익
　　20x2년말 : 1,600,000원 하락 → 우선 1,500,000원 이익을 차감한 후 평가손실 100,000원 인식한다.

[2] ①
　　② 기타포괄손익–공정가치 측정 금융자산을 처분할 때는 처분손익을 인식하는 것이 아니라 처분시점까지 기타포괄손익을 인식한다.
　　③ 기타포괄손익누계액으로 처리한다.　　④ 주식의 취득원가에 포함된다.

제15장

금융자산 Ⅲ

15.1 금융자산의 손상

(1) 손상 관련 규정 - 어느 항목에 대하여 손상차손을 인식하는가?

금융자산도 유형자산, 무형자산과 마찬가지로 손상에 대한 규정이 있다. 당기손익-공정가치 측정금융자산은 손상차손 대신 평가손익(손익항목)을 인식하므로 손상차손을 인식하지 않는다. 지분상품은 현금흐름 수취 목적이 아니므로 손상차손을 인식하지 않는다.

구분	손상차손의 인식
당기손익-공정가치 측정 금융자산	손상차손을 인식하지 않음
상각후원가 측정 금융자산	당기 비용처리 + 손실충당금 설정
기타포괄손익인식금융자산(채무상품)	당기 비용처리 + 재평가손익(기타포괄)에서 조정
기타포괄손익인식금융자산(지분상품)	손상차손을 인식하지 않음

(2) 신용손상 여부에 따른 손상차손의 인식 - 얼마만큼 손상차손을 인식하는가?

신용이 손상되지 않은 경우	금융상품 신용위험이 유의적으로 증가	보고기간 말에 전체기간 기대신용손실에 해당하는 금액만큼 손실충당금 설정한다.
	금융상품 신용위험이 유의적으로 증가하지 않음	보고기간 말에 12개월 기대신용손실에 해당하는 금액만큼 손실충당금 설정한다.
신용이 손상된 경우		전체기간에 대한 기대신용손실을 손상차손으로 인식한다.

(3) 손상발생의 증거

① 금융자산의 발행자가 지급의무자의 중요한 재무적 어려움이 발생한 경우

② 이자지급이나 원금상환의 불이행이나 지연과 같은 계약 위반한 경우

③ 차입자의 재무적 어려움에 관련된 경제적 또는 법률적 이유로 인한 당초 차입조건의 불가피한 완화되는 경우

④ 차입자의 파산이나 기타 재무구조조정의 가능성이 높은 상태가 된 경우

⑤ 재무적 어려움으로 당해 금융자산에 대한 활성거래시장의 소멸

⑥ 이미 발생한 신용손실을 반영하여 크게 할인한 가격으로 금융자산을 매입하거나 창출하는 경우

단, 금융자산 발행기업이나 지급의무자 기업의 시장성 상실만으로는 손상차손의 근거가 되지 않는다. 유동부채가 유동자산을 초과했다고 해서 손상차손의 근거가 되지는 않는다.

(4) 손상차손에 대한 회계처리 사례

㈜채권자는 ㈜채무자가 발행한 금융자산(채무상품)을 보유중이다. 결산일 현재 금융자산(채무상품)의 공정가치는 10,000,000원이며, 상각후원가로 측정했을 때 금액도 동일하다.

향후 12개월간 채무불이행 확률을 1%로 예상하고 있으며, 채무불이행시 총 채권액의 10%가 손상될 것이며, 신용위험은 유의적으로 증가하지 않는다고 판단하였다. 기타포괄손익인식금융자산으로 분류할 때와 상각후원가측정금융자산으로 분류할 때 회계처리는?

기타포괄손익인식금융자산	상각후원가측정금융자산
(차) 손상차손 10,000 (대) 평가이익(기타포괄손익) 10,000	(차) 손상차손 10,000 (대) 손실충당금 10,000

* 10,000,000 × 1% × 10% = 10,000

[예제 15-1]

[1] 다음 중 금융자산의 손상 발생에 대한 객관적인 증거로 보기에 가장 올바르지 않은 것은?

① 유동부채가 유동자산을 초과하는 경우

② 차입자의 재무적 어려움에 관련된 경제적 또는 법률적 이유로 인한 당초 차입조건의 불가피한 완화

③ 차입자의 파산이나 기타 재무구조조정의 가능성이 높은 상태가 된 경우

④ 이자지급이나 원금상환의 불이행이나 지연과 같은 계약 위반

[2] 다음 중 금융자산의 손상에 대한 설명으로 가장 올바르지 않은 것은?

① 신용이 손상되지 않은 경우 금융상품의 신용위험이 유의적으로 증가하지 않았다면 보고기간 말에 12개월 기대신용손실금액에 해당하는 금액으로 손실충당금을 측정한다.

② 상각후원가측정금융자산의 손상차손은 당기비용 처리하고 손실충당금을 설정한다.

③ 기타포괄손익-공정가치측정금융자산으로 분류되는 채무상품의 손상차손은 손실충당금을 설정하여 금융상품의 장부금액에서 차감하여 표시한다.

④ 상각후원가측정금융자산과 기타포괄손익-공정가치측정금융자산으로 분류되는 채무상품에 대해서 손상차손을 인식할 수 있다.

해답

[1] ① 유동부채가 유동자산 보다 많다고 해서 손상차손의 근거가 되지는 않는다.

[2] ③ 기타포괄손익인식 금융자산의 손상을 인식하는 경우에는 손실충당금을 설정하는 것이 아니라 기타포괄손익으로 처리한다.

15.2 금융자산의 재분류

채무상품에 한하여 재분류가 가능하다. 지분상품이나 파생상품은 재분류가 불가능하다.

[예제 15-2]

[1] 다음 중 당기손익–공정가치 측정 금융자산에 관한 설명으로 가장 올바르지 않은 것은?

① 단기매매 목적의 금융자산은 당기손익–공정가치 측정 금융자산으로 분류된다.

② 채무상품인 당기손익–공정가치 측정 금융자산은 다른 금융상품으로 재분류할 수 없다.

③ 당기손익–공정가치 측정 금융자산은 취득후 공정가치로 평가하여 당기손익에 반영한다.

④ 당기손익–공정가치 측정 금융자산 취득시 지출된 거래원가는 당기비용으로 처리한다.

해답

[1] ② 채무상품은 다른 금융상품으로 재분류 할 수 있다.

15.3 금융자산의 제거

(1) 금융자산 제거의 판단

① 양도자는 위험과 보상을 대부분 이전하여야 한다.

② 양도자는 양도한 금융자산을 통제할 수 없어야 한다. 만일 양도자산 금융자산을 계속 통제하는 경우에는 금융자산에 지속적으로 관여하는 정도까지는 금융자산을 보유하는 것으로 본다.

③ 양수자는 자유롭게 금융자산을 처분할 수 있어야 한다.

(2) 금융자산의 제거로 볼 수 없는 경우

① 양도자가 매도 후에 미리 정한 가격으로 금융자산을 재매입하기로 한 경우

② 양도자가 금융자산의 위험과 보상의 대부분을 보유하고 있는 경우

③ 유가증권을 대여한 경우

[예제 15-3]

[1] 다음 중 금융자산의 제거에 관한 설명으로 가장 올바르지 않은 것은?

① 금융자산의 현금흐름에 대한 계약상 권리가 소멸한 경우에는 당해 금융자산을 제거한다.

② 금융자산의 현금흐름에 대한 계약상 권리를 양도하고 양도자가 매도 후에 미리 정한 가격으로 당해 금융자산을 재매입하기로 한 경우에는 당해 금융자산을 제거한다.

③ 금융자산의 현금흐름에 대한 계약상 권리를 양도하고 위험과 보상의 대부분을 이전하면 당해 금융자산을 제거한다.

④ 금융자산의 현금흐름에 대한 계약상 권리를 양도하고, 양수자가 당해 금융자산을 제 3 자에게 매각할 수 있는 능력을 가지고 있다면 당해 금융자산을 제거한다.

[2] 다음 중 양도자가 소유에 따른 위험과 보상의 대부분을 이전하는 경우에 해당하는 예로 가장 옳은 것은?

① 금융자산을 아무런 조건이 없이 매도한 경우

② 유가증권대여계약을 체결한 경우

③ 양도자가 매도 후에 미리 정한 가격 또는 매도가격에 양도자에게 금전을 대여하였더라면 그 대가로 받았을 이자수익을 더한 금액으로 양도자산을 재매입하는 거래의 경우

④ 양도자가 양수자에게 발생가능성이 높은 대손의 보상을 보증하면서 단기 수취채권을 매도한 경우

해답

[1] ② 재매입 약정이 있는 경우에는 금융자산을 제거할 수 없다.

[2] ① 유가증권 대여를 한 경우, 재매입 약정이 있는 경우, 위험이 이전되지 않은 경우에는 금융자산을 제거하지 않는다.

제16장

금융부채 I

16.1 금융부채의 개념과 분류

(1) 금융부채의 개념

① 정의 : 금융부채는 채무상품으로 계약에 따라 미래에 현금흐름을 지급할 의무가 있는 부채를 말한다. (계약상의 권리 또는 잠재적으로 유리한 계약은 금융자산, 계약상의 의무 또는 계약상의 의무는 금융부채)

② 금융부채에 해당하는 항목 : 사채, 매입채무, 차입금, 미지급금, 상환우선주 등

③ 금융부채가 아닌 항목 : 선수금(미래에 현금등을 지급하지 않음), 미지급법인세(계약에 의해 발생하지 않음)

(2) 금융부채의 분류

① 당기손익−공정가치측정 금융부채 : 단기매매금융부채, 당기손익인식지정금융부채

② 상각후 원가측정 금융부채

[예제 16-1]

[1] 다음 중 한국채택국제회계기준에 의한 금융상품의 발행자가 금융상품을 금융부채(financial liability)와 지분상품(equity instrument)으로 분류할 때에 관한 설명으로 가장 올바르지 않은 것은?

① 잠재적으로 불리한 조건으로 거래상대방과 금융자산이나 금융부채를 교환하기로 한 계약상 의무는 금융자산으로 분류한다.

② 향후 현대자동차 에쿠스 5 대의 가치에 해당하는 확정되지 않은 금액의 현금을 대가로 자기지분상품 380 주를 인도하는 계약은 지분상품으로 분류하지 않는다.

③ 발행자가 보유자에게 미래의 시점에 확정된 금액을 의무적으로 상환해야 하는 의무가 있는 우선주는 금융부채로 분류한다.

④ 삼일회계법인과 동일한 공정가치에 해당하는 자기지분상품을 인도할 계약은 인도할 자기지분상품의 수량이 확정되지 않았으므로 금융부채로 분류한다.

---

[2] 다음 중 금융상품에 대한 설명으로 가장 올바르지 않은 것은?

① 금융상품은 거래당사자에게 금융자산을 발생시키고 동시에 거래상대방에게 금융부채나 지분상품을 발생시키는 모든 계약을 말한다.

② 매입채무와 미지급금은 금융부채에 해당한다.

③ 현금및현금성자산, 매출채권, 다른 기업의 지분상품 및 채무상품은 금융자산에 해당한다.

④ 잠재적으로 유리한 조건으로 거래상대방과 금융자산이나 금융부채로 교환하기로 한 계약상 권리는 금융부채이다.

해답

[1] ① 잠재적으로 불리한 조건이라면 금융자산이 아니라 금융부채이다.

[2] ④ 잠재적으로 유리한 계약은 금융부채가 아니라 금융자산이다.

16.2 금융부채의 최초인식과 후속측정

(1) 최초인식

① 원칙 : 공정가치로 측정한다.

② 거래비용

　－ 당기손익인식금융부채 : 당기손익으로 처리한다.

　－ 상각후원가측정금융부채(기타금융부채) : 공정가치에 차감하여 계산한다.

(2) 후속측정

① 상각후원가측정 금융부채의 후속측정 : 금융부채를 발행한 시점의 유효이자율법을 사용한다.

> **예시**
>
> 액면이자율이 연 10%이고, 액면금액이 3,000,000원이며, 매년 말 1,000,000원의 원금과 이자를 지급하는 금융부채의 발행금액은? 단, 할인율은 12%로 가정한다.
>
> ⅰ. 현금흐름의 파악 : 다음과 같이 원금을 분할상환하는 것을 연속상환사채라고 한다.
>
> | 현재 | 1년후 | 2년후 | 3년후 |
> |---|---|---|---|
> | | 원금 1,000,000
이자 300,000 | 원금 1,000,000
이자 200,000 | 원금 1,000,000
이자 100,000 |
>
> * 1년 후 이자 : 원금 3,000,000원의 10%, 2년 후 이자 : 잔여원금 2,000,000원의 10%
>   3년 후 이자 : 잔여원금 1,000,000원의 10%

ii. 현재가치 계산

$$1{,}300{,}000 \times \frac{1}{(1 + 0.12)} + 1{,}200{,}000 \times \frac{1}{(1 + 0.12)^2} + 1{,}100{,}000 \times \frac{1}{(1 + 0.12)^3}$$

$$= 2{,}900{,}305$$

② 그 외 금융부채의 후속측정

구분	측정방법
당기손익인식금융부채	공정가치 측정
금융보증계약, 시장이자율 보다 낮은 이자율로 대출 약정	Max (1), (2) (1) 기대신용손실로 산정한 손실충당금 (2) 최초인식금액 - 고객과 계약에서 생기는 수익누계액

[예제 16-2]

[1] 다음 중 금융부채에 관한 설명으로 가장 올바르지 않은 것은?

① 금융부채는 원칙적으로 최초인식시 공정가치로 인식한다.
② 당기손익-공정가치측정 금융부채와 관련되는 거래원가는 당기손익으로 처리한다.
③ 사채의 상환손익이 발생하는 이유는 상환일의 시장이자율이 발행일의 시장이자율과 다르기 때문이다.
④ 연속상환사채의 발행금액은 사채로부터 발생하는 미래현금흐름의 사채 상환시점의 시장이자율로 할인한 현재가치가 된다.

해답
[1] ④ 사채상환시점의 할인이 아니라 사채발행시점의 할인한 현재가치로 계산한다.

16.3 사채발행금액의 계산

사채발행금액은 다음과 같이 계산한다.

사채발행금액 = 원금의 현재가치 + 액면이자의 현재가치
        = 원금 × 현가계수 + 액면이자 × 연금현가계수

[예제 16-3]

[1] ㈜삼일은 20X1년 1월 1일에 만기 3년, 액면금액 100,000,000원, 표시이자율 10% 인 사채를 발행하였다. 이자는 매년 말에 지급되고 사채 발행시점의 유효이자율은 8 % 라고 할 때 사채의 발행가액은 얼마인가?

8%	1년	2년	3년	합계
현가계수	0.92593	0.85734	0.79383	2.57710

① 95,025,800원
② 100,000,000원
③ 105,154,000원
④ 106,245,000원

해답

[1] ③ 발행금액 = 100,000,000 × 0.79383 + 10,000,000 × 2.57710 = 105,154,000원

제17장

금융부채 II

17.1 사채발행의 회계처리

(1) 액면발행, 할인발행, 할증발행

구분	이자율	회계처리	
액면발행	액면이자율 = 시장이자율	(차) 현금	(대) 사채
할인발행	액면이자율 〈 시장이자율	(차) 현금 (차) 사채할인발행차금	(대) 사채
할증발행	액면이자율 〉 시장이자율	(차) 현금	(대) 사채 (대) 사채할증발행차금

(2) 사채할인발행차금과 사채할증발행차금의 성격

사채할인발행차금은 사채의 차감적 성격이다. 만일 사채의 액면금액이 100만원이고, 사채할인발행차금 잔액이 3만원이라면 사채의 장부금액은 97만원이 된다. 반대로 사채의 액면금액이 100만원이고, 사채할증발행차금 잔액이 3만원이라면 사채의 장부금액은 103만원이 된다.

[예제 17-1]

[1] ㈜삼일은 20X1 년 1 월 1 일에 다음과 같은 조건의 사채를 발행하였다. 사채 발행으로 인하여 발생하는 사채할인발행차금 또는 사채할증발행차금은 얼마인가?

ㄱ. 액면금액: 30,000,000 원　　　　　ㄴ. 액면이자 지급조건: 매년 말 지급조건
ㄷ. 발행일: 20X1 년　1 월　1 일　　　ㄹ. 만기일: 20X3 년 12월 31일 (3 년)
ㅁ. 액면이자율: 5 %　　　　　　　　　ㅂ. 시장이자율: 3 %
ㅅ. 현가계수

이자율	현가계수			
	1년	2년	3년	계
3%	0.9709	0.9426	0.9151	2.8286
5%	0.9524	0.9070	0.8638	2.7232

① 사채할인발행차금 1,635,120원　　　② 사채할증발행차금 1,635,120원
③ 사채할인발행차금 1,695,900원　　　④ 사채할증발행차금 1,695,900원

해답

[1] ④

기간별 현금흐름은 다음과 같다.

현재	1년후	2년후	3년후
	1,500,000	1,500,000	1,500,000
			30,000,000

사채발행금액은 1,500,000 × 2.8286 + 30,000,000 × 0.9151 = 31,695,900원
발행금액이 액면금액보다 1,695,900원을 더 크므로 사채할증발행차금 1,695,900원

17.2 사채 이자지급의 회계처리

사채 이자비용은 사채의 장부금액에서 시장이자율(=유효이자율)을 곱하여 계산한다.

(1) 사채 관련 회계처리

예시　　사채발행, 이자지급, 사채상환

다음의 연결되는 문제를 보고 적당한 회계처리를 하시오.

(1) 20x1. 1. 1 액면금액 10,000,000원, 액면이자율 8%, 시장이자율 10%, 만기 3년, 이자는 매년말 한 번 지급하는 사채를 9,502,630원에 발행하고, 대금은 현금으로 받았다.
(2) 20x1.12.31 1년분 이자를 현금으로 지급하였다.
(3) 20x2.12.31 1년분 이자를 현금으로 지급하였다.
(4) 20x3.12.31 1년분 이자를 현금으로 지급하고, 사채 액면금액을 현금으로 상환하였다.

해설

(1) 20x1. 1. 1 (차) 현　　금 9,502,630　　　　(대) 사　　채　　　　10,000,000
　　　　　　　　(차) 사채할인발행차금 497,370
　　* 발행당시 사채의 장부금액은 사채액면금액에서 사채할인발행차금을 차감한 9,502,630원이 된다.

(2) 20x1.12.31 (차) 이자비용 950,263　　　　(대) 현　　금　　　　800,000
　　　　　　　　　　　　　　　　　　　　　(대) 사채할인발행차금　150,263
　　* 이자비용 : 9,502,630원 × 10% = 950,263원. 이자비용과 현금으로 지급하는 이자와 차액을 사채할인발행차
　　　금으로 인식한다.
　　** 이제 사채의 장부금액은 9,652,893원이 된다.

(3) 20x2.12.31 (차) 이자비용 965,289　　　　(대) 현　　금　　　　800,000
　　　　　　　　　　　　　　　　　　　　　(대) 사채할인발행차금　165,289
　　* 사채의 장부금액은 9,818,182원이 된다.

(4) 20x3.12.31 (차) 이자비용 981,818　　　　(대) 현　　금　　　　800,000
　　　　　　　　　　　　　　　　　　　　　(대) 사채할인발행차금　181,818

　　상환분개 추가
　　(차) 사채　10,000,000　　　　　　　　　　(대) 현　　금　　　　10,000,000

(2) 사채 장부금액의 변화

　① 상각액의 변화 : 사채할인발행차금이나 사채할증발행차금이나 상각액은 매기 증가한다.
　　　사채를 할인발행한 경우에는 이자비용이 매기 증가하고, 사채를 할증발행한 경우에는 이자
　　　비용이 매기 감소한다.

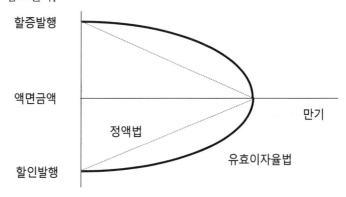

② 사채 장부금액의 계산 : 편의상 1년말 금액만 설명한다.

ⅰ. 사채를 할인발행한 경우

1년말 사채 장부금액 = 사채 발행금액 + 사채할인발행차금 상각액 = 사채 발행금액 + (사채발행금액 × 이자비용 - 액면이자)
2년말 사채 장부금액 = 1년 말 사채 발행금액 + 사채할인발행차금 상각액 = 1년 말 사채 장부금액 + (1년 말 사채장부금액 × 이자비용 - 액면이자)

ⅱ. 사채를 할증발행한 경우

1년말 사채 장부금액 = 사채 발행금액 - 사채할증발행차금 상각액 = 사채 발행금액 + (사채발행금액 × 이자비용 - 액면이자)
2년말 사채 장부금액 = 1년 말 사채 발행금액 - 사채할증발행차금 상각액 = 1년 말 사채 장부금액 + (1년 말 사채장부금액 × 이자비용 - 액면이자)

(3) 사채발행기간 중 이자비용의 합계

① 이자지급의 회계처리

할인발행	(차) 이자비용	(대) 현금 (대) 사채할인발행차금
할증발행	(차) 이자비용 (차) 사채할증발행차금	(대) 현금

② 사채발행기간 중 이자비용 합계
- 사채를 할인발행 한 경우 : 액면이자의 합계 + 발행시점 사채할인발행차금
- 사채를 할증발행 한 경우 : 액면이자의 합계 - 발행시점 사채할증발행차금

③ 예시

ⅰ. 액면금액 10,000,000원, 액면이자율 8%, 시장이자율 10%, 만기 3년인 사채를 9,502,630원에 발행했을 경우 이자비용의 합계

→ 액면이자의 합계 = 액면이자의 합계 + 발행시점 사채할인발행차금

= (10,000,000 × 8% × 3년) + (10,000,000 - 9,502,630) = 2,897,370원

ⅱ. 액면금액 10,000,000원, 액면이자율 10%, 시장이자율 8%, 만기 3년인 사채를 10,515,419원에 발행했을 경우 이자비용의 합계

→ 액면이자의 합계 = 액면이자의 합계 - 발행시점 사채할증발행차금

= (10,000,000 × 10% × 3년) - (10,515,419 - 10,000,000) = 2,484,581원

[예제 17-2]

[1] ㈜삼일은 20X1 년 1 월 1 일에 다음과 같은 조건의 사채를 발행하였다. 20X1 년 12 월 31 일 현재 사채할인발행차금 잔액은 얼마인가?

> ㄱ. 액면금액 : 20,000,000 원
> ㄴ. 만기일 : 20X3 년 12 월 31 일(3 년)
> ㄷ. 액면이자율 : 4 %(매년 말 이자지급조건)
> ㄹ. 발행일의 시장이자율 : 6 %
> ㅁ. 이자율 6 %, 3 년 연금현가계수 : 2.6730
>   이자율 6 %, 3 년 현가계수 : 0.8396

① 733,776원 ② 777,802원
③ 783,776원 ④ 820,202원

[2] ㈜삼일은 20X1 년 1 월 1 일에 만기 3 년, 액면금액 100,000,000 원, 표시이자율 10 % 인 사채를 발행하였다. 이자는 매년 말에 지급되고 사채 발행시점의 유효이자율은 8 % 라고 할 때 ㈜삼일이 동 사채의 발행기간에 걸쳐 인식하게 될 이자비용은 총 얼마인가?

구분	1년	2년	3년	합계
8%	0.92593	0.85734	0.79383	2.57710

① 20,974,200원 ② 23,755,000원
③ 24,846,000원 ④ 30,000,000원

[3] ㈜삼일은 다음과 같은 조건으로 사채를 발행하였다. 20X2 년도에 인식할 이자비용은 얼마인가(단, 계산금액은 소수점 첫째자리에서 반올림하고, 가장 근사치를 답으로 선택한다)?

> ㄱ. 액면금액 : 1,000,000원
> ㄴ. 발행일 : 20X1년 1월 1일
> ㄷ. 만기일 : 20X3년 12 월 31일
> ㄹ. 액면이자율 및 이자지급조건 : 연10 %, 매년 말 지급
> ㅁ. 발행일의 시장이자율 : 연 12 %
> ㅂ. 이자율 12 %, 3년 정상연금현가계수 : 2.40183
>   이자율 12 %, 3년 현가계수 : 0.71178

① 100,000원 ② 114,236원
③ 115,944원 ④ 117,857원

[4] ㈜삼일은 20X1 년 1 월 1 일에 액면금액 50,000,000 원의 사채를 48,275,300 원에 발행하였다. 다음 중 ㈜삼일이 만기까지 매년 인식해야 할 유효이자율법에 의한 이자비용의 금액 변화를 나타낸 그래프로 가장 옳은 것은?

① 이자비용

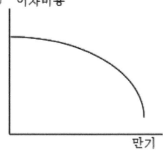

만기

② 이자비용

만기

③ 이자비용

만기

④ 이자비용

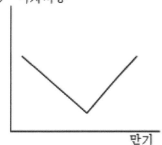

만기

[5] ㈜삼일은 사채를 할인발행하고, 사채할인발행차금에 대하여 유효이자율법으로 상각하지 않고 정액법을 적용하여 상각하였다. 이러한 오류가 발행연도 재무제표에 미치는 영향을 바르게 지적한 것은?

	사채의 장부금액	당기순이익		사채의 장부금액	당기순이익
①	과대계상	과대계상	②	과대계상	과소계상
③	과소계상	과대계상	④	과소계상	과소계상

해답

[1] ①

사채발행금액 = 액면이자 × 3년 연금현가계수 + 원금 × 3년 현가계수

= 20,000,000 × 0.8396 + 800,000 × 2.6730 = 18,930,400원

→ 사채할인발행차금 1,069,600원

1년말 회계처리

(차) 이자비용 1,135,824   (대) 현금   800,000
                            (대) 사채할인발행차금 335,824
   * 사채할인발행차금 잔액 = 1,069,600 - 335,824 = 733,776원

[2] ③
 사채발행금액 = 10,000,000 × 2.57710 + 100,000,000 × 0.79383 = 105,154,000원
 사채할증발행차금 = 105,514,000 - 100,000,000 = 5,514,000원
 이자총액 = 3년간 액면이자 총액 30,000,000 - 사채할증발행차금 5,514,000 = 24,486,000원

[3] ③
 1차연도 이자비용 = 사채발행금액 × 시장이자율
 2차연도 이자비용 = 1차연도말 사채 장부금액 × 시장이자율
 사채 발행금액 = 100,000 × 2.40183 + 1,000,000 × 0.71178 = 951,963원
 1차연도 이자비용 = 951,963원 × 12% = 114,236원
 1차연도말 사채 장부금액 = 사채발행금액 + 사채할인발행차금 상각액
                    = 951,963 + (951,963 × 12% - 100,000) = 966,199
 2차연도 이자비용 = 966,199 × 12% = 115,944

〈다른 풀이〉 1년 경과후 현금흐름을 파악해서 1차연도 말 장부금액 계산

20x1년말	1년 후	2년 후
	100,000	100,000
		1,000,000

* 1차연도말 사채 장부금액 = $\dfrac{100,000}{(1\ +\ 0.12)} + \dfrac{1,100,000}{(1\ +\ 0.12)^2} = 966,199$

* 966,199원에서 12%를 곱하여 2차연도 이자비용 계산하는 방법도 가능하다.

[4] ② 사채를 할인발행하는 경우 이자비용은 매년 증가한다.

[5] ② 정액법으로 상각하면 사채를 과대계상하며, 이자비용을 크게 계상하여 이익은 과소계상된다.

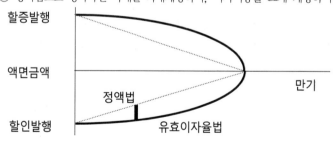

17.3 사채의 중도상환

사채의 만기가 되기 전에 상환하게 되면, 장부상 사채와 사채할인(할증)발행차금을 제거하고, 사채상환손익을 계산하게 된다.

예시

㈜삼일은 20x1년 1월 1일 액면금액 10,000,000원, 액면이자율 8%, 시장이자율 10%, 만기 3년 조건의 사채를 발행하였다. 20x1년 12월 31일에 시장이자율이 12%로 변경되었으며, 이 조건으로 사채를 상환하였다. 관련 현가계수는 다음과 같다.

구분	1년	2년	3년	합계
10%	0.90909	0.82644	0.75131	2.48685

구분	1년	2년	합계
12%	0.89286	0.79719	1.69005

(1) 20x1년 1월 1일 사채의 발행금액은?

→ 10,000,000 × 0.75131 + 800,000 × 2.48685 = 9,502,580

(2) 20x1년 12월 31일 사채의 장부금액과 사채할인발행차금 잔액은?

→ 사채의 장부금액 : 9,502,580 + (9,502,580 × 10% − 800,000) = 9,652,838원

사채할인발행차금 : 10,000,000 − 9,652,838 = 347,162원

(3) 시장이자율 12%를 적용할 경우 20x1년 12월 31일의 현재가치는?

→ 10,000,000 × 0.79719 + 800,000 × 1.69005 = 9,323,940

(4) 시장이자율 12%를 적용했을 때 금액만큼 현금을 지급하고, 사채를 상환할 경우 회계처리는?

(차) 사채	10,000,000	(대) 사채할인발행차금	347,162
		(대) 현금	9,323,940
		(대) 사채상환이익	328,898

시장이자율과 사채상환손익은 다음의 관계를 가진다.

시장이자율이 상승하는 경우 : 사채상환이익 발생
시장이자율이 하락하는 경우 : 사채상환손실 발생

[예제 17-3]

[1] ㈜삼일은 20X1 년 1 월 1 일 사채(액면 1,000,000 원, 표시이자율 10 %, 이자지급일 매년 12 월 31 일 후급, 만기 3 년)를 951,980 원에 발행 하였다. ㈜삼일이 동 사채를 20X2 년 1 월 1 일 847,180 원에 상환할 경우 이로 인한 사채상환손익은 얼마인가? (20X1 년 1 월 1 일의 시장이자율 은 12 % 이며, 사채발행차금은 유효이자율법으로 상각한다.)

① 사채상환이익 119,038 원 ② 사채상환손실 119,038 원
③ 사채상환손실 190,788 원 ④ 사채상환이익 190,788 원

[2] 다음 중 ㈜삼일의 20X1 년 12 월 31 일 사채 관련 분개에 관한 설명으로 가장 옳은 것은(소수점 이하는 반올림한다)?

㈜삼일은 20X1 년 1 월 1 일 사채(액면 100,000 원, 표시이자율 10 %, 이자는 매년말에 지급, 만기일은 20X3 년 12 월 31 일이고, 유효이자율은 8%)를 발행하였다. 20X1 년 12 월 31 일에 사채를 105,000에 상환하였다.
(가치계산표 : 3 년 8 % 단일금액의 현재가치 = 0.7938, 3 년 8 % 정상연금의 현재가치 = 2.5771)

① 3년동안 사채의 총이자비용은 8,412 원이다. ② 사채의 장부금액은 103,563 원이다.
③ 사채상환손실은 3,563 원이다. ④ 사채할증발행차금상각액은 2,000 원이다.

[3] 20X1년 4월 1일 발행한 사채(액면 1,000,000원, 표시이자율 10%, 이자지급일 매년 3월 31일 후급, 만기 20X4년 3월 31일)를 20X2년 4월 1일 공정가치(단, 공정가치는 아래의 현가계수 자료를 이용해 서 계산하시오)로 상환할 경우 이 사채의 조기상환손익은 얼마인가(단, 단수차이로 인해 오차가 있다 면 가장 근사치를 선택하며, 20X1년 4월 1일과 20X2년 4월 1일의 시장이자율은 각각 8% 와 10% 이다)?

	8%		10%	
	1원의 현가계수	연금현가계수	1원의 현가계수	연금현가계수
2년	0.8573	1.7833	0.8264	1.7355
3년	0.7938	2.5771	0.7513	2.4868

① 사채상환이익 35,680 원 ② 사채상환이익 90,780 원
③ 사채상환손실 35,680 원 ④ 사채상환손실 90,780 원

해설

[1] ①
  20x1년 12월 31일 장부금액 : 951,980 + (951,980 × 12% − 100,000) = 966,218원
  장부금액이 966,218원인데, 847,180원에 상환하면, 상환이익 119,038원이 발생한다.

[2] ②
① 사채발행금액 = 10,000 × 2.5771 + 100,000 × 0.7938 = 105,151원
   사채발행시 사채할증발행차금 = 105,151 - 100,000 = 5,151원
   3년 이자비용 총액 = 3년분 액면이자 30,000 - 사채할인발행차금 5,151 = 24,849원
② 20x1년말 장부금액 = 105,151 - (105,151 × 8% - 10,000) = 103,563원
③ 사채상환손익 : 장부금액 103,563원인 사채를 105,000원에 상환하면 사채상환손실 1,437원이 발생한다.
④ 사채할증발행차금 상각액 = 105,151 × 8% - 10,000 = 1,588원

[3] ①
사채를 발행한 후 1년이 경과한 시점(만기가 2년 남은시점)에 상환한 것이다.
20x2년 4월 1일 장부금액 : 100,000 × 1.7833 + 1,000,000 × 0.8573 = 1,035,630
20x2년 4월 1일 공정가치 (10% 적용) : 1,000,000원 (액면이자율과 시장이자율이 같을 때는 액면금액과 장부금액
                                      이 같다)
사채의 장부금액이 1,035,630원인데, 1,000,000원만 지급하면서 상환하므로 상환이익 35,630

제 18 장

복합금융상품

18.1 전환사채와 신주인수권부사채의 개념

(1) 개념

① 전환사채의 권리행사 : 사채의 소유자가 권리를 행사하면 보통주로 전환가능하다.

→ 권리 행사시 : (차) 사채　　　(대) 자본금 등

② 신주인수권부사채의 권리행사 : 사채의 소유자에게 신주를 인수할 수 있는 권리가 부여된 사채

→ 권리 행사시 : (차) 현금 등　(대) 자본금 등

③ 상환할증금 : 사채의 만기까지 권리를 행사하지 않을 경우에 추가로 지급하기로 약정한 금액이다.

④ 전환사채와 신주인수권부사채의 보장수익률은 (권리가 없는 사채의) 시장이자율 보다 낮다.

전환권대가 = 발행금액 − 전환권 없는 일반사채의 공정가치 (사채상환할증금 반영)

신주인수권대가 = 발행금액 − 신주인수권 없는 일반사채의 공정가치 (사채상환할증금 반영)

⑤ 전환권조정은 상환할증금과 전환권대가를 통해 계산한다.

⑥ 그 외 복합금융상품

- 전환우선주 : 전환권을 행사하면 보통주로 전환되는 우선주
- 교환사채 : 유가증권의 소유자가 사채발행자가 보유하고 있는 유가증권과 교환을 청구할 수 있는 권리가 부여된 사채

주식으로 전환이 가능한 전환사채를 다음과 같이 액면발행하였다.

액면금액 10,000,000원, 만기 3년이며, 3년 후까지 전환권을 행사하지 않는 경우에는 액면금액의 110%를 상환한다. 동일한 보장수익률을 가진 사채는 9,500,000원에 거래되고 있다.

(차) 현금	10,000,000	(대) 전환사채(부채)	10,000,000
(차) 전환권조정(부채차감)	1,500,000	(대) 상환할증금(부채)	1,000,000
		(대) 전환권대가(자본)	500,000

⑦ 전환사채와 신주인수권부사채 비교

구분	전환사채	신주인수권부사채
성격	일반사채 + 전환권	일반사채 + 신주인수권
화폐성/비화폐성	비화폐성부채	화폐성부채
주식 취득 권리	사채를 발행회사 신주로 전환	사채 발행회사 신주 인수권리
행사 후 사채존재	사채권 소멸	사채권 존속
행사시 자산증감	총자산 변동 없음	총자산 증가

[예제 18-1]

[1] 다음 중 전환사채에 관한 설명으로 가장 올바르지 않은 것은?

① 전환사채의 발행금액과 미래현금흐름의 현재가치를 일치시켜주는 이자율을 유효이자율이라고 한다.

② 전환권대가에 해당하는 부분은 무조건 부채로 계상한다.

③ 전환사채의 발행금액에는 전환권대가가 포함되어 있다.

④ 상환할증금 지급조건의 경우 보장수익률이 액면이자율보다 높다.

[2] 다음의 빈칸에 들어갈 말로 가장 적절한 것은 무엇인가?

(㉠)은 사채소유자가 일정한 조건 하에 전환권을 행사할 수 있는 사채로서, 권리를 행사하면 보통주로 전환되는 사채를 말한다. 반면에, (㉡)은 유가증권 소유자가 사전에 약정된 가격으로 보통주의 발행을 청구할 수 있는 권리가 부여된 사채를 말한다.

	(㉠)	(㉡)
①	전환사채	신주인수권부사채
②	신주인수권부사채	전환사채
③	영구채	회사채
④	회사채	영구채

[3] 보유자가 확정된 사채금액을 면제 받으면서 확정수량으로 발행자의 보통주로 전환할 수 있는 전환사채는 (ㄱ)에 속한다. 전환사채의 발행금액이 3,000,000 원이고 전환사채의 발행요건과 동일한 요건으로 발행하되 전환권이 부여되지 않은 사채의 가치가 2,500,000 원인 경우, 전환사채의 발행금액 중 2,500,000 원은 (ㄴ)(으)로, 전환권가치인 500,000 원은 (ㄷ)(으)로 분리하여 표시한다. 다음 중 ㄱ, ㄴ, ㄷ 에 들어갈 가장 올바른 용어들로 짝지어진 것은?

	(㉠)	(㉡)	(㉢)
①	금융보증계약	지분상품(자본)	금융부채
②	금융보증계약	금융부채	지분상품(자본)
③	복합금융상품	지분상품(자본)	금융부채
④	복합금융상품	금융부채	지분상품(자본)

[4] 다음 중 복합금융상품의 종류와 그에 대한 설명으로 가장 올바르지 않은 것은?

① 전환사채란 유가증권 소유자가 일정한 조건하에 보통주로의 전환권을 행사할 수 있는 사채로서, 전환권을 행사하면 보통주로 전환되는 사채이다.

② 신주인수권부사채란 유가증권의 소유자가 일정한 조건하에 신주인수권을 행사하여 보통주 발행을 청구할 수 있는 권리가 부여된 사채이다.

③ 전환우선주란 유가증권의 소유자가 일정한 조건하에 우선권을 행사할 수 있는 우선주로서, 우선권을 행사하면 보통주로 전환되는 우선주이다.

④ 교환사채란 유가증권의 소유자가 사채발행자가 보유하고 있는 유가증권과 교환을 청구할 수 있는 권리가 부여된 사채이다.

해답

[1] ② 전환권대가는 부채가 아니라 자본성격이다.

[2] ① 전환사채란 보통주로 전환이 가능한 사채를 말하고, 신주인수권부사채는 보통주의 발행을 청구할 수 있는 권리가 부여된 사채를 말한다.

[3] ④ 전환사채는 복합금융상품에 해당된다. 사채의 가치는 금융부채에 해당되고, 전환권가치는 자본성격이다.

[4] ③ 우선권을 행사하는 것이 아니라 전환권을 행사할 때 보통주로 전환되는 우선주이다.

18.2 전환사채 관련 회계처리

(1) 전환권대가의 계산

전환권이 부여되지 않은 일반사채에 해당하는 부분은 금융부채, 권리부분은 자본으로 분류한다.

전환권대가는 "전환사채발행금액 – 전환권이 없는 사채의 발행금액"으로 계산한다.

┌─ 예시 ──── 전환권 대가 계산 ───────────────────────────────┐

(1) 액면금액 : 500,000원 (액면발행)

(2) 표시이자율 : 8%

(3) 일반사채 시장이자율 : 15%

(4) 만기 : 5년

(5) 15% 할인율 5년 단일 현재가치 : 0.49718

(6) 15% 할인율 5년 연금 현재가치 : 3.35216

└──┘

(질문 1) 해당 사채의 현금흐름을 정리해보면?

	1년후	2년후	3년후	4년후	5년후
이자	40,000	40,000	40,000	40,000	40,000
원금					500,000
합계	40,000	40,000	40,000	40,000	540,000

(질문 2) 전환권이 부여되지 않은 일반사채였다면 발행금액이 얼마이겠는가?

→ (40,000 × 3.35216) + (500,000 × 0.49718) = 134,086 + 248,590 = 382,676

(질문 3) 전환권 대가는? 발행금액 500,000 - 일반사채 382,676 = 117,324

(2) 사채상환할증금 : 만기까지 전환을 하지 않을 경우 추가로 지급해 주는 금액

┌─ 예시 ──── 신주인수권부 사채 계산 ─────────────────────────┐

(1) 액면금액 : 1,000,000원 (액면발행)

(2) 표시이자율 : 5%

(3) 일반사채 시장이자율 : 10%

(4) 만기 : 3년

(5) 액면가액 중 70% 신주인수권 권리행사

(6) 상환 : 만기시에 액면가액 115% 일시상환

└──┘

(질문 1) 만기시까지 권리행사를 하지 않았다면 만기시에 받을 사채상환할증금 금액은?

→ 만기시 상환액 1,150,000원 - 액면 1,000,000원 = 사채상환할증금 150,000원

(질문 2) 권리를 70% 행사한 경우 남아있는 사채상환할증금은?

→ 150,000 × 30% 남은비율 = 45,000원

(질문 3) 만기시 지급할 금액은(이자제외)? 1,000,000 + 45,000 = 1,045,000

(3) 전환권조정

전환권과 사채상환할증금이 있는 경우에 발생한다. 전환사채를 액면발행하는 경우에는 "전환권조정 = 상환할증금 + 전환권대가"가 된다. 다만, 발행시점 이후에 상환할증금과 전환권대가는 상각이 되지 않지만, 전환권조정은 상각이 되어서 발행일 이후에는 앞의 공식이 성립하지 않는다.

예시

전환사채 발행일의 회계처리를 하면? (21년 3월 수정)

㈜ 삼일은 다음과 같은 조건으로 전환사채를 액면발행하고, 현금으로 대가를 수령하였다.
ㄱ. 액면금액 : 3,000,000 원
ㄴ. 액면이자 : 지급하지 않음
ㄷ. 발행일 : 20X1 년 1 월 1 일
ㄹ. 만기일 : 20X3 년 12 월 31 일 (3 년)
ㅁ. 상환할증금 : 390,000 원
ㅂ. 전환사채가 일반사채인 경우의 시장이자율: 12%(12%, 3 년의 현재가치계수는 0.7118 이다)
ㅅ. 전환권대가는 자본으로 분류됨

ⅰ. 일반사채의 경우 현재가치 (만기시에는 상환할증금까지 지급)
   = 3,390,000 × 0.7118 = 2,413,002

ⅱ. 전환권대가 = 전환사채 발행금액 3,000,000 − 일반사채 현재가치 2,413,002 = 586,998

(차) 현금	3,000,000	(대) 전환사채(부채)	3,000,000
(차) 전환권조정(부채차감)	976,998	(대) 상환할증금(부채)	390,000
		(대) 전환권대가(자본)	586,998

ⅲ. 만일 부채총액을 물어보는 문제가 출제되면 일반사채의 경우 현재가치가 부채총액이 된다.

ⅳ. 전환사채를 액면발행하고, 발행시점의 전환권조정을 물어보는 문제가 출제되기도 한다. 발행시점에는 "전환권조정 = 전환권대가 + 상환할증금"이 된다. 다시 말해 전환권조정이 전환권대가 보다 상환할증금만큼 더 많은 문항을 선택하면 된다.

[예제 18-2]

[1] ㈜삼일은 20X1 년 1 월 1 일에 다음과 같은 조건으로 전환사채를 발행하였다. 전환사채 발행에 관한 설명으로 가장 올바르지 않은 것은?

> ㄱ. 액면금액 : 1,000,000 원
> ㄴ. 액면이자율 : 10 % (매년말 이자지급)
> ㄷ. 발행금액 : 1,000,000 원
> ㄹ. 상환할증금 : 100,000 원
> ㅁ. 동일한 조건의 일반사채의 경우의 발행금액 : 900,000 원
> ㅂ. 만기 : 3 년

① 사채발행일에는 전환사채 발행으로 부채가 900,000 원 증가한다.
② 사채발행일에는 전환사채 발행으로 자본(전환권대가)이 100,000 원 증가한다.
③ 이 전환사채와 관련한 이자비용은 동일한 조건의 일반사채에 대한 유효이자율을 적용하여 산정한다.
④ 만기에 지급하는 금액은 액면금액에 이자비용과 상환할증금을 포함한 1,100,000 원이다.

[2] ㈜삼일은 20X1년 1월 1일 만기 3 년, 표시이자율 7%, 이자는 매년말에 지급하는 액면 2,000,000 원의 전환사채를 액면발행하였다. ㈜삼일은 전환사채의 만기일에 액면금액의 13 % 를 할증금으로 지급하기로 하였다. 일반사채의 시장이자율이 12% 라고 할 때 발행시점에 계상할 전환권대가와 전환권조정은 각각 얼마인가(12 %, 3 기간, 현재가치계수 : 0.7118 이고 12 %, 3 기간 연금현재가치계수는 2.4018 이다)?

	전환권대가	전환권조정		전환권대가	전환권조정
①	55,080원	260,000원	②	260,000원	260,000원
③	55,080원	315,080원	④	315,080원	55,080원

해답

[1] ④ 액면금액 1,000,000 + 액면이자 100,000 + 상환할증금 100,000 = 1,200,000원

[2] ③
 ⅰ. 상환할증금 : 2,000,000 × 13% = 260,000원
 ⅱ. 일반사채의 현재가치 : 140,000 × 2.4018 + 2,260,000 × 0.7118 = 1,944,920원
 ⅲ. 전환권대가 = 액면발행금액 2,000,000 - 일반사채 1,944,920 = 55,080원
 ⅳ. 회계처리

(차) 현금	2,000,000	(대) 전환사채(부채)	2,000,000
(차) 전환권조정(부채차감)	315,080	(대) 상환할증금(부채)	260,000
		(대) 전환권대가(자본)	55,080

  (다른풀이) 전환권조정이 전환권대가보다 상환할증금 260,000원만큼 더 많은 것은 ③번 뿐이다.

18.3 전환권의 행사

(1) 전환권 행사시 회계처리

주로 전환사채의 전환권을 행사했을 때 주식발행초과금을 구하는 문제가 출제된다. 우선 전환
사채와 관련된 계정을 제거한 후, 전환되는 주식의 액면금액만큼 자본금을 인식한다. 마지막으
로 차액만큼 주식발행초과금을 계산한다.

예시

전환사채 발행시 전환사채 액면금액 3,000,000원에 대하여 액면금액 1,500,000원인 주식으로 전환해
주기로 약정하였다. 전환사채 관련 계정과목 잔액들이 다음과 같은 경우에 회계처리는?

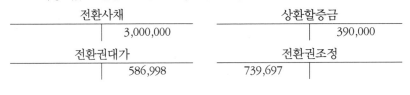

전환사채		상환할증금	
	3,000,000		390,000

전환권대가		전환권조정	
	586,998	739,697	

(차) 사채	3,000,000	(대) 자본금	1,500,000
(차) 상환할증금	390,000	(대) 전환권조정	739,697
(차) 전환권대가	586,998	(대) 주식발행초과금	1,737,301

(2) 전환권 행사가 재무제표에 미치는 영향

	자산	부채	자본
전환사채 권리행사	변동없음	감소	자본
신주인수권부사채 권리행사	증가	불편	증가

[예제 18-3]

[1] ㈜삼일은 20X1년 1월 1일에 다음과 같은 조건으로 전환사채를 발행하였다. 다음 중 동 전환사채
에 관한 설명으로 가장 올바르지 않은 것은?

ㄱ. 액면금액 : 10,000,000 원

ㄴ. 액면이자율 : 5 % (매년 말 이자지급)

ㄷ. 발행금액 : 10,000,000 원

ㄹ. 상환할증금 : 1,000,000 원(만기까지 주식으로 전환하지 않을 경우 만기에 지급)

ㅁ. 동일한 조건의 일반사채인 경우의 발행가액 : 8,200,000 원

ㅂ. 만기 : 3 년
ㅅ. 발행시 사채발행비는 발생하지 아니함
ㅇ. 전환권대가는 자본으로 분류됨

① 동 전환사채의 발행금액 10,000,000 원에는 전환권대가 1,800,000 원이 포함되어 있다.
② 상환할증금을 지급하는 조건이므로 보장수익률은 액면이자율 5 % 보다 높을 것이다.
③ 동 전환사채와 관련한 이자비용은 동일한 조건의 일반사채에 대한 유효이자율을 적용하여 산정한다.
④ 전환권 행사시 ㈜삼일의 총자산은 증가한다.

[2] ㈜삼일은 20X1 년 1 월 1 일 액면금액 1,000,000 원의 전환사채를 액면발행하였으며, 전환조건은
사채액면 50,000 원당 액면가 10,000 원인 보통주 1 주로 전환할 수 있다. 전환청구일 현재 전환권
대가는 50,000 원, 사채상환할증금은 120,000 원, 전환권조정은 100,000 원이었다. 이 경우 전환으
로 발행한 주식의 주식발행초과금으로 계상할 금액은 얼마인가?

① 870,000원   ② 900,000원
③ 980,000원   ④ 1,000,000원

해답

[1] ④ 전환사채의 경우 권리행사를 하여도 총자산에는 변동이 없다.

[2] ①

(차) 사채	1,000,000	(대) 자본금	200,000
(차) 상환할증금	120,000	(대) 전환권조정	100,000
(차) 전환권대가	50,000	(대) 주식발행초과금	870,000

제19장

충당부채, 우발부채, 우발자산

19.1 충당부채, 우발부채, 우발자산의 개념

(1) 충당부채, 우발부채, 우발자산의 개념

① 충당부채 : 지출하는 시기 또는 금액이 불확실한 부채이다. 충당부채는 재무상태표상 부채로 인식한다. (주석으로 공시해서는 안된다.)

(예시) 퇴직급여충당부채, 경품충당부채, 제품보증충당부채, 복구충당부채, 공사손실충당부채, 구조조정충당부채 등 - 단, 장래 수선과 관련된 예상지출액은 충당부채로 인식하지 않는다.

② 우발부채 : 다음 둘 중 한가지에 해당하는 의무를 말한다. 우발부채는 주석으로만 공시 가능하며, 재무상태표에 부채로 표시하지 않는다.

- 과거사건에 의하여 발생하였으나, 기업이 전적으로 통제할 수는 없는 하나 이상의 불확실한미래사건의 발생 여부에 의하여서만 그 존재가 확인되는 잠재적 의무
- 과거사건에 의하여 발생한 현재의무이지만, 그 의무를 이행하기 위하여 경제적효익을 갖는 자원이 유출될 가능성이 높지가 않거나, 또는 그 가능성은 높으나 당해 의무를 이행하여야 할 금액을 신뢰성 있게 측정할 수 없는 경우

(예시) 소송, 손해부담계약 등

③ 우발자산 : 과거사건에 의하여 발생하였으나 기업이 전적으로 통제할 수는 없는 하나 이상의 불확실한 미래사건의 발생 여부에 의하여서만 그 존재가 확인되는 잠재적 자산

(2) 재무제표 반영과 주석공시여부

자원유출 가능성	신뢰성 있게 추정가능	신뢰성 있게 추정 불가능
가능성이 높음	충당부채	우발부채
가능성이 높지 않음	우발부채	우발부채
가능성이 아주 낮음	공시하지 않음	공시하지 않음

[예제 19-1]

[1] 다음 중 우발부채 및 우발자산에 관한 설명으로 가장 올바르지 않은 것은?

① 과거사건에 의해 발생하였으나 불확실한 미래사건의 발생 여부에 의하여서만 그 존재가 확인되는 잠재적 의무는 우발부채이다.

② 과거사건에 의해 발생하였으나 불확실한 미래사건의 발생 여부에 의하여서만 그 존재가 확인되는 잠재적 자산은 우발자산이다.

③ 우발자산은 재무상태표에 자산으로 기록하지 않는다.

④ 우발부채는 당해 의무 이행을 위해 자원이 유출될 가능성이 아주 낮더라도 주석으로 기재해야 한다.

[2] 다음 중 ㈜삼일의 충당부채에 관한 회계처리로 가장 올바르지 않은 것은?

① 판매시점으로부터 2년간 품질을 보증(확신유형의 보증)하는 조건으로 제품을 판매하여 20X1년 중에 판매한 제품에 대해 추정한 보증수리비용을 충당부채로 인식하였다.

② 충당부채를 계상할 때 현재의무의 이행에 소요되는 지출에 대한 보고기간종료일 현재의 최선의 추정치를 산출하였다.

③ 충당부채의 명목가액과 현재가치의 차이가 중요하여 예상 지출의 현재가치로 충당부채를 평가하였다.

④ 화재, 폭발 또는 기타 재해에 의한 재산상의 손실에 대비한 보험에 가입하고 있지 않아 이의 멸실에 대비하여 충당부채를 계상하였다

[3] 다음 중 충당부채에 관한 설명으로 가장 올바르지 않은 것은?

① 충당부채는 과거사건이나 거래의 결과에 의한 현재의무로서, 지출의 시기 또는 금액이 불확실하지만 그 의무를 이행하기 위하여 자원이 유출될 가능성이 높고 또한 금액을 신뢰성 있게 추정할 수 있는 의무를 말한다.

② 충당부채로 인식하는 금액은 현재의무의 이행에 소요되는 지출에 대한 보고기간종료일 현재의 최선의 추정치이어야 한다.

③ 충당부채를 설정하는 의무에는 명시적인 법규 또는 계약의무는 아니지만 과거의 실무 관행에 의해 기업이 이행해 온 의무도 포함된다.

④ 충당부채는 반드시 재무상태표에 부채로 인식할 필요는 없으며 주석으로만 공시한다.

[4] 다음 중 충당부채를 인식해야 할 상황으로 가장 올바르지 않은 것은?

① A사는 제품을 판매하는 시점에 구매자에게 제품보증을 약속하고 있으나 법적 의무가 존재하는 것은 아니다. 과거 경험에 비추어 보면 제품 보증 요청이 발생할 가능성이 높다.

② B사는 해양플랜트 사업을 영위하고 있으며 해양오염을 유발하고 있다. 결산일 현재 발생한 해양오염을 복구할 것을 요구하는 법안이 차기 2월 중 제정될 것이 거의 확실하다.

③ C 사는 고객으로부터의 손해배상 소송사건에 계류 중이다. 법률 전문가는 당기 말 현재 기업이 배상 책임을 이행할 가능성이 높다고 조언하고 있다.

④ D 사는 주기적인 수선을 요하는 설비자산을 이용하여 제품을 생산하고 있다. 과거 경험에 따르면 동 설비자산의 노후로 인하여 1 년 후 중요한 금액의 수선비가 발생할 가능성이 높은 것으로 예상된다.

[5] 다음 중 우발부채 및 우발자산에 관한 설명으로 가장 올바르지 않은 것은?

① 우발자산은 과거사건에 의해 발생하였으나, 기업이 전적으로 통제할 수 없는 하나 이상의 불확실한 미래사건의 발생 여부에 의하여서만 그 존재가 확인되는 잠재적 자산을 의미한다.

② 우발부채는 재무상태표상 부채로 인식하고, 유형별로 그 성격을 주석에 추가적으로 설명한다.

③ 과거사건에 의하여 발생하였으나, 그 의무를 이행하기 위하여 경제적효익을 갖는 자원이 유출될 가능성이 높지 않은 경우에는 우발부채로 인식한다.

④ 우발부채의 경우 당해 의무를 이행하기 위하여 경제적 효익이 있는 자원을 유출할 가능성이 희박한 경우에는 공시하지 아니한다.

[6] 다음 중 재무상태표에 충당부채를 인식하는 경우로 짝지어진 것은?

자원유출 가능성	신뢰성 있게 추정가능	신뢰성 있게 추정 불가능
가능성이 높음	(ㄱ)	(ㄴ)
가능성이 높지 않음	-	-
가능성이 아주 낮음	(ㄷ)	-

① (ㄱ)   ② (ㄱ), (ㄴ)

③ (ㄱ), (ㄷ)   ④ (ㄱ), (ㄴ), (ㄷ)

해답

[1] ④ 가능성이 아주 낮으면 주석으로도 기재하지 않는다.

[2] ④ 천재지변 등의 위험은 충당부채 설정대상이 아니다.

[3] ④ 충당부채는 재무상태표에서 부채로 공시한다.

[4] ④ 미래 예상되는 수선비는 충당부채로 인식하지 않는다.

[5] ② 우발부채는 재무상태표상 부채로 인식하지 않는다.

[6] ① 충당부채는 자원의 유출가능성이 높고, 금액을 신뢰성 있게 추정가능할 때 인식한다.

19.2 충당부채의 측정

(1) 원칙

충당부채로 인식하는 금액은 현재의무의 이행에 소요되는 지출에 대한 보고기간말 현재의 최선의 추정치이어야 하며 이 경우 관련된 사건과 상황에 대한 불확실성이 고려되어야 한다.

(2) 불확실성이 있는 경우

상황별 확률에 따라 가중평균하여 충당부채를 계산한다.

> **예시**
>
> ㈜삼일은 제조상의 결함이나 하자에 대하여 1년간 제품보증을 시행하고 있다. 20X1년 7월 1 일에 판매된 5,000,000 원의 제품에서 중요하지 않은 결함이 발견된다면 50,000 원의 수리비용이 발생하고, 치명적인 결함이 발생하면 300,000 원의 수리비용이 발생할 것으로 예상한다. 20X1 년 7 월 1 일의 매출액 5,000,000 원에 대하여 판매된 제품의 80 % 에는 하자가 없을 것으로 예상하고, 제품의 15 % 는 중요하지 않은 결함이 발견될 것으로 예상하고, 5 % 는 치명적인 결함이 있을 것으로 예상하였다. ㈜삼일이 20X1 년 말에 인식할 충당부채의 금액은 얼마인가?(단, 20X1 년에는 결함이나 하자가 발생하지 않았다) (21년 6월)

해설 22,500원

	확률	수리비용	충당부채
하자가 없는 경우	80%	0	0
중요하지 않은 결함	15%	50,000원	7,500원
치명적인 결함	5%	300,000원	15,000원
합계	100%		22,500원

(3) 현재가치 평가여부 : 충당부채의 화폐의 시간가치 영향이 중요한 경우에는 의무를 이행하기 위하여 예상되는 지출액의 현재가치로 평가한다.

(4) 대리변제 : 보험가입 등의 경우처럼 제3자가 보전해 주거나 지급해 주는 경우에 인식한다. 대리변제 될 것이 확실한 경우에 한하여 그 금액을 자산으로 인식하되 관련 충당부채 금액을 초과할 수는 없다.

(예시) 소송으로 지급할 금액이 10억원인데, 보험회사로부터 8억원을 변제 받을 것이 확실하다면, 2억원만 충당부채로 인식하게 된다.

(5) 미래 예상 영업손실 : 충당부채로 인식하지 않는다.

(6) **손실부담계약** : 계약에 따라 발생하는 회피 불가능한 원가 - 계약에 의하여 받을 것으로 기대 되는 경제적효익을 말하며, 충당부채로 인식한다.

> 둘 중 작은 금액
> ① 계약을 이행하기 위하여 필요한 원가
> ② 계약을 이행하지 못하였을 때 지급하여야 할 보상금 또는 위약금

(7) **구조조정충당부채**

사업부 매각 또는 폐쇄, 이전, 조직구조변경 등에서 발생하는 의제의무는 충당부채로 인식한 다. 단, 구조조정을 하면서 관련자산을 매각할 때 예상처분이익은 구조조정 충당부채를 측정하 는데 반영하지 않는다.

[예제 19-2]

[1] 다음 중 충당부채의 회계처리에 관한 설명으로 가장 옳은 것은?

① 미래의 예상 영업손실은 최선의 추정치를 금액으로 하여 충당부채로 인식한다.

② 충당부채로 인식하는 금액은 현재의무의 이행에 소요되는 지출에 대한 보고기간말 현재의 최선의 추 정치이어야 하며 이 경우 관련된 사건과 상황에 대한 불확실성이 고려되어야 한다.

③ 충당부채란 과거사건이나 거래의 결과에 의한 현재의무로서, 그 의무를 이행하기 위하여 자원이 유 출될 가능성이 높고 지출 금액이 불확실하지만, 지출 시기는 확정되어 있는 의무를 의미한다.

④ 충당부채의 명목금액과 현재가치의 차이가 중요하더라도 의무를 이행하기 위하여 예상되는 지출액의 명목금액으로 평가한다.

[2] ㈜삼일은 소송에 패소할 경우를 대비하여 의무이행을 위하여 지급할 금액을 보험회사가 변제해주는 보험에 가입하였다. ㈜삼일이 소송으로 지급할 금액이 10 억원이며 보험회사로부터 11 억원을 변제 받을 것이 확실한 경우, 변제받을 금액과 관련하여 ㈜삼일이 재무상태표 상 자산으로 인식할 금액은 얼마인가?

① 0 원   ② 1 억원
③ 10 억원   ④ 11 억원

[3] 다음 중 충당부채에 관한 설명으로 가장 올바르지 않은 것은?

① 미래의 예상 영업손실은 부채의 정의에 부합하지 못할 뿐 아니라 충당부채의 인식기준도 충족하지 못하기 때문에 충당부채로 인식하지 않는다.

② 계약상의 의무에 따라 발생하는 회피 불가능한 원가가 당해 계약 때문에 받을 것으로 기대되는 경제적 효익을 초과하는 계약을 체결한 경우에는 관련된 현재의무를 충당부채로 인식한다.

③ 구조조정을 완료하는 날까지 발생할 것으로 예상하는 영업손실은 충당부채로 인식하지 않지만 손실부담계약과 관련된 예상영업손실은 충당부채로 인식한다.

④ 구조조정의 일환으로 관련 자산을 매각할 때 예상처분이익은 구조조정충당부채를 측정하는 데 반영한다.

해답

[1] ②
  ① 미래의 예상 영업손실은 충당부채로 인식하지 않는다.
  ③ 지출시기가 확정되어 있지 않더라도 충당부채로 인식할 수 있다.
  ④ 현재가치의 차이가 중요하면 충당부채도 현재가치 평가를 한다.

[2] ① 우발자산은 재무상태표에 인식하지 않는다.

[3] ④ 구조조정을 하면서 관련자산을 매각할 때 예상처분이익은 구조조정 충당부채를 측정하는데 반영하지 않는다.

19.3 충당부채의 계산사례

(1) 복구충당부채

유형자산 취득 후에 내용연수 종료시 처분비용이 발생할 것으로 예상되는 경우에는 처분금액의 현재가치를 충당부채로 인식한다.

예시　　**복구충당부채**

㈜한국원자력에서는 기계장치를 현금 50,000,000원을 지급하여 취득하였다. 이 기계장치의 내용연수는 5년이며, 5년 후에 10,000,000원의 추가원가를 지출하여 안전하게 폐기하여야 한다.

단, 유효이자율은 15%이며, 현가계수는 0.49718이다. 기계장치 취득원가는?

⇒ 50,000,000 + (10,000,000 × 0.49718) = 54,971,800원

분개를 하면 다음과 같다.

(차) 기계장치　　54,971,800　　(대) 현금　　　　　50,000,000
　　　　　　　　　　　　　　　　(대) 복구충당부채　4,971,800
---

(2) 제품보증충당부채

Σ 각 기간별 매출액 × 판매보증비율 - 이미 보증한 금액

예시 ▶ **제품보증충당부채**

㈜그린은 판매한 제품에 대해 발생하는 하자를 판매일로부터 3년간 무상으로 수리하는 정책을 실행하고 있다. 무상수리에 따른 제품보증비용은 매출액의 5%로 예측된다. 20x2년말 재무상태표상 제품보증충당부채 잔액은?

구분	매출액	20x1년 판매분에 대한 제품보증비용	20x2년 판매분에 대한 제품보증비용
20x1년	3,000,000원	30,000원	
20x2년	4,000,000원	40,000원	50,000원

→ (3,000,000 + 4,000,000) × 5% − 30,000 − 40,000 − 50,000 = 230,000원

[예제 19-3]

[1] ㈜삼일은 판매일로부터 2 년간 판매한 제품에 발생하는 하자를 무상으로 수리해주는 제품보증정책을 시행하고 있다. 이러한 보증은 제품이 합의된 규격에 부합되므로 ㈜삼일이 의도한 대로 작동할 것이라는 확신을 고객에게 주며, 확신에 더하여 고객에게 용역을 제공하지 않는다. 제품보증비용은 매출액의 2%가 발생할 것으로 예측된다. 20X1 년의 매출액과 실제 제품보증 발생액이 다음과 같은 경우 20X1년 말 재무상태표상 제품보증과 관련하여 충당부채로 계상할 금액은 얼마인가?

	20x1년
매출액	1,000,000원
20x1년 판매분에 대한 실제 제품보증 발생액	5,000원

① 0원   ② 5,000원
③ 15,000 원   ④ 20,000 원

[2] 다음은 ㈜삼일의 사례이다. 사례와 관련된 설명으로 가장 옳은 것은?

> 20X1 년 현재 ㈜삼일은 석유사업을 영위하는 중이며 오염을 유발하고 있다. 이러한 사업이 운영되고 있는 국가에서 오염된 토지를 정화하여야 한다는 법규가 제정되지 않았고, ㈜삼일은 몇 년에 걸쳐 토지를 오염시켜 왔다. 이미 오염된 토지를 정화하는 것을 의무화하는 법류 초안이 연말 후에 제정될 것이 20X1 년 말 현재 거의 확실시 되었다.

① 토지정화 원가에 대한 최선의 추정치로 충당부채로 인식한다.
② 당해 의무를 이행하기 위해 경제적효익을 갖는 자원의 유출가능성이 매우 높지 않으므로 우발부채로 공시한다.
③ 20X1 년 말 시점에 법률이 제정되지 않아 현재의무가 존재하지 않으므로 충당부채로 인식하지 않는다.
④ 의무발생사건의 결과 현재의무가 존재하지 않으므로 충당부채 또는 우발부채로 공시하지 않는다.

[3] ㈜삼일은 제조상의 결함이나 하자에 대하여 1 년간 제품보증을 시행하고 있다. 20X1 년 7월 1일에 판매된 5,000,000 원의 제품에서 중요하지 않은 결함이 발견된다면 50,000 원의 수리비용이 발생하고, 치명적인 결함이 발생하면 200,000 원의 수리비용이 발생할 것으로 예상한다. 20X1년 7월 1일의 매출액 5,000,000 원에 대하여 판매된 제품의 80 % 에는 하자가 없을 것으로 예상하고, 제품의 15 % 는 중요하지 않은 결함이 발견될 것으로 예상하고, 5 % 는 치명적인 결함이 있을 것으로 예상하였다. ㈜삼일이 20X1년 말에 인식할 충당부채의 금액은 얼마인가(단, 20X1 년에는 결함이나 하자가 발생하지 않았다)?

① 7,500원 ② 10,000원
③ 17,500원 ④ 32,500원

[4] ㈜삼일은 20X1 년 1 월 1 일 거래처의 토지에 구축물을 설치하고 이를 이용하는 계약을 체결하였다. 구축물의 취득원가는 1,000,000 원, 내용연수는 5 년이며, 잔존가치는 50,000 원이며 정액법으로 감가상각한다. ㈜삼일은 5 년 후에 구축물을 해체하고 원상복구를 해야 하며, 5 년 후에 복구비용으로 지출할 금액은 200,000 원으로 추정하였다. 복구비용은 충당부채의 인식요건을 충족하며, 현재가치 계산 시 적용할 할인율은 10%이다. ㈜삼일이 20X1 년 1 월 1 일에 인식할 복구충당부채는 얼마인가?

기간 이자율	현가 이자요소	연금의 현가 이자요소
5년, 10%	0.62092	3.79079

① 93,138원 ② 124,184원
③ 200,000원 ④ 758,158원

해답

[1] ③ 보증기간 미경과 매출액 1,000,000 × 예상보증비율 2% − 이미 발생한 금액 5,000
= 충당부채 잔액 15,000원

[2] ① 복구충당부채를 인식한다.

[3] ③

	확률	수리비용	충당부채
하자가 없는 경우	80%	0	0
중요하지 않은 결함	15%	50,000원	7,500원
치명적인 결함	5%	200,000원	10,000원
합계	100%		17,500원

[4] ② 5년 후 복구비용의 현재가치를 계산하면 된다. 200,000 × 0.62092 = 124,184원

자본 I

20.1 자본의 분류

자본금	보통주 자본금, 우선주 자본금	
자본잉여금	주식발행초과금, 감자차익, 자기주식처분이익	
자본조정	주식할인발행차금, 감자차손 자기주식처분손실, 자기주식	미교부주식배당금
기타포괄손익누계액	기타포괄손익인식금융자산평가 손익, 재평가이익 확정급여제도의 보험수리적 손익 해외사업장의 재무제표 환산으로 인한 손익 현금흐름위험회피의 위험회피수단의 평가손익(효과적인 부분만)	
이익잉여금	이익준비금, 각종 임의적립금, 미처분이익잉여금	

[예제 20-1]

[1] 다음은 결산일이 12 월 31 일인 ㈜삼일의 20X1 년 말 재무상태표상 자본에 관한 정보이다. 20X1
년 말 ㈜삼일의 기타포괄손익누계액은 얼마인가?

ㄱ. 보통주자본금 50,000,000원   ㄴ. 주식발행초과금 8,000,000원
ㄷ. 매도가능금융자산평가이익 3,000,000원   ㄹ. 자기주식 2,500,000원
ㅁ. 미처분이익잉여금 8,000,000원   ㅂ. 유형자산재평가잉여금 4,000,000원

① 4,000,000원   ② 7,000,000원
③ 15,000,000원   ④ 17,500,000원

해답

[1] ② 3,000,000 + 4,000,000 = 7,000,000원
 보통주자본금은 자본금, 주식발행초과금은 자본잉여금, 자기주식은 자본조정, 미처분이익잉여금은 이익잉여금 항목
 이다.

20.2 주식의 발행

(1) 액면발행, 할증발행, 할인발행

① 액면발행 : 발행금액 = 액면금액

② 할증발행 : 발행금액 〉 액면금액

③ 할인발행 : 발행금액 〈 액면금액

(2) 주식발행의 회계처리

① 주식발행비용은 주식발행금액에서 차감한다. (주식발행초과금의 감소 또는 주식할인발행차금의 증가)

② 주식발행초과금과 주식할인발행차금은 상계하여 회계처리한다.

[예제 20-2]

[1] 다음은 ㈜삼일의 제 1 기말 현재의 주요 재무정보이다. ㈜삼일은 제 1 기에 증자 및 배당이 없었다.

자본금	5,000,000,000
주식발행초과금	3,500,000,000
…	…
자본총계	10,000,000,000

㈜삼일의 당기순이익은 1,500,000,000 원이고, 주당 액면금액은 5,000 원일 때 기말 현재 자본에 대한 설명으로 다음 중 가장 올바르지 않은 것은?

① ㈜삼일의 법정자본금은 5,000,000,000 원이다.

② ㈜삼일의 발행주식수는 1,000,000 주이다.

③ ㈜삼일의 기말 이익잉여금은 1,500,000,000 원이다.

④ ㈜삼일의 주식발행금액은 주당 10,000 원이다.

[2] 결산일이 12 월 31 일인 ㈜삼일의 유상증자 관련 자료는 다음과 같을 때 유상증자 시 행할 분개로 옳은 것은?

- 20X1 년 5 월 1 일에 현금을 납입받고 보통주 2,000 주를 유상증자하였다.
- 주당 액면금액과 발행가액은 각각 5,000 원과 7,000 원이다.
- 유상증자와 직접 관련된 원가 200,000 원이 발생하였다.
- 장부에 1,000,000 원의 주식발행초과금이 계상되어 있다.

① (차) 현금 13,800,000 원   (대) 자본금 13,800,000 원

② (차) 현금 13,800,000 원   (대) 자본금 10,000,000 원
                                                (대) 주식발행초과금 3,800,000 원
③ (차) 현금 14,000,000 원   (대) 자본금 10,000,000 원
                                                (대) 주식발행초과금 4,000,000 원
④ (차) 현금 14,000,000 원   (대) 자본금 10,000,000 원
                                                (대) 주식발행초과금 4,000,000 원
    (차)신주발행비 200,000 원   (대) 현금 200,000 원

해답

[1] ④
주식발행수 = 자본금 5,000,000,000 ÷ 주당 액면금액 5,000 = 1,000,000주
주당 발행금액 = (자본금 5,000,000,000 + 주식발행초과금 3,500,000,000) ÷ 1,000,000주
              = 8,500원

[2] ②
주식발행금액 = 주당 발행금액 7,000원 × 2,000주 - 주식발행비용 200,000 = 13,800,000원
주식발행초과금이 있는 상태에서 할증발행 했으므로 주식발행초과금이 감소하지 않고, 추가로 증가한다

20.3 자기주식

(1) 자기주식의 의의

기업이 발행한 주식을 재취득 하는 것을 말한다. 자기주식은 자본조정 성격이다. 나중에 자기주식은 재발행하거나 소각해야 한다.

(2) 자기주식의 재발행 (자기주식의 처분)

자기주식 처분금액 〉 자기주식 취득금액		자기주식 처분금액 〈 자기주식 취득금액	
(차) 현금	(대) 자기주식	(차) 현금	(대) 자기주식
	(대) 자기주식처분이익	(차) 자기주식처분손실	

(3) 자기주식의 소각

자기주식 액면금액 〉 자기주식 취득금액		자기주식 처분금액 〈 자기주식 취득금액	
(차) 자본금	(대) 자기주식	(차) 자본금	(대) 자기주식
	(대) 감자차익	(차) 감자차손	

(4) 자본의 상계규정 : 예를들어 감자차익 잔액이 있는 상황에서 감자차손이 발생하는 거래가 생겨나면 우선 감자차익을 감소시킨 후에 감자차손을 인식한다.

차변요소	대변요소
주식할인발행차금 (자본조정)	주식발행초과금 (자본잉여금)
감자차손 (자본조정)	감자차익 (자본잉여금)
자기주식처분손실 (자본조정)	자기주식처분이익 (자본잉여금)
매도가능금융자산평가손실 (기타포괄손익)	매도가능금융자산평가이익 (기타포괄손익)

[예제 20-3]

[1] ㈜삼일은 20X1년 10월 1일에 자기주식 150주(주당 액면 5,000 원)를 주당 6,000 원에 취득하고, 20X1년 11월 2일 50주를 주당 7,000원에, 50주는 20X1년 12월 5일 주당 5,500원에 매각하였다. 나머지 50주는 20X1년 12월 31일 주당 6,500원에 매각하였다. 다음 설명 중 가장 옳은 것은?(단, 20X1 년 10 월 이전에 자기주식 거래는 없었다.)

① 20X1년 10월 1일 거래로 자본이 100,000 원 증가한다.

② 20X1년 11월 2일 거래로 자본잉여금이 100,000 원 증가한다.

③ 20X1년 12월 5일 거래로 자본이 75,000 원이 감소한다.

④ 20X1년 12월 31일 거래로 자본이 325,000 원 증가한다.

해답

[1] ④

① 자본이 900,000원 감소한다.

② 자본잉여금이 50,000원 증가한다.

③ 자본이 275,000원 증가한다.

10월 1일	(차) 자기주식	900,000	(대) 현금	900,000
11월 2일	(차) 현금	350,000	(대) 자기주식	300,000
			(대) 자기주식처분이익	50,000
12월 5일	(차) 현금	275,000	(대) 자기주식	300,000
	(차) 자기주식처분이익	25,000		
12월 31일	(차) 현금	325,000	(대) 자기주식	300,000
			(대) 자기주식처분이익	25,000

제21장

자본 Ⅱ

21.1 배당

(1) 현금배당

① 보통주 배당 : 편의상 배당금 지급결의 과정은 생략

	배당금을 지급하는 입장	배당금을 받는 입장
현금배당	(차) 이월이익잉여금　　　(대) 현금 (이익잉여금)	(차) 현금　　　(대) 배당금수익
주식배당	(차) 이월이익잉여금　　　(대) 자본금 (이익잉여금)	분개없음

② 우선주 배당금의 계산 : 우선적으로 배당금을 받을 수 있는 주식을 말한다.

누적여부	전기에 배당금을 수령하지 못한 부분에 대해서도 배당금을 받을 권리가 부여됨
	전기에 배당금을 수령하지 못했을 경우에 배당금 수령 불가능
	(예시) 20x1년도에 배당금을 지급하지 않고, 20x2년에 배당금을 지급 → 누적적 우선주는 20x1년, 20x2년 두 개 연도분 배당금을 받으며, 비누적적 우선 　주는 202x년 배당금만 받는다.
참가여부	비참가적 : 약정된 우선주배당금만 받음
	완전참가적 : 잔여배당금에 대하여 보통주와 동일하게 추가배당을 받음
	부분참가적 : 부분참가율까지 우선주배당금을 받음

```
┌─ 사례 ─┐
```

20x1년에 개업   20x1년은 배당을 안함   20x2년 배당실시

보통주 자본금 1,000,000원   우선주 자본금 250,000원   우선주배당률 10%

주주총회에서 160,000원의 현금배당을 결의하였다. 각 상황별 우선주배당금은?

(1) 비누적적 비참가적 : 250,000 × 10% = 25,000원
(2) 누적적 비참가적 : 250,000 × 10% × 2기간 = 50,000원
(3) 비누적적 완전참가적 : 32,000원
   - 1차배당 : 보통주 100,000원 배당, 우선주 25,000원 배당
   - 2차배당 (잔여배당 160,000원 - 125,000 = 35,000원)
    : 보통주 자본금이 우선주 자본금의 4배 → 보통주는 28,000원, 우선주는 7,000원
(4) 누적적 완전참가적 : 52,000원
   - 1차배당 : 보통주 100,000원 배당, 우선주 50,000원 배당
   - 2차배당 (잔여배당 160,000원 - 150,000 = 10,000원)
    : 보통주 자본금이 우선주 자본금의 4배 → 보통주는 8,000원, 우선주는 2,000원

(2) 그 외의 배당

	분개	자본총액	액면가액	주식수	자본금
주식배당	(차) 이익잉여금　　　(대) 자본금	불변	불변	증가	증가
무상증자	(차) 자본잉여금　　　(대) 자본금 (차) 이익잉여금	불변	불변	증가	증가
주식분할	분개없음	불변	감소	증가	불변
주식병합	분개없음	불변	증가	감소	불변

[예제 21-1]

[1] ㈜삼일은 20X1 년 초 설립된 회사로 설립 시에 보통주와 우선주를 모두 발행하였다. 설립일 이후 자본금의 변동은 없었으며, 20X1 년 12 월 31 일 현재 보통주자본금과 우선주자본금은 다음과 같다.

구분	주당 액면금액	발행주식수	자본금
보통주	1,000원	1,000주	1,000,000원
우선주	1,000원	500주	500,000원

* 우선주의 배당률은 5 % 이며, 비누적적 · 비참가적 우선주이다

㈜삼일은 20X1 년 12 월 31 일로 종료되는 회계연도의 정기주주총회에서 배당금 총액을 200,000 원으로 선언할 예정인 경우 우선주 주주에게 배분될 배당금은 얼마인가?

① 10,000원　　　　　　　　　　② 25,000원
③ 75,000원　　　　　　　　　　④ 100,000원

[2] 다음은 ㈜삼일의 재무상태표이다. ㈜삼일의 경영자는 누적된 결손금을 해소하고자 무상감자를 고려하고 있다. 다음 중 회사가 무상감자를 실시하는 경우에 관한 설명으로 가장 옳은 것은?

① 무상감자를 하면 부채비율(부채/자본)이 높아진다.

② 무상감자와 유상감자 모두 순자산에 미치는 영향은 동일하다.

③ 무상감자 후 주식발행초과금은 감소한다.

④ 무상감자 후의 자본총계는 감자 전과 자본총계가 동일하다

[3] 다음은 자본거래가 각 자본항목에 미치는 영향을 나타내고 있다. 다음 중 가장 올바르지 않은 것은?

		주식배당	무상증자	주식분할
①	자본금	증가	증가	불변
②	주식수	불변	증가	증가
③	이익잉여금	감소	감소가능	불변
④	총자본	불변	불변	불변

해답

[1] ② 비누적적, 비참가적 우선주의 배당금
  = 우선주 자본금 500,000원 × 우선주 배당률 5% = 25,000원

[2] ④ 무상감자 회계처리 : (차) 자본금 (대) 결손금 … 자본총계는 일정하다.
 ① 무상감자를 하면 부채는 나오지 않고, 자본변동도 없다.
 ② 무상감자는 자본변동이 없지만, 유상증자를 하면 자본총액이 증가한다.
 ③ 무상감자는 주식발행초과금과 관계가 없다.

[3] ② 주식배당을 하면 주식수가 증가한다.

21.2 자본변동표

자본변동표는 재무제표 중의 하나로서 일정기간 자본의 변동내역을 작성하는 표이다.

다음은 20x2년도 ㈜성민상사의 자본변동표 내역이다.

자 본 변 동 표
제11기   20x2년 1월 1일부터 20x2년 12월 31일까지

구 분	자본금	자 본 잉여금	자 본 조 정	기타포괄 손익누계액	이 익 잉여금	총 계
20x2.1.1(보고금액)	10,000,000	5,000,000	1,000,000	0	4,000,000	20,000,000
회계정책변경누적효과					(500,000)	(500,000)
전기오류수정					(300,000)	(300,000)
수정후 이익잉여금					3,200,000	19,200,000
연차배당					(600,000)	(600,000)
처분후 이익잉여금					2,600,000	18,600,000
중간배당						
유상 증자(감자)						
당기순이익(손실)					2,400,000	2,400,000
자기주식 취득						
매도가능금융자산평가손익						
20x2.12.31	10,000,000	5,000,000	1,000,000	0	5,000,000	21,000,000

한편 20x3년 중에 자본과 관련된 정보는 다음과 같다. 우선 각 사례별로 회계처리를 한 후 20x31년도 자본변동표에 적당한 금액을 기록하여라.

[1] (주)성민상사는 액면금액 5,000원인 주식 1,000주를 1주당 4,800원에 현금발행하였다. 주식발행초과금은 전기연도 자본변동표를 참고하며 전기의 자본잉여금은 전액 주식발행초과금이었다.

   (차)   (대)

[2] (주)성민상사는 액면금액 5,000원인 자기주식 100주를 1주당 6,000원에 현금취득하였고, 기말 현재까지 보유하고 있다.

   (차)   (대)

[3] 당기에 장기보유목적으로 (주)마스터시스템의 주식 1,000주를 1주당 3,500원에 취득하였다(중대한 영향력을 행사하지 못한다). 이 주식의 기말 공정가치는 1주당 3,800원으로 변화하였다.

(차)   (대)

[4] 당기에 중간배당으로 현금으로 700,000원을 지급하였다. 배당금은 결의 즉시 주주들에게 현금으로 지급되었다.

(차)   (대)

[5] 20x3년 귀속 당기순이익은 3,000,000원이다. 이 자료의 회계처리는 생략한다.

해답

[1] (차) 현　　　　금　　4,800,000　　　(대) 자　본　금　　　　5,000,000
　　　　주식발행초과금　　200,000
[2] (차) 자기주식　　　　600,000　　　(대) 현　　　　금　　　600,000
[3] (차) 매도가능금융자산　300,000　　　(대) 매도가능금융자산평가이익　300,000
[4] (차) 이월이익잉여금　700,000　　　(대) 현　　　　금　　　700,000

자 본 변 동 표

구　　　　분	자본금	자　본 잉여금	자　본 조　정	기타포괄 손익누계액	이　익 잉여금	총　　계
20x3.1.1(보고금액)	10,000,000	5,000,000	1,000,000	0	5,000,000	21,000,000
회계정책변경누적효과						
전기오류수정						
수정후 이익잉여금						
연차배당						
처분후 이익잉여금					5,000,000	5,000,000
중간배당					-700,000	-700,000
유상 증자(감자)	5,000,000	-200,000				4,800,000
당기순이익(손실)					3,000,000	3,000,000
자기주식 취득			-600,000			-600,000
매도가능금융자산평가이익				300,000		300,000
20x3.12.31	15,000,000	4,800,000	400,000	300,000	7,300,000	27,800,000

[예제 21-2]

[1] 다음 중 ㈜삼일의 자본변동표에 표시되지 않는 항목으로 가장 옳은 것은?

① 당기순손실의 발생

② 유상증자에 따른 신주발행

③ 기계장치의 취득

④ 자기주식의 취득

[2] 다음은 12월 말 결산법인인 ㈜삼일의 20X1년 자본거래 내역이다. 20X1년 말 결산시 ㈜삼일의 자본에 대한 보고금액으로 올바르게 짝지어진 것은?

> ㄱ. 20X1년 2월 4일 회사는 액면가액 5,000원의 주식 100,000주를 주당 7,500원에 발행하였다.
>
> ㄴ. 20X1년 10월 10일 이사회결의를 통하여 ㈜삼일의 자기주식 5,000주를 주당 10,000원에 취득하였다.

<table>
<tr><td colspan="6" align="center">자본변동표
20X1년 1월 1일부터 20X1년 12월 31일까지</td></tr>
</table>

㈜삼일 (단위 : 백만원)

구분	자본금	주식발행 초과금	자기주식	이익잉여금	총계
20x1년 1월 1일	500	750	(100)	xxx	xxx
자본의 변동					
20x1년 12월 31일	(가)	(나)	(다)	xxx	xxx

	<u>(가)</u>	<u>(나)</u>	<u>(다)</u>
①	500	1,000	(50)
②	500	750	(150)
③	1,000	1,000	(150)
④	1,000	750	(50)

[3] 다음은 ㈜삼일의 자본변동표이다. 다음 중 자본변동표 표시방법으로 가장 올바르지 않은 것은?

자본변동표
20X1년 1월 1일부터 20X1년 12월 31일까지

㈜삼일 (단위 : 백만원)

구분	자본금	주식발행 초과금	기타 자본요소	이익 잉여금	총계
기초	xxx	xxx	xxx	xxx	xxx
① 유상증자	100	-	-	-	100
② 기타포괄손익-공정가치측정 금융자산평가이익	-	-	-	30	30
③ 당기순이익	-	-	-	10	10
④ 배당금지급	-	-	-	(20)	(20)
기말	xxx	xxx	xxx	xxx	xxx

해답

[1] ③ 기계장치의 취득거래는 자본이 나오지 않으므로 자본변동표에 표시되지 않는다.

[2] ③

주식발행	(차) 현금 등 750,000,000	(대) 자본금 500,000,000 (대) 주식발행초과금 250,000,000
자기주식 취득	(차) 자기주식 50,000,000	(대) 현금 50,000,000

(가) 500 + 주식발행 500 = 1,000 (나) 750 + 250 = 1,000 (다) −100 − 50 = −150

[3] ② 기타포괄손익−공정가치측정금융자산평가이익은 이익잉여금이 증가하는 것이 아니라 기타포괄손익(여기에서는 기타자본요소)이 증가해야 한다.

21.3 이익잉여금처분계산서

이익잉여금의 처분내역을 나타낸 부속명세서이다. 이익잉여금처분계산서는 재무제표에 해당하지는 않는다.

[참고] 이익잉여금처분계산서 작성예시 - 참고로 중간배당액은 미처분이익잉여금에 있음

과목		계정과목명	제 3(당)기 2021년01월01일~2021년12월31일 제 3기(당기) 금액	제 2(전)기 2020년01월01일~2020년12월31일 제 2기(전기) 금액
I.미처분이익잉여금			325,030,050	325,030,050
1.전기이월미처분이익잉여금			325,030,050	307,330,050
2.회계변경의 누적효과	0369	회계변경의누적효과		
3.전기오류수정이익	0370	전기오류수정이익		
4.전기오류수정손실	0371	전기오류수정손실		
5.중간배당금	0372	중간배당금		
6.당기순이익				17,700,000
II.임의적립금 등의 이입액				
1.				
2.				
합계			325,030,050	325,030,050
III.이익잉여금처분액				
1.이익준비금	0351	이익준비금		
2.재무구조개선적립금	0354	재무구조개선적립금		
3.주식할인발행차금상각액	0381	주식할인발행차금		
4.배당금				
가.현금배당	0265	미지급배당금		
주당배당금(률)		보통주		
		우선주		
나.주식배당	0387	미교부주식배당금		
주당배당금(률)		보통주		
		우선주		
5.사업확장적립금	0356	사업확장적립금		
6.감채적립금	0357	감채적립금		
7.배당평균적립금	0358	배당평균적립금		
IV.차기이월미처분이익잉여금			325,030,050	325,030,050

(1) 공식

I. 미처분이익잉여금 + II.임의적립금 이입액 − III. 이익잉여금처분액 = IV.차기이월미처분이익잉여금

(2) 재무상태표와 관계 : 이익잉여금처분계산서의 I.미처분이익잉여금이 재무상태표에 반영

(3) 이익준비금 : 이익준비금은 현금배당의 10% 이상을 자본금의 1/2 이 될 때까지 의무적립한다.

[예제 21-3]

[1] 다음 중 이익잉여금 처분에 관한 설명으로 가장 올바르지 않은 것은?

① 이익준비금은 현금배당의 10% 이상을 자본금의 1/2 이 될 때까지 의무적립한다.

② 현금배당은 자산과 자본의 감소를 유발한다.

③ 주식할인발행차금 상각으로 이익잉여금을 처분하면 자본금은 증가하고 자본총계는 변함이 없다.

④ 주식배당은 자본금은 증가하나 자본총계는 변함이 없다.

[2] 12 월 결산법인인 ㈜삼일의 20X1 년 이익잉여금처분계산서 구성항목이 다음과 같을 때 ㈜삼일의 20X1년 말 재무상태표상 '이익잉여금(미처분이익잉여금)'금액은 얼마인가?

> ㄱ. 전기이월미처분이익잉여금 : 2,000,000 원
> ㄴ. 중간배당 : (-) 200,000 원
> ㄷ. 당기순이익 : 1,000,000 원
> ㄹ. 연차배당(20X2년 4월 지급) : (-) 300,000 원

① 1,800,000원

② 2,000,000원

③ 2,500,000원

④ 2,800,000원

[3] 결산일이 12월 31일인 ㈜삼일의 20X1년 12월 31일 재무상태표의 이익준비금은 100,000 원, 임의적립금은 50,000원, 미처분이익잉여금은 300,000원이다. 20X1년 재무제표에 대한 결산승인은 20X2년 3월 23일에 개최된 주주총회에서 이루어졌으며, 그 내용이 다음과 같을 때, 20X2년 3월 23일 현재 미처분이익잉여금은 얼마인가?

> • 주식할인발행차금 상계 30,000원
> • 현금배당 60,000원
> • 이익준비금 적립 : 법정 최소금액(자본금의 1/2 에 미달)

① 160,000원

② 204,000원

③ 210,000원

④ 234,000원

해답

[1] ③ 주식할인발행차금 상각으로 이익잉여금을 처분하면 자본금은 변함이 없다.

[2] ④ 2,000,000 - 200,000 + 1,000,000 = 2,800,000

[3] ② 20x1년말 미처분이익잉여금 300,000 - 주식할인발행차금 상계 30,000 - 현금배당 60,000 - 이익준비금 적립 6,000 = 204,000원

* 이익준비금과 임의적립금은 20x1년에 이미 반영된 것이다.

수익인식의 5단계 모형

22.1 수익인식 5단계 모형

1단계 : 고객과의 계약식별 (식별)
2단계 : 수행의무 식별   (식별)
3단계 : 거래가격 산정   (측정)
4단계 : 거래가격 배분   (측정)
5단계 : 수익의 인식   (인식)

[예제 22-1]

[1] 수익인식 5 단계모형에 따라 수익을 인식하는 순서가 아래와 같다면 다음 빈칸에 들어갈 말로 가장 옳은 것은?

[1단계] 계약 식별
[2단계] (㉠)
[3단계] (㉡)
[4단계] 거래가격 배분
[5단계] 수행의무별 수익인식

	(㉠)	(㉡)
①	수행의무 식별	거래가격 산정
②	통제이전	수행의무 식별
③	수행의무 식별	통제이전
④	거래가격 산정	통제이전

해설

[1] ① 수익인식 5단계 모형의 순서는 "고객과의 계약식별 → 수행의무 식별 → 거래가격 산정 → 거래가격 배분 → 수익의 인식" 순서이다.

22.2 식별단계 : 고객과의 계약식별, 수행의무 식별

1단계 : 고객과의 계약 식별 (권리와 의무)
→ 계약은 둘 이상의 당사자 사이에서 집행 가능한 권리와 의무가 생기게 하는 합의.
① 계약 당사자들이 계약을 승인하고 각자의 의무를 수행하기로 확약한다.
② 재화나 용역에 대한 각 당사자의 권리를 식별할 수 있다.
③ 재화나 용역의 지급조건을 식별할 수 있다.
④ 계약에 상업적 실질이 있다.
⑤ 대가의 회수 가능성이 높다.

> **예시**
>
> ① A는 상품을 B에게 인도하기로 하고, 인도시점에 500만원을 받기로 하였다. 상품의 인도와 대금의 회수는 정상적으로 이루어질 예정이다. (O)
> ② A는 제품을 생산하였으며, 정상적인 시장에서 1000만원에 판매가능하다. (X)
> ③ A는 B에게 상품을 인도하면 B와 합의한 가격을 받기로 하였다. (X)
> ④ A는 B에게 상품을 인도하였는데, 거래대금의 회수가능성은 매우 낮다. (X)

2단계 : 수행의무 식별

(1) 단일의 수행의무와 별도의 수행의무 구분 : 원가배분 문제
다음의 기준을 모두 충족한다면, 고객에게 약속한 재화나 용역은 별도로 구별되는 것으로 보아야 한다.

> ① 고객이 재화나 용역 그 자체에서 효익을 얻거나 고객이 쉽게 구할 수 있는 다른 자원과 함께하여 그 재화나 용역에서 효익을 얻을 수 있다.
> ② 고객에게 재화나 용역을 이전하기로 하는 약속을 계약 내의 다른 약속과 별도로 식별해 낼 수 있다.

> **예시**
>
> ① A학원에서 인터넷 강의를 수강신청하면, 태블릿 PC에 강의를 담아서 제공
> → 별도의 수행의무로 구별된다. (강의의 원가과 태블릿 PC의 원가를 구분)
>
> ② A제약회사에서 B제약회사에게 코로나 치료제에 대한 라이선스를 제공하고, 생산도 도와주는 경우. 단, B제약회사는 라이선스가 있어도 생산이 어렵다고 가정한다.
> → 단일 수행의무로 구분한다.

③ 그 외 고려사항
- 계약준비의무는 수행의무에 포함되지 않는다. (원가를 배분하면 안된다)
- 계약에 명시되어 있지 않아도 수행의무에 포함될 수 있다.

(2) 한 시점에 이행하는 수행의무 vs 여러 시점에 이행하는 수행의무

	한 시점에 이행하는 수행의무	여러 시점에 이행하는 수행의무
원칙	고객이 약속된 자산을 통제하고 기업이 의무를 이행하는 시점에 수익을 인식	서비스를 제공하는 기간에 걸쳐 수익인식
요건	① 자산의 소유에 따른 유의적인 위험과 보상이 고객에게 있음 ② 고객에게 자산의 법적소유권이 있음 ③ 판매기업이 자산의 물리적 점유를 이전	① 고객은 기업이 수행하는 대로 기업의 수행에서 제공하는 효익을 동시에 얻고 소비

[예제 22-2]

[1] 한 시점에 이행하는 수행의무는 고객이 약속된 자산을 통제하고 기업이 의무를 이행하는 시점에 수익을 인식한다. 고객이 자산을 통제하는 시점의 예가 아닌 것은?

① 고객은 기업이 수행하는 대로 기업의 수행에서 제공하는 효익을 동시에 얻고 소비한다.

② 자산의 소유에 따른 유의적인 위험과 보상이 고객에게 있다.

③ 고객에게 자산의 법적소유권이 있다.

④ 판매기업이 자산의 물리적 점유를 이전하였다.

[2] 기업은 고객에게 약속한 재화나 용역을 이전하여 수행의무를 이행할 때 수익을 인식하여야 하는데, 만약 수행의무가 한 시점에 이행되는 경우라면 고객이 약속된 자산을 통제하고 기업이 의무를 이행하는 시점에서 수익을 인식한다. 여기서 고객이 자산을 통제하는 시점의 예로 가장 올바르지 않은 것은?

① 판매기업이 자산에 대해 현재 지급청구권이 있다.

② 판매기업에게 자산의 법적 소유권이 있다.

③ 판매기업이 자산의 물리적 점유를 이전하였다.

④ 자산의 소유에 따른 유의적인 위험과 보상이 고객에게 있다.

[3] 다음 중 수익에 관한 설명으로 가장 올바르지 않은 것은?

① 수익은 정상적인 경영활동에서 발생하는 경제적 효익의 총유입을 말하며, 자산의 증가 또는 부채의 감소 형태로 나타난다. 다만, 주주의 지분참여로 인한 자본증가는 수익에 포함되지 않는다.

② 수익은 고객에게 기업의 재화나 용역을 제공하고 대가를 받기로 한 계약에서 발생하는 것으로 부가가치세처럼 제 3 자를 대신해서 받는 것은 수익으로 보지 않는다.

③ 복수의 계약을 하나의 상업적 목적으로 일괄 협상하는 경우에도 복수의 계약에서 약속한 재화나 용역이 단일 수행의무에 해당하지 않는다면 둘 이상의 계약을 하나의 계약으로 회계처리할 수 없다.

④ 정유사가 특정지역 고객수요를 적시에 충족시키기 위해 서로 유류를 교환하기로 한 계약같이 고객에게 판매를 쉽게 하기 위해 같은 사업 영역에 있는 기업간의 비화폐성 교환은 수익으로 보지 않는다.

해답

[1] ① 고객 입장에서 기업이 수행하는대로 효익을 얻고 소비한다면, 고객이 자산의 통제하는 것으로 볼 수 없다.

[2] ② 판매기업이 아니라 고객에게 법적 소유권이 있어야 한다.

[3] ③ 일괄계약하는 경우에는 거래의 성격에 따라 하나의 수행의무로 회계처리 할 수 있다.

22.3 측정단계 : 거래가격 산정, 거래가격 배분

3단계 : 거래가격 산정

(1) 변동대가 : 고객으로부터 받을 대가가 변동될 수 있는 거래

거래가격	=	고정대가	+	변동대가
개시시점 이후에도 변동가능				계약개시 이후에도 변동될 수 있다.

<예제> 변동대가의 수익인식

1/1 제품을 개당 1,000원에 공급하기로 계약을 하였다. 계약에는 만약 고객이 1년동안 제품을 10,000개 이상 구매하는 경우에 개당 가격을 900원으로 소급하여 낮추기로 하였다.

5/1 제품을 3,000개를 외상 판매하였으며, 연간 판매량이 10,000개를 초과하지 않을 것으로 예상한다.
  (차) 매출채권   3,000,000   (대) 제품매출   3,000,000

9/1 제품을 5,000개를 외상 판매하였으며, 연간 판매량이 10,000개를 초과할 것으로 예상한다.
  (차) 매출채권   4,200,000   (대) 제품매출   4,200,000
  * 누적판매량 8,000개 × 단가 900원 - 이전까지 매출액 3,000,000 = 4,200,000원

---

(2) 계약에 있는 유의적인 금융요소

계약에 따라 합의한 지급시기 때문에 유의적인 금융효익이 고객에게 제공되는 경우 화폐의 시간가치를 반영하여 거래가격을 조정한다.

① 증분차입이자율이 있는 경우

〈예시〉

2021.1.1. 제품 A를 2년 후에 이전하기로 하고, 10,000,000원을 현금 수령하였다.
　　　　　증분차입이자율은 5%라고 가정한다.

　(차) 현금　　　　10,000,000　　(대) 계약부채　　　10,000,000

2021.12.31.　1년 경과

　(차) 이자비용　　　500,000　　(대) 계약부채　　　500,000

2022.12.31.　2년 경과

　(차) 이자비용　　　525,000*　　(대) 계약부채　　　525,000
　(차) 계약부채　11,025,000　　(대) 매출　　　11,025,000

* 증분차입이자율 사용을 하지 않는 경우

　① 재화의 이전시점이 고객의 재량에 달린 경우 : 기프트 카드 등
　② 대가가 변동될 수 있으며, 금액과 시기를 통제할 수 없는 경우 (농산물 등)
　③ 제품등의 유지보수의무 이행을 위해 판매대금 일부를 지급 연기 (수행의무 관련)

② 장기할부판매의 경우 : 회수할 금액의 현재가치를 수익으로 인식한다.

〈예시〉

㈜서울은 20X1 년 1 월 1 일 ㈜부산에 상품을 할부로 판매하였다. 할부대금은 매년 말 3,000,000 원 씩 3 년간 회수하기로 하였다. 또한 시장이자율은 12 % 이며, 연금현가계수 (12 %, 3 년)는 2.40183 이다. 동 할부매출과 관련하여 ㈜서울이 20X1 년에 인식할 매출액은 얼마인가? (19년 5월 수정)

→ 3,000,000 × 2.40183 = 7,205,490원

(3) 고객에게 지급할 대가

〈예시〉

고객에게 제품을 10,000원에 판매하면서, 당사의 물품을 구입할 수 있는 상품권 1,000원을 지급하기로 하였다.

　(차) 현금　　　　10,000　　(대) 상품권선수금　　1,000
　　　　　　　　　　　　　　(대) 매출　　　　　9,000

4단계 : 거래가격의 배분

→ 계약 개시시점에 각 수행의무 대상인 재화 또는 용역의 개별판매가격을 산정하고, 이 가격에 비례하여 거래가격을 배분

〈예시〉

　A학원에서는 전산세무1급, TAT 1급, 재경관리사 패키지 강의를 800,000원에 제공하고 있다. 각 강좌를 개별적으로 수강할 때 금액은 다음과 같다.

전산세무1급	TAT 1급	재경관리사	합계
220,000원	220,000원	440,000원	880,000원

각 강좌별 인식해야 할 거래금액은?

→ 전산세무1급 200,000원, TAT 1급 200,000원, 재경관리사 400,000원

5단계 : 수익의 인식

(1) 한 시점에 이행하는 수행의무

(2) 기간에 걸쳐 이행하는 수행의무 - 3가지 중 한가지만 충족하면 된다.

(요건)

① 고객은 기업이 수행하는대로 기업의 수행에서 제공하는 효익을 동시에 얻고 소비한다.
　- 지금까지 수행한 업무를 다른 기업이 다시 제공할 필요가 없어야 함.

② 기업이 수행하여 만들어지거나 가치가 높아지는 대로 고객이 통제하는 자산을 기업이 만들거나 그 자산 가치를 높인다.
　- 도급공사 (건물 지어줄 때마다 가치가 상승)

③ 기업이 수행하여 만든 자산이 기업 자체에는 대체용도가 없고, 지금까지 수행을 완료한 부분에 대해 집행 가능한 지급청구권이 기업에 있다.
　- 사례 : 합병 컨설팅

(4) 2가지 이상 수행의무가 있는 경우

계약금액을 공정가치 비율로 안분한 후에 수익을 인식한다.

> **예시**
>
> 무선통신사업을 영위하는 ㈜삼일은 20X1년 1월 1일 고객에게 24개월간 통신서비스를 제공하고 핸드폰 단말기를 판매하였다. 계약금액과 개별 판매시 공정가치가 아래와 같을 때 ㈜삼일이 20X1년 수익으로 인식할 금액은 얼마인가(금융요소는 무시한다)?
>
> | 수행의무 | 계약금액 | 공정가치 |
> |---|---|---|
> | 핸드폰 단말기 | 24만원 | 40만원 |
> | 통신서비스 | 월 4만원 | 월 5만원 |
>
> ① 72 만원   ② 75 만원
> ③ 88 만원   ④ 100 만원

해설

1단계 : 공정가치의 합계와 안분비율 계산
 핸드폰 단말기 : 40만원, 통신서비스 합계 : 월 5만원 × 24개월 = 120만원
 공정가치 비율 : 통신서비스의 공정가치가 핸드폰 단말기의 3배 : 핸드폰 1 : 통신서비스 3

2단계 : 계약금액 합계와 안분금액 계산
 핸드폰 : 24만원, 통신서비스 합계 : 월 4만원 × 24개월 = 96만원, 합계 120만원
 합계 120만원을 공정가치 비율로 안분 : 핸드폰 30만원, 통신서비스 90만원

3단계 : 수행의무별 수익금액 배분
 핸드폰 : (20x1년) 30만원, 통신서비스 : (20x1년) 45만원, (20x2년) 45만원
 → 따라서 20x1년에 인식할 수익금액은 30만원 + 45만원 = 75만원이다.

[예제 22-3]

[1] ㈜삼일은 20X1 년 ㈜용산에 1 년 동안 1,000 개 이상 구매하는 경우 단가를 100 원으로 소급조정하기로 하고 노트북을 개당 120 원에 공급하였다. 20X1 년 3 월 75 개를 판매하고 연 1,000 개는 넘지 않을 것으로 예상하였으나 6 월 경기상승으로 500 개를 판매하였고 연 판매량이 1,000 개를 초과할 것으로 예상된 경우 ㈜삼일의 6 월 수익금액은 얼마인가?

① 10,000원   ② 48,500원
③ 50,000원   ④ 60,000원

[2] ㈜삼일은 ㈜용산에 20X1년 1월 1일 제품 A를 2년 후에 이전하기로 하고 5,000 원을 수령하였다. ㈜삼일의 증분차입이자율이 5% 인 경우 ㈜삼일이 20X2년 인식할 매출액은 얼마인가?

① 0원   ② 5,000원
③ 5,250원   ④ 5,513원

[3] ㈜삼일은 20X1 년 1 월 1 일 ㈜용산에 상품을 할부로 판매하였다. 할부대금은 매년 말 10,000,000 원씩 3년간 회수하기로 하였다. 내재이자율은 10 % 인 경우 ㈜삼일이 20X1 년 12 월 31 일 현재 할부매출과 관련하여 재무상태표에 인식할 장기성매출채권의 순장부금액은 얼마인가(3 년 연금 10 % 현가계수는 2.4869 이다)?

① 17,355,900원   ② 20,000,000원
③ 24,869,000원   ④ 30,000,000원

해답

[1] ②
3월 매출액 : 75개 × 120원 = 9,000원
6월 매출액 : 누적수익 - 3월까지 매출액 = 575개 × 100원 - 9,000원 = 48,500원

[2] ④ $5,000 \times (1 + 0.05)^2 = 5,513$원

[3] ①
20x1년 1월 1일 장부금액 = 10,000,000 × 2.4869 = 24,869,000원
20x1년 12월 31일 장부금액 : 24,869,000 - 7,513,000 = 17,355,900원
(차) 현금 등   10,000,000   (대) 이자수익   2,486,900
                 (대) 매출채권   7,513,100

〈다른풀이〉
1년 후 10,000,000원, 2년 후 10,000,000원의 현재가치 계산 후 유사 값 선택.
$$10,000,000 \times \frac{1}{(1 + 0.1)} + 10,000,000 \times \frac{1}{(1+0.1)^2} = 17,355,372$$

제23장

수익인식 사례

23.1 재화의 판매

(1) 장기할부판매

재화의 인도시점 공정가치 (명목가치와 현재가치의 차이가 중요한 경우에는 현재가치 할인)

(2) 할부판매 : 인도시점

(3) 위탁매출 : 수탁자가 판매한 시점

(4) 상품권 : 상품권을 회수한 시점

예시

20x. 1.1 당사의 상품을 구입할 수 있는 상품권 (액면 10,000,000원)을 현금 9,000,000원에 발행하였다. 상품권의 유효기간은 3년이다.

(차) 현금	9,000,000	(대) 상품권선수금	10,000,000
(차) 상품권할인액	1,000,000		

20x3.12.30. 발매한 상품권 중 90%를 회수하였다. 이 과정에서 현금 반환액 5,000,000원이 포함되어 있다.

(차) 상품권선수금	9,000,000	(대) 매　　출	9,000,000
(차) 매출에누리	900,000	(대) 상품권할인액	900,000

20x3.12.31. 나머지 상품권 10%의 유효기간이 경과하였다.

(차) 상품권선수금	1,000,000	(대) 상품권할인액	100,000
		(대) 상품권기간경과이익	900,000

---

(5) 반품 조건부 판매

┌───┐
│ **예시**

20x1.1.1. 판매가 20,000,000원, 원가 10,000,000원인 상품을 외상으로 인도하였다.
　　　　　 인도시점으로부터 6개월 이내에 반품권이 부여되었다.

(상황 1) 반품을 예상할 수 없는 경우
20x1.1.1. (차) 반환상품회수권 10,000,000　　(대) 상　　　　　품　 10,000,000

20x1.7.1. (차) 매출채권　　　　 20,000,000　　(대) 매　　　　　출　 20,000,000
　　　　　 (차) 매출원가　　　　 10,000,000　　(대) 반환상품회수권　 10,000,000

(상황 2) 매출 중에서 10% 만큼 반품을 예상할 수 있는 경우
20x1.1.1. (차) 매출채권　　　　 20,000,000　　(대) 매출　　　　 18,000,000
　　　　　　　　　　　　　　　　　　　　　　　 (대) 환불부채　　　 2,000,000

20x1.7.1. (차) 매출원가　　　　　9,000,000　　(대) 상　　　　품　 10,000,000
　　　　　 (차) 반환상품회수권　 1,000,000
└───┘

┌───┐
│
[예제 23-1]

[1] ㈜서울은 20X1 년 1 월 1 일 ㈜부산에 상품을 할부로 판매하였다. 상품의 원가는 6,000,000 원이며, 할부대금은 매년 말 3,000,000 원 씩 3 년간 회수하기로 하였다. 또한 시장이자율은 12 % 이며, 연금현가계수(12 %, 3 년)는 2.40183 이다. 동 할부매출과 관련하여 ㈜서울이 20X1 년에 인식할 매출총이익은 얼마인가?

① 0원　　　　　　　　　　　　　　　　② 1,205,490원
③ 2,070,149원　　　　　　　　　　　　④ 3,000,000원

[2] ㈜삼일은 20X1 년 12 월 31 일 ㈜반품에 50,000,000 원(원가 30,000,000 원)의 제품을 판매하고 1 년 이내 반품할 수 있는 권리를 부여하였다. 인도일 현재 10,000,000 원(원가 6,000,000 원)이 반품될 것으로 예상된다면 ㈜삼일이 20X1 년에 인식할 매출액은 얼마인가?

① 10,000,000원　　　　　　　　　　　② 20,000,000원
③ 40,000,000원　　　　　　　　　　　④ 50,000,000원
└───┘

[3] ㈜삼일은 20X1 년 12 월 31 일 ㈜반품에 50,000,000 원(원가 30,000,000 원)의 제품을 판매하고 1 년 이내 반품할 수 있는 권리를 부여하였다. 인도일 현재 10,000,000 원(원가 6,000,000 원)이 반품될 것으로 예상된다면 ㈜삼일이 20X1 년에 인식할 매출원가는 얼마인가?

① 24,000,000원 　　　　　　　　　② 34,000,000원
③ 44,000,000원 　　　　　　　　　④ 54,000,000원

해답

[1] ②
　매출액 = 3,000,000 × 2.40183 = 7,205,490원
　매출원가 = 6,000,000원
　매출총이익 = 7,205,490 - 6,000,000 = 1,205,490원

[2] ③ 최초 매출인식 50,000,000 - 반품예상 10,000,000 = 40,000,000원

[3] ① 최초 매출원가 30,000,000 - 반품예상 매출원가 6,000,000 = 24,000,000원

23.2 용역의 제공

구분	수익인식 사례
라이선스	접근권과 사용권으로 구분한다. ① 접근권 : 일정기간 동안 지적재산권에 대한 접근권리 → 사용기간에 걸쳐 수익인식 ② 사용권 : 접근권에 해당하지 않는 사용권리 → 부여일에 수익인식
입장료	행사개최시점에 수익을 인식
이자	유효이자율을 적용하여 발생기준에 따라 인식
배당금	배당금을 받을 권리와 금액이 확정되는 시점에 인식
로열티	계약의 실질을 반영하여 발생기준에 따라 인식
건설공사	다음 장에서 설명한다.

[예제 23-2]

[1] 방송프로그램 제작사인 ㈜삼일은 20X1년 1월 1일 장난감 제조사인 ㈜용산과 4년간 방송프로그램 캐릭터 사용계약을 체결하였다. ㈜용산은 현재 및 향후 방송에 나올 캐릭터를 모두 사용할 권리를 가지고 4년간 사용대가로 계약일에 100,000,000 원을 지급하였다. 20X1 년 ㈜삼일의 라이선스 수익인식 금액은 얼마인가?

① 0원 　　　　　　　　　② 25,000,000원
③ 50,000,000원 　　　　　　　　　④ 100,000,000원

해답

[1] ② 100,000,000 ÷ 4년에 걸쳐 수익인식 = 25,000,000원

23.3 고객충성제도

(1) 의의

고객이 재화나 용역을 구매하면, 재구매를 유도하기 위해 고객보상 점수들을 부여한다. 고객 충성제도는 재화나 용역을 구매하는 고객에게 인센티브를 제공하기 위하여 사용된다.

(2) 고객충성제도의 사례

① 신용카드회사에서 카드이용금액에 비례하여 적립해주는 포인트제도
② 카드이용금액에 비례하여 적립해주는 포인트제도
③ 항공사에서 일정 마일리지가 누적되는 경우 제공되는 무료항공권
    * 판매보증충당부채 같이 충당부채 성격인 것은 고객충성제도의 사례가 될 수 없다.

(3) 회계처리

고객충성제도는 충당부채가 아니라 수익에서 차감해야 한다. 만일 두가지 이상의 제품을 판매 하는 경우에는 각 제품별로 포인트(마일리지 등)를 안분하여 차감하게 된다.

[예제 23-3]

[1] 고객충성제도는 재화나 용역을 구매하는 고객에게 인센티브를 제공하기 위하여 사용된다. 다음 중 고객충성제도의 예로 가장 올바르지 않은 것은?

① 신용카드회사에서 카드이용금액에 비례하여 적립해주는 포인트제도
② 헤어숍에서 일정횟수를 이용하는 경우 부여하는 무료이용권
③ 가전회사에서 구매고객에게 1 년간 무상수리를 제공하는 무상수리제도
④ 항공사에서 일정 마일리지가 누적되는 경우 제공되는 무료항공권

[2] 다음 중 수익인식 기준에 대한 설명으로 가장 올바르지 않은 것은?

① 고객충성제도를 시행하는 경우 보상점수를 배부하는 대가는 상대적 개별판매가격에 따라 배분된 금 액이다.
② 매출에 확신유형의 보증을 제공하는 경우 총 판매금액을 수익으로 인식하고 보증에 대해서는 충당부 채를 인식한다.

---

③ 라이선스 계약이 접근권에 해당하면 일정기간 동안 권리를 부여하는 수행의무가 부여된 것이므로 그 기간에 걸쳐 수익을 인식한다.

④ 검사 조건부 판매의 경우 재화나 용역이 합의된 규약에 부합하는 지 객관적으로 판단이 가능한 경우에는 고객이 인수하는 시점에 수익을 인식한다.

해답

[1] ③ 무상수리제도는 추후에 고객에게 할인판매를 하기 위한 제도가 아니다.

[2] ④ 검사조건부 판매는 고객이 인수하는 시점이 아니라

[참고] 수익과 비용의 계정체계

수익	매출액	상품매출, 제품매출
	영업외수익	이자수익, 배당금수익, 임대료수익, 단기매매-공정가치측정평가이익, 단기매매-공정가치측정금융자산처분이익, 외화환산이익, 외환차익, 유형자산처분이익, 투자자산처분이익, 자산수증이익, 채무면제이익, 보험차익 등
비용	매출원가	상품매출원가, 제품매출원가
	판매비와 관리비	급여, 잡급, 퇴직급여, 복리후생비, 여비교통비, 접대비, 통신비, 수도광열비, 전력비, 세금과공과, 감가상각비, 임차료, 수선비, 보험료, 운반비, 도서인쇄비, 교육훈련비, 수수료비용, 광고선전비, 연구비, 대손상각비, 차량유지비, 소모품비, 수수료비용, 잡비 등
	영업외비용	이자비용, 단기매매-공정가치측정금융자산평가손실, 단기매매-공정가치측정금융자산처분손실, 외화환산손실, 외환차손, 기타의대손상각비, 유형자산처분손실, 전기오류수정손실, 기부금, 매출채권처분손실, 재해손실 등
	법인세	법인세 등

제**24**장

건설계약

24.1 건설계약 이론

(1) 계약수익(공사수익)의 계산

계약금액(공사 완료시 수령한 대가의 공정가치) × 진행률 - 전기까지 인식한 공사수익

① 진행률 계산

누적공사 진행률 = 누적발생원가 / 추정 총 계약원가

② 진행률 산정방법

누적원가 기준, 수행한 공사의 측량기준, 물리적 완성비율

* 주의 : 선수금 기준으로 적용하는 불가능하다.

(2) 계약원가(공사원가)의 계산

① 계약(공사)수익 = 당기말 건설계약금액 × 당기 누적 진행률 - 전기 누적계약수익

당기계약(공사)원가 = 당기 발생한 원가

공사이익 = 계약(공사)수익 - 공사원가

② 계약원가 구성항목

계약원가에 포함되는 항목	① 특정계약에 직접 관련된 원가 ② 공통원가로 특정계약에 배분할 수 있는 원가 ③ 발주자에게 청구가능한 기타원가
계약원가에서 제외되는 항목	판매비와 관리비 성격의 원가 영업외비용 성격의 원가
계약 체결 전 발생비용	고객에게 명백히 청구할 수 있는 경우에만 자산인식하고, 청구하지 못하는 경우에는 비용처리
고객에게 청구가능한 하자보수비	원가 발생시 자산계정으로 처리하고 이후 진행율에 따라 공사원가로 비용화한다.

(3) 초과청구공사 또는 미청구공사의 계산

　　누적 청구액 〉 누적 계약수익 : 초과 청구공사 (부채)

　　누적 청구액 〈 누적 계약수익 : 미청구 공사 (자산)

(4) 공사손실이 예상되는 경우 : 즉시 당기비용 처리

> **예시**
>
> 공사기간 : 20x1년~20x3년, 20x1년 계약이익 1억원,
> 20x2년 원가상승으로 인해 총계약손실이 2억원으로 예상됨.
> → 20x2년에는 계약손실로 3억원 계산 (전기분 이익 1억원 취소 + 총예상손실 2억원)

[예제 24-1]

[1] 다음 중 건설계약에 관한 설명으로 가장 올바르지 않은 것은?

① 공사가 완료된 후에 일정 기간 발생하는 하자보수원가를 추정하여 하자보수비로 인식하고 상대계정
　으로 하자보수충당부채를 인식한다.

② 진행률 계산 시 발주자에게서 받은 기성금과 선수금도 공사의 정도를 반영하기 때문에 포함해야 한다.

③ 계약수익은 수령하였거나 수령할 대가의 공정가치로 측정한다.

④ 진행률은 보고기간 말마다 다시 측정하며 진행률의 변동은 회계추정의 변경으로 회계처리한다.

[2] 다음 중 건설계약의 수익과 원가 인식방법에 관한 설명으로 가장 올바르지 않은 것은?

① 건설계약의 결과를 신뢰성있게 추정할 수 있는 경우, 건설계약과 관련한 계약수익과 계약원가는 보
　고기간말 현재 계약활동의 진행률을 기준으로 각각 수익과 비용으로 인식한다.

② 하도급계약에 따라 수행될 공사에 대해 하도급자에게 선급한 금액은 진행률 산정을 위한 누적발생원
　가에 포함시켜야 한다.

③ 총계약원가가 총계약수익을 초과할 가능성이 높은 경우, 예상되는 손실을 즉시 비용으로 인식한다.

④ 건설계약의 결과를 신뢰성 있게 추정할 수 없는 경우, 계약수익은 계약원가의 범위 내에서 회수가능
　성이 높은 금액만 인식하며, 발생한 계약원가는 모두 당해 기간의 비용으로 인식한다.

[3] 다음 중 건설계약과 관련된 설명으로 가장 올바르지 않은 것은?

① 계약수익은 수령하였거나 수령할 대가의 공정가치로 측정한다.

② 계약원가는 계약체결일로부터 계약의 최종완료일까지의 기간에 당해 계약에 귀속될 수 있는 직접원가만을 포함한다.

③ 고객에게 청구가능한 수주비의 경우 원가 발생시 자산계정으로 처리하고 이후 진행율에 따라 공사원가로 비용화한다.

④ 예상되는 하자보수원가를 합리적으로 추정하여 하자보수비로 인식하여 계약원가에 포함시킨다.

[4] ㈜서울은 ㈜마포로부터 건설공사를 수주하였다. ㈜마포와 체결한 건설공사에서 손실이 발생할 것으로 예상되는 경우 ㈜서울이 수행할 회계처리로 가장 옳은 것은?

① 건설계약에서 예상되는 손실액은 당기에 즉시 비용으로 인식한다.

② 건설계약에서 예상되는 손실액은 진행률에 따라 비용으로 인식한다.

③ 건설계약에서 예상되는 손실액은 공사완료시점에 비용으로 인식한다.

④ 건설계약에서 예상되는 손실액은 전기에 인식했던 수익에서 직접 차감한다.

[5] 다음은 ㈜삼일건설의 재무제표에 대한 주석이다. 다음 괄호 안에 들어갈 용어로 가장 옳은 것은?

건설계약과 관련하여 진행기준에 의하여 수익을 인식하고 있습니다. 계약활동의 진행률은 진행단계를 반영하지 못하는 계약원가를 제외하고 수행한 공사에 대하여 발생한 누적계약원가를 추정 총계약원가로 나눈 비율로 측정하고 있습니다. 누적발생원가에 인식한 이익을 가산한 금액이 진행청구액을 초과하는 금액은 (   )(으)로 표시하고 있습니다

① 공사선수금   ② 계약자산

③ 계약부채   ④ 계약수익

[6] 다음은 ㈜삼일건설의 재무제표에 대한 주석이다. 다음 괄호 안에 들어갈 용어로 가장 옳은 것은?

> 건설계약과 관련하여 진행기준에 의하여 수익을 인식하고 있습니다. 계약활동의 진행률은 진행
> 단계를 반영하지 못하는 계약원가를 제외하고 수행한 공사에 대하여 발생한 누적계약원가를
> 추정 총계약원가로 나눈 비율로 측정하고 있습니다. 총계약원가가 총계약수익을 초과할 가능성
> 이 높은 경우에 예상되는 손실은 (   ) 당기비용으로 인식하고 있습니다.

① 즉시   ② 진행률에 따라
③ 이연하여   ④ 공사완료시점에

해답

[1] ② 선수금은 진행률 산정에 반영하지 않는다.
[2] ② 선급한 금액은 진행률 산정에 반영하지 않는다.
[3] ② 직접원가 뿐만 아니라 공통원가로서 특정계약에 배분할 수 있는 원가도 포함된다.
[4] ① 공사손실이 예상되는 경우에는 당기에 즉시 비용으로 인식한다.
[5] ② 공사로 인한 수익이 청구금액 보다 많은 경우에는 추후에 추가로 받을 청구할 금액이 있다는 의미이다. (공사미
     수금 성격) 따라서 자산으로 처리한다.
[6] ① 공사손실은 즉시 인식한다.

24.2 계약손익의 계산

계약손익은 계약수익에서 계약원가를 차감하여 계산한다. 재경관리사 시험에서는 주로 공사 2차
연도의 계약손익을 물어보는 문제가 출제된다.

(1) 일반적인 경우

2차연도 계약수익 = 2차연도까지 누적 계약수익 - 1차연도까지 인식한 계약수익

① 1차연도 진행률 계산 : 발생원가 ÷ 추청 총계약원가
② 1차연도 계약수익 계산 : 총계약금액 × 진행률
③ 2차연도 진행률 계산 : 누적발생원가 ÷ 추청 총계약원가
④ 2차연도 계약수익 계산 : 총계약금액 × 진행률 - 전기까지 인식한 공사수익
⑤ 2차연도 계약이익 = 2차연도 계약수익 - 2차연도 계약원가

[예제 24-2]

[1] ㈜삼일건설은 ㈜용산과 20X1 년 7 월 1 일 총 계약금액 50,000,000 원의 공장신축공사계약을 체결하였다. 회사가 진행기준으로 수익을 인식한다면 ㈜삼일건설의 20X2 년 공사손익은 얼마인가? 단, ㈜삼일건설은 누적발생원가에 기초하여 진행률을 산정한다.

	20x1년	20x2년
당기발생원가	10,000,000원	30,000,000원
추정총계약원가	40,000,000원	40,000,000원
공사대금청구액(연도별)	25,000,000원	25,000,000원

① 이익 4,000,000 원
② 이익 5,000,000 원
③ 이익 7,500,000 원
④ 이익 8,000,000 원

[2] ㈜서울은 ㈜부산과 총공사계약금액 11,000,000 원에 공장건설계약을 체결하였다. 총공사기간은 계약일로 부터 3 년이고 건설계약과 관련된 연도별 자료는 다음과 같다. 진행률은 누적발생계약원가에 기초하여 계산한다고 할 때, 20X2 년에 인식할 계약손익은 얼마인가?

	20x1년	20x2년	20x3년
당기발생원가	3,000,000원	5,400,000원	3,600,000원
추가예정원가	7,000,000원	3,600,000원	-
대금청구액	4,000,000원	4,500,000원	1,500,000원
대금회수액	3,500,000원	4,000,000원	2,500,000원

① 700,000원 계약손실
② 1,000,000원 계약손실
③ 1,300,000원 계약손실
④ 2,100,000원 계약손실

[3] ㈜삼일은 20X1 년 1 월 5 일에 서울시와 교량건설도급공사계약을 체결하였다. 총계약금액은 500,000,000원이며 공사가 완성되는 20X3 년 12 월 31 일까지 건설과 관련된 회계자료는 다음과 같다. ㈜삼일이 공사진행기준으로 수익을 인식한다면 20X1 년, 20X2 년 및 20X3 년 공사이익으로 계상할 금액은 얼마인가? 단,㈜삼일은 누적발생원가에 기초하여 진행률을 산정한다.

	20x1년	20x2년	20x3년
당기발생원가	60,000,000원	120,000,000원	180,000,000원
추정총계약원가	300,000,000원	360,000,000원	360,000,000원
공사대금청구액(연도별)	140,000,000원	160,000,000원	200,000,000원

	20x1년	20x2년	20x3년
①	40,000,000원	20,000,000원	80,000,000원
②	40,000,000원	30,000,000원	70,000,000원
③	60,000,000원	30,000,000원	50,000,000원
④	60,000,000원	50,000,000원	30,000,000원

해답

[1] ③

$20\text{x}1$년 진행률 $= \dfrac{10,000,000}{40,000,000} = 25\%$,

$20\text{x}1$년 계약수익 $= 50,000,000 \times 25\% = 12,500,000$원

$20\text{x}2$년 진행률 $= 100\%$

$20\text{x}2$년 계약수익 $= 50,000,000 - 12,500,000 = 37,500,000$원

$20\text{x}2$년 계약이익 $= 37,500,000 - 30,000,000 = 7,500,000$원

[2] ③

$20\text{x}1$년 진행률 $= \dfrac{3,000,000}{(3,000,000 + 7,000,000)} = 30\%$

$20\text{x}1$년 계약수익 : 계약금액 $11,000,000 \times 30\% = 3,300,000$원

$20\text{x}1$년 계약이익 : $3,300,000 - 3,000,000 = 300,000$원 이익

$20\text{x}2$년 : 총원가(누적발생원가 + 추가예정원가)가 $12,000,000$원으로 총공사계약금액 보다 $1,000,000$원 크다. 손실이 예상되는 경우에는 손실금액을 미리 인식한다.

$20\text{x}2$년 계약손실 $= 1,000,000$원 손실 $-$ 전기까지 인식한 이익 $300,000$원 $= 1,300,000$원 손실

[3] ②

$20\text{x}1$년 진행률 $= \dfrac{60,000,000}{300,000,000} = 20\%$

$20\text{x}1$년 계약수익 $= 500,000,000 \times 20\% = 100,000,000$원

$20\text{x}1$년 계약이익 $= 100,000,000 - 60,000,000 = 40,000,000$원

$20\text{x}2$년 진행률 $= \dfrac{(60,000,000 + 120,000,000)}{360,000,000} = 50\%$

$20\text{x}2$년 계약수익 $= 500,000,000 \times 50\% - 100,000,000 = 150,000,000$원

$20\text{x}2$년 계약이익 $= 150,000,000 - 120,000,000 = 30,000,000$원

24.3 계약자산과 계약부채

    ① 계약수익 〉 공사청구액 : 미청구공사 (자산)

    ② 계약수익 〈 공사청구액 : 초과청구공사 (부채)

[예제 24-3]

[1] ㈜서울은 20X1 년 2 월 5 일에 ㈜부산과 공장건설계약을 맺었다. 총공사계약액은 120,000,000 원이며 ㈜서울은 누적발생계약원가에 기초하여 진행률을 산정하여 진행기준에 따라 수익을 인식한다. ㈜서울의 건설계약과 관련한 20X1 년 자료는 다음과 같다.

누적발생원가	추정총계약원가	공사대금청구액
20,000,000원	100,000,000원	30,000,000원

㈜서울의 20X1 년말 재무상태표상 초과청구공사 또는 미청구공사 금액은 얼마인가?

① 초과청구공사 6,000,000원   ② 초과청구공사 11,000,000원
③ 미청구공사 6,000,000원   ④ 미청구공사 11,000,000 원

[2] ㈜서울은 20X1 년 2 월 5 일에 ㈜부산과 공장 건설계약을 맺었다. 총공사계약액은 120,000,000 원이며 ㈜서울은 누적발생계약원가에 기초하여 진행률을 산정하여 진행기준에 따라 수익을 인식한다. ㈜서울의 건설계약과 관련한 20X1 년 자료는 다음과 같다.

누적발생원가	추정총계약원가	공사대금청구액
40,000,000원	100,000,000원	40,000,000원

㈜서울의 20X1 년말 재무상태표상 계약자산 또는 계약부채의 금액은 얼마인가?

① 계약자산 6,000,000 원 ② 계약부채 6,000,000 원
③ 계약자산 8,000,000 원 ④ 계약부채 8,000,000 원

해답

[1] ① 계약수익이 24,000,000원인데, 30,000,000원을 청구했으므로 6,000,000원 초과청구가 된다.

$$진행률 = \frac{20,00,0000}{100,000,000} = 20\%$$

계약수익 = 120,000,000 × 20% = 24,000,000원

[2] ③ 계약수익이 48,000,000원인데, 40,000,000원을 청구했으므로 8,000,000원 미청구(계약자산)이 된다.

$$진행률 = \frac{40,00,0000}{100,000,000} = 40\%$$

계약수익 = 120,000,000 × 40% = 48,000,000원

종업원 급여

제**25**장

회계에서 원칙적으로 수익은 실현주의, 비용은 수익비용대응의 원칙에 따라 인식하도록 규정하고 있다. 한국채택국제회계기준에서는 이와는 별개로 종업원급여, 주식기준보상, 법인세회계에 대해서는 별도의 회계규정이 있는데, 25장~27장을 통해 알아보기로 한다.

25.1 종업원급여의 종류

근로제공 → 근로를 제공할 때 비용처리	① 단기종업원급여 : 급여, 상여금, 명절수당, 휴가비 등
	② 퇴직급여 : 근로제공기간 중 적립
	③ (기타)장기종업원급여 : 장기근속휴가, 안식년휴가
퇴직(해고) → 해고시 비용처리	④ 해고급여 : 종업원을 해고하고자 하는 기업의 결정으로 지급하는 급여

[예제 25-1]

[1] 다음 중 종업원급여에 대한 사례가 잘못 연결된 것은?

① 매월 지급하는 급여 : 단기종업원급여

② 설날과 추석에 지급하는 명절수당 : 장기종업원 급여

③ 직원 퇴직시 지급하는 퇴직금 : 퇴직급여

④ 해고수당 : 해고급여

해답

[1] ② 지급주기가 1년 이내이므로 단기종업원 급여에 해당한다.

25.2 확정기여형 퇴직연금

퇴직연금에는 확정급여형과 확정기여형으로 나누어진다. 이 둘을 비교하면 다음과 같다.

(1) 확정급여형과 확정기여형의 차이

	확정기여형	확정급여형
계정의 성격	비용 성격	부채 차감 또는 자산 성격
추가납부의무	보험료를 납입하면 기업입장에서는 추가 납부위험 없음	환경 변화에 따라 기업입장에서 추가납부 위험 있음
사외적립자산 운용에 따른 수익의 차이	발생하지 않음	사외적립자산의 운용에 따른 기대수익과 실제수익의 차이로 인한 손익이 발생할 가능성 있음
보험수리적 가정	계산할 필요 없음	보험수리적 기법 사용 (예측단위 적립방식)

(2) 확정기여형 퇴직연금의 회계처리

납입일	확정기여형 퇴직연금 10,000,000원을 현금으로 불입하다. (차) 퇴직급여　　　10,000,000　　　(대) 현금　　　　10,000,000
결산일	(상황 1) 납부하여야 할 기여금이 12,000,000원인 경우 　(차) 퇴직급여　　　2,000,000　　　(대) 미지급비용　2,000,000 (상황 2) 납부하여야 할 기여금이 8,000,000원인 경우 　(차) 선급비용　　　2,000,000　　　(대) 퇴직급여　　　2,000,000

25.3 확정급여형 퇴직연금

(1) 확정급여형 퇴직연금의 회계처리

납입일 : (차) 사외적립자산　10,000,000　　(대) 현금　　　　　10,000,000

(2) 사외적립자산과 확정급여채무의 증감사유

사외적립자산은 공정가치로 측정한다. (장부금액 X, 불입금액으로 측정 X)

① T계정을 통한 설명

사외적립자산			확정급여채무	
기초	재측정요소- (포괄)		재측정요소- (포괄)	기초
기여금액	퇴직급여 지급		퇴직급여 지급	이자(비용)
기대수익 (손익)				당기근무원가(비용)
재측정요소+ (포괄)	기말		기말	재측정요소+ (포괄)

* 순확정급여부채 = 확정급여채무 - 사외적립자산
* 재측정요소 : 확정급여채무나 사외적립자산의 예상하지 못한 변동

  (예 : 보험수리적손익, 사외적립자산의 초과 또는 미달수익)
* 근무원가, 정산으로 인한 손익, 사외적립자산의 순이자는 당기손익으로 처리하며, 재측정 요소에 해당하는 부분은 기타포괄손익으로 처리한다.

[예제 25-2]

[1] 다음 중 퇴직급여에 관한 설명으로 가장 올바르지 않은 것은?

① 확정급여제도란 보험수리적위험과 투자위험을 종업원이 부담하는 퇴직급여제도를 의미한다.
② 확정급여채무의 현재가치는 예측단위적립방식으로 계산된다.
③ 확정기여제도란 기업이 기금에 출연하기로 약정한 금액을 납부하고, 기금의 책임하에 종업원에게 급여를 지급하는 퇴직급여제도이다.
④ 확정급여제도의 경우 사외적립자산은 공정가치로 측정하여 재무상태표에 인식되는 순확정급여부채를 결정할 때 차감한다

[2] 다음 중 퇴직급여제도에 관한 설명으로 가장 옳은 것은?

① 확정급여제도에서 가입자의 미래급여금액은 사용자나 가입자가 출연하는 기여금과 기금의 운영 효율성 및 투자수익에 따라 결정된다.

② 확정기여제도는 보험수리적 평가기법에 따라 퇴직 후 예상급여를 확정시키고 이에 대한 지급을 기업이 보증하는 형태이다.

③ 확정급여제도에서는 사외적립자산을 출연하는데 이때 사외적립자산은 장부금액으로만 측정한다.

④ 재측정요소는 후속 기간에 당기손익으로 재분류되지 않으며, 자본 내에서 대체할 수 있다.

해답

[1] ① 확정기여형에 대한 설명이다.

[2] ④ 보험수리적위험과 투자위험을 종업원이 부담하는 것은 확정기여형이다. 예측단위적립방식으로 계산하는 것은 확정급여형만 해당되며, 확정기여형은 해당되지 않는다.

[예제 25-3]

[1] 다음 중 퇴직급여에 관한 설명으로 가장 올바르지 않은 것은?

① 퇴직급여제도는 확정기여제도와 확정급여제도를 포함한다.

② 당기근무원가는 당기에 종업원이 근무용역을 제공함에 따라 발생하는 확정급여채무의 현재가치 증가액을 말한다.

③ 확정급여제도에서는 사외적립자산을 출연하는데 이때 사외적립자산은 장부금액으로만 측정한다.

④ 확정기여제도는 기업이 기여금을 불입함으로써 퇴직급여와 관련된 모든 의무가 종료된다.

[2] 다음의 빈칸에 들어갈 말로 가장 적절한 것끼리 묶인 것은?

확정급여제도의 회계처리에서 당기근무원가, 과거근무원가와 정산으로 인한 손익, 순확정급여부채 및 사외적립자산의 순이자는 (㉠)으로 인식한다. 보험수리적손익, 순확정급여부채(자산)의 순이자에 포함된 금액을 제외한 사외적립자산의 수익, 순확정급여부채(자산)의 순이자에 포함된 금액을 제외한 자산인식상한 효과의 변동은 (㉡)으로 인식한다.

	(㉠)	(㉡)
①	당기손익	당기손익
②	당기손익	기타포괄손익
③	기타포괄손익	당기손익
④	기타포괄손익	기타포괄손익

[3] ㈜삼일은 종업원이 퇴직한 시점에 일시불급여를 지급하며, 일시불급여는 종업원의 퇴직 전 최종임금의 1 % 에 근무연수를 곱하여 산정된다. 종업원의 연간 임금은 1 차년도에 10,000 원이며 향후 매년 7 % (복리)씩 상승하는 것으로 가정하며 할인율은 10 % 라고 가정한다. 종업원은 5 년간 근무하고 퇴사할 예정이며, 보험수리적 가정 및 기타 추가적인 조정사항이 없을 경우 다음 항목 중 매년 금액이 증가하는 것은?

① 당기근무원가　　　　　　　　　　② 이자원가
③ 확정급여채무의 현재가치　　　　　④ ①, ②, ③ 모두 증가

[4] 다음 중 종업원급여(퇴직급여)의 회계처리에 관한 설명으로 가장 옳은 것은?

① 확정기여제도(DC 형)를 도입한 기업은 기여금의 운용결과에 따라 추가납부의무가 있다.
② 확정급여제도(DB 형)는 기업이 기여금을 불입함으로써 퇴직급여와 관련된 모든 의무가 종료된다.
③ 확정급여채무의 현재가치를 계산할 때 종업원 이직률, 조기퇴직률, 임금상승률, 할인율 등의 가정은 상황 변화에 관계없이 전기와 동일한 값을 적용하였다.
④ 확정급여제도를 도입하고, 확정급여채무와 사외적립자산의 재측정요소는 기타포괄손익으로 인식하였다.

해답

[1] ③ 사외적립자산은 장부금액이 아니라 공정가치로 측정한다.
[2] ② 근무원가, 정산으로 인한 손익, 사외적립자산의 순이자는 당기손익으로 처리하며, 재측정 요소에 해당하는 부분은 기타포괄손익으로 처리한다.
[3] ④ 종업원의 급여가 매년 누적되므로 당기근무원가는 증가한다. 퇴직연금 납입을 하였으므로 이자도 증가한다. 할인율이 급여증가율 보다 높으므로 확정급여채무는 매년 증가한다.
[4] ④
① 확정급여형에 대한 설명이다.　② 확정기여형에 대한 설명이다.
③ 확정급여채무의 현재가치를 계산할 때는 각종 변수의 변동을 고려해야 한다.

제26장 주식기준보상

26.1 주식기준보상거래의 의의

(1) 의의

회사가 임직원이나 기타 거래상대방으로부터 용역을 제공받는 대가로 회사의 주식이나 다른 지분상품의 가치에 기초하여 현금이나 기타자산으로 결제하는 거래를 주식기준보상거래를 말한다.

(2) 주식기준보상거래의 종류

	주식결제형	현금결제형
의의	기업이 재화나 용역을 제공받는 대가로 자신의 지분상품을 부여하는 것	기업이 재화나 용역을 제공받는 대가로 기업의 지분상품의 가격에 기초하여 현금 등을 지급하는 것
공정가치 측정	부여일의 공정가치로 측정한 후 변동되지 않음	보고기간말과 결제일에 공정가치를 재측정하여 당기손익을 인식
계정과목 성격	자본성격(자본조정)	부채성격

* 추가로 주식결제형과 현금결제형을 선택할 수 있는 주식기준보상거래를 선택형 주식기준보상거래라고 한다.

(3) 주식결제형의 회계처리

주식보상 비용인식	(차) 주식보상비용		(대) 주식선택권	
권리의 행사	신주발행의 경우		자기주식교부의 경우	
	(차) 현금	(대) 자본금	(차) 현금	(대) 자기주식
	(차) 주식선택권	(대) 주식발행초과금	(차) 주식선택권	(대) 자기주식처분이익

* 자본금, 주식발행초과금, 자기주식, 자기주식처분이익, 주식선택권은 자본항목이다.

[예제 26-1]

[1] 다음 중 주식기준보상거래에 관한 설명으로 가장 올바르지 않은 것은?

① 주식결제형 주식기준보상거래는 기업이 재화나 용역을 제공받는 대가로 자신의 지분상품을 부여하는 것이다.

② 현금결제형 주식기준보상거래는 기업이 재화나 용역을 제공받는 대가로 기업의 지분상품의 가격에 기초하여 현금 등을 지급하는 것이다.

③ 주식결제형 주식기준보상거래의 보상원가 산정시 지분상품의 공정가치는 부여일 현재로 측정하고 이후에 공정가치가 변동되는 경우 변동분을 반영한다.

④ 선택형 주식기준보상거래는 결제방식으로 현금 지급이나 기업의 지분상품 발행을 선택할 수 있다.

[2] 다음 중 주식기준보상거래에 관한 설명으로 가장 올바르지 않은 것은?

① 주식기준보상거래는 종업원에게만 부여하고 거래상대방에게 부여하지는 않는다.

② 주식결제형 주식기준보상거래로 재화나 용역을 제공받는 경우에는 자본의 증가를 인식하고, 현금결제형 주식기준보상거래로 재화나 용역을 제공받는 경우에는 부채를 인식한다.

③ 주식결제형 주식기준보상거래에서 종업원으로부터 용역을 제공받는 경우에는 제공받는 용역의 공정가치를 일반적으로 신뢰성 있게 측정할 수 없으므로 부여한 지분상품의 공정가치에 기초하여 측정한다.

④ 현금결제형 주식기준보상거래에서 기업은 부채가 결제될 때까지 매 보고기간 말과 결제일에 부채의 공정가치를 재측정하고, 공정가치 변동액을 당기손익으로 인식한다.

[3] 다음 중 현금결제형 주식기준보상거래에 대한 설명으로 가장 올바르지 않은 것은?

① 제공받는 재화나 용역과 그 대가로 부담하는 부채를 부채의 공정가치로 측정한다.

② 기업이 재화나 용역을 제공받는 대가로 자신의 지분상품을 부여하는 거래이다.

③ 부채가 결제될 때까지 매 보고기간 말과 결제일에 부채의 공정가치를 재측정한다.

④ 공정가치의 변동액은 당기손익으로 회계처리한다.

[4] 다음 중 주식기준보상 회계처리에 관한 설명으로 가장 올바르지 않은 것은?

① 주식선택권 행사로 신주가 발행되는 경우 행사가격이 액면금액을 초과하는 부분은 주식발행초과금으로 처리한다.

② 가득기간 중 각 회계기간에 인식할 주식보상비용은 당기말 인식할 누적보상원가에서 전기말까지 인식한 누적보상원가를 차감하여 계산한다.

③ 종업원에게 제공받은 용역 보상원가는 부여일 이후 지분상품 공정가치 변동을 반영하여 측정한다.

④ 주식선택권의 권리를 행사하지 않아 소멸되는 경우에도 과거에 인식한 보상원가를 환입하지 않고 계속 자본항목으로 분류한다.

해답

[1] ③ 주식결제형 주식기준보상거래의 보상원가 산정시 지분상품의 공정가치는 부여일 현재로 측정하고 이후에 공정
   가치 변동분을 반영하지 않는다.

[2] ① 주식기준보상거래는 종업원 뿐만 아니라 유사한 용역을 제공하는 자에게도 부여할 수 있다.

[3] ② 지분상품을 부여하는 것은 주식결제형이다. 현금결제형은 현금이나 기타자산으로 결제한다.

[4] ③ 현금결제형만 해당하며 주식결제형은 해당되지 않는다.

26.2 주식결제형 주식선택권

(1) 보상원가의 산정

> 단위당 부여일의 주식기준보상 공정가치 × 예상 행사개수 × 경과기간/의무근무기간 - 전기까지
> 인식한 보상원가

(2) 예시

20x1.1.1 ㈜삼일은 임원 10명에게 3년의 용역제공조건으로 1인당 주식결제형 주식선택권
300 개를 부여하였다. 부여일 현재 주식선택권의 단위당 공정가치는 100,000원이다.

① 20x1.12.31 모든 임직원이 퇴사하지 않는다고 가정했을 때 주식기준보상비용은?
   → 100,000원 × 10명 × 300개 × 1년/3년 = 100,000,000원

② 20x2.12.31 의무기간까지 근무할 임직원이 8명으로 추정될 때 주식기준보상비용은?
   → 100,000원 × 8명 × 300개 × 2년/3년 - 100,000,000원 = 60,000,000원

③ 20x3.12.31 의무기간까지 근무한 임직원이 7명일 때 주식기준보상비용은?
   → 100,000원 × 7명 × 300개 × 3년/3년 - 160,000,000원 = 50,000,000원

각 기간별 회계처리는 다음과 같다.

20x1.12.31	(차) 주식보상비용	100,000,000	(대) 주식선택권	100,000,000
20x2.12.31	(차) 주식보상비용	60,000,000	(대) 주식선택권	60,000,000
20x3.12.31	(차) 주식보상비용	50,000,000	(대) 주식선택권	50,000,000

[예제 26-2]

[1] ㈜삼일은 임원 10명에게 3년의 용역제공조건으로 1인당 주식결제형 주식선택권 100개를 부여하였다. 20X4년 주식선택권의 권리행사로 아래와 같이 회계처리한 경우 ㈜삼일의 자본항목의 변화로 가장 옳은 것은?

(차) 현금　　　　20,000,000	(대) 자기주식　　　22,000,000
(차) 주식선택권　5,000,000	(대) 자기주식처분이익　3,000,000

① 3,000,000원 증가　　　　　　　　　② 20,000,000원 증가
③ 22,000,000원 증가　　　　　　　　　④ 25,000,000원 증가

[2] ㈜삼일은 20X1년 1월 1일 임원 10명에게 용역제공조건으로 주식결제형 주식선택권을 부여하였다. 주식결제형 주식기준보상과 관련하여 20X2년 주식보상비용 계산시 필요한 정보로 가장 올바르지 않은 것은?

① 용역제공기간(가득기간)　　　　　　　② 부여된 지분상품의 수량
③ 연평균기대권리소멸률　　　　　　　　④ 보고기간말 현재 주가차액보상권의 공정가치

해답
[1] ② 주식선택권, 자기주식, 자기주식처분이익은 자본항목이다.
[2] ④ 주식결제형의 경우에는 보고기간말의 공정가치가 필요한 것이 아니라 권리 부여일의 공정가치가 필요하다.

26.3 현금결제형 주식선택권

(1) 보상원가의 산정

> 기말 주식기준보상 공정가치 × 예상 행사개수 × 경과기간/의무근무기간 - 전기까지 인식한 보상원가

(2) 예시

20x1.1.1 ㈜삼일은 임원 10명에게 3년의 용역제공조건으로 1인당 현금결제형 주식선택권 300개를 부여하였다. 부여일 현재 주식선택권의 단위당 공정가치는 100,000원이다.

① 20x1.12.31 모든 임직원이 퇴사하지 않는다고 가정했을 때 주식기준보상비용은?
　　→ 100,000원 × 10명 × 300개 × 1년/3년 = 100,000,000원

② 20x2.12.31 의무기간까지 근무할 임직원이 8명으로 추정되고, 주식선택권의 단위당 공정가치가 105,000원일 때 주식기준보상비용은?
　　→ 105,000원 × 8명 × 300개 × 2년/3년 - 100,000,000원 = 68,000,000원

③ 20x3.12.31 의무기간까지 근무한 임직원이 7명으로 추정되고, 주식선택권의 단위당 공정 가치가 110,000원일 때 주식기준보상비용은?

→ 110,000원 × 7명 × 300개 × 3년/3년 - 168,000,000원 = 63,000,000원

각 기간별 회계처리는 다음과 같다.

20x1.12.31	(차) 주식보상비용	100,000,000	(대) 장기미지급비용	100,000,000
20x2.12.31	(차) 주식보상비용	68,000,000	(대) 장기미지급비용	68,000,000
20x3.12.31	(차) 주식보상비용	63,000,000	(대) 장기미지급비용	63,000,000

[예제 26-3]

[1] ㈜삼일은 20X1 년 1 월 1 일에 기술이사인 나기술씨에게 다음과 같은 조건의 현금결제형 주가차액보상권 27,000 개를 부여하였다. 이 경우 20X1 년 포괄손익계산서에 계상할 당기보상비용은 얼마인가 (단, 나기술씨는 20X3 년 12 월 31 일 이전에 퇴사하지 않을 것으로 예상된다)?

> ㄱ. 기본조건: 20X3 년 12 월 31 일까지 의무적으로 근무할 것
> ㄴ. 행사가능기간: 20X4 년 1 월 1 일 ~ 20X5 년 12 월 31 일
> ㄷ. 20X1 년 말 추정한 주가차액보상권의 공정가치: 250,000 원/개

① 22.5 억원　　　　　　　　　　　② 25 억원
③ 27 억원　　　　　　　　　　　④ 67.5 억원

[2] ㈜삼일은 20X1 년 1 월 1 일에 기술책임자인 홍길동 이사에게 다음과 같은 조건의 현금결제형 주가차액보상권 20,000 개를 부여하였다. 이 경우 20X1 년 포괄손익계산서에 계상될 당기보상비용은 얼마인가(단, 홍길동 이사는 20X3 년 12 월 31 일 이전에 퇴사하지 않을 것으로 예상된다)?

> ㄱ. 기본조건: 20X3 년 12 월 31 일까지 의무적으로 근무할 것
> ㄴ. 행사가능기간: 20X4 년 1 월 1 일 ~ 20X4 년 12 월 31 일
> ㄷ. 20X1 년 말 추정한 주가차액보상권의 공정가치: 150,000 원/개

① 10 억원　　　　　　　　　　　② 15 억원
③ 20 억원　　　　　　　　　　　④ 30 억원

해답

[1] ① 27,000개 × 250,000원 × 1년/3년 = 2,250,000,000원
[2] ① 20,000개 × 150,000원 × 1년/3년 = 1,000,000,000원

제27장

법인세회계

27.1 법인세회계의 의의와 용어정리

(1) 용어의 정리

① 법인세부담액 (당기법인세) = 세법상 이익 × 법인세율

② 일시적차이 : 나중에 반대조정 발생할 수 있는 차이(자산,부채 차이로서 소득처분 유보 성격)

일시적 차이 (자산, 부채 차이)	일시적 차이가 아닌 차이
- 재고자산의 차이	- 접대비 한도초과액
- 금융자산 평가손익으로 인한 차이	- 기부금 한도초과액
- 감가상각비 한도초과액으로 인한 차이	- 임원 급여, 임원 퇴직금 한도초과액
- 선급비용 누락으로 인한 차이	- 가산세, 가산금 등

이연법인세자산(부채)는 일시적 차이를 통해서만 발생한다.

③ 가산할 일시적차이 : 미래에 법인세를 가산하게 될 일시적인 차이를 말한다. (손금산입 유보 성격)

④ 차감할 일시적차이 : 미래에 법인세를 차감하게 될 일시적인 차이를 말한다. (익금산입 유보 성격)

⑤ 이연법인세 부채 : 법인세의 미지급금 성격 (가산할 일시적인 차이에서 발생)

⑥ 이연법인세 자산 : 법인세의 선급금 성격 (차감할 일시적인 차이, 이월결손금에서 발생)

(2) 이연법인세 회계처리

세법상 납부할 법인세 부분은 당기법인세부채, 회사의 법인세차감전이익에 따라 계산된 법인세는 법인세비용으로 처리한다. 회사와 세법상 법인세의 차이가 발생하는 경우 이연법인세자산 또는 이연법인세부채가 발생한다.

세법상 과세소득 200,000,000원, 회사의 세전이익 180,000,000원이며, 차이는 전부 일시적 차이이며, 법인세율은 10%이다.
　(차) 이연법인세자산　　2,000,000　　　(대) 당기법인세부채　　20,000,000
　(차) 법인세비용　　　　18,000,000

[예제 27-1]

[1] 다음은 ㈜삼일의 20X1 년 이연법인세 계산에 필요한 자료이다. 다음 자료를 토대로 이연법인세부채 금액을 계산하시오.

　ㄱ. 가산할 일시적차이 : 2,000,000 원 (20X4 년에 2,000,000 원 전액 실현)
　ㄴ. 20X4 년 예상되는 평균세율 : 10 %

① 121,720원　　　　　　　　　　　② 200,000원
③ 1,217,200원　　　　　　　　　　④ 2,000,000원

해답
[1] ② 일시적차이 2,000,000 × 소멸시점 예상세율 10% = 200,000원

27.2 이연법인세자산과 이연법인세부채의 계산

(1) 세율변경이 예상되는 경우

이연법인세자산(부채) 계산시에는 회수기간에 적용될 것으로 예상되는 미래시점의 세율을 적용한다.

　* 이연법인세자산 = 차감할 일시적차이 × 회수시점 예상세율
　* 이연법인세부채 = 가산할 일시적차이 × 회수시점 예상세율

분개를 할때에는 자산, 부채에 해당하는 부분을 먼저 계산하고, 법인세비용을 마지막에 계산한다.

> **예시**　　**미래 세율개정이 예상되는 경우**
>
> 세법상 과세소득 200,000,000원, 회사의 세전이익 180,000,000원이며, 차이는 전부 일시적 차이이며, 현행 법인세율은 10%이나 내년부터 법인세율은 11%로 개정될 예정이다.
> 　(차) 이연법인세자산　　2,200,000　　　(대) 당기법인세부채　　20,000,000
> 　(차) 법인세비용　　　　17,800,000

이연법인세자산(부채)는 일시적차이에서만 발생하고, 일시적차이가 아닌 차이(영구적차이)에서는 발생하지 않는다.

(2) 일시적차이와 일시적차이가 아닌 차이가 있는 경우

이연법인세자산(부채)은 일시적차이에서만 발생한다. 당기법인세부채와 이연법인세자산(부채)를 계산한 후에 마지막으로 법인세비용을 계산한다.

---

① 법인세비용차감전순이익 : 9,000,000원   ② 법인세율 25%

③ 일시적차이 -3,000,000원   ④ 그 외의 차이 1,000,000원

→ * 과세소득 : 9,000,000 - 3,000,000 + 1,000,000 = 7,000,000

    * 당기법인세부채 = 7,000,000원 × 25% = 1,750,000

    * 이연법인세부채 (당기에 세법상 과세소득을 줄여주므로, 미래에는 과세소득을 반대로 늘려줄 것이므로 부채) = 3,000,000 × 25% = 750,000

    * 법인세비용 : 마지막에 차대변 합계를 일치

     (차) 법인세비용   2,500,000   (대) 당기법인세부채   1,750,000

                                      (대) 이연법인세부채   750,000

[예제 27-2]

[1] 20X1년 초 사업을 개시한 ㈜삼일의 과세소득과 관련된 다음 자료를 이용하여 20X1년 말 재무상태표상의 이연법인세자산(부채)금액을 구하면 얼마인가?

법인세비용차감전순이익   4,000,000원

가산(차감)조정

접대비한도초과액   600,000원

감가상각비한도초과액   900,000원

과세표준   5,500,000원

세율   25%

〈 추가자료 〉

ㄱ. 차감할 일시적차이가 사용될 수 있는 미래과세소득의 발생가능성은 높다고 가정한다.

ㄴ. 감가상각비한도초과액에 대한 일시적차이는 20X2년, 20X3년, 20X4년에 걸쳐 300,000원씩 소멸하며, 일시적차이가 소멸될 것으로 예상되는 기간의 과세소득에 적용될 것으로 기대되는 평균세율은 다음과 같다.

연도	20x2년	20x3년	20x4년
세율	25%	30%	30%

---

① 이연법인세부채 225,000원   ② 이연법인세자산 255,000원

③ 이연법인세부채 325,000원   ④ 이연법인세자산 375,000원

[2] ㈜삼일의 20X1 년도 법인세와 관련한 세무조정사항은 다음과 같다. 20X0 년 12 월 31 일 현재 이연법인세자산과 이연법인세부채의 잔액은 없었다. 법인세법상 당기손익-공정가치측정금융자산평가이익은 익금불산입하고 기타 법인세법과의 차이는 손금불산입한다. 20X1 년도의 포괄손익계산서의 법인세비용은 얼마인가(단, 이연법인세자산의 실현가능성은 높으며, 법인세율은 20 % 이고 이후 변동이 없다고 가정한다.)?

> 법인세비용차감전순이익 2,000,000 원
> 접대비 한도초과액 100,000 원
> 감가상각비 한도초과액 60,000 원
> 당기손익-공정가치측정금융자산평가이익 20,000원

① 420,000원 ② 424,000원
③ 436,000원 ④ 440,000원

[3] ㈜삼일은 20X1 년에 영업을 개시하였다. ㈜삼일의 과세소득과 관련된 자료는 다음과 같다. 20X1 년 말 재무상태표에 계상될 이연법인세자산(부채)(A)과 포괄손익계산서에 계상될 법인세비용(B)는 각각 얼마인가?

> | | |
> |---|---|
> | 법인세비용차감전순이익 | 3,000,000원 |
> | 가산(차감)조정 | |
> | 일시적차이가 아닌 차이 | 600,000원 |
> | 일시적차이 | 800,000원 |
> | 과세표준 | 4,400,000원 (세율 30%) |
>
> 〈추가자료〉
> ㄱ. 일시적차이가 사용될 수 있는 미래과세소득의 발생가능성은 높다고 가정한다.
> ㄴ. 일시적차이는 20X2 년, 20X3 년에 걸쳐 400,000 원씩 소멸하며, 미래에도 세율의 변동은 없는 것으로 가정한다.

		(A)	(B)
①	이연법인세부채	180,000원	1,140,000원
②	이연법인세자산	240,000원	1,080,000원
③	이연법인세부채	420,000원	1,320,000원
④	이연법인세자산	420,000원	1,560,000원

해설

[1] ②
세법상 과세표준이 법인세비용차감전순이익 보다 큰 경우에는 이연법인세자산이 발생한다.
미래 세율변경이 예상되는 경우에는 소멸하는 시점의 세율을 곱하여 계산한다.
300,000 × 25% + 300,000 × 30% + 300,000 × 30% = 255,000원

[2] ①
* 세법상 과세소득에 따른 당기법인세 부채 : (2,000,000 + 100,000 + 60,000 - 20,000) × 20% = 428,000원
* 이연법인세자산
  (차감할 일시적차이 60,000 - 가산할 일시적차이 20,000) × 20% = 8,000원
* 회계처리
  (차) 이연법인세자산   8,000   (대) 당기법인세부채   428,000
  (차) 법인세비용   420,000

[3] ②
* 세법상 과세소득에 따른 당기법인세 부채 : 4,400,000 × 30% = 1,320,000원
* 이연법인세자산 : 차감할 일시적차이 800,000 × 30% = 240,000원
* 회계처리
  (차) 이연법인세자산   240,000   (대) 당기법인세부채   1,320,000
  (차) 법인세비용   1,080,000

27.3 이연법인세의 회계처리

(1) 재무상태 표시방법
  ① 이연법인세자산과 이연법인세부채 상계가능, 현재가치 계산은 하지 않음
  ② 일반기업회계기준 : 유동, 비유동 구분, 한국채택국제회계기준 : 비유동으로만 분류

(2) 전기이월분의 회계처리
  ① 이연법인세자산은 자산이므로 증가할 때 차변, 감소할 때 대변에 기록한다.
  ② 이연법인세부채는 부채이므로 증가할 때 대변, 감소할 때 차변에 기록한다.

(3) 예시

> ㄱ. 20X1년 당기법인세(법인세법상 당기에 납부할 법인세) : 2,500,000 원
> ㄴ. 20X0년 말 이연법인세자산 잔액: 400,000 원
> ㄷ. 20X1년 말 이연법인세부채 잔액: 700,000 원

→ 전기와 비교하여 이연법인세자산이 400,000원 감소, 이연법인세부채가 700,000원 증가하였다.

(차) 법인세비용   3,600,000   (대) 당기법인세부채   2,500,000
                              (대) 이연법인세자산   400,000
                              (대) 이연법인세부채   700,000

[예제 27-3]

[1] 다음 중 이연법인세자산·부채와 관련한 회계처리를 가장 올바르게 수행한 회계담당자는?

① 오대리: 난 어제 이연법인세자산·부채를 계산하면서 유동성·비유동성을 구분하느라 밤새 한숨도 못 잤어.
② 박대리: 이연법인세 자산과 부채는 현재가치할인하지 않는 것이 맞아.
③ 이대리: 이연법인세자산·부채 계산에 적용되는 세율을 차이 발생시점의 한계세율로 인식했어.
④ 김대리: 이연법인세자산·부채를 계산할 때 미수이자와 같은 일시적 차이는 제외하고 영구적 차이만 고려했어.

[2] 다음 중 법인세회계에 관한 설명으로 가장 올바르지 않은 것은?

① 법인세회계의 이론적 근거는 수익·비용대응의 원칙이다.
② 차감할 일시적차이는 이연법인세자산을 발생시킨다.
③ 이연법인세자산과 부채는 현재가치로 할인한다.
④ 일시적차이로 인해 법인세비용과 당기법인세에 차이가 발생한다.

[3] 다음은 ㈜삼일의 20X1년과 20X2년 말의 이연법인세자산·부채의 내역이다. ㈜삼일이 20X2년에 인식할 법인세비용은 얼마인가(20X2년 과세소득에 대하여 부담할 법인세액은 400,000원이다)?

구분	20x2년말	20x1년말
이연법인세자산	50,000원	-
이연법인세부채	-	50,000원

① 300,000원   ② 350,000원
③ 400,000원   ④ 500,000원

해답

[1] ① 국제회계기준에서 이연법인세는 비유동으로만 구분한다.
[2] ③ 이연법인세자산(부채)는 현재가치로 할인하지 않는다.
[3] ① 전기와 비교하여 이연법인세자산이 50,000원 증가, 이연법인세부채가 50,000원 감소하였다.
    (차) 법인세비용   300,000   (대) 당기법인세부채   400,000
    (차) 이연법인세자산   50,000
    (차) 이연법인세부채   50,000

제28장

회계변경과 오류수정

28.1 회계변경과 오류수정의 비교

(1) 회계변경 : GAAP → GAAP

회계변경은 회계정책의 변경과 회계추정의 변경으로 구분할 수 있다.

① 회계정책의 변경 : 회계처리 방법을 변경하는 것을 말한다.

　　(사례) 재고자산 평가방법의 변경, 유형자산 측정기준(원가모형 vs 재평가모형)의 변경, 투자자산 측정기준(원가모형 vs 공정가치 모형)의 변경, 지분증권 단가설정 방법의 변경

② 회계추정의 변경 : 과거에는 최선의 추정치였으나 환경의 변화, 추가적인 정보 등으로 인하여 추정치를 변경하는 것을 말한다.

　　(사례) 매출채권에 대한 대손상각률의 변경, 유형자산의 감가상각방법의 변경, 유형자산 잔존가치, 내용연수의 변경, 재고자산의 진부화 판단 등

③ 회계처리방법

　　– 회계정책의 변경 : 소급법 (전기이월이익잉여금 수정 + 비교 재무제표 재작성)
　　– 회계추정의 변경 : 전진법 (과거 재무제표를 수정하지 않음)

사례

(주)온양의 기계장치와 관련된 내용은 다음과 같다.

(1) 20×1. 1. 1 기계장치를 50,000,000원에 취득
(2) 20×1.12.31 기계장치의 감가상각을 함. 내용연수 10년, 정액법 상각, 잔존가액 0
(3) 20×2.12.31 감가상각.
(4) 20×3년 중 기계장치의 내용연수가 10년이 아니라 4년으로 확인되었으며 따라서 잔존내용연수는 2년만 남은 것을 확인함.

20×3년에 감가상각비로 인식할 수 있는 금액은?

해설 내용연수가 10년이므로 처음에는 1년에 5,000,000원씩 상각한다. 그래서 2년간 상각하면 장부금액이 40,000,000원이 남는데, 내용연수가 6년 단축되었으므로, 이제 잔존내용연수가 2년인 것으로 확인된다. 따라서 1년간 20,000,000원을 상각하게 되며 그림으로 표현하면 다음과 같다.

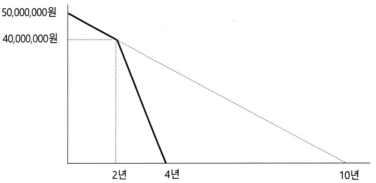

④ 회계정책의 변경인지, 회계추정의 변경인지 구분이 불가능한 경우에는 모두 회계추정의 변경으로 본다.

(2) 오류수정

① 의의 : 전기 또는 그 이전의 재무제표에서 발생한 오류를 당기에 발견하여 수정
② 원칙적으로 소급법을 적용하여 처리한다.

[예제 28-1]

[1] 다음 중 오류수정에 관한 설명으로 가장 옳은 것은?

① 중요한 오류가 발생한 과거기간의 재무제표가 비교표시되는 경우에도 그 재무정보를 재작성할 필요는 없다.
② 중요한 오류란 재무정보이용자의 의사결정에 영향을 미치는 오류를 말한다.
③ 전기오류의 수정은 반드시 오류가 발견된 기간의 당기손익으로 보고한다.
④ 재고자산 단위원가 결정방법을 선입선출법에서 가중평균법으로 변경하는 것은 항상 오류수정에 해당된다.

[2] 다음 중 회계변경과 오류수정에 관한 설명으로 가장 올바르지 않은 것은?

① 회계정책의 변경을 반영한 재무제표가 거래, 기타 사건 또는 상황이 재무상태, 재무성과 또는 현금흐름에 미치는 영향에 대하여 신뢰성 있고 더 목적적합한 정보를 제공하는 경우에는 회계정책을 변경할 수 있다.
② 전기오류수정은 중요한 오류라 할지라도 당기손익에 반영한다.
③ 제조원가 계산시 수율 변경은 회계추정으로 본다.

---

④ 회계정책의 변경으로 인한 누적효과를 합리적으로 결정하기 어려운 경우에 실무적으로 소급적용이 가능한 가장 이른 회계기간에 반영한다.

[3] 다음 중 회계추정의 변경 사항이 아닌 것은?

① 매출채권에 대한 대손상각률의 변경   ② 유형자산의 감가상각방법의 변경

③ 유형자산 잔존가치의 변경   ④ 재고자산 평가방법의 변경

[4] 다음 중 회계추정의 변경에 해당하지 않는 것은?

① 수취채권의 대손상각률 변경   ② 재고자산 평가방법의 변경

③ 유형자산 감가상각방법의 변경   ④ 유형자산 내용연수의 변경

[5] 다음 중 회계정책의 변경에 해당하지 않은 것은?

① 재고자산 원가흐름의 가정변경   ② 유형자산의 측정기준 변경

③ 투자부동산의 측정기준 변경   ④ 유형자산 잔존가치의 변경

[6] 다음 중 회계변경에 대한 설명으로 가장 올바르지 않은 것은?

① 회계정책의 변경은 재무제표의 작성과 보고에 적용하던 회계정책을 다른 회계정책으로 바꾸는 것을 말한다.

② 재고자산의 진부화 여부에 대한 판단추정치를 변경하는 것은 회계정책의 변경에 해당한다.

③ 회계변경이 회계정책의 변경인지 회계추정의 변경인지 구분하는 것이 어려운 경우에는 이를 회계추정의 변경으로 본다.

④ 회계추정의 변경에 대하여 회계처리시 회사는 과거에 보고된 재무제표에 대하여 어떠한 수정도 하지 않는다.

해답

[1] ②

① 비교 재무제표를 재작성 하여야 한다.

③ 전기이월이익잉여금을 수정한다.

④ 재고자산 평가방법의 변경은 오류수정이 아니라 회계정책의 변경이다.

[2] ② 한국채택국제회계기준에서 전기오류수정은 소급법으로 처리한다.

[3] ④ 재고자산 평가방법의 변경은 회계정책의 변경사항이다.

[4] ② 재고자산 평가방법의 변경은 회계정책의 변경사항이다.

[5] ④ 유형자산 잔존가치의 변경은 회계추정의 변경사항이다.

[6] ② 재고자산 진부화 여부는 회계추정의 변경이다.

28.2 회계변경의 회계처리

수험 목적으로는 회계추정의 변경 위주로 학습하기로 한다.

[예제 28-2]

[1] ㈜삼일은 20X1 년 1 월 1 일에 취득한 내용연수 5 년의 기계장치 100,000 원을 정률법으로 상각하여 오던 중 20X3 년 1 월 1 일에 정액법으로 감가상각방법을 변경하기로 하였다. ㈜삼일이 취득한 기계장치의 내용연수 종료시점의 잔존가치는 없으며, 정률법의 상각률이 40 % 일 경우 ㈜삼일이 회계변경으로 인하여 20X3 년 인식할 감가상각비는 얼마인가?

① 12,000원   ② 14,400원
③ 20,000원   ④ 40,000원

[2] ㈜삼일은 20X1 년 7 월 1 일 500,000 원 (내용연수 5 년, 잔존가치 100,000 원)에 건물을 취득하고, 20X1 년 말 정액법으로 감가상각 하였다. 그런데 ㈜삼일은 건물에 내재된 미래경제적효익의 예상되는 소비형태의 유의적인 변동을 반영하기 위하여, 20X2 년 초부터 감가상각방법을 연수합계법으로 변경하고 잔존내용연수는 3 년, 잔존가치는 없는 것으로 재추정하였다. 20X2 년 말 건물의 장부금액은 얼마인가? (감가상각은 월할 상각하며, 건물에 대한 손상차손누계액은 없다.)

① 125,000원   ② 180,000원
③ 195,000원   ④ 230,000원

해답

[1] ① 감가상각 방법의 변경은 회계추정의 변경이며, 전진법으로 처리한다.
 20x1년 감가상각비(정률법) : 100,000 × 40% = 40,000원
 20x2년 감가상각비(정률법) : (100,000 - 40,000) × 40% = 24,000원
 20x2년말까지 장부금액 : 100,000 - 40,000 - 24,000 = 36,000원
 20x3년 감가상각비 : 36,000 ÷ 3년 = 12,000원

[2] ④

 20x1년 감가상각비 : $(500,000 - 100,000) ÷ 5년 × \dfrac{6개월}{12개월}$ = 40,000원

 20x1년말 장부금액 : 500,000 - 40,000 = 460,000원

 20x2년 감가상각비 : $460,000 × \dfrac{연차역순\ 3년}{연수합계\ 6년}$ = 230,000원

 20x2년말 장부금액 : 460,000 - 230,000 = 230,000원

28.3 오류수정의 회계처리

(1) 거래누락 등으로 인한 오류

① 거래시기의 오류수정

당기의 수익을 다른 회계기간에 인식	당기순이익을 증가
당기의 비용을 다른 회계기간에 인식	당기순이익을 차감
다른 회계기간의 수익을 당기에 인식	당기순이익을 차감
다른 회계기간의 비용을 당기에 인식	당기순이익을 가산

② 보고기간 후 사건으로 인한 오류수정
- 보고기간 말 존재하였던 사건 : 손익에 반영 (보고기간말 소송사건이 재무제표 확정된 날 사이에 확정 등)
- 보고기간 말 존재하지 않았던 사건 : 손익에 반영하지 않음 (금융상품의 공정가치 하락, 보고기간 후 발생한 사건 등)

(2) 재고자산 관련 오류

① 재고자산 오류가 당기순이익에 미치는 영향

전기말과 당기말을 비교하여 변동분을 고려한다. 예를들어 전기말 재고자산이 10,000원 과소평가 되었는데, 당기말 재고자산이 20,000원 과대평가 되어 있다면, 한 해동안 재고자산이 30,000원 과대평가 된 것이다. 올바른 당기순이을 계산을 위해서는 수정전 당기순이익에서 30,000원을 차감하여야 한다.

> **사례**
>
> 기초상품 재고액은 100,000원, 당기 상품매입액은 1,000,000원, 기말상품 재고액은 100,000원이다. 단, 회사는 재고자산을 전기말에는 10,000원 과소평가 하였고, 당기말에는 20,000원 과대평가 하였다. 수정 전 당기순이익 1,000,000원일 때 올바른 당기순이익은?

해설 매출원가가 30,000원 과소평가 되었으므로 당기순이익이 30,000원 과대평가 된 것이다. 올바른 당기순이익은 1,000,000 - 30,000 = 970,000원이다.

상품(올바른 평가액)		상품(잘못된 평가액)	
기초 100,000	매출원가 1,000,000	기초 90,000	매출원가 970,000
매입 1,000,000	기말 100,000	매입 1,000,000	기말 120,000

② 재고자산 오류가 이익잉여금에 미치는 영향

3개 이상의 회계연도가 주어지는 경우를 출제할 수 있다. 올바른 당기순이익은 직전연도 재고자산 과소(과대)평가액을 이용해서 계산하며, 이익잉여금은 최종금액을 기준으로 측정할 수 있다. 기말자산과 당기순이익은 비례관계이며, 비용과 당기순이익은 반비례 관계이다.

사례

㈜삼일은 20x1년에 개업하였으며 회사의 기말 재고자산의 오류사항은 다음과 같다.

20x1년 말	20x2년 말	20x3년 말
10,000원 과소	6,000원 과소	10,000원 과대

→ 20x1년 한 해동안 재고자산은 10,000원 과소평가, 20x2년 한 해동안 재고자산은 4,000원 과대평가(-10,000원에서 -6,000원으로 +4,000원 증가), 20x3년 한 해동안 재고자산은 16,000원 과대평가(-6,000원에서 +10,000원으로 +16,000원 증가)된 것이다.

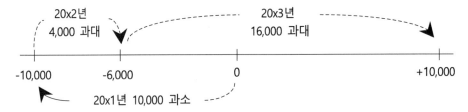

	당기순이익	이익잉여금 (누계액 개념)
20x1년	10,000원 과소평가	10,000원 과소평가
20x2년	4,000원 과대평가	6,000원 과소평가
20x3년	16,000원 과대평가	10,000원 과대평가

[예제 28-3]

[1] 도소매업을 영위하는 ㈜삼일의 외부감사인이 회계감사 과정에서 다음과 같은 사실을 발견하였다. 동 발견사항에 대하여 수정할 경우 20X1 년 ㈜삼일의 수정후 당기순이익(손실)은 얼마인가(단, 법인세효과는 고려하지 않는다)?

(1) ㈜삼일이 제시한 20X1 년 수정전 당기순이익 : 300,000,000 원
(2) 외부감사인이 발견한 사항 ㈜삼일은 20X1 년 12 월 26 일에 ㈜하나에 판매를 위탁하기 위하여 상품을 발송하였고, ㈜하나는 동 수탁상품을 20X2 년 1 월 3 일에 제 3 자에게 판매함. ㈜삼일은 동 위탁매출에 대하여 상품을 발송한 시점인 20X1 년 12 월 26 일에 매출(5억원)과 이에 대응되는 매출원가(4 억원)를 인식함.

① 이익 110,000,000원 　　　　　② 이익 200,000,000원
③ 손실 100,000,000원 　　　　　④ 손실 200,000,000원

[2] ㈜삼일의 보고기간말 현재 수정전 당기순이익이 10,000,000 원이다. 보고기간말과 재무제표 발행승인일 사이에 다음의 사건들이 발생한 경우 수정 후 당기순이익은 얼마인가?

ㄱ. 보고기간말 이후 화재로 인한 건물 200,000 원의 손실 발생
ㄴ. 당기손익-공정가치 측정 금융자산의 공정가치가 보고기간 말과 재무제표가 확정된 날 사이에 하락하여 150,000 원 추가 손실 발생
ㄷ. 보고기간말 이전에 존재했던 소송사건의 결과가 보고기간말 이후에 확정되어 100,000 원의 손실 발생

① 9,550,000원 ② 9,850,000원 ③ 9,900,000원 ④ 10,000,000원

[3] ㈜삼일은 20X2 년에 처음으로 회계감사를 받았는데, 기말상품재고에 대하여 다음과 같은 오류가 발견되었다. 20X1 년 및 20X2 년에 ㈜삼일이 보고한 당기순이익이 다음과 같을 때, 20X2 년의 오류수정 후 당기순이익은 얼마인가? (단, 법인세효과는 무시한다)

연도	당기순이익	기말상품 재고오류
20x1년	30,000원	3,000원 과대평가
20x2년	35,000원	2,000원 과소평가

① 30,000원 ② 36,000원
③ 38,000원 ④ 40,000원

[4] 20X1 년에 설립된 ㈜삼일은 재고자산의 원가흐름에 대한 가정을 20X1 년까지 선입선출법을 적용하여 단가결정을 하였으나, 20X2 년부터 평균법으로 변경하였다. 원가흐름에 대한 가정에 따른 각 연도말 재고자산의 장부금액이 다음과 같다.

	20x1년	20x2년
선입선출법	45,000원	50,000원
평균법	35,000원	45,000원

㈜삼일이 평균법으로의 회계정책변경에 대한 소급효과를 모두 결정할 수 있다고 가정할 경우 상기 회계변경이 20X2 년 말 이익잉여금에 미치는 영향은 얼마인가(단, 상기 회계변경 반영 전 ㈜삼일의 20X1년 말 및 20X2 년 말 재무상태표에는 선입선출법을 적용한 금액으로 재고자산이 표시되어 있다)?

① 5,000 원 증가 ② 10,000 원 증가
③ 5,000 원 감소 ④ 10,000 원 감소

[5] ㈜삼일의 20X3 년 말 회계감사과정에서 발견된 기말재고자산 관련 오류사항은 다음과 같다. 위의 오류사항을 반영하기 전 20X3년 말 이익잉여금은 100,000원, 20X3년 당기순이익은 30,000 원이었다. 오류를 수정한 후의 20X3년 말 이익잉여금(A)과 20X3년 당기순이익(B)은 각각 얼마인가(단, 오류는 중요한 것으로 가정한다)?

20x1년 말	20x2년 말	20x3년 말
5,000원 과대	2,000원 과소	3,000원 과대

	(A)	(B)
①	90,000원	29,000원
②	97,000원	25,000원
③	90,000원	25,000원
④	97,000원	29,000원

해답

[1] ②
  수정전 당기순이익 3억원 - 매출과대계상 5억원 + 매출원가 과대계상 4억원 = 2억원

[2] ③ 보고기간말 이후 화재발생과 금융자산 공정가치 하락은 수정하지 않는다.
  수정전 당기순이익 10,000,000 - 소송결과 손실 100,000 = 수정후 당기순이익 9,900,000원

[3] ④
  20x2년 한 해동안 재고자산(상품)이 5,000원 과소평가 된 것이다.
  수정전 20x2년 당기순이익 35,000원 + 재고자산 과소평가 5,000원 = 40,000원

[4] ③ 평균법을 적용하면 재고자산을 5,000원 감소시키게 되며, 그만큼 이익잉여금의 감소를 가져오게 된다.

[5] ②
  수정전 이익잉여금 100,000원 - 20x3년말 재고자산 과대평가 3,000원 = 97,000원
  20x3년 한 해동안 재고자산은 2,000원 과소에서 3,000원 과대로 5,000원 과대평가 됨
  → 수정전 당기순이익 30,000 - 재고자산 과대평가 5,000원 = 수정후 25,000원

제29장

주당이익

29.1 주당이익의 개념과 계산방법

(1) 주당이익의 개념 : 보통주 1주당 이익이 얼마인지 계산하는 지표이다.

(2) 주당이익의 계산방법 : 누적적 우선주의 경우에는 배당 결의여부와 상관없이 차감한다.

$$주당이익 = \frac{당기순이익 - 우선주배당금}{가중평균유통보통주식수}$$

사례

가중평균보통유통주식수가 주어진 경우
① 당기순이익 100,000,000원
② 우선주배당금으로 5,000,000원 지급
③ 기초 보통주 식수는 10,000주이며, 기말까지 변동내역은 없다.

→ 주당이익 9,500원 $= \dfrac{당기순이익\ 100,000,000 \ - \ 우선주배당금\ 5,000,000}{가중평균유통보통주식수\ 10,000주}$

---

(3) 희석주당이익 : 전환사채, 전환우선주, 신주인수권부사채 같은 복합금융상품이 있는 경우 권리 행사를 가정하여 주당이익을 계산한 것을 말한다. 복합금융상품을 잠재적 보통주라고 표현하기도 한다.

[예제 29-1]

[1] ㈜삼일의 20X1 년 당기순이익으로 500,000,000 원을 보고하였으며, ㈜삼일이 발행한 우선주 배당금은 140,000,000 원이다. ㈜삼일의 가중평균유통보통주식수가 60,000 주일 경우 20X1 년도 기본주당순이익은 얼마인가?

① 4,000원   ② 6,000원
③ 8,000원   ④ 10,000원

---

[2] 희석주당이익은 실제 발생된 보통주뿐만 아니라 보통주로 전환될 수 있는 잠재적 보통주까지 감안하여 산출한 주당이익을 말한다.

$$희석주당이익 = \frac{희석당기순이익}{(가중평균유통보통주식수 + 잠재적\ 보통주)}$$

다음 중 잠재적 보통주에 해당하는 것으로 가장 올바르지 않은 것은?

① 보통주로 전환할 수 있는 전환사채

② 보통주로 전환할 수 있는 전환우선주

③ 사업인수나 자산취득과 같이 계약상 합의에 따라 조건이 충족되면 발행하는 보통주

④ 회사가 보유하고 있는 자기주식

해답

[1] ②

$$주당이익 = \frac{당기순이익\ 500,000,000원\ -\ 우선주배당금\ 140,000,000원}{가중평균유통보통주식수\ 60,000주} = 6,000원$$

[2] ④ 자기주식은 잠재적 보통주가 아니라 가중평균유통보통주식수에서 차감.

29.2 특수한 경우 주당이익 계산

(1) 유상증자를 하는 경우

유상증자 주식수에 기간을 곱하여 가산한다. 예를들어 4월 1일에 10,000주를 유상증자 했다면, 월할계산을 가정했을 때 10,000주 × 9개월/12개월 만큼 가중평균유통보통주식수가 증가하게 된다.

(2) 자기주식을 취득한 경우

유상증자와 반대로 자기주식을 기간을 곱하여 차감한다. 예를들어 4월 1일에 10,000주의 자기주식을 취득했다면, 월할계산을 가정했을 때 10,000주 × 9개월/12개월 만큼 가중평균유통보통주식수가 차감하게 된다.

(3) 무상증자를 한 경우

무상증자 시점 무상증자 비율만큼 주식수가 증가하게 된다. 예를 들면 다음과 같다.

사례	가중평균유통보통주식수
기초 10,000주, 6월 1일 10% 무상증자	10,000주 × 1.1 × 12개월/12개월 = 11,000주
기초 10,000주, 4월 1일 1,000주 유상증자 6월 1일 10% 무상증자	10,000주 × 1.1 × 12개월/12개월 + 1,000주 × 1.1 × 9개월/12개월 = 11,825주

기초 10,000주, 4월 1일 10% 무상증자 6월 1일 1,000주 유상증자	10,000주 × 1.1 × 12개월/12개월 + 1,000주 × 9개월/12개월 = 11,750주
기초 10,000주, 4월 1일 10% 무상증자 6월 1일 1,000주 유상증자 10월 1일 자기주식 500주 취득	10,000주 × 1.1 × 12개월/12개월 + 1,000주 × 9개월/12개월 500주 × 3개월/12개월 = 11,625주

[예제 29-2]

[1] 다음은 ㈜삼일의 20X1 년 회계연도(20X1 년 1 월 1 일 – 20X1 년 12 월 31 일) 당기순이익과 자본에 대한 자료이다. ㈜삼일의 20X1 년 회계연도 기본주당이익은 얼마인가(단, 유통보통주식수는 월할계산을 가정한다)?

> ㄱ. 당기순이익: 100,000,000 원
> ㄴ. 보통주식수 내역
>   기초(1 월 1 일) 보통주식수 20,000 주
>   기중(7 월 1 일) 공정가치로 유상증자 10,000 주

① 3,333원   ② 4,000원

③ 5,000원   ④ 10,000원

[2] 다음 중 '기본주당이익'의 계산에 관한 설명으로 가장 올바르지 않은 것은?

① 당해 회계기간과 관련한 누적적 우선주에 대한 세후배당금은 배당이 결의된 경우에만 당기순손익에서 차감한다.

② 기본주당이익은 지배기업의 보통주에 귀속되는 특정 회계기간의 당기순손익을 그 기간의 유통된 보통주식수를 가중평균한 주식수로 나누어 계산한다.

③ 당기 중에 무상증자를 실시한 경우, 당해 사건이 있기 전의 유통보통주식수를 비교표시되는 최초기간의 개시일에 그 사건이 일어난 것처럼 비례적으로 조정한다.

④ 채무를 변제하기 위하여 보통주를 발행하는 경우, 채무변제일이 가중평균유통보통주식수를 산정하기 위한 보통주 유통일수 계산의 기산일이 된다.

[3] ㈜삼일의 20X1 년 당기순이익은 10,000,000 원이며, 우선주배당금은 1,000,000 원이다. ㈜삼일의 20X1 년 1 월 1 일 유통보통주식수는 18,000 주이며, 10 월 1 일에는 유상증자를 통해 보통주 8,000 주를 발행하였다. ㈜삼일의 20X1 년도 기본주당순이익은 얼마인가(단, 유상신주의 발행금액과 공정가치는 동일하며, 가중평균 유통보통주식수는 월할로 계산한다.)?

① 300원   ② 350원

③ 400원   ④ 450원

[4] 다음은 ㈜삼일의 20X1 회계연도(20X1 년 1 월 1 일 ~ 20X1 년 12 월 31 일) 자본금 변동상황(액면 5,000원)에 대한 자료이다. ㈜삼일의 20X1 년도 가중평균유통보통주식수는 몇 주인가?

구분	보통주 자본금	우선주 자본금
기초	50,000주　250,000,000원	20,000주　100,000,000원
기중		기중 변동사항 없음
4.1 유상증자(20%)	10,000주　50,000,000원	
10.1 자기주식 구입	(2,000주)　(10,000,000원)	

* 가중평균유통보통주식수 계산시 월할계산을 가정한다.
* 4.1 유상증자시 시가이하로 유상증자 하지 아니함

① 56,000주　　　　　　　　　　　　　② 57,000주
③ 58,000주　　　　　　　　　　　　　④ 59,000주

[5] 다음은 ㈜삼일의 20X1 회계연도(20X1 년 1 월 1 일 - 20X1 년 12 월 31 일) 당기순이익과 자본금 변동상황에 대한 자료이다. ㈜삼일의 20X1 년도 보통주 기본주당순이익은 얼마인가?

ㄱ. 당기순이익 500,000,000 원
ㄴ. 자본금변동사항(액면 5,000 원

	보통주 자본금	
- 1.1 기초	50,000주	250,000,000원
- 4.1 유상증자(30%)	15,000주	75,000,000원
- 10.1 자기주식구입	(5,000주)	(25,000,000원)

* 유통보통주식수 계산시 월할계산을 가정한다.
* 4.1 유상증자시 시가이하로 유상증자 하지 아니함
ㄷ. 20X1 회계연도 이익에 대한 배당(현금배당)
　- 우선주: 20,000,000원

① 4,000원　　　　　　　　　　　　　② 6,000원
③ 8,000원　　　　　　　　　　　　　④ 10,000원

해답

[1] ②
　가중평균유통보통주식수 = 20,000주 × 12/12 + 10,000주 × 6/12 = 25,000주
　주당이익 = 100,000,000원 ÷ 25,000주 = 4,000원

[2] ① 누적적 우선주는 배당결의 여부와 상관없이 차감한다.

[3] ④
　분자부분 : 10,000,000 - 1,000,000 = 9,000,000원

분모부분 : 18,000주 × 12/12 + 8,000주 × 3/12 = 20,000주
주당이익 : 9,000,000원 ÷ 20,000주 = 450원

[4] ②
가중평균유통보통주식수
= 50,000주 × 12/12 + 10,000주 × 9/12 - 2,000주 × 3/12 = 57,000주

[5] ③
분자부분 = 500,000,000 - 20,000,000 = 480,000,000원
분모부분 = 50,000주 × 12/12 + 15,000주 × 9/12 - 5,000주 × 3/12 = 60,000주
주당이익 = 480,000,000원 ÷ 60,000주 = 8,000원

29.3 주가수익률 PER

(1) 주가수익률(Price-Eaming Ratio : PER)

주당수익률은 다음과 같이 계산한다.

$$주가수익률 = \frac{주가}{주당이익}$$

(2) 주가수익률(PER)와 주가의 관계

앞의 주가수익률 계산식을 이용해서 다음과 같이 적용할 수도 있다.

$$주가 = 주가수익률 × 주당이익$$

주가수익률은 주당이익 1원을 얻기 위해서 주가가 얼마이어야 하는지를 표시한다. 다시 말해 주가수익률이 높다는 것은 주당순이익에 비해 시가가 높게 형성되어 있다는 것을 의미한다.

[예제 29-3]

[1] 다음 정보를 이용하여 ㈜삼일의 주가를 계산하시오.

1. 업종 평균 주가수익률(PER) = 10 배
2. ㈜삼일의 주당이익(EPS) = 500 원

① 5 원   ② 50 원
③ 500 원   ④ 5,000 원

해답
[1] ④ 주가 = 주당이익 500원 × 주가수익률 10 = 5,000원

제**30**장

관계기업투자

30.1 지분법 적용대상

한국채택국제회계기준에서는 지분율기준 또는 실질영향력기준을 만족하는 경우 투자자가 피투자자에 대하여 유의적인 영향력을 행사할 수 있는 것으로 보아 지분법을 적용하도록 한다.

	지분율 기준	실질영향력 기준
유의적인 영향력이 있음	투자자가 직접으로 또는 간접(예 : 종속기업을 통하여)으로 피투자자에 대한 의결권의 20% 이상을 소유	① 피투자자의 이사회나 이에 준하는 의사결정기구에 참여하는 경우 ② 배당이나 다른 분배에 관한 의사결정에 참여하는 것을 포함하여 정책결정과정에 참여하는 경우 ③ 투자자와 피투자자 사이의 중요한 거래가 있는 경우 ④ 경영진의 상호 교류가 이루어지는 경우 ⑤ 필수적 기술정보를 제공하는 경우
유의적인 영향력이 없음	① 의결권 없는 주식인 경우 ② 적극적으로 매수자를 찾는 경우 ③ 투자자와 피투자자가 동일지배하에 있는 경우	① 일반적 기술정보를 제공하는 경우

[예제 30-1]

[1] 다음 중 지분법으로 회계처리하는 경우에 해당하는 것은(A 회사는 투자자, B 회사는 피투자자이다)?

① A 회사는 B 회사의 주식을 40 % 보유하고 있으나 계약상 B 회사에 관한 의결권을 행사할 수 없다.

② A 회사는 12 개월 이내에 매각할 목적으로 B 회사의 의결권 있는 주식을 30 % 취득하여 적극적으로 매수자를 찾고 있는 중이다.

③ A 회사는 B 회사의 주식을 20 % 보유하고 있으나 모두 우선주이며 의결권은 없다.

④ A 회사는 B 회사의 의결권 있는 주식의 25 % 를 보유하고 있으며, B 회사의 이사회에 참여할 수 있다.

[2] 다음 중 관계기업 투자주식의 회계에 관한 설명으로 가장 올바르지 않은 것은?

① 유의적인 영향력 판단에는 지분율 기준과 실질 영향력 기준이 있다.

② 유의적인 영향력을 판단함에 있어 피투자자에 대한 의결권은 투자자의 지분율과 지배기업이 보유하고 있는 지분율의 합계로 계산한다.

③ 투자자가 직접으로 또는 간접으로 피투자자에 대한 의결권의 20 % 미만을 소유하고 있다면 유의적인 영향력이 없는 것으로 본다.

④ 경영진의 상호교류가 이루어지는 경우 유의적인 영향력이 있는 것으로 본다.

[3] 지분법은 투자자가 피투자자에 대해 유의적인 영향력을 행사할 수 있는 경우에 적용한다. 다음 중 유의적인 영향력을 행사할 수 있는 경우에 해당하는 것으로 가장 올바르지 않은 것은?

① 피투자자의 이사회나 이에 준하는 의사결정기구에 참여하는 경우

② 투자자와 피투자자가 동일지배하에 있는 경우

③ 투자자와 피투자자 사이의 중요한 거래가 있는 경우

④ 필수적 기술정보를 제공하는 경우

해답

[1] ④

① , ③ 의결권을 행사할 수 없다면 유의적인 영향력이 있다고 볼 수 없다. ② 적극적으로 매수자를 찾는 중이면 유의적인 영향력을 행사한다고 볼 수 없다.

[2] ② 유의적인 영향력을 판단함에 있어 피투자자에 대한 의결권은 투자자의 지분율과 종속업이 보유하고 있는 지분율의 합계로 계산한다.

[3] ② 투자자와 피투자자가 동일지배하에 있는 경우에는 유의적인 영향력을 행사할 수 있는 경우에 해당하지 않는다.

30.2 관계기업투자주식의 회계처리

(1) 영업권의 계산

　① 투자차액(영업권) : 투자주식 취득원가 - (피투자 순자산 공정가치 × 지분율)

　　*미래 초과수익력등 발생

> **사례**
>
> ㈜대형은 ㈜소형의 주식(지분율 30%)을 50억원에 취득하여 유의적인 영향력을 행사할 수 있게 되었다. ㈜소형의 순자산 장부금액은 100억원, 순자산 공정가치는 150억원이다.
> * 투자차액(영업권) = 50억원 - (150억원 × 30%) = 5억원
> * 순자산공정가치와 장부금액의 차액 = 50억원 × 30% = 15억원

> → ㈜대형은 ㈜소형 장부상 순자산의 30%에 해당하는 30억원 상당부분을 50억원에 취득했는데, 이 중에서 15억원은 공정가치와 장부금액의 차이에서 발생한 것이며, 5억원은 투자차액에 해당된다.

   ② 영업권은 상각하지 않으며 매기말 손상차손은 검토한다.

(2) 회계처리

   ① 최초 취득

      (차) 관계기업투자주식   (대) 현금 등

   ② 지분법손익 = 피투자회사의 당기순손익 × 지분율

      (차) 관계기업투자주식   (대) 지분법이익

   ③ 배당금 수령시 장부금액에서 차감 (원본의 회수로 본다)

      (차) 미수배당금   (대) 관계기업투자주식

   ④ 피투자기업의 기타포괄손익 증감도 지분율만큼 인식한다. 매각예정인 투자자산은 지분법적용을 하지 않는다.

사례

20x1.1.1. ㈜대형은 ㈜소형의 주식(지분율 30%)을 10억원에 취득하여 유의적인 영향력을 행사할 수 있게 되었다. ㈜소형의 순자산 장부금액은 20억원, 순자산 공정가치는 25억원이다.

(1) 20x1.1.1. 회계처리

(차) 관계기업투자주식   1,000,000,000   (대) 현금 등   1,000,000,000

(2) 20x1.12.31. 결산시 ㈜소형이 당기순이익으로 200,000,000원을 보고하였다.

(차) 관계기업투자주식   60,000,000   (대) 지분법이익   60,000,00

(3) 20x2. 3.31 ㈜소형에서 ㈜대형에게 10,000,000원의 배당금 지급을 결의하였다. 배당금은 즉시 현금으로 받았다.

(차) 현금   10,000,000   (대) 관계기업투자주식 10,000,000

[예제 30-2]

[1] 다음 중 관계기업투자주식의 회계처리에 관한 설명으로 가장 올바르지 않은 것은?

① 관계기업투자주식을 취득한 시점에는 취득원가로 기록한다.

② 피투자기업으로부터 배당금수취시 투자수익을 즉시 인식하므로, 투자주식 계정이 증가한다.

③ 관계기업에 관련된 영업권의 상각은 허용되지 않는다.

④ 피투자기업의 당기순이익은 투자기업의 지분법이익으로 보고된다.

[2] 다음 중 지분법 회계처리에 관한 설명으로 가장 올바르지 않은 것은?

① 지분법은 취득시점에서 관계기업투자자산을 취득원가로 기록한다.

② 피투자회사의 당기순이익 중 투자회사의 지분에 해당하는 금액은 투자회사의 지분법이익으로 보고된다.

③ 피투자회사가 배당금지급을 결의한 시점에 투자회사가 수취하게 될 배당금 금액을 투자주식 계정에서 직접 차감한다.

④ 취득시점 이후 발생한 피투자회사의 순자산 변동액은 투자주식 계정에 전혀 반영하지 않는다.

[3] ㈜삼일은 20X1년 1월 1일 ㈜용산의 보통주 40%를 4,000,000원에 취득하였고 그 결과 ㈜용산에 유의적인 영향력을 행사할 수 있게 되었다. 주식취득일 현재 ㈜용산의 순자산 공정가치가 10,000,000원인 경우 관계기업투자주식의 취득원가 중 영업권에 해당하는 금액은 얼마인가?

① 0 원   ② 160,000 원

③ 240,000 원   ④ 6,000,000 원

해답

[1] ② 배당금 수취시에는 투자주식 계정이 감소한다.

[2] ④ 피투자회사의 순자산이 증가하면 투자주식 계정에도 반영한다.

[3] ①

순자산 10,000,000원 × 지분율 40% = 4,000,000원

순자산 공정가치의 지분율과 동일한 금액으로 취득했으므로 영업권은 없다.

30.3 관계기업투자주식 장부금액의 계산

관계기업투자주식은 최초 취득시에는 취득원가로 측정한다. 피투자 기업이 당기순손익을 보고한 금액에서 지분율을 곱한만큼 가산 또는 차감하게 된다.

> **예시**
>
> 연결되는 사례이다.
> (1) 유의적인 영향력을 행사목적으로 피투자기업의 투자주식 30%를 10,000,000원에 취득
>   → 관계기업투자주식 10,000,000원
> (2) 피투자기업이 당기순이익으로 5,000,000원을 보고
>   → 관계기업투자주식 10,000,000 + (5,000,000 × 30%) = 11,500,000원
> (3) 피투자기업으로부터 현금배당 200,000원을 수령
>   → 관계기업투자주식 11,500,000 - 200,000 = 11,300,000원

[예제 30-3]

[1] ㈜삼일은 20X1 년 1 월 1 일에 ㈜용산의 보통주 30 % 를 3,000,000 원에 취득하였고 그 결과 ㈜용산의 의사결정에 유의적인 영향력을 행사할 수 있게 되었다. ㈜용산에 대한 재무정보 및 기타 관련정보가 다음과 같을 경우 ㈜삼일의 20X1 년 말 현재 관계기업투자주식의 장부금액은 얼마인가?

> ㈜용산에 대한 재무정보
> ㄱ. 20X1 년 1 월 1 일 현재 순자산장부금액 : 9,000,000 원(공정가치와 일치함)
> ㄴ. 20X1 년 당기순이익 : 1,000,000 원
> (㈜용산의 20X1 년 중 순자산 장부금액 변동은 당기순이익으로 인한 것 외에 없다고 가정한다.)

① 3,000,000 원   ② 3,240,000 원
③ 3,300,000 원   ④ 4,000,000 원

[2] ㈜서울은 20X1 년 1 월 1 일 ㈜용산의 보통주 20 % 를 2,000,000 원에 취득하였고 그 결과 ㈜용산에 유의적인 영향력을 행사할 수 있게 되었다. ㈜용산에 대한 재무정보 및 기타 관련 정보가 다음과 같을 경우 ㈜서울의 20X1 년 말 현재 지분법을 적용한 관계기업투자주식의 장부금액은 얼마인가?

> * ㈜용산에 대한 재무정보
> ㄱ. 20X1 년 1 월 1 일 현재 순자산장부금액 : 10,000,000 원(공정가치와 일치함)
> ㄴ. 20X1 년 당기순이익 : 6,000,000

① 800,000 원

② 1,200,000 원

③ 2,000,000 원

④ 3,200,000 원

[3] 20X1 년 1 월 1 일 ㈜삼일은 ㈜용산의 보통주 30 % 를 850,000 원에 취득하여 유의적인 영향력을 행사하게 되었으며, 취득 당시 ㈜용산의 순자산 장부금액과 공정가치는 2,000,000 원으로 동일하였다. 20X1 년 ㈜용산의 자본은 아래와 같으며, 당기순이익 이외에 자본의 변동은 없다고 가정한다.

	20x1년 1월 1일	20x1년 12월 31일
자본금	900,000원	900,000원
이익잉여금	1,100,000원	1,300,000원
합계	2,000,000원	2,200,000원

20X1 년 말 ㈜삼일의 관계기업투자주식의 장부금액은 얼마인가?

① 850,000 원

② 880,000 원

③ 910,000 원

④ 930,000 원

해답

[1] ③ 3,000,000 + (1,000,000 × 30%) = 3,300,000원
[2] ④ 2,000,000 + (6,000,000 × 20%) = 3,200,000원
[3] ③ 이익잉여금이 200,000원 증가했으므로 당기순이익이 200,000원이다.
     취득 850,000 + (당기순이익 200,000 × 지분율 30%) = 910,000원

제31장

환율변동효과

31.1 기능통화와 표시통화

(1) **기능통화** : 영업활동이 이루어지는 주된 경제활동의 통화를 말한다.

(2) **표시통화** : 재무제표에 표시되는 통화이다. 기능통화와 표시통화가 서로 다르다면 표시통화로 회계처리를 하고, 재무제표에 반영한다.

업종의 성격에 따라 기능통화와 표시통화는 서로 다를 수도 있다. 예를들어 대한민국에 소재한 기업이 수출업을 하면서 주로 미국 달러로 거래한다면, 기능통화는 미국 달러가 되고, 표시통화는 한국 원화가 된다.

[예제 31-1]

[1] 다음 중 기능통화와 표시통화에 관한 설명으로 가장 올바르지 않은 것은?

① 기능통화란 영업활동이 이루어지는 주된 경제환경의 통화로서 기업의 본사가 속해있는 국가의 통화를 의미한다.

② 표시통화란 재무제표를 표시할 때 사용하는 통화로서 기업은 어떤 통화든지 표시통화로 사용할 수 있다.

③ 기업의 표시통화와 기능통화가 다른 경우에는 경영성과와 재무상태를 표시통화로 환산하여 재무제표에 보고한다.

④ 기능통화로 외화거래를 최초로 인식하는 경우에 거래일의 외화와 기능통화 상의 현물환율을 외화금액에 적용하여 기록한다.

[2] 다음 중 기능통화 및 표시통화에 관한 설명으로 가장 올바르지 않은 것은?

① 기능통화란 영업활동이 이루어지는 주된 경제 활동의 통화를 말한다.

② 표시통화란 재무제표를 표시할 때 사용하는 통화이다.

---

③ 기능통화와 표시통화가 다른 경우 기능통화로 회계거래를 인식하며 표시통화로 회계장부에 기록한다.

④ 기능통화는 일단 결정된 이후에는 실제 거래, 사건과 상황에 변화가 있지 않는 한 변경할 수 없다.

해설

[1] ① 기업의 본사가 속해있는 국가의 통화와 영업활동이 이루어지는 주된 통화가 무조건 일치하는 것은 아니다.

[2] ③ 기능통화와 표시통화가 다른 경우 회계거래는 표시통화로 인식한다.

31.2 화폐성-비화폐성법과 외화환산손익 계산

원칙적으로 화폐성 자산, 화폐성 부채는 외화환산을 하고, 비화폐성 자산, 비화폐성 부채는 외화환산을 하지 않는다.

(1) 화폐성 자산, 부채와 비화폐성 자산, 부채의 구분

화폐성 자산(부채)	외화예금, 매출채권, 대여금, 미수금, 금융자산(채무상품), 매입채무, 차입금, 미지급금 등
비화폐성 자산(부채)	선급금, 선수금, 유형자산, 무형자산, 금융상품(지분상품), 충당부채 등

(2) 외화환산손익과 외환차손익

	손실	이익
기말 결산시	외화환산손실	외화환산이익
회수, 상환시	외환차손	외환차익

(3) 외화로 측정된 재고자산평가손실

기말 측정된 재고자산에서 장부금액을 차감하여 계산한다.

사례

취득시점 외화금액	$ 10,000	취득시점 환율	1,000원
기말시점 외화금액	$ 9,000	기말시점 환율	1,100원

($ 10,000 × 1,000원) - ($ 9,000 × 1,100원) = 100,000원 평가손실

[예제 31-2]

[1] 화폐성항목이란 확정되었거나 결정가능한 화폐단위수량으로 받을 권리나 지급할 의무가 있는 자산·
부채를 말한다. 다음 중 화폐성항목에 해당하는 것으로 가장 옳은 것은?

① 차입금   ② 선수금
③ 재고자산   ④ 건물

[2] 자동차 제조업을 영위하는 ㈜삼일의 20X1 회계연도(20X1년 1월 1일 – 20X1년 12월 31일)
중 발생한 수출실적이 다음과 같을 경우 20X1년 재무상태표 상 매출채권과 (포괄)손익계산서 상
외화환산손익을 바르게 짝지은 것은(단, 기능통화는 원화이다)?

(1) 수출액 및 대금회수

수출일	수출액	대금회수일
20x1년 6월 11일	$ 10,000	20x2년 3월 10일

(2) 일자별 환율

일자	20x1년 6월 11일	20x1년 12월 31일
환율	1,200원/$	1,250원/$

(3) 기타정보

　　상기 수출대금은 계약상 대금회수일에 이상 없이 모두 회수되었으며, 상기 수출과 관련된
매출채권 이외의 채권·채무는 없다.

	매출채권	외화환산손익
①	12,500,000원	손실 500,000원
②	12,000,000원	손실 100,000원
③	12,500,000원	이익 500,000원
④	12,000,000원	이익 100,000원

[3] 원화를 기능통화로 사용하고 있는 ㈜삼일은 20X1년 10월 1일에 중국 현지공장에서 재고자산을
CNY 2,000에 매입하여 기말까지 보유하고 있다. 이 재고자산의 기말 순실현가능가치는 CNY
1,800이다. CNY 대비 원화의 환율이 다음과 같을 때 ㈜삼일이 20X1년 상기 재고자산에 대하여
인식할 평가손실 금액은 얼마인가?

- 20X1년 10월 1일: CNY 1 = 110원
- 20X1년 12월 31일: CNY 1 = 115원

① 13,000원   ② 92,000원
③ 132,000원   ④ 142,000원

[4] 12월 말 결산법인인 ㈜삼일은 20X1년 12월 1일에 미국고객에게 $1,000의 상품을 판매하고, 대금은 4개월 후인 20X2년 3월 31일에 회수하였다. 이 기간 중 환율변동 효과는 다음과 같을 경우 20X2년에 계상할 외환차손익은 얼마인가?

> 20X1년 12월 1일(거래발생일) 1$ = 1,000원
> 20X1년 12월 31일(보고기간말) 1$ = 1,100원
> 20X2년 3월 31일(대금결제일) 1$ = 1,050원

① 외환차익 50,000원
② 외환차익 100,000원
③ 외환차손 50,000원
④ 외환차손 100,000원

[5] ㈜삼일의 20X1년(20X1년 1월 1일 ~ 20X1년 12월 31일) 중 발생한 수출실적이 다음과 같을 경우 20X1년 말 재무상태표상 매출채권으로 인식되는 금액은 얼마인가(단, 기능통화는 원화이다)?

(1) 수출액 및 대금회수

수출일	수출액	대금회수일
20x1년 5월 10일	$ 200,000	20x2년 1월 2일
20x1년 7월 15일	$ 50,000	20x2년 2월 14일

(2) 일자별 환율

일자	20x1년 5월 10일	20x1년 7월 15일	20x1년 12월 31일	20x2년 1월 2일
환율	1,100원/$	1,120원/$	1,070원/$	1,110원/$

(3) 기타정보

상기 수출대금은 계약상 대금회수일에 이상 없이 모두 회수되었으며, 상기 수출과 관련된 매출채권 이외의 채권·채무는 없다.

① 267,500,000 원
② 275,000,000 원
③ 276,000,000 원
④ 277,500,000 원

해답

[1] ① 차입금만 화폐성이고, 나머지는 비화폐성이다.

[2] ③
수출당시 매출채권 $ 10,000 × 1,200원 = 12,000,000원
결산일의 매출채권 $ 10,000 × 1,250원 = 12,500,000원 (외화환산이익 500,000원)

[3] ①
평가손실 인식 전 재고자산 : CNY 2,000 × 110원 = 220,000원
평가손실 인식 후 재고자산 : CNY 1,800 × 115원 = 207,000원
13,000원이 감소하게 된다.

[4] ③ (회수시점 환율 1,050 - 장부상 환율 1,100) × $ 1,000 = 외환차손 50,000원

[5] ① 20x1년말 환율 1,070원 × $ 250,000 = 267,500,000원

31.3 재무제표에 표시되는 환율

(1) 마감환율과 현물환율

① 마감환율, 현물환율, 평균환율의 개념

마감환율 : 보고기간말의 환율

현물환율 : 즉시 인도가 이루어지는 거래에서의 환율

평균환율 : 매월말 또는 매일의 환율을 평균한 환율을 말한다.

② 손익계산서의 수익과 비용을 환산할 때는 거래일의 환율 또는 평균환율을 적용한다.

③ 재무상태표와 손익계산서의 적용환율의 환산에 의한 외환차이는 기타포괄손익으로 한다.

(2) 재무제표에 적용되는 환율

구분	환율
자산과 부채	결산일의 마감환율(기말환율) 단, 역사적원가로 평가하는 비화폐성 항목은 거래일의 환율
자본	거래일의 환율
수익과 비용	(원칙) 거래일의 환율. 단, 거래일의 환율을 사용할 수 없는 경우에는 기중 평균환율

(3) 기능통화와 표시통화가 다른 경우

① 연결실체는 연결재무제표를 작성하기 위하여 각 기업의 경영성과와 재무상태를 같은 통화로 표시한다.

② 기능통화와 표시통화가 다른 경우 표시통화로 재무상태와 경영성과를 환산하여 보고해야 한다.

③ 재무제표의 환산에서 생기는 외환차이는 기타포괄손익으로 인식한다

[예제 31-3]

[1] 다음 중 환율변동효과와 관련하여 괄호 안에 들어갈 단어로 가장 옳은 것은?

기능통화와 표시통화가 다른 경우 표시통화로 재무상태와 경영성과를 환산하여 보고해야 한다. 재무상태표의 자산과 부채는 (ㄱ)을 적용하고, 포괄손익계산서의 수익과 비용은 (ㄴ)을 적용하되 환율이 유의적으로 변동하지 않을 경우에는 해당 기간의 평균환율을 적용할 수 있다.

	(ㄱ)	(ㄴ)
①	보고기간 말의 마감환율	해당 거래일의 환율
②	해당 거래일의 환율	보고기간 말의 마감환율
③	해당 기간의 평균환율	보고기간 말의 마감환율
④	해당 기간의 평균환율	해당 거래일의 환율

[2] 다음 중 기능통화에 의한 외화거래의 보고에 관한 설명으로 가장 올바르지 않은 것은?

① 기능통화로 외화거래를 최초로 인식하는 경우에 거래일의 외화와 기능통화 사이의 현물환율을 외화 금액에 적용하여 기록한다.

② 역사적원가로 측정하는 비화폐성 외화항목은 마감환율로 매 보고기간말 환산한다

③ 화폐성항목의 결제시점에 생기는 외환차이는 그 외환차이가 생기는 회계기간의 당기손익으로 인식한다.

④ 비화폐성항목에서 생긴 손익을 기타포괄손익으로 인식하는 경우에 그 손익에 포함된 환율변동효과도 기타포괄손익으로 인식한다.

[3] 한국에서 영업을 하는 ㈜서울의 미국 현지법인인 ㈜엘에이의 재무제표이다. ㈜엘에이는 20X1 년 초 설립되었으며, ㈜엘에이의 기능통화인 달러화로 작성한 20X1 년 말 재무상태표는 다음과 같다.

		부채	$ 1,000
자산	$ 4,000	자본금	$ 2,000
		이익잉여금(당기순이익)	$ 1,000
합계	$ 4,000	합계	$ 4,000

㈜엘에이의 재무상태표를 표시통화인 원화로 환산 시 환율이 유의적으로 변동할 경우 부채에 적용할 환율로 가장 옳은 것은?

① 해당 거래일의 환율   ② 보고기간말의 마감환율

③ 평균환율   ④ 차입시 환율

해설

[1] ① 원칙적으로 자산, 부채는 기말환율, 수익과 비용은 거래일의 환율을 적용한다.

[2] ② 역사적원가로 측정하는 비화폐성 외화항목은 거래일의 환율로 매 보고기간말 환산한다

[3] ② 원칙적으로 자산, 부채는 보고기간말의 마감환율(기말환율)을 적용한다.

제32장

//////

파생상품

32.1 파생상품의 의의

(1) 파생상품의 개념

주식, 채권, 이자율, 환율 등 금융상품을 기초자산 또는 기초변수로하여 기초자산의 가치변동에 따라 가격이 결정되는 금융상품을 말한다.

(2) 파생상품 요건 3가지

① 기초변수(다른 상품, 이자율, 환율, 주가 등)의 변동에 따라 가치가 변동

② 최초 계약시 순투자금액이 필요하지 않거나 적은 순투자금액이 필요

③ 미래에 결제

(3) 거래형태에 따른 분류 : 수험목적으로는 선물거래와 옵션이 중요하다.

① 선도거래 : 미래 일정시점에 약정된 가격에 의해 기초자산 등을 사거나 팔기로 계약당사자 간에 합의한 거래이다. 참고로 상장기업의 주식은 선물(산도)거래가 아니라 현물거래에 해당된다.

② 선물거래 : 선도거래와 유사하나 조직화된 시장에서 정해진 방법으로 거래

구분	선도거래	선물거래
만기일 거래	만기일에 특정상품의 인수도가 이루어짐	만기 이전에 반대매매를 통하여 계약이 종료
조직화된 거래소	없음 (당사자간 합의)	있음 (표준화 계약)
청산소 존재	없음 (계약 불이행 위험)	있음
증거금, 일일정산	없음	있음
결제방식	만기일 정산 (실물인도)	일일정산, 차액결제

③ 옵션 : 계약당사자 간에 정하는 바에 따라 미리 정해진 가격으로 외화나 유가증권 등을 사고팔 수 있는 권리에 대한 계약이다. 옵션은 다음과 같이 구분하기도 한다.

권리의 유형	콜옵션	미래에 특정 자산을 계약한 가격으로 살 수 있는 권리
	풋옵션	미래에 특정 자산을 계약한 가격으로 팔 수 있는 권리
행사시점	미국형	만기일 이전에 언제든지 권리행사 가능
	유럽형	만기일에만 권리행사 가능

④ 스왑 : 특정 기간 동안에 발생할 현금흐름을 다른 현금흐름과 교환하는 거래

[예제 32-1]

[1] 다음 중 파생금융상품에 해당하지 않는 것은?

① 상장주식   ② 주가지수선물

③ 통화선물   ④ 주식옵션

[2] 다음 중 선물거래의 특징에 관한 설명으로 가장 올바르지 않은 것은?

① 증거금제도   ② 일일정산제도

③ 비표준화 계약   ④ 청산소

[3] 다음 중 선물(futures)과 옵션(option)에 관한 설명으로 가장 올바르지 않은 것은?

① 미국형 옵션은 만기일에만 권리를 행사할 수 있는 옵션이며, 유럽형 옵션은 만기일 이전에는 언제라도 권리를 행사할 수 있는 옵션이다.

② 선물거래에는 매일매일의 평가손익을 증거금에 반영하는 체계적인 과정인 '일일정산제도'가 있다.

③ 선물과 옵션 모두 파생상품에 해당한다.

④ 선물과 옵션 모두 위험회피기능을 가지고 있다.

해답

[1] ① 상장주식은 현물거래로서 파생금융상품에 해당하지 않는다.

[2] ③ 선물거래는 비표준화가 아니라 표준화 계약이다.

[3] ① 유럽형 옵션은 만기일에만 권리를 행사할 수 있는 옵션이며, 미국형 옵션은 만기일 이전에는 언제라도 권리를 행사할 수 있는 옵션이다.

32.2 파생상품의 기능과 거래전략

위험회피형 투자자들은 금융자산의 가격변동위험을 회피하고자 파생상품을 이용할 수 있다. 반면 투기자들은 위험을 부담하여 이익을 얻고자 한다. 여기에서는 위험회피형 투자자를 중심으로 서술하기로 한다.

(1) 위험회피회계

① 공정가치 위험회피 회계

자산, 부채, 확정계약의 공정가치 변동위험을 상쇄시키고자 하는 거래

→ 예시 : 고정이자율수취조건 대출금, 고정이자율지급조건 차입금, 재고자산매입 확정계약, 재고자산매출 확정계약 등

② 현금흐름 위험회피 회계

당해 거래에 따른 미래현금흐름변동을 상쇄하기 위한 거래

→ 예시 : 재고자산의 미래예상매입에 따른 취득가액 변동, 재고자산의 미래예상매출에 따른 매출액변동 등

(2) 파생상품의 일반원칙 : 파생상품은 공정가치로 측정하며, 계정과목 분류난 다음과 같다.

거래목적		회계처리
매매목적		당기손익처리
공정가치위험회피목적		당기손익처리
현금흐름 위험회피목적	위험회피에 효과적이지 못한 부분	당기손익처리
	위험회피에 효과적인 부분	기타포괄손익누계액
해외사업장 순투자위험회피목적	위험회피에 효과적이지 못한 부분	당기손익처리
	위험회피에 효과적인 부분	기타포괄손익누계액

(3) 거래전략 사례 : 주로 위험회피형 투자자를 가정하여, 환율 관련된 문제가 출제된다.

	피하고 싶은 상황	거래전략
외화채권이 있는 경우	결제일 외화가치 급하락으로 수령금액이 크게 감소하는 상황	약정된 조건으로 외화를 매도할 수 있는 계약체결
외화채무가 있는 경우	결제일 외화가치 급상승으로 수령금액이 크게 증가하는 상황	약정된 조건으로 외화를 매입할 수 있는 계약체결

[예제 32-2]

[1] ㈜삼일은 20X1 년 11 월 1 일에 미국에 제품 $1,000,000 를 수출하고 수출대금은 6 개월 후에 받기로 하였다. ㈜삼일의 대표이사는 환율변동에 따른 수출대금의 가치감소를 우려하고 있다. 만약 당신이 ㈜삼일의 경리과장이라면 대표이사에게 환위험을 회피(Hedging)하기 위하여 어떻게 조언할 것인가?

① 통화선도 매도계약을 체결하도록 권유한다.
② $1,000,000 를 6 개월간 외화예금으로 가입하도록 권유한다.
③ KOSPI200 주가지수선물의 매도계약을 체결하도록 권유한다.
④ KOSPI200 주가지수옵션의 풋옵션 계약을 체결하도록 권유한다.

[2] ㈜삼일은 상품을 $2,000 을 외상으로 매출하고, 대금을 9 개월 후에 달러($)로 지급받기로 하였다. 이 경우 ㈜삼일은 외화매출채권 $2,000 은 환율변동위험에 노출되게 되었다. 해당 거래와 관련하여 환율변동위험을 회피할 수 있는 방법으로 가장 옳은 것은?

① 약정된 환율로 9 개월 후 $2,000 을 매도하는 통화선도계약을 체결한다.
② 약정된 환율로 9 개월 후 $2,000 을 매입하는 통화선도계약을 체결한다.
③ 약정된 환율로 9 개월 후 $2,000 을 거래할 수 있는 콜옵션을 매입한다.
④ 약정된 환율로 9 개월 후 $2,000 을 거래할 수 있는 풋옵션을 매도한다

[3] 다음 중 파생상품회계의 일반원칙에 관한 설명으로 가장 올바르지 않은 것은?

① 매매목적으로 보유하고 있는 파생상품의 평가손익은 당기손익으로 처리한다.
② 위험회피회계를 적용하기 위해서는 일정한 요건을 충족해야 한다.
③ 공정가치 위험회피회계에서 위험회피수단에 대한 손익은 당해 회계연도의 당기손익으로 인식한다.
④ 현금흐름 위험회피회계에서 위험회피에 효과적이지 않은 부분은 당해 회계연도의 기타포괄손익으로 인식한다.

해답

[1] ① 6개월 후에 달러가치가 급격하게 감소하는 상황을 피하고 싶으므로, 약정된 가격에 달러를 매도할 수 있는 계약을 체결한다.
[2] ① 9개월 후에 달러가치가 급격하게 감소하는 상황을 피하고 싶으므로, 약정된 가격에 달러를 매도할 수 있는 계약을 체결한다. 만약에 옵션을 거래한다면 팔 수 있는 권리인 풋옵션을 매입해야 하는데 문항에 없으므로 ①이 답이 된다.
[3] ④ 위험회피에 효과적인 부분을 기타포괄손익으로 인식한다.

32.3 파생상품의 회계처리

(1) 회계처리 사례

외화를 매도하는 약정를 사례로 제시한다. 시험에서는 분개가 아니라 통화선도평가손익, 통화선도거래손익을 물어보는 위주로 출제되므로 분개사례는 참고로만 보기로 한다.

① 20x1년 11월 1일

만기 20x2년 3월 31일에 $ 1,000을 @ 1,100/$로 매도하는 계약을 체결하였다.
20x1년 11월 1일의 환율 1,120원이다.

→ 회계처리 없음 (계약당일에는 권리와 의무의 가치가 같음)

② 20x1년 12월 31일

결산일의 1달러당 환율은 1,060원이다. 20x2년 3월 31일의 통화선도환율은 1,082원이다.

(차) 통화선도   18,000   (대) 통화선도평가이익(영업외수익 성격)   18,000

→ 20x4년 12월 31일에 통화선도계약을 했으면 $1당 1,082원에 매도하는 계약을 할 수밖에 없었는데, 11월 1일에 미리 계약해서 1,100원에 매도하는 계약을 하였음.

→ 18원 × $ 1,000 만큼 평가이익을 계산함

③ 20x2년 3월 31일 현물환율 1,130원이다.

→ $ 1,000를 현물환율 1,130원에 매입한 후 약정환율 1,100원에 매도하는 것으로 본다. 계약을 이행하면서 통화선도 잔액도 제거한다.

(차) 현금   1,100,000   (대) 현금   1,130,000
(차) 통화선도거래손실   48,000   (대) 통화선도   18,000

(2) 통화선도평가손익의 계산

통화선도평가손익은 결산일에 인식한다. 계약시점과 결제일 사이에 결산일이 있는 경우에 인식한다.

> **사례**
>
> 20x1.11.1 환율은 $1당 1,100원, 3개월 후 $ 1를 약정된 가격에 매도하기로 약정 했다고 가정

20x1.11.1 5개월 후에 매도약정	20x1.12.31 3개월 후 통화선도환율	통화선도평가손익
1,100원/달러	1,200원/달러	100원 손실 (20x1.12.31에 거래했다면 1,200원을 받을 수 있는데, 20x1.11.1에 거래해서 1,100원만 받게 된다)
1,100원/달러	1,000원/달러	100원 이익 (20x1.12.31에 거래했다면 1,000원을 받을 수 있는데, 20x1.11.1에 거래해서 1,100원만 받게 된다)

(3) 통화선도거래손익

① 약정일과 결제일이 같은 연도인 경우

결제를 하지 않았을 때와 비교하여 통화선도거래손익을 계산한다.

사례

20x1.9.1 환율은 $1당 1,100원, 3개월 후 $ 1를 1,060원에 매도하는 약정 했다고 가정.

20x1.9.1 현물환율	20x1.9.1 3개월 통화선도환율	20x1.12.1 현물환율	통화선도거래손익
1,100원/달러	1,060원/달러	1,000원/달러	60원 이익 (통화선도 계약을 하지 않았으면 1,000원을 받을 수 있는데, 통화선도계약을 해서 1,060원을 받게 된다)
1,100원/달러	1,060원/달러	1,100원/달러	40원 손실 (화선도 계약을 하지 않았으면 1,100원을 받을 수 있는데, 통화선도계약을 해서 1,060원을 받게 된다)

② 결산일과 결제일이 다른 연도인 경우

중간 결산일에 통화선도평가손익을 인식하므로 다른 방식으로 계산하게 된다. 통화선도평가손익은 재무상태표 계정이 아니라 손익계산서 계정이므로 이월되지 않는다.

매도약정의 경우	(전기말 통화선도환율 - 결제일 현물환율) × 계약수량 = 통화선도거래손익
매입약정의 경우	(결제일 현물환율 - 전기말 통화선도환율) × 계약수량 = 통화선도거래손익

* 거래기간 총 통화선도 관련 손익 = 전기말 통화선도평가손익 + 당기 통화선도거래손익

사례

20x1.9.1일 환율 $ 1당 1,100원, 6개월 후 $ 1를 1,060원에 매도하는 약정을 했다고 가정한다.

20x1.9.1 현물환율	20x1.9.1 6개월 통화선도환율	20x1.12.31 2개월 통화선도환율	20x2.2.28 현물환율
1,100원/달러	1,060원/달러	1,080원/달러	1,070원/달러
	통화선도평가손실 20원	통화선도거래이익 10원	
1,100원/달러	1,060원/달러	1,080원/달러	1,090원/달러
	통화선도평가손실 20원	통화선도거래손실 10원	
1,100원/달러	1,060원/달러	1,040원/달러	1,050원/달러
	통화선도평가이익 20원	통화선도거래손실 10원	
1,100원/달러	1,060원/달러	1,040원/달러	1,030원/달러
	통화선도평가이익 20원	통화선도거래이익 10원	

* 만약에 매도계약이 아니라 매입계약이라면 손익이 반대로 된다.

[예제 32-3]

[1] ㈜삼일의 대표이사는 환율하락에 따른 수출대금의 가치감소를 우려하여 20X1 년 11 월 30 일에 결제일이 도래하는 통화선도계약 $1,000,000 을 이용하여 환위험을 회피하려고 한다. 다음 자료를 통해 통화선도의 거래형태와 통화선도 거래손익을 올바르게 설명한 것은?

구분	일자	환율
수출일	20x1년 9월 1일	1,200원/$
대금회수일	20x1년 11월 30일	1,100원/$
제품수출대금: $1,000,000, 통화선도 약정환율 : 1,150 원

	거래형태	통화선도거래손익
①	매도계약	이익 50,000,000원
②	매도계약	손실 50,000,000원
③	매입계약	손실 50,000,000원
④	매입계약	이익 50,000,000원

[2] ㈜삼일은 20X1 년 10 월 1 일 미국으로부터 원재료를 100 달러에 수입하고 대금은 5 개월 후에 지급하기로 하였다. 이와 함께 환율이 상승하고 있는 최근의 추세가 앞으로도 지속될 것으로 예상하고 5 개월 후에 100 달러를 1,200 원/달러에 매입하는 통화선도계약을 체결하였다. 환율정보는 다음과 같다. 회사의 결산일은 12 월 31 일 이며 이 계약은 20X2 년 2 월 28 일에 실행되었다. 주어진 계약과 관련되어 20X1 년과 20X2 년의 회계처리에 대한 설명으로 올바른 것은?

일자	현물환율	선도환율
20x1년 10월 1일	1,180원/달러	1,200원/달러(5개월)
20x1년 12월 31일	1,210원/달러	1,220원/달러(2개월)
20x2년 2월 28일	1,230원/달러	

① 20X1 년 12 월 31 일에는 통화선도평가이익 2,000 원이 인식된다.
② 20X1 년 12 월 31 일에는 통화선도평가손익을 인식하지 않는다.
③ 20X2 년 2 월 28 일에 인식할 통화선도거래이익은 2,000 원이다.
④ 20X2 년 2 월 28 일에 인식할 통화선도거래이익은 없다.

[3] ㈜삼일은 20X1 년 9 월 1 일에 미국에 제품을 $1,000,000 에 수출하고 수출대금은 3 개월 후인 20X1 년 11월 30 일에 받기로 하였다. ㈜삼일의 대표이사는 환율하락에 따른 수출대금의 가치감소를 우려하여 20X1 년 11 월 30 일에 결제일이 도래하는 통화선도계약 $1,000,000 을 이용하여 환위험을 회피(Hedging)하려고 한다. 통화선도의 약정환율이 1,150 원/$이고 일자별 환율이 다음과 같을 경우 환위험회피를 위한 통화선도의 거래형태(Position)와 매출채권 및 통화선도 관련손익을 바르게 설명한 것은?

일자	환율
20x1년 9월 1일	1,300원/달러
20x1년 11월 30일	1,100원/달러

	통화선도 포지션	외환차손익	통화선도거래손익
①	매도계약	손실 200,000,000원	이익 50,000,000원
②	매도계약	손실 100,000,000원	이익 50,000,000원
③	매도계약	이익 200,000,000원	손실 100,000,000원
④	매도계약	이익 100,000,000원	손실 50,000,000원

해답

[1] ① 9월 1일 수출시점에는 11월 30일에 외화가치가 하락할 것에 대비하여 약정된 가격에 외화를 매도하는 계약을 체결한다. 대금 회수일에는 통화선도계약을 하지 않았다면 500,000,000원($ 1,000,000 × 1,100원)을 받겠지만 1,150원 약정환율로 통화선도 계약을 했으므로 550,000,000원을 수령하게 되어 50,000,000원만큼 통화선도거래이익이 발생한다.

[2] ①
20x1년 12월 31일 통화선도평가이익은 2,000원이다. 20x1년 통화선도거래이익은 1,000원이다.

20x1.10.1 현물환율	20x1.9.1 6개월 통화선도환율	20x1.12.31 2개월 통화선도환율	20x2.2.28 현물환율
1,180원/달러	1,200원/달러	1,220원/달러	1,230원/달러
	통화선도평가이익 2,000원	통화선도거래이익 1,000원	

[3] ① 9월 1일 수출시점에는 11월 30일에 외화가치가 하락할 것에 대비하여 약정된 가격에 외화를 매도하는 계약을 체결한다. 9월 1일 1,300원이었던 환율이 11월 30일에는 1,100원이 되었다.

외환차손 = 1달러당 200원 손실 × $ 1,000,000 = 200,000,000원 손실

통화선도계약을 하지 않았으면 $ 1,000,000에 대하여 1,100,000,000원을 수령하지만 통화선도계약을 하여 1,150,000,000원을 수령하므로 통화선도거래이익 50,000,000원이 된다.

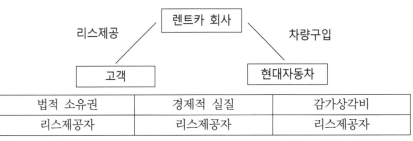

리스

33.1 운용리스와 금융리스의 구분

(1) 운용리스 : 자산의 임대차 성격이다. 금융리스의 경우 리스제공자가 감가상각을 한다.

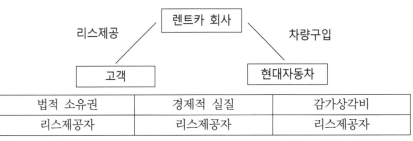

법적 소유권	경제적 실질	감가상각비
리스제공자	리스제공자	리스제공자

(2) 금융리스 : 장기할부구입(판매) 성격이다. 법적 소유권은 리스제공자에게 있지만 리스이용자가 감가상각을 한다.

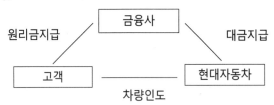

법적 소유권	경제적 실질	감가상각비
리스제공자	리스이용자	리스이용자

* 리스제공자 : (자산) 채권
* 리스이용자 : (자산) 차량운반구   (부채) 금융리스차입금

(3) 운용리스와 금융리스의 구분

리스이용자는 "단기리스", "소액 기초자산 리스"를 제외하고는 금융리스로 분류한다.

(4) 리스에서 사용되는 이자율

리스에서는 내재이자율이라는 개념이 사용된다. 내재이자율이란 리스제공자가 리스이용자로부터 얻고자 하는 수익률을 의미한다.

[예제 33-1]

[1] 다음 중 리스에 관한 설명으로 가장 옳은 것은?

① 리스이용자만이 중요한 변경 없이 사용할 수 있는 특수한 성격의 리스자산인 경우 운용리스로 분류한다.
② 운용리스의 경우 리스이용자가 운용리스자산과 관련된 감가상각비를 계상한다.
③ 금융리스의 경우 리스이용자가 금융리스자산과 관련된 감가상각비를 계상한다.
④ 리스약정일 현재 최소리스료의 현재가치가 리스자산 공정가치에 현저히 미달하는 경우에 반드시 금융리스로 분류한다

[2] 다음 중 괄호 안에 들어갈 단어로 가장 옳은 것은?

( )은 리스약정일 현재 리스제공자가 수령하는 최소리스료와 무보증잔존가치의 현재가치 합계액을 리스자산의 공정가치 및 리스제공자의 리스개설직접원가의 합계액과 일치시키는 할인율을 말한다.

① 내재이자율　　　　　　　　　② 증분차입이자율
③ 리스보증수익율　　　　　　　　④ 우량회사채이자율

해답
[1] ③ 금융리스는 리스이용자가 감각상각비를 계상한다.
[2] ① 리스에서 사용되는 이자율은 내재이자율이다.

33.2 운용리스

(1) 운용리스료의 회계처리

① 감가상각비 : 리스제공자 입장에서 인식한다.
② 지급하는 리스료가 일정하지 않은 경우 : 리스총액을 균등액으로 안분하여 인식한다.

> **예시**
>
> 20x1년 12월 31일에 리스료 3,000,000원, 20x2년 12월 31일에 리스료 2,000,000원, 20x3년 12월 31일에 리스료 1,000,000원을 지급하는 경우 → 리스료 합계가 6,000,000원이고, 기간이 3년이므로 매년 2,000,000원의 리스료를 3년간 인식한다.

[예제 33-2]

[1] ㈜서울은 20X1년 1월 1일에 ㈜부산과 리스기간 3년의 **차량운용리스계약**을 체결하였다. 리스계약서 상 리스료의 지급기일은 다음과 같다. 리스이용자인 ㈜부산이 20X1 년에 인식해야 할 리스료는 얼마 인가?

지급기일	리스료
20x1년 12월 31일	1,500,000원
20x2년 12월 31일	2,000,000원
20x3년 12월 31일	2,500,000원

① 1,500,000원   ② 2,000,000원
③ 2,500,000원   ④ 6,000,000원

[2] 일반적으로 금융리스로 분류되는 상황의 예가 아닌 것은?

① 단기리스 또는 소액 기초자산 리스
② 리스이용자가 선택권을 행사할 수 있는 날의 공정가치보다 충분히 낮을 것으로 예상되는 가격으로 기초자산을 매수할 수 있는 선택권을 가지고 있고, 그 선택권을 행사할 것이 리스약정일 현재 상당히 확실한 경우
③ 리스약정일 현재, 리스료의 현재가치가 적어도 기초자산 공정가치의 대부분에 해당하는 경우
④ 리스기간 종료시점 이전에 기초자산의 소유권이 리스이용자에게 이전되는 리스

해답
[1] ② 총 리스료 6,000,000원을 3년간 균등하게 인식한다.
[2] ① 운용리스로 분류한다.

33.3 금융리스

(1) 무보증 잔존가치

무보증잔존가치는 리스제공자 입장에선은 리스료에 포함되나 리스이용자 입장에서는 리스료에 포함되지 않는다.

(2) 사례를 통해 정리하는 리스 관련 용어 정리

① 리스이용자 A는 그랜져 차량을 임차하기 위해 리스제공자인 B회사에 문의를 하였다. 리스이용자는 리스제공자의 회사에 방문하여 계약서를 쓰게 되었다.

→ 계약서 쓴 날 : 리스약정일 (금융리스로 할 것인지, 운용리스로 할 것인지 결정)

② 리스이용자는 계약서를 작성하면서 수수료 등으로 200,000원을 지출하였다.
   → 리스이용자 입장에서 리스개설직접원가

리스이용자	리스제공자
(차) 리스개설직접원가 200,000 (대) 현금 200,000	

③ 리스제공자 회사에서는 고객모집을 한 직원에게 수당 300,000원을 지급한다.
   → 리스제공자 입장에서 리스개설직접원가

리스이용자	리스제공자
	(차) 리스개설직접원가 300,000 (대) 현금 300,000

④ B회사는 자동차회사에 차량대금 80,000,000원을 지급하였고, 차량을 인수하였다.
   → B기업 입장에서 인수한 차량 : 선급리스자산

리스이용자	리스제공자
	(차) 선급리스자산 80,0000,000 (대) 현금 80,000,000

⑤ 차량은 A에게 인도되어 사용가능하게 되었다.
   → 리스이용자 A가 사용할 수 있게 된 날 : 리스개시일, A 입장에서 인도된 차량 : 사용권자산

⑥ B회사에서는 A에게 차량을 리스하면서 몇 %의 수익을 낼 것인지 정하게 된다.
   → 여기에서 사용되는 수익률 : 내재이자율

⑦ 리스기간이 종료했을 때, 리스회사 입장에서는 리스한 차량을 어떻게 할 것인지 정하여야 한다.
   → 리스차량을 리스이용자에게 현금을 받고 처분 : 현금청산
     리스차량을 반환 받는 것 : 현물청산

⑧ 현물청산을 하는 경우 리스제공자가 리스이용자에게 요구하는 차량의 공정가치
   → 보증잔존가치

⑨ 리스이용자 입장에서 리스기간 종료시 보증잔존가치보다 더 기대하는 가치
   → 무보증잔존가치 (무보증잔존가치는 리스제공자 입장에선은 리스료에 포함되나 리스이용자 입장에서는 리스료에 포함되지 않는다)

(3) 금융리스 관련 계산문제

① 리스이용자 입장에서 감가상각비 : 시험에서는 주로 정액법으로 출제된다.

소유권 이전 조건 리스자산 감가상각비	(취득원가 - 잔존가치) ÷ 내용연수
반환조건 리스자산 감가상각비	취득원가 ÷ (내용연수와 리스기간 중 짧은기간)

> **예시**
>
> 리스료 현가 100,000원, 리스기간 4년, 리스자산 내용연수 5년, 잔존가치 0, 정액법 상각, 소유권 이전 조건인 경우에 매년 인식할 감가상각비 → (100,000 - 0) ÷ 5년 = 20,000원

② 리스이용자 입장에서 이자비용과 리스부채

이자비용 = 리스부채 장부금액 × 내재이자율, 현금 지급액과 이자비용 차이만큼 리스부채 감소

> **예시**
>
> 다음 조건에서 1년차 이자비용과 리스부채 계산
>
> ㄱ. 리스기간 : 3년
> ㄴ. 리스료 총액 : 150,000원 (매 50,000원씩 매년 말 3회 후불)
> ㄷ. 리스자산의 취득원가 : 120,092원 (리스약정일의 공정가치와 동일)
> ㄹ. 리스의 내재이자율 : 연 12 %
>
> → 이자비용 : 120,092 × 12% = 14,411원, 리스료 지급 후 리스부채 : 84,503원
>
> (차) 이자비용 14,411   (대) 현금   50,000
> (차) 리스부채 35,589

③ 리스제공자 입장에서 이자수익과 리스채권 계산

이자수익 = 리스채권 장부금액 × 내재이자율, 현금 수령액과 이자수익 차이만큼 리스채권 감소

> **예시**
>
> ㄱ. 리스기간 : 3년
> ㄴ. 리스료 총액 : 150,000원 (매 50,000원씩 매년 말 3회 후불)
> ㄷ. 리스자산의 취득원가 : 120,092원 (리스약정일의 공정가치와 동일)
> ㄹ. 리스의 내재이자율 : 연 12 %
>
> → 이자수익 : 120,092 × 12% = 14,411원, 리스료 수령 후 리스채권 : 84,503원

(차) 현금	50,000	(대) 이자수익	14,411
		(대) 리스채권	35,589

[예제 33-3]

[1] 다음 중 리스에 관한 설명으로 가장 올바르지 않은 것은?

① 리스기간 종료시점까지 리스자산의 소유권이 리스이용자에게 이전되는 경우 금융리스로 분류한다.

② 금융리스이용자는 리스약정일에 측정된 최소리스료의 현재가치와 리스자산의 공정가치 중 작은 금액을 리스기간개시일에 금융리스부채로 인식한다.

③ 리스약정일 현재 최소리스료의 현재가치가 적어도 리스자산 공정가치의 대부분에 상당하는 경우 금융리스로 분류한다.

④ 리스이용자의 입장에서 무보증잔존가치는 지급의무가 없으나 최소리스료에는 포함한다.

[2] 삼일리스는 20X1년 1월 1일에 매기말 12,000원 지급조건의 금융리스계약을 체결하고 4년간의 리스기간종료후 소유권을 ㈜용산에 이전하기로 하였다. 리스약정일 현재의 리스료의 현가는 40,000원이고, 리스자산의 내용연수 5년, 잔존가치 0원, 감가상각방법이 정액법인 경우 20X1년의 ㈜용산의 감가상각비는 얼마인가?

① 0원

② 10,000원

③ 8,000원

④ 12,000원

[3] 다음 중 리스에 관한 설명으로 가장 올바르지 않은 것은?

① 금융리스에서 리스제공자가 리스채권으로 인식할 금액은 리스료의 현재가치와 무보증잔존가치의 현재가치를 합한 금액이다.

② 리스이용자는 리스개시일에 리스기간 동안에 지급할 리스료의 현재가치에 해당하는 금액을 리스부채로 인식한다.

③ 리스이용자의 입장에서 보증잔존가치와 무보증잔존가치는 모두 리스료에 포함한다.

④ 리스제공자는 리스약정일을 기준으로 운용리스나 금융리스로 분류한다.

[4] ㈜삼일리스는 20X1 년 1 월 1 일 ㈜용산과 금융리스계약을 체결하였다. 20X1 년 ㈜용산의 감가상각비(정액법 적용)는 얼마인가?

> ㄱ. 리스기간 : 20X1 년 1 월 1 일 ~ 20X4 년 12 월 31 일
> ㄴ. 리스자산 내용연수 : 5 년
> ㄷ. 리스자산 잔존가치 : 0(영)
> ㄹ. 리스실행일 현재 리스료의 현재가치 : 400,000 원
> ㅁ. 리스실행일 현재 공정가치 : 400,000 원
> ㅂ. 리스기간 종료 후 소유권을 ㈜용산에 이전하기로 하였다.

① 80,000원   ② 100,000원
③ 130,000원   ④ 140,000원

[5] ㈜삼일리스는 20X1 년 1 월 1 일(리스약정일)에 ㈜대구(리스이용자)와 기계장치에 대한 금융리스계약을 체결하였으며, 관련자료는 다음과 같다. 이러한 리스거래로 인하여 리스이용자인 ㈜대구가 20X1 년에 인식할 이자비용과 감가상각비의 합계액은 얼마인가(단, 계산금액은 소수점 첫째자리에서 반올림함을 원칙으로 하고, 가장 근사치를 답으로 선택한다)?

> ㄱ. 리스기간 : 3 년(리스기간 종료시 ㈜대구는 소유권을 이전 받음)
> ㄴ. 리스료 총액 : 300,000 원 (매 100,000 원씩 매년 말 3 회 후불)
> ㄷ. 리스자산의 취득원가 : 240,183 원 (리스약정일의 공정가치와 동일)
> ㄹ. 리스자산의 내용연수와 잔존가치 : 내용연수 5 년, 잔존가치 40,183 원
> ㅁ. 리스의 내재이자율 : 연 12 %
> ㅂ. 이자율 12 %, 3 년 연금현가계수 : 2.40183
>   이자율 12 %, 3 년 현가계수 : 0.71178

① 24,018원   ② 28,822원
③ 40,000원   ④ 68,822원

[6] ㈜삼일리스는 20X2 년 1 월 1 일 ㈜용산과 기계장치에 대한 금융리스계약을 다음과 같이 체결하였다. 20X2 년 말 ㈜삼일리스가 인식해야 할 리스채권을 계산한 것으로 가장 옳은 것은(단, 소수점은 반올림한다)?

> ㄱ. 리스료 : 매년 말 200,000 원씩 지급
> ㄴ. 20X2 년 1 월 1 일 현재 리스채권의 현가 : 758,158 원
> ㄷ. 내재이자율 : 10 %
> ㄹ. 리스기간 : 5 년

① 124,184원   ② 633,974원
③ 758,158원   ④ 800,000원

해답

[1] ④ 리스이용자 입장에서 무보증잔존가치는 리스료에 포함되지 않는다.

[2] ③ 리스자산 취득원가 40,000 ÷ 5년(소유권 이전의 경우 내용연수 적용) = 8,000원

[3] ③ 리스이용자 입장에서 무보증 잔존가치는 리스료에 포함되지 않는다.

[4] ① 400,000 ÷ 5년 = 80,000원

[5] ④ 이자비용 28,822 + 감가상각비 40,000 = 합계 68,822원

 이자비용 = 240,183 × 12% = 28,822원

 감가상각비 = (240,183 – 40,183) ÷ 5년 = 40,000원

[6] ② 리스료 수령전 758,158 – 차감액 124,184 = 633,974원

 → 이자수익 : 758,158 × 10% = 75,816원, 리스료 수령 후 리스채권 : 84,503원

　　(차) 현금　　　　200,000　　　　　　(대) 이자수익　　75,816
　　　　　　　　　　　　　　　　　　　　(대) 리스채권　　124,184

제34장

현금흐름표 Ⅰ

34.1 현금흐름표의 의의

(1) 현금흐름표의 의의

① 일정기간 현금의 변동내역을 표시하는 재무제표이다.

② 현금흐름표는 흑자도산(당기순이익이 발생하였으나 현금의 유입이 되지 않아서 기업이 도산하는 현상)을 조기에 파악하는데 적합한 재무제표이다.

③ 당기순이익이 발생했지만 외상매출이 많거나 재고자산 매입이 많은 경우에는 현금유출이 발생할 수도 있고, 당기순손실이 발생했지만 외상매입이 많거나, 매출채권 회수를 많이 하였다면 현금유입액이 발생할 수도 있다.

(2) 현금흐름표의 특징

① 기업의 현금흐름을 영업활동, 투자활동, 재무활동으로 구분한다.

> **사례**
>
> **어느 기업의 현금흐름이 더 좋다고 할 수 있는가?**
>
> | | A기업 | B기업 |
> |---|---|---|
> | 영업활동으로 인한 현금흐름 | 200 | -100 |
> | 투자활동으로 인한 현금흐름 | -50 | 100 |
> | 재무활동으로 인한 현금흐름 | -50 | 100 |
> | 현금흐름 합계 | 100 | 100 |
>
> → 현금흐름의 합계는 서로 같지만, A기업은 영업활동에서 성과를 내어, 투자도 늘리고, 채무도 갚은 상황이다. 반면 B기업은 영업활동이 부진하여, 사업에 사용하던 설비를 처분하고, 그것도 모자라 자금까지 추가로 차입한 상황이다. 다시말해 현금흐름 합계가 같더라도 기업의 안정성은 다르게 평가될 수 있다.

② 다른 재무제표는 발생주의에 근거하여 작성하지만, 현금흐름표는 현금주의에 따라 작성된다.

(3) 현금흐름표의 형식
① 영업활동 현금흐름에서만 직접법과 간접법으로 구분한다.
② 투자활동과 재무활동은 직접법과 간접법을 구분하지 않는다.

[예제 34-1]

[1] 다음 중 현금흐름표 작성과 관련하여 직접법과 간접법 중 선택해서 작성할 수 있는 부분으로 가장 옳은 것은?

① 영업활동 현금흐름   ② 투자활동 현금흐름
③ 재무활동 현금흐름   ④ 현금및현금성자산의 환율변동효과

[2] 다음은 ㈜삼일의 현금흐름표상 활동별 현금유출·입을 표시한 것이다. 다음 중 ㈜삼일의 현금흐름표에 대한 분석으로 가장 올바르지 않은 것은?

영업활동 현금흐름	투자활동 현금흐름	재무활동 현금흐름
현금유입(+)	현금유출(-)	현금유출(-)

① 영업활동 현금흐름이 (+)이므로, 분명 당기순이익이 발생했을 것이다.
② 유형자산의 처분으로 투자활동 현금흐름을 (+)로 만들 수 있다.
③ 영업활동 현금흐름을 증가시키기 위해 배당금의 지급은 재무활동 현금흐름으로 분류할 수 있다.
④ 재무활동 현금흐름이 (-)이니 차입금상환, 배당금지급 등이 있었을 것이다.

[3] 현금의 유입과 유출이 없는 중요한 거래는 현금흐름표에는 표시되지 않지만 재무제표를 이해하는데 목적적합한 정보인 경우 주석으로 표시한다. 다음 중 현금의 유입과 유출이 없는 거래가 아닌 것은?

① 현물출자로 인한 유형자산의 취득   ② 주식배당
③ 전환사채의 전환   ④ 유상증자

해답

[1] ① 영업활동에서만 직접법과 간접법으로 구분한다.
[2] ① 당기순손실이 발생해도 영업활동 현금흐름이 증가할 수도 있다.
[3] ④ 유상증자 회계처리
    (차) 현금   (대) 자본금 등

34.2 영업활동, 투자활동, 재무활동의 구분

(1) 각 활동의 구분

① 영업활동 : 기업의 주된 영업에서 발생하는 현금흐름 + 현금유출입 없는 수익, 비용

(예시) 재고자산의 매출과 매입, 매출채권의 회수, 매입채무 상환, 단기매매목적의 금융자산, 선급비용 등의 당좌자산, 선수수익 등의 유동부채 거래, 각종 수익과 비용거래 등

② 투자활동 : 유형자산, 무형자산, 투자자산 등의 취득과 처분

(예시) 토지, 건물, 기계장치, 무형자산, 투자부동산 등의 취득과 처분 등

③ 재무활동 : 차입금, 자본의 변동으로 인한 현금흐름

(예시) 자금의 차입과 상환, 주식의 발생, 배당금의 지급 등

재무상태표

현금		
유동자산	유동부채	**영업활동**
비유동자산	유동부채 자본	
투자활동		**재무활동**

(2) 두 가지 이상으로 분류가 가능한 항목

구분	분류이유	활동구분(원칙)	다른활동
이자수익	수익과 비용은 일반적으로 영업활동	영업활동	투자활동 분류가능
이자비용		영업활동	재무활동 분류가능
배당금수익		영업활동	투자활동 분류가능
배당금 지급	비용은 아님	재무활동	영업활동 분류가능

[예제 34-2]

[1] 제조업을 영위하는 ㈜삼일의 다음 거래에 따른 결과를 현금흐름표상 영업활동, 투자활동 및 재무활동 현금흐름으로 나타낸 것이다. 가장 올바르지 않은 것은?

① 유형자산의 취득에 따른 현금유출 – 투자활동 현금흐름

② 원재료 구입에 따른 현금유출 – 영업활동 현금흐름

③ 매출채권 매각에서 발생하는 현금유입 – 투자활동 현금흐름

④ 주식의 발행에 따른 현금유입 – 재무활동 현금흐름

---

[2] 다음 중 현금흐름표상 활동의 구분이 다른 하나를 고르면?

① 원재료 매입대금 지급에 따른 현금유출

② 재화의 판매와 용역의 제공에 따른 현금유입

③ 종업원과 관련하여 직·간접적으로 발생하는 현금유출

④ 유형자산의 취득에 따른 현금유출

[3] 다음 중 영업활동으로 인한 현금흐름으로 분류되지 않는 것은?

① 재화와 용역의 구입에 따른 현금유출

② 종업원급여와 관련하여 발생하는 현금유출

③ 단기매매목적으로 보유하는 자산에서 발생하는 현금흐름

④ 장기차입금에 따른 현금유입

[4] 다음 중 이자와 배당금의 수취 및 지급에 따른 현금흐름에 관한 설명으로 가장 올바르지 않은 것은?

① 이자수입은 손익의 결정에 영향을 미치므로 영업활동 현금흐름으로만 분류해야 한다.

② 유형자산 처분에 따른 현금유입은 투자활동으로 분류한다.

③ 이자지급은 재무자원을 획득하는 원가로 보아 재무활동 현금흐름으로 분류할 수 있다.

④ 배당금수입은 투자자산에 대한 수익으로 보아 투자활동 현금흐름으로 분류할 수 있다.

[5] ㈜삼일은 기중에 다음과 같은 자금의사결정을 하였다. 아래의 의사결정으로 인한 현금흐름 중 투자활동 관련 순현금흐름은 얼마인가?

매출채권의 회수 : 950,000 원	유상증자 : 2,000,000 원
차입금의 상환 : 1,000,000 원	급여의 지급 : 500,000 원
유형자산의 처분 : 800,000 원	배당금의 지급 : 800,000 원
관계기업투자주식의 취득 : 1,000,000 원	무형자산의 취득 : 500,000 원

① 500,000 원 현금유입   ② 500,000 원 현금유출

③ 700,000 원 현금유입   ④ 700,000 원 현금유출

해답

[1] ③ 매출채권은 영업활동과 관련된 현금흐름이다.

[2] ④ 유형자산 취득은 투자활동이며 나머지는 영업활동이다.

[3] ④ 장기차입금에 따른 현금유입은 재무활동이다.

[4] ① 이자수입은 일반적으로 영업활동으로 분류하나, 상황에 따라 재무활동으로 분류할 수도 있다.

[5] ④ 유형자산처분 800,000원 – 관계기업투자주식취득 1,000,000 – 무형자산 취득 500,000원 = 현금유출 700,000원

　　매출채권은 영업활동, 유상증자는 재무활동, 차입금 상환은 재무활동, 급여의 지급은 영업활동, 배당금의 지급은 재무활동이다.

34.3 직접법과 간접법의 차이

이번 절에서는 간접법 위주로 학습한다.

(1) 직접법과 간접법의 비교

직접법에 의한 현금흐름표	간접법에 의한 현금흐름표
영업활동현금흐름	**영업활동현금흐름**
	법인세비용차감전순이익
+ 고객으로부터 유입된 현금	- 현금유입 없는 수익의 차감
- 공급자와 종업원에 대한 현금유출	+ 현금유출 없는 비용의 가산
	+ 영업활동과 관련된 자산의 감소, 부채의 증가
	- 영업활동과 관련된 자산의 증가, 부채의 감소
	+ 투자활동, 재무활동과 관련된 손실
	- 투자활동, 재무활동과 관련된 이익
영업에서 창출된 현금	**영업에서 창출된 현금**
- 이자지급	- 이자지급
- 법인세의 납부	- 법인세의 납부
영업활동순현금흐름	**영업활동순현금흐름**

[참고] 손익계산서 양식

```
        매      출      액
   -    매      출  원   가
        매  출  총   이   익
   -    판 매 비 와 관 리 비
        영      업      이   익
   +    영   업  외  수   익
   -    영   업  외  비   용
        법 인 세 차 감 전 순 이 익
   -    법           인           세
        당   기   순   이   익
```

(2) 직접법의 유용성

직접법은 거래의 원천별 현금의 흐름내역을 자세하게 제시하여 미래현금흐름을 추정하는 데 간접법보다 유용한 정보를 제공한다.

(3) 간접법에 의한 영업활동 현금흐름 계산

발생주의(손익계산서)	현금흐름표 작성은 발생주의에	현금주의(현금흐름표)
수익	근거하여 작성한 손익계산서를	현금 유입액
- 비용	현금흐름표로 전환하는 과정이다.	- 현금유출액
당기순이익		현금증감액

	구분	의미
	법인세비용차감전 순이익	발생주의에 근거한 법인세비용차감전 순이익에서 시작. 당기순이익에서 미지급법인세 증가분을 더한 값이다.
-	현금유입 없는 수익의 차감	용역을 제공하고, 미수수익을 인식한 경우에는 손익계산서상 수익이지만 현금유입이 발생하지 않음
+	현금유출 없는 비용의 가산	감가상각비, 종업원에 대한 급여 미지급분은 손익계산서상 비용이지만 현금유출이 발생하지 않음
+	영업활동 관련 자산의 감소 영업활동 관련 부채의 증가	매출채권 감소 : 매출채권을 현금회수 했다는 의미 재고자산 감소 : 재고자산 판매로 현금 증가 매입채무 증가 : 현금지출을 하지 않고 외상매입
-	영업활동 관련 자산의 증가 영업활동 관련 부채의 감소	매출채권 증가 : 현금으로 수령을 못했다는 의미 재고자산 증가 : 재고자산 매입으로 인해 현금지출 매입채무 감소 : 매입채무를 현금으로 상환했다는 의미
+	투자, 재무활동 관련 손실	영업활동으로 인한 현금흐름은 손익계산서상 영업이익에서 현금유출입액을 계산하는 것으로 이해하면 된다. 따라서 영업외손익 계정을 제거하는 것이다.
-	투자, 재무활동 관련 이익	
=	영업활동에 의한 현금흐름	

[예제 34-3]

[1] 현금흐름표의 작성방법에는 직접법과 간접법이 있다. 다음 중 현금흐름표의 작성방법에 관한 설명으로 가장 올바르지 않은 것은?

① 직접법은 현금흐름을 개별 항목별로 파악할 수 있기 때문에 거래유형별 현금흐름의 내용을 쉽게 파악할 수 있다.

② 간접법은 당기순이익과 영업활동으로 인한 현금흐름과의 차이를 명확하게 보여준다.

③ 간접법으로 영업활동현금흐름을 작성하더라도 이자 및 배당금수취, 이자지급 및 법인세 납부는 직접법을 적용한 것처럼 별도로 표시해야 한다.

④ 직접법과 간접법은 영업활동뿐만 아니라 투자활동 및 재무활동도 현금흐름표상의 표시방법이 다르다.

[2] 다음 중 현금흐름표의 작성에 관한 설명으로 가장 올바르지 않은 것은?

① 자산 취득시 직접 관련된 부채를 인수하는 경우는 비현금거래로 현금흐름표에서 제외한다.

② 영업활동 현금흐름을 직접법으로 보고하면 간접법에 비해 미래현금흐름을 추정하는데 보다 유용한 정보를 제공한다.

③ 단기매매목적으로 보유하는 계약에서 발생하는 현금유출입은 투자활동 현금흐름이다.

④ 주식의 취득이나 상환에 따른 소유주에 대한 현금유출은 재무활동 현금흐름이다.

[3] 다음 자료를 이용하여 영업활동으로 인한 현금흐름을 계산하시오.

당기순이익	2,500,000원	선급비용의 증가	200,000원
감가상각비	300,000원	재고자산의 감소	100,000원
유형자산처분손실	450,000원	매입채무의 증가	350,000원

① 2,000,000원   ② 2,500,000원

③ 3,000,000원   ④ 3,500,000원

[4] 다음은 ㈜삼일의 영업활동으로 인한 현금흐름을 계산하기 위한 자료이다. ㈜삼일의 영업활동으로 인한 현금흐름이 (+)5,000,000 원이라고 할 때 당기순이익은 얼마인가?

유형자산처분손실	200,000원	매출채권의 증가	900,000원
감가상각비	300,000원	재고자산의 감소	1,000,000원
매입채무의 감소	500,000원		

① 3,300,000원   ② 4,300,000원

③ 4,500,000원   ④ 4,900,000원

해설

[1] ④ 영업활동만 직접법, 간접법으로 구분한다.

[2] ③ 영업활동 현금흐름이다.

[3] ④ 2,500,000 - 200,000 + 300,000 + 100,000 + 450,000 + 350,000 = 3,500,000원

[4] ④ 당기순이익 + 유형자산처분손실 200,000 - 매출채권의 증가 900,000 + 감가상각비 300,000 + 재고자산 감소 1,000,000 - 매입채무의 감소 500,000 = 영업활동 현금흐름 5,000,000원에서 당기순이익은 4,900,000원이 된다.

제35장

현금흐름표 II

35.1 다른 활동을 참고한 영업활동 현금흐름의 파악

(1) 현금흐름표의 원리

기업의 현금증감액은 영업활동, 투자활동, 재무활동 현금흐름의 합계가 된다.

기말현금 - 기초현금 = 영업활동 현금흐름 + 투자활동 현금흐름 + 재무활동 현금흐름

(2) 당기순이익 등의 자료가 없는 상태에서 다른 활동을 참고하여 영업활동 현금흐름을 계산할 수 있다.

> **예시**
>
> **각 상황별 영업활동 현금흐름을 계산하면?**
>
> | 상황 | 기초현금 | 기말현금 | 영업활동 | 투자활동 | 재무활동 |
> |------|----------|----------|----------|----------|----------|
> | (1) | 3,000,000 | 2,000,000 | ??? | + 1,000,000 | + 500,000 |
> | (2) | 3,000,000 | 3,000,000 | ??? | + 2,000,000 | -2,500,000 |
> | (3) | 3,000,000 | 4,000,000 | ??? | 1,000,000 | -1,000,000 |
>
> (상황 1) 현금감소액 1,000,000원 : 투자와 재무에서 1,500,000원 증가이므로 영업활동은 2,500,000원 감소가 된다.
>
> (상황 2) 현금증가액 0 : 투자와 재무에서 500,000원 감소이므로 영업활동은 500,000원 증가가 된다.
>
> (상황 3) 현금증가액 1,000,000원 : 투자와 재무에서 2,000,000원 감소이므로 영업활동은 3,000,000원 증가가 된다.

[예제 35-1]

[1] 기초 현금및현금성자산은 60,000,000원, 기말 현금및현금성자산은 100,000,000원이다. 당기 중 투자활동에 의한 현금 유출액은 10,000,000원, 재무활동에 의한 현금 유입액은 20,000,000원이다. 영업활동에 의한 현금유입(유출)액은 얼마인가?

① 현금유입 10,000,000원　　　　　　② 현금유입 30,000,000원
③ 현금유출 10,000,000원　　　　　　④ 현금유출 30,000,000원

[2] 다음은 ㈜삼일의 20x2년과 20x1년 기말의 재무상태표이다. 이 자료를 이용하여 ㈜삼일의 20x2년 중 영업활동 현금흐름을 구하면 얼마인가?

(1) 재무상태표

	20x2년 기말	20x1년 기말
자산		
현금및현금성자산	55,000	50,000
매출채권	30,000	20,000
기계장치	150,000	100,000
감가상각누계액	(35,000)	(20,000)
자산총계	200,000	150,000
부채		
매입채무	50,000	20,000
단기차입금	-	30,000
부채총계	50,000	50,000
자본		
자본금	20,000	20,000
이익잉여금	130,000	80,000
자본총계	150,000	100,000
부채와 자본총계	200,000	150,000

(2) 추가정보
- 당기 중 기계장치의 처분은 없었다.
- 전기 말 단기차입금은 당기 중 전액 현금상환하였다.
- 이익잉여금은 전액 당기순이익으로 인해 증가하였다.
- 20X2년의 법인세비용차감전순이익은 50,000원이다.
- 20X2년의 법인세비용은 없다.

① 5,000원　　　　　　② 50,000원
③ 85,000원　　　　　　④ 100,000원

[1] ② 현금증가액 40,000,000 = 영업활동 – 투자활동 10,000,000원 + 재무활동 20,000,000원에서 영업활동 현금
유입액 30,000,000원인 것을 계산할 수 있다.

[2] ③
현금증가액 55,000 – 50,000 = 5,000원 증가
투자활동 : 기계장치 취득으로 인해 50,000원 감소
재무활동 : 단기차입금 상환으로 인해 30,000원 감소
현금은 5,000원 증가했는데, 투자와 재무에서 80,000원 감소했으므로 영업활동은 85,000원 증가가 된다.

35.2 이자와 관련한 현금흐름 파악

이자수익은 미수수익 계정과 관련이 있고, 이자비용은 미지급비용과 관련이 있다. T계정을 이용
하면 다음과 같이 추정할 수 있다.

(1) 이자수익 관련 현금유입액

미수수익

기초	현금 유입액
이자수익 발생	기말

(2) 이자비용 관련 현금유출액

미지급비용

현금 유출액	기초
기말	이자비용 발생

[예제 35-2]

[1] ㈜삼일은 20X1 년에 설립되었으며, 20X1 년에 아래와 같은 이자비용 회계처리를 수행하였다. ㈜삼
일이 20X1 년 현금흐름표에 인식할 이자지급액으로 가장 옳은 것은?

(차) 이자비용	1,100,000원	(대) 미지급비용	800,000원
		(대) 현금	300,000원

① 300,000원   ② 500,000원

③ 600,000원   ④ 1,000,000 원

[2] 다음은 ㈜삼일의 이자수익과 관련된 재무제표 자료이다.

ㄱ. 재무상태표 관련자료

구분	20x2년 12월 31일	20x1년 12월 31일
미수이자	20,000원	30,000원

ㄴ. 포괄손익계산서 관련자료

구분	20x2년 12월 31일	20x1년 12월 31일
이자수익	190,000원	150,000원

㈜삼일의 20X2 년 현금흐름표에 표시될 이자수취액은 얼마인가?

① 180,000원　　　　　　　　　② 190,000원
③ 200,000원　　　　　　　　　④ 210,000원

[3] 다음은 ㈜삼일의 이자수익과 관련된 재무제표 자료이다.

ㄱ. 재무상태표 관련자료

구분	20x2년 12월 31일	20x1년 12월 31일
미지급이자	20,000원	30,000원
미수이자	40,000원	20,000원

ㄴ. 포괄손익계산서 관련자료

구분	20x2년 12월 31일	20x1년 12월 31일
이자수익	200,000원	150,000원

㈜삼일의 20X2 년 현금흐름표에 표시될 이자수취액은 얼마인가?

① 180,000원　　　　　　　　　② 190,000원
③ 200,000원　　　　　　　　　④ 210,000원

[4] 다음은 ㈜삼일의 이자비용과 관련된 재무제표 자료이다.

ㄱ. 재무상태표 관련자료

구분	20x2년 12월 31일	20x1년 12월 31일
미지급이자	20,000원	30,000원

ㄴ. 포괄손익계산서 관련자료

구분	20x2년 12월 31일	20x1년 12월 31일
이자비용	200,000원	190,000원

㈜삼일의 20X2 년 현금흐름표에 표시될 이자지급액은 얼마인가?

① 180,000원   ② 190,000원

③ 200,000원   ④ 210,000원

해답

[1] ① 현금 300,000원을 지출하였다.

[2] ③

미수이자

기초 30,000원	현금회수 200,000원
이자수익 발생 190,000원	기말 20,000원

[3] ①

미수이자

기초 20,000원	현금회수 180,000원
이자수익 발생 200,000원	기말 40,000원

[4] ④

미지급비용

현금 유출액 210,000	기초 30,000
기말 20,000	이자비용 발생 200,000

35.3 매출과 매입으로 인한 현금흐름 파악

현금흐름표에서 매출은 매출채권, 매입은 재고자산과 매입채무와 연관지어 현금유출입액을 물어볼 수 있다.

(1) 재고자산과 매출채권을 이용한 현금유입액 계산

시험에서는 모든 거래는 외상으로 이루어진다고 가정했을 때 재고자산과 매출채권은 다음의 관계를 가진다. 매출원가에서 매출총이익을 가산한 만큼 매출채권이 증가하게 된다.

재고자산		매출채권	
기초	매출원가	기초	현금유입
매입액	기말	외상매출 (매출원가+매출총이익)	기말

(2) 매출채권과 대손충당금을 이용한 현금유입액 계산

대손발생시 매출채권과 대손충당금이 동시에 감소하는 것을 이용하면 된다. 참고로 기말 결산시 대손충당금 증가분(대변금액)은 손익계산서상 대손상각비가 된다.

매출채권				대손충당금	
기초	**현금유입**		대손발생	기초	
외상매출	대손발생			기말설정	
	기말		기말	(손익계산서 대손상각비)	

(3) 재고자산과 매입채무를 이용한 현금유출액 계산

재고자산과 매입채무는 다음의 관계를 가진다. 마찬가지로 모든 거래는 외상으로 거래된다는 가정이 주어지는 경우가 많다.

매입채무				재고자산	
현금유출	기초		기초	매출원가	
기말	외상매입		외상매입	기말	

[예제 35-3]

[1] ㈜삼일은 제조업을 영위하고 있으며 모든 매출은 외상으로 이루어진다. 다음 자료를 이용하여 20X1 년 매출로부터의 현금유입액을 계산하면 얼마인가(선수금에 의한 매출, 매출에누리와 환입, 매출할인 등은 없다고 가정함)?

ㄱ. 재무상태표

구분	20x1년 초	20x1년 말
매출채권	20,000원	10,000원
대손충당금	470원	300원

ㄴ. 포괄손익계산서 (20X1.1.1 - 20X1.12.31)
매출액 560,000 원 대손상각비(매출채권) 550 원

① 524,470원   ② 532,170원
③ 549,620원   ④ 569,280원

[2] 다음은 ㈜삼일의 감사보고서에 나타난 재무상태표 중 매출채권과 대손충당금에 관한 부분이다. 20X2년 포괄손익계산서상의 매출액은 560,000 원, 대손상각비가 30,000 원이다. 매출활동으로 인한 현금유입액은 얼마인가?

구분	20x2년 12월 31일	20x1년 12월 31일
매출채권	500,000원	400,000원
대손충당금	(70,000원)	(50,000원)

① 450,000원
② 480,000원
③ 510,000원
④ 600,000원

[3] ㈜삼일은 제조업을 영위하고 있으며 모든 매출은 외상으로 이루어진다. 다음 자료를 이용하여 20X1년 매출로부터의 현금유입액을 계산하면 얼마인가(선수금에 의한 매출, 매출에누리와 환입, 매출할인 등은 없다고 가정함)?

ㄱ. 재무상태표

구분	20x1년 초	20x1년 말
매출채권	10,000원	20,000원
대손충당금	300원	470원

ㄴ. 포괄손익계산서 (20X1.1.1 – 20X1.12.31)
  매출액 560,000 원 대손상각비(매출채권) 550 원

① 524,470원
② 532,170원
③ 549,620원
④ 569,010원

[4] 다음은 ㈜삼일의 매입활동과 관련된 재무상태표와 포괄손익계산서의 일부이다.

(1) 재무상태표 일부

	20x0년 12월 31일	20x1년 12월 31일
매입채무	5,000,000원	25,000,000원

(2) 당기 재고자산 매입액은 160,000,000원이다.

㈜삼일의 모든 매입은 외상으로 이루어진다고 할 때, 20X1 년 중 ㈜삼일이 매입처에 지급한 현금은 얼마인가?

① 100,000,000원
② 120,000,000원
③ 140,000,000원
④ 180,000,000원

[5] 다음은 유통업을 영위하는 ㈜삼일의 매입활동 관련자료이다.

ㄱ. 재무상태표 관련자료

구분	20x2년 12월 31일	20x1년 12월 31일
재고자산	67,000원	92,000원
매입채무	55,000원	70,000원

ㄴ. 포괄손익계산서 관련자료

구분	20x2년 12월 31일	20x1년 12월 31일
매출원가	210,000원	165,000원

㈜삼일의 모든 매입은 외상으로 이루어진다고 할 때, 20X2년 중 ㈜삼일이 매입처에 지급한 현금은 얼마인가?

① 200,000원
② 210,000원
③ 225,000원
④ 250,000원

해답

[1] ④

매출채권	
기초 20,000	**현금유입**
	대손발생 720
외상매출 560,000	기말 10,000

대손충당금	
대손발생 720	기초 470
	대손상각비
기말 300	550

[2] ①

매출채권	
기초 400,000	**현금유입 450,000**
	대손발생 10,000
외상매출 560,000	기말 500,000

대손충당금	
대손발생 10,000	기초 50,000
	대손상각비
기말 70,000	30,000

[3] ③

매출채권	
기초 10,000	**현금유입 549,620**
	대손발생 380
외상매출 560,000	기말 20,000

대손충당금	
대손발생 380	기초 300
	대손상각비
기말 470	550

[4] ③

매입채무	
현금유출 140,000,000	기초 5,000,000
기말 25,000,000	외상매입 160,000,000

[5] ①

매입채무

현금유출 200,000	기초 70,000
기말 55,000	외상매입 185,000

재고자산

기초 92,000	매출원가 210,000
외상매입 185,000	기말 67,000

Part
02

세무회계 이론

재경관리사

재경관리사 부가가치세 출제경향

2019년과 2020년 재경관리사 부가가치세 출제경향을 분석해보면 다음과 같다. 재경관리사 세무회계는 41번부터 80번 문제가 출제되는데, 부가가치세법은 72번~80번 사이에서 출제된다. 단, 2021년 이후에는 71번~80번 사이에서 출제되고 있다.

내용	2019년						2020년				
	1월	3월	5월	7월	9월	11월	1월	5월	7월	9월	11월
부가가치세 특징			72				72		72	72	72
부가가치세 납세의무자	72	72			72	73	73	72	73		73
과세기간				72			74		74	74	74
납세지				73			75	73			
사업자등록										73	
재화의공급이 아닌경우		73		74				75			
간주공급 사례						74		74		75	75
간주공급의 공급시기					76						
용역의 공급	73		73								
재화의 공급시기	74	74		75	73				76	76	76
장기할부판매		74			75						
용역의 공급시기						75					
영세율과 면세의 비교		75					76				77
영세율항목								75			
면세항목	75		74		74						
면세의 포기									77		
과세표준의 계산	76		75	76			77	76	78		
공제하지 않는 항목						77					78
감가상각자산 간주공급										78	
겸용주택임대용역						76					
공통사용재화 공급				79		80					
공제가능 매입세액	77		77	77	80						
매입자발행세금계산서									79		
공통매입세액 안분							72	78			
의제매입세액공제		77				78					
세금계산서	78	78	78	78	77		79	77	80	80	79
대손세액공제			76							79	
부가가치세 계산구조					78			78		77	
신고, 납부, 환급	79					79					
부가가치세 가산세		79	79	80	79			79			
간이과세	80	80	80				80	80			80

부가가치세 기초이론

1.1 부가가치세 기본개념과 우리나라 부가가치세의 특징

(1) 부가가치세의 기본개념

재화나 용역의 소비에 대하여 과세하는 조세

(2) 우리나라 부가가치세법의 특징

① 전단계세액공제법　　⟷　　전단계 거래액 공제법 x

② 소비형부가가치세　　⟷　　소득형, 생산형 부가가치세 x

③ 간접세　　　　　　　⟷　　직접세　x

④ 일반소비세　　　　　⟷　　개별소비세　x

⑤ 소비지국과세원칙　　⟷　　생산지국과세원칙　x

⑥ 단일세율　　　　　　⟷　　다단계 세율 x

[예제 1-1]

[1] 다음 중 부가가치세법에 관한 설명으로 가장 올바르지 않은 것은?

① 부가가치세는 원칙적으로 모든 재화 또는 용역을 과세대상으로 하는 일반 소비세에 해당한다.

② 부가가치세는 납세의무자와 실질적인 담세자가 일치하지 않는 간접세이다.

③ 부가가치세는 일정기간 동안 사업자가 공급한 매출액에서 매입액을 차감하여 부가가치를 계산한 다음 세율을 적용하는 전단계거래액공제방법을 채택하고 있다.

④ 부가가치세는 단일 비례세율을 적용한다.

[2] 다음 중 부가가치세법에 관한 설명으로 가장 옳은 것은?

① 부가가치세는 납세의무자와 담세자가 동일한 직접세에 해당한다.

② 부가가치세는 원칙적으로 특정한 재화 또는 용역의 공급만을 과세대상으로 하는 특정소비세에 해당한다.

③ 개인사업자는 사업상 독립적으로 재화 또는 용역을 공급하더라도 부가가치세법상 사업자에 해당되지 않는다.

④ 부가가치세는 원칙적으로 사업자별로 종합과세 하지 않고 사업장별로 과세한다.

[3] 다음 중 부가가치세법에 관한 설명으로 가장 옳은 것은?

① 부가가치세는 원칙적으로 모든 재화 또는 용역을 과세대상으로 하는 일반 소비세에 해당한다.

② 부가가치세는 납세의무자와 실질적인 담세자가 일치하는 직접세이다.

③ 부가가치세는 일정기간 동안 사업자가 공급한 매출액에서 매입액을 차감하여 부가가치를 계산한 다음 세율을 적용하는 전단계거래액공제방법을 채택하고 있다.

④ 부가가치세는 2 단계 누진세율을 적용한다.

해답

[1] ③ 매출세액에서 매입세액을 차감하여 납부세액을 계산하는 전단계세액공제법을 채택하고 있다.

[2] ④
　　① 부가가치세는 간접세이다.　② 일반소비세에 해당한다.　③ 개인사업자도 부가가치세법상 사업자가 될 수 있다.

[3] ①
　　② 부가가치세는 간접세이다.　③ 전단계거래액공제법이 아니라 전단계세액공제법을 채택하고 있다.　④ 2단계가 아니라 단일세율을 적용하고 있다.

1.2 납세의무자, 과세기간

(1) 납세의무자

① **영리목적과 관계 없이** 사업상 독립적으로 재화 또는 용역을 계속반복적으로 공급하는 사업자는 부가가치세를 납부할 의무가 있다. 재화를 수입하는 자는 사업자 여부와 관계없이 납세의무가 있다. (고용된 경우는 제외, 일시적, 우발적인 공급도 제외)

② 납세의무자에는 개인·법인(국가·지방자치단체와 지방자치단체조합을 포함한다.)과 법인격없는 사단·재단 기타 단체를 포함한다.

(2) 사업자의 구분

공급 대상에 따른 분류	과세사업자 (부가가치세가 과세되는 재화나 용역을 공급하는 사업자)	과세 방식에 따른 분류	일반과세자 (일반적인 사업자)
			간이과세자 (직전 1역년간 공급대가가 8,000만원 미만인 개인사업자로 간이과세 배제업종에 해당하지 않는 자)
	면세사업자* (부가가치세가 면세되는 재화나 용역을 공급하는 사업자)		

* 영세율을 적용받는 사업자는 부가가치세법상 사업자에 해당되나 면세를 적용받는 사업자는 부가가치세법상 사업자
에 해당하지 않는다.

(3) 부수재화의 과세대상여부 : 주된 재화의 과세 및 면세여부에 의해서 결정된다.

(4) 과세기간

① 일반적인 경우의 과세기간

법인사업자는 다음과 같이 과세기간을 적용한다. 개인사업자와 영세한 규모의 법인사업자
(직전연도 공급가액 1억 5천만원 미만)의 경우에는 예정신고의 의무가 없으며, 간이과세자
의 과세기간은 1월 1일부터 12월 31일까지로 한다.

1.1 ~ 3.31	4.1 ~ 6.30	7.1 ~ 9.30	10.1 ~ 12.31
1기		2기	
예정신고 (4.25까지 신고)	확정신고 (7.25까지 신고)	예정신고 (10.25까지 신고)	확정신고 (1.25까지 신고)

* 예외 : 신규사업자(개업일부터 시작)와 폐업자(폐업한 달의 말일 종료)

② 특수한 경우의 과세기간

ⅰ. 당해 사업을 개시한 경우(부법3②)

사업개시일로부터 가장 빠른 과세기간 종료일까지를 부가가치세 과세기간으로 하여
25일 이내에 신고납부 하여야 한다. 단, 사업개시전 사업자등록을 한 경우에는 사업자
등록일부터 과세기간이 시작된다.

[예시] 법인사업자가 2월 20일에 개업 → 6월30일까지를 과세기간으로 하여 1기 확정
신고

ⅱ. 당해 사업을 폐업한 경우(부법3③) : 폐업한 날의 다음달 25일까지로 개정

[예시] 10월 10일에 폐업 → 11월 25일까지 부가가치세 신고납부

[예제 1-2]

[1] 다음 중 부가가치세 납세의무자인 사업자에 관한 설명으로 가장 올바르지 않은 것은?

① 면세사업만을 영위하는 사업자는 부가가치세법상의 사업자 등록의무가 없다.

② 사업자란 사업상 독립적으로 재화나 용역을 공급하는 자를 말한다.

③ 과세사업자라 하더라도 면세대상 재화·용역을 공급하는 경우에는 부가가치세가 면제된다.

④ 주사업장 총괄납부를 신청한 사업자는 본점 또는 주사무소에서 모든 사업장의 부가가치세를 총괄하여 납부뿐만 아니라 신고도 가능하다.

[2] 다음 부가가치세와 관련된 재경담당자들의 대화 내용 중 가장 올바르지 않은 설명을 하고 있는 사람은 누구인가?

> 김부장 : 부가가치세 납세의무자인 사업자는 1년에 네 번 부가가치세를 신고·납부해야 한다.
> 이차장 : 주된 사업장에서 총괄납부하더라도 세금계산서는 각 사업장에서 발급하여야하며, 신고도 각 사업장별로 이행하여야 한다.
> 박과장 : 간이과세자도 사업자이므로 부가가치세법에 따라 사업자등록을 하여야 한다.
> 최사원 : 비영리사업자라 하더라도 부가가치세 과세되는 재화 또는 용역을 공급하는 경우에는 부가가치세를 거래징수할 의무가 있다.

① 김부장   ② 이차장
③ 박과장   ④ 최사원

[3] 다음 중 우리나라 부가가치세에 관한 설명으로 가장 올바르지 않은 것은?

① 면세사업만을 영위하는 사업자는 부가가치세법상의 사업자 등록의무가 없다.

② 재화를 수입하는 자는 사업자인지 여부에 관계없이 모두 납세의무가 있다.

③ 부가가치세법상 사업자의 요건을 충족하기 위해서는 영리를 목적으로 거래하여야 한다.

④ 부수재화의 과세대상여부는 주된재화의 과세여부에 의해서 결정된다

[4] 다음 중 부가가치세 납세의무자인 사업자에 관한 설명으로 가장 옳은 것은?

① 면세사업자는 매출세액을 거래 징수할 필요는 없으나 매입세액 공제는 받는다.

② 면세사업자는 부가가치세법 상 사업자등록 후 면세사업자 신청을 해야 한다.

③ 겸영사업자는 일반과세사업과 면세사업(비과세사업 포함)을 함께 영위하는 자를 말한다.

④ 집에 있는 폐품을 일시적으로 파는 경우에는 사업성이 있는 경우에 해당한다.

[5] 다음 중 부가가치세 납세의무자에 관한 설명으로 가장 올바르지 않은 것은?

① 사업목적이 영리이든 비영리이든 관계없이 납세의무를 부담하므로 국가 · 지방자치단체도 납세의무자가 될 수 있다.

② 계속 · 반복적인 의사로 재화 또는 용역을 공급하는 자에 해당하더라도 사업자등록을 하지 않은 경우에는 납세의무자에 해당하지 않는다.

③ 고용관계에 따라 근로를 제공하는 종업원은 납세의무자에 해당하지 않는다.

④ 재화를 수입하는 자는 사업자인지 여부에 관계없이 납세의무자에 해당한다

[6] 다음 중 부가가치세법상 과세기간에 관한 설명으로 가장 올바르지 않은 것은?

① 부가가치세는 1년을 2 과세기간으로 나누어 매 6 개월마다 확정신고 · 납부하도록 규정하고 있다.

② 신규사업자의 경우 사업자등록일로부터 등록한 연도의 12월 31일까지를 최초 과세기간으로 한다.

③ 간이과세자의 경우 과세기간을 1월 1일부터 12월 31일로 적용한다.

④ 폐업자는 폐업일이 속하는 과세기간 개시일부터 폐업일까지를 최종 과세기간으로 한다.

해답

[1] ④ 주사업장총괄납부는 신고는 각 사업장마다 하여야 한다.

[2] ① 개인사업자, 영세한 규모의 법인사업자는 1년에 2번 부가가치세를 신고납부한다.

[3] ③ 납세의무자는 영리목적 여부와 관계가 없다.

[4] ③
   ① 면세사업자는 매입세액공제를 받을 수 없다.
   ② 면세사업자는 부가가치세법상 사업자등록을 하지 않는다.
   ④ 일시적으로 공급하는 경우는 사업성이 있는 것으로 볼 수 없다.

[5] ② 납세의무자에 해당하며 추가로 가산세 대상이 된다.

[6] ② 신규사업자의 경우 사업개시일(사업개시 전에 사업자등록을 한 경우에는 사업자등록일)로부터 해당 과세기간 종료일까지를 최초 과세기간으로 한다. 예를 들어 5월 20일에 사업자등록을 했다면 최초과세기간은 5월 20일부터 6월 30일까지가 된다.

1.3 납세지, 사업자등록

(1) 납세지

① 일반적인 납세지

광업	광업사무소 소재지
제조업	최종제품을 완성하는 장소(다만, 따로 제품의 포장만을 하거나 용기에 충전만을 하는 장소는 제외한다.)
건설업, 부동산매매업, 운수업	법인사업자는 등기부상의 소재지, 개인은 업무총괄장소
부동산임대업	당해 부동산의 등기부상의 소재지.

② 직매장, 하치장, 임시사업장

직매장	사업장에 포함
하치장	사업장이 아님
임시사업장	기존 사업장에 포함되는 것으로 본다.

③ 주사업장 총괄납부와 사업자단위과세제도

	주사업장총괄납부	사업자단위과세제도
총괄(주)사업장	법인 : 본점, 지점 개인 : 주사무소	본점(주사무소)만 가능
신고	각 사업장	본점(주사무소)
납부	총괄사업장	본점(주사무소)
세금계산서 관련	각 사업장	본점(주사무소)
포기	과세기간 개시일 20일전에 포기신고	과세기간 개시일 20일전에 포기신고.

* 예를 들어 다음연도 1월 1일부터 주사업장총괄납부나 사업자단위과세제도를 적용받고 싶다면, 12월 11일
까지 신고를 하여야 한다.

(2) 사업자등록

① 원칙 : 사업을 개시하고자 하는 사업자는 관할 세무서(다른 관할 세무서장에게도 가능함)에
사업개시일로부터 **20일 이내**에 관할 세무서에 사업자 등록을 하여야 한다. 다만, 신규로
사업을 개시하고자 하는 자는 **사업개시일전이라도 등록할 수 있다.** (간이과세자도 사업자
등록 의무가 있으며 미등록시 가산세가 부과된다)

② 사업자등록을 하지 않았을 때 불이익
  - 매입세액공제 불가능 (단, 개인사업자의 경우 주민등록번호를 기재하여 20일 이내 매입
    세액공제 가능)
  - 미등록가산세 1%

③ 사업자등록의 정정신고 : 신고는 지체없이, 처리기한은 당일 또는 2일

당일 통보사유	상호의 변경, 인터넷쇼핑몰의 도메인 변경
2일 이내 통보사유	법인사업자의 대표자변경, 상속으로 인한 명의변경, 임대관련 변경, 사업종류의 변경, 주소이전의 경우, 공동사업자 지분변경, 총괄사업장의 이전 및 변경 등

* 참고로, 개인사업자의 대표자 변경은 폐업사유에 해당한다.

[예제 1-3]

[1] 다음은 부가가치세의 납세지인 사업장에 대하여 상담 받은 내용이다. 가장 올바르지 않은 것은?

① 사업자가 주사업장 총괄납부를 신청하면 주사업장에서 다른 사업장의 세액까지 총괄하여 신고할 수 있다.

② 부가가치세는 원칙적으로 각 사업장별로 납부하므로, 직매장을 추가로 개설한 경우 별도의 사업자등록을 하는 것이 원칙이다.

③ 주사업장 총괄납부를 하는 경우에도 사업자등록은 각 사업장마다 이행하여야 한다.

④ 사업자단위과세제도에 따라 사업자단위 신고·납부를 하는 경우에는 사업자등록 및 세금계산서의 발급과 수령까지도 단일화하여 본점 또는 주사무소에서 수행할 수 있다.

[2] 다음 중 부가가치세법상 사업장에 관한 설명으로 가장 올바르지 않은 것은?

① 건설업을 영위하는 법인의 경우 건설하는 장소를 사업장으로 본다.

② 제조업의 경우 최종 제품을 완성하는 장소를 사업장으로 본다.

③ 부동산임대업의 경우 그 부동산의 등기부상의 소재지를 사업장으로 본다.

④ 사업장을 설치하지 않은 경우 해당 사업자의 주소 또는 거소를 사업장으로 본다.

[3] 다음 중 새롭게 부가가치세법상 사업자등록을 해야 하는 사람을 모두 고르면?

> 김순희 : 이번에 초등학생을 대상으로 한 수학학원을 오픈할 예정이예요. 정부인허가 받는데 시간이 꽤 걸렸지만 아이들을 위해 수업할 생각을 하니 너무 기쁘네요.
>
> 김영희 : 저희 지역사회를 위한 신문을 반기별로 발간하려고 해요. 신문 구독료만으로는 운영이 어려워 광고도 함께 할 생각입니다.
>
> 김영수 : 이번 시즌 화장품에 대한 반응이 좋아서 이달 안으로 용산구에 직매장을 추가로 설치해서 판매량을 더욱 더 늘릴 예정입니다.
>
> 김철수 : 의류재고가 계속 늘어나 현재 창고로는 수용하기가 힘들어 새롭게 보관만을 목적으로 한 창고를 임차하여 세무서에 설치신고를 완료했습니다.

① 김순희, 김철수   ② 김순희, 김영수

③ 김영희, 김영수   ④ 김영희, 김철수

* 힌트 : 정부 인허가 받은 학원과 신문은 면세, 광고, 화장품, 의류는 과세사업이다.

[4] 다음 중 부가가치세법상 주사업장 총괄납부에 관한 설명으로 가장 올바르지 않은 것은?

① 법인의 지점은 본점을 대신하여 주된 사업장이 될 수 없다.

② 총괄납부하려는 자는 주사업장총괄납부신청서를 총괄납부하고자 하는 과세기간 개시 20 일 전에 주사업장 관할 세무서장에게 제출하여야 한다.

③ 주사업장 총괄납부는 총괄납부할 과세기간 개시일부터 적용한다.

④ 주사업장 총괄납부를 하는 경우에도 사업자등록은 각 사업장마다 이행하여야 한다.

[5] 다음 중 부가가치세법상 사업자등록에 관한 설명으로 가장 올바르지 않은 것은?

① 면세사업자는 실질적인 납세의무자가 아니므로, 부가가치세법상 사업자등록의무가 없다.

② 신규로 사업을 개시하고자 하는 자는 사업개시일 전이라도 사업자등록을 할 수 있다.

③ 간이과세자인 경우 사업개시일 이후 1 개월 후까지 사업자등록을 신청하지 아니한 경우에도 미등록가산세를 적용받지 않는다.

④ 사업자등록신청을 받은 세무서장은 원칙적으로 2 일내에 사업자등록증을 발급하여야 한다

[6] 다음 중 부가가치세 납세의무자인 사업자에 관한 설명으로 가장 옳은 것은?

① 영세율을 적용받는 사업자는 부가가치세법상의 사업자 등록의무가 없다.

② 과세사업자가 사업개시일로부터 20 일 이내에 사업자등록을 하지 아니한 경우에는 미등록가산세의 적용을 받는다.

③ 주사업장총괄납부사업자는 본점 또는 주사무소에서 모든 사업장의 부가가치세를 총괄하여 신고 및 납부할 수 있다.

④ 겸영사업자는 부가가치세 납세의무가 없으므로 면세사업자로 분류한다.

[7] 다음 중 부가가치세 납세지인 사업장에 관한 설명으로 가장 옳은 것은?

① 제조업의 경우 최종제품을 완성하는 장소를 사업장으로 하며, 이 경우 따로 제품의 포장만을 하거나 용기에 충전만을 하는 장소를 포함한다.

② 무인자동판매기를 통하여 재화·용역을 공급하는 사업의 경우 그 사업에 관한 업무를 총괄하는 장소를 사업장으로 한다.

③ 부동산매매업의 경우 부동산의 등기부상의 소재지를 사업장으로 한다.

④ 임시사업장은 사업장으로 보며, 직매장은 사업장으로 보지 않는다.

해답

[1] ① 신고는 각 사업장마다 하여야 한다.

[2] ① 법인의 등기부상 소재지를 사업장으로 본다.

[3] ③ 학원은 면세사업자로서 부가가치세법상 사업자등록 의무가 면제된다. 창고만 설치하는 경우에는 사업장이 아니므로 추가로 사업자등록을 하지 않아도 된다. 신문은 면세이지만 광고는 과세사업이므로 사업자등록을 하여야 한다.

[4] ① 주사업장총괄납부는 지점도 가능하다.

[5] ③ 사업자미등록 가산세는 간이과세자에게도 적용된다.

[6] ②

① 영세율 사업자도 사업자등록 의무가 있다.

③ 주사업장 총괄납부의 경우 신고는 각 사업장마다 하여야 한다.

④ 겸영사업자도 사업자등록을 하여야 하는 과세사업자로 분류한다.

[7] ②

① 포장이나 충전만 하는 곳은 제외한다.

③ 법인의 경우 등기부상의 소재지, 개인의 경우 업무총괄장소로 한다.

④ 직매장도 사업장으로 본다.

제2장

과세거래

재화의 공급은 재화의 실질공급과 재화의 간주공급으로 구분한다.

2.1 재화의 공급

(1) 실질공급

매매거래, 가공거래(자기가 주요자재의 전부 또는 일부를 부담), 교환거래, 기타거래(경매 · 수용 · 현물출자 등)

[참고] 재화의 이동이 있더라도 다음의 경우에는 재화의 공급으로 보지 않는 사례

i 어음, 수표 및 화폐대용증권 거래

ii 조세의 물납

iii 담보제공

iv 법인사업자의 사업의 포괄적 양도

v 공매 및 강제경매 : **국세징수법**에 의한 공매 및 **민사집행법**에 의한 강제경매에 의한 재화의 인도는 재화의 공급

---

(2) 재화의 간주공급

① 자가공급(부령15)

    i 면세전용 : 과세사업을 위하여 생산, 취득한 재화를 면세사업을 위하여 사용

    ii 비영업용 소형승용차와 그 유지를 위한 재화

       과세사업을 위하여 취득한 재화를 비영업용 소형승용차로 사용하거나 그 유지를 위하여 사용(단, 매입세액 불공제분은 제외).

iii 판매목적 타사업장 반출

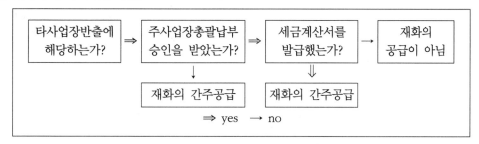

② 개인적 공급(부령16)

자기의 사업과 관련하여 생산, 취득한 재화를 업무와 무관한 용도로 임원이나 종업원들의 개인적인 목적을 위하여 소비된 재화에 대하여 과세하게 된다. 단, 다음의 경우에는 재화의 간주공급으로 보지 않는다.

ⅰ 매입세액이 공제되지 아니한 재화

ⅱ 사용인등에게 무상으로 공급하는 작업복, 작업모, 작업화

ⅲ 직장체육비, 직장연예비, 1인당 연산 10만원 이내의 경조사와 관련된 재화

ⅳ 특별재난지역에 공급하는 물품

③ 사업상 증여

자기의 사업과 관련하여 생산, 취득한 재화를 자신의 고객, 거래처, 불특정 다수인에게 접대목적으로 재화를 소비하는 경우이거나 경품 등으로 소비자에게 공급하는 경우 부가가치세를 부담한다. (견본품으로 제공하는 재화는 재화의 간주공급이 아니다.)

④ 폐업시 잔존재화

사업자가 사업을 폐지하거나 폐업으로 간주되는 경우 사업장에 잔존하는 재화중 매입세액 공제를 받은 재화는 사업자 자신이 비사업자인 자신에게 공급하는 것으로 본다. 단, 매입세액이 공제되지 않은 재화는 제외한다.

〈매입세액공제를 받았는지 여부에 따른 재화의 간주공급 대상 여부〉

		매입세액공제를 받은 것만 과세	매입세액공제를 받지 않은 것도 과세
재화의 실질공급			○
자가공급	면세전용	○	
	비영업용소형승용차 유지	○	
	타사업장반출		○
개인적 공급		○	
사업상 증여		○	
폐업시 잔존재화		○	

[예제 2-1]

[1] 다음 중 부가가치세 과세대상에 관한 설명으로 가장 올바르지 않은 것은?

① 재화를 담보로 제공하는 것은 부가가치세 과세대상이 되지 아니한다.

② 교환계약에 의하여 재화를 인도 또는 양도하는 것은 부가가치세 과세 대상이다.

③ 사업을 포괄적으로 양도한 경우 이는 재화의 공급에 해당하므로 과세 대상이다.

④ 대가를 받지 아니하고 타인에게 용역을 공급하는 것은 원칙적으로 부가가치세 과세대상이 되지 아니한다.

[2] 다음 중 부가가치세법에 따른 재화의 공급에 대한 설명으로 가장 올바르지 않은 것은?

① 재화의 공급은 계약상 또는 법률상의 모든 원인에 의해 재화를 인도 또는 양도하는 것으로 한다.

② 위탁매매 또는 대리인에 의한 매매를 할 때에는 위탁자 또는 본인이 직접 재화를 공급하거나 공급받은 것으로 본다. 다만, 위탁자 또는 본인을 알 수 없는 경우에는 그렇지 않다.

③ 질권·저당권 또는 양도담보의 목적으로 동산·부동산 및 부동산상의 권리를 제공하는 경우 재화의 공급으로 본다.

④ 세금계산서를 발급받지 않아 매입세액을 공제받지 못한 재화를 면세사업에 사용하는 경우에는 재화의 공급에 해당하지 않는다.

[3] 다음 중 부가가치세법상 재화의 공급에 관한 설명으로 가장 올바르지 않은 것은?

① 사업자가 주요자재의 전부 또는 일부를 부담하고 해당 재화에 공작을 가해 새로운 재화를 만드는 가공계약은 재화의 공급에 해당된다.

② 사업자가 다른 재화를 인도받거나 용역을 제공받는 교환계약에 의해 재화를 인도하는 교환계약은 재화의 공급에 해당된다.

③ 사업양도계약에 의해 해당 사업장의 권리와 의무를 일괄승계하는 계약은 재화의 공급에 해당된다.
④ 사업자가 사업을 폐업할 때 취득한 재화(매입세액을 공제받음) 중 남아있는 재화는 자기에게 공급한 것으로 본다.

[4] 다음 중 간주공급의 한 유형인 사업상 증여에 관한 설명으로 가장 올바르지 않은 것은?

① 부가가치세법에서는 과세의 형평을 위하여 자기사업과 관련하여 생산 또는 취득한 재화를 고객에게 증여시 이를 공급으로 보도록 하고 있다.
② 사업자가 제품을 구매하는 고객에게 구입액의 비율에 따라 기증품을 증여하는 것은 사업상 증여에 해당하지 않는다.
③ 매입세액이 공제되지 아니한 재화라도 고객에게 증여하는 것은 사업상 증여에 해당된다.
④ 사업상 증여시 세금계산서를 발급할 필요가 없다.

[5] 다음 중 간주공급에 관한 설명으로 가장 올바르지 않은 것은?

① 자가공급의 경우 해당 재화를 사용하는 때 세금계산서를 발급해야 한다.
② 개인적 공급의 공급시기는 당해 용도에 사용한 때이며, 폐업시 잔존재화의 간주공급시기는 폐업일이 된다.
③ 사업을 위하여 무상으로 다른 사업자에게 인도 또는 양도하는 견본품은 사업상 증여에 해당하지 않는다.
④ 주사업장총괄납부사업자가 판매목적 타사업장 반출시 세금계산서를 발급하는 경우에는 재화의 공급으로 본다.

[6] 다음 중 부가가치세법상 간주공급에 관한 설명으로 가장 올바르지 않은 것은?

① 간주공급에 해당하는 경우 해당 과세표준은 일반적으로 시가에 의해 계산되나 직매장 등 반출 시에는 취득가액으로 한다.
② 개인적공급 및 사업상 증여에 해당하는 간주공급의 경우 세금계산서 발행의무가 면제된다.
③ 자가공급, 개인적공급, 사업상 증여의 간주공급 시기는 당해 용도에 사용 또는 소비되는 때이다.
④ 폐업시 잔존재화로 과세된 경우로서 추후 해당 재화를 판매하는 경우에는 재화의 공급에 해당되어 납세의무가 있다.

[7] 다음 중 부가가치세법상 재화의 공급에 관한 설명으로 가장 올바르지 않은 것은(단, 해당재화는 매입세액공제를 받았음을 가정한다)?

① 과세사업을 위해 생산·취득한 재화를 부가가치세 면세사업을 위하여 사용·소비하는 경우에는 재화의 공급으로 본다.

② 과세사업을 위하여 생산·취득한 재화를 비영업용 소형승용차의 유지를 위하여 사용하는 경우에는 재화의 공급으로 본다.

③ 사업자가 자기의 사업과 관련하여 생산한 재화를 개인적인 목적으로 사용하는 것은 재화의 공급으로 본다.

④ 사업자 단위과세를 적용받는 사업자가 자기사업과 관련하여 생산·취득한 재화를 타인에게 직접 판매할 목적으로 다른 사업장에 반출하는 경우에는 재화의 공급으로 본다.

해답

[1] ③ 사업의 포괄적 양도는 재화의 공급에 해당하지 않고, 사업자등록에서 대표자 정정 사유이다.

[2] ③ 담보제공은 재화의 공급으로 보지 않는다.

[3] ③ 재화의 공급으로 보지 않고, 사업자등록에서 대표자 변경으로 본다.

[4] ③ 매입세액 공제를 받은 것만 사업상증여 과세대상이 된다.

[5] ① 자가공급은 타사업장 반출을 제외하고 세금계산서를 발급하지 않는다

[6] ④ 추후에 재화를 판매할 때는 사업자가 아니므로 재화의 공급에 해당되지 않는다.

[7] ④ 주사업장 총괄납부나 사자 단위과세를 적용받는 사업자가 자기사업과 관련하여 생산·취득한 재화를 타인에게 직접 판매할 목적으로 다른 사업장에 반출하는 경우에는 재화의 공급으로 보지 않는다.

2.2 용역의 공급과 재화의 수입

(1) 용역의 공급

① 용역의 공급사례

1. 건설업
2. 숙박 및 음식점업
3. 운수업
4. 방송통신 및 정보서비스업
5. 금융 및 보험업
6. 부동산업 및 임대업. 다만, 전·답·과수원·목장용지·임야 또는 염전임대업을 제외한다.
7. 전문, 과학 및 기술서비스업, 사업시설관리 및 사업지원서비스업
8. 공공행정, 국방 및 사회보장행정
9. 교육서비스업
10. 보건 및 사회복지서비스업
11. 예술, 스포츠 및 여가관련 서비스업
12. 협회 및 단체, 수리 및 기타 개인서비스업
13. 가구내 고용활동 및 달리 분류되지 않는 자가생산활동
14. 국제 및 외국기관의 사업

② 과세예외

용역의 무상공급, 고용관계에 의한 근로의 제공은 용역의 공급으로 보지 않음.

단, 특수관계인에 대한 부동산의 무상임대는 과세한다.

(2) 재화의 수입

재화의 수입은 외국으로부터 도착된 물품을 우리나라에 인취하는 것(보세구역을 경유하는 것은 보세구역으로부터 인취하는 것)으로 한다. 수출신고된 물품으로서 선(기)적되지 아니한 물품을 보세구역으로부터 인취하는 경우를 제외한다.

[예제 2-2]

[1] 다음 중 부가가치세 과세대상에 관한 설명으로 옳은 것을 모두 고르면?

ㄱ. 재화 또는 용역의 공급은 부가가치세 과세대상이며, 재화의 수입은 부가가치세 과세대상에 해당되지 않는다.

ㄴ. 고용관계에 의해 근로를 제공하는 것은 부가가치세 과세대상인 용역의 공급이 아니다.

ㄷ. 용역의 무상공급은 부가가치세법상 용역의 공급으로 보지 않지만 특수관계인에게 무상으로 제공하는 부동산임대용역은 시가로 과세한다.

ㄹ. 사업자가 사업과 관련하여 생산 또는 취득한 재화를 직장체육비나 직장연예비로 사용하는 경우 부가가치세 과세대상에 포함되지 않는다

① ㄱ, ㄴ   ② ㄴ, ㄷ

③ ㄱ, ㄴ, ㄹ   ④ ㄴ, ㄷ, ㄹ

[2] 다음 중 부가가치세 과세대상에 관한 설명으로 가장 옳은 것은?

① 재화란 재산적 가치가 있는 유체물과 무체물이므로 주식은 물론 특허권도 과세대상에 해당된다.

② 재화의 수입에 대해서는 수입자가 사업자인 경우에만 부가가치세 과세대상으로 본다.

③ 대가를 받지 않고 타인에게 무상으로 용역을 공급하는 것은 원칙적으로 부가가치세 과세대상으로 보지 않는다.

④ 건설업자가 건설자재의 전부 또는 일부를 부담하는 경우에는 재화의 공급으로 본다.

해설

[1] ④ 재화의 수입도 부가가치세 과세대상이다. 나머지는 옳은 설명이다.

[2] ③

① 주식은 부가가치세 과세대상이 아니다. ② 재화의 수입은 사업자 여부와 관계없이 부가가치세가 과세된다. ④ 건설업의 경우에는 건설자재를 전부 부담해도 용역의 공급으로 본다.

2.3 재화와 용역의 공급시기

(1) 일반적인 재화의 형태별 공급시기

① 현금판매 · 외상판매 또는 할부판매 : 재화가 인도되거나 이용가능하게 되는 때

② 장기할부판매의 경우에는 대가의 각 부분을 받기로 한 때

　　단, 장기할부판매란 인도일의 다음날부터 최종의 부불금의 지급기일까지의 기간이 1년 이상으로 납입회수가 2회 이상이어야 한다.

③ 조건부 판매 : 조건이 성취되거나 기한이 경과되어 판매가 확정되는 때

④ 완성도기준지급 또는 중간지급조건부로 : 대가의 각 부분을 받기로 한 때

⑤ 재화의 공급으로 보는 가공의 경우 : 가공된 재화를 인도하는 때

⑥ 무인판매기를 이용하여 재화를 공급하는 경우에는 당해 사업자가 무인판매기에서 현금을 인취하는 때

⑦ 수출재화의 경우 : 수출재화 선적일

⑧ 위탁판매 또는 대리인에 의한 매매의 경우 : 대리인의 공급

> **[참고] 완성도기준지급**
>
> 대금을 "계약금 + 중도금 + 잔금" 등 3회 이상 분할해서 거래하고, 계약기간이 6개월 이상인 지급조건을 말한다.

⑨ 재화의 간주공급 중 폐업시 잔존재화 : 폐업하는 때(폐업신고일이 아님)

⑩ 재화의 간주공급 중 타사업장 반출 : 타사업장에 인도하는 때

⑪ 그 외 재화의 간주공급 : 사용 또는 소비하는 때

(2) 용역의 형태별 공급시기

① 통상적인 공급의 경우 : 역무의 제공이 완료되는 때

② 완성도 기준지급 · 중간지급 · 장기할부 또는 기타 조건부로 용역을 공급

　　그 대가의 각 부분을 받기로 한 때

③ 임대료 등

　　- 임대료 : 대가의 각 부분을 받기로 한 때

　　- 간주임대료 : 예정신고기간 또는 과세기간의 종료일

[예제 2-3]

[1] 다음 중 간주공급에 관한 설명으로 가장 올바르지 않은 것은?

① 주사업장총괄납부사업자가 판매목적 타사업장 반출시 세금계산서를 발급하는 경우에는 재화의 공급으로 본다.

② 개인적 공급의 공급시기는 당해 용도에 사용한 때이며, 폐업시 잔존재화의 간주공급시기는 폐업일이된다.

③ 사업을 위하여 무상으로 다른 사업자에게 인도 또는 양도하는 견본품은 사업상 증여에 해당하지 않는다.

④ 자가공급의 경우 해당 재화를 사용하는 때 세금계산서를 발급해야 한다.

[2] 다음 중 부가가치세법상 재화의 공급시기에 관한 설명으로 옳은 것은 몇 개인가?

> ㄱ. 현금판매·외상판매에 의한 재화의 공급 : 재화가 인도되거나 이용 가능하게 되는 때
> ㄴ. 조건부 판매: 조건이 성취되거나 기한이 경과되어 판매가 확정되는 때
> ㄷ. 장기할부판매: 대가의 각 부분을 받기로 한 때
> ㄹ. 무인판매기에 의한 판매: 재화가 인도되는 때

① 1 개   ② 2 개
③ 3 개   ④ 4 개

[3] 다음 중 부가가치세 과세대상에 관한 설명으로 가장 옳은 것은?

① 재화란 재산적 가치가 있는 유체물과 무체물이므로 주식은 물론 특허권도 과세대상에 해당된다.

② 재화의 수입에 대해서는 수입자가 사업자인 경우에만 부가가치세 과세대상으로 본다.

③ 대가를 받지 않고 타인에게 무상으로 용역을 공급하는 것은 원칙적으로 부가가치세 과세대상으로 보지 않는다.

④ 건설업자가 건설자재의 전부 또는 일부를 부담하는 경우에는 재화의 공급으로 본다.

[4] 다음 중 부가가치세법상 재화의 공급시기에 관한 설명으로 가장 올바르지 않은 것은?

① 재화의 공급으로 보는 가공의 경우에는 가공된 재화를 인도하는 때를 재화의 공급시기로 본다.

② 폐업시 잔존재화의 공급시기는 원칙적으로 폐업신고일이다.

③ 내국신용장에 의하여 공급하는 재화의 공급시기는 재화를 인도하는 때이다.

④ 공급단위를 구획할 수 없는 재화를 계속적으로 공급하는 경우에는 각 대가의 각 부분을 받기로 한때가 공급시기이다.

[5] 다음 중 부가가치세법상 재화와 용역의 공급시기에 관한 설명으로 가장 올바르지 않은 것은?

① 수출재화의 공급 : 수출 재화의 선 · (기)적일

② 장기할부판매 : 대가의 각 부분을 받기로 한 때

③ 조건부판매 : 조건이 성취되어 판매가 확정된 때

④ 부동산 임대용역 : 임대계약 종료시점

[6] ㈜삼일은 20x1년 11월 10일 상품을 3개월 할부로 인도하고 판매대금 120,000 원은 아래와 같이 회수하기로 약정하였다. 할부대금의 실제 회수액이 다음과 같을 때 20x1년 제2기 확정신고기간 (20x1년 10 월 1 일 - 20x1년 12 월 31 일)에 동 할부판매와 관련하여 신고할 과세표준은 얼마인가 (단, 회수약정액과 회수액은 부가가치세를 포함하지 않은 금액이다)?

일자	회수약정액	회수액
20x1년 11월 10일	40,000원	-
20x1년 12월 10일	40,000원	40,000원
20x2년 1월 10일	40,000원	30,000원
계	120,000원	70,000원

① 40,000원 ② 70,000원

③ 80,000원 ④ 120,000원

해답

[1] ④ 자가공급은 타사업장 반출을 제외하고 세금계산서를 발급하지 않는다.

[2] ③ 무인판매기는 현금을 꺼내는 때이며, 나머지는 맞다.

[3] ③

  ① 주식은 과세대상이 아니다.

  ② 재화의 수입은 사업자가 아닌 경우에도 부가가치세 과세대상으로 본다.

  ④ 건설업자의 공급은 용역의 공급으로 본다.

[4] ② 폐업시 잔존재화의 공급시기는 원칙적으로 폐업일이다.

[5] ④ 임대료의 경우 임대료를 받기로 한 때이다.

[6] ④ 회수기간이 단기이므로 인도한 시점에 전액 인식한다.

제**3**장

영세율과 면세

3.1 영세율

(1) 영세율 대상 : 영세율매출명세서 참고 (부가가치세법과 조세특례제한법에서 언급)

⑦ 구분	⑧ 조문	⑨ 내 용
부가가치세법	제21조	직접수출(대행수출 포함)
		중계무역·위탁판매·외국인도 또는 위탁가공무역 방식의 수출
		내국신용장·구매확인서에 의하여 공급하는 재화
		한국국제협력단, 한국국제보건의료재단 및 대한적십자사에 공급하는 해외반출용 재화
		수탁가공무역 수출용으로 공급하는 재화
	제22조	국외에서 공급하는 용역
	제23조	선박·항공기에 의한 외국항행용역
		국제복합운송계약에 의한 외국항행용역
	제24조	국내에서 비거주자·외국법인에 공급되는 재화 또는 용역
		수출재화임가공용역
		외국항행 선박·항공기 등에 공급하는 재화 또는 용역
		국내 주재 외교공관, 영사기관, 국제연합과 이에 준하는 국제기구, 국제연합군 또는 미합중국군대에 공급하는 재화 또는 용역
		「관광진흥법 시행령」에 따른 일반여행업자가 외국인 관광객에게 공급하는 관광알선용역
		외국인전용판매장 또는 주한외국군인 등의 전용 유흥음식점에서 공급하는 재화 또는 용역
		외교관 등에게 공급하는 재화 또는 용역
		외국인환자 유치용역
⑪ 「부가가치세법」에 따른 영세율 적용 공급실적 합계		
조세특	제105조제1항제1호	방위산업물자 또는 「비상대비에 관한 법률」에 따라 지정된 자가 생산 공급하는 시제품 및 자원동원으로 공급하는 용역
	제105조제1항 제2호	「국군조직법」에 따라 설치된 부대 또는 기관에 공급하는 석유류

	제105조제1항제3호	도시철도건설용역
례 제 한 법	제105조제1항제3호의2	국가·지방자치단체에 공급하는 사회기반시설 등
	제105조제1항제4호	장애인용 보장구 및 장애인용 특수 정보통신기기 등
	제105조제1항제5호	농민 또는 임업에 종사하는 자에게 공급하는 농업용·축산업용·임업 용 기자재
	제105조제1항제6호	어민에게 공급하는 어업용 기자재
	제107조	외국인 관광객 등에게 공급하는 재화
	제121조의13	제주특별자치도 면세품판매장에서 판매하거나 제주특별자치도 면세품 판매장에 공급하는 물품

(2) 매입세액의 환급

영세율은 매출세액이 0원인 반면, 매입세액이 환급되어 완전면세라고 한다.

(3) 면세대상이면서 영세율 적용이 가능한 경우

면세를 포기하고 영세율 적용을 받을 수 있다.

(4) 세금계산서 발급

일반적으로 영세율이 적용되는 경우에는 세금계산서 발급의무가 면제된다.

단, 내국신용장·구매확인서에 의하여 공급하는 재화, 수탁가공무역 수출용으로 공급하는 재화, 수출재화임가공용역 같이 국내사업자를 통해 영세율을 적용받는 경우에는 세금계산서 발급의무가 있다.

[예제 3-1]

[1] 다음 중 부가가치세법상 영세율에 관한 설명으로 가장 올바르지 않은 것은?

① 영세율은 소비지국과세원칙에 따른 이중과세문제를 해소하기 위한 취지로 제정된 제도이다.

② 영세율을 적용할 경우 전 거래단계에 대한 완전면세가 가능하다.

③ 면세사업자가 영세율을 적용받기 위해서는 면세를 포기해야만 한다.

④ 영세율이 적용되는 직수출 거래라 하더라도 세금계산서는 발급해야 한다.

해설

[1] ④ 직수출의 경우에는 세금계산서 발급이 면제된다.

3.2 면세

(1) 면세 대상

기초생활 필수재화,용역	① 미가공 식료품 ② 국내생산 비식용 미가공 농, 축, 수, 임산물 　미가공식료품은 국내산, 수입산을 불문하고 면세이나 비식용의 경우에는 국내 　생산분만 면세가 된다. ③ 연탄과 무연탄 : 단, 유연탄, 갈탄, 착화탄은 과세된다. ④ 수돗물 ⑤ 여성 생리용품과 영유아용 분유와 기저귀 등 ⑥ 여객운송용역 : 시내버스, 마을버스, 지하철, 고속버스는 면세이고, 택시, 국내 　선 항공기, 고속철도, 유람선 등은 과세이다. ⑦ 주택과 그 부수토지의 임대
국민후생 관련 재화, 용역	① 의료보건용역과 혈액 (약사의 조제용역이 아닌 소매로 판매되는 약품등은 부 　가가치세가 과세) ② 정부의 허가 또는 인가를 받은 교육용역 ③ 우표(수집용 제외), 인지, 증지, 복권, 공중전화 ④ 법 소정 제조담배 : 20개비 기준 200원 이하의 담배
문화 관련 재화, 용역	① 도서(도서대여 포함), 신문, 잡지, 통신(광고는 과세) ② 예술창작품(골동품 제외), 예술행사, 문화행사, 비직업운동경기 ③ 동물원, 식물원, 도서관, 과학관, 박물관 등의 입장
부가가치 구성요소	① 토지의 공급(토지의 임대는 과세) ② 법 소정 인적용역(연구, 개발)(부령35) 　법인 또는 단체의 학술연구용역, 기술연구용역, 개인의 사업소득을 구성하는 　용역 등 ③ 금융보험용역
국가지방자치단체가 공급하는 용역	국가, 지방자치단체, 지방자치단체조합이 공급하는 재화 또는 용역. 공익목적단체 가 공급하는 법 소정 재화, 용역, 국선 변호사 제공용역 조세특례제한법상 면세의 주요내용

(2) 부동산 공급과 임대의 면세여부

① 원칙

구분	공 급	임 대
건물	① 원칙 : 과세 ② 국민주택의 공급 : 면세	① 원칙 : 과세 ② 주택의 임대용역 : 면세
토지	면세	① 원칙 : 과세 ② 주택에 부수되는 토지임대용역 : 면세

② 겸용주택 부수토지의 면세여부 파악 (단층 건물로 가정함)

> 1단계 : 건물
>   주택 〉 상가 : 건물 전체면세
>   주택 ≤ 상가 : 주택부분만 면세
> 2단계 : 부수토지 : (1)과 (2) 중 적은 면적만큼 면세
> (1) 도시계획구역 내 : 주택면적의 5배까지 면세, 도시계획구역 외 : 주택면적의 10배까지 면세
> (2) 전체 토지 중에서 주택이 차지하는 비율만큼 면세

예시

단위는 ㎡ 이다.

상황	주택면적	상가면적	면세되는 건물면적	도시계획 구역여부	부수토지	면세되는 토지면적
(상황 1)	60	40	100	외	3,000	1,000
	주택이 더 넓으면 건물 전체를 면세로 본다.			10배기준 1,000과 비율기준 3,000 중 적은 면적의 임대를 면세로 함		
(상황 2)	60	40	100	내	1,000	500
	주택이 더 넓으면 건물 전체를 면세로 본다.			5배기준 500과 비율기준 1,000 중 적은 면적의 임대를 면세로 함		
(상황 3)	40	60	40	외	800	320
	상가가 더 넓으면 주택부분만 면세로 본다. (주택비율 40%)			10배기준 400과 비율기준 320 중 적은 면적의 임대를 면세로 함		
(상황 4)	40	60	40	내	800	200
	상가가 더 넓으면 주택부분만 면세로 본다. (주택비율 40%)			5배기준 200과 비율기준 320 중 적은 면적의 임대를 면세로 함		

(3) 면세의 포기

① 면세사업자는 매입세액을 환급받을 수 없는데, 이를 불완전면세라고 한다.

② 면세사업자는 매입세액을 환급받기 위해 일정요건 (영세율 적용대상, 연구개발 관련 용역) 면세를 포기할 수 있다.

③ 면세는 부분포기도 가능하며, 면세를 포기하면 3년간은 다시 면세를 적용받을 수 없다.

[예제 3-2]

[1] 다음 중 최대리의 부가가치세에 관한 대화 내용으로 가장 올바르지 않은 것은?

① 김계장 : 저 어제 여자친구와 한강에 위치한 레스토랑에서 근사한 저녁식사를 하였습니다.

　　최대리 : 어제 지불한 음식값에 부가가치세가 포함되어 있습니다.

② 이과장 : 우리 아이가 이번 중간고사 전교 1 등을 해서, 선물로 스마트폰을 사주었습니다.

　　최대리 : 아실지 모르겠지만 그 스마트폰 가격 안에는 부가가치세가 포함되어 있습니다

③ 곽과장 : 수박을 저렴한 가격에 판매하고 있어서 한 개에 1 만원씩, 2 개를 사왔습니다.

　　최대리 : 저렴한 가격에 구매하셨지만 그 수박 가격에도 부가가치세가 포함되어 있습니다

④ 감부장 : 프로야구 입장권 가격에도 부가가치세가 포함되어 있나요?

　　최대리 : 예, 감부장님. 프로야구 입장권 가격에도 부가가치세가 포함되어 있습니다.

[2] 다음은 겸용주택의 임대와 관련된 사항이다. 면세되는 건물과 토지의 면적은 얼마인가(단, 해당 겸용주택은 도시계획구역 내에 소재하는 단층 건물임)?

- Case 1 : 주택 50 ㎡이고 점포 40 ㎡ / 부수토지 270 ㎡
- Case 2 : 주택 40 ㎡이고 점포 50 ㎡ / 부수토지 270 ㎡

	Case 1		Case 2	
	면세건물	면세토지	면세건물	면세토지
①	90㎡	270㎡	40㎡	120㎡
②	90㎡	150㎡	40㎡	120㎡
③	50㎡	150㎡	40㎡	200㎡
④	90㎡	270㎡	90㎡	200㎡

[3] 다음 중 부가가치세법상 면세에 관한 설명으로 가장 올바르지 않은 것은?

① 면세는 부가가치세의 역진성을 해소하기 위한 불완전면세제도이다.

② 면세사업자는 과세표준의 신고, 사업자등록, 세금계산서 발급 등에 관한 부가가치세상의 제반의무가 없다.

③ 면세의 포기는 면세사업자가 면세포기사유에 해당하는 경우에 한해서만 가능하다.

④ 면세사업자가 면세를 포기하는 경우 1 년간은 면세적용을 받을 수 없다.

[4] 다음은 겸용주택의 임대와 관련된 사항이다. 면세되는 건물과 토지의 면적을 계산하라. 제시된 건물은 모두 단층 건물이다.

경우 1 (도시계획 구역 내)	경우 2 (도시계획 구역 내)
(1) 주택 60㎡ 이고 점포 30㎡ (2) 부수토지 150㎡	(1) 주택 30㎡ 이고 점포 60㎡ (2) 부수토지 150㎡

	경우 1		경우 2	
	면세건물	면세토지	면세건물	면세토지
①	90㎡	100㎡	30㎡	50㎡
②	90㎡	150㎡	30㎡	50㎡
③	60㎡	100㎡	30㎡	150㎡
④	90㎡	150㎡	90㎡	150㎡

해답

[1] ③ 수박은 면세이므로 부가가치세가 포함되어 있지 않다.

[2] ①

상황	주택면적	상가면적	면세되는 건물면적	도시계획 구역여부	부수토지	면세되는 토지면적
(상황 1)	50㎡	40㎡	90㎡	내	270㎡	270㎡
	주택면적이 넓으면 전부 주택으로 간주하여 면세로 본다. (주택 100%)			5배기준이면 450㎡ 이나 270㎡를 임대했으므로 270㎡ 면세		
(상황 2)	40㎡	50㎡	40㎡	내	270㎡	120㎡
	상가면적이 넓으면 주택부분만 면세로 본다. (주택 40/90)			5배기준 200㎡과 비율기준 120㎡ 중 적은 면적의 임대를 면세로 함		

[3] ④ 1년이 아니라 3년이다.

[4] ②

상황	주택면적	점포면적	면세되는 건물면적	도시계획 구역여부	부수토지	면세되는 토지면적
(상황 1)	60㎡	30㎡	90㎡	내	150㎡	150㎡
	주택면적이 넓으면 전부 주택으로 간주하여 면세로 본다. (주택 100%)			5배기준이면 450㎡ 이나 150㎡를 임대했으므로 150㎡ 면세		
(상황 2)	30㎡	60㎡	30㎡	내	150㎡	50㎡
	상가면적이 넓으면 주택부분만 면세로 본다. (주택 30/90)			5배기준 150㎡과 비율기준 50㎡ 중 적은 면적의 임대를 면세로 함		

3.3 영세율과 면세의 차이

		영 세 율	면 세
목적		소비지국 과세원칙	역진성 완화
대상		수출 등 외화획득거래	생활필수품 등의 거래
매출세액		납부하지 않음	납부하지 않음
세율		0%	-
매입세액		환급받음(완전면세)	환급받지 않음(부분면세)
부가 가치 세법상 의무	사업자등록의무	○	×
	세금계산서 발급	○	×
	매출처별세금계산서합계표제출	○	×
	신고, 납부의무	○	×
	매입처별세금계산서합계표제출	○	○
	대리납부의무	×	○

[예제 3-3]

[1] 다음 중 부가가치세법상 면세에 관한 설명으로 가장 올바르지 않은 것은?

① 면세는 부가가치세의 역진성을 해소하기 위한 완전면세제도이다.

② 면세사업자는 과세표준의 신고, 사업자등록, 세금계산서 발급 등에 관한 부가가치세상의 제반의무가 없다.

③ 면세의 포기는 면세사업자가 면세포기사유에 해당하는 경우에 한해서만 가능하다.

④ 면세사업자가 면세를 포기하는 경우 3 년간은 면세적용을 받을 수 없다.

[2] 다음은 부가가치세법상 영세율과 면세에 관한 설명이다. 잘못 짝지어진 것은 무엇인가?

	구분	영세율	면세
①	목적	국제적인 이중과세방지	부가가치세 역진성 완화
②	성격	부분면세제도	완전면세제도
③	세금계산서 발급의무	있음	없음
④	매입처별세금계산서 합계표제출의무	있음	있음

[3] 다음은 영세율과 면세를 비교한 것이다. 가장 올바르지 않은 것은?

	구분	영세율	면세
①	목적	국제적인 이중과세방지	부가가치세 역진성 완화
②	성격	완전면제세도	부분면세제도
③	매출시	거래징수의무 없음	거래징수의무 있음
④	매입시	환급받음 (매입세액공제)	환급되지 아니함 (매입세액불공제)

해답

[1] ① 면세는 완전면세가 아니라 불완전면세 제도이다.

[2] ② 영세율은 완전면세제도이고, 면세는 불완전면세제도이다.

[3] ③ 면세는 매출시 거래징수 의무가 없다.

제 4 장

과세표준

4.1 과세표준의 개념과 과세표준에 포함하는 금액

과세표준은 과세대상 금액을 말한다. 거래 유형별 과세표준은 다음과 같이 계산한다.

(1) 거래 유형별 과세표준의 계산

① 금전으로 대가를 받는 경우 : 그 대가

② 금전 이외의 대가를 받는 경우 : 자기가 공급한 재화나 용역의 시가

③ 과세표준에는 다음의 것들도 포함

- 장기할부판매의 경우 이자상당액
- 대가의 일부로 받는 보험료, 운송비, 포장비, 하역비 등
- 개별소비세, 주세, 교통세, 환경세, 교육세 및 농어촌특별세

④ 무상공급의 경우에는 자기가 공급한 재화의 시가. 단, 용역의 무상공급은 과세되지 않는다.

⑤ 외상판매, 할부판매 : 인도시기의 총거래금액

⑥ 장기할부판매, 완성도기준지급조건부 재화 및 용역의 공급 : 대가의 각 부분을 받기로 한 금액

⑦ 수입한 재화 : 관세과세가격 + 관세 + 개별소비세, 주세, 교통 · 에너지 · 환경세 + 교육세, 농어촌특별세

⑧ 외국환으로 받은 수출거래

- 공급시기 전에 받아 원화로 환산 : 그 환가한 금액
- 공급시기 또는 그 이후 받는 외화금액 : 선적일의 기준환율 또는 재정환율

⑨ 특수관계인에게 재화를 저가공급 하는 경우 : 시가만큼 과세한다.

[예제 1] 10월 1일에 상품을 $ 100,000에 판매하기로 하고, 이 중에서 $ 10,000를 받았으며, 10월 10일에 전액 원화로 환가하였다. 상품은 10월 20일에 인도하였으며 대금은 10월 말에 받기로 하였다. 부가가치세 과세표준은? (단, 각 일자별 $1당 금액은 다음과 같다. 10월 1일 : 1,100원, 10월 10일 : 1,150원, 10월 20일 : 1,200원, 10월 31일 : 1,250원)

해설 $ 10,000 × 1,150원 + $ 90,000 × 1,200원 = 119,500,000원

(2) 과세표준에 포함되지 않는 금액과 과세표준에서 공제하지 않는 금액

구 분	내 용
과세표준에 포함되는 항목	① 대가의 일부로 받는 운송비, 포장비, 하역비, 보험료 등 ② 장기할부판매, 할부판매 등의 이자 상당액 ③ 개별소비세, 주세, 교통세, 교육세, 농어촌특별세, 관세 등
과세표준에 포함되지 않는 항목	① 부가가치세 ② 매출에누리, 매출환입, 매출할인 ③ 공급받는자에게 인도되기 전 파손, 훼손, 멸실된 재화 ④ 정부보조금과 공공보조금 ⑤ 반환조건부 용기, 포장비용 ⑥ 구분기재된 종업원 등의 봉사료 ⑦ 대가의 지연지급으로 인하여 지급받는 연체이자
과세표준에서 공제하지 않는 항목	① 대손금 ② 판매장려금 (현물 제공시는 시가만큼 과세표준 포함) ③ 하자보증금

1) 과세표준에 포함되는 항목 vs 과세표준에 포함되지 않는 항목 (공급시기에 발생)
 – 과세표준에 포함되는 사유가 발생 : 세금계산서상 과세표준에 포함하여 기록
 – 과세표준에 포함되지 않는 항목 ①,③,④,⑤,⑥,⑦ : 세금계산서 과세표준에 기록하지 않음
2) 과세표준에 포함되지 않는 항목 vs 과세표준에서 공제하지 않는 항목 (공급시기 이후)
 – 과세표준에 포함되지 않는 항목 ② : –세금계산서 발급대상
 – 과세표준에 공제하지 않는 항목 : 사유가 발생해도 –세금계산서를 발급하지 않음

[예제 4-1]

[1] 다음 자료를 이용하여 부가가치세 과세표준을 구하면 얼마인가?

ㄱ. 특수관계가 없는 자에 대한 외상매출액 200,000,000 원
  (매출에누리 5,000,000 원, 매출할인 10,000,000 원이 차감되어 있음)
ㄴ. 특수관계인에 대한 재화매출액(시가 50,000,000 원) 40,000,000 원
ㄷ. 상가건물의 처분액 700,000,000 원

① 250,000,000원 　　　　　　　　　② 940,000,000원
③ 950,000,000원 　　　　　　　　　④ 965,000,000원

[2] 다음 자료를 이용하여 계산한 부가가치세 과세표준금액은 얼마인가?

> ㄱ. 외상매출액(매출에누리와 매출할인이 차감되기 전 금액) 370,000,000 원
> ㄴ. 매출에누리 25,000,000원
> ㄷ. 매출할인 5,000,000원
> ㄹ. 외상매출금의 지급지연으로 인해 수령한 연체이자 2,000,000원
> ㅁ. 대손금 3,000,000원

① 335,000,000원
② 340,000,000원
③ 342,000,000원
④ 345,000,000원

[3] 다음 중 부가가치세 과세표준에 관한 설명으로 가장 올바르지 않은 것은?

① 매출에누리와 매출환입, 매출할인액은 과세표준에 포함하지 아니한다.
② 판매장려금은 과세표준에서 공제한다.
③ 금전 이외의 대가를 받는 경우에는 자기가 공급한 재화 또는 용역의 시가를 과세표준으로 한다.
④ 폐업시 잔존재화에 대하여는 시가를 과세표준으로 한다.

[4] 다음은 부가가치세 과세사업을 영위하는 ㈜삼일의 제 1 기 예정신고기간의 거래내역이다. 제 1 기 예정신고기간의 과세표준은 얼마인가(단, 아래의 금액은 부가가치세가 포함되어 있지 않다)?

> • 특수관계인 매출액 : 30,000,000 원(시가 40,000,000 원)
> • 특수관계인 이외의 매출 : 45,500,000원(매출환입 2,500,000원, 매출에누리 1,500,000원과 매출할인 1,000,000원이 포함된 금액)

① 70,500,000원
② 75,500,000원
③ 80,500,000원
④ 85,500,000원

4.2 간주공급의 과세표준

(1) 재화의 간주공급에 대한 과세표준

사 유		과세표준
자가공급	면세전용	원칙은 시가이나 감가상각자산은 특례적용
	비영업용소형승용차의 사용 또는 유지와 관련된 재화	시가
	타사업장반출	취득가액 (취득관련 세금포함)을 원칙으로 하나 취득가액에 일정액을 가산하여 공급하는 경우 그 공급가액
개인적 공급		시가
사업상 증여		시가
폐업시 잔존재화		시가

(2) 감가상각자산의 자가공급(간주공급)시 과세표준의 계산

감가상각대상 자산을 과세 사업을 위하여 취득하여 매입세액공제를 받은 후 면세용도로 전환하는 경우 과세표준은 다음과 같이 계산한다. 단, 여기에서 과세기간은 부가가치세법상 기간으로 6개월을 의미한다.

해당자산	과세표준
건축 또는 구축물	취득가액 × {1-(5%× 경과된 기간의 수)}
기타 상각성 자산	취득가액 × {1-(25%× 경과된 기간의 수)}

* 단, 2001년 12월 31일 이전에 취득한 건물, 구축물은 10%를 적용한다.
　재화의 간주공급은 세금계산서 발행대상이 아니므로 세금계산서상 과세-기타란에 반영하게 된다.

[예제 4-2]

[1] 사무용품을 판매(과세사업)하는 ㈜세무가 20x2년 7월 4일 폐업하였다. 폐업시 재고자산과 고정자산 현황이 다음과 같은 경우 부가가치세 과세표준은 얼마인가? 단, 과세재화의 경우 모두 매입세액공제를 받았다고 가정한다.

구분	취득시기	취득가액	장부가액	시가
재고자산	20x1년 10월	5,000,000원	5,000,000원	6,000,000원
집기비품	20x1년 4월	2,000,000원	420,000원	300,000원
토지	20x1년 3월	1,000,000원	1,000,000원	2,000,000원

① 5,500,000원　　　　　　　　　　　② 6,300,000원
③ 6,500,000원　　　　　　　　　　　④ 7,300,000원

[2] 과세사업을 영위하던 ㈜삼일은 20x5년 2 월 5 일에 사업을 폐지하였다. 폐업 당시의 잔존재화가 다음과 같다면 부가가치세 과세표준은 얼마인가?

구분	취득시기	취득원가	시가
제품	20x3.8.20	30,000,000원	20,000,000원
토지	20x1.6.20	700,000,000원	800,000,000원
건물	20x4.1.20	400,000,000원	200,000,000원

① 150,000,000원   ② 200,000,000원

③ 380,000,000원   ④ 650,000,000원

해답

[1] ③ 재고자산은 시가 6,500,000원을 과세표준으로 한다. 토지의 공급은 면세이므로 과세표준에 반영하지 않는다.
   집기비품 : 2,000,000원 × (1 − 0.25 × 3과세기간 경과) = 500,000원, 합계 6,500,000원

[2] ③
 제품 : 시가 20,000,000원, 토지 : 면세항목
 건물 : 400,000,000 × (1 − 0.05 × 경과된 과세기간 2기간) = 360,000,000원

4.3 공통사용 재화의 과세표준

(1) 과세사업과 면세사업에 동시에 사용하던 재화의 공급

해당 재화의 공급가액을 직전기 과세공급가액과 면세공급가액의 비율만큼 안분계산하여 과세금액을 판단한다. 단, 건물 등의 경우에는 공급가액 대신에 사용 면적 비율로 안분계산한다.

$$과세표준 = 당해 재화의공급가액 × \frac{직전기과세공급가액(과세사용면적)}{직전기총공급가액(총사용면적)}$$

※ 예외 (안분계산을 생략하는 경우) : 당해 재화의 공급가액 전액을 과세표준으로 하는 경우

① 직전기 총공급가액의 5% ≥ 면세공급가액, 단 공급가액이 5,000만원 이상인 경우에는 직전기 면세 공급가액 비율이 5% 이하더라도 안분계산을 해야 한다. (취지 : 면세비율이 낮음)

② 재화의 공급가액이 50만원 미만인 경우 (공급가액이 소액)

③ 신규사업자의 경우 (직전 과세기간이 없음)

[예제] 다음의 경우에 대하여 과세표준을 각각 구하여라.

(1) 정육식당은 정육점과 음식점을 동시에 영위하는 사업자이다. 이 사업자는 과세사업과 면세사업에 공통으로 사용하던 카드결제기를 600,000원 (부가세별도)에 처분하였다. 직전 과세기간의 정육점의 공급가액은 20,000,000원이고, 음식점의 공급가액은 80,000,000원이다. 카드결제기 매각시 과세표준은 얼마인가?

(2) 신문과 광고서비스를 겸영하는 회사에서 공통으로 사용하던 재화를 20x1년 2기에 5,500,000원에 공급하였다. 단, 20x1년 1기의 신문 공급가액은 1억원, 광고 공급가액은 24억원이다. 해당 재화의 공급으로 인한 과세표준은?

(3) 앞의 사례에서 공급가액 150,000원에 공급하는 경우 과세표준은?

[해설] (1) 과세공급가액 비율 80%에 해당하는 480,000원을 과세표준으로 한다.

(2) 면세공급가액의 비율이 4%로서 5% 미만에 해당하므로 안분계산 하지 않고, 5,500,000원 전액을 과세표준으로 한다.

(3) 공급가액이 50만원 이하이므로 안분계산 하지 않고, 150,000원 전액을 과세표준으로 한다.

[예제 4-3]

[1] 과세사업과 면세사업을 겸영하고 있는 ㈜삼일은 두 사업에서 공통으로 사용하고 있던 재화를 매각하였다. 다음 자료를 보고 ㈜삼일의 20x1 년 제 2 기 확정신고시 공통사용재화와 관련된 매출세액을 계산하면 얼마인가?

- 공통사용재화 취득일: 20x1년 1월 2일
- 공통사용재화 공급일: 20x1년 11월 25일
- 공통사용재화 공급가액: 20,000,000 원(부가가치세 미포함) ·과세사업과 면세사업의 공급가액

구분	20x1년 1기	20x1년 2기
과세	1억원	2억원
면세	3억원	3억원
계	4억원	5억원

① 500,000원   ② 800,000원
③ 1,200,000원   ④ 1,500,000원

[해답]

[1] ① 직전 과세기간 공급가액을 기준으로 안분하여 계산한다.

과세표준 : 20,000,000 × 1억/4억 = 5,000,0000원, 매출세액 : 5,000,000원 × 10% = 500,000원

> **[참고] 임대보증금의 간주임대료**
>
> 부동산을 임대하면서 전세보증금 계약을 하는 경우에는 보증금이자만큼 임대료를 받은 것으로 가정하여 과세표준을 계산한다.

예시

임대기간 : 20x1년 1월 1일~20x1년 12월 31일 (단, 1년은 365일로 가정함)

임대보증금 : 1,000,000,000원, 국세청장이 정하는 이자율 1.5%로 가정, 2기 확정신고기간 간주임대료는? 1,000,000,000 × 0.015 × 92일/365일 = 3,780,822원

제 **5** 장

매입세액

5.1 매입세액공제와 매입세액불공제

(1) 공제가능한 매입세액

① 세금계산서 수취

② 의제매입세액공제 - 다음 절에서 설명

③ 재고매입세액공제

④ 재활용폐자원 매입세액공제

⑤ 과세사업전환 매입세액

(2) 공제받지 못할 매입세액

① 세금계산서 미수취, 부실기재, 합계표의 미제출, 부실기재의 경우 ② 사업자 등록 전 매입세액 ③ 업무 무관지출 관련 매입세액	법인세법상 손금으로 인정받지 못함
④ 간주임대료 관련 매입세액 ⑤ 토지의 자본적 지출 관련 매입세액 ⑥ 비영업용 소형승용차의 구입과 그 유지에 관한 매입세액 * 단, 여기에서 영업용이라 함은 자동차매매업, 운수업, 렌트카 등을 말한다. 그리고, 1,000cc 이하의 승용차와 125cc 이하 오토바이의 매입은 매입세액공제가 가능하다. 소형승용차의 기준은 8인승 이하를 말한다. ⑦ 면세사업 관련 매입세액 ⑧ 접대비 및 이와 유사한 비용에 대한 매입세액	법인세법상 손금으로는 인정받음

[예제 5-1]

[1] 다음은 부가가치세 과세사업을 영위하는 ㈜삼일의 제 1 기 예정신고기간의 매입내역이다. 제 1 기 예정신고 시 공제받을 수 있는 매입세액은 얼마인가(단, 별도의 언급이 없는 항목은 정당하게 세금계산서를 수령하였다고 가정한다)?

매입내역	매입세액
ㄱ. 기계장치 구입	10,000,000원
ㄴ. 업무무관자산 구입	30,000,000원
ㄷ. 원재료 구입	5,000,000원
ㄹ. 부재료 구입(세금계산서의 필요적 기재사항의 일부가 누락되었고, 다른 증빙을 참조하여도 거래사실을 확인할 수 없음)	10,000,000원
ㅁ. 접대비	5,000,000원

① 15,000,000원   ② 25,000,000원
③ 35,000,000원   ④ 45,000,000원

[2] 다음은 제조업을 영위하는 과세업자인 ㈜삼일의 20x1년 10월 1일부터 12월 31일까지의 매입내역이다. 20x1년 제2기 확정신고시 공제받을 수 있는 매입세액은 얼마인가(단, 필요한 경우 적정하게 세금계산서를 수령하였다)?

매입내역	매입가액(부가가치세 포함)
기계장치	550,000,000원
비영업용 소형승용차	66,000,000원
원재료	33,000,000원
비품	66,000,000원
접대비 관련 매입액	11,000,000원

① 50,000,000원   ② 56,000,000원
③ 57,000,000원   ④ 59,000,000원

해답

[1] ① 10,000,000 + 5,000,000 = 15,000,000원
[2] ④ 매입가액의 100/110은 공급가액, 10/110은 매입세액이다.
    기계장치 50,000,000원 + 원재료 3,000,000원 + 비품 6,000,000원 = 59,000,000원

5.2 의제매입세액

(1) 의의

과세사업자가 면세로 공급받은 농산물(국내산, 수입산 불문) 등을 원재료로 하여 과세되는 재화 또는 용역을 공급하는 경우 소정의 율을 곱한 금액을 매입세액으로 의제하여 매출세액에서 차감한다. (사업자의 유형과 업종에 따라 달라지며, 시험에서는 공제율이 주어진다.)

(2) 의제매입세액공제에서 주의사항

① 사업자로부터 매입을 하는 경우에는 계산서나 신용카드 등을 수취하여야 한다.

② 의제매입세액 계산시 매입부대비용은 제외하고 순수하게 농수산물의 매입금액만 계산하여야 한다.

③ 의제매입세액의 계산시기는 사용시기가 아니라 매입시기이다.

④ 매입한 면세 농수산물을 그대로 양도하는 경우에는 제외하고 계산하여야 한다.

⑤ 농어민으로부터 매입하는 것은 제조기업에서만 가능하다. 음식점업 같은 경우에는 사업자로부터 계산서, 신용카드, 현금영수증등을 수취하여야 한다.

[예제 5-2]

[1] 다음 자료를 이용하여 음식점업을 영위하고 있는 김삼일씨의 제 2 기 예정신고기간의 매입세액공제액을 계산하면 얼마인가? 음식점업(과세유흥장소 아님)의 의제매입세액공제율은 108 분의 8 이며, 공제한도를 초과하지 않는다고 가정한다.

> ㄱ. 세금계산서 수령 매입액(부가가치세 제외금액) : 50,000,000원
> ㄴ. 세금계산서 수령분 중 접대비 관련 매입액(부가가치세 제외금액) : 5,000,000원
> ㄷ. 면세로 구입한 농산물(계산서 수령) : 27,000,000원
> ㄹ. 영수증 수령 비품매입액(부가가치세 포함) : 4,400,000원

① 4,500,000원   ② 6,500,000원

③ 6,900,000원   ④ 7,400,000원

---

[2] 다음 중 부가가치세법상 매입세액에 관한 설명으로 가장 올바르지 않은 것은?

① 의제매입세액은 해당 면세 농산물 등의 사용시점이 아닌 구입시점에 공제한다.

② 접대비 및 이와 유사한 비용의 지출에 관련된 매입세액은 매출세액에서 공제되지 않는다.

③ 의제매입세액은 국내 농산물 등을 매입하는 경우에만 적용된다.

④ 사업자가 일반과세자로부터 재화 또는 용역을 공급받고 부가가치세액이 별도로 구분 가능한 신용카드매출전표 등을 교부 받은 경우 신용카드매출전표 등 수취명세서를 제출하고, 신용카드매출전표 등을 보관하면 부가가치세액을 매입세액으로 공제받을 수 있다.

[3] 다음 중 부가가치세 의제매입세액공제를 적용받기 위해 충족해야할 요건이 아닌 것은?

① 면세사업자일 것
② 면세로 농·축·수·임산물을 공급받아야 할 것
③ 면세로 공급받은 농·축·수·임산물을 제조, 가공한 재화 또는 용역이 과세대상일 것
④ 면세농산물 등을 공급받은 사실을 증명하는 서류를 제출할 것

해답

[1] ②
세금계산서 수취분 : (50,000,000 - 5,000,000) × 10/100 = 4,500,000원
의제매입세액 : 27,000,000 × 8/108 = 2,000,000
[2] ③ 국내산, 수입산을 구분하지 않는다.
[3] ① 의제매입세액공제는 과세사업자가 적용받는 제도이다.

5.3 공통매입세액 안분계산과 정산

과세사업과 면세사업에 동시에 사용할 재화를 취득하는 경우에는 과세공급가액과 면세공급가액
비율에 따라 안분계산하여 공제받지 못할 매입세액을 계산한다.

(1) 예정신고 또는 개인사업자의 경우

총공급가액을 과세공급가액과 면세공급가액 비율에 따라 안분계산 한다.

공통매입세액 × 면세(예정)공급가액 / 총(예정)공급가액

(2) 확정신고시 정산을 하는 경우

예정신고기간에 신고한 금액과 확정신고기간의 금액을 합산하여 불공제액을 계산한다. 단, 예
정신고시 계산한 기불공제매입세액은 제외한다. 단, 공급가액이 없는 신규사업자는 매입금액
을 기준으로 안분계산 하게 된다.

(예정 + 확정)공통매입세액 × (예정+확정)면세공급가액/총(예정+확정)공급가액
- 기불공제 매입세액

예외적으로 공통사업에 사용할 용도로 취득한 자산을 동일 과세기간에 처분하는 경우에는 직
전 과세기간 공급가액을 기준으로 안분 및 정산을 한다. 예를 들어 20x1년 10월에 과세사업과
면세사업에 동시에 사용할 목적으로 취득한 자산을 20x1년 12월에 처분한다면, 20x1년 2기
확정신고기간의 공통매입세액 정산은 직전 과세기간의 공급가액을 기준으로 안분한다.

> **[예외]** (안분계산을 생략하는 경우) 당해 매입세액 전액을 매입세액공제를 하는 경우
>
> ① 직전기 총공급가액의 5% ≥ 면세공급가액, 단 공급가액이 5,000만원 이상인 경우에는 직전기 면세
>   공급가액 비율이 5% 이하더라도 안분계산을 해야 한다.
> ② 재화의 매입세액이 5만원 미만인 경우 (공급가액이 소액)
> ③ 신규사업자의 경우 (직전 과세기간이 없음)

[예제 5-3]

[1] 다음은 과세사업과 면세사업을 함께 영위하는 ㈜삼일의 제 1 기 부가가치세 예정신고 관련 자료이다. 예정신고와 관련한 설명으로 가장 올바르지 않은 것은?

> (1) 1 월 1 일 ~ 3 월 31 일까지의 제품공급가액(부가가치세 제외금액)
>   가. 과세공급가액 : 120,000,000 원
>   나. 면세공급가액 : 80,000,000 원
> (2) 1 월 1 일 ~ 3 월 31 일까지의 매입세액
>   가. 과세사업관련 매입세액 : 4,000,000 원(불공제 대상 1,000,000 원 포함)
>   나. 면세사업관련 매입세액 : 2,000,000 원
>   다. 과세·면세사업 공통매입세액 : 1,000,000 원

① 제 1 기 예정신고시 부가가치세 매출세액은 12,000,000 원이다.
② 면세공급가액 80,000,000 원에 대해서는 계산서 또는 영수증을 발급하여야 한다.
③ 과세사업관련 매입세액 중 불공제 대상과 면세사업관련 매입세액은 매입세액공제를 받을 수 없다.
④ 공통매입세액은 직전 과세기간의 총공급가액 중 과세공급가액의 비율로 안분하여 공제한다.

[2] 다음은 겸영사업자인 ㈜삼일의 20x1년 제2기 확정신고기간(20x1년 10월 1일 ~ 20x1년 12월 31일)의 매입 및 공급과 관련된 자료이다. ㈜삼일이 20x1년 제2기 확정신고시 공제받을 수 있는 매입세액은 얼마인가?

> (1) 매입가액
>   가. 과세사업에 사용할 부품 : 50,000,000원
>   나. 면세사업에 사용할 부품 : 40,000,000원
>   다. 과세사업과 면세사업에 공통으로 사용할 부품 : 30,000,000원
> (2) 공급가액
>   가. 20x1년 제2기 과세공급가액 : 200,000,000원
>   나. 20x1년 제2기 면세공급가액 : 100,000,000원
> (3) 과세사업과 면세사업에 공통으로 사용된 재화의 실지귀속은 불분명하며, 자료에 제시된 금액에는 부가가치세가 포함되어 있지 않다.

① 5,000,000원   ② 6,000,000원

③ 7,000,000원   ④ 8,000,000원

해설

[1] ④ 매입은 해당 과세기간의 공급가액을 기준으로 안분하여 계산한다.

[2] ③

  과세사업에 사용할 부품 : 50,000,000 × 10/100 = 5,000,000원

  공통으로 사용할 부품 : (30,000,000 × 2억/3억) × 10/100 = 2,000,000원

제6장

세금계산서

6.1 세금계산서의 의의

(1) 세금계산서의 기능

① 부가가치세를 징수하였음을 증명하는 세금영수증

② 청구서 또는 영수증

③ 거래여부를 확인하는 거래증빙자료 또는 기장의 기초자료

＊ 세금계산서는 원칙적으로 재화나 용역을 공급하고나서 발급하므로 재화 및 용역의 공급 계약서 성격은 아니다.

(2) 세금계산서 발급의무자

사업자간에 부가가치세가 과세되는 거래를 할 때에는 세금계산서를 발급하여야 한다. 세금계산서는 일반과세사업자(면세사업자나 간이과세자는 세금계산서를 발급할 수 없다. 단, 2021년 7월 1일부터는 직전연도 공급대가가 4,800만원을 초과하는 간이과세자는 세금계산서 발급의무가 있다.

(3) 세금계산서의 필수적 기재사항

세금계산서가 정당한 것으로 인정 받을려면 다음의 필수적기재사항을 모두 올바르게 기재하여야 한다(부법16).

① 공급자의 등록번호, 상호, 성명　　② 공급받는자의 등록번호

③ 작성연월일　　④ 공급가액과 세액

(4) 세금계산서를 발급하는 자

일반적으로는 공급자(매출하는 사업자)가 발급한다. 그 외 특별한 사례는 다음과 같다.

① 위탁매출 : 위탁자를 공급자로 하여 세금계산서를 발급한다.

② 수입하는 재화 : 세관장이 부가가치세를 징수하는 때에 수입세금계산서를 발급한다.

(5) 세금계산서 발급의무의 면제 (부법 71조)

단, 거래의 특성상 다음과 같이 세금계산서를 발급하기가 현실적으로 어려운 업종은 세금계산서 교부의무가 면제된다.

① 택시, 노점, 행상, 무인자판기
② 소매업 (거래 상대방이 요구하는 경우에는 발급), 목욕, 이발, 미용업
③ 재화의 간주공급
④ 부동산임대용역 중 간주임대료 (실제 임대료는 세금계산서 발급)
⑤ 영세율 적용대상 중 일부 : 직수출, 국외제공용역, 외국항행용역 등
⑥ 여객운송업 (단, 전세버스는 세금계산서 발급가능)

* 위의 ①~⑥은 일반과세자여도 세금계산서 발급이 면제되는 사유이다. 추가로 직전연도 공급대가가 4,800만원 미만인 간이과세자가 공급하는 경우에도 세금계산서 발급이 불가능하다.

[예제 6-1]

[1] 다음 중 부가가치세와 관련한 자문내용으로 가장 올바르지 않은 것은?

① 〈자문 1〉 직전연도 공급대가가 4,800만원 미만인 간이과세자의 경우에도 상대방이 발급을 요구할 경우 세금계산서를 발급해야 합니다.
② 〈자문 2〉 세금계산서 발급의무가 있는 사업자가 재화 또는 용역을 공급하고 거래시기에 세금계산서를 발급하지 않는 경우 그 재화 또는 용역을 공급받은 자는 관할 세무서장의 확인을 받아 매입자발행 세금계산서를 발행할 수 있습니다.
③ 〈자문 3〉 위탁판매의 경우 일반적으로 수탁자가 재화를 인도하는 때에 수탁자가 위탁자를 공급자로 하여 세금계산서를 발급해야 합니다.
④ 〈자문 4〉 부동산 임대용역 중 간주임대료가 적용되는 부분에 대해서는 세금계산서 발급의무가 면제됩니다.

[2] 다음 중 부가가치세법상 세금계산서 및 영수증에 관한 설명으로 가장 올바르지 않은 것은?

① 과세사업자는 세금계산서를 발행할 수 있으나, 직전연도 공급대가가 4,800만원 미만인 간이과세자는 세금계산서를 발행할 수 없다.
② 재화나 용역의 공급 전에 세금계산서를 발행하고 7일 이내에 대가를 지급받은 경우 공급받는 자는 발급받은 세금계산서로 매입세액을 공제 받을 수 있다.
③ 위탁판매의 경우 수탁자는 수탁자 자신의 명의로 된 세금계산서를 발급하여야 한다.
④ 과세대상 수입재화에 대해서는 세관장이 부가가치세를 징수하는 때에 수입세금계산서를 발급한다.

[3] 다음 중 부가가치세법상 세금계산서에 관한 설명으로 가장 올바르지 않은 것은?

① 사업자의 편의를 위하여 일정기간의 거래액을 합계하여 한 번에 세금계산서를 발급할 수 있다.

② 부동산임대용역은 실제임대료와 간주임대료 모두 세금계산서 발급 의무가 면제된다.

③ 재화나 용역의 공급 전에 세금계산서를 발행하고 7 일 이내에 대가를 지급받은 경우 공급받는 자는 발급받은 세금계산서로서 매입세액을 공제받을 수 있다.

④ 수정세금계산서는 당초에 세금계산서를 발급한 경우에만 적용되는 것이다.

[4] 다음 중 세금계산서에 관한 설명으로 가장 올바르지 않은 것은?

① 부동산 임대용역 중 간주임대료가 적용되는 부분에 대해서는 세금계산서 교부의무가 있다.

② 필요적 기재사항이 일부라도 기재되지 아니하거나 기재된 사항이 사실과 다를 때에는 적법한 세금계산서로 인정되지 않는다.

③ 세금계산서는 원칙적으로 재화 또는 용역의 공급시기에 발급한다.

④ 한 번 발행된 세금계산서라도 기재사항에 착오나 정정사유가 있다면 수정세금계산서를 발행할 수 있다.

해설

[1] ① 직전연도 공급대가가 4,800만원 미만인 간이과세자의 경우에는 거래 상대방이 요구하여도 세금계산서 발급을 할 수 없다.

[2] ③ 위탁판매의 경우 수탁자는 위탁자 명의로 된 세금계산서를 발급하여야 한다.

[3] ② 실제 임대료는 세금계산서를 발급하여야 한다.

[4] ① 간주임대료는 세금계산서 발급의무가 없다.

6.2 전자세금계산서

(1) 전자세금계산서 발급의무자

① 법인사업자

② 직전연도 (과세+면세)공급가액이 일정금액 이상인 개인사업자

공급가액	전자세금계산서 의무발급시기
2021년 공급가액이 2억원 이상	2022년 7월 1일 ~ 2023년 6월 30일까지
2022년 공급가액이 1억원 이상	2023년 7월 1일 ~ 2024년 6월 30일까지
2023년 공급가액이 8천만원 이상	2024년 7월 1일 ~ (종료기간 폐지)

(2) 추가 검토사항

① 전자세금계산서는 발급일 다음날까지 발급명세 내역을 전송하여야 한다.

② 전자세금계산서를 적법하게 발급 및 전송하면 세금계산서합계표 제출의무가 면제된다.

③ 전자세금계산서 발급대상이 아닌 개인사업자도 전자세금계산서 발급이 가능하다.

(3) 월합계 세금계산서

1월 이내의 기간을 정하여 발급일자를 말일자로 기록하고, 다음달 10일 이내에 발급하고, 발급일의 다음날까지 전송하여야 한다.

(4) 선발급 세금계산서

다음 요건 중 한가지를 충족하면 미리 세금계산서를 발급할 수 있다.

① 사업자가 공급시기 도래 전 대가의 일부 또는 전부를 받고 세금계산서를 발급하는 경우
② 사업자가 공급시기 도래이전에 세금계산서를 발급하고, 공급시기 7일 이내에 대가를 공급받는 경우
③ 7일이 경과하더라도 약정서 등에서 대금청구시기와 지급시기가 별도로 기재되어 있고, 대금청구시기와 지급시기가 30일 이상 차이가 나지 않는 경우

[예제 6-2]

[1] 다음 중 부가가치세법상 세금계산서에 관한 설명으로 가장 올바르지 않은 것은?

① 공급시기가 되기 전에 세금계산서를 발급하고 그 세금계산서 발급일부터 7일 이내에 대가를 받으면 해당 세금계산서를 발급한 때를 재화 또는 용역의 공급시기로 본다.
② 위탁판매의 경우 수탁자가 재화를 인도할 때에는 수탁자가 위탁자를 공급하는 자로 하여 세금계산서를 발급하는 것이 원칙이다.
③ 공급시기가 되기 전에 재화 또는 용역에 대한 대가의 전부 또는 일부를 받고, 이와 동시에 그 받은 대가에 대하여 세금계산서를 발급하면 그 세금계산서를 발급하는 때를 공급시기로 본다.
④ 법인사업자와 전자세금계산서 의무발급 개인사업자 외의 사업자는 전자세금계산서를 발급하고 전송할 수 없다.

[2] 다음과 같은 상황에 대한 세금계산서 발급행위로서 잘못 된 것은?

공급시기	공급가액	부가가치세
10월 10일	10,000,000	1,000,000
10월 20일	10,000,000	1,000,000
10월 31일	10,000,000	1,000,000

① 10월 31일 공급분에 대해 작성연월일을 10월 31일로 하여 세금계산서 작성하여 동일자로 발급한 경우
② 10월 31일 공급분에 대해 작성연월일을 10월 31일로 하여 세금계산서 작성하여 11월 7일에 발급한 경우
③ 10월 공급분을 합계하여 작성연월일을 10월 31일로 하여 세금계산서 작성하고 11월 10일에 발급한 경우

④ 10월10일/10월20일/10월31일 각각에 대해 10일,20일,31일을 작성연월일로 하여 세금계산서 3장을 작성하고, 11월 13일에 발급한 경우

해답

[1] ④ 전자세금계산서 의무발급 대상이 아닌 개인사업자도 전자세금계산서를 발급할 수 있다.

[2] ④ 다음달 10일까지는 발급하여야 한다.

6.3 수정세금계산서

수정세금계산서는 당초에 세금계산서를 발급한 경우에만 적용되며, 수정세금계산서 발급이 가능한 사유는 다음과 같다.

(1) 수정세금계산서 발급사유와 작성일자

수정세금계산서 발급사유	수정세금계산서 작성일자
재화의 환입, 계약의 해제, 공급가액의 추가또는 차감사유발생, 필요적 기재사항이 착오	해당 사유가 발생한 날짜로 발급한다. (6월 10일에 세금계산서 발급 → 7월 20일 사유발생 → 7월 20일자 발급)
재화 또는 용역을 공급한 후 구매확인서가 과세표준 종료일로부터 25일 이내 발급	당초 세금계산서 작성일자로 발급 6월 10일에 세금계산서 발급 → 7월 20일 내국신용장 개설 → 6월 10일자 과세세금계산서에 대해 부(-)의 세금계산서 발급 + 영세율 세금계산서 발급

[예제 6-3]

[1] 다음 중 부가가치세법상 세금계산서 및 영수증에 관한 설명으로 가장 올바르지 않은 것은?

① 과세사업자는 세금계산서를 발급할 수 있으나, 직전연도 공급대가가 4,800만원 미만인 간이과세자는 세금계산서를 발행할 수 없다.

② 재화나 용역의 공급 전에 세금계산서를 발행하고 3개월 이내에 대가를 지급받은 경우 공급받는 자는 발급받은 세금계산서로 매입세액을 공제 받을 수 있다.

③ 위탁판매의 경우 위탁자 명의로 된 세금계산서를 발급하여야 한다.

④ 과세대상 수입재화에 대해서는 세관장이 부가가치세를 징수하는 때에 수입세금계산서를 발급한다.

[2] 다음 중 부가가치세법상 세금계산서에 관한 설명으로 가장 올바르지 않은 것은?

① 수정세금계산서는 당초에 세금계산서를 발급 한 경우에만 가능하며 폐업한 사업자는 폐업 전 거래에 대해서 수정세금계산서를 발급 할 수 없다.

② 영세율이 적용되는 공급은 세금계산서 발급의무가 면제되어 구매확인서에 의한 간접수출시에도 세금계산서를 발급할 필요가 없다.

③ 발급 받은 매입세금계산서상 공급대상 재화의 수량과 단가가 잘못 기재된 경우라도 매입공제가 가능하다.

④ 관계증빙서류에 의해 실제 거래사실이 확인되는 경우 당해 거래일자를 작성연월일로 작성하여 실제 공급일이 속하는 달의 다음달 10 일까지 세금계산서를 발급할 수 있다.

해답

[1] ② 3개월이 아니라 7일 이내이다.

[2] ② 과세기간 종료일로부터 25일 이내에 구매확인서나 내국신용장이 개설되는 경우에는 당초 세금계산서 발급일자로 하여 수정세금계산서를 발급한다.

제7장

부가가치세의 신고와 납부, 간이과세자

7.1 부가가치세 계산구조

(1) 일반과세자 부가가치세 신고서 양식

시험에서는 과세표준, 매출세액, 납부세액 등의 금액을 물어보는 문제가 출제된다.

구 분				금 액	세율	세 액
과세표준 및 매출세액	과세	세금계산서 발급분	(1)		10/100	
		매입자발행 세금계산서	(2)		10/100	
		신용카드·현금영수증 발행분	(3)		10/100	
		기타(정규영수증 외 매출분)	(4)		10/100	
	영세율	세금계산서 발급분	(5)		0/100	
		기 타	(6)		0/100	
	예정 신고 누락분		(7)			
	대손세액 가감		(8)			
	합계		(9)	과세표준	㉮	매출세액
매입세액	세금계산서 수취분	일 반 매 입	(10)			
		수출기업 수입분 납부유예	(10-1)			
		고정자산 매입	(11)			
	예정 신고 누락분		(12)			
	매입자발행 세금계산서		(13)			
	그 밖의 공제매입세액		(14)			
	합계 (10)-(10-1)+(11)+(12)+(13)+(14)		(15)			
	공제받지 못할 매입세액		(16)			
	차감계 (15)-(16)		(17)		㉯	매입세액
납부(환급)세액 (매출세액㉮-매입세액㉯)					㉰	납부세액
경감·공제세액	그 밖의 경감·공제세액		(18)			
	신용카드매출전표등 발행공제 등		(19)			
	합계		(20)		㉱	
소규모 개인사업자 부가가치세 감면세액			(20-1)		㉲	
예정 신고 미환급 세액			(21)		㉳	
예정 고지 세액			(22)		㉴	
사업양수자가 대리납부한 세액			(23)		㉵	
매입자 납부특례에 따라 납부한 세액			(24)		㉶	
신용카드업자가 대리납부한 세액			(25)		㉷	
가산세액 계			(26)		㉸	
차감·가감하여 납부할 세액(환급받을 세액) (㉰-㉱-㉲-㉳-㉴-㉵-㉶-㉷+㉸)					(27)	
총괄 납부 사업자가 납부할 세액(환급받을 세액)						

(2) 대손세액공제

대손세액공제를 이해하기 위해 간략하게 사례를 제시해 보기로 한다.

① 20x1.12.20 상품을 1,000,000원 (부가세별도)에 외상판매

⇒ (차) 외상매출금 1,100,000   (대) 부가세예수금 100,000

(대) 상품매출   1,000,000

② 20x2. 6.30 거래처 파산으로 인하여 외상매출금 1,100,000원이 회수불가

⇒ (차) 부가세예수금   100,000 (대) 외상매출금   1,100,000

(차) 대손충당금 (또는 대손상각비) 1,000,000

공급자 입장에서는 시가 1,000,000원의 상품을 공급하고, 부가가치세 100,000원까지 납부하였으나 대금을 회수하지 못한 상황이다. 이 경우 부가가치세법에서는 대손금액의 10/110만큼 부가가치세를 공제해 주는데 이를 대손세액공제라고 한다.

추가로 대손세액공제에 대하여 정리할 사항들은 다음과 같다.

① 대손세액공제는 확정신고기간에만 가능하다.

② 세법상 인정되는 대손사유로는 파산, 강제집행, 사망·실종, 회사정리인가, 채권시효소멸, 부도 6개월 경과 회수기일이 6개월 이상 경과한 30만원 이내의 소액채권등의 경우에만 인정하여 준다. (부도가 6개월을 경과하지 않은 경우에는 대손세액공제를 받을 수 없는 사실에 주의하여야 한다.)

③ 대손세액공제의 범위는 부가가치세가 과세되는 재화 또는 용역을 공급한 후 그 공급일로부터 10년이 지난 날이 속하는 과세기간에 대한 확정신고기한까지 가능하다. (부령 제87조②)

④ 대손발생시와 대손변제시 공급자와 공급받는자는 다음과 같이 처리하여야 한다.

	대손발생시	대손변제시
공급자	대손세액공제 신고서 작성 대손세액가감란에 - 기록	대손세액공제 신고서 -로 작성 대손세액가감란에 + 기록
공급받는자	공제받지못할매입세액에 기록	대손세액공제 대손변제에 작성 기타공제매입세액공제

> **사례**

자료 : ㈜삼일의 1기 확정신고기간의 자료는 다음과 같다.
① 과세 세금계산서 발급 : 공급가액 50,000,000원, 세액 5,000,000원
② 영세율 세금계산서 발급 : 공급가액 100,000,000원
③ 1기 예정신고누락분(매출) : 공급가액 20,000,000원, 세액 2,000,000원
④ 대손처리한 매출채권 (대손세액공제요건 충족) : 11,000,000원 (부가가치세 포함)
⑤ 세금계산서 수취 (원재료 매입) : 공급가액 30,000,000원, 세액 3,000,000원
⑥ 세금계산서 수취 (접대비) : 공급가액 5,000,000원, 세액 500,000원

물음
① 과세표준은 얼마인가?
② 매출세액은 얼마인가?
③ 공제가능한 매입세액은 얼마인가?
④ 납부세액은 얼마인가?

해설 대손의 경우에는 11,000,000원의 10/110만큼 대손세액공제가 적용된다. 세금계산서를 수취한 접대비는 일단 세금계산서 수취분에 기록한 후 공제받지 못할 매입세액에서 차감된다. 시험에서는 객관식 문제로 출제되므로 매입세액에 반영을 안하고 풀이할 수도 있다.
① 과세표준 : 170,000,000원, ② 매출세액 : 6,000,000원, ③ 매입세액 : 3,000,000원, ④ 납부세액 3,000,000원

구 분				금 액	세율	세 액
과세표준 및 매출세액	과세	세금계산서 발급분	(1)	50,000,000	10 / 100	5,000,000
		매입자발행 세금계산서	(2)		10 / 100	
		신용카드·현금영수증 발행분	(3)		10 / 100	
		기타(정규영수증 외 매출분)	(4)		10 / 100	
	영세율	세금계산서 발급분	(5)	100,000,000	0 / 100	
		기 타	(6)		0 / 100	
	예정 신고 누락분		(7)	20,000,000		2,000,000
	대손세액 가감		(8)			-1,000,000
	합계		(9)	① 170,000,000	㉮	② 6,000,000
매입세액	세금계산서 수 취 분	일 반 매 입	(10)	35,000,000		3,500,000
		수출기업 수입분 납부유예	(10-1)			
		고정자산 매입	(11)			
	예정 신고 누락분		(12)			
	매입자발행 세금계산서		(13)			
	그 밖의 공제매입세액		(14)			
	합계 (10)-(10-1)+(11)+(12)+(13)+(14)		(15)	35,000,000		3,500,000
	공제받지 못할 매입세액		(16)	5,000,000		500,000
	차감계 (15)-(16)		(17)	30,000,000	㉰	③ 3,000,000
납 부 (환 급)세 액 (매 출 세 액 ㉮ - 매 입 세 액 ㉰)					㉯	④ 3,000,000

[예제 7-1]

[1] 다음은 ㈜삼일의 제 2 기 부가가치세 확정신고를 위한 자료이다. (ㄱ)에 들어갈 금액으로 가장 옳은 것은?

> ㄱ. 국내판매분
>   - 세금계산서 발행 매출액 30,000,000 원(부가가치세 제외)
>   - 신용카드매출전표 발행분 22,000,000 원(부가가치세 포함)
> ㄴ. 내국신용장에 의한 수출 10,000,000 원
> ㄷ. 직수출분 12,000,000 원

〈신고내용〉

구분			금액	세율	세액
과세표준 및 매출세액	과세	세금계산서 발급분		10/100	
		매입자발행세금계산서		10/100	
		신용카드, 현금영수증		10/100	
		기타 (정규영수증 외)		10/100	
	영세율	세금계산서 발급분	(ㄱ)	0/100	
		기타		0/100	

① 0원
② 10,000,000원
③ 12,000,000원
④ 22,000,000원

[2] 다음 중 부가가치세법상의 대손세액공제에 관한 설명으로 가장 올바르지 않은 것은?

① 대손세액은 대손금액(부가가치세가 포함된 금액)의 110 분의 10 으로 한다.

② 대손세액공제를 받고자 하는 사업자는 부가가치세 확정신고서에 대손세액공제신고서와 대손사실을 증명하는 서류를 첨부하여 관할세무서장에게 제출하여야 한다.

③ 대손세액공제는 재화의 공급일로부터 10 년이 경과된 날이 속하는 과세기간에 대한 확정신고기한까지 대손세액공제요건이 확정된 대손액에 한한다.

④ 받을어음에 대한 대손세액공제를 받기 위해서는 부도발생일로부터 1 년이 경과해야 한다.

[3] 다음은 ㈜서울의 거래내역이다. 부가가치세 신고서 ⟨#1⟩ ~ ⟨#3⟩에 기입할 금액으로 가장 옳은 것은 (단, 세금계산서는 부가가치세법에 따라 적절하게 발급하였다)?

⟨자료1⟩ 거래내역

> ㄱ. 국내 도매상인 ㈜부산에 700,000,000 원(VAT 미포함)의 제품을 판매하고 세금계산서를 발급함
>
> ㄴ. 국내 소매상인 ㈜광주에 330,000,000 원(VAT 포함)의 제품을 판매하고 신용카드매출전표를 발급함(매출전표에 공급받는자와 부가가치세액을 별도로 기재함)
>
> ㄷ. 수출업체인 ㈜대구에 Local L/C 에 의해 400,000,000 원의 제품을 판매함

⟨자료2⟩ 부가가치세 신고서 양식

구분			과세표준	세액
과세표준 및 매출세액	과세	세금계산서 발급분	⟨#1⟩	
		기타	⟨#2⟩	
	영세율	세금계산서 발급분	⟨#3⟩	
		기타	⟨#4⟩	

	⟨# 1⟩	⟨# 2⟩	⟨# 3⟩	⟨# 4⟩
①	700,000,000원	–	300,000,000원	400,000,000원
②	700,000,000원	300,000,000원	400,000,000원	–
③	700,000,000원	330,000,000원	400,000,000원	–
④	900,000,000원	–	–	400,000,000원

해답

[1] ② 내국신용장에 의한 수출만 해당된다.

[2] ④ 부도로 인하여 대손세액공제를 받고자 하는 경우에는 1년이 아니라 6개월이 경과하여야 한다.

[3] ② ㄱ은 ⟨#1⟩에 반영되고, ㄴ중에서 300,000,000원이 ⟨#2⟩에 반영된다. ㄷ은 ⟨#3⟩에 반영된다.

7.2 신고, 납부, 환급, 가산세

(1) 예정신고

법인사업자	예정신고기간에도 부가가치세 신고 및 납부의무가 있다. 단, 직전 과세기간의 공급가액이 1억 5천만원 미만인 영세한 법인사업자는 예정고지납부를 한다.
개인사업자 (일반과세자)	① 원칙 직전 과세기간 납부액의 1/2 만큼 고지서에 의한 납부를 한다. (중간예납세액이 50만원 이하인 경우에는 중간예납을 하지 않으며, 1,000원 이하는 버림) ② 예정신고 선택가능자 예정신고기간의 수입금액이 직전 과세기간의 1/3에 미달하는 자는 예정신고를 하는 방법을 선택할 수 있다. (주의 : 직전 과세기간 납부실적이 없는 사업자는 예정신고 의무가 없다)
간이과세자	6월이 되는 달에 직전연도 납부세액의 1/2를 고지납부하게 된다.

(2) 확정신고

사업자는 각 과세기간 종료일로부터 25일 이내에 과세표준과 납부세액 및 환급세액을 관할세무서장에게 신고하여야 한다. 단, 예정신고 및 조기환급신고를 한 경우에는 그 부분은 확정신고기간에서 제외하여야 한다.

	예정신고	확정신고
개인사업자(일반과세자) 영세한 법인사업자	원칙 : 고지납부	신고납부
일반환급	환급되지 않음	환급가능
가산세	신고하지 않음	신고의무 있음
대손세액공제	신고할 수 없음	신고 가능
공통매입세액	안분계산	정산
의제매입세액 한도	고려하지 않음	한도 검토
재활용폐자원매입세액 한도	고려하지 않음	한도 검토
누락분의 처리	확정신고시 누락분 기록	결정 및 경정

(3) 기한후 신고

확정신고기간까지 부가가치세 신고납부의무를 이행하지 못한 경우 관할세무서장이 결정하여 통지하기 전까지 신고 및 납부를 하는 것을 기한후 신고라고 한다.

(4) 환급

① 일반환급 : 환급세액은 각 과세기간별로 그 확정신고기한 경과후 30일내(조기환급의 경우에는 15일이내)에 사업자에게 환급하여야 한다.

② 조기환급

조기환급 대상	영세율 적용 사업자이거나 사업설비(감가상각자산)를 신설, 취득, 확장, 증축 하는 경우에는 조기환급이 가능하다.
조기환급 기간	예정신고서 또는 확정신고서를 제출한 경우에는 환급신고를 한 것으로 본다(부령73 ②). 이 경우 관할세무서장은 신고기한으로부터 15일 이내에 환급하여야 한다. 단, 예정 및 확정신고기간이 아닌 경우에는 조기환급기간으로 할 수 있다. 즉, 3월, 6월, 9월, 12월이 예정 및 확정신고에 따른 기간이면 조기환급은 나머지 달인 1월, 2월, 4월, 5월, 7월, 8월, 10월, 11월이 된다. 각 조기환급기간의 25일 이내에 영세율 등 조기환급신고를 하여야 한다.

(5) 가산세

① 가산세의 종류

구분	내용	가산세율
미등록가산세	사업개시일부터 20일 이내에 사업자등록을 신청하지 아니 한 경우	공급가액의 1%
세금계산서 불성실가산세 (공급자)	가공 세금계산서	공급가액의 3%
	미발급, 타인명의 세금계산서	공급가액의 2%
	전자세금계산서 사업자의 종이세금계산서 발급 자기소유 타사업장명의 발급, 지연발급, 부실기재	공급가액의 1%
	전자세금계산서 발급명세, 세금계산서합계표 미전송	공급가액의 0.5%
	전자세금계산서 발급명세, 세금계산서합계표 지연전송	공급가액의 0.3%
매입세금계산서	세금계산서 지연수취	공급가액의 0.5%
신고불성실 가산세	미달신고 또는 초과환급신고세액 × 10%(40%) - 감면세액 (성격에 따라 10% ~ 50%감면)	
납부지연가산세	미달신고 또는 초과환급신고세액 × 2.2/10,000 × 미납일수	
영세율과세표준 신고불성실	미달신고한 영세율 과세표준 × 0.5% - 감면세액 (성격에 따라 10% ~ 50%감면)	

② 주의사항

 - 가산세 중복적용 배제 : 미등록가산세, 세금계산서불성실가산세 간에 중복되는 경우에
   는 가산세율이 가장 높은 것만 적용
 - 매입세금계산서를 수취하고, 매입을 늦게 신고한 것은 가산세 대상이 아니다.

[예제 7-2]

[1] 다음 중 부가가치세의 신고 및 납부, 환급에 관한 설명으로 가장 올바르지 않은 것은?

① 사업자는 각 예정신고기간 또는 과세기간이 끝난 후 25일 이내에 사업장 관할 세무서장에게 과세표준을 신고하고 세액을 자진납부하여야 한다.

② 일반환급세액은 각 예정 및 확정신고기한 경과 후 30일 이내에 환급한다.

③ 매월 또는 매 2월마다 조기환급받고자 하는 자는 조기환급기간 경과 후 25일 이내에 조기환급신고서를 제출하여야 한다.

④ 당해 과세기간 중 대손이 발생하였거나 대손금이 회수되었을 경우 확정신고 시에 대손세액을 가감한다.

[2] 다음 중 부가가치세법상 가산세에 관한 설명으로 가장 올바르지 않은 것은?

① 세금계산서불성실가산세와 매출처별세금계산서합계표 제출불성실가산세에 동시에 해당되는 경우 두 가지 모두 적용한다.

② 신규로 사업을 개시한 사업자가 기한 내에 사업자등록을 신청하지 아니한 경우 사업개시일부터 등록신청일의 직전일까지의 공급가액에 대하여 1 % 를 미등록가산세로 납부하여야 한다.

③ 예정신고 시 제출하지 않은 매출처별세금계산서합계표를 확정신고 시에 지연제출한 경우에 가산세를 납부하여야 한다.

④ 영세율 첨부서류를 제출하지 아니한 경우에도 가산세가 부과된다.

[3] 다음 중 부가가치세에 대한 가산세가 부과되는 경우가 아닌 것은?

① 예정신고시 매입처별세금계산서 합계표를 제출하지 않고 확정신고시 제출한 경우

② 가공세금계산서를 발행한 경우

③ 재화를 공급받고 타인 명의로 세금계산서를 발급받은 경우

④ 사업자등록을 하지 않은 경우

[4] 다음은 제조업을 영위하는 ㈜삼일의 제 1 기 부가가치세 확정신고와 관련된 자료이다. 확정신고시 ㈜삼일의 가산세를 포함한 차가감 납부세액은 얼마인가(아래의 금액은 부가가치세가 제외된 금액임)?

> ㄱ. 확정신고기간 중 ㈜삼일의 제품공급가액 50,000,000 원
>   (이 중 세금계산서를 발행하지 않은 공급가액은 2,500,000 원이다)
> ㄴ. 확정신고기간 중 ㈜삼일의 매입액 40,000,000 원
>   (매입세액 불공제 대상인 매입액은 5,000,000 원이다)

ㄷ. 세금계산서 관련 가산세는 미발급금액의 2 % 를 적용한다.
(그 외 가산세는 없다고 가정한다)

① 1,550,000원 　　　　　　　　　② 1,600,000원
③ 1,650,000원 　　　　　　　　　④ 1,700,000원

해답

[1] ② 예정신고기간에는 환급이 되지 않는다.
[2] ① 중복적용 하지 않고, 가산세율이 높은 것만 적용한다.
[3] ① 매출을 늦게 신고한 것은 가산세 대상이지만, 매입을 늦게 신고한 것은 가산세 대상이 아니다.
[4] ①
　매출세액 : 50,000,000 × 10% = 5,000,000원
　매입세액 : (40,000,000 − 5,000,000) × 10% = 3,500,000원
　가산세 : (세금계산서 미발급) 2,500,000 × 2% = 50,000원
　차가감납부할세액 : 5,000,000 − 3,500,000 + 50,000 = 1,550,000원

7.3 간이과세자

(1) 일반과세자와 간이과세자의 비교

구 분	일반과세자	간이과세자
적용대상 사업자	간이과세사업자가 아닌 사업자	직전 1역년의 공급대가가 8,000만원 미만인 개인사업자. 법인사업자는 간이과세자가 될 수 없다.
과세기간	1기 : 1/1 ~ 6/30 2기 : 7/1 ~ 12/31	1/1 ~ 12/31 (단, 6월말에 직전 과세기간 납부액의 1/2을 고지납부함)
적용배제업종	없다.	광업, 도매업, 부동산매매업, 전문자격사업, 개별소비세법에 따른 유흥업, (일정한) 부동산임대업, 제조업(최종소비자에게 공급하는 것은 제외), 기타 국세청장이 정하는 기준에 의한 것
매출세액	공급가액 × 10%	공급대가× 10%× 업종별부가가치율
매입세액	매입세액 (매입세액으로 공제)	매입공급대가 × 0.5% (공제세액 성격)
그밖의 매입세액	의제매입세액공제, 재활용폐자원매입세액공제 가능	의제매입세액공제, 재활용폐자원매입세액공제 적용 불가능
세금계산서 발급	발급 가능	직전연도 공급대가 4,800만원 미만인 경우에는 발급 불가
예정신고	법인사업자는 신고납부 개인사업자는 고지납부	직전 과세기간 납부액의 1/2을 예정부과 (단, 부과금액이 50만원 이하이면 면제)

납부의무면제	없음	당해 과세기간 공급대가가 4,800만원 미만인 경우 (가산세도 부과되지 않음. 단, 재고납부세액, 미등록 가산세는 납부해야 한다)

(2) **간이과세포기** : 신고한 개인사업자는 그 적용받고자 하는 달의 1일부터 3년이 되는 날이 속하는 과세기간까지는 일반과세자에 관한 규정을 적용받아야 한다.

[예제 7-3]

[1] 다음 중 부가가치세법상 일반과세자와 간이과세자에 관한 설명으로 가장 올바르지 않은 것은?

① 간이과세자의 납부세액은 공급대가에 업종별 부가가치율을 곱한 것에 10 %의 세율을 적용해서 계산한다.

② 간이과세는 개인사업자를 대상으로 하므로 법인사업자는 간이과세를 적용받지 못한다.

③ 간이과세자는 확정신고를 할 필요가 없고 세무서에서 고지한 세액을 납부하는 것으로 모든 납세의무가 종결된다.

④ 간이과세자는 간이과세를 포기함으로써 일반과세자가 될 수 있다.

[2] 다음 중 부가가치세법상 일반과세자와 간이과세자에 관한 설명으로 가장 올바르지 않은 것은? 단, 해당 사업자는 2023년에 개업한 것으로 가정한다.

① 법인은 일반과세자이며 간이과세자가 될 수 없다.

② 간이과세자 중에서도 재화공급시 세금계산서를 발급해야 하는 경우가 있다.

③ 간이과세자도 의제매입세액공제가 가능하다.

④ 간이과세자는 간이과세를 포기함으로써 일반과세자가 될 수 있다

[3] 다음 중 부가가치세법상 일반과세자와 간이과세자를 비교한 내용으로 가장 올바르지 않은 것은? 단, 간이과세자의 경우 직전연도 공급대가가 4,800만원 미만으로 가정한다.

		일반과세자	간이과세자
①	세금계산서	세금계산서 발급 원칙	공급받는자가 요구하는 경우 발급가능
②	포기제도	포기제도 없음	간이과세자를 포기하고 일반과세자가 될 수 있음
③	대손세액공제	규정 있음	공제 없음
④	의제매입세액공제	규정 있음	규정 없음

해답

[1] ③ 간이과세자도 확정신고를 하여야 한다.

[2] ③ 2021년 7월부터 간이과세자는 의제매입세액공제 적용이 불가능하다.

[3] ① 직전연도 공급대가가 4,800만원 미만인 간이과세자는 공급받는자가 요구하는 경우에도 세금계산서 발급이 불가능하다.

재경관리사 소득세법 출제경향

	2019년						2020년				
	1월	3월	5월	7월	9월	11월	1월	5월	7월	9월	11월
소득세의 특징	61			61	61	61		61			61
납세의무자							61			61	
각 소득의 비교		62					63	62	62		
종합소득의 종류		66	62			62					
과세기간			61						61		
소득세의 납세지				62				62			
이자소득의 종류							62				
이자소득 수입시기						63					
배당소득의 종류					62						
금융소득종합과세	62	61	63	63			63		63	63	63
사업소득금액 계산		63			63					64	
사업소득 vs 법인세법			68					64	64		
부동산임대소득	63						64				64
근로소득의 종류	64				64		65			65	
근로소득 수입시기		64									
비과세소득			64	64	65	64		65	65		65
연금소득				66		65					
기타소득의 종류	65				66						
기타소득의 필요경비		65		65	68			66			
기타소득 분리과세			65			66			66	67	62
결손금 및 이월결손금	66		69				66		67	66	67
기본공제와 추가공제	68	70		67	67		67	67	68	69	
신용카드사용소득공제			70					68			
종합소득 산출세액						68					69
소득세법 세액공제	67	67		69	69	69	68 70	69	69 70	68 70	68
퇴직소득의 계산	69						69				
양도소득세 과세대상	71		71		71				71		71
양도소득세 계산구조				71			71	71			
반기별 납부승인		68									
연말정산시기	70										70
원천징수		69	67	70	70	70		70			66
종합소득세 확정신고		71		68	67					71	
중간예납						71					

제 8 장

소득세 기초이론

8.1 소득세의 특징

(1) 우리나라 소득세법의 특징

① 열거주의 과세 : 열거된 소득만 과세한다. (예 : 주식 매매차익은 열거되지 않았으므로 비과세) 단, 이자소득과 배당소득은 열거되어 있지 않아도 유사한 소득에 대하여 과세하는데, 이를 유형별 포괄주의라고 한다.

② 개인단위 과세 : 부부합산과세 X, 사업장 단위 X

③ 부담능력에 따른 과세제도 : 응능과세

④ 직접세

⑤ 누진세율 적용

과세표준	세 율
1,400만원 이하	과세표준의 6%
1,400만원 초과 5,000만원 이하	84만원 + (1,400만원을 초과하는 금액의 15%)
5,000만원 초과 8,800만원 이하	624만원 + (5,000만원을 초과하는 금액의 24%)
8,800만원 초과 1억 5천만원 이하	1,536만원 + (8,800만원을 초과하는 금액의 35%)
1억 5천만원 초과 3억원 이하	3,706만원 + (1억 5천만원을 초과하는 금액의 38%)
3억원 초과 5억원 이하	9,406만원 + (3억원을 초과하는 금액의 40%)
5억원 초과 10억원 이하	1억 7,406만원 + (5억원을 초과하는 금액의 42%)
10억원 초과	3억 8,406만원 + (10억원을 초과하는 금액의 45%)

⑥ 주소지 과세원칙

⑦ 광범위한 원천징수제도

(2) 예납적 원천징수와 완납적 원천징수

구분	완납적 원천징수	예납적 원천징수
납세의무	원천징수로 납세의무 종결	원천징수로 납세의무 종결되지 않음
확정신고	확정신고 의무 없음	확정신고 의무 있음
조세부담	원천징수세액	확정신고시 정산하고 원천징수세액을 기납부세액으로 공제함
대상소득	분리과세 소득 ① 원천징수만으로 납세의무가 종결되는 이자소득, 배당소득 ② 근로소득 (일용근로자) ③ 기타소득 일부 (복권 당첨소득, 경품당첨 등)	분리과세 이외의 소득 ① 그 외 이자소득, 배당소득 ② 근로소득(일용근로자 제외) ③ 원천징수 대상 사업소득 ④ 기타소득 (강연료, 원고료 등)

[예제 8-1]

[1] 우리나라 소득세의 특징에 관한 설명으로 가장 올바르지 않은 것은?

① 원칙적으로 개인별로 과세하는 개인단위 과세제도이다.

② 원칙적으로 열거된 소득에 대해서 과세하는 열거주의 과세제도(단, 이자·배당소득은 유형별 포괄주의)이다.

③ 공평과세를 위해 개인의 인적사항을 고려하지 않는다.

④ 소득세는 신고납세제도를 채택하고 있으므로 납세의무자의 확정신고로 과세표준과 세액이 확정된다.

[2] 다음 중 예납적 원천징수와 완납적 원천징수에 관한 비교내용으로 가장 올바르지 않은 것은?

구분	예납적 원천징수	완납적 원천징수
① 납세의무	원천징수로 납세의무 종결되지 않음	원천징수로 납세의무 종결
② 확정신고	확정신고 의무 있음	확정신고 의무 없음
③ 조세부담	확정신고시 정산하고 원천징수세액을 기납부세액으로 공제함	원천징수세액
④ 대상소득	분리과세 소득	분리과세 이외의 소득

[3] 다음 중 소득세에 관한 설명으로 가장 올바르지 않은 것은?

① 소득세법은 원칙적으로 열거주의에 의해 과세대상소득을 규정하고 있으며 예외적으로 이자 및 배당소득에 한하여 유형별 포괄주의를 채택하고 있다.

② 소득세법은 부부인 경우에 한하여 소득을 합산하여 소득세를 신고·납부하는 것을 허용하고 있다.

③ 소득세법은 신고납세제도를 채택하고 있으므로 납세의무자의 확정신고로 과세표준과 세액이 확정된다.

④ 소득세법은 소득의 증가에 따라 세율이 증가하는 누진과세를 채택하고 있다.

[4] 다음 중 우리나라의 소득세에 관한 설명으로 가장 올바르지 않은 것은?

① 원칙적으로 개인별로 과세하는 개인단위 과세제도이다.

② 개인의 인적사항을 고려하여 부담능력에 따른 과세를 채택하고 있다.

③ 원칙적으로 포괄주의 과세제도이다.

④ 소득세는 신고납세제도를 채택하고 있으므로 납세의무자의 확정신고로 과세표준과 세액이 확정된다.

[5] 다음 중 소득세에 관한 설명으로 가장 올바르지 않은 것은?

① 소득세법은 열거주의에 의하여 과세대상 소득을 규정하고 있으므로 열거되지 아니한 소득은 비록 담세력이 있더라도 과세되지 않는다. 다만, 예외적으로 이자소득과 배당소득은 열거되지 않은 소득이라도 유사한 소득을 포함하는 유형별 포괄주의를 채택하고 있다.

② 소득세법은 부부라 하더라도 개인단위과세제도를 원칙으로 한다.

③ 퇴직소득과 양도소득은 다른 소득과 합산하지 않고 별도로 과세한다.

④ 분리과세대상 소득은 일단 소득을 지급하는 시점에 원천징수를 하되 추후 납세의무를 확정할 때 이를 다시 정산하는 방법을 말한다.

해답

[1] ③ 소득세는 인적사항을 고려한다.

[2] ④ 완납적 원천징수가 분리과세 소득과 관련이 있다.

[3] ② 부부합산과세는 적용하지 않는다.

[4] ③ 포괄주의가 아니라 유형별 포괄주의이다.

[5] ④ 분리과세대상 소득은 원천징수만으로 납세의무가 종결된다.

8.2 과세대상 소득

(1) 종합소득, 퇴직소득, 양도소득

종합소득에는 이자소득, 배당소득, 사업소득, 근로소득, 연금소득, 기타소득이 있다. 종합소득은 이러한 소득을 합산하여 소득세를 과세한다. 퇴직소득, 양도소득은 종합소득에 합산하지 않고 계산한다.

구 분		필요경비	분리과세	소득공제	이월결손금
종합소득	이자소득	×	○	×	×
	배당소득	×	○	○	×
	사업소득	○	×	×	○
	근로소득	×	○	○	×
	연금소득	×	○	○	×
	기타소득	○	○	×	×
퇴직소득		×	○	○	×
양도소득		○	×	×	×

* 사업소득의 경우 원칙은 원천징수 적용을 하지 않으나 일부 자유직업소득에 대하여는 원천징수를 하게 된다.

(2) 분류과세와 분리과세

    ① 분류과세 : 소득세법상 소득을 종합소득, 퇴직소득, 양도소득으로 구분

    ② 분리과세 : 원천징수만으로 납세의무가 종결

[예제 8-2]

[1] 다음 중 필요경비가 인정되지 않는 소득을 모두 고른 것은?

ㄱ. 기타소득	ㄴ. 사업소득	ㄷ. 이자소득	ㄹ. 배당소득

① ㄱ, ㄴ   ② ㄱ, ㄷ

③ ㄷ   ④ ㄷ, ㄹ

[2] 거주자인 김삼일씨의 20x1년도 소득자료는 다음과 같다. 이에 의하여 20x2년 5 월말까지 신고해야 할 종합소득금액은 얼마인가?

ㄱ. 근로소득금액 22,000,000 원	ㄴ. 양도소득금액 13,000,000 원
ㄷ. 사업소득금액 15,000,000 원	ㄹ. 퇴직소득금액 20,000,000 원
ㅁ. 기타소득금액 4,800,000 원	

① 37,000,000 원   ② 41,800,000 원

③ 57,000,000 원   ④ 65,200,000 원

[3] 다음 중 소득세에 관한 설명으로 가장 올바르지 않은 것은?

① 분리과세대상 소득은 일단 소득을 지급하는 시점에 원천징수를 하되 추후 납세의무를 확정할 때 이를 다시 정산하는 방법을 말한다.

② 소득세법은 열거주의에 의하여 과세대상 소득을 규정하고 있으므로 열거되지 아니한 소득은 비록 담세력이 있더라도 과세되지 않는다. 다만, 예외적으로 이자소득과 배당소득은 열거되지 않은 소득이라도 유사한 소득을 포함하는 유형별 포괄주의를 채택하고 있다.

③ 소득세법은 부부라 하더라도 개인단위과세제도를 원칙으로 한다.

④ 퇴직소득과 양도소득은 다른 소득과 합산하지 않고 별도로 과세한다.

[4] 다음 중 필요경비 공제가 인정되지 않는 소득으로 가장 옳은 것은?

① 이자소득 및 배당소득   ② 사업소득 및 기타소득

③ 이자소득 및 기타소득   ④ 배당소득 및 사업소득

[5] 다음 중 소득세 계산구조에 대한 설명으로 가장 올바르지 않은 것은?

① 개인의 세금부담능력(담세력)은 소득의 증가에 비례하여 누진적으로 증가하므로 누진과세를 채택하고 있다.

② 소득세법은 원칙적으로 열거주의에 의해 과세대상 소득을 규정하고 있으므로, 열거되지 아니한 소득은 비록 담세력이 있더라도 과세되지 않는다.(이자·배당소득 제외)

③ 퇴직소득 및 양도소득은 다른 소득과 합산하지 않고 별도로 과세하는 분리과세 방식이 적용된다.

④ 소득세법상 소득금액은 총수입금액에서 필요경비를 차감하여 계산하며, 다만 이자소득과 배당소득에 대하여는 필요경비를 인정하지 아니한다.

해답

[1] ④ 이자소득과 배당소득은 필요경비가 인정되지 않는다.

[2] ② 근로소득금액 22,000,000 + 사업소득금액 15,000,000 + 기타소득금액 4,800,000 = 41,800,000원 (양도소득과 퇴직소득은 종합소득에 포함되지 않는다)

[3] ① 분리과세소득은 원천징수만으로 납세의무가 종결되므로 정산을 하지 않는다.

[4] ① 이자소득과 배당소득은 필요경비가 인정되지 않는다.

[5] ③ 분리과세가 아니라 분류과세이다.

8.3 과세기간, 납세의무자와 납세지

(1) 과세기간

사업연도 : 1/1 ~ 12/31(변경 불가능)			
1/1	5/31	11/30	12/31
사업연도개시	소득세신고납부	중간예납	사업연도종료

(2) 납세의무자

① 개인

국내에 주소를 두거나 183일 이상 거소를 둔 경우에는 거주자. 그 외 비거주자.

거주자는 국내, 국외 원천소득에 대하여 소득세를 과세하고, 비거주자는 국내 원천소득에 대해서만 납세의무를 진다.

② 법인이 아닌 단체 : 법인으로 의제되면, 법인세가 과세된다. 법인으로 의제되지 않는 경우는 사업소득편에서 설명하기로 한다.

(3) 납세지

일반적인 납세지	① 주소지. 다만, 주소지가 없는 경우에는 그 거소지. ② 비거주자에 대한 소득세의 납세지 : 국내사업장(국내사업장이 2개 이상 있는 경우에는 주된 국내사업장) 국내사업장이 없는 경우에는 국내원천소득이 발생하는 장소.
원천징수한 소득세 납세지	① 원천징수하는 자가 거주자 : 거주자의 주된 사업장의 소재지. ② 원천징수하는 자가 비거주자 : 비거주자의 주된 국내사업장의 소재지.

[예제 8-3]

[1] 소득세법상 과세기간에 관한 설명으로 가장 올바르지 않은 것은?

① 소득세법상 과세기간은 매년 1월 1일부터 12월 31일까지가 원칙이나, 1년 이내에서 개인의 선택에 따라 과세기간을 조정 할 수 있다.

② 납세의무자가 사망한 경우에는 1월 1일부터 사망일까지를 과세기간으로 간주한다.

③ 신규사업자의 해당하는 경우 1월 1일부터 12월 31일까지를 1과세기간으로 한다.

④ 주소 또는 거소를 이전한 출국에 해당하는 경우 1월 1일부터 출국한 날까지를 과세기간으로 간주한다.

[2] 다음 중 소득세법상 납세지에 관한 설명으로 가장 올바르지 않은 것은?

① 거주자의 납세지는 주소지로 하는 것이 원칙이다.

② 비거주자의 납세지는 국내사업장의 소재지로 하며, 국내사업장이 없는 경우에는 국내원천소득이 발생하는 장소로 한다.

③ 개인사업자의 납세지는 납세자가 자유롭게 선택할 수 있다.

④ 국내사업장이 2 이상이 있는 비거주자의 경우에는 주된 국내사업장 소재지를 납세지로 한다.

[3] 다음 중 소득세법상 과세기간 및 납세지에 대한 설명으로 가장 올바르지 않은 것은?

① 거주자가 사망한 경우 1월 1일부터 사망일 까지를 과세기간으로 한다.

② 거주자가 폐업을 하는 경우에 1월 1일부터 12월 31일까지를 과세 기간으로 한다.

③ 거주자의 납세지는 주소지로 하는 것이 원칙이다.

④ 비거주자의 납세지는 국내원천소득이 발생하는 장소로 하는 것이 원칙이다.

해답

[1] ① 과세기간의 임의변경은 불가능하다.

[2] ③ 소득세는 원칙적으로 주소지 과세원칙이므로 납세지가 자유롭게 선택하지 못한다.

[3] ④ 국내사업장 소재지를 원칙으로 한다.

제 9 장

이자소득과 배당소득

9.1 이자소득

(1) 이자소득의 범위와 수익인식시기

이자소득의 범위	수익인식시기
① 국가 또는 지방자치단체가 발행한 채권 또는 증권의 이자와 할인액	무기명의 경우 : 지급 받은 날
② 내국법인이 발행한 채권 또는 증권의 이자와 할인액	기명의 경우 : 약정에 따른 지급일
③ 국내에서 받는 예금(적금 · 부금 · 예탁금과 우편대체를 포함한다. 이하 같다)의 이자와 할인액	원칙 : 실제 이자를 지급받는 날 해약으로 인하여 지급되는 이자는 해약일
④ 대통령령이 정하는 직장공제회초과반환금	약정에 따른 공제회 반환금의 지급일
⑤ 비영업대금의 이익 (자금대금업을 영업으로 하지 않는 자의 금전대여이익. 자금대금업을 영업으로 하면 사업소득이다)	약정에 따른 이자자급일. 다만, 이자자급일의 약정이 없거나약정에 따른 이자자급일 전에 이자를 자급하는 경우에는 그 이자지급일
⑥ 대통령령이 정하는 채권 또는 증권의 환매조건부매매차익	**원칙 : 약정에 따른 지급일** **이자지급 약정일 전에 지급하면 이자지급일**
⑦ 저축성 보험의 보험차익	만기 10년 이하 : 보험금, 환급금 지급일 만기 10년 이상 : 과세하지 않음

* 위의 소득과 유사한 소득으로서 금전의 사용에 따른 대가의 성격이 있는 것
　(주의) 공익신탁의 이익, 손해배상금 연체이자는 이자소득이 아닌 것에 주의한다.

[예제 9-1]

[1] 다음 중 소득세법상 이자소득의 수입시기에 관한 설명으로 가장 올바르지 않은 것은?

① 기명채권 등의 이자와 할인액 : 그 지급을 받은날
② 보통예금의 이자 : 실제로 이자를 지급받는 날
③ 저축성보험의 보험차익 : 보험금 또는 환급금의 지급일
④ 직장공제회의 초과반환금 : 약정에 따른 공제회 반환금의 지급일

---

[2] 다음 중 소득세법상 이자소득에 관한 설명으로 가장 올바르지 않은 것은?

① 자금대여를 영업으로 하는 자가 금전을 대여하여 얻은 이익은 이자소득으로 과세된다.

② 보험기간이 10년 미만인 저축성보험의 보험차익은 이자소득으로 과세된다.

③ 이자소득을 발생시키는 거래·행위와 파생상품이 결합된 경우 해당 파생상품의 거래·행위로부터의 이익은 이자소득으로 과세된다.

④ 동일직장이나 동일직종에 종사하는 근로자로 구성된 공제조합 또는 공제회로부터 받는 공제회 반환금 중 납입원금을 초과하는 금액은 이자소득으로 과세된다.

해답

[1] ① 무기명의 경우 지급받은 날이고, 기명채권은 약정에 따른 지급일이다.

[2] ① 자금대여를 영업으로 하지 않는 자여야 이자소득이다.

9.2 배당소득

(1) 배당소득의 범위

① 내국법인으로부터 받는 이익이나 잉여금의 배당 또는 분배금

② 법인으로 보는 단체로부터 받는 배당 또는 분배금

③ 의제배당

④ 「법인세법」에 의하여 배당으로 처분된 금액

⑤ 국내 또는 국외에서 받는 대통령령이 정하는 집합투자기구로부터의 이익

⑥ 외국법인으로부터 받는 이익이나 잉여금의 배당 또는 분배금

⑦ 「국제조세조정에 관한 법률」 제17조의 규정에 따라 배당받은 것으로 간주된 금액

⑧ 제43조의 규정에 따른 공동사업에서 발생한 소득금액 중 동조제1항의 규정에 따른 출자공동사업자에 대한 손익분배비율에 상당하는 금액

⑨ 위의 소득과 유사한 소득으로서 수익분배의 성격이 있는 것

    * 단, 신탁법에 의한 공익신탁(종교, 자선, 학술등의 공공이익)의 이익은 비과세소득이다.

(2) 의제배당 : 상법상 배당은 아니지만 배당으로 의제(간주)하는 항목

① 법인세가 과세된 잉여금, 이익잉여금, 자기주식소각이익, 기타자본잉여금의 자본금전입은 의제배당 해당

② 주식발행초과금을 재원으로 한 것은 의제배당 제외

[예제 9-2]

[1] 다음 중 소득세법상 과세되는 배당소득을 모두 고르면?

> ㄱ. 일반적인 이익배당
> ㄴ. 2022년 12월 31일 이전에 가입한 비과세 종합저축에서 발생한 배당소득
> ㄷ. 집합투자기구로부터의 이익

① ㄱ   ② ㄱ, ㄴ
③ ㄷ   ④ ㄱ, ㄷ

[2] 다음 중 의제배당으로 과세되지 않는 것은?

① 주식발행초과금의 자본금 전입
② 자기주식소각이익의 자본금 전입 (소각 당시 시가가 취득가액을 초과하고 2년 이내 전입)
③ 기타자본잉여금의 자본금 전입
④ 이익잉여금의 자본금 전입

해답
[1] ④ ㄴ은 비과세이므로 종합과세 되지 않는다.
[2] ① 주식발행초과금의 자본금 전입은 의제배당에 해당되지 않는다.

9.3 금융소득 종합과세

(1) 금융소득의 구분

무조건 분리과세	① 직장공제회 초과반환금 ② 비실명금융소득 ③ 법원보증금 등의 이자
무조건 종합과세	① 국외금융소득(다만, 국내 대리인이 원천징수한 것은 조건부 종합과세 대상 금융소득임) ② 국내금융소득 중 원천징수하지 않은 금융소득 ③ 출자공동사업자의 배당소득
조건부 종합과세	그 외의 금융소득 (일반적인 예금이자, 기업으로부터 받는 배당 등)

(2) 조건부 종합과세

① 무조건 종합과세 + 조건부 종합과세 ≤ 2,000만원

   → 무조건 종합과세분은 종합과세, 조건부 종합과세분은 분리과세

② 무조건 종합과세 + 조건부 종합과세 > 2,000만원

→ 종합과세, (2,000만원까지는 14% 세율 적용, 2,000만원 초과분은 누진세율 적용)

(3) Gross-up

① 의의 : 피투자기업은 법인세를 납부하여 배당가능한 금액이 줄어드는데, 배당금을 받는 경우에는 배당소득으로 과세되는 이중과세의 문제가 발생한다. Gross-up는 배당소득의 이중과세 문제를 보완하기 위한 제도이다.

사례 1

거주자 A는 B기업의 주주이다. B기업은 세전이익이 1억원이었고, 법인세 9%를 부담하였다. 나머지 세후이익 9,100만원 중에서 A는 91,000원의 배당금을 받았다.

(물음 1) 만일 B기업이 법인세를 납부하지 않는다면 얼마의 배당금을 받겠는가? 100,000원

(물음 2) 91,000원에서 얼마를 곱하면 100,000원이 되는가? 약 1.1

(물음 3) 이중과세의 문제를 해결하기 위해서는 어떻게 하는 것이 좋겠는가?
100,000원의 배당금을 받은 것처럼 소득세를 계산하고, 9,000원을 세액공제 한다.

Gross-up의 기본원리는 배당소득금액을 세전이익에 대한 배당으로 환산한 후에, 추가된 금액을 세액공제 하겠다는 의도이다. 단, 이중과세의 문제를 완전히 제거하지는 않고, 배당소득 계산시 10%만 가산한다.

② Gross-up을 하지 않는 배당소득
   - 분리과세대상 배당소득
   - 외국법인으로부터 배당, 자기주식소각이익의 자본전입

③ 계산사례

사례 1 Gross-up 제외 금융소득이 2,000만원 초과인 경우

2,000만원 이하분		2,000만원 초과분
이자소득	Gross-up 제외 배당소득	Gross-up 대상 배당소득
가산하지 않음		10% 가산

→ 이자소득 2,500만원, 배당소득 500만원인 경우
  = 2,500만원 + (500만원 × 1.1) = 종합소득금액 30,500,000원

┌───┐
│ **사례 2** Gross-up 제외 금융소득이 2,000만원 이하인 경우   │

2,000만원 이하분		2,000만원 초과분
이자소득	Gross-up 제외 배당소득	Gross-up 대상 배당소득
가산하지 않음		10% 가산

→ 이자소득 1,500만원, 배당소득 1,500만원인 경우 … (22년 12월 수정)
    = 1,500만원 + 500만원 + (1,000만원 × 1.1) = 31,000,000원
└───┘

[예제 9-3]

[1] 다음 중 무조건 분리과세대상 금융소득이 아닌 것은?

① 비실명 이자소득

② 국외에서 받은 금융소득

③ 직장공제회 초과반환금

④ 법인으로 보는 단체 이외의 단체가 금융기관으로 부터 받는 이자소득 및 배당소득

[2] 다음 중 소득세법상 금융소득에 관한 설명으로 가장 올바르지 않은 것은?

① 금융소득 종합과세란 이자소득과 배당소득을 종합소득에 합산하여 누진세율로 과세하는 제도이다.

② 비실명으로 가입한 저축 등에서 발생하는 이자소득은 높은 세율로 과세하기 위해 무조건 분리과세한다.

③ 보통예금의 이자소득은 원칙적으로 실제로 지급받은 날을 수입시기로 한다.

④ 주권상장법인으로부터 받은 현금배당금은 금액에 상관없이 무조건 종합과세대상 금융소득이다.

[3] 다음 중 소득세법상 무조건 종합과세대상이 되는 금융소득에 해당되지 않는 것은?

① 국외에서 받은 배당소득

② 직장공제회 초과반환금

③ 원천징수가 누락된 국내에서 지급받는 금융소득

④ 출자공동사업자의 배당소득

[4] 다음 중 금융소득의 과세방법에 관한 설명으로 가장 올바르지 않은 것은?

① 이자, 배당소득 중 국외에서 받은 금융소득과 같이 원천징수 되지 않는 금융소득은 무조건 종합과세한다.

② 비실명금융소득의 경우 종합소득에 합산하지 아니하고 원천징수로써 납세의무가 종결된다.

③ 종합과세대상 금융소득이 2,000 만원 이하인 경우에는 누진세율이 적용되지 않는다.

④ 종합과세 되는 경우 종합과세대상금액 총액에 Gross-up 이 적용된다.

[5] 다음의 자료를 이용하여 거주자 김삼일씨의 소득 중 종합과세할 총금융소득금액을 계산하면 얼마인가(단, Gross-up 은 고려하지 않는다)?

> ㄱ. 비상장법인인 A 법인의 소액주주로서 받은 현금배당금 : 10,000,000 원
> ㄴ. 주권상장법인인 B 법인의 소액주주로서 받은 현금배당금 : 8,000,000 원
> ㄷ. C 은행의 정기예금이자 : 3,000,000 원
> ㄹ. 비실명이자소득금액 : 5,000,000 원

① 3,000,000 원

② 18,000,000 원

③ 21,000,000 원

④ 26,000,000 원

[6] 다음은 거주자 김삼일씨의 금융소득(이자소득과 배당소득)과 관련된 자료이다. 김삼일씨의 금융소득 중 종합과세되는 금융소득금액은 얼마인가?

> ㄱ. 국내 예금이자 15,000,000원
> ㄴ. 비상장 내국법인으로부터 받은 현금배당금 15,000,000원
> ㄷ. 외국법인으로부터 받은 현금배당금 5,000,000원 (원천징수되지 않음)
> 단, 배당소득 가산율은 11 %이다.

① 15,000,000원

② 16,650,000원

③ 35,000,000원

④ 36,650,000원

해답

[1] ② 국외에서 받은 금융소득은 원천징수가 되지 않으므로 무조건 종합과세 항목이다.

[2] ④ 금액이 적은 경우에는 분리과세 될 수도 있다.

[3] ② 직장공제회 초과반환금은 무조건 분리과세이다.

[4] ④ 2,000만원 이하 부분은 gross-up 하지 않는다.

[5] ③ 10,000,000 + 8,000,000 + 3,000,000 = 21,000,000원

[6] ④ 외국법인으로부터 받는 금액은 Gross-up대상이 아니다.

예금이자 15,000,000 + 외국법인배당 5,000,000 + (내국법인배당 15,000,000 × 1.11)

= 36,650,000원

사업소득

10.1 사업소득의 범위

(1) 사업소득의 범위

① 농업(수입금액 합계액이 10억원 이하인 작물재배업을 제외한다. 이하 같다) 및 임업, 어업에서 발생하는 소득

② 광업에서 발생하는 소득

③ 제조에서 발생하는 소득

④ 전기 · 가스 및 수도사업에서 발생하는 소득

⑤ 수도, 하수 및 폐기물 처리, 원료 재생업에서 발생하는 소득

⑥ 건설업에서 발생하는 소득

⑦ 도매업 및 소매업에서 발생하는 소득

⑧ 운수업 및 창고업에서 발생하는 소득

⑨ 숙박 및 음식점업에서 발생하는 소득

⑩ 정보통신업에서 발생하는 소득

⑪ 금융 및 보험업에서 발생하는 소득 (주된 사업으로 하는 경우)

⑫ 부동산업에서 발생하는 소득. 다만, 「공익사업을 위한 토지 등의 취득 및 보상에 관한 법률」 제4조에 따른 공익사업과 관련하여 지역권 · 지상권(지하 또는 공중에 설정된 권리를 포함한다)을 설정하거나 대여함으로써 발생하는 소득은 제외한다.

⑬ 전문, 과학 및 기술서비스업(대통령령으로 정하는 연구개발업은 제외한다)에서 발생하는 소득

⑭ 사업시설관리, 사업 지원 및 임대 서비스업에서 발생하는 소득

⑮ 교육서비스업에서 발생하는 소득

⑯ 보건업 및 사회복지서비스업(대통령령으로 정하는 사회복지사업은 제외한다)에서 발생하는 소득

⑰ 예술, 스포츠 및 여가 관련 서비스업에서 발생하는 소득

⑱ 협회 및 단체(대통령령으로 정하는 협회 및 단체는 제외한다), 수리 및 기타 개인서비스업에서 발생하는 소득

⑲ 가구내 고용활동에서 발생하는 소득

⑳ 복식부기의무자가 차량 및 운반구 등 대통령령으로 정하는 사업용 유형고정자산을 양도함으로써 발생하는 소득. 다만, 양도소득에 해당하는 경우는 제외한다.

(2) 비과세 사업소득

① 농가부업소득 : 농가부업규모의 축산소득 등

② 전통주 제조소득 : 소득금액 연간 1,200만원 이하

③ 산림소득 : 조림기간 5년이상으로 연간 600만원 이하의 금액

④ 작물재배업 : 연간 수입금액 합계액이 10억원 이하인 경우

⑤ 논, 밭을 작물생산에 이용하게 함으로써 발생하는 소득

⑥ 1세대 1주택 소유자의 주택임대소득(고가주택 제외)

⑦ 대통령령으로 정하는 어로어업

(3) 공동사업장에 대한 특례

① 용어의 정의

ⅰ. 공동사업장 : 2인 이상이 공동으로 출자와 경영을 하는 사업장이다.

ⅱ. 업무집행공동사업자 : 업무도 하고, 공동사업장에 출자도 한 사업자를 말한다.

ⅲ. 출자공동사업자 : 출자만 하고, 업무는 하지 않는 사업자를 말한다. 단, 공동사업에 성명 또는 상호를 사용하게 한 자, 공동사업에서 발생한 채무에 대하여 무한책임을 부담하기로 약정한 자는 업무집행공동사업자로 본다.

② 과세적용방법

> 1단계 : 공동사업장을 1거주자로 보다 소득금액을 계산
> 2단계 : 공동사업장의 소득금액을 공동사업자별로 분배
> 3단계 : 공동사업자별 소득금액 계산

③ 계산방법

1단계 : 공동사업장의 소득계산

ⅰ. 공동사업장의 소득에 대하여 소득세를 과세하는 것이 아니다.

: 소득세는 공동사업장에 부과하는 것이 아니라 개별 공동사업자별로 과세된다.

ⅱ. 공동사업장의 가산세는 각 공동사업자의 손익분배비율에 따라 배분한다. 대표공동사업자는 변경사항이 발생한 경우 관할 세무서장에게 신고하여야 한다. 구성원이 동일한 공동사업장이 2개 이상인 경우에는 수입금액을 합산하여 기장의무를 판단한다.

ⅲ. 접대비 한도액은 개별 공동사업자가 아니라 공동사업장별로 계산한다.

2단계 : 공동사업장의 소득금액 분배

ⅰ. 원칙 : 1순위 약정된 손익분배비율, 2순위 지분비율)

ⅱ. 특례 : 거주자 1인과 특수관계인이 공동사업자로 되어 있으면서 손익분배비율을 거짓으로 정하는 경우에는 주된 공동사업자(손익분배비율이 큰 공동사업자) 소득으로 본다.

ⅲ. 공동사업자에게 발생한 결손금은 각 공동사업자별로 분배한다. 공동사업장에 이월결손금이 분배 되는 것이 아니라 소득자 개인에게 결손금이 분배된다.

3단계 : 공동사업자의 소득금액 계산

공동사업장에서 자신에게 분배된 소득 + 그 외의 종합소득을 합산하여 신고한다.

④ 적용예시

(사례 1) 공동사업장에서 발생한 소득금액이 1억원이라고 가정			
구분	A 업무집행 공동사업자	B 업무집행 공동사업자	C 출자 공동사업자
손익분배비율	50%	40%	10%
지분비율	45%	45%	10%
그 외 소득	없음	다른 사업소득 결손금 3천만원	없음
과세결과	사업소득금액 : 5천만원 * 손익분배비율 우선	사업소득금액 : 1천만원 (다른 사업소득의 결손금 차감)	배당소득금액 1천만원 (무조건 종합과세 대상)

(사례 2) 공동사업장에서 발생한 결손금이 1억원이라고 가정			
구분	A 업무집행 공동사업자	B 업무집행 공동사업자	C 출자 공동사업자
손익분배비율	손익분배비율에 대하여 약정이 되어 있지는 않음		
지분비율	50%	40%	10%
그 외 소득	없음	기타소득금액 6천만원	사업소득금액 2천만원
과세결과	없음 (이월결손금 5천만원)	기타소득금액 2천만원 (결손금 차감)	사업소득금액 2천만원 (배당소득은 결손금이 인정되지 않음)

(사례 3) 공동사업장에서 발생한 소득금액이 1억원이라고 가정. 단, A는 B의 아버지이며 생계를 같이함, 실질적으로는 B는 경영과 지분참여하지 않음			
구분	A 업무집행 공동사업자	B 업무집행 공동사업자	C 출자 공동사업자
손익분배비율	50%	40%	10%
그 외 소득	없음	없음	없음
과세결과	사업소득금액 9천만원 (소득금액 분배 특례)	없음	배당소득금액 1천만원 (무조건 종합과세 대상)

(사례 4) 공동사업장에서 발생한 소득금액이 1억원이라고 가정. 단, A는 B의 아버지이며 생계를 같이함, 조세회피 의도는 없음			
구분	A 업무집행 공동사업자	B 업무집행 공동사업자	C 출자 공동사업자
손익분배비율	50%	40%	10%
그 외 소득	없음	없음	없음
과세결과	사업소득금액 5천만원	사업소득금액 4천만원	배당소득금액 1천만원 (무조건 종합과세 대상)

[예제 10-1]

[1] 다음은 문구류 소매업을 영위하는 거주자 나성실씨의 소득금액이다. 아래 소득 이외에 다른 소득이 없는 경우 종합소득세 신고 시 반드시 포함해야 할 소득은 무엇인가(단, 모든 소득은 국내에서 발생하였다)?

① 은행예금에서 발생한 이자수익 20,000,000 원

② 문구소매점 운영수익 5,000,000 원

③ 복권당첨소득 200,000,000 원

④ 보유주식 처분 시 발생한 이익 2,000,000 원

[2] 다음 중 소득세법상 납세의무자에 대한 설명으로 가장 올바르지 않은 것은?

① 법인 아닌 단체 중 대표자 또는 관리인이 선임되어 있고 이익의 분배방법 및 배분비율이 정해져 있는 단체는 1 거주자로 보아 소득세법을 적용한다.

② 거주자가 아닌 자를 비거주자라 하며 국내원천소득에 대해서만 소득세를 과세한다.

③ 1 거주자에 해당하지 아니하는 법인 아닌 단체는 공동사업을 경영하는 것으로 보아 공동사업자 각자가 받았거나 받을 소득금액에 따라 각자 소득세 납세의무를 진다.

④ 국내에 주소를 두거나 1 과세기간 중 183 일 이상 거소를 둔 개인을 거주자라 하며, 국내·외원천소득에 대하여 소득세를 과세한다.

해답

[1] ② 사업소득에 해당하며 종합과세 대상이다. ①은 다른 금융소득이 없다면 분리과세 된다. ③은 무조건 분리과세
된다. ④는 과세대상 소득이 아니다.

[2] ③ 구성원에게 이익분배여부에 따라 달라진다.

구성원에게 이익분배여부	소득세의 과세
분배하지 않음	국내 소재 : 전체를 1거주자로 본다.
	국외 소재 : 전체를 1비거주자로 본다.
모든 구성원간에 이익분배	이익분배비율이 정해져 있거나 확인되는 경우
	: 해당 구성원별로 소득세 등에 대한 납세의무 부담
일부 구성원에게만 이익분배	이익분배 비율이 확인되는 부분 : 구성원별 부담
	이익분배 비율이 확인되지 않는 부분 : 1거주자로 본다.

10.2 부동산임대소득

(1) 장기간 임대료를 미리 일시에 받는 경우 (선세금을 받는 경우) : 발생주의 적용

　　(예시) 20x1년 10월 1일부터 20x3년 9월 30일까지 임대료 24,000,000원을 미리 받는 경우

　　　　→ 20x1년 3,000,000원, 20x2년 12,000,000원, 20x3년 9,000,000원

(2) 간주임대료 과세여부

　　① 의의 : 전세금 또는 임대보증금을 받는 경우에는 전세금 또는 임대보증금에 대한 이자상당
　　액을 임대료로 간주하여 과세하여야 하는데 이를 간주임대료에 대한 부가가치세라고 한다.

> 간주임대료
>
> $$= (임대보증금등적수 - 건설비상당액적수) \times 정기예금이자율 \times \frac{1}{365} \left(윤년 : \frac{1}{366}\right)$$
>
> $$- 임대사업금융수익$$

　　② 과세여부 정리

	임대료	간주임대료
1세대 1주택 (12억원 이하)	비과세	비과세
12억원 초과 주택 또는 1세대 2주택	과세	비과세
1세대 3주택 이상 (소형주택 제외)	과세	과세

(3) 공공요금과 관리비

　　① 공공요금 명목으로 지급받는 금액이 공공요금 납부액을 초과하면 초과액을 총수입금액산입

　　② 관리비 : 총수입금액 산입

[예제 10-2]

[1] 다음 중 소득세법상 부동산임대소득에 관한 설명으로 가장 올바르지 않은 것은?

① 부동산임대소득은 사업소득에 포함하여 과세된다.

② 부동산임대업에서 장기간의 임대료(선세금)를 미리 일시에 받는 경우 발생주의에 따라 수익을 인식한다.

③ 전기료 및 수도료 등 공공요금으로 수령하는 금액은 총수입금액에 산입한다.

④ 임대인이 부동산 등을 임대하고 임대보증금을 받는 경우에는 실제 반환의무가 있는 보증금 외에 수령하는 금액이 없더라도 간주임대료를 계산하여 총수입금액에 산입하여야 한다.

[2] 다음 거주자 김삼일씨의 상가임대 관련 자료를 기초로 20x1년 부동산임대 관련 사업소득 총수입금액을 계산하면 얼마인가?

> ㄱ. 임대기간 : 20x1년 7 월 1 일 ~ 20x2년 6 월 30 일
> ㄴ. 임대료 : 보증금 0 원, 월세 10,000,000 원
> ㄷ. 1 년간의 임대료 120,000,000 원을 20x1년 7 월 1 일에 선불로 수령함

① 30,000,000 원   ② 60,000,000 원

③ 80,000,000 원   ④ 120,000,000 원

해답

[1] ③ 수령금액이 납부액을 초과한 부분에 대해서만 총수입금액에 산입한다.

[2] ② 임대료 : $120,000,000 \times 6/12 = 60,000,000$원

10.3 법인세법과 사업소득의 차이

(1) 회계상 순이익과 사업소득금액의 차이

회계상 회계처리	세무조정	소득세법
수익	+ 총수입금액산입 - 총수입금액불산입	총수입금액 (법인세법에서는 익금)
- 비용	+ 필요경비산입 - 필요경비불산입	- 필요경비 (법인세법에서는 손금)
당기순이익		사업소득금액 (법인세법에서는 과세표준)

세무조정		사례
사업소득 증가성격	총수입금액산입	요건 충족시 간주임대료, 재고자산의 가사용 소비
	필요경비불산입	대표자 급여, 대표자 퇴직급여충당부채 설정*
사업소득 감소성격	필요경비산입	
	총수입금액불산입	이자소득과 배당소득, 유가증권의 처분손익 (복식부기 의무자가 아닌 경우)고정자산 처분액 가지급금인정이자

* 대표자의 사회보험(국민, 건강보험 등)은 필요경비 인정

(2) 사업소득에서 주의할 점

① 거주자가 재고자산을 가사용으로 소비하기 위하여 타인에게 지급한 것도 총수입금액에 산
입한다. (매출로 간주한다).

② 국세환급가산금은 총수입금액에 산입하지 않는다.

③ 선급비용을 인정해 준다. 따라서 선급비용은 자산이므로 필요경비에 산입하지 않는다.

④ 1회 3만원을 초과하는 접대비는 신용카드 등을 사용하여야 인정된다. 접대비 한도액에 대
한 규정은 법인세법과 동일하다.

⑤ 자산의 취득관련 세금은 소득세법에서도 자산처리하므로 필요경비 인정대상이 아니다.

[예제 10-3]

[1] 다음 자료를 보고 복식부기 의무자인 개인사업자 김삼일씨의 사업소득금액을 계산하면 얼마인가?

ㄱ. 손익계산서상 당기순이익(부동산임대업 제외) 200,000,000원
ㄴ. 손익계산서에는 다음과 같은 수익과 비용이 포함되어 있다.
- 본인에 대한 급여 30,000,000원
- 회계부장으로 근무하는 배우자의 급여 25,000,000원
- 배당금 수익 5,000,000원
- 기계장치처분이익 3,000,000원
- 세금과공과 중 벌금 2,000,000원

① 177,000,000 원 ② 197,000,000 원
③ 227,000,000 원 ④ 232,000,000 원

[2] 다음 중 소득세법상 사업소득금액과 법인세법상 각사업연도소득금액의 차이점에 대한 설명으로 가장 올바르지 않은 것은?

① 재고자산의 자가소비에 관하여 법인세법에서는 부당행위부인에 적용되나 소득세법에서는 개인사업자가 재고자산을 가사용으로 소비하거나 이를 사용인 또는 타인에게 지급한 경우에는 총수입금액에 산입한다.

② 종업원 및 대표자에 대한 급여는 각사업연도소득금액의 계산에 있어서 손금으로 인정되며 사업소득금액의 계산에 있어서도 필요경비로 인정된다.

③ 유가증권처분손익은 각사업연도소득금액의 계산에 있어서 익금 및 손금으로 보지만 사업소득금액의 계산에 있어서는 총수입금액 및 필요경비로 보지 아니한다.

④ 수입이자와 수입배당금은 각사업연도소득금액의 계산에 있어서 익금으로 보나 사업소득금액의 계산에 있어서는 총수입금액으로 보지 아니한다.

[3] 다음 중 소득세법상 사업소득금액과 법인세법상 각 사업연도 소득금액의 차이점에 대한 설명으로 가장 옳지 않은 것은?

① 법인의 주주는 법인의 자금을 임의로 인출하여 사용할 수 없으며, 개인사업자 역시 출자금을 임의대로 인출할 수 없다.

② 재고자산의 자가소비에 관하여 법인세법에서는 부당행위부인에 적용되나 소득세법에서는 개인사업자가 재고자산을 가사용으로 소비하거나 이를 사용인 또는 타인에게 지급한 경우에는 총수입금액에 산입한다.

③ 대표자에 대한 급여는 법인세법상 손금으로 인정되나, 개인사업자의 경우 필요경비에 산입되지 아니한다.

④ 수입이자와 수입배당금은 각 사업연도 소득금액의 계산에 있어서 익금으로 보나, 사업소득금액의 계산에 있어서는 총수입금액으로 보지 아니한다.

해답

[1] ③ 200,000,000 + 30,000,000 - 5,000,000 + 2,000,000 = 227,000,000원

정당하지 지급하는 급여는 필요경비 인정된다. 복식부기의무자는 기계장치처분이익을 총수입금액으로 인정해준다. 배당금수익은 사업소득이 아니라 배당소득이다.

[2] ② 대표자 급여는 사업소득에서 필요경비로 인정되지 않는다.

[3] ① 개인사업자의 경우 가지급금과 관련한 규정이 적용되지 않는다.

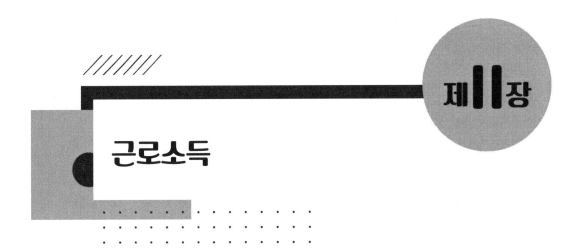

제**11**장

근로소득

11.1 근로소득의 범위

(1) 근로소득의 범위

① 근로를 제공함으로써 받는 봉급 · 급료 · 보수 · 세비 · 임금 · 상여 · 수당과 이와 유사한 성질의급여

② 법인의 주주총회 사원총회 또는 이에 준하는 의결기관의 결의에 따라 상여로 받는 소득

③ 법인세법에 따라 상여로 처분된 금액(인정상여)

④ 퇴직함으로써 받는 소득으로서 퇴직소득에 속하지 아니하는 소득

⑤ 종업원등 또는 대학의 교직원이 지급받는 직무발명보상금으로서 700만원 초과분 (종업원등 또는 대학의 교직원이 퇴직한 후에 지급받는 직무발명보상금은 기타소득으로 봄)

> **예시**
>
> | 사례 | 과세 |
> |---|---|
> | 재직중에 직무발명보상금 800만원 지급 | 근로소득 100만원 과세 |
> | 퇴직후에 직무발명보상금 800만원 지급 | 기타소득 100만원 과세 |

(2) 그 외 근로소득에 포함되는 것

업무를 위하여 사용된 것이 분명하지 아니한 급여, 근로수당등과 유사한 각종 수당, 여비명목으로 받는 금액, 종업원이 주택의 구입 및 임차에 소요되는 자금을 저리 또는 무상대여 받음으로써 얻는 이익

(3) **사택제공이익의 과세여부** : (소액주주가 아닌) 주주 + 임원 일때만 과세된다.

[예제 11-1]

[1] 다음 중 근로소득이 과세되지 않는 것은?

① 법인세법에 따라 상여로 처분된 금액

② 출자임원이 주택의 구입 및 임차에 소요되는 자금을 저리 또는 무상대여 받음으로써 얻는 이익

③ 임원이 아닌 종업원에 대한 사택제공이익

④ 퇴직 후에 지급하는 직무발명 보상금

해답

[1] ④ 기타소득에 해당한다.

11.2 비과세 근로소득

(1) 비과세 근로소득 – 대표적인 것만 기록한다.

구분	비과세 근로소득 사례
실비변상적 성질의 급여	① 일직·숙직료 또는 여비로서 실비변상정도의 지급액 ② 종업원이 소유 또는 임차한 차량을 업무에 사용 (월 20만원 한도) ③ 기자의 취재수당 (월 20만원 한도) ④ 교육기관 교원이 받는 연구보조비 (월 20만원 한도)
국외 근로소득	일반은 월 100만원 비과세 (원양어업, 건설현장 등 월 500만원 비과세)
연장,야근 휴일근로수당	생산직 근로자 + 월정액 급여 210만원 이하 + 직전 과세기간 총급여 3,000만원 이하 : 연 240만원 한도 비과세
식사대	음식을 제공하지 않고 지급하는 식대는 20만원까지 비과세. 음식을 제공하고 식대도 지급하면, 음식은 비과세, 식대는 과세.
기타 비과세소득	① 부상, 질병, 사망과 관련한 유족급여 ② 고용보험에 따라 받는 유아휴직 급여, 육아기 근로시간 단축급여, 출산휴가 급여 등 ③ 근로자 본인의 업무관련 학자금 ④ 국민건강보험법, 고용보험법 등에 따라 사용자가 부담하는 보험료 ⑤ 사내근로복지기금으로부터 무주택근로자가 지급받는 주택보조금 ⑥ 종업원이 출퇴근을 위하여 차량을 제공받는 경우의 운임 ⑦ 월 20만원 이내의 육아수당 ⑧ 연 700만원 이하의 직무발명보상금 ⑨ 출자임원을 제외한 근로자의 사택제공이익 ⑩ 중소기업의 종업원의 주택자금대여이익 ⑪ 사내근로복지기금으로부터 근로자가 지급받은 장학금 ⑫ 근로자에게 지급한 경조금 중 사회통념상 타당하다고 인정되는 금액

[예제 11-2]

[1] 다음 거주자가 받은 소득내역 중 소득세가 과세되는 것으로 가장 옳은 것은?

① 강연료 1천만원

② 학술·종교·제사·자선·기타 공익을 목적으로 하는 공익신탁에서 발생한 이익 1 천만원

③ 국민연금법에 의하여 지급받은 유족연금 1 천만원

④ 발명진흥법에 의한 직무발명에 대하여 사용자로부터 받는 보상금으로 월 10 만원

[2] ㈜삼일에 근무하는 김철수 대리의 급여지급 내역과 관련한 설명으로 가장 올바르지 않은 것은?

ㄱ. 월급여: 3,000,000 원(상여, 자녀보육수당, 중식대 제외)
ㄴ. 상여: 연간 4,000,000 원
ㄷ. 6 세 이하 자녀보육수당: 월 100,000 원
ㄹ. 중식대: 월 100,000 원(식사를 제공받지 않음)

① 6 세 이하의 자녀 보육과 관련하여 사용자로부터 받는 급여로서 월 10 만원 이내의 금액은 비과세한다.

② 근로자가 식사를 제공받는지와 관계없이 월 20 만원 이내의 식사대는 비과세한다.

③ 법인세법에 따라 상여로 처분된 금액도 근로소득에 해당한다.

④ 근로소득금액 계산시 비과세소득은 총급여에서 제외된다.

[3] 다음 중 근로소득에 포함되어 소득세가 과세되는 항목을 모두 고르면?

ㄱ. 비출자임원과 종업원이 사택을 제공받음으로써 얻는 이익
ㄴ. 근로자에게 지급한 경조금 중 사회통념상 타당하다고 인정되는 금액
ㄷ. 주주총회 등의 결의에 의하여 상여로 받은 소득
ㄹ. 사내근로복지기금으로부터 근로자가 지급받은 장학금
ㅁ. 시간외근무수당 및 통근수당

① ㄱ, ㄴ   ② ㄱ, ㄹ

③ ㄴ, ㅁ   ④ ㄷ, ㅁ

[4] 김삼일씨의 2020 년 급여내역이 다음과 같을 때 과세대상 총급여액은 얼마인가? (단, 김삼일씨는 1 년 동안 계속 근무하였다)

- 월급여액: 2,000,000 원
- 상여 : 월급여액의 400 %
- 연월차수당: 2,000,000 원

- 가족수당 : 1,000,000 원
- 자녀학자금: 500,000 원
- 식사대: 1,200,000 원(월 100,000 원. 단, 식사 또는 기타 음식물을 제공받지 않음)
- 차량유지비: 3,000,000 원(월 250,000 원)
- 회사로부터 법인세법상 상여로 처분된 금액: 1,000,000 원

① 35,000,000원   ② 36,500,000원
③ 37,100,000원   ④ 39,500,000원

[5] ㈜삼일에 근무하는 김철수 대리의 급여지급내역이 다음과 같을 때 과세대상 총급여액은 얼마인가?
    (단, 김철수 대리는 1 년 동안 계속 근무하였다)

ㄱ. 월급여 : 3,000,000 원(자녀보육수당, 중식대 제외)
ㄴ. 상여 : 4,000,000 원
ㄷ. 6 세 이하 자녀보육수당 : 월 100,000 원
ㄹ. 중식대 : 월 150,000 원(구내식당에서 별도의 식사를 제공받고 있음)
ㅁ. 자가운전보조금 : 3,000,000 원(월 250,000 원, 종업원 소유차량을 업무에 사용하고 소요비
    용을 별도로 지급받지 않음)
ㅂ. ㈜삼일로부터 법인세법상 상여로 처분된 금액: 1,000,000 원

① 41,600,000원   ② 43,400,000원
③ 44,600,000원   ④ 45,800,000원

해답

[1] ① 나머지는 비과세소득이다.
[2] ② 식사를 제공받는 경우에는 식대가 과세된다.
[3] ④ ㄷ과 ㄹ은 근로소득 과세대상이 아니다.
[4] ③ (2,000,000 × 12개월) + (2,000,000 × 400%) + 2,000,000 + 1,000,000 + 500,000 + ((250,000 −
    200,000) × 12개월) + 1,000,000 = 37,100,000원
[5] ② 자녀보육수당은 비과세이며, 자가운전보조금은 월 200,000원까지 비과세이다.
    (3,000,000 × 12개월) + 4,000,000 + (150,000 × 12개월) + ((250,000 − 200,000) × 12개월) +
    1,000,000 = 43,400,000원

11.3 근로소득금액의 계산

(1) 상용근로자

근로소득금액은 다음과 같이 계산한다.

총급여액 – 근로소득공제 = 근로소득금액

① 근로소득공제

근로소득은 필요경비가 인정되지 않으므로 비과세소득을 제외한 총급여액에서 근로소득공제를 차감하여 근로소득금액을 계산여야 한다. 단, 근로소득공제 한도는 2,000만원으로 한다.

총급여액(비과세소득제외)	근로소득공제
500만원 이하	총급여액의 70%
500만원 ~ 1,500만원	350만원 + 500만원 초과액의 40%
1,500만원 ~ 4,500만원	750만원 + 1,500만원 초과액의 15%
4,500만원 ~ 1억원	1,200만원 + 4,500만원 초과액의 5%
1억원 초과	1,475만원 + 1억원 초과액의 2%

사례

총급여액(비과세소득 제외)이 38,000,000원일 때 근로소득금액은 얼마인가?

해설 근로소득공제가 10,950,000원(= 7,500,000원 + 23,000,000원 × 15%)이므로 근로소득금액은 27,050,000원이다.

② 근로소득세액공제

근로소득이 있는 거주자 (국외근로소득자도 적용함)는 다음의 금액을 근로소득 세액공제로 적용한다.

근로소득에 대한 종합소득산출세액*	근로소득세액공제
130만원 이하	산출세액 × 55%
130만원 초과	715,000원 + (산출세액 - 1,300,000원) × 30%

* 종합소득 산출세액 × $\dfrac{\text{근로소득금액}}{\text{종합소득금액}}$ = 근로소득에 대한 종합소득 산출세액

해설 종합소득금액 중에서 근로소득금액이 차지하는 비중은 40%이다. 산출세액 2,000,000원의 40%에 해당하는 800,000원이 근로소득세액공제 대상이 된다. 근로소득세액공제는 800,000원 × 55% = 440,000원이다.

(2) 일용근로자

① 1일 15만원만큼 소득공제가 되며, 6%의 세율을 적용하여 원천징수세액을 계산한다.

② 산출세액의 55%는 근로소득세액공제가 된다.

③ 일용근로자는 원천징수만으로 납세의무가 종결되므로 종합소득 신고를 하지 않는다.

④ 동일한 고용주에게 3개월 이상(건설공사 종사자는 1년, 하역작업 공사자는 기간제한 없음) 계속 고용되지 않는 자이어야 한다.

⑤ 단, 원천징수금액이 1,000원 이하인 경우에는 원천징수의무는 면제된다. 그러나 이 경우에도 원천징수이행상황신고서 등에는 원천징수내역을 기록하여야 한다.

해설 (1) 1,350원, (2) 0원
(1) (200,000 − 150,000) × 6% × (1 − 0.55) = 1,350원
(2) (160,000 − 150,000) × 6% × (1 − 0.55) = 270원
원천징수세액이 1,000원 이하이므로 원천징수의무가 면제된다.

[예제 11-3]

[1] 다음 중 소득세법상 근로소득에 관한 설명으로 가장 올바르지 않은 것은?

① 근로소득이란 근로를 제공하고 대가로 받는 모든 금품을 의미하나, 비과세 금액과 근로소득으로 보지 않는 금액은 근로소득금액 계산 시 차감해준다.

② 일용근로자의 연간 소득금액이 일정규모 초과 시 종합소득신고를 해야 한다.

③ 근로소득금액은 총급여액에서 근로소득공제를 차감하여 계산한다.

④ 인정상여의 수입시기는 근로를 제공한 날이 속하는 사업연도이다.

[2] 다음 중 소득세법상 근로소득에 관한 설명으로 가장 올바르지 않은 것은?

① 사내근로복지기금을 통하지 않은 자녀학자금은 원칙적으로 근로소득에 포함된다.

② 근로자 또는 그 배우자의 출산이나 6 세 이하 자녀의 보육과 관련하여 사용자로부터 지급받는 급여는 전액 비과세한다.

③ 근로소득금액 계산시 총급여액에서 실제로 소요된 필요경비 대신에 근로소득공제를 차감한다.

④ 근로소득 이외에 다른 소득이 없는 근로소득자의 경우에는 연말정산을 통해 모든 납세절차가 종결되어 과세표준확정신고를 하지 않아도 된다.

[3] 다음 중 근로소득에 관한 설명으로 가장 올바르지 않은 것은?

① 국외건설현장에서 근로를 제공하고 받은 급여 중 월 700 만원 이내의 금액은 소득세가 비과세된다.

② 근로자에게 실비를 보상해주는 정도의 지급액은 소득세를 부과하지 않는다.

③ 근로소득이란 고용계약 또는 이와 유사한 계약에 의하여 근로를 제공하고 받는 대가를 말한다.

④ 근로소득금액은 총급여액에서 근로소득공제를 적용한 금액으로 한다.

[4] 다음 자료에 의하여 거주자 김삼일씨의 근로소득금액을 계산하면 얼마인가?

> ㄱ. 월급여 : 2,000,000 원(자녀보육수당, 중식대 제외)
> ㄴ. 상여 : 월급여의 500 %
> ㄷ. 6 세 이하 자녀 보육수당 : 월 250,000 원
> ㄹ. 중식대 : 월 100,000 원(식사를 별도 제공받음)
> ㅁ. 연간 연월차수당 총합계 : 2,000,000 원
> ㅂ. 거주자는 당해 1 년 동안 계속 근무하였다.

연간급여액	근로소득공제액
1,500만원 초과 4,500만원 이하	750만원 + 1,500만원 × 15%
4,500만원 초과 1억원 이하	1,200만원 + 4,500만원 × 5%

① 18,320,000 원　　　　　　　　　② 22,890,000 원

③ 24,690,000 원　　　　　　　　　④ 26,880,000 원

[5] 다음 자료에 의하여 거주자 김삼일씨의 근로소득금액을 계산하면 얼마인가?

ㄱ. 월급여 : 2,000,000 원

ㄴ. 상여 : 월급여의 500 %

ㄷ. 실비변상비적 성격의 자가운전보조금 : 월 250,000 원

ㄹ. 중식대 : 월 100,000 원(식사를 제공받지 않음)

ㅁ. 연간 연월차수당 총합계 : 1,000,000 원

　* 거주자는 당해 1 년 동안 계속 근무하였다

연간급여액	근로소득공제액
1,500만원 초과 4,500만원 이하	750만원 + 1,500만원 × 15%
4,500만원 초과 1억원 이하	1,200만원 + 4,500만원 × 5%

① 21,330,000 원　　　　　　　　　　② 25,010,000 원

③ 27,700,000 원　　　　　　　　　　④ 28,108,000 원

해답

[1] ② 일용근로자는 종합소득 신고를 하지 않는다.

[2] ② 월 20만원 이내로 비과세된다.

[3] ① 월 700만원이 아니라 500만원이다.

[4] ④

총급여액 = (2,000,000 × 12개월) + (2,000,000 × 500%) + ((250,000 - 200,000) × 12개월) + (100,000 × 12개월) + 2,000,000 = 37,800,000원

근로소득공제 : (37,800,000 - 15,000,000) × 15% + 7,500,000 = 10,920,000원

근로소득금액 : 37,800,000 - 10,920,000 = 26,880,000원

[5] ②

총급여액 = (2,000,000 × 12개월) + (2,000,000 × 500%) + ((250,000 - 200,000) × 12개월) + 1,000,000 = 35,600,000원

근로소득공제 = (35,600,000 - 15,000,000) × 15% + 7,500,000 = 10,590,000원

근로소득금액 = 35,600,000 - 10,590,000 = 25,010,000원

제12장

연금소득과 기타소득

12.1 연금소득과 기타소득의 범위

(1) 연금소득

① 연금소득의 종류

연금소득은 당해연도에 발생한 다음 각호의 소득으로 한다. 공적연금은 원칙적으로 종합과세 하며, 사적연금은 분리과세 선택이 가능하다.

> 1. 「국민연금법」에 의하여 지급받는 각종 연금
> 2. 「공무원연금법」·「군인연금법」·「사립학교교직원연금법」 또는 「별정우체국법」에 의하여 지급받는 각종 연금
> 3. 대통령령이 정하는 퇴직보험의 보험금을 연금형태로 지급받는 경우 당해 연금 또는 이와 유사한 것으로서 퇴직자가 지급받는 연금
> 4. 「조세특례제한법」 제86조의2의 규정에 의한 연금저축에 가입하고 연금형태로 지급받는 소득(동조제3항에 규정된 산식에 의하여 계산한 연금소득을 말한다. 이하 같다)
> 4의2. 「근로자퇴직급여 보장법」 또는 「과학기술인공제회법」에 따라 지급받는 연금
> 5. 제1호부터 제4호까지 및 제4호의2의 소득과 유사하고 연금형태로 지급받는 것으로서 대통령령이 정하는 것

② 비과세 연금소득 : 유족연금, 장애연금, 장해연금, 상이연금 등 성격

(2) 기타소득의 종류

① **상금·현상금 · 포상금 · 보로금** 또는 이에 준하는 금품

② **복권·경품권** 기타 추첨권에 의하여 받는 당첨금품

③ 「**사행행위 등 규제 및 처벌특례법**」에 규정하는 행위에 참가하여 얻은 재산상의 이익

④ 「**한국마사회법**」에 따른 **승마투표권**(이하 "승마투표권"이라 한다), 「**경륜·경정법**」에 따른 승자투표권(이하 "승자투표권"이라 한다), 「**전통소싸움경기에 관한 법률**」에 따른 소싸움경기투표권(이하 "소싸움경기투표권"이라 한다) 및 「**국민체육진흥법**」에 따른 체육진흥투표권

(이하 "체육진흥투표권"이라 한다)의 **구매자가 받는 환급금**

⑤ 저작자 또는 실연자·음반제작자·방송사업자외의 자가 **저작권 또는 저작인접권의 양도 또는 사용의 대가로 받는 금품** (저작자가 직접 받는 것은 사업소득이다)

⑥ 다음 각 목의 자산 또는 권리의 양도·대여 또는 사용의 대가로 받는 금품

　가. 영화필름

　나. 라디오·텔레비전방송용 테이프 또는 필름

　다. 기타 가목 및 나목과 유사한 것으로서 대통령령이 정하는 것

⑦ **광업권·어업권·산업재산권 및 산업정보, 산업상 비밀, 상표권·영업권**(대통령령이 정하는 점포임차권을 포함한다), 토사석의 채취허가에 따른 권리, 지하수의 개발·이용권 그 밖에 이와 유사한 자산이나 권리를 양도하거나 대여하고 그 대가로 받는 금품

⑧ **물품 또는 장소를 일시적으로 대여하고 사용료로서 받는 금품**

⑨ **공익사업과 관련한 지역권·지상권**(지하 또는 공중에 설정된 권리를 포함한다)을 **설정** 또는 대여

[참고] 지역권, 지상권의 설정, 대여 관련 과세구분

① 공익사업과 관련한 지역권, 지상권의 설정, 대여 : 기타소득

② 그 외의 사유와 관련한 지역권, 지상권의 설정, 대여 : 사업소득

---

⑩ 계약의 위약 또는 **해약으로 인하여 받는 위약금과 배상금**

⑪ **유실물의 습득 또는 매장물의 발견으로 인하여 보상금**을 받거나 새로 소유권을 취득하는 경우 그 보상금 또는 자산

⑫ **무주물의 점유로 소유권을 취득하는** 자산

⑬ 거주자·비거주자 또는 법인과 대통령령이 정하는 특수관계에 있는 자가 그 대통령령이 정하는 특수관계로 인하여 당해 거주자·비거주자 또는 **법인으로부터 받는 경제적 이익**으로서 급여·배당 또는 증여로 보지 아니하는 금품. 다만, 우리사주조합원이 당해 법인의 주식을 그 조합을 통하여 취득한 경우에 그 조합원이 소액주주에 해당하는 자인 때에는 그 주식의 취득가액과 시가와의 차액으로 인하여 발생하는 소득을 제외한다.

⑭ **슬롯머신**(비디오게임을 포함한다) 및 투전기 기타 이와 유사한 기구(이하 "슬롯머신등"이라 한다)를 이용하는 행위에 참가하여 받는 **당첨금품·배당금품** 또는 이에 준하는 금품(이하 "당첨금품등"이라 한다)

⑮ 문예·학술·미술·음악 또는 사진에 속하는 창작품(「신문 등의 자유와 기능보장에 관한 법률」에 의한 정기간행물에 게재하는 삽화 및 만화와 우리나라의 창작품 또는 고전을 외국 어로 번역하거나 국역하는 것을 포함한다)에 대한 **원작자로서 받는 소득**으로서 다음 각목의 1에 해당하는 것

가. 원고료

나. 저작권사용료인 인세

다. 미술음악 또는 사진에 속하는 창작품에 대하여 받는 대가

⑯ 재산권에 관한 알선수수료

⑰ 사례금

⑱ 대통령령으로 정하는 소기업 · 소상공인 공제부금의 해지일시금

⑲ 다음 각 목의 어느 하나에 해당하는 **인적용역을 일시적으로 제공하고** 지급받는 대가

　가. 고용관계 없이 다수인에게 **강연을 하고 강연료** 등의 대가를 받는 용역

　나. **라디오·텔레비전방송** 등을 통하여 해설 · 계몽 또는 연기의 심사 등을 하고 보수 또는 이와 유사한 성질의 대가를 받는 용역

　다. 변호사 · 공인회계사 · 세무사 · 건축사 · 측량사 · 변리사 기타 **전문적 지식 또는 특별한 기능을 가진 자가 당해 지식 또는 기능을 활용하여 보수 또는 기타 대가를 받고** 제공하는 용역

　라. 가목부터 다목까지 외의 용역으로서 **고용관계 없이 수당 또는 이와 유사한 성질의 대가를 받고 제공하는 용역**

> **[참고] 강연료의 과세구분**
> ① 고용관계에 의하여 받는 강연료 : 근로소득
> ② 고용관계는 없으나 강의를 전문적으로 하는 개인프리랜서의 강연료 : 사업소득
> ③ 고용관계 없이 우발적으로 발생한 강연료 : 기타소득

⑳ 「법인세법」 제67조의 규정에 의하여 **기타소득으로 처분된 소득**

㉑ 대통령령이 정하는 **개인연금저축의 해지일시금**(불입계약기간 만료후 연금외의 형태로 지급받는 금액을 포함한다)

㉒ 퇴직전에 부여받은 주식매수선택권을 퇴직후에 행사하거나 고용관계 없이 **주식매수선택권을 부여받아 이를 행사함으로써 얻는 이익**

㉓ 뇌물

㉔ 알선수재 및 배임수재에 의하여 받는 금품

㉕ 고용관계가 없는 자가 받는 직무발명보상금 중 700만원 초과금액

> **[참고] 주식매수선택권 행사이익, 직무발명보상금의 과세구분**
> ① 재직 중에 행사하는 주식매수선택권, 수령하는 직무발명보상금 : 근로소득
> ② 퇴직 후 또는 재직중이 아닌 경우에 수령하는 주식매수선택권, 직무발명보상금 : 기타소득

[예제 12-1]

[1] 다음 중 기타소득에 관한 설명으로 가장 올바르지 않은 것은?

① 저작자가 아닌 자가 저작권 사용료를 받는 경우는 기타소득에 해당하지만 저작자인 경우에는 사업소득에 해당한다.

② 계약의 위약으로 인하여 받는 위약금은 기타소득에 해당한다.

③ 사례금은 기타소득에 해당한다.

④ 일시적인 문예창작소득은 사업소득에 해당한다.

[2] 다음의 보기에 나열된 소득 중 기타소득이 아닌 것은?

① 일시적인 문예창작소득

② 주택입주 지체상금

③ 복권당첨소득

④ 저작자가 수령하는 저작권 사용료

해답

[1] ④ 기타소득 항목이다.

[2] ④ 저작자가 수령하는 저작권 사용료는 사업소득이다.

12.2 기타소득의 필요경비 의제 - 대표적인 것들만 정리

구분	해당되는 기타소득
max (80%, 실제입증금액)	① 공익법인이 주무관청의 승인을 받아 시상하는 상금과 부상 ② 계약의 위약 또는 해약으로 인하여 받는 위약금과 배상금으로서 주택입주 지체상금
max (60%, 실제입증금액)	① 광업권·어업권·산업재산권 등의 양도 및 대여 ② 원고료, 인세 등 ③ 고용관계 없이 제공하는 강연료, 해설, 연기심사 ④ 지상권의 설정 및 대여
실제입증금액	승마투표권, 슬롯머신, 복권 등
인정되지 않음	뇌물, 퇴직 후 주식매수선택권 행사, 퇴직 후 직무발명보상금, 일반적인 사례금, 법인세법상 기타소득으로 소득처분 등

[예제 12-2]

[1] 다음 중 소득세법상 기타소득에 관한 설명으로 가장 올바르지 않은 것은?

① 모든 기타소득은 증빙을 갖추지 않더라도 최소한 총수입금액의 80 % 를 필요경비로 인정하여 준다.

② 일시적인 문예창작소득은 기타소득에 포함된다.

③ 기타소득금액(복권당첨소득 제외)이 연 300 만원 이하인 경우에는 납세자의 선택에 따라 분리과세를 적용 받을 수 있다.

④ 법인세법상 기타소득으로 처분된 소득은 원칙적으로 소득처분귀속자의 소득세법상 기타소득에 합산되어 과세된다.

해설

[1] ① 기타소득의 종류에 따라 80%, 60%, 실제입증경비 등으로 구분된다.

12.3 기타소득의 과세방법

(1) **원천징수세율** : 일반적인 경우는 20%, 3억원 초과하는 복권당첨소득은 30% (참고로 뇌물은 원천징수하지 않는다)

사례

다음 기타소득들의 원천징수세액은?

(1) 지상권을 대여 하고 1,000,000원을 받음

→ (1,000,000 − 600,000) × 20% = 80,000원

(2) 고용관계 없이 강의를 하고 2,000,000원을 받음

→ (2,000,000 − 1,200,000) × 20% = 160,000원

(3) 뇌물로 받은 10,000,000원

→ 0원. 원천징수 대상이 아님

(4) 복권당첨소득 10억원

→ (300,000,000 × 20%) + (700,000,000 × 30%) = 270,000,000원

---

(2) **기타소득의 과세방법**

무조건 종합과세	뇌물, 알선수재 및 배임수재에 의하여 받는 금품
무조건 분리과세	복권 당첨금, 서화와 골동품의 양도로 인한 소득 등
선택적 분리과세	그 외 기타소득 : 연간 기타소득금액이 300만원 이하인 경우 분리과세와 종합과세 중에서 선택이 가능하다.

(3) 기타소득의 수입시기

① 일반적인 기타소득 : 그 지급을 받은 날 (현금주의)

② 광업권, 어업권, 산업재산권 등 자산의 권리를 양도하거나 대여 : 대금청산일, 인도일, 사용 수익일 중 빠른 날

③ 법인세법에 따라 기타소득으로 처분 : 당해 법인의 사업연도 결산 확정일

[예제 12-3]

[1] 소득세법상 기타소득에 대한 다음 설명 중 가장 옳지 않은 것은?

① 법인세법에 따라 처분된 기타소득의 수입시기는 그 지급을 받은 날이다.

② 기타소득은 종합과세하는 것이 원칙이나 기타소득금액이 연 300 만원 이하인 경우 분리과세를 선택할 수 있다.

③ 복권당첨소득은 기타소득으로 분류되며 무조건 분리과세되므로 별도로 종합과세 되지 않는다.

④ 고용관계 없는 자가 다수인에게 강연을 하고 받는 강연료는 기타소득으로 분류되며 총수입금액의 60 %를 필요경비로 인정한다.

[2] ㈜서울에 근무하는 거주자 김삼일씨는 일시적으로 거래처인 ㈜부산의 직원들에게 ERP 사용 방법을 강의하고 강사료 500 만원을 받았다. 다음 중 강사료와 관련한 소득세법상 설명으로 가장 올바르지 않은 것은?

① 고용관계 없이 일시적으로 수령한 강사료는 기타소득에 해당한다.

② 강사료는 인적용역의 일시제공으로 인한 대가에 해당하므로 소득금액 계산 시 필요경비는 실제 발생한 비용과 관계없이 총수입금액의 80% 가 적용된다.

③ 기타소득의 수입시기는 원칙적으로 그 지급을 받는 날이다.

④ 기타소득금액이 300 만원 이하인 경우 종합과세와 분리과세 중 선택이 가능하다.

[3] 다음 중 기타소득에 관한 설명으로 가장 올바르지 않은 것은?

① 국내에서 거주자 또는 비거주자에게 기타소득을 지급하는 자는 기타소득금액의 25%에 해당하는 세액을 원천징수하여 그 징수일이 속하는 달의 다음달 10 일까지 납부하여야한다.

② 기타소득은 종합과세하는 것이 원칙이나 복권당첨소득은 무조건 분리과세한다.

③ 기타소득은 이자 · 배당 · 사업 · 근로 · 연금 · 퇴직 · 양도소득 이외의 소득으로서 소득세법에서 열거하고 있는 소득을 의미한다.

④ 기타소득의 수입시기는 그 지급을 받은 날이다.

[4] 다음 중 소득세법상 기타소득에 관한 설명으로 가장 올바르지 않은 것은?

① 기타소득은 종합과세하는 것이 원칙이나 기타소득금액이 연 300 만원 이하인 경우 분리과세를 선택할 수 있다.

② 뇌물은 기타소득에 해당되나 원천징수되지 않는다.

③ 복권당첨소득은 기타소득으로 분류되며 무조건 분리과세되므로 별도로 종합과세 되지 않는다.

④ 고용관계 없는 자가 다수인에게 강연을 하고 받는 강연료는 기타소득으로 분류되며 총수입금액의 80 % 를 필요경비로 인정한다.

[5] 다음은 ㈜삼일 직원들의 대화 내용이다. 소득세법상 가장 올바르지 않은 설명을 하고 있는 사람은 누구인가?

> 안부장 : 최대리, 로또 2 억원 당첨됐다면서요? 축하해요.
> 최대리 : 고마워요. 근데 세금이 엄청날 거 같아요. 소득세 20 % 에 지방소득세 2 % 를 원천징수 할 것 같거든요.
> 김사원 : 아! 로또 당첨되면 세금을 22 % 공제하는군요. 그러면, 로또 10 억원 당첨되면 실수령액은 7 억 8 천만 원 정도이겠네요.
> 안부장 : 그건 그렇고, 로또 당첨금도 있고 하니 최대리 내년에 종합소득확정신고 해야 하나요?
> 하과장 : 아닐 거에요. 기타소득은 종합과세 하는 것이 원칙이지만, 복권당첨소득은 분리과세 될 거에요.
> 안부장 : 그런데 종합소득확정신고는 언제 하나요?
> 이차장 : 신고납부기한이 다음연도 5 월말까지에요.

① 최대리   ② 김사원
③ 하과장   ④ 이차장

[6] 다음은 근로자 김삼일씨의 기타소득금액 자료이다. 김삼일씨의 종합과세될 기타소득금액은 얼마인가 (단, 분리과세 신청은 하지 않았다)?

> • 복권당첨금 5,000,000 원
> • 강연료(필요경비 차감 후) 4,000,000 원
> • 법인세법상 기타로 처분된 금액 2,000,000 원

① 6,000,000 원   ② 7,500,000 원
③ 11,000,000 원   ④ 12,500,000 원

[7] 다음의 대화에서 가장 올바르지 않은 설명을 하고 있는 사람은 누구인가?

김철수 : 영희야, 너 로또 당첨됐다며? 축하한다.

이영희 : 고마워. 근데 세금이 엄청나네. 로또당첨금으로 1 억원을 받았는데 기타소득에 해당되어 소득금액의 20 % 를 소득세로 납부해야 하더라.

성영수 : 거기에 개인 지방소득세로 소득세의 10 % 를 추가로 납부하면 실수령액이 더 적어지겠구나.

김순희 : 그럼 영희는 내년에 종합소득확정신고를 해야겠네. 근로소득자는 연말정산으로 납세의무가 종결되지만, 로또가 당첨되어 기타소득이 발생되었으니 종합소득을 신고해야 하거든.

박삼일 : 복권당첨소득의 경우에는 금액이 크면 더 높은 원천징수세율이 적용될 수도 있으니 알아두렴.

① 이영희   ② 성영수
③ 김순희   ④ 박삼일

해답

[1] ① 당해 법인의 사업연도 결산 확정일이다.
[2] ② 강사료의 필요경비는 80%가 아니라 60%이다.
[3] ① 25%가 아니라 20%이다.
[4] ④ 80%가 아니라 60%이다.
[5] ② 복권 당첨금이 3억원을 초과하면, 초과분은 30%세율로 원천징수한다.
[6] ① 복권당첨금은 무조건 분리과세한다.
[7] ③ 복권당첨소득은 종합과세 하지 않는다.

소득금액 계산의 특례

13.1 결손금과 이월결손금

(1) 결손금 공제

사업소득에 대해서 결손금이 발생할 수 있다. 단, 부동산임대업에서 발생한 결손금(주택임대업은 제외)은 다른 소득과 통산할 수 없다.

(2) 공제순서 : 사업소득에 대한 결손금만 타 소득과 공제가 가능하다.

사업소득 중 부동산임대업에서 발생한 소득 → 근로소득 → 연금소득
→ 기타소득 → 이자소득 → 배당소득

(3) 세액감면과 세액공제의 중복적용시 공제순서

가급적이면 이월공제가 되지 않는 사항부터 공제한다. 추계시에는 장부기장의 신빙성이 없기 때문에 이월결손금 공제를 인정하지 않는다.

(4) 이월결손금 공제

사업소득에 한하여 이월결손금 공제가 가능하다. 이월결손금 공제 가능기간은 10년이다. 2021년 이후 발생하는 이월결손금 공제기간은 15년이다.

[예제 13-1]

[1] 다음 중 소득세법상 결손금 및 이월결손금공제에 관한 설명으로 가장 올바르지 않은 것은?

① 사업소득(주거용 건물임대업 포함)에서 발생한 결손금은 근로소득금액－연금소득금액－기타소득금액－배당소득금액－이자소득금액에서 순서대로 공제하고 공제 후 남은 결손금은 다음연도로 이월시킨다.

② 부동산임대업(주거용 건물임대업 제외)에서 발생한 결손금은 다른 소득금액에서 공제하지 아니하며 다음연도로 이월시킨다.

③ 부동산임대업(주거용 건물임대업 제외)에서 발생한 이월결손금은 부동산임대업의 소득금액에서 공제한다.

④ 해당과세기간의 소득금액에 대해서 추계신고를 한 경우 이월결손금 공제규정을 적용하지 않는다. 다만, 천재지변이나 그 밖의 불가항력으로 인한 추계신고의 경우 등은 그렇지 않다.

[2] 다음 중 소득세법상 결손금 공제에 대한 설명으로 가장 옳은 것은?

① 사업소득에서 발생한 결손금은 이자소득금액 → 배당소득금액 → 근로소득금액 → 연금소득금액 → 기타소득금액에서 순서대로 공제한다.

② 주거용 건물임대업에서 발생한 결손금은 다른 부동산임대업에서 발생한 결손금과 마찬가지로 다른 소득금액에서 공제할 수 없다.

③ 부동산임대업에서 발생한 이월결손금은 다른 소득금액에서 공제할 수 있다.

④ 발생한 이월결손금은 발생연도 종료일로부터 15년 내에 종료하는 과세기간의 소득금액 계산시 먼저 발생한 것부터 순차로 공제한다.

[3] 다음 중 소득세법상 결손금 및 이월결손금 공제에 관한 설명으로 가장 올바르지 않은 것은?

① 해당과세기간의 소득금액에 추계신고하는 경우에는 이월결손금 공제규정을 적용한다.

② 2019년 발생한 이월결손금은 발생종료일로부터 10년 이내에 종료하는 과세기간의 소득금액 계산 시 먼저 발생한 것부터 순차로 공제한다.

③ 사업소득의 결손금은 법에서 정한 순서에 따라 공제한다.

④ 부동산임대업(주거용 건물 임대업 제외)에서 발생한 결손금은 다른 소득금액과 통산하지 않고 다음연도로 이월시킨다.

[4] 다음은 소득세법상 결손금 및 이월결손금 공제에 대한 설명이다. 가장 올바르지 않은 것은?

① 해당연도의 소득금액을 추계신고 및 추계조사결정하는 경우에는 이월결손금을 공제할 수 없다.

② 부동산임대업(주거용 건물임대업 제외)에서 발생한 결손금은 해당연도의 다른 소득에서 공제할 수 없다.

③ 사업소득의 결손금은 법에서 정한 순서에 따라 공제한다.

④ 2020년 발생한 이월결손금은 발생연도 종료일부터 5년 내에 종료하는 과세기간의 소득금액 계산시 먼저 발생한 것부터 순차로 공제한다.

해답

[1] ① 배당소득금액 다음 이자소득금액이 아니라 이자소득금액 다음에 배당소득금액이다.

[2] ④

　① 근로소득금액 → 연금소득금액 → 기타소득금액 → 이자소득금액 → 배당소득금액 순서

　② 공제할 수 있다.　③ 다른 소득금액에서 공제할 수 없다.

[3] ① 추계시에는 이월결손금 공제규정을 적용하지 않는다.

[4] ④ 2020년 발생분은 10년, 2021년 이후 발생분은 15년이다.

13.2 인적공제

(1) 기본공제

생계를 같이 하는 부양가족으로서 1인당 150만원을 소득공제 한다.

① 본인

② 배우자 : 연간 소득금액이 100만원 이하인 자. 단, 총급여액이 500만원 이하이고 다른 소득이 없는 경우에는 기본공제 대상자에 포함한다.

③ 기타 부양가족(본인과 배우자의 직계존속, 형제자매, 자녀 등)

－ 연간소득금액이 100만원 이하이고 (연간 총급여액이 500만원 이하이고 다른 소득이 없는 자도 포함), 60세 이상 또는 만 20세 이하인 자

－ 장애인 : 연간 소득금액이 100만원 이하인 자

－ 직계비속(자녀) : 직계비속이 장애인이고, 직계비속의 배우자도 장애인인 경우에는 직계비속의 배우자도 기본공제 대상에 포함한다.

－ 동거 입양자 : 민법 또는 입양특례법에 따라 입양한 양자 및 사실상 입양상태에 있는 사람으로서 거주자와 생계를 같이 하는 18세 미만의 자를 말한다. (6개월 이상 부양)

> 2024년도 귀속 연말정산이라면...
> • 2004년 1월 1일 이후에 출생 자녀, 형제자매 : 20세 이하 공제가능
> • 1964년 12월 31일 이전에 출생 형제자매, 부모 : 60세 이상 공제 가능

＊ 부양가족의 소득금액에 따른 기본공제여부 : 주어진 소득 이외에 다른 소득은 없으며 가급적 분리과세를 선택한다고 가정함

기본공제 가능	기본공제 불가능
총급여액이 500만원 이하 일용근로자	총급여액 500만원 초과
	총급여액 300만원 + 사업소득금액 20만원
사적연금소득 1,500만원 이하	사적연금소득 1,500만원 초과
공적연금소득 5,166,666원 이하 (연금소득공제 차감시 연금소득금액 100만원)	공적연금소득 5,166,666원 초과
필요경비 60% 인정되는 기타소득이 750만원 이하이면서 분리과세 선택	필요경비 차감 후 기타소득금액 300만원 초과
조건부 종합과세 대상 이자배당소득이 2,000만 원 이하 (분리과세만으로 납세의무 종결)	조건부 종합과세 대상 이자배당소득이 2,000만원을 초 과하거나 종합과세 대상 이자배당소득이 100만원 초과
증여받은 금액, 유가증권처분이익 (소득세법상 열거되지 않은 소득만 있으면 기본공제 가능)	양도소득금액 100만원 초과 (종합소득 이외의 소득도 고려해야 함)

기타주의사항

(1) 배우자와 부양가족의 연간 소득금액에는 종합소득금액, 퇴직소득금액, 양도소득금액을 포함한다.

(2) 배우자와 기타 부양가족의 사망은 공제 가능하나, 배우자와 이혼은 공제 불가능하다.

(3) 공제대상가족이 동시에 다른 거주자의 공제대상 가족에 해당하는 경우에는 이 중 1명의 공제대상 가족으로 한다.

(4) 배우자와 자녀의 경우 별거중이라도 공제가 가능하다. (예 : 기러기 아빠의 처자식에 대한 기본공제 가능) 부모나 형제자매의 경우에는 생계를 같이 하거나 실질적으로 부양하여야 공제가 가능하다.

(5) 본인 또는 배우자의 직계존속이 재혼한 경우에는 직계존속의 배우자도 기본공제 대상자에 포함한다. 단, 사실혼(혼인신고를 하지 않음)은 해당되지 않는다. - 부양가족공제시 부양가족에는 계부·계모 및 의붓자녀도 해당된다.

(6) 본인과 배우자의 형제자매는 기본공제 대상자이지만 형부, 형수, 제수 등은 기본공제 대상자가 아니다.

(7) 당해연도에 장애가 치유된 경우에는 당해까지는 기본공제가 가능하다.

(8) 소득금액 산정시 비과세 소득과 분리과세만으로 납세의무가 종결되는 소득은 제외하고 공제가능 여부를 판단하여야 한다.

(9) 소득과 소득금액은 서로 다른 개념이다. 소득은 총급여액이나 수입금액 같이 벌어들인 금액을 의미하고, 여기에서 필요경비 등을 차감한 것이 소득금액이다. 예를 들어 사업자가 1억원의 수입금액을 얻었는데, 관련 비용이 6천만원이라면 소득금액은 4천만원이 되는 것이다.

(2) **추가공제** : 기본공제 대상자 중 다음에 해당하는 사람에 한하여 추가공제 한다.

   – 장애인 : 1인당 200만원

   – 경로자 : (70세 이상 → 1인당 100만원)

- 부녀자 : 종합소득금액이 3천만원 이하인 여성으로 배우자가 있는 여성 또는 배우자 없는 여성으로 기본공제대상자가 있는 세대주 여성 (50만원)
- 한부모 소득공제 : 배우자가 없는 자로서 부양자녀(20세이하)가 있는자 (연 100만원을 공제하며 부녀자공제와 중복적용되지 아니한다.)

기타주의사항

(1) 항시 치료를 요하는 중증환자도 장애인 범위에 포함된다.
(2) 부녀자공제와 한부모공제가 중복적용 되는 경우에는 한부모 추가공제를 이용한다.

[예제 13-2]

[1] 다음 중 거주자 김삼일씨(남성)의 부양가족 현황이다. 김삼일씨가 소득공제로 적용받을 수 있는 인적 공제(기본공제와 추가공제)의 합계는 얼마인가?

가족 구성원	연령	소득종류 및 금액
김삼일	42세	종합소득금액 5,000만원
배우자	40세	소득 없음
부친(장애인)	72세	소득 없음
모친	68세	사업소득금액 500만원
딸	10세	소득 없음
아들	8세	소득 없음

① 900 만원   ② 950 만원
③ 1,050 만원   ④ 1,200 만원

[2] 다음은 거주자 김삼일(남자)씨의 부양가족 현황이다. 김삼일씨가 적용받을 수 있는 기본공제와 추가 공제의 합계는 얼마인가?

〈부양가족 현황〉		
부양가족	연령	소득종류 및 금액
김삼일	45세	종합소득금액 5,000만원
배우자	42세	소득 없음
모친	71세	소득 없음
장남	17세	사업소득금액 150만원
차남(장애인)	15세	소득 없음

① 400 만원   ② 500 만원
③ 600 만원   ④ 900 만원

[3] 다음은 거주자 김삼일씨(남성)의 부양가족 현황이다. 김삼일씨가 소득공제로 적용받을 수 있는 인적공제(기본공제와 추가공제)의 합계는 얼마인가?

부양가족	연령	소득종류 및 금액
김삼일	42세	종합소득금액 5,000만원
배우자	40세	총급여 500만원
부친(장애인)	80세	소득 없음
모친	71세	사업소득금액 500만원
딸	10세	소득 없음
아들	8세	소득 없음

① 900만원
② 950만원
③ 1,050만원
④ 1,150만원

[4] 다음 소득세법상 종합소득공제에 관한 설명으로 가장 올바르지 않은 것은?

① 경로우대공제는 만 70 세 이상인 경우에 적용된다.
② 기본공제대상자가 아닌 자는 추가공제대상자가 될 수 없다.
③ 거주자와 생계를 같이하는 장애인 아들은 소득과 관계없이 그 거주자의 기본공제대상자가 된다.
④ 부양가족공제시 부양가족에는 계부 · 계모 및 의붓자녀도 해당된다.

[5] 다음 중 소득세법상 인적공제에 관한 설명으로 가장 올바르지 않은 것은?

① 부양가족이 장애인에 해당하는 경우에는 연령의 제한을 받지 않는다.
② 부양가족의 범위에는 계부 및 계모는 포함되나 의붓자녀는 포함되지 않는다.
③ 직계비속이 장애인이고 그 직계비속의 배우자가 장애인인 경우 당해 배우자도 기본공제 대상자에 포함된다.
④ 부양가족의 범위에는 아동복지법에 따라 6 개월 이상 양육한 위탁아동도 포함된다.

해답

[1] ③ 기본공제 : 본인, 배우자, 부친, 딸, 아들 : 5명 × 150만원 = 750만원
추가공제 : 부친(경로자) 100만원, (장애인) 200만원, 추가공제 합계 300만원
[2] ④
기본공제 : 본인, 배우자, 모친, 차남 … 총 4명, 600만원
추가공제 : 모친 경로자 100만원 + 차남 장애인 200만원, 총합계 900만원
[3] ③
기본공제 : 본인, 배우자, 부친, 딸, 아들 … 5명, 750만원
추가공제 : 부친(경로자) 100만원, 부친(장애인) 200만원, 총합계 1,050만원
[4] ③ 장애인이어도 소득이 있으면 기본공제가 불가능하다.
[5] ② 의붓자녀도 포함된다.

13.3 물적소득공제

(1) 연금보험료공제
국민연금법, 공무원연금법등에 의한 본인 국민연금납부액에 소득공제가 가능하다.

(2) 특별소득공제 ... 신용카드사용소득공제 위주로 정리한다.
① 보험료공제

본인이 근로소득자로서 납입한 국민건강보험료, 고용보험료에 대해서는 전액 소득공제를 한다. 보장성보험은 소득공제가 아니라 세액공제 대상이다.

(3) 주택자금공제 : 세대주인 근로소득자에 한하여 적용한다.

(4) 신용카드등 사용금액에 대한 소득공제
근로소득이 있는 거주자 (일용근로자는 제외)가 본인, 배우자 및 직계존비속 (연령무관, 소득은 고려 - 형제자매는 제외된다)이 사용한 신용카드, 직불카드, 현금영수증 등의 금액이 총급여액의 25%를 초과하여 사용하는 경우에 초과금액의 15%~40%를 근로소득금액에서 공제가능하다. (도서, 공연, 박물관, 미술관 사용분에 대해서는 일반 신용카드 사용분보다 높은 공제율이 적용된다) 단 다음의 경우에는 공제를 배제한다.

> ① 보험료, 교육비등으로 지출한 금액
>   (유치원도 신용카드사용소득공제 불가, 취학 후 아동의 학원비는 신용카드사용소득공제 가능)
> ② 법인의 비용으로 사용한 금액
> ③ 지방세법에 의한 취득세, 등록세 과세대상 자산을 취득한 금액 (주택, 자동차 등)
> ④ 제세공과금, 아파트관리비, 고속도로통행료, 전기료, 수도료 등
> ⑤ 해외에서 사용한 금액
> ⑥ 물품 또는 용역의 거래없는 신용카드 거래금액 (가공거래)
> ⑦ 신규로 출고되는 자동차 구입비용(단, 중고자동차는 매입금액의 10% 만큼 소득공제 가능)
> ⑧ 기부금
> ⑨ 상품권 등 유가증권 구입비
> ⑩ 정치자금기부금이나 지정기부금을 카드로 결제하여 납부하는 경우
> ⑪ 세액공제를 받은 월세액

(1) 세대주가 아닌 세대원인 근로자는 주택마련저축 납입액 공제가 불가능하다.

(2) 2주택 이상 또는 국민주택규모 초과 주택을 보유한 근로자(세대원 포함) 청약저축 납입액에 대한 주택마련저축 공제가 불가능하다.

(3) 주택자금공제 적용시 어린이집이나 임대주택과 같은 사업용 주택을 보유하는 경우에도 주택 수에서 제외되는 것이 아니므로 2주택 여부 판단시 합산하여 판단하여야 한다.

(4) 구주택을 보유하고 있는 상태에서 신주택을 취득하여 일시적으로 2주택이 되어도 12월 31일 현재 1주택인 경우에는 신주택에 대하여 장기주택저당차입금의 이자상환액을 공제 받을 수 있다.

(5) 형제자매가 사용한 신용카드 사용액은 공제 받을 수 없다.

(6) 교육비 세액공제와 신용카드사용소득공제는 원칙적으로 중복적용이 불가능하다. 단, 미취학아동의 학원 및 체육시설에 대한 수강료의 경우에는 중복공제가 가능하다.

(7) 의료비 세액공제와 신용카드사용소득공제는 중복적용이 가능하다.

[예제 13-3]

[1] 다음 중 종합소득공제 및 세액공제에 관한 설명으로 가장 올바르지 않은 것은?

① 부양가족인 아버지가 만 70 세 이상이면서 장애인인 경우, 아버지에 대한 인적공제 해당 금액은 총 450 만 원이다.

② 기본공제대상자인 자녀가 당해연도 중에 만 20 세가 되었다면, 당해연도에 대한 연말정산시 기본공제를 받을 수 없다.

③ 해외에서 지출한 신용카드 사용액은 신용카드소득공제 대상에 포함되지 않는다.

④ 의료비세액공제는 근로소득이 있는 거주자가 나이 및 소득의 제한을 받지 않는 기본공제대상자를 위하여 지출한 의료비에 대해 적용된다.

[2] 다음은 김삼일씨의 소득 내역이다. 김삼일씨의 종합소득 과세표준을 계산하면?

ㄱ. 사업소득금액 : 50,000,000 원
ㄴ. 근로소득금액 : 70,000,000 원
ㄷ. 종합소득공제 : 40,000,000 원

① 80,000,000 원

② 90,000,000 원

③ 100,000,000 원

④ 110,000,000 원

[3] 신용카드 등 사용금액 소득공제에 관한 다음 설명 중 가장 올바르지 않은 것은?

① 해외에서 지출한 신용카드 사용액도 신용카드 소득공제 대상에 포함된다.

② 신용카드 사용액이 총급여의 25 % 를 초과하는 경우에만 소득공제액이 발생한다.

③ 신용카드 사용금액은 본인뿐만 아니라 나이요건을 불문한 기본공제대상자인 배우자, 부양가족 사용
분(형제자매는 제외)을 포함한다.

④ 도서, 공연, 박물관, 미술관 사용분에 대해서는 일반 신용카드 사용분보다 높은 공제율이 적용된다.

해답

[1] ② 만 20세가 되는 연도까지는 기본공제 가능하다.

[2] ① 50,000,000 + 70,000,000 - 40,000,000 = 80,000,000원

[3] ① 해외에서 지출한 신용카드 사용액은 소득공제가 되지 않는다.

제14장

특별세액공제

소득세법상 세액공제에는 다음의 것들이 있다.

① 자녀세액공제　　　　② 연금계좌세액공제　　　③ **특별세액공제**

④ 근로소득세액공제　　⑤ 배당세액공제　　　　　⑥ 외국납부세액공제

⑦ 기장세액공제　　　　⑧ 재해손실세액공제　　　⑨ 월세 세액공제

⑩ 전자세금계산서 발급세액공제

이번 장에서는 특별세액공제 위주로 정리하고, 다른 세액공제는 다음 장에서 다루기로 한다.

14.1 보험료 세액공제와 의료비 세액공제

(1) 보험료 세액공제

기본공제대상자(나이제한, 소득제한 있음)를 위하여 보장성 보험(자동차보험, 생명보험, 상해보험, 손해보험 등) 납입금액이 있는 경우에는 다음 금액의 12%(장애인 전용 보험은 15%)를 세액공제 한다.

① 기타 보장성 보험료 : 연간 100만원 한도

② 장애인 전용 보험료 : 연간 100만원 한도(보험증서에 장애인전용 보험이라고 명시된 것에 한한다.)

> 근로소득이 있는 거주자가 본인의 자동차 보험료로 2,400,000원, 자녀 (소득없는 장애인)를 피보험자로 하는 장애인 전용 보험료 600,000원을 납입한 경우
> => ① 자동차보험 1,000,000원(한도) × 12% = 120,000원
>   ② 장애인전용 보험 600,000원 × 15% = 90,000원
>   ③ 합계 : 120,000원 + 90,000원 = 210,000원

(2) 의료비 세액공제

근로소득이 있는 거주자가 기본공제 대상자 (나이제한 및 소득제한을 받지 아니한다.)를 위하여 다음의 의료비가 있는 경우에는 지출 금액의 15%(난임수술비는 30%)를 세액공제 한다.

① 한도

- 일반의료비 : 일반의료비 - 총급여액 × 3%(한도 700만원)
- 전액공제 의료비(본인, 65세 이상 경로우대자 의료비, 장애인 의료비, 난임수술비, 6세 이하 자녀 의료비)
  전액공제 의료비 - 일반의료비가 총급여액의 3% 미달시 그 미달액
- 단, 시력보정용 안경이나 콘텍트렌즈는 1인당 연간 50만원 한도 인정
- 산후조리원의 경우 1회당 200만원 한도

  [주의] 의료비세액공제를 적용받기 위해서는 최소한 총급여액의 3%를 초과하여 의료비를 지출하여야 한다. 따라서 전액공제 의료비라 하더라도 의료비 지출액 전부를 세액공제 대상으로 하지는 않는다.

② 의료비 제외항목

미용·성형수술비, 보약구입비, 간병비, 국외에서 지출한 의료비 등은 의료비공제 항목에서 제외된다.

  [주의] 의료비 지출액 중 보험회사로부터 보전받은 부분은 제외한다.
  (상해보험에 가입한 자가 의료비로 300만원을 지출했는데, 보험사로부터 200만원을 지원받았다면 100만원만 의료비 공제)

[예제 14-1]

[1] 다음 중 소득세법상 의료비세액공제에 관한 설명으로 가장 올바르지 않은 것은?

① 근로소득이 있는 거주자는 소득 및 연령조건을 미충족한 기본공제대상자의 의료비에 대해서도 의료비세액공제 적용이 가능하다.
② 건강증진을 위한 의약품 구입비용은 공제대상 의료비에 해당하지 않는다.
③ 의료비세액공제는 세액공제대상 금액의 20 % 로 한다.
④ 외국의 의료기관에 지출하는 의료비는 공제대상 의료비에 해당하지 않는다

[2] 다음은 김삼일 회계사의 홈페이지에 있는 연말정산에 대한 상담사례들을 모은 것이다. 다음 상담사례의 답변 중 가장 올바르지 않은 것은?

(질문 1)
안녕하세요. 김삼일 회계사님. 제가 사고로 인해 이번달에 병원에서 MRI 촬영을 했는데 이것도 의료비공제가 됩니까? 가뜩이나 MRI 촬영비도 비싼데 공제도 안된다면 사고난 곳이 더 아플 것 같습니다.
▪ **답변 1**
MRI 촬영비가 진료, 질병예방 목적으로 의료기관에 지급된 경우에는 의료비 공제대상입니다.

(질문 2)
수고가 많으십니다. 저는 봉급생활자인데 자동차종합보험료도 보험료 공제를 받을 수 있습니까?
▪ **답변 2**
자동차종합보험은 보장성보험이므로 지급된 보험료가 보험료공제 대상이 됩니다.

(질문 3)
아이가 아파서 미국에서 수술을 받았습니다. 해당 의료비는 세액공제를 받을 수 있나요?
▪ **답변 3**
국내뿐만 아니라 국외에서 지출한 의료비도 세액공제가 가능합니다.

(질문 4)
올해 대학에 입학하는 자녀의 대학등록금 900 만원을 신용카드로 납부하였습니다. 신용카드로 결제한 대학교 등록금도 신용카드 공제대상이 되나요?
▪ **답변 4**
신용카드로 결제한 대학교 등록금은 신용카드 세액공제 대상이 되지 아니합니다.

① 답변 1   ② 답변 2
③ 답변 3   ④ 답변 4

해답

[1] ③ 15% (난임수술비는 30%)이다.
[2] ③ 국외에서 지출한 의료비는 공제되지 않는다.

14.2 교육비 세액공제와 기부금 세액공제

(1) 교육비 세액공제

근로소득이 있는 거주자가 기본공제 대상자 (나이제한은 없으나 소득제한은 있다.)를 위하여 다음의 교육비 지출액이 있는 경우에는 지출액의 15%를 세액공제 한다.

① 본인 : 초,중,고,대학교, 대학원, 직업능력개발훈련비(고용보험법에 의한 근로자수강지원금 제외) 전액 공제 가능

② 부양가족(직계존속은 제외되는 것에 주의한다.)
- 취학전 아동 (보육원, 유치원, 체육시설, 어린이집 및 유치원의 특별활동비와 급식비 등) : 300만원 한도
- 초, 중, 고 : 300만원 한도(학교급식비, 학교 교과서 및 학교 교재비, 보충수업비, 학교에서 구입하는 보충수업 교재비등 포함)
- 체험학습비는 학생 1인당 연간 30만원을 한도로 한다.
  (교복 구입비용 : 중·고등학생의 경우에 한하며, 학생 1인당 연 50만원을 한도로 한다.)
- 대학교 : 900만원 한도

③ 장애인 특수교육비(직계존속도 공제가능)
근로자가 기본공제대상자인 장애인을 위하여 재활교육을 실시하는 교육기관에 지급하는 특수교육비 → 전액공제 (나이 및 소득제한 없음)

기타주의사항

(1) 대학원 교육비는 본인 지출분만 공제 가능하다.
(2) 초, 중, 고등학생의 학원비는 교육비 공제대상에서 제외되나 초등학교 입학연도 1월~2월분의 학원비는 교육비 세액공제가 가능하다.
(3) 유학자격이 있는 부양가족에 대한 국외 교육비는 공제 가능하다.

(2) 기부금 세액공제

본인과 기본공제대상자가 납부한 기부금에 대하여 세액공제 한다. (나이제한을 받지 않는다)
세액공제 비율은 기부금이 1천만원 이하인 경우 대상액의 15%, 1천만원 초과인 경우 대상액의 40%를 세액공제 한다.
[주의] 일반적인 특별세액공제는 근로소득자만 가능하나 기부금의 경우에는 사업소득자도 공제받을 수 있다.

① 정치자금
기부정치자금의 100/110은 세액공제(한도는 10만원), 초과분은 특례기부금으로 처리한다. 정치자금과 우리사주조합기부금은 본인 지출분만 공제가능하다.

② 특례기부금 (종합소득금액의 100% 한도)
　－ 국가 및 지방자치단체에 기부한 금액
　－ 국방헌금
　－ 국공립학교에 기부한 금액
　－ 사립학교에 시설비, 교육비, 연구비, 장학금 등의 용도로 기부
　－ 국공립대학 병원, 사립대학병원, 국립암센터, 지방의료원, 대한적십자사가 운영하는 병
　　원등에 시설비, 교육비, 연구비 용도로 지출하는 금액
　－ 대한적십자사회비
　－ 자원봉사용역

③ 우리사주조합기부금 : 종합소득금액의 30% 한도

④ 일반기부금 (종합소득금액의 30%한도)
　　ⅰ. 다음의 비영리법인 등의 고유목적사업비로 지출하는 기부금
　　　－ 사회복지사업법에 따른 사회복지법인
　　　－ 유아교육법, 유치원, 초중등교육법, 고등교육법에 의한 학교 (국공립은 법정기부금)
　　　－ 정부로부터 인허가를 받은 학술연구단체, 장학단체, 문화예술단체, 환경보호단체
　　　－ 기획재정부령이 정하는 지정기부금 단체
　　　－ 불우이웃돕기성금, 노동조합비 등

⑤ 10% 기부금 : 종교단체 기부금

⑥ 비지정기부금(기타기부금) : 동창회, 종친회, 향우회, 신용협동조합, 새마을금고 등의 기부금

[참고] 기부금 이월공제

기부금한도초과액이 발생하여 기부금공제를 받지 못한 경우에는 다음과 같이 이월공제기간 내에 기부금
세액공제를 받을 수 있다.

* 2014년 이전 : 특례기부금은 3년, 일반기부금은 5년
* 2014년~2018년 : 특례, 일반 구분없이 5년
* 2019년 이후 : 특례, 일반 구분없이 10년

---

(3) 특별세액공제와 특별소득공제 항목의 비교

구 분	배우자	직계 존속	직계 비속	형제 자매	나이 제한	소득 제한	세액 공제율*
보험료 - 4대보험	×	×	×	×	본인만	본인만	-
보험료 - 보장성	○	○	○	○	있음	있음	12%
보험료 - 장애인전용	○	○	○	○	없음	있음	15%
의료비	○	○	○	○	없음	없음	15%~30%
교육비 - 대학원, 직업능력	×	×	×	×	본인만	본인만	15%
교육비 - 유·초·중·고·대	○	×	○	○	없음	있음	15%
장애인특수교육비	○	○	○	○	없음	없음	15%
주택자금	×	×	×	×	본인만	본인만	-
기부금(일반)	○	○	○	○	없음	있음	15%~40%
기부금(정치자금,우리사주)	×	×	×	×	본인만	본인만	정치100% 우리 15%
신용카드	○	○	○	×	없음	있음	15%~40%

* 세액공제가 아니라 소득공제인 것은 "-"로 표시함

① 신용카드와 중복적용 가능한 항목 : 의료비 세액공제만 가능

② 해외 지출분도 적용 가능한 항목 : 유학 자격이 있는 부양가족의 국외교육비

③ 근로소득이 없는 자도 적용가능 : 기부금 세액공제

[예제 14-2]

[1] 다음 자료를 바탕으로 근로소득자 김삼일씨의 교육비세액공제액을 계산하면 얼마인가?

교육비 지출내역	금액
본인의 대학원 학비	600만원
총급여액 500만원이 있는 배우자의 대학교 학비	400만원
15세인 장녀의 중학교 학비	250만원
7세인 차녀의 유치원 학비	150만원

① 900,000 원   ② 1,000,000 원

③ 1,500,000 원   ④ 2,100,000 원

[2] 다음 중 소득세법상 세액공제에 관한 설명으로 가장 올바르지 않은 것은?

① 근로소득이 있는 자는 표준세액공제 13 만원과 특별세액공제 중 선택하여 적용할 수 있다.

② 보험료세액공제는 일반보장성보험과 장애인전용보장성보험 각각에 대해 100 만원까지 세액공제 대상이 된다.

③ 의료비세액공제는 본인의료비외에 지출한 의료비가 전혀 없더라도, 본인이 지출한 의료비 전액에 대해 세액공제 적용이 가능하다.

④ 기부금세액공제는 한도가 존재하며, 한도를 초과하는 금액은 10 년간 이월하여 공제가 가능하다.

[3] 다음은 근로소득자(일용근로자 아님)인 이주원씨가 자녀들을 위하여 지출한 교육비와 관련한 자료이다. 연말정산시 공제대상 교육비는 모두 얼마인가?

> ㄱ. 자녀의 연령 및 소득
> - 장남 : 29세(대학원생), 소득금액 없음
> - 차남 : 23세(대학생), 사업소득금액 150 만원
> - 장녀 : 15세(중학생), 소득금액 없음
>
> ㄴ. 자녀의 교육비 지출액
> - 장남의 대학원 수업료 12,000,000 원
> - 차남의 대학교 수업료 8,000,000 원
> - 장녀의 고등학교 수업료 3,000,000 원

① 3,000,000 원   ② 12,000,000 원
③ 15,000,000 원   ④ 23,000,000 원

[4] 다음은 왕대영회계사의 홈페이지에 있는 연말정산에 대한 상담사례들을 모은 것이다. 상담사례의 답변 중 가장 올바르지 않은 것은?

> 질문 1 : 안녕하세요 왕대영 회계사님 제 아이가 아토피성피부염을 앓고 있어 일본에 있는 병원에서 치료를 받았는데 의료비공제를 받을 수 있을까요?
> 답변 1 : 외국에 있는 병원은 의료법 제 3 조에 규정하는 의료기관에 해당되지 아니하므로 동 병원에 지급한 의료비는 의료비공제를 받을 수 없습니다.
>
> 질문 2 : 수고가 많으십니다. 저는 봉급생활자인데 자동차종합보험료도 보험료 공제를 받을 수 있습니까?
> 답변 2 : 자동차종합보험은 보장성보험이므로 지급된 보험료가 보험료공제 대상이 됩니다.
>
> 질문 3 : 안녕하세요. 이번에 일본여행을 다녀왔는데 여행 중 신용카드로 핸드백을 구매했습니다. 일본에서 구매했더라도 물론 신용카드공제 대상이 되겠죠?
> 답변 3 : 물론입니다. 국내뿐만 아니라 국외에서 지출한 신용카드사용액도 신용카드공제 대상에 포함됩니다.
>
> 질문 4 : 수고하십니다. 저는 40 세의 근로소득자 인데요, 61 세이시고 소득이 없는 아버지의 노인대학 학비도 교육비 공제를 받을 수 있나요?

답변 4 : 교육비공제는 기본공제대상자인 본인·배우자·직계비속·형제자매·입양자를 위하여 지출한 교육비를 대상으로 하므로 직계존속의 교육비는 공제되지 않습니다.

① 답변 1   ② 답변 2
③ 답변 3   ④ 답변 4

해답

[1] ④ (600만원 + 400만원 + 250만원 + 150만원) × 15% = 2,100,000원
[2] ③ 총급여액의 3%를 초과한 의료비 지출액에 대해 세액공제 적용이 가능하다.
[3] ① 대학원은 본인 지출분만 가능하고, 차남은 소득이 있으므로 공제되지 않는다.
[4] ③ 해외에서 지출한 신용카드 사용액은 공제되지 않는다.

14.3 표준세액공제

특별소득공제와 특별세액공제에 대하여 신청하지 않는 경우에는 표준세액공제를 적용할 수 있다. 소득자별 표준세액 공제금액은 다음과 같다.

구분		특별세액공제, 표준세액공제
근로소득 있음	특별세액공제 신청	특별세액공제 + 특별소득공제 적용
	신청하지 않음	연 13만원
근로소득 없음	성실사업자 (다음중 선택)	① 표준세액공제 12만원 ② 기부금세액공제 + 의료비, 교육비, 월세
	그 외의 자	표준세액공제 7만원 + 기부금세액공제

[예제 14-3]

[1] 다음 중 소득세법상 종합소득공제와 세액공제에 대한 대화에서 가장 올바르지 않은 설명을 하고 있는 사람은 누구인가?

김서울 : 저는 근로소득자인데요, 제가 쓴 교육비뿐만 아니라 배우자, 직계존속, 직계비속을 위한 교육비 모두가 공제대상인 줄 알았는데 그게 아니더라고요. 직계존속을 위한 교육비는 공제대상이 아니더군요.

이경기 : 아, 그렇군요. 저도 근로소득자인데요, 올해 연말정산 시 특별세액공제신청서를 제출하지 않았는데 그러면 항목별 특별세액공제 대신 표준세액공제 13 만원만 적용 받는 것이 맞나요?

박부산 : 네, 맞아요. 저는 근로소득이 없고 사업소득만 있어서 항목별 특별세액공제를 적용 받지 못해 좀 아쉽네요. 얼마 전 둘째 딸이 수술을 받아서 의료비지출이 많았거든요.

조대전 : 아, 정말 아쉽군요. 저는 둘째 아들을 위해 대학 등록금을 지출했는데 아들이 20 세가 넘어 기본공제대상자가 아니기 때문에 교육비세액공제를 받을 수 없었어요.

① 김서울   ② 이경기

③ 박부산   ④ 조대전

[2] 다음 중 소득세법상 특별세액공제에 관한 설명으로 가장 옳은 것은?

① 특별세액공제에는 보험료, 의료비, 교육비, 신용카드공제 등이 포함된다.

② 근로소득자는 표준세액공제를 선택 할 수 없다.

③ 연간 소득금액이 1,000 만원인 자녀에 대해서도 자녀세액공제를 신청할 수 있다.

④ 근로소득이 없는 사업소득자는 보험료 세액공제를 받을 수 없다.

해답

[1] ④ 교육비 세액공제는 나이제한이 없다.

[2] ④

① 신용카드공제는 세액공제가 아니라 소득공제이다.

② 근로소득자가 특별세액공제 신청을 하지 않으면 13만원의 표준세액공제를 적용한다.

③ 자녀세액공제는 소득이 없는 자녀에 한하여 적용 가능하다.

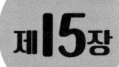

종합소득세의 신고와 납부

15.1 세액공제

앞의 14절에서 언급한 특별세액공제를 제외한 나머지 세액공제들은 다음과 같다.

(1) 자녀세액공제

종합소득이 있는 거주자의 기본공제대상자에 해당하는 자녀 인원과 관련된 기본세액공제와 당해연도 출산, 입양과 관련된 공제가 있다.

기본세액공제	① 2명 이하 : 1인당 15만원 ② 2명 초과 : 30만원 + (2명 초과 인원 × 30만원) 　→ 자녀 1인 : 15만원, 2인 : 30만원, 3인 : 60만원, 4인 : 90만원
출산 및 입양세액공제	• 자녀가 첫째인 경우 : 30만원 • 자녀가 둘째인 경우 : 50만원 • 자녀가 셋째 이상인 경우 : 70만원

(2) 연금계좌세액공제

종합소득이 있는 거주자가 연금계좌 또는 퇴직연금계좌에 납입한 금액에 대하여 12%~15%에 해당하는 금액을 종합소득산출세액에서 공제한다.

(3) 근로소득세액공제 : 근로소득편에서 설명

(4) 배당세액공제 : 배당소득편에서 설명

(5) 외국납부세액공제 : 거주자의 종합소득금액 중에서 국외원천소득이 포함되어 있는 경우 국외원천소득에 대한 외국납부세액을 종합소득 산출세액에서 공제.

(6) **기장세액공제** : 간편장부대상자가 복식부기에 의하여 장부를 기장하고 소득금액을 계산하는 경우에 20% 세액공제한다.

[참고] 간편장부대상자와 복식부기대상자 - 소령 제208조 ⑤항 2호		
구분	간편장부 대상자	복식부기 의무자
농업, 임업, 어업, 광업, 도매 및 소매업(상품중개업 제외), 부동산매매업(비주거용) 등	3억원 미만	3억원 이상
제조업, 숙박 및 음식점업, 전기, 가수, 증기, 수도, 하수, 폐기물처리, 원료재생업, 건설업 등	1억 5천만원 미만	1억 5천만원 이상
부동산임대업, 부동산업(주거용), 과학기술서비스업, 스포츠 및 여가관련 서비스 업 등	7,500만원 미만	7,500만원 이상

(7) **재해손실세액공제** : 천재지변 등의 재해로 인하여 토지를 제외한 자산총액의 20% 이상의 재산피해를 입은 경우에는 재해상실비율만큼 세액공제를 적용한다.

(8) **월세 세액공제**
① 요건 : 과세기간 종료일 현재 무주택 세대주 + 총급여액 8,000만원 이하(종합소득금액 7,000만원 이하)인 근로소득이 있는 거주자

② 공제액

총급여액 5,500만원 이하 + 종합소득금액 4,000만원 이하	월세지출액(750만원 한도) × 17%
그 외 요건 해당자	월세지출액(750만원 한도) × 15%

(9) **전자세금계산서 발급세액공제**
직전연도 사업장별 총수입금액이 일정 금액에 미달하는 개인사업자가 공급하는 재화 또는 용역에 대하여 전자계산서를 발급하고, 당해 발급명세를 국세청장에게 전송하는 경우 2024년 12월 31 일까지 발급하는 분에 대하여 다음 금액을 해당 과세기간의 종합소득산출세액에서 공제한다.

전자세금계산서 발급세액공제 = MIN [발급건수 당 200원, 한도 100만원]

> [참고] 근로소득자의 조세편의 제도
> ① 보험료 세액공제 적용이 가능하다.
> ② 의료비, 교육비, 월세액 공제 적용이 가능하다. (단, 성실사업자도 가능)
> ③ 주택자금관련 소득공제 적용이 가능하다.
> ④ 신용카드사용소득공제 적용이 가능하다.
> ⑤ 근로소득공제와 근로소득세액공제가 적용된다.

[예제 15-1]

[1] 다음 중 소득세법상 세액공제에 관한 설명으로 가장 올바르지 않은 것은?

① 모든 근로자는 일률적으로 근로소득에 대한 산출세액에서 일정기준에 따라 계산한 근로소득세액공제액을 공제할 수 있다.

② 거주자의 종합소득금액에 Gross-up 된 배당소득금액이 합산된 경우에는 당해 배당소득에 가산된 금액을 산출세액에서 공제한다.

③ 거주자의 종합소득에 국외원천소득이 포함되어 있는 경우 국외에서 납부한세액이 있는 때에는 외국납부세액공제를 적용할 수 있다.

④ 모든 사업소득자는 과세표준 확정신고시 복식부기에 따라 해당 재무제표를 제출하는 경우 기장세액공제가 적용된다.

[2] 다음 중 소득세법상 세액공제에 대한 설명으로 가장 옳은 것은?

① 연간 소득금액이 1,000 만 원인 자녀에 대해서도 자녀세액공제를 신청할 수 있다.

② 근로소득이 없는 사업소득자는 보험료세액공제를 받을 수 없다.

③ 어린이집, 유치원에 납부한 급식비는 교육비세액공제를 받을 수 없다.

④ 연금계좌세액공제는 근로소득자만 적용받을 수 있다.

[해답]
[1] ④ 간편장부대상자가 복식부기에 따라 작성된 재무제표를 제출하는 경우만 해당된다.
[2] ② 보험료 세액공제는 근로소득자만 적용 가능하다.
 ① 소득이 있으면 자녀세액공제를 신청할 수 없다.
 ③ 급식비도 교육비 세액공제에 포함된다.
 ④ 연금계좌세액공제는 근로소득이 없는 자도 적용받을 수 있다.

15.2 종합소득의 신고와 납부

(1) 종합소득을 신고하지 않아도 되는 경우

내용	사유
이자소득금액과 배당소득금액의 합계가 2,000만원 이하인 경우 또는 분리과세대상 금융소득만 있는 경우	분리과세만으로 납세의무 종결
국내사업장이 없는 비거주자의 사업소득 (부동산 소득 제외)	
일용근로자의 소득	
분리과세를 선택한 연금소득과 기타소득	
근로소득 이외에 다른 소득이 없는 경우	연말정산 만으로 납세의무 종결

(2) 종합소득을 신고해야 하는 경우

① 원천징수를 하지 않은 소득 : 부동산 소득, 일반적인 사업소득

② 종합과세를 선택한 연금소득과 기타소득

③ 원천징수된 사업소득

④ 이자소득금액과 배당소득금액의 합계가 2,000만원 초과하는 경우(무조건 분리과세 제외)

⑤ 근로소득과 다른 소득이 같이 있는 경우

[예제 15-2]

[1] 다음 중 종합과세대상에 해당하지 않는 사람은 누구인가?

① 국내사업장이 없는 비거주자 김철수씨의 이자소득과 사업소득

② 거주자에 해당하는 김영희씨의 부동산소득

③ 국내사업장이 없는 비거주자 김동희씨의 국내부동산소득

④ 국내사업장이 있는 비거주자 김민희씨의 이자소득과 사업소득

[2] 다음 중 반드시 종합소득세 확정신고를 해야 하는 자는 누구인가?

① 삼진전자에 근무하고 있고 근로소득 이외의 소득은 없는 성지운씨

② 강릉상사에 근무하다가 당기에 퇴직하여 퇴직금을 수령하였고 아직까지 취직을 하지 못하고 있는 한해수씨

③ 2 억원의 정기예금에서 매년 1,000 만원씩 이자를 수령하고 이 이자소득만으로 생활을 하고 계신 이장수 할아버지

④ 상가를 임대하여 임대료를 받고 있는 성부자 할머니

[3] 다음 자료는 거주자 김삼일씨의 소득금액이다. 종합소득산출세액을 계산하면 얼마인가(단, 모든 소득은 국내에서 발생한 것이다)?

ㄱ. 근로소득금액	80,000,000 원	
ㄴ. 부동산임대사업소득금액	20,000,000 원	
ㄷ. 기타소득금액(분리과세 대상이 아님)	40,000,000 원	
ㄹ. 종합소득공제	20,000,000 원	

〈종합소득세율〉

종합소득 과세표준	세율
4,600만원 초과 8,800만원 이하	582만원 + 4,600만원 초과금액의 24 %
8,800만원 초과 3억원 이하	1,590만원 + 8,800만원 초과금액의 35 %

① 9,180,000 원   ② 20,100,000 원

③ 23,580,000 원   ④ 27,100,000 원

[4] 다음 자료에 의해서 김삼일씨의 종합소득산출세액을 계산하면 얼마인가(단, 금융소득은 없다고 가정한다)?

- 종합소득금액   40,000,000원
- 종합소득공제   10,000,000원
- 종합소득세율

종합소득 과세표준	세율
1,200만원 이하	과세표준의 6%
1,200만원 초과 4,600만원 이하	72만원 + 1,200만원 초과금액의 15%

① 3,420,000 원   ② 4,500,000 원

③ 4,920,000 원   ④ 5,220,000 원

해답

[1] ① 부동산소득은 원천징수 되지 않으므로 종합과세한다. 국내사업장이 있다면 비거주자도 종합과세한다.

[2] ④ 부동산과 관련된 소득은 종합과세 한다.

[3] ④

과세표준 : 80,000,000 + 20,000,000 + 40,000,000 - 20,000,000 = 120,000,000원

산출세액 : (120,000,000 - 88,000,000) × 35% + 15,900,000원 = 27,100,000원

[4] ①

과세표준 30,000,000원

산출세액 : (30,000,000 - 12,000,000) × 15% + 720,000 = 3,420,000원

15.3 원천징수와 연말정산

(1) 원천징수

① 원천징수의 의의

- 원천징수는 납세의무자 입장에서 세금부담을 분산시킨다.
- 원천징수는 징세비용절약과 징수사무의 간소화를 기한다.
- 원천징수는 조세수입의 조기확보와 정부재원조달의 평준화를 기한다.
- 원천징수는 세원의 원천에서 세금을 일괄 징수하여 세원의 탈루를 최소화할 수 있다.

② 원천징수세율

구분		원천징수세율
개인	이자소득	일반적인 경우 : 14% 비영업대금의 이익 : 25% 비실명 이자소득 : 45%(비실명 금융소득은 90%) 직장공제회 초과반환금 : 기본세율
	배당소득	일반적인 경우 : 14% 비실명 배당소득 : 45%(비실명 금융소득은 90%)
	사업소득 (자유직업소득)	일반적인 경우 : 3% (외국인 직업운동선수 20%) 봉사료 등 : 5%
	근로소득	상용직 : 간이세액표 적용, 일용직 : 6%
	연금소득	3% ~ 5%
	기타소득	20% (단, 3억원 초과 복권당첨소득은 30%, 연금소득을 연금 이외 방법으로 수령하면 15%)
	퇴직소득	기본세율
법인(세율은 개인과 동일)		이자소득과 투자신탁의 이익만 원천징수

③ 원천징수시기 : 법인과 개인 구분

- 일반적인 경우(매월납부) : 소득을 지급한 달의 다음달 10일까지
- 반기별납부 : 1월~6월분은 7월 10일까지, 7월~12월은 다음연도 1월 10일까지

(2) 연말정산 시기

- 일반적인 경우 : 다음연도 2월분 급여를 지급하는 때
- 중도 퇴직하는 경우 : 퇴사월의 급여를 지급하는 때
- 반기별 납부의 경우 : 연말정산 다음연도 2월분 급여를 지급하는 때이며, 납부(환급)세액은 7월 10일까지 납부(환급)할 세액에서 조정할 수 있다.

[예제 15-3]

[1] 다음 중 연말정산에 관한 설명으로 가장 올바르지 않은 것은?

① 중도 퇴직한 경우에는 퇴직한 해의 다음연도 3 월 말에 연말정산한다.

② 20x2년 2월분 급여를 지급할 때 20x1년도 지급한 연간 총급여액에 대해 연말정산한다.

③ 국외의료기관에 지급한 비용은 의료비세액공제를 받을 수 없다.

④ 맞벌이 부부의 자녀교육비는 자녀에 대한 기본공제를 받은 자가 공제받을 수 있다.

[2] 다음 중 근로소득 연말정산과 관련한 내용으로 가장 올바르지 않은 것은?

① 퇴직한 경우에는 퇴직한 달의 급여를 지급하는 때 정산한다.

② 근로소득을 지급하는 자가 다음해 2 월분 급여를 지급하는 때에 1년간의 총급여액에 연말정산을 한다.

③ 소득공제를 받으려면 소득공제에 필요한 서류를 제출하여야 한다.

④ 반기별 납부승인을 받은 경우에는 8월분 급여를 지급하는 때 정산한다.

[3] 다음은 소득세법상 원천징수세율에 관한 내용이다. 틀린 것은?

① 일반적인 이자소득과 배당소득의 원천징수세율은 자급액의 14 % 이다.

② 비영업대금의 이익의 경우 원천징수세율은 25 % 이다.

③ 일용근로자의 근로소득의 원천징수세율은 8 % 이다.

④ 실지명의가 확인되지 아니하는 이자소득의 경우의 원천징수세율은 45 % 이다.

[4] 다음 중 소득세법상 원천징수에 관한 설명으로 가장 올바르지 않은 것은?

① 원천징수는 납세의무자 입장에서 세금부담을 집중시킨다.

② 원천징수는 징세비용절약과 징수사무의 간소화를 기한다.

③ 원천징수는 조세수입의 조기확보와 정부재원조달의 평준화를 기한다.

④ 원천징수는 세원의 원천에서 세금을 일괄 징수하여 세원의 탈루를 최소화할 수 있다.

[5] 다음 중 소득세법상 원천징수에 관한 설명으로 가장 올바르지 않은 것은?

① 원천징수는 소득금액을 지급하는 자에게 부과한 의무이므로 지급받는 자가 개인인지 법인인지 관계 없이 동일하게 적용한다.

② 원천징수의무자는 원천징수한 소득세를 그 징수일이 속하는 달의 다음 달 10일까지 납부하여야 한다.

③ 예납적 원천징수의 경우에는 별도의 소득세 확정신고절차가 필요하나, 완납적 원천징수에 해당하면 별도의 확정신고가 불필요하다.

④ 원천징수에 의해서 정부는 조세수입을 조기에 확보할 수 있으며, 탈세를 방지할 수 있는 장점이 있다.

[6] 근로소득 연말정산에 대한 다음 설명 중 가장 올바르지 않은 것은?

① 일반적으로 다음 해 2월분 급여를 지급하는 때에 1년간의 총급여에 대한 근로소득세액을 정산하는 절차를 말한다.

② 중도 퇴직한 경우에는 퇴직한 달의 급여를 지급하는 때 정산한다.

③ 해외에서 지출한 신용카드 사용액은 신용카드소득공제 대상에 포함되지 않는다.

④ 자동차보험은 보험료세액공제를 받을 수 없다.

[7] 다음 중 소득세법상 원천징수에 관한 설명으로 가장 올바르지 않은 것은?

① 예납적 원천징수에 해당하면 별도의 확정신고가 필요하다.

② 정부는 원천징수를 통해 조세수입을 조기에 확보할 수 있다.

③ 기타소득에 대한 원천징수세율과 이자소득에 대한 원천징수세율은 동일하다.

④ 완납적 원천징수에 해당하면 별도의 확정신고가 불필요하다.

해답

[1] ① 중도퇴직하는 경우에는 퇴직한 달의 급여를 지급하는 때 정산한다.

[2] ④ 반기별 납부승인을 받은 경우에도 2월분 급여를 지급하는 때 정산한다.

[3] ③ 일용근로자의 원천징수세율은 6%이다.

[4] ① 원천징수는 납세의무자의 세금부담을 분산시킨다.

[5] ① 개인과 법인은 차이가 있다. 예를들어 배당소득에 대하여 개인은 원천징수를 하지만 법인은 원천징수를 하지 않는다.

[6] ④ 자동차 보험은 보장성 보험에 해당하며 보험료세액공제가 가능하다.

[7] ③ 기타소득 원천징수세율은 20%(3억원 초과 복권당첨소득은 30%)이고, 이자소득의 원천징수세율은 14%~90% 로 다양하다.

제16장 퇴직소득과 양도소득

16.1 퇴직소득

(1) 퇴직소득의 범위

① 공적연금 관련 법에 따라 받는 일시금

② 사용자 부담금을 기초로 하여 현실적인 퇴직을 원인으로 지급받는 소득

③ 그 밖에 유사한 소득 : 현실적인 퇴직으로 인한 지급, 퇴직소득 지연지급에 따른 이자 등

> **[기타 주의사항] 법인세법상 현실적인 퇴직**
>
> 직원이 임원으로 취임한 경우는 법인세법상 현실적인 퇴직이지만 소득세법상 퇴직소득 지급사유는 아니다. 상근임원이 비상근임원이 되는 것도 소득세법에서는 퇴직으로 보지 않는다.

(2) 퇴직사유가 발생한 시기와 지급시기가 크게 다른 경우

① 일정한 사유가 발생했으나 퇴직급여가 실제로 지급되지 않은 경우에는 퇴직으로 보지 않을 수 있다.

② 계속기간 중에 일정한 사유로 퇴직급여를 미리 지급받은 경우에는 지급받은 날에 퇴직한 것으로 본다.

(3) 비과세 퇴직소득

① 국민연금법에 따라 받는 사망일시금

② 공무원연금법, 국민연금법, 사립학교교직원연금법, 별정우체국법에 따라 받는 요양비, 요양일시금, 장해보상금, 사망조위금, 사망보상금 등

(4) 퇴직소득의 수입시기

① 원칙 : 퇴직한 날

② 과세이연하는 경우 : 퇴직일 현재 연금계좌에 있거나 연금계좌로 지급되는 경우, 지급받은 날부터 60일 이내에 연금계좌에 입금되는 경우

[예제 16-1]

[1] 다음 중 퇴직소득에 관한 설명으로 가장 올바르지 않은 것은?

① 퇴직급여를 실제로 지급받지 않고 종업원이 임원이 된 경우는 현실적 퇴직으로 본다.

② 퇴직소득에 대한 총수입금액의 수입시기는 퇴직을 한 날로 한다.

③ 퇴직소득공제는 근속연수에 따른 공제액과 환산급여에 따른 공제액을 합계한 금액이다.

④ 퇴직소득 산출세액은 연분연승법을 적용하여 계산한다.

[2] 다음 중 소득세법상 퇴직소득에 관한 설명으로 가장 올바르지 않은 것은?

① 사용자 부담금을 기초로 하여 현실적퇴직을 원인으로 지급받는 소득은 퇴직소득으로 본다.

② 법인의 상근임원이 비상근임원이 된 경우는 현실적 퇴직으로 본다.

③ 과세이연된 퇴직소득금액을 연금외수령한 경우 퇴직소득으로 과세한다.

④ 퇴직소득에 대한 총수입금액의 수입시기는 원칙적으로 퇴직을 한 시점으로 한다.

[3] 다음 중 연금소득 과세구조에 대한 설명으로 가장 올바르지 않은 것은?

① 국민연금 납입액은 종합소득금액 계산 시 전액 소득공제한다.

② 산업재해보상보험법에 따라 받는 연금은 비과세한다.

③ 연금계좌인출액 중 연금소득에 해당하는 금액이 연 1,500 만원 이하인 경우 선택에 따라 분리과세를 적용받을 수 있다.

④ 과세이연된 퇴직소득금액을 연금외수령한 경우 기타소득으로 과세한다.

해답

[1] ① 퇴직급여가 실제로 지급되지 않은 경우에는 퇴직으로 보지 않을 수 있다.
[2] ② 상근임원이 비상근임원이 되는 것은 퇴직사유에 해당하지 않는다.
[3] ④ 퇴직소득으로 과세한다.

16.2 양도소득 과세대상

양도소득세 과세대상에는 다음의 것들이 있다. 재경관리사 수험목적으로는 부동산과 유사항목, 주식 위주로 정리하도록 한다. 파생상품, 신탁수익권은 아직 출제된 적이 없다.

(1) 양도소득의 범위

　① 부동산과 유사항목 – 양도한 날이 속하는 달의 말일로부터 2개월 이내 예정신고

　　i. 부동산 : 토지와 건물

ⅱ. 부동산에 관한 권리 : 부동산을 취득할 수 있는 권리, 지상권과 전세권 (등기여부 불문), 등기된 부동산 임차권

ⅲ. 기타자산 : 특정주식, 특정시설물 이용권(골프회원권, 헬스클럽회원권, 콘도이용권, 스키장회원권 등), 사업용 고정자산과 함께 양도하는 영업권

② 주식 및 출자지분 – 양도일이 속하는 반기 말일부터 2개월 이내 예정신고

구분	장내거래	장외거래
대주주	과세	과세
소액주주	과세되지 않음	과세

* 대주주의 기준 : 상장법인 1%, 코스닥상장법인 2%, 코넥스상장법인 4% 이상

③ 파생상품 – 양도한 날이 속하는 달의 말일로부터 2개월 이내 예정신고

④ 신탁수익권 – 양도한 날이 속하는 달의 말일로부터 2개월 이내 예정신고

(2) 비과세 양도소득

① 파산선고에 의한 처분으로 발생하는 소득

② 대통령령으로 정하는 농지의 교환 또는 분합으로 발생하는 소득

③ 1세대 1주택(고가주택 제외)의 양도로 인하여 발생하는 소득

- 1세대 2주택이어도 거주이전을 위한 일시적 2주택(1년 또는 3년), 상속으로 인한 경우(2년), 직계존속 동거부양으로 인한 경우(10년), 혼인으로 인한 경우(2년)의 경우 먼저 양도하는 주택을 비과세하는 규정이 있다.

[예제 16-2]

[1] 다음 중 양도소득세에 대하여 가장 올바르지 않은 주장을 하는 사람은 누구인가?

① 김철수 : 취득시기 및 양도시기는 원칙적으로 "대금청산일"을 기준으로 한다.

② 김영희 : KOSPI 200 선물의 거래로 발생하는 소득에 대해서는 양도소득세가 과세된다.

③ 김영수 : 주식시장을 활성화하기 위하여 상장주식에 대해서는 양도소득세를 비과세한다.

④ 김순희 : 거주자가 20x1년 5월 8일에 토지를 양도한 경우 20x1년 7월 31일까지 양도소득 과세표준 예정신고를 하여야 한다

[2] 다음 중 양도소득세가 과세되는 소득은?

① 1 세대 1 주택(고가주택 아님)의 양도소득
② 사업용 기계장치처분이익
③ 비상장법인의 주식양도소득
④ 소액주주가 양도한 상장법인의 주식

[3] 다음 중 양도소득세 과세대상은 몇 개인가?

ㄱ. 헬스클럽이용권을 양도한 경우
ㄴ. 토지의 무상이전(채무의 이전 없음)
ㄷ. 직전 사업연도말 현재 코스닥상장법인의 주식합계액이 0.5% (시가 10억)를 보유한 주주가 양도하는 주식양도소득
ㄹ. 사업용 고정자산과 함께 양도하는 영업권

① 1 개   ② 2 개
③ 3 개   ④ 4 개

[4] 다음 중 양도소득세 과세대상자산이 아닌 것은?

① 부동산을 취득할 수 있는 권리
② 업무용 차량의 양도
③ 대주주소유 상장주식
④ 과점주주가 보유하는 부동산과다보유법인 주식

[5] 다음 중 양도소득세 과세대상자산이 아닌 것은?

① 부동산을 취득할 수 있는 권리
② 과점주주가 보유하는 부동산과다보유법인 주식
③ 대주주소유 상장주식
④ 사업용고정자산과 별개로 양도하는 영업권

[6] 다음 중 소득세법상 양도소득에 관한 설명으로 가장 올바르지 않은 것은?

① 양도소득세 과세대상 자산인 건물에는 건물에 부속된 시설물과 구축물을 포함한다.
② 부동산 임차권은 등기된 임차권만 양도소득세 과세대상에 포함된다.

③ 신탁의 이익을 받을 권리(금전신탁수익증권, 투자신탁 수익권의 그 양도로 발생하는 소득이 배당소득으로 과세되는 경우 제외)의 양도로 발생하는 소득은 양도소득세 과세대상에 포함되지 않는다.

④ 부동산의 취득시기가 도래하기 전에 해당 부동산을 취득할 수 있는 권리는 양도소득세 과세대상에 포함된다.

해답

[1] ③ 대주주가 양도하는 경우에는 양도소득세가 과세된다.

[2] ③ 나머지는 양도소득 과세대상이다.

[3] ② 헬스클럽 이용권, 사업용 고정자산과 함께 양도하는 영업권이 해당된다.

[4] ② 사업용고정자산의 처분은 양도소득 과세대상이 아니다.

[5] ④ 사업용고정자산과 함께 양도하는 영업권이 과세대상이다.

[6] ③ 양도소득 과세대상 중에는 신탁수익권도 있다.

16.3 양도소득세의 계산

수험목적으로 양도소득은 양도소득세 과세대상과 양도소득과세표준, 미등기자산의 불이익 정도만 학습하면 된다. 양도소득 계산은 부동산 위주로 알아보기로 한다.

(1) 양도소득 과세표준의 계산

① 양도차익의 계산

양도가액	... 부동산을 팔면서 실제로 받은 금액
취득가액	... 매입가액, 취득세, 등록세, 법무사비용, 취득중재수수료, 인지대 등
기타필요경비	... 자본적 지출액, 양도관련 비용 등
= 양도차익	

② 양도소득금액의 계산

양도차익
장기보유특별공제 ... 3년 이상 보유시 적용하며, 시험문제에서 주어짐
= 양도소득금액

> **사례**
>
> 토지를 6년 보유 후에 처분하였다. 처분당시 토지의 실지거래가는 800,000,000원이었고, 취득당시 토지의 실지거래가는 500,000,000원이었다. 토지의 양도비용은 10,000,000원이었으며 장기보유특별공제 비율은 12%이다. 양도소득금액은 얼마인가?
>
> → (800,000,000 - 500,000,000 - 10,000,000) × (1 - 0.12) = 255,200,000원

③ 양도소득과세표준의 계산 : 장기보유특별공제를 차감 후 양도소득기본공제를 차감.

$$\frac{\begin{array}{l} \text{양도소득금액} \\ \text{양도소득기본공제} \end{array}}{= \text{양도소득과세표준}} \quad \text{... 자산그룹별로 각각 연 250만원}$$

④ 양도소득산출세액

$$\frac{\begin{array}{l} \text{양도소득과세표준} \\ \times \text{ 양도소득세율} \end{array}}{= \text{양도소득산출세액}} \quad \text{... (문제에서 주어짐)}$$

(2) 미등기자산의 불이익

장기보유특별공제, 양도소득기본공제 적용 불가능

[예제 16-3]

[1] 다음 중 양도소득세에 관한 설명으로 가장 올바르지 않은 것은?

① 토지, 건물, 부동산에 관한 권리는 원칙적으로 실지거래가액에 의해서 양도차익을 계산한다.

② 토지·건물로서 등기되고 보유기간이 3년 이상인 것은 장기보유특별공제 적용대상이다.

③ 취득가액, 설비비에 개량비, 자본적 지출액을 포함하고 양도비용을 제외한 금액을 필요경비로 한다.

④ 거주자가 토지 및 건물을 양도하는 경우에는 양도한 날이 속하는 달의 말일부터 2개월 이내에 납세지 관할세무서장에게 신고하고 그 세액을 납부하여야 한다.

[2] 다음 중 양도소득세에 관한 설명으로 가장 올바르지 않은 것은?

① 취득가액, 설비비에 개량비, 자본적 지출액을 포함하고 양도비용을 제외한 금액을 필요경비로 한다.

② 토지·건물로서 등기되고 보유기간이 3년 이상인 것은 장기보유특별공제 적용대상이다.

③ 토지, 건물, 부동산에 관한 권리는 원칙적으로 실지거래가액에 의해서 양도차익을 계산한다.

④ 거주자가 토지 및 건물을 양도하는 경우에는 양도한 날이 속하는 달의 말일부터 2개월 이내에 납세지 관할세무서장에게 신고하고 그 세액을 납부하여야 한다.

[3] 다음은 거주자 김삼일씨가 양도한 토지(등기된 토지로 사업용임)와 관련된 자료이다. 해당 토지의 양
　 도로 인한 양도차익 및 양도소득 과세표준은 각각 얼마인가?

ㄱ. 양도당시의 실지거래가	50,000,000원
ㄴ. 취득당시의 실지거래가	20,000,000원
ㄷ. 양도비용(중개수수료 등)	5,000,000원
단, 장기보유특별공제율은 20 %를 적용한다.	

	양도차익	양도소득 과세표준
①	17,500,000원	17,500,000원
②	20,000,000원	20,000,000원
③	25,000,000원	17,500,000원
④	30,000,000원	20,000,000원

[4] 다음 중 양도소득세에 관한 설명으로 가장 올바르지 않은 것은?

① 토지, 건물, 부동산에 관한 권리는 원칙적으로 실지거래가액에 의해서 양도차익을 계산한다.
② 보유기간이 3년 이상인 건물(등기여부 불문)은 장기보유특별공제 적용대상이다.
③ 골프장업을 영위하는 법인(자산 총액 중 부동산의 비율이 80% 이상)이 발행한 주식을 1 주 이상 양
　 도하는 경우에는 양도소득세가 과세된다.
④ 거주자가 토지 및 건물을 양도하는 경우에는 양도한 날이 속하는 달의 말일부터 2 개월 이내에 납세
　 지 관할세무서장에게 신고하고 그 세액을 납부하여야 한다.

[5] 다음 중 양도소득에 관한 설명으로 가장 올바르지 않은 것은?

① 상장주식에 대하여는 원칙적으로 양도소득세 대상이 아니나, 대주주 거래분과 장외거래분에 한해서
　 양도소득세를 과세한다.
② 1 세대 1 주택(고가주택 제외)과 그 부수토지의 양도로 인한 소득에 대해서는 비과세를 적용한다.
③ 소유권이전의 형식을 띠고 있는 양도담보는 양도소득세 과세대상에 포함된다.
④ 거주자가 토지 및 건물을 양도한 경우 양도한 날이 속하는 달의 말일부터 2 개월 이내에 양도소득세
　 신고 및 납부하여야 한다.

[6] 다음 중 양도소득에 관한 설명으로 가장 올바르지 않은 것은?

① 토지를 현물출자하는 경우 양도소득세 과세대상에 해당한다.
② 대주주가 양도하는 상장법인의 주식은 양도소득세 과세대상이다.
③ 부동산에 관한 권리의 양도는 양도소득세 과세대상이다.
④ 양도소득기본공제는 자산그룹별로 각각 250 만원을 공제하며 '미등기양도자산'에 대해서도 동일하게
　 적용한다.

[7] 거주자 최순희씨는 얼마 전 6년간 보유한 토지(등기된 사업용토지)를 양도하였다. 다음 자료에 의해 양도소득과세표준을 계산하면 얼마인가(단, 동 토지의 실제양도비용은 3,000,000 원이다)?

구분	실지거래가액	기준시가 (개별공시지가)
양도가액	120,000,000원	70,000,000원
취득가액	72,000,000원	40,000,000원
단, 장기보유특별공제율은 12%를 적용한다.		

① 37,100,000 원   ② 39,600,000 원
③ 41,360,000 원   ④ 45,000,000 원

해답

[1] ③ 양도비용도 필요경비에 포함된다.
[2] ① 양도비용도 필요경비에 포함된다.
[3] ③ 양도차익 = 50,000,000 - 20,000,000 - 5,000,000 = 25,000,000원
    과세표준 = 양도차익 25,000,000 × (1 - 공제율 0.2) - 기본공제 2,500,000원 = 17,500,000원
[4] ② 미등기된 건물은 장기보유특별공제가 적용되지 않는다.
[5] ③ 담보제공은 소유권이 이전되지 않으므로 양도소득세 과세대상이 아니다.
[6] ④ 미등기 양도자산은 양도소득기본공제가 적용되지 않는다.
[7] ①
    양도차익 = 120,000,000 - 72,000,000 - 3,000,000 = 45,000,000원
    양도소득과세표준 = 45,000,000 × (1 - 0.12) - 2,500,000 = 37,100,000원

재경관리사 법인세법 출제경향 (2019년~2020년)

내용	교재	2019년						2020년				
		1월	3월	5월	7월	9월	11월	1월	5월	7월	9월	11월
법인세법 납세의무	347	47			46			45	46	46 47		
사업연도	348		45									
법인세 계산구조	348	48			43 47	58						60
세무조정	349	45						47		46 47		48
결산조정과 신고조정	349					47	57			50		47
소득처분	349	50	46		48	46 48	46	46		48	48	46
익금항목	350			47		47 48		48			49	
의제배당	350				49							
유가증권 저가매입	350			48		50						
익금불산입 항목	350			49		49			48			
세금과공과	351		48				50	50		49	51	
인건비의 처리	352		47					49	49 51	51		50 51
손금불산입 계산	351	49		50			49		50			49
손익의 귀속시기	352					51	51	51		52	52	52
장기건설공사 손익인식	352			51								
재고자산, 유가증권평가	353	51	51	56	51							53
유형자산의 취득가액	354		52							53		
감가상각비	354	52		52	59	52	52	52	52 53		53	
업무용승용차	보충				50					50		
익금불산입 항목			49									
기부금의 세무조정	355			54			53		54	54		54
기부금한도초과액	356	59		53	52	54		53		59	54	
현물 기부금	356	53	53									
접대비의 범위	356		54					54				
접대비의 손금불산입	357				57	53					55	
접대비 한도액	357	54			53		54			55		
지급이자손금불산입	358	55		55	60		55		55	56		57
현실적인 퇴직	358					56						
퇴직급여충당금	358				55		56	56	56		56	55
대손사유	359		56		54					58	58	
대손충당금 설정	359	56				57				57	57	56
법인세법상 준비금	360	57		57				57	57			
부당행위계산부인	361		57		56	59	58	58	58			
가지급금 인정이자	362	58	55	58		55		55			59	58 59
각사업연도소득금액 계산	362	46	58	46 59				59				
이월결손금	362						59		47		60	
가산세	363		59						59			
법인세의 신고납부	364	60		60		60	60			60		
법인세 신고시 제출서류	보충		60		58				60	60		

제17장

법인세 기초이론

17.1 법인세의 의의, 납세의무자별 법인세 납세의무

(1) 법인세의 의의

법인세는 법인의 소득을 대상으로 부과하는 직접세이다. 법인세법은 순자산증가설과 포괄주의에 근거하여 과세한다. 법인세는 국세 (↔지방세)이고, 직접세 (↔간접세), 보통세 (↔목적세), 인세(↔물세), 독립세(↔부가세), 종가세 (↔종량세) 등의 특성이 있다.

① 소득원천설과 열거주의 : 일정하게 계속반복적으로 발생하는 소득 원천을 개별적으로 과세한다는 이론이다.
② 순자산증가설과 포괄주의 : 순자산을 증가시키는 모든 소득을 과세대상으로 삼는다는 이론으로서 일시적, 우발적으로 발생하는 소득도 과세한다는 이론이다. 우리나라 법인세법은 포괄주의에 의한다.

(2) 납세의무자별 납세의무 : 외국 정부단체는 외국비영리법인으로 본다.

구분		각사업연도소득	토지등 양도소득	청산소득 미환류소득
내국법인	영리법인	국내외 모든소득	과세	과세
	비영리법인	국내외 수익사업	과세	비과세
외국법인	영리법인	국내원천소득	과세	비과세
	비영리법인	국내원천수익사업소득	과세	비과세
국가 및 지방자치단체		비과세		

> **[참고] 미환류소득**
> ① 요건 : 각 사업연도 종료일 자기자본 500억원 초과 (중소기업 제외)
> ② 기업 소득 중 투자, 임금, 배당으로 환류하지 않은 소득의 20%

> **[예제 17-1]**
>
> **[1] 다음 중 법인세법상 납세의무에 관한 설명으로 가장 올바르지 않은 것은?**
>
> ① 법인이 아닌 단체도 법인세 납세의무를 지는 경우가 있다.
> ② 외국의 정부는 국내에서 수익사업을 하는 경우라도 법인세의 납세의무를 지지 않는다.
> ③ 법인은 영리를 추구하는지 여부에 따라 영리법인과 비영리법인으로 구분된다.
> ④ 비영리내국법인은 청산소득에 대하여 납세의무가 없다.
>
>
> **[2] 다음 중 법인의 납세의무에 관한 설명으로 가장 올바르지 않은 것은?**
>
> ① 비영리내국법인은 각 사업연도 소득과 청산소득에 대하여 납세의무를 진다.
> ② 비영리법인의 경우 법인세법에서 정하는 수익사업에서 생긴 소득에 한하여 과세된다.
> ③ 내국법인은 국외에서 발생한 당해 법인의 소득에 대해서도 납세의무를 진다.
> ④ 외국법인은 국내원천소득에 대해서만 납세의무를 진다.

해답
[1] ② 외국의 정부는 외국비영리법인으로 분류하며 국내 수익사업소득에 대하여 법인세납세의무가 있다.
[2] ① 각사업연도소득이 아니라 수익사업소득에 대해서만 납세의무가 있다.

17.2 사업연도

(1) 사업연도

① 원칙 : 법령 또는 법인의 정관등에서 정하는 1회계기간으로 한다. 다만, 그 기간은 1년을 초과하지 못한다. 단, 신고를 하여야 할 법인이 그 신고를 하지 아니하는 경우에는 매년 1월 1일부터 12월 31일까지를 그 법인의 사업연도로 한다.

(2) 사업연도의 변경

① 변경기한(법법 7조)

사업연도를 변경하고자 하는 법인은 그 법인의 직전 사업연도종료일부터 3월이내에 대통령령이 정하는 바에 따라 납세지 관할세무서장에게 이를 신고하여야 한다.

② 사업연도의 의제 (법법 8조)

합병, 분할, 해산등의 특정사유가 발생하면 다음과 같이 사업연도를 규정한다. 단, 조직변경으로 인한 경우에는 사업연도의 의제가 적용되지 않으므로 주의한다.

일반적인 해산의 경우	• 사업연도 개시일 ~ 해산등기일 : 1 사업연도 • 해산등기일 ~ 그 사업연도 종료일 : 1 사업연도
합병, 분할로 해산한 경우	• 사업연도 개시일 ~ 합병등기일 또는 분할등기일
청산을 하는 경우	• 사업연도 개시일 ~ 잔여재산가액 확정일
청산중 사업을 계속하는 경우	• 사업연도개시일 ~ 계속등기일 : 1 사업연도 • 계속등기일 ~ 그 사업연도 종료일 : 1 사업연도

[예제 17-2]

[1] 다음 중 법인세법상 사업연도에 관한 설명으로 가장 옳은 것은?

① 법인의 사업연도는 법령 또는 정관상에서 정하고 있는 회계기간을 우선적으로 적용하며 원칙적으로 1 년을 초과할 수 있다.

② 법령 또는 정관상에 회계기간이 규정되어 있지 않은 법인의 사업연도는 일률적으로 1 월 1 일부터 12 월 31 일까지로 한다.

③ 사업연도를 변경하려는 법인은 직전 사업연도 종료일로부터 3 개월 이내에 사업연도변경신고서를 제출하여 이를 납세지 관할세무서장에게 신고하여야 한다.

④ 법인설립 이전에 발생한 손익은 법인세 과세대상 손익에서 제외한다.

해답

[1] ③

① 원칙적으로 1년을 초과할 수 없다. ② 반드시 1월 1일부터 시작하는 것은 아니다. ④ 과세대상 손익에 포함된다.

17.3 법인세 계산구조

법인세 계산구조는 사례를 통해 정리해 보도록 한다.

[예제] 법인세 계산구조

1. 손익계산서상 당기순이익은 111,236,370원이다.

2. 회사의 익금산입 및 손금불산입 합계는 86,200,000원이다.

3. 회사의 손금산입 및 익금불산입 합계는 9,500,000원이다.

4. 당기 기부금 한도초과액이 12,063,630원이다.

5. 전년도에 이월결손금은 20,000,000원이었으며 세법상 올바른 금액이다.

6. 법인세 세율은 2억원까지는 10%, 2억원 초과 200억원까지는 20%, 200억원원 초과 3,000억원까지는 22%, 3,000억원 초과분은 25%이다.

7. 중소기업에 대한 투자세액공제로 5,400,000원을 신청하였다. 중소기업투자세액공제는 최저한세 적용 규정을 받는 세액공제이다.

* 공제감면세액 란에서 최저한세 적용을 받는 부분은 121.최저한세적용대상공제감면세액에 기록하고, 최저한세 적용을 받지 않는 부분은 123.최저한세적용제외공제감면세액에 기록한다.

8. 손금으로 지출한 내역 중에는 법적증빙을 수취하지 못한 금액 (업무추진비가 아님)이 10,000,000원이 있다. 단, 적격증빙불비 가산세는 법적증명서류 미수취액의 2% 이다.

9. 선납세금으로 법인세 중간예납세액 1,500,000원, 이자수익에 대한 원천징수세액 600,000원이 있다.

10. 분납은 가능한 최대로 반영하도록 한다.

---

* 분납할세액의 범위 : 납부세액이 1,000만원을 초과하는 경우 1개월 이내(중소기업은 2개월 이내)의 기간동안 분납이 가능하다.
 - 납부세액이 1,000만원 이상, 2,000만원 이하인 경우 : 1,000만원 초과세액
 - 납부세액이 2,000만원을 초과하는 경우 : 납부세액의 1/2

[3072] 법인세과세표준및세액조정계산서

Esc 종료 F2 코드 F5 삭제 F7 원장조회 F8 잔액조회 F9 인쇄 F11 저장 F12 불러오기

① 각사업연도소득계산			
101.결 산 서 상 당 기 순 손 익		01	111,236,370
소득조정금액	102.익 금 산 입	02	86,200,000
	103.손 금 산 입	03	9,500,000
104.차 가 감 소 득 금 액 (101+102-103)		04	187,936,370
105.기 부 금 한 도 초 과 액		05	12,063,630
106.기부금 한도초과 이월액 손금산입		54	
107.각사업연도소득금액(104+105+106)		06	200,000,000

② 과세표준계산			
108.각 사업 연도 소득금액(108=107)			200,000,000
109.이 월 결 손 금		07	20,000,000
110.비 과 세 소 득		08	
111.소 득 공 제		09	
112.과 세 표 준 (108-109-110-111)		10	180,000,000
159.선 박 표 준 이 익		55	

③ 산출세액계산			
113.과 세 표 준 (113=112+159)		56	180,000,000
114.세 율		11	10%
115.산 출 세 액		12	18,000,000
116.지 점 유 보 소 득 (법 제96조)		13	
117.세 율		14	
118.산 출 세 액		15	
119.합 계 (115+118)		16	18,000,000

④ 납부할세액계산			
120.산 출 세 액 (120=119)			18,000,000
121.최저한세 적용 대상 공제 감면 세액		17	5,400,000
122.차 감 세 액		18	12,600,000
123.최저한세 적용 제외 공제 감면 세액		19	
124.가 산 세 액		20	200,000
125.가 감 계 (122-123+124)		21	12,800,000
기한내 납부세액 126.중 간 예 납 세 액		22	1,500,000
127.수 시 부 과 세 액		23	
128.원 천 납 부 세 액		24	600,000
129.간접 회사등 외국 납부세액		25	
130.소 계 (126+127+128+129)		26	2,100,000
131.신 고 납 부 전 가 산 세 액		27	
132.합 계 (130+131)		28	2,100,000
133.감 면 분 추 가 납 부 세 액		29	
134.차가감 납부할 세액(125-132+133)		30	10,700,000

⑤토지 등 양도 소득에 대한 법인세 계산 (TAB로 이동)			
151.차 가 감 납부할 세 액 계 (134+150)		46	10,700,000
⑥ 152.사실과 다른 회계처리 경정세액공제		57	
153.분 납 세 액 계 산 범 위 액 (151-124-133-145-152+131)		47	10,500,000
분납할 세액 154.현 금 납 부		48	500,000
155.물납		49	
156.계(154+155)		50	500,000
차감 납부세액 157.현 금 납 부		51	10,200,000
158.물납		52	
160.계(157+158) [160=(151-152-156)]		53	10,200,000

재경관리사 시험에서는 과세표준까지 계산하는 방법이 출제된다.

① 결산서상 당기순이익 + 익금산입 - 손금산입 = 차가감소득금액

② 차가감소득금액 + 기부금한도초과액 = 각사업연도소득금액

③ 각사업연도소득금액 - 이월결손금 - 비과세소득 - 소득공제 = 과세표준

[예제 17-3]

[1] 삼일의 법인세 과세표준 및 세액조정계산서상에 표시되는 항목별 금액이 다음과 같을 때 기부금한도
초과액과 이월결손금 당기공제액의 합계액은 얼마인가 (부호는 동일하게 보아 계산한다)?

> 1. 결산서상 당기순이익 : 150,000,000 원
> 2. 세무조정금액
>   가. 익금산입 : 30,000,000 원
>   나. 손금산입 : 10,000,000 원
> 3. 차가감소득금액 : 170,000,000 원
> 4. 각 사업연도소득금액 : 175,000,000 원(기부금한도초과이월액 손금산입액은 없다)
> 5. 과세표준 : 135,000,000 원(비과세소득과 소득공제액은 없다)

① 15,000,000원   ② 30,000,000원
③ 35,000,000원   ④ 45,000,000원

[2] ㈜삼일의 결산서상 당기순이익은 150,000,000 원이며 세무조정 결과 익금산입 · 손금불산입 금액은
40,000,000 원, 손금산입 · 익금불산입 금액은 80,000,000 원이 발생하였다. 당기말 현재 공제가능
한 세무상 이월결손금이 100,000,000 원인 경우 ㈜삼일의 법인세 과세표준을 계산하면 얼마인가(단,
㈜삼일은 중소기업이며, 기부금, 비과세소득, 소득공제 금액은 없다)?

① 10,000,000원   ② 44,000,000원
③ 66,000,000원   ④ 110,000,000원

[3] 다음의 자료를 이용하여 ㈜삼일의 과세표준금액을 계산하면 얼마인가?

> ㄱ. 당기순이익 : 250,000,000 원
> ㄴ. 소득금액조정합계표상 금액
>   - 익금산입 · 손금불산입 : 100,000,000 원
>   - 손금산입 · 익금불산입 : 70,000,000 원
> ㄷ. 일반기부금 한도초과액 : 10,000,000 원
> ㄹ. 비과세소득 : 3,000,000 원
> ㅁ. 소득공제 : 2,000,000 원

① 280,000,000원   ② 285,000,000원
③ 290,000,000원   ④ 295,000,000원

해답
[1] ④ 기부금한도초과액 5,000,000원 + 이월결손금 40,000,000 = 45,000,000원
 차가감소득금액 170,000,000 + 기부금한도초과액 = 각사업연도소득금액 175,000,000원

각사업연도소득금액 175,000,000원 - 이월결손금 = 과세표준 135,000,000원

[2] ① 150,000,000 + 40,000,000 - 80,000,000 - 100,000,000 = 10,000,000원

[3] ② 250,000,000 + 100,000,000 - 70,000,000 + 10,000,000 - 3,000,000 - 2,000,000 = 285,000,000원

세무조정과 소득처분

18.1 세무조정

세무조정은 이익을 계산할 때 기업과 법인세법의 차이가 발생하는 경우에 이를 조정하는 것을 말한다. 세무조정에는 4가지의 유형으로 구분할 수 있는데 그 유형은 다음과 같다.

법인의 회계처리	세무조정	법인세법
수익	+ 익금산입 - 익금불산입	익금
- 비용	+ 손금산입 - 손금불산입	- 손금
당기순이익		각사업연도소득금액

① 익금산입

회사에서는 수익항목으로 기록하지 아니하였지만 세법상 익금에 해당하는 항목

[사례] 간주임대료, 가지급금인정이자, 재고자산평가감

② 익금불산입

회사에서는 수익항목으로 기록하였지만 세법상 익금으로 보지 않는 항목

[사례] 단기매매증권평가이익, 부가가치세 매출세액, 자산수증이익이나 채무면제이익을 이월결손금 보전에 충당

③ 손금산입

회사에서는 비용항목으로 기록하지 아니하였지만 세법상 손금에 해당하는 항목

[사례] 법인세법상 준비금의 손금산입, 퇴직연금의 손금산입

④ 손금불산입

회사에서는 비용항목으로 기록하였지만 세법상 손금에 해당하지 않는 항목

[사례] 접대비(업무추진비)한도초과액, 벌금 및 과태료, 뇌물 등

> **[예제 18-1]**
>
> 다음 중 ㈜삼일의 법인세 계산을 위한 세무조정으로 가장 올바르지 않은 것은?
>
> ① 부가가치세 매출세액 중 손익계산서상 수익으로 계상한 금액을 익금불산입 처리하였다.
> ② 세무상 이월결손금의 보전에 충당한 채무면제이익을 익금불산입 처리하였다.
> ③ 자본잉여금으로 계상한 당기분 감자차익을 익금산입 처리하였다.
> ④ 벌과금 납부분에 대하여 손금불산입 처리하였다.

해답

[1] ③ 감자차익은 세법상 익금이 아니므로 익금산입 하지 않는다.

18.2 결산조정사항과 신고조정사항

(1) 결산조정사항과 신고조정사항

앞 절에서 세무조정에는 4가지가 있었는데, 그 중에서 손금산입의 경우에는 결산조정사항인지 여부를 확인하여야 한다. 결산조정이란 특정한 손금항목에 대해서는 회사가 결산서에 비용으로 계상한 경우에만 손금으로 인정해 주는 사항을 말한다. 결산조정항목은 손금산입이 강제되지 않고, 법인에게 그 항목의 손금산입여부시기에 대하여 선택권이 부여된 것들이 결산조정사항에 해당한다.

반면 결산조정사항 이외의 사항들을 신고조정사항이라고 하는데, 신고조정사항은 결산조정사항의 상대적인 개념으로 손금산입 시기의 결정이 불가능하고, 세법에 규정된 사업연도에 손익으로 귀속시킬 수 있다.

	결산조정사항	신고조정사항
손익귀속시기	결산서에 계상한 사업연도	세법에 규정된 사업연도
해당 사업연도 경과시기	결산서에 반영해야 손금인정	경정청구 (5년 이내)

> **사례**
>
> (1) 결산조정사항에 해당하면서 세법상 한도액이 3,000,000원인 비용을 회사가 2,000,000원만 비용으로 인식한 경우
>
>   → 결산서에 반영한 2,000,000원만 비용인정
>
> (2) 신고조정사항에 해당하면서 세법상 한도액이 3,000,000원인 비용을 회사가 2,000,000원만 비용으로 인식한 경우
>
>   → 강제적으로 1,000,000원을 추가로 비용으로 계상

(2) 결산조정사항의 범위

회사의 내부적인 계산항목으로 손금산입시기에 선택권이 부여되어 있는 특징이 있다. 다시 말해 결산조정사항은 회사와 세법상 차이가 발생하는 경우에도 세무조정을 하지 않는다. 결산조정사항은 다음과 같은 특징이 있다.

① 손금산입 항목
② 회사 내부적인 거래항목

앞으로 세무조정을 하기 위해서는 결산조정사항에 대해서는 완벽한 이해가 필요하다. 회사 계상 비용이 세법상 손금인정 범위액 보다 작은 경우에는 이것이 결산조정사항에 해당하는가 파악하여야 한다.

회사의 수익 〈 세법상 익금	익금산입	모두 신고조정사항
회사의 수익 〉 세법상 익금	익금불산입	모두 신고조정사항
회사의 비용 〉 세법상 비용	손금불산입	모두 신고조정사항
회사의 비용 〈 세법상 비용	손금산입	신고조정사항 + 결산조정사항

구분	결산조정	비교정리사항
충당금	① 대손충당금 ② 퇴직급여충당금 ③ 구상채권상각충당금 ④ 일시상각충당금 　(비상각자산은 압축기장충당금)	퇴직연금(보험)충당금은 신고조정사항 임의신고조정사항
준비금	① 법인세법상 준비금	회계감사대상인 비영리법인의 고유목적사업 준비금은 임의신고조정사항
자산의 평가차손 및 상각비	① 감가상각비 (소액자산, 소액수선비 포함) ② 천재지변, 화재, 법령에 의한 수용, 채굴 예정량의 채진으로 인한 폐광으로 인한 고정자산의 평가차손 ③ 파손, 부패로 인한 재고자산 평가차손 ④ 주식등을 발행한 법인이 파산한 경우 그 주식의 평가차손 ⑤ 시설개체, 낙후로 인한 생산설비의 폐기 손실	화폐성 외화자산의 평가차손은 강제신고조정 사항이다.
대손금	회수 불가능한 매출채권의 대손금	소멸시효 완성 대손금등은 강제신고조정사항

[예제 18-2]

[1] 다음 중 법인세법상 결산조정사항과 신고조정사항에 대한 설명으로 가장 올바르지 않은 것은?

① 결산조정사항은 원칙적으로 회계상 비용으로 계상한 경우에만 세무상 손금으로 인정받을 수 있는 사항이다.

② 신고조정사항은 회계상 비용계상 여부와 관계없이 법인세법상 손금으로 인정되는 항목이다.

③ 결산조정사항을 결산 시 손금에 산입하지 않고 법인세 신고기한이 경과한 경우에는 경정청구를 통해 정정이 가능하다.

④ 법인세법상 준비금은 결산조정사항이지만 조세특례제한법상 준비금은 신고조정이 가능하다.

[2] 다음 중 법인세법상 세무조정에 관한 설명으로 가장 올바르지 않은 것은?

① 결산조정사항은 회사장부에 비용으로 계상해야만 손금으로 인정되나 신고조정사항은 장부에 비용으로 계상하지 않아도 인정된다.

② 결산조정사항은 경정청구 대상에서 제외되나 신고조정사항은 경정청구의 대상이 된다.

③ 결산조정사항을 당해 사업연도에 비용으로 계상하지 아니한 경우라도 그 이후 사업연도에 결산상 비용으로 계상하면 손금으로 인정된다.

④ 결산조정사항에는 자산의 상각, 충당금 및 준비금의 손금산입, 자산의 평가차손, 잉여금의 처분 등이 포함된다.

해답
[1] ③ 신고조정사항이 경정청구를 통한 정정이 가능하다.
[2] ④ 잉여금의 처분은 결산조정사항이 아니다.

18.3 소득처분의 종류

(1) 익금산입 및 손금불산입의 경우

소득의 구분	소득처분	귀속자	귀속자 사후관리	원천징수 여부
사내유보	유보	기업 내부	자본금과적립금조정명세서에서 관리	×
사외유출	상여	대표자, 임원	근로소득 과세	○
	배당	주주	배당소득 과세	○
	기타사외유출	타법인, 개인사업자 국가 및 지방자치단체	사후관리 불필요	×
	기타소득	그 외의 자	기타소득 과세	○
그 외	기타	잉여금을 구성	사후관리 불필요	×

* 상여, 배당, 기타소득으로 소득처분하면 귀속자에게 추가적인 과세가 필요하다.

1) 사내유보

① 유보

현금을 제외한 회사와 세법상 자산, 부채의 차이가 발생하는 경우에는 유보로 소득처분한다. 유보항목에 대해서는 자본금과 적립금조정명세서(을) 작성을 통해 사후관리를 행하여야 한다.

> **유보로 소득처분하는 사례**
>
> 대손충당금 한도초과액, 재고자산평가감, 선급비용미계상액, 감가상각비한도초과액, 외화환산이익 계상액, 퇴직급여충당금 한도초과액, 퇴직연금한도초과액, 건설자금이자, 특수관계가 있는 개인으로부터 유가증권 저가매입액 등

2) 사외유출

① 상여

상여로 소득처분한다는 의미는 회사의 사외유출된 금액이 대표자에게 귀속되는 것을 의미한다. 여기에 해당하는 것은 대표자나 임원에게 소득배분의 효과가 있는 거래가 발생하였거나 또는 증빙불비의 책임을 지는 경우에 상여로 소득처분하게 된다.

단, 상여에 대한 원천징수세액을 회사에서 대신 납부한 경우에는 기타사외유출로 처리한다.

② 배당

소득의 귀속대상이 당해법인의 주주인 경우에는 배당으로 소득처분한다.

단, 실무에서는 주주이면서 임원, 주주이면서 타법인, 개인사업자인 경우일 수도 있다. 소득의 귀속대상이 주주이면서 임원인 경우에는 상여로 소득처분하고, 타법인, 개인사업자이면서 주주인 경우에는 기타사외유출로 소득처분한다. 그리고, 만일 임직원이 개인사업자의 사업소득을 구성할 경우에는 기타사외유출로 소득처분한다.

③ 기타사외유출

소득의 귀속대상이 타법인, 개인사업자, 국가 및 지방자치단체인 경우에는 기타사외유출로 소득처분한다.

[참고] 무조건 기타사외유출로 처리하는 경우

유형1) 실질귀속을 밝히기 어려워서 기타사외유출로 처리하는 경우

① 특례기부금, 일반기부금의 한도초과액, 비지정기부금의 손금불산입액
② 접대비(업무추진비) 한도초과액 및 건당 3만원 초과 (경조사비는 20만원 초과) 접대비로서 법적증빙미사용액의 손금불산입액

---

③ 임대보증금에 대한 간주익금 (단, 추계에 의한 경우에는 상여)
④ 업무무관자산등에 대한 지급이자 손금불산입액

　　[주의] 기부금한도초과액은 기타사외유출로 소득처분하나 소득금액조정합계표에는 반영하지 않는다.

유형2) 국가등에 귀속되거나 실무적인 관행의 인정
① 채권자가 불분명한 사채의 이자 및 지급받는자가 불분명한 채권이나 증권이자의 손금불산입에 대하여
　원천징수세액에 상당하는 금액
② 귀속이 불분명하여 대표자에 대한 상여로 소득처분하고, 당해 법인이 그 처분에 따른 소득세를 대납하
　고 이를 손금으로 계상한 후 특수관계가 소멸할 때까지 회수하지 아니하여 익금에 산입한 금액

④ 기타소득

　　사외유출된 소득에 대하여 소득의 귀속자가 그 외의 경우에 해당하는 경우에는 기타소득으
　　로 소득처분하게 된다. 당해 귀속자는 기타소득이 발생하게 된다.

3) 기타

　　회사와 세법상 현금을 제외한 자산이나 부채의 차이가 발생하면 유보로 소득처분하고, 회
　　사와 세법상 자본의 차이가 발생하면 기타로 처분한다.

(2) 손금산입 및 익금불산입의 경우

　　손금산입 및 익금불산입의 경우에는 더 간단하다. 회사와 세법상 자산, 부채의 차이가 발생하
　　면 △유보로 처분한다. 회사와 세법상 자산, 부채의 차이가 발생하지 않는 경우에는 기타로
　　처분한다.

[예제 18-3]

[1] 다음의 세무조정사항 중에서 귀속자에 대한 추가적인 과세나 사후관리가 불필요한 소득처분에 해당
　하는 것으로 가장 옳은 것은?

① 접대비 한도초과액　　　　　　　　　　② 감가상각비 한도초과액
③ 퇴직급여충당금 한도초과액　　　　　　④ 임원상여금 지급기준초과액

[2] 다음 항목에 대한 세무조정의 결과 공통적으로 발생하는 법인세법상 소득처분은?

ㄱ. 퇴직급여충당금한도초과액　　ㄴ. 대손충당금한도초과액　　ㄷ. 감가상각비한도초과액

① 배당   ② 유보

③ 상여   ④ 기타사외유출

[3] 다음 세무조정사항 중 소득처분의 귀속자에게 추가적인 과세가 필요한 경우에 해당되는 것은?

① 임원퇴직금 한도초과액   ② 일반기부금 한도초과액

③ 접대비 한도초과액   ④ 업무무관자산 등 관련 차입금이자

[4] 다음 중 소득처분에 관한 설명으로 가장 올바르지 않은 것은?

① 손금불산입사항으로 사외유출된 것이 분명하나, 귀속자가 불분명한 경우에는 대표자에 대한 상여로 처분한다.

② 기타사외유출의 경우 법인세를 과세하는 것 이외의 추가적 과세가 없다.

③ 소득의 귀속자가 출자임원인 경우 배당으로 처분한다.

④ 소득처분 중 기타는 사후관리가 불필요하다

[5] 다음의 세무조정사항 중에서 귀속자에 대한 추가적인 과세나 사후관리가 불필요한 소득처분에 해당하는 것으로 가장 옳은 것은?

① 기부금 한도초과액   ② 감가상각비 한도초과액

③ 대손충당금 한도초과액   ④ 임원상여금 지급기준초과액

해답

[1] ① 소득처분이 기타사외유출에 해당된다. 기타사외유출은 사후관리가 불필요하다.

[2] ② 자산, 부채의 차이는 유보로 소득처분한다.

[3] ① 임원퇴직금 한도초과액은 상여로 소득처분하며, 해당 임원에 대해 근로소득세를 과세하게 된다.

[4] ③ 출자임원은 상여로 소득처분한다.

[5] ① 기부금한도초과액은 기타사외유출 성격으로 사후관리가 불필요하다.

제19장

소득처분 사례

앞 장에서 학습하였던 내용을 토대로 하여 세무조정과 소득처분을 연습하기로 한다.

19.1 소득처분 연습문제 1회 – 손금위주 정리

다음 내용을 보고 소득처분을 행하고, 소득금액조정합계표에 반영하여라. 단, 사업연도는 20x1 년 1월1일부터 12월 31일이며 제조 및 도소매업을 운영하는 회사이다.

(1) 손익계산서에는 법인세비용 10,000,000원이 비용으로 기록되어 있다. (힌트 : 법인세법에 서는 법인세를 손금으로 인정해주지 않는다.)

(2) 당해사업연도에 업무용으로 취득한 토지에 대한 취득세 5,000,000원이 세금과공과로 처리 되어 있다. (힌트 : 법인세법도 회계와 마찬가지로 자산의 취득관련 세금은 자산의 취득원가 로 처리한다)

(3) 지출된 세금과공과 중에서 5,000,000원은 대표이사 개인소유의 자택에 대한 재산세이다.

(4) 세법상 접대비(업무추진비) 한도액은 30,000,000원인데, 회사는 접대비로 50,000,000원을 지출하였다.

(5) 회사는 확정급여형 퇴직연금으로 10,000,000원을 납입하고, 결산일에 아무런 회계처리를 하지 아니하였다. (힌트 : 법인세법에서는 퇴직연금의 납부를 손금처리한다)

[답안] 아래 양식에 채워 넣으시오.

익금산입 및 손금불산입		③소득처분	손금산입 및 익금불산입		⑥소득처분
①과목	②금액	처분	④과목	⑤금액	처분
합계			합계		

19.2 소득처분 연습문제 2회 - 익금 위주 정리

다음 내용을 보고 소득처분을 행하고, 소득금액조정합계표에 반영하여라. 단, 사업연도는 20x1년 1월1일부터 12월 31일이며 제조 및 도소매업을 운영하는 회사이다.

(1) 자기주식을 처분하여 발생된 이익 1,500,000원을 자본잉여금의 자기주식처분이익계정으로 처리하였다. (힌트 : 법인세법에서 자기주식처분이익은 익금으로 본다)

(2) 세법상 재고자산의 평가액은 3,000,000원이나 회사의 평가액은 2,000,000원이다.

(3) 회사는 20x1년 12월 말에 상품권을 20,000,000원에 발행하고, 전액 수익으로 인식하였으나 이 중에서 회수된 상품권은 없다.

(4) 재산세 과오납금에 대한 환부이자가 520,000원을 잡이익으로 회계처리 하였다. (힌트 : 세금에 대한 환급금이자는 익금불산입 된다)

(5) 기업의 이월결손금 보전을 위해 대표이사로부터 현금 5,000,000원을 수령하고, 자산수증이익으로 회계처리 하였다. (이월결손금의 감소로 처리하여야 한다)

[답안] 아래 양식에 채워 넣으시오.

익금산입 및 손금불산입		③소득처분	손금산입 및 익금불산입		⑥소득처분
①과목	②금액	처분	④과목	⑤금액	처분
합계			합계		

19.3 소득처분 연습문제 3회 – 손익귀속시기, 결산조정 관련문제

다음 내용을 보고 소득처분을 행하고, 소득금액조정합계표에 반영하여라. 단, 사업연도는 20x1년 1월1일부터 12월 31일이며 제조 및 도소매업을 운영하는 회사이다.

(1) 회사가 상품을 수탁회사에 위탁하였다. 수탁회사는 20x1년 12월 29일에 판매하였으나 회사는 이를 알지 못하여 결산서에 반영하지 못하고, 20x2년 초에 수익으로 인식하였다. 위탁판매한 물품대금은 20,0000,000원이고, 대응되는 매출원가는 17,000,000원이다. (힌트 : 법인세법상 위탁판매의 수익인식시기는 수탁자가 물품을 판매한 날이다)

(2) 불우이웃돕기 성금으로 500,000원을 만기가 20x2년 1월 30일인 어음으로 지급하고, 기부금으로 회계처리 하였다. (힌트 : 기부금은 현금주의에 따라 인식한다)

(3) 20x1년 10월 1일에 1년분 자동차 보험료 1,200,000원을 선불로 지급하고, 전액 비용처리 하였으며, 결산일에 아무런 회계처리를 인식하지 않았다. (힌트 : 법인세법에서도 발생주의에 따라 비용을 기간배분 하여야 한다)

(4) 당기말 세법상 5,000,000원 만큼 매출채권에 대한 대손충당금 설정이 가능한데, 회사는 결산일에 아무런 회계처리를 하지 않았다.

(5) 당기에 취득한 건물에 대한 감가상각비를 당기에 계상하지 아니하였다. 건물에 대한 당기분 감가상각범위액은 20,000,000원이다.

[답안] 아래 양식에 채워 넣으시오.

익금산입 및 손금불산입		③소득처분		손금산입 및 익금불산입		⑥소득처분	
①과목	②금액		처분	④과목	⑤금액		처분
합계				합계			

소득처분 연습문제 1회 해답

[1] 법인세는 국가 및 지방자치단체에 납부하므로 기타사외유출로 처리한다.
〈손금불산입〉 법인세비용 10,000,000원 기타사외유출

[2] 토지 취득세는 토지로 회계처리 해야 한다.
회사의 회계처리 : (차) 세금과공과 5,000,000   (대) 현금 등   5,000,000
세법상 회계처리 : (차) 토   지 5,000,000   (대) 현금 등   5,000,000
〈손금불산입〉 토지취득세 5,000,000원 유보

[3] 대표이사가 부담할 세금을 회사가 대신 납부했으므로 손금불산입 상여가 된다.
〈손금불산입〉 대표이사재산세 5,000,000원 상여

[4] 접대비(업무추진비)한도초과액은 기타사외유출이다.
〈손금불산입〉 접대비(업무추진비)한도초과 20,000,000원 기타사외유출

[5] 퇴직연금 납부시 확정급여형, 확정기여형 구분없이 손금인정한다.
회사의 회계처리 : (차) 사외적립자산 10,000,000   (대) 현금 등 10,000,000
세법상 회계처리 : (차) 손금   10,000,000   (대) 현금 등 10,000,000

익금산입 및 손금불산입				손금산입 및 익금불산입				
①과목	②금액		③소득처분 처분	④과목	⑤금액			⑥소득처분 처분
법인세	10 000	000	기타사외유출	퇴직연금	10 000	000		유보
토지	5 000	000	유보					
재산세	5 000	000	상여					
업무추진비	20 000	000	기타사외유출					

소득처분 연습문제 2회 해답

[1] 법인세법에서는 자기주식처분이익도 익금이다.

〈익금산입〉 자기주식처분이익 1,500,000원 기타

[2] 순자산을 증가시켜야 하므로 익금산입 또는 손금불산입 성격이다.

〈익금산입〉 재고자산 1,000,000원 유보

[3] 법인세법에서도 상품권은 회수시점에 수익으로 인식한다.

회사의 회계처리 : (차) 현금 등 20,000,000 (대) 매출 20,000,000

세법상 회계처리 : (차) 현금 등 20,000,000 (대) 선수금 20,000,000

〈익금불산입〉 상품권매출 20,000,000원 유보

[4] 세금에 대한 환급금이자는 익금불산입이다. 익금불산입의 소득처분은 유보와 기타 밖에 없는데, 유보가 아니므로(회사와 세법상 현금을 제외한 자산, 부채의 차이 없음) 기타로 소득처분한다.

〈익금불산입〉 환급금이자 520,000원 기타

[5] 이월결손금 보전목적의 자산수증이익, 채무면제이익은 익금불산입 한다.

회사의 회계처리 : (차) 현금 등 5,000,000 (대) 자산수증이익 5,000,000

세법상 회계처리 : (차) 현금 등 5,000,000 (대) 이월결손금 5,000,000

〈익금불산입〉 이월결손금 5,000,000원 기타

익금산입 및 손금불산입		③소득처분	손금산입 및 익금불산입		⑥소득처분
①과목	②금액	처분	④과목	⑤금액	처분
재고자산	1 000 000	유보	상품권매출	20 000 000	유보
자기주식	1 500 000	기타	환급금이자	520 000	기타
처분이익			이월결손금	5 000 000	기타

소득처분 연습문제 3회 해답

[1] 외상매출 20,000,000원과 매출원가 17,000,000원의 차이가 발생한다.

회사의 회계처리 : 분개없음

세법상 회계처리 : (차) 외상매출금 20,000,000   (대) 매출 20,000,00

(차) 매출원가   17,000,000   (대) 재고자산 17,000,000

〈익금산입〉 위탁매출누락 20,000,000원 유보

〈손금산입〉 위탁매출원가 17,000,000원 유보

[2] 기부금은 현금주의를 적용한다.

회사의 회계처리 : (차) 기부금   500,000   (대) 어음   500,000

세법상 회계처리 : 분개 없음

〈손금불산입〉 어음기부금 500,000원 유보

[3] 결산시에 9개월분에 해당하는 900,000원을 선급비용으로 처리해야 한다.

회사의 회계처리 : 분개 없음

세법상 회계처리 : (차) 선급비용 900,000 (대) 보험료 900,000

〈손금불산입〉 선급비용   900,000원 유보

[4] 세무조정 없음 : 대손충당금 설정은 결산조정 사항이다.

[5] 세무조정 없음 : 감가상각비 계상은 결산조정 사항이다.

익금산입 및 손금불산입		③소득처분	손금산입 및 익금불산입		⑥소득처분
①과목	②금액	처분	④과목	⑤금액	처분
위탁매출	20 000 000	유보	매출원가	17 000 000	유보
어음기부금	500 000	유보			
선급비용	900 000	유보			

제20장

익금

20.1 익금항목과 익금불산입 항목

(1) 익금의 범위

① 사업수입금액 : 매출에누리, 매출환입, 매출할인을 차감한 금액

② 자산의 양도금액 : 예를들어 원가 200만원인 상품을 300만원에 판매한다면 익금 300만원, 손금 200만원을 각각 인식한다.

③ 자기주식의 양도금액

④ 자산의 임대료

⑤ 보험업법이나 그 밖의 법률에 따른 유형자산과 무형자산의 평가이익

⑥ 자산수증이익과 채무면제이익 (이월결손금 보전에 충당한 금액은 제외)

예시 ┃ **차입금의 출자전환**

출자전환을 하였는데, 장기차입금의 가액은 10,000원, 발행 당시 주식의 시가는 8,000 원 그리고 주식의 액면가액은 5,000원이었다. → 주식의 액면금액과 시가 차이만큼 주식발행초과금, 주식의 시가와 소멸하는 채무의 차이만큼 채무면제이익이 된다.

(차) 장기차입금	10,000	(대) 자본금	5,000
		주식발행초과금	3,000
		채무면제이익	2,000

---

⑦ 손금에 산입된 금액 중 환입된 금액

⑧ 특수관계가 있는 개인으로부터 유가증권 저가매입액 : 20.2에서 설명

⑨ 간주임대료 : 20.2에서 설명

⑩ 의제배당 : 20.3에서 설명

⑪ 가지급금인정이자 : 26.2 부당행위계산부인에서 설명 예정

[예제 20-1]

[1] 다음 중 법인세법상 익금으로 인정되는 금액은 얼마인가?

> ㄱ. 주식발행초과금 5,000,000 원
> ㄴ. 채무면제이익 (세무상 이월결손금의 보전에 충당하는 금액 없음) 2,000,000 원
> ㄷ. 국세·지방세 과오납금의 환급금 이자 6,000,000 원
> ㄹ. 차량운반구 처분금액 5,000,000 원

① 3,000,000 원   ② 5,000,000 원
③ 7,000,000 원   ④ 13,000,000 원

[2] 다음 중 법인세법상 익금으로 인정되는 금액은 얼마인가?

> ㄱ. 전기분 법인세 환급액 6,000,000 원
> ㄴ. 자산수증이익(이월결손금 보전에 사용되지 않음) 10,000,000 원
> ㄷ. 고정자산 양도가액 3,000,000 원
> ㄹ. 사무실 임대료 수익 2,000,000 원

① 15,000,000 원   ② 16,000,000 원
③ 19,000,000 원   ④ 21,000,000

[3] ㈜삼일은 제 17 기에 채무에 대한 출자전환을 하였는데, 채무의 가액은 8,500 원, 발행 당시 주식의 시가는 6,500 원 그리고 주식의 액면가액은 5,000 원이었다. ㈜삼일의 제 17 기에 법인세법상 주식발행액면초과액과 채무면제이익은 각각 얼마인가?

	주식발행액면초과액	채무면제이익
①	1,000원	1,500원
②	1,500원	2,000원
③	1,000원	2,000원
④	1,500원	1,500원

[4] 다음 중 법인세법상 익금항목에 해당하지 않는 것은?

① 외국납부세액공제를 받는 경우 외국자회사 소득에 대해 부과된 외국법인세액 중 그 수입배당금액에 대응하는 금액
② 부동산임대업을 주업으로 하는 차입금과다법인의 임대보증금에 정기예금이자율을 곱하여 계산한 금액상당액

③ 특수관계에 있는 개인으로부터 저가로 매입한 유가증권의 매입가액과 시가와의 차액

④ 이월결손금보전에 충당된 채무면제이익

해답

[1] ③ 채무면제이익, 차량운반구 처분금액이 해당된다.

[2] ① 자산수증이익, 고정자산양도가액이 해당된다.

[3] ② 액면금액 5,000원인데 시가는 6,500원이므로 주식발행초과금은 1,500원이다. 시가 6,500원인 주식으로 8,500원의 채무가 소멸되므로 채무면제이익은 2,000원이다.

[4] ④ 이월결손금보전에 충당된 채무면제이익은 익금불산입 된다.

20.2 유가증권저가매입, 간주임대료

(1) 유가증권의 저가매입

특수관계가 있는 "개인"으로부터 "유가증권"을 저가매입하는 경우에는 차액만큼 과세된다.

(2) 임대보증금의 간주익금

① 추계결정의 경우

법인이 장부를 작성하지 않은 경우에는 추계결정을 하게 되는 데 이때 간주임대료 계산방법은 다음과 같다.

$$임대보증금적수 \times 정기예금이자율 \times \frac{1}{365(366)}$$

* 시험에서 정기예금이자율은 자료로 주어진다.

② 부동산임대업 + 차입금과다 + 내국영리법인의 경우

$$(임대보증금적수 - 건설비적수) \times 정기예금이자율 \times \frac{1}{365(366)} - 금융수익$$

ⅰ. 건설비상당액

당해 건축물의 토지를 제외한 취득가액으로 자본적지출액을 포함하고, 재평가차액을 제외한다.

ⅱ. 간주임대료 계산시 차감하는 금융수익

수입이자와 할인료, 수입배당금, 신주인수권부처분익, 유가증권처분익

③ 주택과 그 부수토지 (도시계획구역 내는 5배, 도시계획구역 외는 10배)

추계결정시에는 주택과 그 부수토지에 대해서도 간주임대료를 계산하고, 부동산임대업 등의 요건에 따라 간주임대료를 계산할 때는 주택과 그 부수토지에 대하여 간주임대료를 계산하지 않는다.

사례

다음 자료를 이용하여 20x1년의 간주임대료를 계산하여라. 당해 사업연도는 20x1년 1월 1일부터 20x1년 12월 31일이며, 본 문제에 한하여 해당 법인은 부동산임대업을 주업으로 하는 차입금이 과다한 내국영리법인이며 이자율은 1.2%로 가정한다. 1년은 365일로 가정한다.

1. 임대보증금 수령내역

   20×0년 7월 1일에 임대보증금을 100,000,000원 수령하였으며, 계약기간은 2년이다.

2. 해당 부동산은 20×0년 6월 1일에 취득한 것으로서, 임대용 건물의 면적은 2,000㎡ 이고, 이 중에서 1,000㎡을 임대한 것이다. 그리고, 건물의 취득가액은 140,000,000원이고, 토지의 취득가액은 160,000,000원이다.

3. 해당 법인은 보증금 운용수익으로 이자수익 200,000원, 단기매매증권처분이익 200,000원, 단기매매증권처분손실 130,000원을 인식하였다.

해설

(1) 임대보증금적수 : 100,000,000원×365일(전기이월)=36,500,000,000원
(2) 건설비상당액적수 : 140,000,000원×1,000/2,000×365일=25,550,000,000원
(3) 보증금운용수익 : 200,000원+(200,000원-130,000원)=270,000원
(4) 익금산입할 간주임대료
　　(36,500,000,000-25,550,000,000)×1.2%×1/365-270,000=91,643원

[예제 20-2]

[1] 다음 중 갑법인의 입장에서 자산매입시점에 세무조정이 필요한 경우는?

① 갑법인이 대주주인 을(개인)로부터 시가 10 억원인 유가증권을 8 억원에 매입한 경우
② 갑법인이 대주주인 을(개인)로부터 시가 10 억원인 기계장치를 8 억원에 매입한 경우
③ 갑법인이 관계회사인 을법인으로부터 시가 10 억원인 유가증권을 8 억원에 매입한 경우
④ 갑법인이 관계회사인 을법인으로부터 시가 10 억원인 기계장치를 8 억원에 매입한 경우

해답

[1] ① 특수관계가 있는 개인으로부터 유가증권을 저가매입하는 경우에 세무조정이 필요하다.

20.3 의제배당

(1) 의의 : 법인의 잉여금 중 사내에 유보되어 있는 이익이 일정한 사유로 주주나 출자자에게 귀속되는 경우 이를 실질적으로 현금배당과 유사한 경제적 이익으로 보아 과세하는 제도.

(2) 자본의 감소, 해산, 합병, 분할로 인한 배당

의제배당금액

= (자본감소, 해산, 합병, 분할 등으로 주주등이 받는 재산가액) − (소멸하는 주식 취득가액)

(3) 잉여금 자본전입으로 인한 의제배당 (무상주 발급에 의한 의제배당)

자본전입 재원	기업회계	세법
자본잉여금 (차) 자본잉여금 (대) 자본금	배당 아님	과세되지 않은 자본잉여금 : 의제배당 아님
		과세되는 자본잉여금 : 의제배당 해당
이익잉여금 (차) 이익잉여금 (대) 자본금	배당 아님	과세되는 이익잉여금 : 의제배당 해당

[예제 20-3]

[1] 익금불산입 항목은 법인의 순자산을 증가시키는 거래이기는 하나 세무상으로는 익금에 산입하지 않는 항목들이다. 익금불산입 항목에 대한 다음 설명 중 가장 올바르지 않은 것은?

① 자본충실화 목적으로 주식발행초과금은 익금에 산입하지 않는다.

② 의제배당은 상법상 이익의 배당이 아니므로 익금에 산입하지 않는다.

③ 부가가치세 매출세액은 회사의 수익이 아니므로 익금에 산입하지 않는다.

④ 국세 · 지방세 과오납금의 환급금에 대한 이자는 국가 등이 초과징수한 것에 대한 보상의 일종이므로 정책적으로 익금에 산입하지 않는다.

[2] 다음 중 법인세법상 의제배당에 관한 설명으로 가장 올바르지 않은 것은?

① 법인이 자본잉여금을 자본전입하여 주주인 법인이 취득하는 주식은 배당으로 의제한다.

② 자본감소 등으로 인해 주주가 취득하는 금전과 그 밖의 재산가액의 합계액이 주주가 해당 주식을 취득하기 위하여 사용한 금액을 초과하는 경우 그 초과 금액을 의제배당 금액으로 한다.

③ 의제배당이란 법인의 잉여금 중 사내에 유보되어 있는 이익이 일정한 사유로 주주나 출자자에게 귀속되는 경우 이를 실질적으로 현금배당과 유사한 경제적 이익으로 보아 과세하는 제도이다.

④ 법인의 해산 · 합병 및 분할 등으로 인해 보유하던 주식 대신 받는 금전 등 재산가액의 합계액이 주식 취득가격을 초과하는 경우도 의제배당에 해당한다.

해답 [1] ② 의제배당도 익금항목이다.

[2] ① 자본잉여금의 자본전입은 의제배당에 해당되지 않는다.

제**21**장

손금

21.1 손금항목과 손금불산입 항목

(1) 손금항목

① 판매한 상품 또는 제품의 원가

② 양도한 자산의 장부가액

③ 인건비, 퇴직급여, 급여, 상여금 (단, 손금불산입 되는 인건비도 있음)

[참고] 손금불산입 되는 인건비	
급여	- 합명회사 또는 합자회사의 노무출자사원에게 지급하는 보수 - 비상근임원에게 지급하는 보수 중 부당행위계산부인에 해당하는 것 - 지배주주 및 그와 특수관계가 있는 임직원에게 초과 지급한 인건비
상여금	- 임원에게 지급되는 상여금 중 급여지급기준을 초과하여 지급하는 금액 - 임원 또는 사용인에게 이익처분에 의하여 지급하는 상여금

④ 퇴직금 : 직원에게 지급하는 퇴직금은 모두 손금인정, 임원에게 초과 지급하는 퇴직금은 손금불산입 된다.

퇴직금 지급규정 있음	규정상의 금액
퇴직금 지급규정 없음	퇴직 직전 1년간 총급여액 × 1/10 × 근속연수* * 1년 미만의 기간은 월수로 계산, 1개월 미만은 산입하지 않음 (예를들어 3년 6개월은 3.5년으로 계산)

⑤ 복리후생비, 수선비, 감가상각비, 임차료, 이자비용, 대손금

⑥ 자산의 평가차손 중 일부

⑦ 제세공과금, 협회비 : 21.2절에서 설명

(2) 손금불산입 항목

① 주식할인발행차금

② 잉여금의 처분을 손금으로 처리한 금액 : (예) 이익처분에 의하여 지급하는 상여금

③ 벌금, 과태료, 가산세와 가산금 등

④ 손금불산입 되는 세금(법인세, 취득세 등)과 공과금(폐수배출부담금 등)

⑤ 자산의 평가차손으로써 손금인정되지 않는 부분

⑥ 업무와 무관한 경비

⑦ 업무용승용차 관련비용 중 일부 : 감가상각에서 설명

⑧ 임원에 대한 인건비 중 한도초과액

⑨ 지급이자 중에서 손금불산입 되는 금액

⑩ 기부금한도초과액, 접대비(업무추진비) 한도초과액, 감가상각비 한도초과액, 충당금한도초
과액 등

[예제 21-1]

[1] 다음 자료에 의할 경우 각 사업연도소득금액 계산시 손금불산입되는 금액은 얼마인가?

1. 주식할인발행차금 1,000,000 원
2. 대표이사에게 지급한 퇴직금 15,000,000 원(퇴직금지급기준금액: 12,000,000 원)
3. 환경개선부담금 2,000,000 원, 폐수배출부담금 3,500,000 원
4. 직장보육시설운영비 4,000,000

① 7,500,000 원   ② 9,500,000 원

③ 10,000,000 원   ④ 13,500,000 원

[2] 다음 중 법인세법상 손금으로 인정되는 인건비에 관한 설명으로 가장 옳은 것은?

① 사용인에게 지급하는 퇴직금은 모두 손금산입된다.

② 지배주주 및 그와 특수관계가 있는 임직원에게 지급한 인건비는 모두 손금불산입 한다.

③ 비상근임원에게 지급하는 보수는 모두 손금불산입 한다.

④ 사용인에게 지급하는 상여금 중 급여지급기준에 의한 상여금 지급액만 손금으로 인정한다.

[3] 다음 자료에 의할 경우 ㈜삼일의 김삼일 이사(주주에 해당함)의 인건비 중 손금불산입되는 금액은 얼마인가?

> ㄱ. 김삼일 이사는 ㈜삼일에 3년 9 개월간 근무하다가 퇴직하였다.
> ㄴ. ㈜삼일은 김삼일 이사에게 퇴직급여 15,000,000 원을 지급하였다. ㈜삼일은 퇴직급여충당금을 설정하지 않으며, 임원퇴직급여 규정도 두고 있지 않다.
> ㄷ. 퇴직직전 1 년간 김삼일 이사에게 지급한 급여액은 24,000,000 원이며 상여금은 10,000,000 원(정관규정의 지급한도를 초과한 2,000,000 원 포함)
> ㄹ. 급여액 등 인건비는 모두 손익계산서상 비용으로 회계처리되었다.

① 2,000,000 원 　　　　　　　　　② 5,000,000 원
③ 6,000,000 원 　　　　　　　　　④ 8,000,000 원

해답

[1] ① 주식할인발행차금 1,000,000 + 대표이사 퇴직금 한도초과액 3,000,000 + 폐수배출부담금 3,500,000 = 7,500,000원

[2] ①
　　②, ③ 급여지급기준에 따라 지급한 것은 손금인정된다.
　　④ 사용인(직원)에게 지급하는 인건비는 급여지급기준을 초과하여 지급하여도 손금인정된다.

[3] ② 2,000,000 + 3,000,000 = 5,000,000원
　　정관규정 한도초과액 : 2,000,000원
　　퇴직급여한도액 : (24,000,000+10,000,000-2,000,000)×1/10년×3.75년=12,000,000원
　　퇴직급여한도액이 12,000,000원인데 퇴직금 15,000,000원을 지급했으므로 한도초과액 3,000,000원이다.

21.2 세금과공과금

(1) 손금으로 인정되지 않는 세금

　　① 법인세와 지방소득세소득분
　　② 반출하였으나 판매하지 아니한 제품에 대한 개별소비세, 교통세, 주세의 미납액
　　③ 가산세와 징수불이행 세액
　　④ 부가가치세 매입세액 일부

매입세액 불공제 사유	손금인정여부
① 세금계산서 합계표 미수취, 미제출, 부실기재 ② 사업자 등록전 매입세액 ③ 업무무관 매입세액	손금불산입
④ 간주임대료 관련 매입세액 ⑤ 토지관련 매입세액 ⑥ 비영업용 소형승용차의 구입과 그 유지에 대한 매입세액 ⑦ 면세관련 매입세액 ⑧ 접대비 관련 매입세액	손금산입

⑤ 자산의 취득원가로 보는 세금
 - 비상각자산 : 유보로 소득처분
 - 상각자산 : 취득하자마자 즉시 감가상각한 것으로 보아 소득처분하지 않고, 추후에 감가
   상각비 한도초과액을 검토함 (즉시상각의제)

사례

차량운반구 취득시 발생한 등록세 500,000원을 현금납부하고, 회사는 세금과공과금으로 회계처리
하였다.
- 회사 : (차) 세금과공과금   500,000   (대) 현   금   500,000
- 세법 : (차) 차량운반구   500,000   (대) 현   금   500,000
        (차) 감가상각비   500,000   (대) 감. 누. 액   500,000
⇒ 세무조정은 없으나 감가상각비 한도초과액을 검토하여야 한다.

---

⑥ 업무와 관련 없는 세금 : 귀속자에 따라 구분
   예 대표이사 사택 재산세를 회사가 납부 ⇒ 손금불산입 상여

⑦ 증자관련 등록세 : 손금불산입 기타

(2) 손금으로 인정되는 세금

인지세, 지역개발세, 종합토지세, 재산세, 자동차세, 면허세, 도시계획세, 공동시설세, 사업소
세 등

(3) 손금으로 인정되지 않는 공과금 (법법 21조)

귀속자가 국가 또는 지방자치단체이고, 법령에 의한 의무불이행으로 인하여 부담하는 벌금이
나 과태료 성격의 지출, 제재로서 부과되는 공과금, 가산금 등은 손금불산입 된다. (법법 제21
조) 참고로 징벌적 목적의 손해배상금 등도 손금에 산입하지 아니한다. (법법 제21조의 2)
 - 폐수배출부담금
 - 교통위반벌과금
 - 산재보험료가산금
 - 관세법 위반 벌과금
 - 국민건강보험에 의한 가산금
 - 법령에 따라 의무적으로 납부하는 것이 아닌 공과금

(4) 손금으로 인정되는 공과금

강제적으로 부과하지 않는 임의적 부담금이나 제재 목적으로 부과하는 공과금이 아닌 경우에
는 손금으로 인정되며, 손금으로 인정되는 공과금은 다음과 같다.

- 영업자가 조직한 단체로서 법인이거나 주무관청에 등록된 조합 또는 협회에 지급한 회비
  (법령 제19조 11호)
- 교통유발부담금
- 직업훈련부담금
- 환경개선부담금
- 산재보험료 연체금
- 기타 연체이자, 연체금, 연체가산금
- 사계약상 의무불이행으로 인하여 부과하는 지체상금

[참고] 회계처리의 비교

(1) 손금인정되는 세금의 환급은 익금산입, 손금불산입 되는 세금의 환급은 익금불산입
  : 재산세의 환급은 익금산입, 법인세의 환급은 익금불산입된다.
(2) 환급가산금은 세금의 손금인정 여부와 관계 없이 익금불산입이다.

[예제 21-2]

[1] 다음 중 법인세법상 세무조정이 요구되는 항목으로 옳은 것을 모두 고르면?

ㄱ. 유상증자 시 주식액면을 초과하여 발행한 금액을 손익계산서상 영업외수익으로 계상하였다.
ㄴ. 지방세 과오납금의 환급금에 대한 이자를 수령하고 이자수익으로 계상하였다.
ㄷ. 영유아보육법에 따라 설치한 직장어린이집의 운영비를 지출하고 복리후생비로 비용 처리하
   였다.
ㄹ. 사용인에 대한 확정기여형 퇴직연금의 부담금을 납입하고 퇴직급여로 비용 처리하였다

① ㄱ, ㄴ   ② ㄱ, ㄹ
③ ㄴ, ㄷ   ④ ㄷ, ㄹ

**[2] ㈜삼일은 재산세 660,000 원(가산세 60,000 원 포함)을 신고기한 경과후 납부하고 아래와 같이 회계
처리하였다. 이에 대한 올바른 세무조정은?**

(차) 세금과공과 660,000   (대) 현금 660,000

① (손금불산입) 세금과공과 660,000 원(기타사외유출)
② (손금불산입) 세금과공과 60,000 원(기타사외유출)

③ (손금불산입) 세금과공과 660,000 원(상여)

④ (손금불산입) 세금과공과 60,000 원(상여)

[1] ① 주식발행초과금은 익금이 아니므로 익금불산입 해야 한다. 지방세 과오납금 환급금이자도 익금불산입 항목이다.

[2] ② 가산세는 손금불산입 된다. 국가 및 지방자치단체에 납부하므로 기타사외유출이다.

21.3 사택유지비

사택유지비 : 주주(소액주주 제외) + 임원 일때만 손금불산입

[예제 21-3]

[1] 다음 중 법인세법상 손금불산입 항목에 관한 설명으로 가장 올바르지 않은 것은?

① 직원이 사용하고 있는 사택의 유지비, 사용료와 이에 관련되는 지출금은 손금에 산입하지 아니한다.

② 잉여금 처분항목은 확정된 소득의 처분사항이므로 잉여금의 처분을 손비로 계상한 경우 동 금액은 원칙적으로 손금으로 인정되지 않는다.

③ 토지에 대한 취득세는 토지 취득을 위한 부대비용이므로 취득시점에 손금으로 인정되지 않고 토지의 취득금액에 포함된다.

④ 법령이나 행정명령을 위반하여 부과된 벌금, 과태료를 손비로 계상한 경우 동 금액은 손금으로 인정되지 않는다.

[2] 다음 자료는 ㈜삼일의 손익계산서에 비용처리된 내역이다. 이 중 법인세법상 손금불산입되는 금액은 얼마인가?

1. 직장체육비 2,000,000 원
2. 출자임원(소액주주 아님)에 대한 사택유지비 2,000,000 원
3. 업무 수행과 관련하여 발생한 직원의 교통벌과금 500,000 원
4. 국민건강보험료(사용자부담분) 1,500,000 원

① 2,000,000 원   ② 2,500,000 원

③ 3,500,000 원   ④ 4,000,000 원

---

[1] ① 직원의 사택유지비 등은 손금인정된다. 임원에 대한 사택유지도 출자임원이 아닌 경우에는 손금인정된다.

[2] ② 출자임원 사택유지비, 벌과금은 손금불산입 된다.

제22장

손익의 귀속시기

22.1 자산판매 손익귀속시기 – 권리의무 확정주의

자산의 양도 등으로 인한 익금 및 손금의 귀속사업연도는 다음과 같다.

재고자산의 판매	인도기준
위탁판매	수탁자가 물품을 판매한 날
시용판매	거래 상대방이 매입의사를 표시한 날
상품권매출	고객이 상품권으로 물품을 구매한 날
수출하는 재화	선적을 완료한 날 (법칙33)
장기할부판매	원칙 : 명목가치 인도기준 특례 : 기업회계기준에 의한 현재가치인도기준이나 중소기업 회계처리 특례에 의한 회수기일도래기준을 적용한 경우에는 이를 인정

[예제] (주)회동은 중소기업에 해당하며, 20x1년 10월 1일에 제품을 장기할부판매 하였다. 본래 이 거래는 일시불로 판매하면 22,000,000원의 대금을 받아야 하나, 매월 1일마다 1,000,000원씩 24개월 할부로 판매하였다. 다음의 각 상황에 따라 익금산입으로 세무조정할 금액은 어떻게 되는가?

(상황1) 수입금액을 일시불로 22,000,000원을 인식한 경우
(상황2) 수입금액을 매월 1,000,000원씩 3회 인식한 경우
(상황3) 수입금액을 인식하지 않은 경우

해설 (상황1) 세무조정 없음 (현재가치 인식에 대한 특례를 인정함)
(상황2) 세무조정 없음 (중소기업 회계처리 특례를 인정함)
(상황3) 24,000,000원 (원칙대로 명목가치 인도기준을 적용함)

[예제 22-1]

[1] 다음 중 법인세법상 손익의 귀속사업연도에 관한 설명으로 가장 올바르지 않은 것은?

① 위탁판매는 수탁자가 상품 등을 판매한 날에 손익을 인식한다.

② 부동산의 양도는 대금청산일, 소유권이전등기일, 인도일 또는 사용수익일 중 빠른 날에 손익을 인식한다.

③ 중소기업의 경우 장기할부판매는 결산상 인도기준으로 인식한 경우에도 회수기일도래기준을 적용할 수 있다.

④ 기부금은 발생주의로 손익을 인식한다.

[2] 다음 법인세법상 손익귀속에 대한 설명으로 가장 올바르지 않은 것은?

① 장기할부판매손익은 실제 현금이 회수되는 기간에 인식하는 것이 원칙이다.

② 장기할부조건의 경우 인도한 사업연도에 채권의 현재가치평가금액을 익금으로 할 수 있다.

③ 단기용역제공계약의 경우 작업진행률을 기준으로 하여 계산한 수익과 비용을 각 사업연도 익금과 손금에 산입한다.

④ 장기할부판매의 경우 회수하거나 회수한 금액과 이에 대응하는 비용을 익금과 손금으로 회계처리한 경우 이를 인정한다.

해답

[1] ③ 회수기일도래기준으로 결산서에 반영해야 적용가능하다.

[2] ① 인도시점에 인식하는 것이 원칙이다.

22.2 용역제공의 손익귀속시기

① 건설등의 계약기간이 1년미만인 경우

진행기준을 적용하는 것이 원칙이나 중소기업은 완성기준을 적용해도 인정해 준다.

② 건설등의 계약기간이 1년이상인 건설등의 경우 건설공사의 수익인식은 원가등의 기준을 이홍하여 진행기준을 적용한다. 이 방법은 총예상공사원가에서 몇 %만큼 공사원가가 투입되었는지에 따라 공사수익을 계산하는 방법이다. 이를 산식으로 표현하면 다음과 같다.

$$\text{당기에 인식할 공사수익} = \text{도급금액} \times \frac{\text{총공사누적원가}}{\text{총공사예정액}} - \text{전기까지 인식한 공사수익}$$

[예제 22-2]

[1] 다음은 ㈜삼일건설의 제 9 기(20x1년 1월 1일 ~ 20x1년 12월 31일) 의 공사내역이다. 제시된 공사
에 대하여 회사가 진행기준으로 회계처리한 경우 올바른 세무조정은(단, 진행률에 따른 수익과 비용
은 정확하게 계산하였다)?

구분	공사기간	도급금액	20x1년 공사비	총공사 예정비
A공사	20x1.9.1.~20x4.1.10	200억원	20억원	100억원
B공사	20x1.7.1.~20x2.5.30	60억원	24억원	40억원

① (익금불산입) 공사수익 76 억원 (△유보), (손금불산입) 공사원가 44 억원 (유보)

② (익금불산입) 공사수익 40 억원 (△유보), (손금불산입) 공사원가 20 억원 (유보)

③ (익금불산입) 공사수익 36 억원 (△유보), (손금불산입) 공사원가 24 억원 (유보)

④ 세무조정 사항 없음

[2] 법인세법상 손익귀속시기에 관한 다음의 설명 중 가장 옳지 않은 것은?

① 중소기업의 경우 장기할부조건으로 자산을 판매한 경우에는 장기할부조건에 따라 회수하였거나 회수
할 금액과 이에 대응하는 비용을 각각 해당 사업연도의 익금과 손금에 산입할 수 있다.

② 지급기간이 1년 이하인 단기임대료는 원칙적으로 계약상 지급일을 귀속사업연도로 하나, 기간경과분
에 대하여 임대료를 수익으로 계상한 경우에는 이를 익금으로 인정한다.

③ 자산을 타인에게 위탁하여 판매하는 경우에는 수탁자가 그 자산을 판매한 날이 속하는 사업연도를
귀속사업연도로 한다.

④ 법인세법상 용역제공 등에 의한 손익의 귀속사업연도는 진행기준만 인정된다.

해답

[1] ④ 건설공사는 원칙적으로 장단기 구분없이 진행기준을 적용하므로 세무조정할 내용은 없다.

[2] ④ 중소기업의 경우 용역제공기간이 1년 미만인 경우 기업회계기준에 따라 인도기준으로 계상한 경우에 이를 수용
한다.

22.3 이자, 부동산 임대의 손익귀속시기

(1) 이자소득의 수익인식시기

  ① 일반법인의 경우

    소득세법상 이자소득의 수입시기 (채권은 약정에 의하여 받기로 한날, 예금 등은 실제로
    지급받은 날)로 한다. 단, 원천징수대상 소득을 제외하고 결산상 발생주의에 따라 미수수익
    을 계상한 경우에는 인정해주고 있다. 반면 이자비용은 발생주의에 따라 회계처리 한 것을
    인정하고 있다.

  ② 금융보험업 : 실제로 수입된 날

(2) 부동산의 수익인식시기

① 부동산의 양도

대금청산일, 소유권이전등기일, 사용수익일 중 빠른날을 수익인식시기로 본다.

② 부동산의 임대 (법령71조)

지급기간이 1년 이하인 단기임대료는 원칙적으로 계약상 지급일을 귀속사업연도로 하나, 기간경과분에 대하여 임대료를 수익으로 계상한 경우에는 이를 익금으로 인정한다. 임대료 지급기간이 1년을 초과하는 경우에는 발생주의를 강제적으로 적용하여 익금과 손금을 인식한다.

[예제 22-3]

[1] 다음 중 법인세법상 손익의 귀속사업연도에 관한 설명으로 가장 올바르지 않은 것은?

① 위탁판매는 수탁자가 상품 등을 판매한 날에 손익을 인식한다.

② 부동산의 양도는 대금청산일, 소유권이전등기일, 인도일 또는 사용수익일 중 빠른 날에 손익을 인식한다.

③ 중소기업의 경우 장기할부판매는 결산상 인도기준으로 인식한 경우에도 회수기일도래기준을 적용할 수 있다.

④ 이자소득은 발생주의로 손익을 인식한다.

[2] 다음 중 법인세법상 손익귀속사업연도의 일반원칙으로 가장 올바르지 않은 것은?

① 기업회계에서 발생주의 및 실현주의를 채택하고 있는 것에 반해, 법인세법에서는 권리의무확정주의를 채택하고 있다.

② 위탁매매에 있어서의 판매손익 귀속시기는 수탁자가 위탁 재화를 판매한 시점이다.

③ 건설업의 수익·비용 귀속시기는 진행기준이 원칙이나 중소기업인 법인이 수행하는 계약기간 1년 미만의 건설의 경우에는 그 건설 목적물의 인도일이 속하는 사업연도로 할 수 있다.

④ 일반법인에 대한 지급이자의 비용 귀속시기는 기간경과분을 비용으로 계상한 경우에도 불구하고 실제로 지급한 날 또는 지급하기로 한 날이 속하는 사업연도이다.

[3] 다음 중 법인세법 상 손익의 귀속시기에 관한 설명으로 가장 올바르지 않은 것은?

① 익금과 손금은 권리·의무가 확정되는 사업연도에 인식하는 것을 원칙으로 한다.

② 손익의 귀속사업연도는 법인세법의 규정을 우선 적용하고 법인세법에 규정되지 않은 사항에 대해서는 일반적으로 인정된 기업회계기준 등을 따르도록 하고 있다.

③ 일반적인 상품판매의 경우 인도일이 속하는 날에 손익을 인식한다.

④ 부동산의 양도손익은 소유권 이전 등기일에 상관없이 대금청산일에 인식한다

해답

[1] ④ 원천징수대상 이자소득은 현금주의를 적용하며, 발생주의로 인식할 수 없다.

[2] ④ 이자비용을 발생주의 기준으로 적용한 때에는 이를 수용해 준다.

[3] ④ 부동산의 양도는 사용수익일, 소유권이전등기일, 잔금청산일 중 빠른 날이다.

자산, 부채의 평가

23.1 자산과 부채의 평가기준

일반적으로 자산의 평가손실은 인정되지 않으나 다음의 경우는 인정된다.

구분	사유
재고자산	파손, 부패 등으로 인한 평가차손, 저가법 적용에 따른 재고자산평가손실
주식	주식을 발행한 법인이 파산하는 경우 등
유형자산	천재지변, 화재 등으로 파손 또는 멸실된 경우

유가증권의 시장가치 하락으로 인한 평가차손은 법인세법에서 손금으로 인정되지 않는다.

[예제 23-1]

[1] 제빵업을 영위하는 ㈜삼일은 다음과 같은 평가손실을 계상하였다. 다음 중 세무상 손금으로 인정되는 것으로 옳은 것은?

ㄱ. 장부금액 1 억원인 기계장치가 태풍으로 파손되어 처분가능한 시가인 1 천만원으로 감액하고 손상차손 9 천만원을 계상하였다.

ㄴ. 제품인 빵이 유통기한 경과로 부패하여 전량 폐기처분하고 재고자산폐기손실 1 억원을 계상하였다.

① 모두 인정되지 않음   ② ㄱ

③ ㄴ   ④ ㄱ, ㄴ

해답

[1] ④ 천재지변으로 인한 유형자산의 파손, 재고자산의 폐기손실은 손금인정 된다.

23.2 재고자산과 유가증권의 평가

(1) 재고자산의 구분기준 (법령 제 73조)

회계			세법	
① 상품	② 제품	③ 반제품	① 제품 및 상품	② 반제품 및 재공품
④ 재공품	⑤ 원재료	⑥ 저장품	③ 원재료	④ 저장품

세법상 평가대상이 되는 재고자산은 위와 같으며, 각 구분별로 종류별, 영업장별로 다른 방법에 의하여 평가할 수 있다.

(2) 재고자산의 평가방법 (법령74조)

① 원가법 (개별법, 선입선출법, 후입선출법, 총평균법, 이동평균법, 매가환원법)과 저가법 중 법인이 납세지 관할 세무서장에게 신고한 평가방법에 따라 평가한다.

② 단, 파손, 부패 등으로 정상가격으로 판매할 수 없는 것이 있을 때에는 이를 원가법으로 신고한 경우에도 재고자산평가손실로 보고할 수 있다. (단, 이 경우에는 법인의 선택권이 부여된 결산조정 사항이므로 결산서에 반영한 경우에만 인정한다.)

(3) 유가증권의 평가

① 일반원칙 (법령75조)

  – 주식 : 총평균법, 이동평균법 중 선택

  – 채권 : 개별법, 총평균법, 이동평균법 중 선택

  * 다만, 「간접투자자산 운용업법」에 의한 투자회사가 보유한 유가증권등의 평가는 시가법의 방법에 의한다. (법령75조) 원칙적으로 일반법인의 유가증권의 평가손익은 익금 및 손금에 산입하지 않는다. (법법 제22조)

② 특례

주식등을 발행한 법인이 파산한 경우 그 주식의 사업연도종료일 현재의 시가로 감액할 수 있다.

(4) 재고자산과 유가증권 평가방법의 신고 및 변경신고

① 변경신고기한

최초 재고자산 평가방법을 신고할 때에는 최초의 사업연도의 법인세 과세표준 신고기한까지 평가방법을 신고한다. 법인이 재고자산 또는 유가증권의 평가방법을 변경하고자 할 때에는 사업연도 종료일로부터 3월 이내에 (예를 들어, 사업연도가 1월 1일부터 12월 31일인 경우에는 9월 30일까지) 관할세무서장에게 신고하여야 한다. (승인을 필요로 하지 않는다)

② 평가방법

재고자산과 유가증권의 평가방법과 무신고시 평가방법은 다음과 같다.

	평가방법	무신고시	임의변경시
재고자산	개별법, 선입선출법, 후입선출법, 총평균법, 이동평균법, 매가환원법	선입선출법	당초 적법한 방법과 선입선출법 중 큰 금액
유가증권	총평균법, 이동평균법	총평균법	당초 적법한 방법과 총평균법 중 큰 금액

③ 관련 세무조정

회사 계상 재고자산 금액 〈 세법상 금액	익금산입 재고자산평가감
회사 계상 재고자산 금액 〉 세법상 금액	손금산입 재고자산평가증

[예제 1] 기초의 상품 재고액은 15,000,000원이고, 당기의 매입액은 85,000,000원이다. 세법상 기말재고는 10,000,000원인데, 회사는 5,000,000원으로 평가하였다. 세무조정을 행하여라.

[해설] 손금불산입 상품매출원가   5,000,000원   유보(발생)
* 판매 가능한 상품은 100,000,000원이다. 회계처리를 비교하면,
회사 : (차) 상품매출원가   95,000,000   (대) 상   품   95,000,000
세법 : (차) 상품매출원가   90,000,000   (대) 상   품   90,000,000

[예제 2] 회사는 개업시부터 상품을 이동평균법을 적용하여 평가하였는데, 20×1년 10월 5일에 재고자산 평가방법을 총평균법으로 변경하고, 장부에 반영하였다. 각 평가방법별 상품 금액은 다음과 같다.

• 총평균법 : 30,000,000원   (회사평가)
• 이동평균법 : 32,000,000원
• 선입선출법 : 35,000,000원

적합한 세무조정 및 소득처분을 행하시오.

해설 손금불산입   재고자산평가감   5,000,000원 유보(발생)

[예제 23-2]

[1] 다음 중 법인세법상 재고자산 및 유가증권의 평가방법에 관한 설명으로 가장 올바르지 않은 것은?

① 법인이 보유한 주식의 평가는 선입선출법, 총평균법, 이동평균법 중 법인이 납세지 관할 세무서장에게 신고한 방법에 의한다.

② 법인의 재고자산평가는 원가법과 저가법 중 법인이 납세지 관할세무서장에게 신고한 방법에 의한다.

③ 법인의 재고자산평가는 자산과목별로 구분하여 종류별·영업장별로 각각 다른 방법으로 평가할 수 있다.

④ 법인이 재고자산평가와 관련하여 신고한 평가방법 이외의 방법으로 평가한 경우에는 무신고 시의 평가방법과 당초에 신고한 방법 중 평가가액이 큰 평가방법에 의한다.

[2] 제조업을 영위하는 ㈜서울은 제 4 기 사업연도 중 ㈜부산의 주식 100 주를 주당 10,000 원에 취득하여 매도가능금융자산으로 분류하였다. 제 4 기 결산일과 제 5 기 처분 시점에 다음과 같이 회계처리 한 경우 제 4 기와 제 5 기의 세무조정이 법인세 과세표준에 미치는 영향으로 가장 옳은 것은?

〈 제 4 기 결산일 : 주당 15,000 원으로 시가 상승 〉
(차) 매도가능금융자산 500,000 　　　　(대) 매도가능금융자산평가이익(자본) 500,000

〈 제 5 기 : 주당 13,000 원에 모두 처분 〉
(차) 현 금 1,300,000 　　　　　　　　(대) 매도가능금융자산 1,500,000
　　　매도가능금융자산평가이익(자본) 500,000 　　　매도가능금융자산처분이익 300,000

	제 4 기	제 5 기
①	영향 없음	영향 없음
②	영향 없음	300,000원 증가
③	500,000원 감소	300,000원 증가
④	500,000원 감소	500,000원 증가

[3] 다음 중 법인세법상 재고자산 평가에 관한 설명으로 가장 옳은 것은?

① 재고자산은 영업장별로 상이한 방법으로 평가할 수 없다.

② 재고자산평가방법 무신고시 후입선출법을 적용한다(매매목적용 부동산은 개별법).

③ 재고자산평가방법 변경신고를 신고기한을 경과하여 신고한 법인이 당해 변경신고한 방법으로 재고자산을 평가하여 재무상태표에 계상한 경우 선입선출법(매매목적용 부동산은 개별법)으로 평가한 금액과 당초 신고한 방법으로 평가한 금액 중 큰 금액으로 평가한다.

④ 세무상 재고자산의 평가금액이 재무상태표상 재고자산 기말가액보다 작은 경우에 차이금액을 익금산입하여 유보처분한다.

[1] ① 주식의 선입선출법 평가는 인정되지 않는다.

[2] ① 법인세법에서 매도가능금융자산의 평가손익은 손익으로 인정하지 않고, 회사도 손익으로 인식하지 않았으므로 세무조정은 불필요하다.

[3] ③

23.3 외화자산, 부채의 평가

(1) 법인의 종류별 외화자산, 부채의 평가방법

① 금융회사 : 사업연도 종료일 현재의 매매기준율

② 금융회사가 아닌 경우 : 다음 중 세무서장에게 신고한 방법에 따라 평가

- 취득일 또는 발생일 현재의 매매기준율 (무신고시 평가방법)
- 사업연도 종료일 현재의 매매기준율

신고한 방법은 원칙적으로 5개 사업연도는 적용하여야 한다.

(2) 평가대상 : 화폐성 외화자산, 외화부채에 대하여 적용한다.

① 화폐성 : 통화, 예금, 매출채권, 미수금, 미지급금 대여금, 차입금 등

② 비화폐성 : 선급금, 선수금, 재고자산, 토지, 건물, 투자부동산, 기계장치, 차량운반구, 비품, 이연법인세자산(부채), 각종 무형자산 등

[예제 23-3]

[1] 다음 중 법인세법상 자산, 부채의 평가에 대한 설명으로 잘못된 것은?

① 선급금이나 선수금은 사업연도 종료일에 외화환산을 하지 않는다.

② 재고자산은 무신고시 선입선출법으로 평가한다.

③ 유가증권은 무신고시 총평균법으로 평가한다.

④ 법인세법에서도 기업회계기준처럼 화폐성 외화자산, 외화부채는 결산일의 매매기준율을 적용하여 환산한다.

---

[1] ④ 금융회사가 아닌 경우에는 취득일 또는 발생일 현재의 매매기준율과 사업연도 종료일 현재의 매매기준율 중에서 선택하여 적용한다.

제24장

접대비(기업업무추진비)

24.1 접대비(기업업무추진비)의 범위

접대비는 판매비와 관리비이며, 특정 거래처를 대상으로 한 지출이다. 다음의 특성이 있다.

① 업무와 관련이 있다.
② 특정 거래처에 대한 지출이다.

(1) 접대비(기업업무추진비)로 보는 경우

① 접대비(기업업무추진비)란 접대비(기업업무추진비) 및 교제비, 사례금, 경조사비, 기타 명
목 여하에 불구하고 이와 유사한 성질의 비용으로서 법인의 업무와 관련하여 지출한 금액을
말한다. (법법 제25조 ①항)

② 법인이 그 사용인이 조직한 조합 또는 단체에 복리시설비를 지출한 경우 당해조합이나 단체
가 법인인 때에는 이를 접대비(기업업무추진비)로 보며, 당해 조합이나 단체가 법인이 아닌
때에는 그 법인의 경리의 일부로 본다. (법령42②)

③ 금융기관 등이 적금·보험 등의 계약이나 수금에 필요하여 지출하는 경비는 이를 접대비(기
업업무추진비)로 본다. (법령42③)

④ 약정에 의하여 채권의 전부 또는 일부를 포기하는 경우는 이를 대손금으로 보지 않고 접대
비(기업업무추진비)로 본다.

⑤ 판매활동과 관련하여 거래처에 거래처에 제공하는 금품의 가액이 사회통념상 인정되는 범
위를 초과하거나 특정거래처에 대해서 제공되는 1인당 연간3만원을 초과하는 견본비는 접
대비(기업업무추진비)로 본다.

⑥ 현물 접대비(기업업무추진비)의 평가는 자산을 제공한 때의 시가로 평가하며, 귀속시기는
접대행위가 이루어진 사업연도로 한다.

⑦ 특수관계인에게 대한 채권의 포기회수금액은 접대비(기업업무추진비)로 본다. 단, 거래처
의 파산 등으로 채권회수 불가능에 대비하여, 불가피하게 채권의 일부를 포기한 경우에는
대손금으로 처리할 수 있다).

2) 접대비(기업업무추진비)로 보지 않는 경우

① 주주·사원 또는 출자자(이하 "주주등"이라 한다)나 임원 또는 사용인이 부담하여야 할 성질의 접대비를 법인이 지출한 것은 이를 접대비(기업업무추진비)로 보지 아니한다. (법령42①) → 전액 손금불산입한다.

② 법인이 광고선전목적으로 견본품·달력·수첩·부채·컵 기타 이와 유사한 물품을 불특정다수인에게 기증하기 위하여 지출한 비용은 이를 접대비(기업업무추진비)로 보지 아니한다. (법령42⑤) 단, 특정인에게 기증한 물품(개당 3만원 이하의 물품은 제외)의 경우에는 연간 5만원 이내의 금액으로 한정한다. (법령 19조 18호) → 광고선전비로 보아 손금인정한다.

③ 주주총회의 회의비는 접대비로 보지 않으나 유흥을 위하여 지출한 비용은 접대비(기업업무추진비)로 본다.

(3) 접대비(기업업무추진비)의 귀속시기와 현물접대비의 평가

① 접대비(기업업무추진비)의 귀속시기 : 접대비(기업업무추진비)를 지출한 시점(발생주의)

② 현물 접대비의 평가 : 시가 기준

[예제 24-1]

[1] 다음 중 법인세법상 접대비(업무추진비)로 보는 금액이 아닌 것은?

① 사용인이 조직한 조합 또는 단체(법인에 한함)에 지출한 복리시설비

② 법인이 광고선전목적으로 견본품·달력·수첩·부채·컵 기타 이와 유사한 물품을 불특정다수인에게 기증하기 위하여 지출한 비용

③ 접대비(업무추진비) 관련 VAT 매입세액 불공제액

④ 업무와 관련하여 거래처에 지출한 교제비 및 사례금

[2] 다음 중 법인세법상 접대비에 대한 설명으로 가장 올바르지 않은 것은?

① 광고·선전목적으로 달력 등을 불특정 다수인에게 기증한 것은 일반적으로 접대비(기업업무추진비)로 보지 않고 전액 손금으로 인정한다.

② 현물접대비(기업업무추진비)는 제공한 때의 시가가 장부가액보다 낮은 경우에는 장부가액에 의하여 접대비를 계산한다.

③ 특정 거래처에게 광고선전물품으로 15,000 원 상당의 달력과 23,000 원 상당의 컵을 기증하였다면 38,000 원을 접대비로 본다.

④ 접대비(기업업무추진비) 관련 VAT 매입세액 불공제액은 접대비(기업업무추진비)로 보지 아니한다.

해답

[1] ② 광고선전비 성격으로 본다.

[2] ④ 접대비 관련 매입세액 불공제분까지 접대비로 본다.

24.2 접대비(업무추진비)의 손금불산입 사유

(1) 법적증명서류의 범위

세금계산서, 계산서, (법인)신용카드, 현금영수증 등. (개인신용카드는 접대비(업무추진비)처리 불가)

(2) 1회 기준금액 초과 경비의 처리

① 접대비(업무추진비) : 손금불산입 (가산세는 적용하지 않음)

② 그 외의 경비 : 손금인정되나 지출금액의 2%만큼 가산세 부과

[예제 24-2]

[1] 법인이 사업과 관련하여 재화 또는 용역을 사업자로부터 공급받고 그 대가를 지출하는 경우 적법한 증빙을 구비해야 한다. 다음은 정규증명서류의 수취의무와 미수취시 불이익을 요약한 표의 일부이다. 가장 올바르지 않은 것은(단, 모든 지출은 사업자로부터 재화나 용역을 공급받고 발생했다고 가정한다)?

대상		정규증명서류 이외의 서류 수취시 불이익	
		손금인정여부	가산세
접대비(업무추진비)	건당 3만원 초과 (경조사비 20만원 초과)	① 손금불산입	② 가산세 부과
접대비 이외의 지출		③ 손금산입	④ 가산세 부과

[2] 다음 중 법인세법상 접대비(업무추진비) 한도계산시 건당 3 만원을 초과하는 접대비로서 전액 손금불산입되는 것은?

① 매입자발행세금계산서를 발행하여 지출하는 접대비

② 사업자등록을 하지 않은 개인사업자에게 기타소득 원천징수영수증을 발행하여 지출하는 접대비

③ 법인 명의의 신용카드를 사용하여 지출한 접대비

④ 농어민으로부터 직접 재화를 공급받고 법적증빙을 수취하지 아니한 접대비

해답

[1] ② 기준금액 초과하면서 법적증명서류가 없는 경우에는 손금불산입 되고, 가산세가 추가로 부과되지는 않는다.

[2] ④ 법적증명서류가 없으면 손금으로 인정받을 수 없다.

24.3 접대비조정명세서

> **[참고]** **접대비 조정명세서를 통한 접대비 한도액의 계산사례**
>
> (1) 당사는 중소기업이 아니며 사업연도는 20X1년 1월 1일~20X1년 12월 31일이다.
> (2) 회사가 지출한 접대비는 60,000,000원인데, 이 중에서 5,000,000원은 1회 3만원을 초과하면서 법인신용카드가 아니라 간이영수증을 수취한 금액이다.
> (3) 연간 수입금액은 200억원인데, 이 중에서 100억원은 특수관계인에 대한 매출이다.
> (4) 문화접대비 지출은 없다고 가정한다.

구 분			금 액
① 접대비 해당 금액			60,000,000
② 기준금액 초과 접대비 중 신용카드 등 미사용으로 인한 손금불산입액			5,000,000
③ 차감 접대비 해당 금액(① - ②)			55,000,000
일반 접대비 한도	④ 1,200만원 (중소기업 3,600만원) × 해당 사업연도 월수( ) / 12		12,000,000
	총수입금액 기준	100억원 이하의 금액 × 30/10,000	30,000,000
		100억원 초과 500억원 이하의 금액 × 20/10,000	20,000,000
		500억원 초과 금액 × 3/10,000	
		⑤ 소계	50,000,000
	일반수입금액 기준	100억원 이하의 금액 × 30/10,000	30,000,000
		100억원 초과 500억원 이하의 금액 × 20/10,000	
		500억원 초과 금액 × 3/10,000	
		⑥ 소계	30,000,000
	⑦ 수입금액 기준	(⑤-⑥) × 10/100	2,000,000
	⑧ 일반접대비 한도액(④ + ⑥ + ⑦)		44,000,000
문화접대비 한도	⑨ 문화접대비 지출액		
	⑩ 문화접대비 한도액 (⑨와 (⑧ × 20/100)에 해당하는 금액 중 적은 금액)		
⑪ 접대비 한도액 합계(⑧ + ⑩)			44,000,000
⑫ 한도초과액(③ - ⑪)			11,000,000

[해설]
① 접대비 해당금액 60,000,000원 기록
② 1회 3만원 초과하면서 신용카드를 지출하지 않은 금액 5,000,000원 기록
③ 접대비 해당금액에서 신용카드 미사용금액을 차감한 55,000,000원을 기록
④ 중소기업이 아니고 사업연도가 12개월이면 기본한도 12,000,000원
⑤ 100억원까지는 30/10,000을 곱하면 30,000,000원, 초과분 100억원은 20/10,000을 곱하면 20,000,000원이며 합계는 50,000,000원
⑥ 일반수입금액 100억원에 대해 30/10,000을 곱하면 30,000,000원
⑦ 특수관계 수입금액 100억원에 대해 20/10,000을 곱한 후에 10%를 곱하면 2,000,000원
⑧ 기본한도 12,000,000원 + 일반수입금액 한도추가 30,000,000원 + 특수관계수입금액 추가2,000,000원 = 44,000,000원
⑫ 접대비 한도가 44,000,000원인데, 차감 접대비 해당금액이 55,000,000원이므로 한도초과액은 11,000,000원이다.

[예제 24-3]

[1] 다음은 중소기업이 아닌 ㈜삼일의 김철수 과장이 작성한 접대비조정명세서(갑)이다. 이 명세서를 고 문회계사에게 제시한 결과 회사의 수입금액은 일반수입액 100 억원과 특수관계인에 대한 수입금 액 25 억원으로 구성되어 있으므로 이를 수정하라는 지적을 받았다. 정확하게 접대비조정명세서를 작성한다면 〈#1〉 ~ 〈#3〉에 기입할 금액은 얼마인가?

구 분			금 액
① 접대비 해당 금액			50,000,000
② 기준금액 초과 접대비 중 신용카드 등 미사용으로 인한 손금불산입액			5,000,000
③ 차감 접대비 해당 금액(① - ②)			45,000,000
일반 접대비 한도	④　1,200만원 (중소기업 3,600만원) $\times \dfrac{\text{해당 사업연도 월수( )}}{12}$		12,000,000
	총수입금액 기준	100억원 이하의 금액 × 30/10,000	30,000,000
		100억원 초과 500억원 이하의 금액 × 20/10,000	5,000,000
		500억원 초과 금액 × 3/10,000	
		⑤ 소계	35,000,000
	일반수입금액 기준	100억원 이하의 금액 × 30/10,000	30,000,000
		100억원 초과 500억원 이하의 금액 × 20/10,000	5,000,000
		500억원 초과 금액 × 3/10,000	
		⑥ 소계	〈#1〉 35,000,000
	⑦ 수입금액 기준	(⑤-⑥) × 10/100	0
	⑧ 일반접대비 한도액(④ + ⑥ + ⑦)		〈#2〉 47,000,000
문화접대비 한도	⑨ 문화접대비 지출액		
	⑩ 문화접대비 한도액 　(⑨와 (⑧ × 20/100)에 해당하는 금액 중 적은 금액)		
⑪ 접대비 한도액 합계(⑧ + ⑩)			???
⑫ 한도초과액(③ - ⑪)			〈#3〉 0
⑬ 손금산입한도 내 접대비지출액(③과 ⑪에 해당하는 금액 중 적은 금액)			

	〈#1〉	〈#2〉	〈#3〉
①	30,000,000	42,500,000	2,500,000
②	30,000,000	42,000,000	3,000,000
③	32,500,000	42,000,000	5,500,000
④	32,500,000	42,500,000	4,500,000

[2] 다음의 접대비조정명세서(갑)은 ㈜삼일의 김철수 과장이 작성한 것인데 한상표 회계사로부터 매출액 100억원 중에 포함되어 있는 특수관계인과의 거래 50억원을 전액 일반수입으로 하여 접대비 한도 액을 계산 하였다는 지적을 받았다. 정확한 조정계산서를 작성한다면 〈#1〉 - 〈#2〉 에 기입될 금액은 얼마인가?

일반 접대비 한도	④ 1,200만원 (중소기업 3,600만원)		× 해당 사업연도 월수( ) / 12	12,000,000
	총수입금액 기준	100억원 이하의 금액 × 30/10,000		30,000,000
		100억원 초과 500억원 이하의 금액 × 20/10,000		
		500억원 초과 금액 × 3/10,000		
		⑤ 소계		30,000,000
	일반수입금액 기준	100억원 이하의 금액 × 30/10,000		
		100억원 초과 500억원 이하의 금액 × 20/10,000		
		500억원 초과 금액 × 3/10,000		
		⑥ 소계		<#1> 30,000,000
	⑦ 수입금액 기준	(⑤-⑥) × 10/100		0
	⑧ 일반접대비 한도액(④ + ⑥ + ⑦)			<#2> 42,000,000

	〈#1〉	〈#2〉
①	15,000,000	28,500,000
②	12,000,000	30,000,000
③	14,000,000	36,000,000
④	15,000,000	27,000,000

해답

[1] ①

〈#1〉 100억원 × 30/10,000 = 30,000,000원

　* 특수관계인에 대한 수입금액 25억원 × 20/10,000 × 10% = 500,000원 한도추가

〈#2〉 기본 12,000,000 + 일반 30,000,000 + 특수 500,000 = 42,500,000원

〈#3〉 차감접대비 해당금액 45,000,000 - 한도 42,500,000 = 2,500,000원

[2] ①

〈# 1〉 (100억 - 50억) × 30/10,000 = 15,000,000원

　* 특수관계인에 대한 수입금액 50억원 × 30/10,000 × 10% = 1,500,000원 추가

〈# 2〉 기본 12,000,000 + 일반 15,000,000 + 특수 1,500,000 = 38,500,000원

제25장

기부금

25.1 기부금의 종류

(1) 기부금의 의의

기부금이란 법인이 특수관계 이외의 자에게 사업과 무관하게 무상으로 지출하는 재산적 증여의 가액을 말한다.

※ 의제기부금 (법령 제35조)

특수관계인 이외의 자에게 정당한 사유없이 자산을 정상가액(시가) 보다 낮은 가격으로 양도하거나 (저가양도) 높은 가격으로 매입 (고가매입) 하는 경우에는 다음의 금액을 기부금 으로 본다.

① 저가양도 : 정상가액 × 70% − 양도가액

② 고가매입 : 양도가액 − 정상가액 × 130%

> **[예제]** 한양법인은 시가 3억원인 토지를 특수관계인이 아닌 한성기업으로부터 시가 4억원을 주고 매입하였다. 의제기부금은 얼마인가?

해설 고가매입의 경우 시가(정상가액)의 130%를 초과한 금액을 의제기부금으로 본다.

400,000,000원 − (300,000,000원 × 130%) = 10,000,000원

(2) 기부금에는 다음과 같은 종류가 있다.

① 특례기부금 : 주로 국가등에 기부한 기부금을 말한다.

② 일반기부금 : 그 외 법인세법에서 인정되는 기부금을 말한다.

③ 비지정기부금 : 기타기부금이라고도 하며 법인세법상 손금으로 인정되지 않는 기부금을 말한다. 동창회, 향우회, 종친회, 신용협동조합, 새마을금고 등에 대한 기부금이 해당된다. 정치자금의 경우 소득세법에서는 세액공제 가능하지만 법인세법에서는 비지정기부금이다.

(3) 기부금의 귀속시기

세법상 기부금의 귀속시기는 지출한 사업연도의 기부금으로 본다. 법인이 기부금의 지출을 위하여 어음을 발행한 경우에는 그 어음이 실제로 결제된 날이 속하는 사업연도의 기부금으로 본다. (현금주의)

(4) 현물기부금의 평가 (법령36조)

- 특례기부금 : 장부가액
- 특수관계인이 아닌 자에게 기부한 일반기부금 : 장부가액
- 그 외의 경우 : 장부가액과 시가 중 큰 금액으로 평가한다.

  [참고] 소득세법에서는 장부가액과 시가 중 큰 금액으로 평가한다.

[예제 25-1]

[1] 다음 중 법인세법상 기부금에 관한 설명으로 가장 올바르지 않은 것은?

① 법인이 우리사주조합에 지출하는 기부금은 소득금액의 30 % 범위 내에서 손금에 산입한다.

② 신용협동조합 또는 새마을금고에 지출하는 기부금은 일반기부금이다.

③ 일반기부금의 한도초과액은 해당 사업연도의 다음 사업연도 개시일부터 10 년 이내에 끝나는 각 사업연도에 이월하여 손금할 수 있다.

④ 법인이 기부금을 미지급금으로 계상한 경우에는 실제로 이를 지출할 때까지 기부금으로 보지 않는다.

[2] 용산역에 위치한 ㈜삼일은 투자 목적으로 회사 주변의 건물을 소유하고 있다. ㈜삼일의 김삼일대표이사는 자신의 향우회로부터 60 억원의 현금을 받는 조건으로 회사의 건물을 매각하라는 제안을 받았고, 동 제안을 수락할 경우 어떤 효과가 있을지 고민하고 있다. 동 건물의 시가는 100 억원이다. 건물을 위의 조건으로 매각할 경우 다음 중 올바른 세무조정은 어느 것인가(단, 대표이사 향우회는 ㈜삼일과 특수관계자가 아니다)?

① 비지정기부금 10 억원 　　　　② 일반기부금 10 억원

③ 특례기부금 30 억원 　　　　　④ 비지정기부금 40 억원

[3] 다음 중 법인세법에 관한 설명으로 가장 올바르지 않은 것은?

① 접대비한도액 계산 시 수입금액이라 함은 회계상 계산한 매출액을 의미한다.

② 기부금을 금전 외의 자산으로 제공하는 경우 기부금의 종류에 관계없이 시가로 평가한다.

③ 사업연도 중 재해로 인하여 사업용 자산가액의 20 % 이상을 상실하여 납세하기가 곤란하다고 인정되는 경우 그 상실된 자산의 가액을 한도로 재해손실세액공제를 받을 수 있다.

④ 약정에 의해 거래처에 대한 매출채권을 포기한 금액도 세법상 접대비에 포함된다

해설

[1] ② 비지정기부금 항목이다.

[2] ① 정상거래가격의 70% 보다 미달한 부분을 의제기부금으로 본다. 향우회는 비지정기부금이다.

[3] ② 특수관계인에게 기부한 경우를 제외하고 장부금액으로 평가한다.

25.2 기부금 세무조정 사례

(1) **비지정기부금** : 일반적으로 손금불산입 하고 기타사외유출로 소득처분한다.

(2) **귀속시기가 차기인 어음기부금** : 기부금은 현금주의이므로 당기에는 손금불산입 유보로 소득처분한다.

[예제 25-2]

[1] 다음은 ㈜삼일의 제 3 기 사업연도 법인세 계산을 위한 기초자료이다. 회사가 수행한 세무조정 내용 중 가장 올바르지 않은 것은?

가. 기부금

기부금에는 대표이사 향우회에 지출한 비지정기부금 지출액 8,000,000 원이 포함되어 있다. 특례기부금 지출액은 10,000,000 원이며 법인세법상 특례기부금 한도액은 18,000,000 원이다.

나. 접대비

1 년간 지출된 접대비 총액은 15,000,000 원이며 모두 적격증빙을 수취하였다. 법인세법상 접대비한도액은 13,000,000 원이다.

다. 상여금

상여금에는 임원에게 급여지급기준을 초과하여 지급한 금액 3,000,000 원이 포함되어 있다.

라. 전기대손충당금한도초과액

전기대손상각비한도시부인 계산 결과 한도초과액 3,000,000 원이 당기에 이월되었다.

〈세무조정 내용〉

익금산입 및 손금불산입			손금산입 및 익금불산입		
과목	금액	소득처분	과목	금액	소득처분
① 비지정기부금	8,000,000	유보	④ 전기대손충당금 한도초과액	3,000,000	유보
② 접대비 한도초과액	2,000,000	기타사외유출			
③ 임원상여금 한도초과액	3,000,000	상여			

[1] ① 비지정기부금은 기타사외유출로 소득처분한다.

25.3 기부금 한도초과액의 계산

(1) 기부금의 손금산입 순서

전기이월된 기부금한도초과액이 있는 경우에는 전기이월된 기부금한도초과액을 먼저 손금처리한다. 기부금한도초과액은 소득금액조정합계표에 반영하지 않고, 각사업연도 소득금액 계산시 반영한다.

> 차가감소득금액 + 기부금한도초과액 − 기부금한도초과이월액 손금산입 = 각사업연도소득금액

예시 **기부금 한도초과액의 처리**

상황 (모두 일반기부금으로 가정)	전기 이월분	당기 지출분
전기이월 한도초과액 15,000,000원 당기 일반기부금 10,000,000원 당기 일반기부금 한도액 12,000,000원	손금추인액 12,000,000원	한도초과액 10,000,000원
전기이월 한도초과액 15,000,000원 당기 일반기부금 10,000,000원 당기 일반기부금 한도액 30,000,000원	손금추인액 15,000,000원	당기지출분 10,000,000원 손금인정
전기이월 한도초과액 15,000,000원 당기 일반기부금 10,000,000원 당기 일반기부금 한도액 18,000,000원	손금추인액 15,000,000원	3,000,000원 손금인정 7,000,000원 한도초과액

(2) 접대비(업무추진비)와 기부금의 차이

구 분	접대비(업무추진비)	기부금
귀속시기	발생주의	현금주의
현물제공시 평가	시가	장부가액 (특수관계인에 대한 기부금은 시가)
수입금액	한도계산시 고려함	한도계산시 고려하지 않음
소득금액 이월결손금	한도계산시 고려하지 않음	한도계산시 고려함
한도초과액	손금불산입 기타사외유출하고 소득금액조정합계표에 반영	소득금액조정합계표에 반영하지 않고, 법인세과세표준및세액조정계산서에서 기부금한도초과액에 반영
한도초과액 이월공제	규정없음	10년 이내의 기간에 한도미달액 발생시 손금산입 가능

[예제 25-3]

[1] 다음의 자료를 이용하여 ㈜삼일의 과세표준 금액을 계산하면 얼마인가?

> ㄱ. 당기순이익 : 250,000,000 원
> ㄴ. 소득금액조정합계표상 금액
>   - 익금산입·손금불산입 : 100,000,000 원
>   - 손금산입·익금불산입 : 70,000,000 원
> ㄷ. 일반기부금 한도초과액 : 10,000,000 원
> ㄹ. 비과세소득 : 3,000,000 원
> ㅁ. 소득공제 : 2,000,000 원

① 280,000,000원 ② 285,000,000원
③ 290,000,000원 ④ 295,000,000 원

[2] 20x1년에 사업을 개시한 ㈜삼일의 연도별 일반기부금에 대한 자료가 다음과 같을 때, 20x1 년과 20x2년의 세무조정으로 가장 올바른 것은?

연도	일반기부금 지출액	일반기부금 한도액
20x1년	1,500만원	1,000만원
20x2년	2,000만원	2,300만원

① 20x1 년도 : 〈손금불산입〉 일반기부금한도초과 500 만원
　　20x2 년도 : 〈손금산입〉 일반기부금한도초과이월액 500 만원
　　　　　　　〈손금불산입〉 일반기부금한도초과 200만원
② 20x1 년도 : 〈손금불산입〉 일반기부금한도초과 500 만원
　　20x2 년도 : 〈손금산입〉 일반기부금한도초과이월액 500 만원
③ 20x1 년도 : 〈손금불산입〉 일반기부금한도초과 300 만원
　　20x2 년도 : 〈손금산입〉 일반기부금한도초과이월액 300 만원
④ 20x1 년도 : 〈손금불산입〉 일반기부금한도초과 500 만원
　　20x2 년도 : 세무조정 없음

해답

[1] ②
　250,000,000 + 100,000,000 - 70,000,000 + 10,000,000 - 3,000,000 - 2,000,000 = 285,000,000
[2] ①
　20x1년도 기부금한도초과 500만원
　20x2년도 한도액 2,300만원 : 우선 전기이월된 한도초과액 500만원과 당기분 지출액 2,000만원 중에서 1,800만원은 손금인정되고 200만원은 한도초과액이 된다.

제26장 지급이자 손금불산입, 가지급금인정이자

26.1 지급이자 손금불산입

(1) 지급이자손금불산입의 개요

지급이자는 순자산을 감소시키므로 원칙적으로는 손금으로 처리하여야 하나 다음의 경우에는 순서에 따라 손금불산입 하여야 한다. (법령 제55조)

순서	내용	소득처분	손금불산입취지
1순위	채권자가 불분명한 사채(私債) 이자	상여*	실명제장착 및 증빙에 대한 책임.
2순위	비실명 채권·증권이자	상여*	
3순위	건설자금이자	유보	자산의 원가
4순위	업무무관자산 등에대한 지급이자	기타사외유출	투기성격 자산의 보유방지

* 만일 원천징수를 했다면 원천세제외분은 상여, 원천세분은 기타사외유출로 처리한다. 예를들어 채권자불분명한 사채이자가 1,000,000원 발생했는데, 250,000원을 원천징수하고, 나머지 750,000원을 지급했다면 750,000원은 상여, 250,000원은 기타사외유출이 된다.

각 순서에 따른 손금불산입 방법은 다음과 같다.

(2) 지급이자 손금불산입의 내용

① 채권자 불분명 사채이자,

② 비실명 채권, 증권이자 – 법령 제51조

채권자가 불분명한 사채(私債)이자에 대해서는 이자를 지급한 대상에 대한 것에 대한 책임을 묻는 차원에서 대표자 상여로 소득처분한다. 대표자 상여로 처분한 금액에 상당하는 원천징수세액을 회사가 대납한 경우에는 기타사외유출로 처리한다.

③ 건설자금이자 (법령 제52조)

가. 건설자금이자의 요건

　　　　－ 건설등에 소요되는 특정한 차입금의 이자이어야 한다.

　　　　－ 사업용 고정자산의 건설등에 사용된 차입금의 이자이어야 한다.

　　　　－ 건설기간 중의 이자이어야 한다.

　　나. 특정차입금에 대한 지급이자는 자본적 지출로 본다. 다만 특정차입금의 일시예금에서
　　　생기는 수입이자는 차감한다

　　다. 세무조정

　　　건설자금이자는 자본적 지출로 하여 그 원본에 가산하여야 한다.

④ 업무무관자산등에 대한 지급이자 (법령 제53조)

업무무관자산에는 다음의 사항들이 있다.

　　가. 업무와 무관하게 사용하는 부동산

　　나. 서화 및 골동품 등 (단, 장식, 환경미화 목적으로 사무실, 복도 등에 상시 비치하는
　　　것은 제외)

　　다. 업무에 직접 사용하지 않는 자동차, 선박 및 항공기

　　라. 특수관계인에 대한 업무무관 가지급금 등

　　　* 가지급금인정이자조정명세서를 작성하면 이자율별 차입금내역이 불러오게 된다. 그
　　　런데, 가지급금 인정이자 계산시 특수관계인에 대한 채무는 제외되나 업무무관지급
　　　이자조정에서는 강제적으로 입력해주어야 한다.

[예제] (주)군자의 사업연도는 20x1.1.1~20x1.12.31 이며, 20x1년의 차입금 관련 자료는 다음과 같다.

(1) 20x1년 7월 1일 50,000,000원을 연 이자율 10% 조건으로 차입하였다. (채권자가 불분명한 사채에
　　해당함)

(2) 20x0년 5월 1일 제일은행 (특수관계인 아님)으로부터 100,000,000원을 차입하였다. 해당 차입금의
　　만기는 3년후에 일시상환하는 조건이며 연 이자율은 6%이다.

(3) 20x1년 1월 1일에 전무이사에게 업무와 무관하게 25,000,000원을 대여해 주었다. 가지급금 및 이
　　자는 수령하지 않았으며, (1), (2) 이외의 차입금은 없다.

(물음1) 가지급금인정이자에 대한 세무조정을 하시오. – 월할계산함

(물음2) (주)군자의 이자비용과 관련한 세무조정 및 소득처분을 하시오. 단, 월할계산한다.

해설 (1) 익금산입　가지급금인정이자　1,500,000원　상여

* 채권자불분명을 제외하면 차입금은 6%인것 하나 뿐이며 가중평균차입이자율은 6%이다.

　업무무관 가지급금 25,000,000 × 가중평균차입이자율 6% = 1,500,000원

(2) 채권자불분명 차입금이자는 손금불산입 상여로 처리한다.

    나머지 차입금 100,000,000원 중 25,000,000원은 업무무관 가지급금 대여에 사용했다.

    해당 이자비용 6,000,000원 중 1/4은 업무와 무관한 이자비용인 것이다.

    ⇒ 손금불산입　채권자불분명사채이자　　　　　2,500,000원　　상여

    ⇒ 손금불산입　업무무관지급이자　　　　　　1,500,000원　　기타사외유출

[예제 26-1]

[1] 다음은 지급이자손금불산입 항목을 나열한 것이다. 지급이자손금불산입을 적용하는 순서를 나타낸 것으로 가장 옳은 것은?

> ㄱ. 업무무관자산 등에 관한 지급이자　　ㄴ. 건설자금이자
> ㄷ. 채권자불분명사채이자　　　　　　　ㄹ. 지급받는 자가 불분명한 채권·증권이자

① ㄱ → ㄴ → ㄷ → ㄹ　　　　　　　② ㄴ → ㄷ → ㄹ → ㄱ

③ ㄷ → ㄹ → ㄱ → ㄴ　　　　　　　④ ㄷ → ㄹ → ㄴ → ㄱ

[2] 다음 지급이자 손금불산입 항목 중 대표자상여로 소득처분해야 하는 것을 모두 고르면?

> ㄱ. 채권자가 불분명한 사채의 이자(원천징수세액 제외)
> ㄴ. 비실명 채권·증권의 이자상당액(원천징수세액 제외)
> ㄷ. 건설자금이자
> ㄹ. 업무무관자산 등에 대한 지급이자

① ㄴ　　　　　　　　　　　　　　　② ㄱ, ㄴ

③ ㄱ, ㄹ　　　　　　　　　　　　　④ ㄷ, ㄹ

[3] ㈜삼일의 담당 회계사인 김세무 회계사가 ㈜삼일의 제 7 기 사업연도(20x1 년 1 월 1 일 ~ 20x1 년 12 월 31 일) 지급이자 손금불산입에 대하여 자문한 다음 내용 중 가장 옳은 것은?

① 회사가 사채를 빌려 쓰고 사채업자에게 지급하는 이자는 채권자가 누구인지 실명으로 밝히더라도 변칙적인 자금거래로 보아 전액 손금불산입합니다.

② 법인세법에서는 자본화 대상자산의 취득과 직접 관련하여 개별적으로 차입된 자금(특정차입금)에 대한 이자만을 자본화할 수 있으므로 일반차입금에 대한 이자는 자본화할 수 없습니다.

③ 업무에 직접 사용되지 않는 자동차를 보유하게 되면 지급이자 중 일정 금액이 손금불산입되므로 업무에 직접 사용하지 아니하는 자동차를 취득하는 것은 신중하게 검토해야 합니다.

④ 채권의 이자를 당해 채권의 발행법인이 직접 지급하는 경우에는 해당 이자를 전액 손금불산입하고 대표자상여로 소득처분합니다.

[4] 다음 중 소득처분에 관한 설명으로 가장 올바르지 않은 것은?

① 소득의 귀속자가 출자자이면서 임원인 출자임원의 경우 상여로 처분한다.

② 기타사외유출 처분시 귀속자의 소득에 포함되어 이미 과세되었으므로 추가 과세는 하지 않으며 이에 법인의 원천징수의무도 없다.

③ 유보는 세무조정금액의 효과가 사외로 유출되지 않고 사내에 남아있는 것으로 인정하는 처분이다.

④ 업무무관자산을 대표자가 사용하고 있는 경우 업무무관자산에 관한 차입금이자 손금불산입금액은 대표자 상여로 처분한다.

해답

[1] ④

[2] ② ㄱ. 상여, ㄴ. 상여, ㄷ. 유보, ㄹ. 기타사외유출

[3] ③ 채권자가 분명한 채권이자는 손금 인정된다. 일반차입금도 자본화 가능하다. 채권의 이자를 당해 채권의 발행 법인이 직접 지급하는 경우는 손금불산입 대상이 아니다.

[4] ④ 상여가 아니라 기타사외유출로 소득처분한다.

26.2 부당행위계산부인

내국법인이 특수관계인과 행한 거래 중 조세부담을 부당하게 감소시키려는 목적으로 인정되는 거래에 대하여는 소득금액을 다시 계산할 수 있도록 규정하고 있는데, 이를 부당행위 계산부인 이라고 한다. (법령 제88조)

(1) 고가매입과 저가양도

특수관계인에게 자산을 시가보다 높은 가격으로 매입하거나 자산을 시가보다 낮은 가격으로 양도하는 경우 적용되는 규정이다. 특수관계가 없는 자에 대해서는 의제기부금의 규정에 따른다.

평가 우선순위
(1) 주식 (출자지분 포함)
　　1순위 : 시가, 2순위 : 상증세법상 평가액
(2) 그 외의 자산
　　1순위 : 시가, 2순위 : 감정평가법인의 감정가액, 3순위 : 상증세법상 평가액

[예제 1] 다음의 경우 필요한 세무조정 및 소득처분을 하시오.

(1) 특수관계가 있는 법인으로부터 장부가액 200,000,000원, 시가 300,000,000원인 토지를 현금 200,000,000원에 양도하였다.

(2) 대표이사로부터 시가 200,000,000원인 토지를 현금 300,000,000원에 취득하였다.

해설 각 상황별로 회계처리를 해보면 이해할 수 있다.

(1) 회사 : (차) 현　　　금　　　　　200,000,000　　　(대) 토　　　지　　　200,000,000
　　세법 : (차) 현　　　금　　　　　200,000,000　　　(대) 토　　　지　　　200,000,000
　　　　　　(차) 부당행위계산부인　100,000,000　　　(대) 유형자산처분이익　100,000,000
　　*회사의 이익은 0이지만 세법상 이익은 100,000,000원으로 보아야 한다.
　　⇒ 익금산입　부당행위계산부인　　100,000,000원　　　기타사외유출
(2) 회사 : (차) 토　　　지　　　　　300,000,000　　　(대) 현　　　금　　　300,000,000
　　세법 : (차) 토　　　지　　　　　200,000,000　　　(대) 현　　　금　　　300,000,000
　　　　　　(차) 부당행위계산부인　100,000,000
　　*회사와 세법상 이익의 차이가 없고, 회사와 세법상 자산이나 부채의 차이가 있는 경우에는 최소한 세무조정이 2개가 나온다.
　　⇒ 익금불산입　토　　　지　　　　　100,000,000원　　　유보(발생)
　　　손금불산입　부당행위계산부인　　100,000,000원　　　상여

(2) 저리대여, 고리차용

특수관계인에게 금전 등을 대여하면서 낮은 이자율을 받고 대여하거나 금전 등을 차입하면서 높은 이자율을 지급하면서 차입하는 경우 적용되는 규정이다. 자세한 내용은 26.3절에서 다루기로 한다.

(3) 기타의 경우

① 불공정합병, 불공정증자, 불공정감자 등을 하는 경우
② 무수익자산을 매입하거나 현물출자를 받은 경우
③ 불량채권등을 양수하는 경우
④ 기타 위와 준하는 사유가 있는 경우(예시 : 특수관계인에게 부동산을 무상으로 임대하는 경우)

[예제 26-2]

[1] ㈜삼일의 다음 거래 중 법인세법상 부당행위계산부인 규정의 적용대상으로 가장 올바르지 않은 것은?

① 종업원인 김삼일에게 사택을 무료로 제공하였다(단, 김삼일은 지배주주의 특수관계인이 아니다).
② 임원 김용산에게 시가 8억원의 기계장치를 7억원에 양도하였다.
③ 대표이사 김서울에게 업무와 관련 없이 1억원을 무이자 조건으로 대여하였다.
④ 대주주인 김마포에게 토지를 1년간 무상으로 임대하였다.

---

[2] 다음 중 법인세법상 부당행위계산부인 규정에 관한 설명으로 가장 올바르지 않은 것은?

① 부당행위계산부인 규정이 적용되기 위해서는 원칙적으로 특수관계인 사이에서 이루어진 거래이어야 한다.

② 특수관계인과의 거래라고 하더라도 그 법인의 소득에 대한 조세부담이 현저히 감소하지 않은 경우 부당행위계산부인 규정이 적용되지 않는다.

③ 대주주에게 건물을 무상으로 임대하는 경우에는 부당행위계산부인 규정을 적용하지 아니한다.

④ 사용인에게 사택을 제공하는 경우에는 부당행위계산부인 규정을 적용하지 아니한다

[3] ㈜삼일은 회사의 대표이사로부터 시가 5 억원인 토지를 10 억원에 매입하며 다음과 같이 회계처리하였다. 토지 매입과 관련하여 필요한 세무조정으로 가장 옳은 것은(단, 증여세는 고려하지 않는다)?

(차변) 토지 10 억원 (대변) 현금 10 억원

① (손금산입) 토지 3 억원(△유보)
  (손금불산입) 고가매입액 3 억원(상여)
② (손금산입) 토지 3 억원(△유보)
  (손금불산입) 고가매입액 5 억원(상여)
③ (손금산입) 토지 5 억원(△유보)
  (손금불산입) 고가매입액 5 억원(상여)
④ (손금불산입) 고가매입액 5 억원(상여)

[4] 영리내국법인 ㈜삼일의 거래이다. 부당행위계산의 부인과 관련하여 세무조정이 필요하지 않은 경우는(단, 甲, 乙은 모두 거주자이며, ㈜삼일의 가중평균차입이자율은 5 % 임)?

① ㈜삼일의 발행주식의 30 % 를 출자하고 있는 내국법인 ㈜삼이에게 운영자금 10 억원을 3 년간 무상으로 대여해준 경우

② ㈜삼일의 출자임원(지분율 1 %) 甲에게 3 년간 주택매입자금 3 억원을 무상으로 대여해준 경우

③ ㈜삼일의 임원에 대한 임면권을 사실상 행사하는 창업주 명예회장 乙이 법인 설립 시부터 사용하는 사택(무수익자산임)의 연간 유지비 1 억원을 ㈜삼일이 전액 부담하고 있는 경우

④ ㈜삼일과 특수관계 없는 자에게 시가 10 억원인 토지를 8 억원에 매각한 경우

해답

[1] ① 종업원에게 사택제공의 이익은 손금으로 인정된다.
[2] ③ 대주주에 대한 무상임대는 부당행위계산 부인이 적용된다.
[3] ③ 토지 금액을 5억원 감소시켜야 하므로 손금산입 유보, 거래상대방인 임원에게 이익을 분배한 것으로 보아 손금불산입 상여로 각각 처리한다.
[4] ④ 특수관계 이외의 자에게 저가양도의 경우 정상 거래가액의 70% 이상 수취하였다면 세무조정이 불필요하다.

26.3 가지급금인정이자

가지급금등의 인정이자 조정명세서는 회사가 임원이나 특수관계가 있는 기업이나 개인에게 자금을 빌려주는 경우에는 적어도 시가인 이자율이나 당좌대출 이자율만큼은 이자를 받으라는 취지의 규정이다.

(1) 특수관계인의 범위

① 당해 법인의 경영에 사실상 영향력을 행사한다고 인정되는 자

② 법인의 임원, 사용인

③ 개인인 주주의 사용인

④ 영리법인인 출자자의 임원

⑤ 비영리법인인 출자자의 이사 및 설립자

⑥ 법인 또는 출자자와 금전, 기타자산에 의하여 생계를 유지하는 자의 동거친족

⑦ ①~⑥ 의 특수관계인이 이사의 과반수이거나 설립을 위한 출연금의 50% 이상을 출연하고 그들 중 1인이 설립자로 되어 있는 비영리법인

⑧ ①~⑥ 의 특수관계인이 50% 이상 출자하고 있는 법인

⑨ 당해 법인에 50% 이상 출자하고 있는 법인에 50% 이상을 출연하고 그들 중 1인이 설립자로 되어 있는 비영리법인

(2) 가지급금에서 제외되는 항목들

① 미지급소득 등에 대한 원천납부세액을 회사가 대신 납부

② 월정액급여 범위 내의 가불금

③ 경조사비 대여액

④ 학자금 대여액

> **[참고]**
> 명칭여하에 불구하고 당해 법인의 업무와 관련이 없는 자금의 대여액은 가지급금으로 분류가 되며 특수관계인간의 가지급금은 대손금으로 처리가 불가능하다.

(3) 인정이자 계산시 적용되는 당좌대출 이자율

인정이자 계산시 적용되는 당좌대출이자율은 다음 중 선택하여 적용하되 한번 선택한 기준은 3년이상 적용하여야 한다.

① 가중평균차입이자율

시가인 이자율을 말한다. (단, 가중평균차입이자율 계산시 특수관계인으로부터 차입금과 채권자가 불분명한 차입금을 제외한다.)

② 당좌대출이자율

회사의 차입금 내역이 없거나 당좌대출 이자율로 대여하기로 약정이 되어 있다면 당좌대출 이자율을 적용한다. 당좌대월이자율은 국세청장이 정하며 2019년 2월 현재, 당좌대출 이자율은 4.6%로 규정되어 있으나 나중에 개정될 가능성도 있다.

[예제 1] 다음 자료를 보고 물음에 답하여라.

1) 법인의 사업연도는 20x1년 1월 1일부터 20x1년 12월 31일이다.
2) 20x0년 7월 1일에 신한은행으로부터 100,000,000원을 연 이자율 6% 조건으로 차입하였다.
3) 20x1년 2월 1일에 특수관계인인 법인으로부터 50,000,000원을 연 이자율 3% 조건으로 차입하였다.
4) 20x1년 7월 1일에 대표이사에게 업무무관가지급금을 30,000,0000원을 대여하고, 이자를 수취하지 아니하였다. 단, 이자의 계산은 월할계산한다.
5) 20x1년 10월 1일에 종업원의 대학원 진학 학자금으로 10,000,000원을 대여하고, 이자를 수취하지 아니하였다. 단, 이자의 계산은 월할계산한다.

(물음 1) 대표이사에게 대여하는 경우 최소 몇 %의 이자를 수취하여야 하는가? 단, 가중평균차입이자율을 적용한다.

(물음 2) 가지급금 인정이자 대상에 포함되는 대여금 이자는 얼마인가?

(물음 3) 세무조정 및 소득처분 할 금액은 얼마인가?

해설 (1) 6% (특수관계인으로부터 차입금은 제외하고 가중평균차입이자율을 계산한다.)

(2) 30,000,000원×6%×6월/12월＝900,000원

(3) 익금산입 가지급금인정이자   900,000원 상여

참고 적수의 개념

적수란 누적된 수를 말한다. 예를들어 1월 1일에 1억원을 차입하였고, 1년을 365일로 가정하면 적수는 365억원이 된다. 만약 이자율이 8%이고, 적수를 이용하여 차입금 이자를 계산한다면 다음과 같이 계산하게 된다.

$$\rightarrow 100{,}000{,}000원 \times 365일 \times 이자율\ 8\% \times \frac{1}{365} = 8{,}000{,}000원$$

[예제 26-3]

[1] ㈜삼일은 대표이사인 홍길동씨에게 업무와 관련 없이 자금을 대여하고 있으며 동 대여금의 당기 적수는 1,000,000,000원 이다. 당기 중 대표이사로 부터 수령한 이자가 없으며 ㈜삼일의 가중평균차입이자율이 7 % 인 경우 필요한 세무조정으로 가장 옳은 것은(단, 인정이자 계산 시 가중평균차입이자율 적용, 1 년은 365 일, 소수점 첫째 자리에서 반올림)?

① (익금산입) 가지급금 인정이자 159,817 원(상여)
② (익금산입) 가지급금 인정이자 191,781 원(상여)
③ (익금산입) 가지급금 인정이자 230,137 원(상여)
④ (익금산입) 가지급금 인정이자 276,164 원(상여)

[2] 다음 중 특수관계인에 대한 업무무관가지급금의 법인세법 상 처리내용으로 옳은 것을 모두 고르면?

> ㄱ. 사업연도 동안 발생한 이자비용 중 특수관계인에 대한 업무무관가지급금에 상당하는 금액은 손금불산입한다.
> ㄴ. 특수관계인에 대한 업무무관가지급금에 대하여 이자를 받지 않거나 또는 법인세법 상 적정이자율보다 낮은 이율로 대여한 경우 적정이자율로 계산한 이자상당액 또는 이자상당액과의 차액을 익금산입한다.
> ㄷ. 특수관계인에 대한 업무무관가지급금은 대손충당금 설정대상 채권에 포함하지 않는다.

① ㄱ
② ㄱ, ㄷ
③ ㄴ, ㄷ
④ ㄱ, ㄴ, ㄷ

[3] 법인세법에서는 '특수관계인에게 법인의 업무에 직접적인 관련이 없이 대여한 자금'을 업무무관 가지급금으로 보아 불이익을 주고 있다. 업무무관 가지급금에 대한 법인세법상 처리내용 중 옳은 것을 모두 고르면?

> ㄱ. 업무무관가지급금에 대하여 이자를 받지 않거나 또는 법인세법상 적정이자율보다 낮은 이율로 대여한 경우 적정이자율로 계산한 이자상당액 또는 이자상당액과의 차액을 익금산입한다.
> ㄴ. 업무무관가지급금에 대하여 설정한 대손충당금은 손금으로 인정되지 않는다.
> ㄷ. 업무무관가지급금 관련 지급이자는 전액 손금 인정된다.
> ㄹ. 업무무관가지급금을 대손 처리한 경우 손금으로 인정되지 않는다.

① ㄱ, ㄴ, ㄷ   ② ㄴ, ㄷ, ㄹ

③ ㄱ, ㄴ, ㄹ   ④ ㄱ, ㄴ, ㄷ, ㄹ

[4] 다음 중 부당행위계산부인 대상인 가지급금에 해당하는 것은?

① 사용인에 대한 학자금 대여액

② 미지급한 급여에 대한 소득세를 법인이 대납한 금액

③ 소득의 귀속이 불분명하여 대표자 상여처분한 금액에 대한 소득세를 법인이 대납한 금액

④ 직원의 주택임차를 위한 전세자금 대여액

해답

[1] ② 1,000,000,000 × 7% × 1/365 = 191,781원

[2] ④ 모두 맞는 설명이다.

[3] ③ 업무무관자산 지급이자는 손금불산입 된다.

[4] ④ 전세자금대여액은 포함되지 않는다.

제27장

감가상각비

27.1 감가상각비의 계산

(1) 법인세법의 감가상각제도의 특징

내국법인이 각 사업연도의 결산을 확정할 때 토지를 제외한 건물, 기계장치, 특허권 등 유형자산 및 무형자산에 대해서는 감가상각비를 손비로 인식한 경우에는 상각한 금액을 손금으로 인식할 수 있다. (법법 제23조)

① 손금한도액 내에서 손금산입 가능하나 결산조정사항이다.

② 각 자산별로 구체적으로 세법에서 감가상각방법 등을 정하고 있다.

계정과목	선택 가능한 방법	무신고시 상각방법
건물, 구축물	정액법	정액법
광업용 유형고정자산	정액법, 정률법 생산량비례법	생산량비례법
기타 유형고정자산	정액법, 정률법	정률법
광업권	정액법, 생산량비례법	생산량비례법
기타 무형고정자산	정액법	정액법

* 감가상각방법 변경승인을 얻고자 하는 경우에는 적용받고자 하는 최초 사업연도 종료일까지 관할세무서장에게 승인을 받아야 한다. (법령 제27조 ②)

③ 내용연수 : 1개월 미만의 월수는 1개월로 한다. (법령 제28조 ②)

(2) 감가상각비의 특수문제

① 자본적지출과 즉시상각의제

i. 법인이 감가상각자산을 취득하기 위하여 지출한 금액과 감가상각자산에 대한 자본적지출에 해당하는 금액을 손금으로 계상한 경우에는 이를 감가상각한 것으로 보아 상각범위액을 계산한다. (법법 제23조 ④) 이를 즉시상각의제라고 한다.

ⅱ. 제1항에서 "자본적 지출"이라 함은 법인이 소유하는 감가상각자산의 내용연수를 연장시키거나 당해 자산의 가치를 현실적으로 증가시키기 위하여 지출한 수선비를 말하며, 다음 각호의 1에 해당하는 것에 대한 지출을 포함하는 것으로 한다. (법령 제31조)

　　㉠ 본래의 용도를 변경하기 위한 개조

　　㉡ 엘리베이터 또는 냉난방장치의 설치

　　㉢ 빌딩 등에 있어서 피난시설 등의 설치

　　㉣ 재해 등으로 인하여 멸실 또는 훼손되어 본래의 용도에 이용할 가치가 없는 건축물·기계·설비 등의 복구

ⅲ. 법인이 각 사업연도에 지출한 수선비가 다음 각호의 1에 해당하는 경우로서 그 수선비를 당해 사업연도의 손금으로 계상한 경우에는 제2항의 규정에 불구하고 이를 자본적 지출에 포함되지 아니하는 것으로 한다. (법령 제31조 ③)

　　㉠ 개별자산별로 수선비로 지출한 금액이 600만원미만인 경우

　　㉡ 개별자산별로 수선비로 지출한 금액이 직전 사업연도종료일 현재 재무상태표상의 자산가액(취득가액에서 감가상각누계액상당액을 차감한 금액을 말한다)의 100분의 5에 미달하는 경우

　　㉢ 3년미만의 기간마다 주기적인 수선을 위하여 지출하는 경우

ⅳ. 다음 각호의 것을 제외하고 그 취득가액이 거래단위별로 100만원이하인 감가상각자산에 대하여는 이를 그 사업에 사용한 날이 속하는 사업연도의 손금으로 계상한 것에 한하여 이를 손금에 산입한다. (법령 제31조 ④)

　　㉠ 그 고유업무의 성질상 대량으로 보유하는 자산

　　㉡ 그 사업의 개시 또는 확장을 위하여 취득한 자산

ⅴ. 제4항에서 "거래단위"라 함은 이를 취득한 법인이 그 취득한 자산을 독립적으로 사업에 직접 사용할 수 있는 것을 말한다.

ⅵ. 제4항의 규정에 불구하고 다음 각호의 자산에 대하여는 이를 그 사업에 사용한 날이 속하는 사업연도의 손금으로 계상한 것에 한하여 이를 손금에 산입한다. (법령 제31조 ⑥)

　　㉠ 어업에 사용되는 어구(어선용구를 포함한다)

　　㉡ 영화필름, 공구(금형을 포함한다), 가구, 전기기구, 가스기기, 가정용 기구·비품, 시계, 시험기기, 측정기기 및 간판

　　㉢ 대여사업용 비디오테이프 및 음악용 콤팩트디스크로서 개별자산의 취득가액이 30만원 미만인 것

　　㉣ 전화기(휴대용 전화기를 포함한다) 및 개인용 컴퓨터(그 주변기기를 포함한다)

vii. 시설의 개체 또는 기술의 낙후로 인하여 생산설비의 일부를 폐기한 경우에는 당해자산 의 장부가액에서 1천원을 공제한 금액을 폐기일이 속하는 사업연도의 손금에 산입할 수 있다. (법령 제31조 ⑦)

[예제] 다음 자료를 보고 물음에 답하시오.

㈜화성은 당기 1월에 취득한 100,000,000원인 기계장치에 대하여 7월 1일에 50,000,000원의 추가지출을 하였다. 이 기계장치의 내용연수는 5년, 감가상각방법은 정액법으로 신고하였다.

[1] 만일 추가 지출한 것이 자본적지출이라면 세법상 감가상각비는 얼마인가?

[2] 이 기업이 만일 당기 지출분 50,000,000원을 자본적 지출에 해당함에도 불구하고 수익적지출로 처리하고, 당기말에 20,000,0000원을 감가상각 하였다면 세무조정은 어떻게 되는가?

해설 (1) (100,000,000 + 50,000,000원) × 1년/5년 = 30,000,000원
 * 자본적지출은 월할상각을 하지 않고 취득일 또는 사업연도 개시일부터 계산하여 감가상각한다.
(2) 자본적지출액을 손금으로 처리하면 전액 감가상각한 것으로 보고 세무조정한다. (주)화성의 세법상 감가상각비 한도액은 30,000,000원인데, 이 법인은 결과적으로 70,000,000원을 감가상각한 것이 된다.
 ⇒ 손금불산입 감가상각비한도초과액   40,000,000원   유보

(3) 감가상각의 잔존가액 : 취득가액의 5%와 1,000원 중 적은 금액으로 한다.

[예제 27-1]

[1] 다음은 ㈜삼일이 20x1년 7월 1일에 취득한 기계장치에 관한 자료이다. 동 자료를 기초로 제 9 기 (20x2년 1월 1일 ～ 20x2년 12월 31일) 사업연도의 상각범위액을 구하면 얼마인가?

> ㄱ. 기계취득가액: 6억원
> ㄴ. 신고내용연수: 3년
> ㄷ. 20x2년 1월 1일 기계장치에 대한 자본적 지출 : 3 억원
> ㄹ. 감가상각신고방법: 정액법

① 50,000,000 원   ② 100,000,000 원
③ 200,000,000 원   ④ 300,000,000 원

[2] 다음의 법인세법상 감가상각범위액 결정요소 중 취득가액에 관한 설명으로 가장 올바르지 않은 것은?

① 자본적지출은 자산의 취득원가에 가산되어 이후 감가상각과정을 통해 손금에 산입되나 수익적 지출은 지출당시에 당기비용으로 처리된다.

② 재해로 멸실되어 자산의 본래 용도에 이용할 가치가 없는 건축물 등의 복구는 자본적지출에 해당한다.

③ 시설의 개체 또는 기술의 낙후로 인하여 생산설비의 일부를 폐기한 경우에는 당해 자산의 장부가액에서 1만원을 공제한 금액을 폐기일이 속하는 사업연도의 손금에 산입할 수 있다.

④ 개별자산별로 수선비로 지출한 금액이 600만원 미만인 경우 시부인 계산과정을 거치지 않고 전액 손금으로 인정할 수 있다.

[3] 다음의 자료를 근거로 하여 손금불산입되는 금액의 합계를 구하면 얼마인가(단, 법인은 감가상각방법을 신고하지 않았다)?

구분	건물	기계
당기감가상각비	1,650,000	2,700,000
세무상 감가상각 범위액		
- 정률법	1,449,000	2,347,500
- 정액법	600,000	937,500

① 553,500 원   ② 1,402,500 원
③ 1,762,500 원   ④ 1,987,500 원

해답

[1] ④ 9억원 ÷ 3년 = 3억원
기존의 감가상각자산에 대한 자본적 지출액은 기존의 감가상각자산의 장부가액에 합산하여 그 자산의 내용연수를 그대로 적용하여 감가상각한다. 취득일로부터 1년 이내에 자본적 지출을 하였으므로 취득원가를 9억원으로 하여 계산하게 된다.

[2] ③ 1만원이 아니라 1천원이다.

[3] ② 1,050,000 + 352,500 = 1,402,500원
건물(무신고시 정액법) : 1,650,000 - 600,000 = 한도초과액 1,050,000원
기계(무신고시 정률법) : 2,700,000 - 2,347,500 = 한도초과액 352,500원

27.2 감가상각 시부인 계산

1단계 : 회사계상 감가상각비와 상각범위액의 계산

2단계 : 감가상각비의 조정

- 회사계상 감가상각비 > 세법상 상각범위액 : 한도초과액을 손금불산입 유보로 처분한다.
- 회사계산 감가상각비 < 세법상 상각범위액
  - ☞ 전기상각부인액이 없는 경우 : 세무조정 없음

    전기상각부인액이 있는 경우 : min [① 당기 시인부족액, ② 전기이월상각부인액]을 손금산입한다.

[예제 1] 20x0년 1월 건물을 100,000,000원에 취득하고, 잔존가액은 0원에 20년간 정액법 상각을 하기로 하였다. 20x0년에 회사는 감가상각비로 7,000,000 원을 인식하였으며 20x1년에는 다음과 같이 인식 할려고 한다.

(상황1) 20x1년에 감가상각비를 4,000,000원만 인식하고자 하는 경우

(상황2) 20x1년에 감가상각비를 2,000,000원만 인식하고자 하는 경우

각 상황에 따라 행하여야 할 세무조정 및 소득처분을 하시오.

해설 일단 20x0년까지 감가상각누계액과 20x1년까지 감가상각누계액을 비교하면 다음과 같다.

	20x0년까지 감가상각누계액	20x1년까지 감가상각누계액
세법	5,000,000원	10,000,000원
상황1	7,000,000원 (한도초과 2,000,000원)	11,000,000원 (한도초과 1,000,000원)
상황2	7,000,000원 (한도초과 2,000,000원)	9,000,000원 (한도초과 0원)

따라서 세무조정 및 소득처분은 다음과 같다.
(1) 손금산입 전기감가상각비 1,000,000원 유보(감소)
(2) 손금산입 전기감가상각비 2,000,000원 유보(감소)

[예제 27-2]

[1] 일반기업회계기준을 적용하고 있는 ㈜삼일은 제 17 기(20x1년 1월 1일 ~ 20x1년 12월 31일) 사업 연도 개시일에 기계장치를 10 억원에 구입하고 아래와 같이 감가상각하였다. 다음 중 감가상각비에 관한 세무조정으로 가장 옳은 것은(단, 회사는 세무상 기계장치의 상각방법은 정액법, 내용연수는 5 년으로 신고하였고, 감가상각의제 적용 대상 법인이 아니다)?

구분	제17기	제18기	제19기	제20기
회사계상 감가상각비	-	1억원	9억원	-
감가상각범위액	2억원	2억원	2억원	2억원

① 제 17 기에 회계상 감가상각비를 계상하지 않았으므로 별도 세무조정을 해야 한다.

② 제 18 기에 부족한 감가상각비 1 억원을 손금산입 한다.

③ 제 19 기에 과다하게 상각한 7 억원을 손금불산입 한다.

④ 제 20 기에 회계상 감가상각 종료되었으므로 별도의 세무조정이 없다.

[2] 다음 자료에 의한 ㈜삼일의 사업연도의 세무조정 사항이 과세표준에 미치는 영향으로 옳은 것은?

구분	건물	기계	영업권
회사계상 감가상각비	10,000,000	3,000,000	1,000,000
세법상 상각범위액	8,000,000	4,000,000	2,000,000
내용연수	40년	5년	5년
전기이월 상각부인액	2,000,000	-	1,500,000

① 1,000,000 원 감소   ② 영향 없음

③ 1,000,000 원 증가   ④ 2,000,000 원 증가

[3] 다음은 ㈜삼일의 유형자산 감가상각과 관련한 자료이다. 필요한 세무조정으로 가장 옳은 것은(단, K-IFRS 도입에 따라 추가로 손금산입되는 감가상각비는 없는 것으로 한다)?

구분	기초상각부인액	비용계상액	상각범위액
컴퓨터	-	80만원	40만원
책상	-	20만원	30만원
탁자	-	30만원	25만원
차량	50만원	200만원	220만원

① (손금불산입) 감가상각비 한도초과액 45 만원(유보)

② (손금산입) 전기 감가상각비 한도초과액 20 만원(△유보)

③ (손금산입) 전기 감가상각비 한도초과액 50 만원(△유보)

④ (손금불산입) 감가상각비 한도초과액 45 만원(유보)

    (손금산입) 전기 감가상각비 한도초과액 20 만원(△유보)

[4] ㈜삼일은 20x1년 1월 1일에 기계장치를 100,000,000 원에 취득하였다. 회사는 세법상 기계장치에 대한 감가상각방법을 정액법으로, 내용연수는 5 년으로 신고하였으며 잔존가치는 없다고 가정한다. 회사가 20x2년 감가상각비로 19,000,000 원을 계상한 경우, 다음 각 상황에 따른 20x2년 세무조정으로 가장 옳은 것은?

상황 1. 전기 상각부인액이 2,000,000 원이 있는 경우
상황 2. 전기 시인부족액이 1,000,000 원이 있는 경우

		상황 1	상황 2
①	손금산입	2,000,000원	세무조정 없음
②	손금불산입	2,000,000원	손금산입 1,000,000원
③	손금불산입	1,000,000원	손금불산입 1,000,000원
④	손금산입	1,000,000원	세무조정 없음

해답

[1] ③
　17기 : 과소계상은 세무조정 필요없음
　18기 : 감가상각을 적게 했다고 해서 강제적으로 손금산입을 할 수는 없다.
　19기 : 세법상 한도액 2억원, 회사계상액 9억원이므로 7억원 손금불산입
　20기 : 전기이월상각부인액 2억원을 손금산입 한다.
[2] ③
　건물 : 손금불산입 2,000,000원, 기계 : 세무조정 없음, 영업권 : 1,000,000원 손금산입
[3] ④
　컴퓨터 : 손금불산입 40만원, 책상 : 세무조정 없음, 탁자 : 손금불산입 5만원, 차량 : 손금산입 20만원
[4] ④ 전기이월상각부인액과 당기시인부족액 1,000,00원 중 적은 금액을 손금산입한다.

27.3 업무용승용차 관련 규정

(1) 업무용승용차 관련 세무상 처리 (법법 제27조의 2)

① 업무용승용차의 범위

개별소비세가 과세되는 승용자동차(매입매출전표 작성시 거래유형을 54.불공으로 처리하는 승용차라고 생각하면 된다)를 말한다. 운수업, 자동차판매업, 운전면허학원에서 사용되는 승용차는 업무용이 아니라 영업용이므로 이 규정을 적용받지 않는다.

② 업무용 승용차 관련 비용

감가상각비, 임차료, 유류비, 보험료, 수선비, 자동차세, 통행료, 그 외 수익적 성격의 금액을 말한다. 업무사용금액에 해당하지 아니하는 금액은 손금에 산입하지 않는다. 참고로 업무전용자동차 보험을 가입하지 않았다면 관련비용은 전액 손금불산입 된다. (법령 제50조의 2 ④)

③ 운행기록의 작성여부에 따른 손금산입 한도

　ⅰ. 운행기록을 작성한 경우 : 업무용 승용차 관련 비용에서 업무 사용 비율만큼만 손금인정

　ⅱ. 운행기록을 작성하지 않은 경우 (법령 제50조의 2 ⑦)

　　– 업무용 관련비용이 1,500만원 이하 : 관련비용의 100% 손금인정

　　– 업무용 관련비용이 1,500만원 초과 : 1,500만원까지만 손금 인정 가능

　　(부동산임대업을 하는 법인은 1,500만원이 아니라 500만원 기준 적용)

예시　승용차 유형별 손금적용 기준

(1) 운수업에서 운송용도로 사용되는 승용차 : 관련 비용을 전액 손금산입

(2) 업무용으로 사용되는 995cc 승용차 : 관련 비용을 전액 손금산입

(3) 업무용으로 사용되는 10인승 승합차 : 관련 비용을 전액 손금산입

(4) 업무용으로 사용되는 3,000cc 5인승 승용차로서 업무전용자동차 보험 미가입 : 손금불산입

(5) 업무용으로 사용되는 3,000cc 5인승 승용차로서 업무전용자동차 보험 가입 : 업무용승용차 관련 세무상 처리 규정을 적용함

---

(4) 업무용 승용차의 감가상각 관련 규정

　ⅰ. 내용연수 5년, 정액법으로 균등 강제상각 (미상각시 신고조정으로 손금산입) (법령 제50조의 2 ③)

　ⅱ. 계산 : 감가상각비 상당액 × 운행기록상 업무사용비율만큼 손금처리

　ⅲ. 한도액 : 800만원 (사업연도가 12개월 기준), 단 부동산임대업은 400만원

　ⅳ. 감가상각비 800만원 초과액은 손금불산입 유보처리

　　⇒ 추후에 감가상각비 한도미달시 손금으로 추인 가능

　ⅴ. 업무와 무관한 감가상각비와 경비지출(수익적지출)은 손금불산입하고 귀속자에 따라 소득처분한다. 업무무관 경비는 법인세법에서 손금으로 인정해주지 않겠다는 취지이다.

　ⅵ. 업무용승용차를 처분하여 발생하는 손실로서 업무용승용차별로 800만원(해당 사업연도가 1년 미만인 경우에는 월할계산)을 초과하는 금액은 이월하여 손금에 산입한다.

　ⅶ. 자동차대여사업자로부터 임차한 승용차는 임차료의 100분의 70에 해당하는 금액을 감가상각비로 본다. (법칙 제27조의 2 ⑤항) 임차한 자산의 감가상각비한도초과액은 기타사외유출로 한다. 수선유지비를 별도로 구분하기 어려운 경우에는 임차료의 100분의 7을 수선유지비로 할 수 있다.

| 예시 |

업무용승용차의 요건에 해당하며, 업무전용 자동차보험에 가입하고, 운행일지 작성을 가정하며 사업연도 12개월 동안 사용했다고 가정함.

(1) 취득원가 200,000,000원인 차량운반구에 대해 70%는 업무를 위해 사용하고, 나머지는 대표이사가 업무 이외의 용도로 사용했다. 감가상각비만 계산하시오.

⇒ 회계상 연간 감가상각비는 200,000,000 ÷ 5년 = 40,000,000원이다.

(업무관련 70%) 28,000,000원 : 8,000,000원 한도 손금인정, 초과액 20,000,000원은 손금불산입 유보

(업무무관 30%) 12,000,000원 : 손금불산입 상여

(2) (1) 취득원가 200,000,000원인 차량운반구에 대해 70%는 업무를 위해 사용하고, 나머지는 대표이사가 업무 이외의 용도로 사용했다. 그 외 유류대 등 추가적인 지출로 10,000,000원이 발생하였다.

⇒ 감가상각비 관련 계산내역은 (1)을 참고한다.

(업무관련 70%) 감가상각비 8,000,000원 손금인정, 20,000,000원은 손금불산입 유보

기타경비 : 7,000,000원 손금인정

(업무무관 30%) : 감가상각비 12,000,000원 + 기타경비 3,000,000원 : 손금불산입 상여

[예제 1] 다음 문장에서 틀린 부분을 수정하시오. 모두 업무용승용차라고 가정한다.

(1) 감가상각방법은 내용연수 5년, 정률법 상각을 원칙으로 한다.

(2) 감가상각비 한도액은 1,000만원이다.

(3) 대표이사가 사용한 차량에 대한 감가상각비 한도초과액은 상여로 소득처분한다.

(4) 업무전용 자동차보험을 가입하지 않아도 800만원 한도로 손금처리가 가능하다.

(5) 업무전용 자동차보험을 가입하고 운행기록을 작성하지 않은 경우에는 관련비용이 800만원인 경우에는 전액, 800만원 초과시에는 800만원을 한도로 손금처리가 가능하다.

(6) 자동차대여사업자로부터 임차한 승용차는 임차료의 80%를 감가상각비 상당액으로 본다.

(7) 임차한 승용차의 감가상각비 상당액이 기준금액을 초과하는 경우 초과액은 손금불산입하고, 유보로 소득처분한다.

해설 (1) 정률법 ⇒ 정액법

(2) 1,000만원 ⇒ 800만원

(3) 상여 ⇒ 유보

(4) 업무전용 자동차보험을 가입하지 않으면 손금처리가 불가능하다.

(5) 800만원 초과시가 아니라 1,500만원 초과시이다.

(6) 80%가 아니라 70%이다.

(7) 유보가 아니라 기타사외유출이다.

[예제 27-3] 업무용 승용차 객관식 문제

[1] 다음 사항들은 ㈜삼일의 법인세 계산을 위해 수행한 세무조정의 내용이다. 다음 중 가장 올바르지 않은 것은?

① 증빙이 없는 5만원 초과 접대비에 대하여 손금불산입하고 대표자 상여로 소득처분하였다.

② 영업사원의 교통위반범칙금에 대하여 손금불산입하고 기타사외유출로 소득처분하였다.

③ 법인이 업무용 자산을 임차하고 지급하는 임차료를 손금불산입하고 유보 소득처분하였다.

④ 임원이 사용한 업무용승용차 관련비용 중 업무사용금액에 해당하지 않는 금액을 손금불산입하고 상여로 소득처분하였다.

[2] 다음 중 법인세법상 손금으로 인정되는 금액은 얼마인가(단, 손금인정을 위한 기타 요건은 갖추었다고 가정한다)?

• 업무용승용차 관련 비용 중 사적사용비용 5,000,000 원
• 주식할인발행차금 3,000,000 원
• 사용자로서 부담하는 국민건강보험료 1,500,000 원
• 임직원을 위한 직장보육시설비 3,700,000 원

① 1,500,000 원   ② 5,200,000 원

③ 7,200,000 원   ④ 10,200,000 원

해답

[1] ③ 업무와 관련이 있다면 손금인정된다.

[2] ② 사적사용비용과 주식할인발행차금은 손금인정되지 않는다.

제28장

퇴직급여충당금

28.1 퇴직급여충당금

(1) 퇴직급여충당부채의 한도 (법령 제60조)

퇴직급여충당금 한도액은 다음의 둘 중의 금액 중 적은 금액으로 한다. 2016년 개정세법에서 퇴직급여충당부채의 추가설정한도는 0이 되었다.

---

(1) 총급여액 기준 : 총 임직원의 급여* × 5/100 (법령 60조)
(2) 추계액 기준
    사업연도 종료일 현재 임원 또는 사용인의 퇴직금 추계액 × 0/100 - 세무상 퇴직급여충당금
    잔액 + 퇴직금전환금 (99.4.1 이전) 기말잔액

---

* 단, 손금불산입되는 인건비와 비과세소득은 제외

위의 (2)번 식의 내용이 복잡하므로 이를 T계정으로 풀이해보면 다음과 같다.

퇴직급여충당부채

퇴직금 지급액 퇴직금전환금	기초금액
기말 금액 (퇴직금전환금+퇴직금 추계액의 0% 한도)	기말 설정가능금액

(2) 세무조정

① 유보의 발생

퇴직급여충당부채 한도초과액은 손금불산입 하고 유보로 소득처분한다.

② 유보의 소멸사유

세법상 퇴직급여충당부채 잔액보다 더 많은 퇴직금을 지급하면 유보가 소멸한다. 퇴직급여충당금을 손금에 산입한 내국법인이 임원이나 직원에게 퇴직금을 지급하는 경우에는 퇴직급여충당금에서 먼저 지급한 것으로 본다. (법법 제33조 ②)

사례

서로 연결되는 내용이다.

(1) 20x1년 사업을 개시하였으며, 20x1년말 결산시 퇴직급여충당부채를 2,000,000원 설정하였다. 단, 세법상 설정한도액은 0원이다.
  - 회사 : (차) 퇴직급여   2,000,000   (대) 퇴직급여충당부채   2,000,000
  - 세법 : 분개없음
  〈손금불산입〉 퇴직급여충당부채   2,000,000원   유보(발생)

(2) 20x2년 중에 직원이 퇴사하여 퇴직급여충당부채로 현금 2,000,000원을 지급하였다.
  - 회사 : (차) 퇴직급여충당부채 2,000,000   (대) 현금   2,000,000
  - 세법 : (차) 퇴직급여   2,000,000   (대) 현금   2,000,000
  〈손금산입〉   퇴직급여충당부채 2,000,000원   유보(감소)

---

(3) 퇴직금의 적립

퇴직금을 적립하는 수단에는 내부적립과 외부적립이 있으나 퇴직급여충당부채의 추가설정한도가 0이라서 실질적으로는 세법에서는 외부적립만 가능하다.

① 내부적립 : 퇴직급여충당부채
② 외부적립 : 퇴직연금

(4) 퇴직급여의 손금불산입

현실적인 퇴직에 해당하는 경우에는 퇴직급여로 보나 비현실적인 퇴직급여에 대하여는 현실적으로 퇴직할때까지 업무무관 가지급금으로 유보로 손금불산입 처분한다.

① 현실적인 퇴직

퇴직금은 일반적으로 실제 임직원이 퇴사할 때 퇴직금을 지급하거나 합의하에 중간정산을 하는 경우에 지급한다. 그 외 다음의 경우에는 현실적인 퇴직으로 보아 세법을 적용한다. 만일 현실적인 퇴직이 아닌데, 회사가 지급했다면 이 부분은 가지급금으로 본다.(손금불산입 유보로 소득처분 하게 된다).

1. 법인의 사용인이 당해 법인의 임원으로 취임한 때
2. 법인의 임원 또는 사용인이 그 법인의 조직변경·합병·분할 또는 사업양도에 의하여 퇴직한 때
3. 「근로자퇴직급여 보장법」 제8조제2항의 규정에 의하여 퇴직급여를 중간정산하여 지급한 때
4. 법인의 임원에 대한 급여를 연봉제로 전환함에 따라 향후 퇴직급여를 지급하지 아니하는 조건으로 그 때까지의 퇴직급여를 정산하여 지급한 때

임원이 연임된 경우, 외국법인 국내지점 종업원이 본점으로 전출하는 경우 등은 현실적인 퇴직으로 보지 아니하며, 현실적인 퇴직이 아닌데 퇴직금을 지급하면 가지급금으로 처리한다.

② 퇴직금으로 보지 아니하는 것

법인이 임원에게 지급한 퇴직급여중 다음 각호의 1에 해당하는 금액을 초과하는 금액은 이를 손금에 산입하지 아니한다.

> 1. 정관에 퇴직급여(퇴직위로금 등을 포함한다)로 지급할 금액이 정하여진 경우에는 정관에 정하여진 금액
> 2. 제1호외의 경우에는 그 임원이 퇴직하는 날부터 소급하여 1년동안 당해 임원에게 지급한 총급여액의 10분의 1에 상당하는 금액에 재정경제부령이 정하는 방법에 의하여 계산한 근속연수를 곱한 금액
> 단, 제3항제1호의 규정은 정관에 임원의 퇴직급여를 계산할 수 있는 기준이 기재된 경우를 포함하며, 정관에서 위임된 퇴직급여지급규정이 따로 있는 경우에는 당해 규정에 의한 금액에 의한다.

③ 임원퇴직급여의 한도액

정관이나 퇴직급여지급규정에 지급할 금액이 정하여진 경우에는 그 금액으로 손금한도를 보나 정관에 규정되어 있지 아니한 경우에는 다음 식에 의한다. (법령 제44조 ④)

> 임원퇴직급여한도액＝퇴직 직전 1년간 총급여액×10%×근속연수

* 단, 1년 미만은 1년으로 보며 1월 미만은 없는 것으로 본다.

[예제 28-1]

[1] 법인이 지급하는 퇴직금은 현실적으로 퇴직하는 임원 또는 사용인에게 지급한 것에 한하여 손금에 산입할 수 있다. 다음은 법인세법상 현실적인 퇴직에 대한 재경팀 직원들의 대화이다. 다음 중 가장 올바르지 않은 주장을 하고 있는 사람은 누구인가?

> 홍과장 : 인사부장님이 임원으로 취임하실 때 퇴직금을 실제로 지급하는 경우에는 현실적인 퇴직으로 볼 수 있습니다.
> 이과장 : 임원이 아닌 경리부장님께 퇴직금을 중간정산하여 지급하는 것은 현실적인 퇴직으로 볼 수 없습니다. 따라서, 손금으로 인정받지 못할 것입니다.
> 박과장 : 임원에게 정관에 따라 장기요양의 사유로 그 때까지의 퇴직금을 중간정산하여 지급한 때에는 현실적인 퇴직으로 볼 수 있습니다. 단, 중간정산시점부터 새로 근무연수를 기산하여 퇴직급여를 계산하여야 합니다.
> 최과장 : 연임된 임원에게 퇴직금을 지급하는 것은 현실적인 퇴직으로 볼 수 없으므로 동 금액은 업무무관가지급금으로 보아 여러가지 세법상 불이익을 당하게 됩니다.

① 홍과장　　　　　　　　　　　　　② 이과장

③ 박과장　　　　　　　　　　　　　④ 최과장

[2] 다음 중 법인세법상 퇴직금 및 퇴직급여충당금에 관한 설명으로 가장 올바르지 않은 것은?

① 퇴직하는 종업원에게 지급하는 퇴직금은 전액 손금으로 인정된다.

② 퇴직급여충당금의 손금산입은 결산조정사항이다.

③ 퇴직급여충당금 전입액은 일정한 한도 내에서만 손금으로 인정된다.

④ 법인세법상 한도를 초과하여 설정된 퇴직급여충당금은 손금불산입되고 기타사외유출로 소득처분된다.

[3] 다음 중 법인세법상 퇴직급여충당금에 관한 설명으로 가장 올바르지 않은 것은?

① 퇴직급여충당금 설정액 중 한도초과액은 손금불산입하고 유보로 소득처분한다.

② 퇴직급여충당금은 법인의 장부에 비용으로 계상한 경우에만 손금에 산입할 수 있는 결산조정사항이다.

③ 퇴직금추계액은 일시퇴직기준 퇴직급여추계액과 보험수리적기준에 의한 퇴직급여추계액 중 작은 금액으로 한다.

④ 퇴직급여충당금 한도액 계산 시 기준이 되는 총급여액이란 근로제공으로 인한 봉급·상여·수당 등을 말하는 것으로 손금불산입되는 인건비와 인정상여 등은 포함되지 않는다.

[4] ㈜삼일의 법인세법상 퇴직급여충당금 한도초과액은 얼마인가?

ㄱ. 퇴직급여충당금 내역

퇴직급여충당금

당기지급액　2,000,000	기초잔액　7,000,000
기말잔액　8,500,000	당기전입액　3,500,000

ㄴ. 기초잔액 중에는 한도초과로 부인된 금액 1,000,000원이 포함되어 있다.

ㄷ. 당기지급액은 모두 현실적인 퇴직으로 인한 것이다.

ㄹ. 퇴직급여의 지급대상이 되는 임원 또는 사용인에게 지급한 총급여와 상여금 : 110,000,000 원

ㅁ. 기말 현재 퇴직금 추계액 : 8,000,000원(일시퇴직기준과 보험수리적 기준에 의한 퇴직금추계액이 동일하다.)

ㅂ. 기말 현재 퇴직전환금 계상액 : 5,000,000원

---

① 없음　　　　　　　　　　　　　② 1,500,000 원

③ 2,500,000 원　　　　　　　　　④ 3,500,000 원

해답

[1] ② 퇴직금의 중간정산도 현실적인 퇴직으로 본다.

[2] ④ 퇴직급여충당금의 한도초과액은 유보로 소득처분한다.

[3] ③ 둘 중 큰 금액으로 한다.

[4] ③ 손금한도액은 1,000,000원 (아래 (1), (2)중 작은금액)인데, 3,500,000원을 손금처리했으므로 한도초과액은 2,500,000원이다.

(1) 인건비 기준 : 110,000,000 × 5%   (2) 추계액 기준 : 1,000,000원

퇴직급여충당금

당기지급액 2,000,000	세법상 기초잔액 6,000,000
퇴직금전환금 5,000,000	
기말잔액(추계액 0%)	손금한도액 1,000,000원

28.2 퇴직급여충당금조정명세서

> **사례**
>
> (자료 1) 손익계산서 "급여" 계정에는 11명의 인건비 260,000,000원이 기록되어 있으며, 이 중에서 10,000,000원은 세법상 손금불산입 되는 인건비이며, 1명 15,000,000원 지급분은 1년 미만 근속자에 대한 급여이다. 당사는 1년 이상 근무한 자에게만 퇴직금을 지급한다.
>
> (자료 2) 10명 전원 퇴직시 지급할 퇴직금 추계액은 300,000,000원이고, 보험수리적 금액은 320,000,000원이다.
>
> (자료 3) 퇴직급여충당부채의 기초금액은 40,000,000원인데, 이 중에서 전기에 5,000,000원이 부인되었다. 당기에는 퇴직금으로 30,000,000원을 지급하였으며, 현실적인 퇴직에 해당한다.
>
> (자료 4) 퇴직금 전환금에 해당하는 금액이 45,000,000원이 있다.
>
> (자료 5) 회사는 기말에 퇴직급여충당금을 추가로 30,000,000원을 설정하였다.

1. 퇴직급여충당금 조정

「법인세법 시행령」제60조 제1항에 따른 한도액	① 퇴직급여 지급대상이 되는 임원 또는 직원에게 지급한 총급여액(⑲의 계)			② 설정률	③ 한도액 (①×②)	비 고
	235,000,000			5/100	11,750,000	

「법인세법 시행령」제60조 제2항 및 제3항에 따른 한도액	④ 장부상 충당금 기초잔액	⑤ 확정기여형 퇴직연금자의 퇴직연금 설정 전 기계상된 퇴직급여충당금	⑥ 기중 충당금 환입액	⑦ 기초충당금 부인누계액	⑧ 기중 퇴직금 지급액	⑨ 차감액 (④-⑤-⑥ -⑦-⑧)
	40,000,000			5,000,000	30,000,000	5,000,000
	⑩ 추계액 대비 설정액 (㉒ × 설정률)	⑪ 퇴직금전환금		⑫ 설정률 감소에 따른 환입을 제외하는 금액 MAX(⑨-⑩-⑪, 0)		⑬ 누적한도액 (⑩-⑨+⑪+⑫)
	0	45,000,000				40,000,000

한도초과액 계 산	⑭ 한도액 MIN(③, ⑬)	⑮ 회사계상액	⑯ 한도초과액 (⑮-⑭)
	11,750,000	30,000,000	18,250,000

2. 총급여액 및 퇴직급여추계액 명세

구 분 / 계정명	⑰ 총급여액		⑱ 퇴직급여 지급대상이 아닌 임원 또는 직원에 대한 급여액		⑲ 퇴직급여 지급대상이 되는 임원 또는 직원에 대한 급여액		⑳ 기말 현재 임원 또는 직원 전원의 퇴직 시 퇴직급여 추계액	
	인원	금 액	인원	금 액	인원	금 액	인원	금 액
급여	11	250,000,000	1	15,000,000	10	235,000,000	10	300,000,000
							㉑「근로자퇴직급여 보장법」에 따른 추계액[퇴직연금미가입자의 경우 일시퇴직기준(⑳)을 적용하여 계산한 금액]	
							인원	금 액
							10	320,000,000
							㉒ 세법상 추계액 MAX(⑳, ㉑)	
계							10	320,000,000

[예제 28-2]

[1] 다음은 제조업을 영위하는 ㈜삼일의 퇴직급여충당금조정명세서이다. 고문회계사인 박영규 회계사가 퇴직급여충당금조정명세서를 검토한 결과, 퇴직급여 지급대상이 되는 임직원에게 지급한 총급여액의 정확한 금액은 200,000,000 원이나 직원의 실수로 235,000,000 원으로 기록되어 있음을 발견하였다. 다음의 퇴직급여충당금조정명세서를 정확하게 작성할 경우 퇴직급여충당금 한도초과액은 얼마인가?

1. 퇴직급여충당금 조정						
「법인세법 시행령」 제60조 제1항에 따른 한도액	①퇴직급여 지급대상이 되는 임원 또는 사용인에게 지급한 총급여액			②설정률	③한도액 (①×②)	비 고
	235,000,000			5/100	11,750,000	
「법인세법 시행령」 제60조 제2항 및 제3항에 따른 한도액	④장부상 충당금 기초잔액	⑤기중충당금 환입액	⑥기초충당금 부인누계액	⑦기중 퇴직금 지급액	⑧차감액 (④-⑤-⑥ -⑦)	⑨누적한도액 (⑦ + 퇴직금전환금)	⑩한도액 (⑨-⑧)
	40,000,000	–	5,000,000	30,000,000	5,000,000	45,000,000	40,000,000
한도초과액 계 산	⑪한 도 액 (③과 ⑩중 적은 금액)		⑫ 회사계상액		⑬ 한도초과액 (⑫-⑪)	
	11,750,000		25,000,000		13,250,000	

① 한도초과액 없음
② 13,250,000 원
③ 15,000,000 원
④ 20,000,000 원

해답

[1] ③ 총급여액이 235,000,000원이 아니라 200,000,000원이 된다면 ③과 ⑪의 한도액은 11,750,000원에 10,000,000원으로 변경된다. ⑫에서 회사가 25,000,000원을 계상했으므로 한도초과액은 15,000,000원이 된다.

28.3 퇴직연금

퇴직급여충당금 조정명세서에서 퇴직금은 내부적립과 외부적립이 있다고 하였다. 퇴직금 추계액을 내부적립 하는 경우는 퇴직급여충당금 조정명세서를 작성하고, 퇴직금 추계액을 외부적립하는 경우는 퇴직연금부담금 조정명세서를 작성한다. 퇴직연금 등은 납입액을 손금에 산입하고, 해지시에는 해약한 금액을 해약한 사업연도의 익금으로 산입한다.

퇴직연금의 손금산입 한도액은 다음과 같다.

> 둘 중 적은 금액
> ① 당기에 납입한 퇴직연금
> ② 퇴직급추계액 - 퇴직연금운용자산 잔액

퇴직연금은 퇴직급여충당금과는 달리 회사에서 장부상 비용으로 반영하지 않았더라도 신고조정에 의하여 손금으로 산입하여야 한다. 한편 퇴직금을 퇴직연금으로 지급하면 익금산입 및 손금불산입 된다.

(1) 퇴직연금운용자산 5,000,000원을 현금 납부

회사	세법

(차) 퇴직연금운용자산 5,000,000
          (대) 현금   5,000,000
	(차) 손금 5,000,000
	          (대) 현금 5,000,000

〈손금산입〉 퇴직연금   5,000,000원 유보(발생)

(2) 퇴직금 5,000,000원을 퇴직연금운용자산에서 지급

회사	세법

(차) 퇴직급여(또는 퇴.충)   5,000,000
          (대) 퇴직연금운용자산   5,000,000
	(차) 퇴직급여(또는 퇴.충) 5,000,000
	          (대) 손금 5,000,000

〈손금불산입〉 퇴직연금   5,000,000원 유보(감소)

[예제] 회사의 전 임직원이 퇴사할 때 지급하여야 할 퇴직금 추계액은 100,000,000원이고, 전기이월된 퇴직연금운용자산 40,000,000원이며 이 중에서 10,000,000원은 당기에 지급하였다. 퇴직연금등으로 손금산입할 수 있는 한도는 얼마인가?

해설

퇴직금추계액	100,000,000원
퇴직연금운용자산 잔액 30,000,000원	손금산입 한도액 70,000,000원

만일 당기에 기업이 확정급여형 퇴직연금을 70,000,000원 이내로 납입하는 경우에는 전액 손금산입 하며, 70,000,000원을 초과하여 퇴직연금을 납입하고 손금산입 하였다면 그 초과액은 손금인정되지 않는다. (80,000,000원의 퇴직연금을 납입하고 손금산입 했다면 10,000,000원은 인정되지 않음). 확정기여형의 경우에는 회사도 비용처리하고, 세법에서도 손금인정되므로 세무조정이 발생하지 않는다.

┌───┐
[예제 28-3]

[1] 다음 중 퇴직급여충당금과 퇴직연금에 관한 설명으로 가장 올바르지 않은 것은?

① 기업회계(일반기업회계기준)에서는 결산일 현재의 퇴직급여추계액 전액을 퇴직급여충당금으로 설정하는데 비하여, 법인세법에서는 퇴직급여충당금의 손금산입에 일정한 한도를 설정하고 있다.

② 퇴직급여충당금을 손금에 산입하기 위해서는 반드시 법인의 장부에 손금으로 계상하여야 하며, 신고조정에 의하여는 손금에 산입할 수 없다.

③ 임원 또는 사용인이 현실적으로 퇴직함으로써 법인이 사용인 등에게 퇴직금을 지급할 때에는 이미 손금으로 계상된 퇴직급여충당금이 있으면 그 퇴직급여충당금에서 먼저 지급하여야 한다.

④ 확정기여형 퇴직연금의 경우에는 종전의 퇴직보험과 동일하게 처리하나, 확정급여형 퇴직연금의 경우에는 법인이 부담한 기여금을 전액 손금에 산입한다.
└───┘

해답

[1] ④ 세법상 한도액까지만 손금처리 가능하다.

제29장

대손금과 대손충당금, 준비금

29.1 대손금과 대손충당금

대손충당금과 대손금은 서로 다른 개념이다. 대손충당금과 대손금의 정의는 다음과 같다.

① 대손충당금 : 채권의 회수불가능에 대비한 금액

② 대손금 : 실제로 회수가 불가능하게 된 채권금액(대손 발생금액)

(1) 법인세법상 대손금 요건

1) 신고조정사항에 해당하는 대손사유 (법령 제19조의 2 ①)

다음의 사유인 경우에는 회사가 결산서에 대손처리하지 않았더라도 강제적으로 손금산입하여야 한다.

① 「상법」에 의한 소멸시효가 완성된 외상매출금 및 미수금

② 「어음법」에 의한 소멸시효가 완성된 어음

③ 「수표법」에 의한 소멸시효가 완성된 수표

④ 「민법」에 의한 소멸시효가 완성된 대여금 및 선급금

⑤ 「채무자 회생 및 파산에 관한 법률」에 의한 회생계획인가의 결정 또는 법원의 면책결정에 따라 회수불능으로 확정된 채권

⑥ 「민사집행법」 제102조의 규정에 의하여 채무자의 재산에 대한 경매가 취소된 압류채권

⑦ 물품의 수출 또는 외국에서의 용역제공으로 인하여 발생한 채권으로서 외국환거래에 관한 법령에 의하여 한국은행총재 또는 외국환은행의 장으로부터 채권회수의무를 면제받은 것

2) 결산조정사유에 해당하는 대손사유

다음의 경우에는 법인이 결산서에 대손처리를 한 경우에만 손금으로 인정이 되는 경우이다. 이 경우에는 결산서에 반영하지 않았다면 강제로 손금산입 할 수 없다.

① 채무자의 파산, 강제집행, 형의 집행, 사업의 폐지, 사망, 실종, 행방불명으로 인하여 회수할 수 없는 채권

② 부도발생일부터 6월이상 경과한 수표 또는 어음상의 채권 및 외상매출금(중소기업의 외상매출금으로서 부도발생일이전의 것에 한한다. – 채권자가 중소기업). 다만, 당해 법인이 채무자의 재산에 대하여 저당권을 설정하고 있는 경우를 제외한다.

　※ 주의 : 단, 부도 6월경과로 인한 경우에는 1,000원을 비망가액으로 남겨야 한다.

③ 「국세징수법」 제86조제1항의 규정에 의하여 납세지 관할세무서장으로부터 국세결손처분을 받은 채무자에 대한 채권(저당권이 설정되어 있는 채권을 제외한다)

④ 회수기일을 6월이상 경과한 채권중 회수비용이 당해 채권가액을 초과하여 회수실익이 없다고 인정되는 30만원 이하(채무자별 채권가액의 합계액을 기준으로 한다)의 채권

⑤ 중소기업의 외상매출금, 미수금으로서 회수기일로부터 2년이 경과한 채권(단, 특수관계인과 거래분은 제외한다)

(2) 기말 대손충당금 설정대상 제외채권

다음의 경우에는 기말 대손충당금 설정대상 채권에서 제외한다.

－ 채무보증으로 인하여 발생하는 구상채권 (법법19조의 2 ②항 1호)

－ 특수관계인(대여시점 기준)에 대한 업무무관 가지급금 (법법19조의 2 ②항 2호)

－ 할인어음 및 배서양도어음 (법법28조①)

－ 신고조정에 의하여 대손처리하여야 하는 채권

(3) 기말 대손충당금 한도액의 계산 (법령 61조)

① 세법상 기말 대손충당금은 다음과 같은 공식으로 구할 수 있다.

> 기말 대손충당금 설정대상채권 × (1/100 과 대손실적률 중 큰 금액)

② 대손실적률의 계산

법령 61조에서는 다음과 같이 대손실적률을 계산하도록 하고 있다.

$$\frac{당해\ 사업연도의\ 대손금}{직전\ 사업연도\ 종료일\ 현재의\ 채권가액}$$

이것을 풀어쓰면 다음과 같이 표현할 수도 있다.

$$\frac{당기\ 세법상\ 대손금액}{기초의\ 세법상\ 채권금액}$$

＊ 일반적인 손금한도액과는 달리 대손충당금의 경우에는 둘 중 큰 금액을 인정하는것에 주의한다.

[예제 29-1]

[1] 다음 중 법인세법상 대손처리 할 수 있는 채권으로 가장 옳은 것은?

① 특수관계인에 대한 업무무관가지급금
② 보증채무의 대위변제로 인한 구상채권
③ 물품의 수출로 인하여 발생한 채권
④ 대손세액공제를 받은 부가가치세 매출세액 미수금

[2] 다음은 대손금과 대손충당금에 관한 실무담당자들의 대화이다. 가장 옳은 설명은 무엇인가?

> ㄱ. '특수관계자에 대한 업무무관가지급금'에서 발생하는 대손금은 법인세법상 손금으로 인정되지 않으므로 세무조정 시 참고하여야 합니다.
> ㄴ. 법인세법상 대손충당금은 대손실적률과 무관하게 설정대상 채권가액의 1 % 만 설정할 수 있습니다.
> ㄷ. 대손충당금 설정대상채권에는 매출채권뿐만 아니라 대여금, 미수금 등도 포함됩니다.

① ㄱ
② ㄱ, ㄴ
③ ㄱ, ㄷ
④ ㄱ, ㄴ, ㄷ

[3] 다음은 제조업을 영위하는 중소기업인 ㈜삼일의 법인세 절세전략에 대한 회의내용이다. 이 중에서 세법의 내용에 가장 적합하지 않은 주장을 하고 있는 사람은 누구인가?

> 김부장 : 이번에 우리 회사가 출시한 제품이 시장에서 반응이 좋아 당기순이익이 크게 증가할 것으로 예상됩니다. 하지만 이익이 늘어나는 만큼 법인세도 늘어나므로 이에 대한 적절한 대책이 필요하다고 생각됩니다.
> 정과장 : 퇴직급여충당금에 대하여 퇴직연금에 가입하는 것이 필요합니다. 퇴직연금에 가입하면 세무상 손금으로 산입할 수 있는 한도가 증가하여 법인세 부담을 줄일 수 있습니다.
> 이대리 : 회사의 당기 대손실적률이 0.5 % 일 것으로 예상되지만, 중소기업이므로 설정대상채권 장부가액의 2 % 까지 대손충당금을 손금산입할 수 있습니다.
> 한대리 : 생산성향상시설에 투자합시다. 그러면 투자금액의 일정률에 해당하는 세액공제를 받을 수 있습니다.
> 강주임 : 우리 회사는 제조업을 영위하는 중소기업이며 사업장이 충청도에 있으므로, 원칙적으로 중소기업특별세액감면의 적용대상입니다. 이에 대해서 심도있게 검토를 해야 한다고 생각합니다.
> 김부장 : 여러분의 의견을 잘 들었습니다. 앞으로 이를 고려하여 절세전략을 수립하겠습니다.

① 정과장
② 이대리
③ 한대리
④ 강주임

[1] ③ 나머지는 대손처리할 수 없다.
[2] ③ ㄴ에서 1%와 대손실적률 중 큰 금액으로 설정할 수 있다. 나머지는 옳은 설명이다.
[3] ② 중소기업에 대해 대손충당금 한도를 늘려주는 규정은 없다.

29.2 대손충당금 한도액의 계산

(1) 대손충당금 한도액의 계산구조

대손금 및 대손충당금 조정명세서는 세법상 인정되는 대손금과 대손충당금 보다 회사가 대손금 및 대손충당금을 과다하게 계상한 경우 이를 조정해 주는 세무서식이다. 회계학적으로 대손금과 대손충당금은 다음과 같이 발생한다.

대손충당금

대손금 (대손상각비)	기초 대손충당금
(보충액)	(회계상 금액)
기말 (기말채권 × max (1%, 대손실적률)	추가설정

① 대손충당금의 설정은 결산조정사항이다. 세법상 한도액 범위내에서 회사가 장부에 손비로 계상한 만큼 손금에 산입한다. (법법 34조 ①)
② 대손금이 발생한 경우 대손충당금과 먼저 상계하여야 한다. (법법 34조 ③)
③ 대손충당금 한도초과액에 대한 유보금액은 다음 연도에 자동으로 소멸한다.

(2) 대손실적률의 계산

① 세법상 기말 대손충당금은 다음과 같은 공식으로 구할 수 있다.

> 기말 대손충당금 설정대상채권 × (1/100 과 대손실적률 중 큰 금액)

② 대손실적률의 계산

법령 61조에서는 다음과 같이 대손실적률을 계산하도록 하고 있다.

$$\frac{당해\ 사업연도의\ 대손금}{직전\ 사업연도\ 종료일\ 현재의\ 채권가액}$$

이것을 풀어쓰면 다음과 같이 표현할 수도 있다.

$$\frac{당기\ 세법상\ 대손금액}{기초의\ 세법상\ 채권금액}$$

* 일반적인 손금한도액과는 달리 대손충당금의 경우에는 둘 중 큰 금액을 인정하는것에 주의한다.

[예제] 대손관련 회사와 세법상 비교 − (1), (2)와 (3), (4)가 연결되는 문제임

(1) 20x0년말 현재 외상매출금 잔액이 현재 100,000,000원이 있다. 회사는 결산일에 거래처의 부도3개월 경과로 인하여 2,000,000원을 대손처리하였다. 회사와 세법상 외상매출금 잔액은 각각 얼마인가?

(2) 20x1년 중에 앞의 (1)의 채권 전액이 거래처 파산으로 대손요건을 충족하여 대손처리하게 되었고, 추가로 1,000,000원의 외상매출금이 소멸시효경과로 대손처리하게 되었다. 대손실적률은 몇 %인가?

(3) 20x0년말 현재 외상매출금 잔액이 100,000,000원이 있다. 회사는 회수가 불가능하다고 판단되어 (세법상 대손사유가 아님) 2,000,000원을 대손처리하였다. 회사와 세법상 외상매출금 잔액은 각각 얼마인가?

(4) 20x1년 중에 앞의 (3)의 채권은 당해연도까지 대손요건을 충족하지 못하였고, 별도로 1,200,000원의 외상매출금이 소멸시효경과로 대손처리하게 되었다. 대손실적률은 몇 %인가?

해설 (1) 회사 : 98,000,000 원   세법 : 100,000,000 원

(2) 대손실적률 = $\dfrac{\text{세법상 대손금액 } 3,000,000원}{\text{세법상 기초채권 } 100,000,000원}$ = 3%

(3) 회사의 잔액 : 98,000,000 원, 세법상 잔액 : 100,000,000원

(4) 1,200,000원 / 100,000,000원 = 1.2%

[예제 29−2]

[1] 다음은 제조업을 영위하는 ㈜삼일의 제 10 기(2020 년 1 월 1 일 ~ 2020 년 12 월 31 일) 대손충당금 변동내역과 이와 관련된 자료이다. 대손충당금과 관련하여 ㈜삼일이 수행하여야 하는 세무조정으로 가장 옳은 것은?

대손충당금			
당기사용액 3,000,000원		기초잔액 4,000,000원	
기말잔액 2,000,000원		당기설정액 1,000,000원	

ㄱ. 전기말 대손충당금 한도초과액: 600,000 원
ㄴ. 세무상 기말 채권 잔액: 120,000,000 원(특수관계인에 대한 업무무관가지급금 20,000,000 원 포함)
ㄷ. 당기 대손실적률: 0.8 %
ㄹ. 대손충당금의 당기사용액은 대손발생금액으로 세법상 대손요건을 충족함

① (손금불산입) 1,000,000 원(유보), (손금산입) 600,000 원(△유보)

② (손금불산입) 1,200,000 원(유보), (손금산입) 600,000 원(△유보)

③ (손금불산입) 1,000,000 원(유보)

④ (손금불산입) 1,200,000 원(유보)

[2] 다음은 제조업을 영위하는 ㈜삼일의 제 10 기(2020 년 1 월 1 일 ～ 2020 년 12 월 31 일) 대손충당금 변동내역과 이와 관련된 자료이다. 대손충당금과 관련하여 ㈜삼일이 수행하여야 하는 세무조정으로 가장 옳은 것은?

<table>
<tr><td colspan="2" align="center">대손충당금</td></tr>
<tr><td align="center">당기사용액 3,000,000원</td><td align="center">기초잔액 4,000,000원</td></tr>
<tr><td align="center">기말잔액 2,000,000원</td><td align="center">당기설정액 1,000,000원</td></tr>
</table>

ㄱ. 전기말 대손충당금 한도초과액: 600,000 원

ㄴ. 세무상 기말 채권 잔액: 140,000,000 원(특수관계인에 대한 업무무관가지급금 40,000,000 원 포함)

ㄷ. 당기 대손실적률: 1.2%

ㄹ. 대손충당금의 당기사용액은 대손발생금액으로 세법상 대손요건을 충족함

① (손금불산입) 800,000 원(유보), (손금산입) 600,000 원(△유보)

② (손금불산입) 1,000,000 원(유보), (손금산입) 600,000 원(△유보)

③ (손금불산입) 800,000 원(유보)

④ (손금불산입) 1,000,000 원(유보)

해답

[1] ① 전기 대손충당금한도초과액은 당기에 소멸한다.

기말 대손충당금 한도액 100,000,000 × 1% = 1,000,000원인데, 회사는 기말 대손충당금이 2,000,000원이 될 때까지 설정했으므로 한도초과액 1,000,000원이 된다.

[2] ① 전기 대손충당금한도초과액은 당기에 소멸한다.

기말 대손충당금 한도액 100,000,000 × 1.2% = 1,200,000원인데, 회사는 기말 대손충당금이 2,000,000원이 될 때까지 설정했으므로 한도초과액 800,000원이 된다.

29.3 준비금

법인세법상 준비금	조세특례제한법상 준비금
① 비영리법인의 고유목적사업준비금(법법29)	① 손실보전준비금
② 보험사의 책임준비금 (법법 30)	(금융기관 관련)
③ 보험사의 비상위험준비금 (법법 30)	

[예제 29-3]

[1] 다음 중 준비금에 관한 설명으로 가장 올바르지 않은 것은?

① 비영리내국법인은 법인세법에 따라 고유목적사업준비금을 손금에 산입할 수 있다.

② 준비금은 법인세법에서만 규정하고 있고, 조세특례제한법에서 규정하는 준비금은 현재 없다.

③ 보험업을 영위하는 법인은 책임준비금을 손금에 산입할 수 있다.

④ 전입한 준비금은 일정기간이 경과한 후에 다시 익금산입하여야 한다.

[2] 다음 중 법인세법상 손금으로 인정되는 준비금이 아닌 것은?

① 책임준비금   ② 비상위험준비금
③ 고유목적사업준비금   ④ 사업손실준비금

[3] 다음 중 준비금 및 충당금에 관한 설명으로 가장 올바르지 않은 것은?

① 조세특례제한법상 준비금은 설정대상법인에 대해 별다른 제한이 없다.

② 비영리내국법인의 고유목적사업준비금은 법인세법에 근거하고 있다.

③ 준비금은 손금에 산입한 후 환입하거나 비용과 상계하기 때문에 손금에 산입하는 사업연도에는 조세부담을 경감시키고 환입하거나 상계하는 연도에 조세부담을 증가시키게 된다.

④ 수선충당금은 법인세법에서는 손금으로 인정되는 충당금으로 열거되어 있지 않기 때문에 손금으로 인정되지 않는다.

해답

[1] ② 조세특례제한법에서도 손실제한준비금이 있다.
[2] ④ 사업손실준비금은 조세특례제한법상 준비금이다.
[3] ① 금융기관에 한정한다.

과세표준과 세액의 계산, 신고와 납부

30.1 자본금과 적립금조정명세서

(1) 자본금과 적립금조정명세서(을)

자본금과적립금조정명세서(을)은 회사의 소득처분 중 유보로 처분한 내용만 관리하는 서식이다. 전기말의 유보잔액은 당기 기초의 유보잔액으로 이월되며, 이월된 유보잔액이 언제 추인되는지가 자본금과적립금조정명세서의 핵심내용이 된다.

①과목 또는 사항	②기초잔액	당 기 중 증 감		⑤기말잔액 (익기초현재)
		③감　소	④증　가	

① 과목 또는 사항 : 유보로 소득처분하게 된 사유를 기록한다.

② 기초잔액 : 전기말 유보금액을 기록한다.

③ 당기감소 : 기초 유보잔액이 당기에 감소하는 경우에 기록한다. 참고로 대손충당금한도초과액과 재고자산평가감은 자동으로 유보가 추인된다.

④ 당기증가 : 당기에 유보가 증가한 금액을 기록한다.

⑤ 기말잔액 : 기말 현재 유보금액을 기록한다.

> **예시**
>
> **[예시]** 전기에 재고자산평가감으로 1,000,000원을 손금불산입 하였고, 당기말에 재고자산평가감이 2,000,000원인 경우에 소득금액조정합계표와 자본금과적립금조정명세서(을)는?

해설 * 소득금액조정합계표

익금산입 및 손금불산입				손금산입 및 익금불산입				
①과목	②금액		③소득처분 처분	④과목	⑤금액			⑥ 소득처분 처분
재고자산평가	2	000 000	유보(발생)	전기재고자산	1	000	000	유보(감소)

* 자본금과적립금조정명세서 (을)

①과목 또는 사항	②기초잔액	당 기 중 증 감		⑤기말잔액 (익기초현재)
		③감 소	④증 가	
재고자산평가감	1,000,000	1,000,000	2,000,000	2,000,000

(2) 자본금과적립금조정명세서(갑)

자본금과적립금조정명세서(갑)은 세법상 자본을 계산하는 서식이다. 세법상 자본은 다음과 같은 원리에 의하여 계산된다.

> 회사의 자본 + 익금산입(유보) - 손금산입(유보) - 손익미계상법인세 = 세법상 자본

[예제 30-1]

[1] 다음은 ㈜삼일의 대손충당금과 관련된 자료이다. 이 자료를 이용하여 대손충당금에 대한 세무조정 결과를 '자본금과 적립금조정명세서(을)'에 기입하고자 할 때, 빈칸에 들어갈 금액으로 올바르게 짝지어진 것은?

〈자료 1〉

> ㄱ. 결산서상 대손충당금 내역
>   기초 대손충당금 잔액 25,000,000 원
>   당기 대손 처리액 5,000,000 원(소멸시효 완성 채권)
>   당기 추가 설정액 3,000,000 원
> ㄴ. 전기 대손충당금 부인액 10,000,000 원
> ㄷ. 세법상 대손충당금 설정대상 채권금액 500,000,000 원
> ㄹ. 당기 대손실적률은 2 % 임

〈자료 2〉 자본금과적립금 조정명세서(을)

①과목 또는 사항	②기초잔액	당 기 중 증 감		⑤기말잔액 (익기초현재)
		③감 소	④증 가	
대손충당금한도초과액	10,000,000	(㉠)	x x x	(㉡)

	(㉠)	(㉡)		(㉠)	(㉡)
①	10,000,000	13,000,000	②	10,000,000	23,000,000
③	10,000,000	18,000,000	④	0	23,000,000

해설

[1] ①

대손충당금한도초과액은 기초잔액과 동일한 금액을 감소란에 기록한다. 당기 대손충당금 한도액은 500,000,000 원 × 2% = 10,000,000원이다. 당기에 13,000,000원 손금불산입이 된다.

대손충당금	
대손 5,000,000	기초 25,000,000
기말 (세법) 10,000,000, (회사) 23,000,000	세법 : 10,000,000원 환입 회사 3,000,000원 추가설정

30.2 법인세의 계산구조

(1) 계산구조

① 결산서상 당기순이익 + 익금산입 − 손금산입 = 차가감소득금액

② 차가감 소득금액 + 기부금한도초과액 − 기부금한도초과이월액 손금산입 = 각사업연도소득금액

③ 각사업연도소득금액 − 이월결손금* − 비과세소득 − 소득공제 = 과세표준

* 중소기업은 각사업연도소득금액의 100%, 그 외 기업은 각사업연도소득금액의 80%

* 결손금은 발생연도 종료일로부터 15년(2020년 1월 1일 전에 개시하는 과세연도에 발생한 결손금 10년)이내에 먼저 발생한 과세기간의 이월결손금부터 순차로 공제한다.

(2) 가산세 : 법인세법상 가산세 중에서 대표적인 것들은 다음의 것들이 있다.

① 지출증명서류 가산세 (법법 제75조의 5)

1회 3만원을 초과하면서 법적증명서류가 아닌 기타자료를 갖춘 경비(접대비는 제외)에 대해서 적용한다. 접대비는 1회 3만원을 초과하면서 법적증명서류가 아닌 기타자료를 수취하면 손금불산입 되며 접대비를 제외한 기타 경비는 3만원 초과분에 대해서 손금인정은 하되 가산세가 부과된다.

법적 증명서류에는 다음의 사항들이 있다.

a. 세금계산서, 계산서

b. 신용카드, 현금영수증 (일반경비는 임직원 신용카드도 가능하나 접대비는 법인신용카드만 인정)

c. 인건비 성격은 원천징수영수증

d. (간이과세자 일부업종과의 거래중에서) 송금명세서 제출거래

> **[참고] 법적증빙 수취의무가 면제되는 경우**
>
> **(1) 법인세법 시행령 제158조 2항 규정**
>
> ① 공급받은 재화 또는 용역의 건당 거래금액이 부가세포함 3만원 이하인 경우
>
> ② 농어민(법인 제외)으로부터 재화 또는 용역을 직접 공급받는 경우
>
> ③ 원천징수대상 사업소득자로부터 용역을 공급받은 경우
>
> **(2) 법인세법 시행규칙 제79조 규정 일부**
>
> ① 사업의 양도로 인한 경우
>
> ② 국외에서 재화나 용역을 공급받는 경우(세관장이 세금계산서나 계산서 교부하는 경우 제외)
>
> ③ 공매, 경매 또는 수용에 의하여 재화를 공급받는 경우
>
> ④ 택시운송용역, 항공기항행용역을 제공받은 경우

② 과소신고, 초과환급신고 불성실가산세

적용요건	법인세 신고시 납부할 세액을 과소하게 신고한 경우
가산세	추가납부세액 또는 초과환급세액의 10%* * 단, 부당 과소신고에 해당하는 경우에는 40%와 수입금액의 0.14% 중 큰 금액의 가산세를 적용 ** 6개월 이내 수정신고시 50%만큼 가산세 감면 　　1년 이내 20%, 2년 이내 10% 가산세 감면

③ 납부(환급)지연 가산세

> 미납부, 미달납부세액×미달납부세액×미납기간일수×2.2/10,000

* 납부기한의 다음 날부터 자진납부일 또는 고지일까지의 기간을 말한다.

[예제 30-2]

[1] 다음 자료에 의할 경우 ㈜삼일의 제 17 기(20x1년 1월 1일 ~ 20x1년 12월 31일) 각 사업연도소득 금액은 얼마인가?

1. 제17기 손익계산서

<table>
<tr><td colspan="3" align="center">손익계산서</td></tr>
<tr><td>㈜삼일</td><td align="center">20x1년 1월 1일 ~ 20x1년 12월 31일</td><td align="right">(단위 : 원)</td></tr>
<tr><td colspan="2">매 출 액</td><td align="right">850,000,000</td></tr>
<tr><td colspan="2">매 출 원 가</td><td align="right">550,000,000</td></tr>
<tr><td colspan="2">(중 략)</td><td align="right">…</td></tr>
<tr><td colspan="2">급 여</td><td align="right">95,000,000</td></tr>
<tr><td colspan="2">세 금 과 공 과</td><td align="right">7,000,000</td></tr>
<tr><td colspan="2">이 자 비 용</td><td align="right">15,000,000</td></tr>
<tr><td colspan="2">(중 략)</td><td align="right">…</td></tr>
<tr><td colspan="2">법인세비용차감전순이익</td><td align="right">110,000,000</td></tr>
</table>

2. 세무조정 관련 추가정보

가. 매출액에는 제 17 기 거래인 매출액 10,000,000 원과 매출원가 8,000,000 원이 누락되어 있으며, 세법상 매출액이 아닌 금액 5,000,000 원이 포함되어 있다.

나. 급여에는 세법상 임원상여금 한도초과액이 15,000,000 원이 포함되어 있다.

다. 세금과공과에는 세법상 손금불산입되는 2,000,000 원이 포함되어 있다.

라. 이자비용에는 세법상 손금불산입되는 5,000,000 원이 포함되어 있다.

① 19,000,000 원   ② 24,000,000 원

③ 129,000,000 원   ④ 134,000,000 원

[2] 다음의 자료를 이용하여 ㈜삼일의 과세표준 금액을 계산하면 얼마인가?

ㄱ. 당기순이익 : 250,000,000 원

ㄴ. 소득금액조정합계표상 금액
 - 익금산입 · 손금불산입 : 100,000,000 원
 - 손금산입 · 익금불산입 : 70,000,000 원

ㄷ. 지정기부금 한도초과액 : 10,000,000 원

ㄹ. 비과세소득 : 3,000,000 원

ㅁ. 소득공제 : 2,000,000 원

① 280,000,000 원   ② 285,000,000 원

③ 290,000,000 원   ④ 295,000,000 원

[3] 다음 중 법인세법상 이월결손금에 관한 설명으로 가장 올바르지 않은 것은?

① 과세표준 계산시 미공제된 이월결손금은 발생연도와 금액에 상관없이 모두 공제 가능하다.

② 손익계산서상 당기순손실과 법인세법상 결손금이 항상 일치하는 것은 아니다.

③ 각사업연도소득금액에서 세법상 공제 가능한 이월결손금을 공제한 금액을 초과하는 비과세소득은 다음 사업연도로 이월되지 않고 소멸한다.

④ 각 사업연도의 익금총액보다 손금총액이 큰 경우 동 차액을 결손금이라 하며, 동 결손금이 다음 사업연도로 이월되는 경우 이를 법인세법상 이월결손금이라 한다.

[4] 세법이 규정하는 의무를 위반한 경우 국세기본법 또는 개별 세법에서 정하는 바에 따라 가산세를 적용하고 있다. 다음 중 가산세와 관련하여 가장 잘못된 주장을 하고 있는 사람은 누구인가?

> 최과장 : 납세의무자가 법정 신고기한 내에 세법에 따른 과세표준신고서를 제출하지 아니한 경우에는 무신고가산세가 적용됩니다.
>
> 문과장 : 납세자가 법정신고기한 내에 신고한 과세표준이 세법에 신고하여야 할 과세표준에 미달한 경우에는 과소신고가산세가 적용됩니다.
>
> 홍대리 : 원천징수한 세액을 납부기한이 경과하여 납부하거나 납부하지 아니한 경우 원천징수불성실가산세가 적용됩니다.
>
> 허대리 : 납세자가 세법에 따른 납부기한 내에 국세를 납부하지 아니하거나 납부한 세액이 납부하여야 할 세액에 미달한 경우에 납부불성실가산세가 적용되나, 납세자가 환급받은 세액이 세법에 따라 환급받아야 할 세액을 초과하는 경우에는 별도의 가산세가 적용되지 않습니다.

① 최과장   ② 문과장

③ 홍대리   ④ 허대리

해답

[1] ③

110,000,000 + 10,000,000 - 8,000,000 - 5,000,000 + 15,000,000 + 2,000,000 + 5,000,000 = 129,000,000원

[2] ②

250,000,000 + 100,000,000 - 70,000,000 + 10,000,000 - 3,000,000 - 2,000,000

[3] ① 이월결손금 공제가능기한이 있다.

[4] ④ 초과환급에 대해서도 가산세가 부과된다.

30.3 법인세 신고와 납부

(1) 일반적인 과세기간과 신고납부기한 : 사업연도가 1월 1일 ~ 12월 31일로 가정

① 법인세의 신고납부 : 3월말까지 (단, 성실신고 확인사업자는 4월말까지)

② 외부감사대상 법인이 감사가 종결되지 아니하였다는 이유로 신고기한의 연장을 신청한 경우에는 1개월까지 신고기한 연장이 가능하다.

③ 중간예납 : 8월 말까지

④ 각사업연도소득금액이 없거나 결손금이 있는 경우에도 법인세 신고기간 내에 과세표준과 세액을 신고하여야 한다.

(2) 분납

① 납부할 세액이 1,000만원 초과하는 경우 분납가능 (중간예납도 분납가능)

　– 납부할 세액이 2,000만원 이하 : 1,000만원 초과하는 금액

　– 납부할 세액이 2,000만원 초과 : 50% 이하 금액

② 중간예납기간 : 납부기한이 지난날로부터 1개월 이내 (중소기업은 2개월 이내)

참고 신고기한 연장 사유 – 국세기본법 5조, 6조

① 토요일, 일요일, 공휴일, 대체공휴일, 근로자의 날, 장애로 인한 전자신고납부 불가

② 천재지변 + 납세자가 기한연장 신청

---

(3) 소규모법인 등에 대한 성실신고 확인제도

① 대상 : 다음의 요건을 모두 충족

　– 상시 근로자 수가 5인 미만

　– 지배주주 및 특수관계자 지분합계가 전체의 50% 초과

　– 부동산임대업 법인 또는 이자, 배당, 부동산임대소득이 수입금액의 50% 이상

② 특례

　– 1개월 법인세 신고기한 연장

　– 세무사 등이 작성한 성실신고확인서를 제출하여야 하며, 성실신고확인비용세액공제 (확인비용의 60%, 150만원 한도)를 적용받음

(4) 법인세 신고시 제출서류

(1) 기업회계기준을 준용하여 작성한 개별 내국법인의 재무상태표, 포괄손익계산서 (2) 기업회계기준을 준용하여 작성한 이익잉여금처분(결손금처리)계산서 (3) 세무조정계산서	미제출시 법인세 무신고로 간주함
(4) 기타 부속서류 및 현금흐름표, 표시통화재무제표·원화재무제표 (5) 피합병법인 등의 재무상태표, 합병·분할로 승계한 자산·부채 명세서	해당되는 경우 제출

[예제 30-3]

[1] 다음 중 법인세의 신고와 납부에 관한 설명으로 가장 올바르지 않은 것은?

① 납부할 세액이 1 천만원을 초과하는 경우 납부기한이 경과한 날부터 1 개월(중소기업은 2 개월)이내에 분납할 수 있다.

② 외부감사대상 법인이 감사가 종결되지 아니하였다는 사유로 신고기한의 연장을 신청한 경우 2 개월까지 신고기한을 연장할 수 있다.

③ 외부감사 대상 법인이 전자신고를 통해 법인세 과세표준을 신고한 경우에는 과세표준 및 세액신고서를 대표자가 서명날인하여 5 년간 보관하여야 한다.

④ 각 사업연도 소득금액이 없거나 결손금이 있는 경우에도 법인세 신고를 하여야 한다.

[2] 다음 중 사업연도가 1 월 1 일 ~ 12 월 31 일인 법인(중소기업 아님)의 20x1년 사업연도에 대한 법인세 관련 신고·납부기한을 표시한 것으로 가장 올바르지 않은 것은(단, 아래의 날짜는 공휴일 또는 토요일이 아닌 것으로 가정함)?

	구분	신고, 납부기한
①	중간예납신고	20x1년 8월 31일
②	과세표준 확정신고	20x2년 3월 31일
③	법인세 분납	20x2년 5월 31일
④	성실신고확인서 제출대상인 경우의 과세표준 확정신고	20x2년 4월 30일

[3] 다음 중 법인세법의 신고와 납부에 관한 설명으로 가장 올바르지 않은 것은?

① 법인세 납세의무가 있는 내국법인은 각 사업연도 종료일이 속하는 달의 말일로부터 3 개월(내국법인이 성실신고확인서를 제출하는 경우에는 4 개월)이내에 법인세 과세표준과 세액을 신고하여야 한다.

② 각 사업연도의 기간이 6 개월을 초과하는 법인은 사업연도 개시일부터 6 개월을 중간예납기간으로 하여 중간예납기간이 경과한 날로부터 2 개월 이내에 그 기간에 대한 법인세를 신고 납부하여야 한다.

③ 납부할 세액이 1 천만 원을 초과하는 경우 납부기한이 경과한 날로부터 1 개월(중소기업은 2 개월) 내에 분납할 수 있다.

④ 각 사업연도 소득금액이 없거나 결손금이 있는 경우 법인세 신고를 하지 않을 수 있다.

[4] 다음 중 법인세 과세표준 신고시 첨부하지 않으면 무신고로 보는 서류로 가장 올바르지 않은 것은 (단, 상장법인을 가정한다)?

① 개별법인의 재무상태표   ② 개별법인의 포괄손익계산서

③ 개별법인의 제조원가명세서   ④ 이익잉여금처분계산서

[5] 다음 중 법인세 신고 · 납부에 관한 설명으로 가장 올바르지 않은 것은?

① 법인세 납세의무가 있는 내국법인은 각 사업연도 종료일이 속하는 달의 말일부터 3 개월 이내에 법인세 과세표준과 세액을 신고하여야 한다.

② 법인세 과세표준 신고 시 개별 내국법인의 재무상태표, 포괄손익계산서 등의 첨부서류는 제출하지 않아도 된다.

③ 각 사업연도소득금액이 없거나 결손금이 있는 경우에도 법인세 신고기간 내에 과세표준과 세액을 신고하여야 한다.

④ 법인세는 신고기한 내에 납부하여야 하나 납부할 세액이 일정 금액을 초과할 경우 분납할 수 있다.

해답

[1] ② 2개월이 아니라 1개월 연장 가능하다.
[2] ③ 중소기업은 2개월 이내 분납가능하나 중소기업이 아닌 경우에는 1개월 이내 분납 가능하다.
[3] ④ 결손금이 발생하여도 과세표준 신고는 하여야 한다.
[4] ③ 제조업이 아닌 기업은 제조원가명세서가 나오지 않으므로 필수 제출서류는 아니다.
[5] ② 재무상태표, 포괄손익계산서는 필수제출사항이다.

재경관리사 조세총론, 국세기본법 출제경향 2019년~2020년

내용	교재	2019년						2020년				
		1월	3월	5월	7월	9월	11월	1월	5월	7월	9월	11월
조세법률주의	341			41								41
조세의 분류	341		41		41	41						
기간과 기한	342					42						
서류의 송달	342			43	42				42			
특수관계인	343					44				42		42
국세부과의 원칙	343	41			45	43	41	41	41 43 44	41	41 42	43
세법적용의 원칙	344	44	42					42			43	
수정신고와 경정청구	345		43	44		45	42 44	43	45		44	
기한후신고	345	42					45			44		44
국세기본법 가산세	345	43	44	42			43	44		43		
납세자 권리구제	346									45	45	45
소멸시효 중단과 정지	346			45	44							

조세총론과 국세기본법의 체계는 다음과 같다.

조세총론	조세의 개념과 분류	조세의 개념 : 과세주체, 과세목적, 과세근거, 반대급부 * 과세요건 : 납세의무자, 과세대상, 과세표준, 세율
		조세의 분류 : 국세 vs 지방세, 보통세 vs 목적세 　　　　　직접세 vs 간접세, 독립세 vs 부가세 　　　　　종가세 vs 종량세, 인세 vs 물세
	조세법의 기본원칙	조세법률주의 : 과세요건 법정주의 과세요건 명확주의, 합법성의 원칙
		조세평등주의 - 수평적 공평 : 동일 경제력, 동일 조세 　　　　　　　 - 수직적 공평 : 경제력 큰 납세자가 더 부담
국세기본법	총설	① 기간과 기한, ② 서류의 송달, ③ 특수관계인
	국세부과의 원칙	실질과세의 원칙
		신의성실의 원칙
		근거과세의 원칙
		조세감면의 사후관리
	세법적용의 원칙	납세자 재산권의 부당한 침해금지
		소급과세의 금지
		세무공무원의 재량의 한계
		기업회계의 존중
	과세요건	납세의무자, 과세물건(소득, 소비, 재산), 과세표준, 세율
	과세와 환급	관할관청 (세무서장) : 국세와 관련된 사무를 관장
		기한후 신고
		수정신고 : 이미 신고한 신고내용을 정정하여 신고
		경정청구 : 과다신고된 경우 결정 또는 경정하도록 함
		가산세의 부과 : 무신고가산세, 과소신고,초과환급가산세, 납 　　　　　　　부지연가산세
		국세의 환급 : 국세환급금과 국세환급가산금
		납세자 권리구제 : 불복 (이의신청 → 심사청구 → 심판청구)

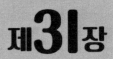

조세총론과 국세기본법 총칙

제**31**장

31.1 조세총론

(1) 조세의 개념

① 과세주체 : 국가 및 지방자치단체

② 과세목적 : 재정수입 조달

③ 과세근거 : 법률에 규정된 과세요건 (납세의무자, 과세대상, 과세표준, 세율)

④ 반대급부여부 : 직접적인 반대급부 없이 부과

(2) 조세의 분류

과세주체 (과세권자)	① 국세 : 국가가 부과
	② 지방세 : 지방자치단체가 부과
사용목적 확정여부	① 보통세 : 조세의 사용용도가 정해지지 않음
	② 목적세 : 조세의 사용용도가 정해짐
조세부담의 전가여부	① 직접세 : 납세의무자와 담세자가 일치
	② 간접세 : 납세의무자와 담세자가 일치하지 않음
독립된 세원유무	① 독립세 : 독립된 세원에 대하여 부과
	② 부가세 : 다른 조세에 부과 (예 : 교육세, 농어촌특별세)
과세표준 계산단위	① 종가세 : 과세표준을 금액으로 표시
	② 종량세 : 과세표준을 수량으로 표시
인적사항 고려여부	① 인세 : 납세의무자의 인적사항을 고려(예시 : 법인세, 소득세 등)
	② 물세 : 납세의무자의 인적사항을 고려하지 않음(예시 : 부가가치세 등)

(3) 조세법률주의

① 의의 : 국가는 법률의 근거에 의해서만 조세를 부과, 징수할 수 있으며, 국민은 법률에 의해서만 납세의무를 진다.

② 과세요건 법정주의 : 조세의 과세요건과 부과, 징수절차는 모두 법률로 규정되어야 한다.

과세요건 명확주의 : 과세요건과 부과, 징수절차 규정은 내용이 명확해야 한다.

합법성의 원칙 : 법에 따라 조세를 징수하여야 하며 임의로 감면할 수 없다.

(4) 조세평등주의

① 의의 : 국민에게 조세의 부담이 공평하게 배분되도록 세법을 제정해야 한다.

② 수평적 공평 : 동일한 경제력을 가진 납세자는 동일한 조세를 부담하여야 한다는 원칙

수직적 공평 : 경제력이 큰 납세자가 경제력이 작은 납세자보다 더 많은 조세를 부담하여야 한다. (실질과세 원칙, 초과누진세율)

[예제 31-1]

[1] 다음 중 조세법의 기본원칙에 관한 설명으로 가장 올바르지 않은 것은?

① 조세평등주의란 조세법의 입법과 조세의 부과 및 징수과정에서 모든 납세의무자는 평등하게 취급되어야 한다는 원칙을 말한다.

② 신의성실의 원칙이란 납세자가 그 의무를 이행하거나 세무공무원이 그 직무를 수행함에 있어서 신의에 따라 성실히 하여야 한다는 원칙을 말한다.

③ 조세법률주의에 따르면 법률에 의하지 않고 조세당국이 조세를 부과·징수하는 경우에도 국민은 조세를 납부할 의무가 있다.

④ 조세평등주의에 바탕을 둔 규정으로는 실질과세의 원칙을 그 예로 들 수 있다.

[2] 다음 중 조세법의 기본원칙에 관한 설명으로 가장 올바르지 않은 것은?

① 조세평등주의란 조세법의 입법과 조세의 부과 및 징수과정에서 모든 납세의무자는 평등하게 취급되어야 한다는 원칙을 말한다.

② 국세기본법에서 규정하고 있는 실질과세의 원칙에 반하는 규정을 다른 세법에서 규정하고 있는 경우 국세기본법에서 규정하고 있는 실질과세의 원칙을 우선하여 적용한다.

③ 신의성실의 원칙이란 납세자가 그 의무를 이행하거나 세무공무원이 그 직무를 수행함에 있어서 신의에 따라 성실히 하여야 한다는 원칙을 말한다.

④ 납세의무자가 세법에 따라 장부를 갖추어 기록하고 있는 경우에는 해당 국세 과세표준의 조사와 결정은 그 장부와 이에 관계되는 증거자료에 의하여야 한다.

해답

[1] ③

[2] ②

31.2 우리나라의 조세체계

내국세	국세	직접세	소득세, 법인세, 상속세, 증여세, 종합부동산세
		간접세	부가가치세, 개별소비세, 주세, 교통.에너지.환경세, 인지세, 증권거래세
		부가세	교육세, 농어촌특별세
	지방세	보통세	취득세, 등록면허세, 레저세, 지방소비세, 자동차세, 담배소비세, 주민세, 재산세, 지방소득세
		목적세	지역자원시설세, 지방교육세
관세			

[예제 31-2]

[1] 다음 중 조세의 분류기준 및 구분과 조세항목을 연결한 것으로 가장 올바르지 않은 것은?

	분류기준	구분	조세항목
①	과세권자	국세	법인세, 소득세
		지방세	취득세, 등록면허세, 주민세
②	독립된 세원	독립세	법인세, 소득세
		부가세	교육세
③	과세물건의 측정단위	종가세	법인세, 소득세
		종량세	주세(주정에 한함)
④	조세부담 전가여부	직접세	개별소비세, 주세
		간접세	법인세, 소득세

[2] 다음 중 조세의 분류기준에 따른 구분과 세목을 연결한 것으로 가장 올바르지 않은 것은?

	분류기준	구분	조세항목
①	과세권자	국세	법인세, 소득세, 부가가치세
		지방세	취득세, 등록면허세, 농어촌특별세
②	사용용도의 특정여부	보통세	법인세, 소득세, 부가가치세
		목적세	지방교육세
③	조세부담의 전가여부	직접세	법인세, 소득세
		간접세	부가가치세
④	납세의무자의 인적사항 고려여부	인세	법인세, 소득세
		물세	재산세

[3] 다음 뉴스를 보고 재무팀장과 사원이 나눈 대화 중 괄호 안에 들어갈 단어로 가장 옳은 것은?

> ○○도의 지난해 지방세 수입액이 사상 처음으로 10 조원을 돌파했다. 세목별로는 보통세가 8조 2,694억원으로 가장 많았고, 목적세가 2 조 570 억원 이었다.

> 사원 : "팀장님, 목적세라는 것이 무엇인가요?"
> 재무팀장 : "목적세는 ( )가 특별히 지정되어있는 조세로, 보통세와 구분이 되는 조세입니다."

① 조세의 사용용도   ② 과세권자
③ 과세물건의 측정 단위   ④ 조세부담의 전가여부

해답

[1] ④ 개별소비세와 주세는 간접세이고, 법인세와 소득세는 직접세이다.
[2] ① 농어촌특별세는 국세이다.
[3] ① 목적세란 조세의 사용용도가 정하여진 세금을 말한다.

31.3 기간과 기한, 서류의 송달

(1) 기간과 기한

  ① 기간 : 일정시점에서 다른 일정시점까지의 기간

    (예시) 부가가치세 1기 예정신고기간은 1월 1일부터 3월 31일까지이다.

  ② 기한 : 일정시점의 도래로 인하여 법률효과가 발생, 소멸하는 시점 또는 일정한 시점까지 의무를 이행해야 하는 시점.

    (예시) 법인사업자의 부가가치세 1기 예정신고기한은 4월 25일이다.

  ③ 기간의 계산 : 원칙 (초일불산입, 말일산입)

    단, 기간이 0시부터 시작하거나 나이의 계산은 초일을 산입한다.

    (예시) 부가가치세 1기 확정신고시 환급기한은 신고납부일로부터 30일 이내이다.
              7월 25일 신고납부 → 7월 26일, 27일 ... 7월 31일, 8월 1일, 2일 ... 24일 (30일 되는 날)

  ④ 신고서 신고기한의 원칙

    우편신고 - 발신주의 (우체국 우편날짜 도장이 찍힌 날)

    전자신고 - 해당 신고서에 전송된 때

(2) 서류의 송달

① 송달장소

명의인의 주소, 거소, 영업소 또는 사무소 (전자송달은 명의인의 전자우편주소)에 송달

② 송달방법

- 원칙 : 교부송달, 우편송달, 전자송달
- 예외 : 주소불명 등의 사유로 서류를 송달할 수 없는 경우 공시송달

③ 송달의 효력발생시기

- 우편 또는 교부송달 : 도달주의
- 전자송달 : 송달받은 자가 지정한 전자우편주소에 입력된 때
- 공시송달 : 서류의 주요 내용을 공고한 날로부터 14일이 경과하는 때

(3) 특수관계인의 범위

① 4촌 이내의 혈족과 3촌 이내의 인척

② 배우자 (사실혼자 포함)

③ 친생자로서 다른 사람에게 친양자 입양된 자 및 그 배우자와 직계비속

④ 본인과 임원(생계를 같이하는 친족포함), 사용인 등 경제적 연관관계에 있는 자

⑤ 본인과 주주, 출자자 등 경영지배관계에 있는 자 또는 지배적인 영향력을 행사하는 자

⑥ 법인의 경우 지배적인 영향력을 행사하는 주주 (소액주주 제외)

※ 쌍방관계를 각각 특수관계인으로 한다. (상호간 특수관계가 존재)

[예제 31-3]

[1] 다음 중 기간과 기한에 관한 설명으로 가장 올바르지 않은 것은?

① 기간을 일·주·월·연으로 정한 때에는 기간의 초일은 기간 계산시 산입하는 것을 원칙으로 한다.

② 기한이란 일정한 시점의 도래로 인하여 법률효과가 발생·소멸하거나 또는 일정한 시점까지 의무를 이행하여야 하는 경우에 그 시점을 말한다.

③ 기간의 계산은 국세기본법 또는 그 세법에 특별한 규정이 있는 것을 제외하고는 민법을 따른다.

④ 국세기본법에서 규정하는 서류의 제출에 관한 기한이 공휴일·토요일 또는 근로자의 날인 경우에는 그 공휴일 등의 다음날을 기한으로 한다.

[2] 다음 중 국세기본법상 송달에 관한 내용으로 가장 올바르지 않은 것은?

① 정보통신망의 장애로 납세고지서의 전자송달이 불가능한 경우에는 교부에 의해서만 송달할 수 있다.

② 서류는 교부, 우편 또는 전자송달에 의하여 송달함을 원칙으로 한다. 다만, 주소불명 등의 사유로 송달할 수 없는 경우에는 공시 송달에 의한다.

③ 서류의 송달에 대한 효력은 원칙적으로 도달주의에 의하나, 공시송달 등의 경우는 특례규정을 두고 있다.

④ 국세기본법 또는 세법에 규정하는 서류는 그 명의인의 주소·거소·영업소 또는 사무소에 송달하는 것을 원칙으로 한다.

[3] 다음 중 국세기본법상 특수관계인에 관한 설명으로 가장 올바르지 않은 것은?

① 본인이 법인인 경우 해당 법인의 임원은 특수관계인에 해당한다.

② 본인이 법인인 경우 해당 법인에 지배적인 영향력을 행사하는 주주는 특수관계인에 해당한다.

③ 본인이 개인인 경우 해당 개인의 3촌 이내의 인척은 특수관계인에 해당한다.

④ 본인이 법인인 경우 해당 법인의 소액주주는 특수관계인에 해당한다.

[4] 다음 중 세법상 특수관계인에 대한 설명으로 가장 올바르지 않은 것은?

① 어느 일방을 기준으로 특수관계에 해당하더라도 상대방의 특수관계인 여부에는 직접 영향을 미치지 않는 일방관계가 적용된다.

② 특수관계자인 배우자는 사실혼 관계에 있는 자를 포함한다.

③ 법인과 경제적 연관관계가 있는 임원은 특수관계인에 해당한다.

④ 법인과 경영지배관계에 있는 주주는 특수관계인에 해당한다.

[5] 다음 중 세법상 특수관계인에 관한 설명으로 가장 올바르지 않은 것은?

① 개인의 3촌이내의 인척은 특수관계인에 해당한다.

② 특수관계인인 배우자는 사실혼 관계에 있는 자를 제외한다.

③ 법인과 경제적 연관관계가 있는 임원은 특수관계인에 해당한다.

④ 법인과 경영지배관계에 있는 주주는 특수관계인에 해당한다.

해답

[1] ① 초일불산입, 말일산입이 원칙이다.
[2] ① 우편송달도 가능하다.
[3] ④ 소액주주는 특수관계인에 해당되지 않는다.
[4] ① 특수관계인은 쌍방을 적용한다.
[5] ② 사실혼 관계에 있는 자를 포함한다.

제32장

국세부과와 세법적용, 납세의무

32.1 국세부과의 원칙

국세부과란 과세요건(납세의무자, 과세대상, 과세표준, 세율)이 충족되어 이미 성립한 납세의무를 확정하는 것을 말하며, 과세관청과 납세의무자 모두 지켜야 할 원칙을 말한다.

단, 국세기본법에서 규정하고 있는 실질과세의 원칙에 반하는 규정을 다른 개별세법에서 규정하고 있는 경우 다른 개별세법을 우선하여 적용한다.

(1) 실질과세의 원칙

형식과 실질이 다른 경우에는 실질을 우선하여 적용하는 과세원칙

> **사례**
>
> 명의신탁부동산을 매각 처분한 경우 명의수탁자가 아닌 명의신탁자를 납세의무자로 간주.

(2) 신의성실의 원칙 (신의칙)

① 법률행위를 하는데 있어서 과세관청과 납세자는 상대방의 신뢰와 기대가 무너지지 않도록 신의와 성실을 가지고 행동해야 한다는 원칙

② 신의성실의 원칙은 과세관청과 납세자 쌍방에 준수가 요구된다.

> **사례** ▶ **납세자가 신의성실의 원칙을 주장할 수 있는 요건**
>
> - 과세관청의 공적 견해표시가 있어야 한다. (예시 : 국세청 서면질의 회신)
> - 납세자가 과세관청의 견해표시를 신뢰하고 그 신뢰에 납세자의 귀책사유가 없어야 함
> - 납세자가 과세관청의 견해표시에 대한 신뢰를 기초로 어떠한 행위를 함
> - 과세관청의 당초 견해표시에 반하는 적법한 행정처분이 있어야 함
> - 과세관청의 다른 처분으로 납세자가 불이익을 받아야 함

(3) 근거과세의 원칙

① 과세표준의 조사와 결정은 납세의무자가 세법에 의하여 장부를 비치, 기장한 경우, 이에 관계되는 증빙자료에 의하여야 한다.

② 사실과 다르거나 누락된 것이 있는 때에는 그 부분에 한하여 과세당국이 조사한 사실에 따라 결정할 수 있다.

(4) 조세감면의 사후관리

① 조세감면 : 국세를 감면한 후에 그 감면의 취지를 성취시키거나 국가정책을 수행하기 위해 필요하다고 인정되면 세법에서 정하는 바에 따라 감면한 세액에 상당하는 자금 또는 자산의 운용범위를 정할 수 있다.

② 사후관리 : 납세의무자가 세액을 감면 받은 후 과세당국은 세법이 정하는 운용범위를 따르지 아니한 자금 또는 자산에 상당하는 감면세액에 대하여 세법이 정하는 바에 의하여 감면을 취소하고 추징할 수 있다.

[예제 32-1]

[1] 다음 중 국세부과의 원칙에 해당하는 것으로 가장 올바르지 않은 것은?

① 실질과세의 원칙   ② 소급과세 금지의 원칙
③ 근거과세의 원칙   ④ 조세감면의 사후 관리

[2] 다음 내용과 관련이 있는 국세부과의 원칙으로 가장 옳은 것은?

> 철 수 : 작년 부가가치세 신고시 A 거래처와의 거래에 대해서 국세종합상담센터에 부가가치세 관련 상담받은 답변을 토대로 처리했음에도 불구하고 이번 세무조사에서 A 거래처에 대한 부가세처리가 부가가치세법상 적절하지 않다고 합니다. 분명, 사전 국세종합상담센터에서 받은 답변과 유사예규를 토대로 처리한 것인데 왜 과세가 되어야 하는지 모르겠습니다.
>
> 국세청 : 국세종합상담센터의 답변은 단순한 상담내지 안내수준인 행정서비스의 한 방법이고, 국세청 예규 또한 과세관청 내부의 세법해석 기준 및 집행기준을 시달한 행정규칙에 불과하므로 과세관청의 상담 및 예규는 납세자가 신뢰하는 공적인 견해표명에 해당되지 않습니다.

① 실질과세의 원칙   ② 근거과세의 원칙
③ 신의성실의 원칙   ④ 엄격해석의 원칙

[3] 국세기본법에서는 명의신탁부동산을 매각 처분한 경우 명의수탁자가 아닌 명의신탁자를 양도의 주체 및 납세의무자로 보고 있다. 이와 관련한 국세부과의 원칙으로 가장 옳은 것은?

① 신의성실의 원칙
② 근거과세의 원칙
③ 실질과세의 원칙
④ 조세감면의 사후관리

[4] 다음은 신의성실의 원칙의 적용요건에 관한 설명이다. 신의성실의 원칙을 적용하기 위한 과세관청의 " 공적인 견해표현"에 해당하는 것은?

> ㄱ. 납세자의 신뢰의 대상이 되는 과세관청의 공적견해표시가 있어야 한다.
> ㄴ. 납세자가 과세관청의 견해표시를 신뢰하고, 그 신뢰에 납세자의 귀책사유가 없어야 한다.
> ㄷ. 납세자가 과세관청의 견해표시에 대한 신뢰를 기초로 하여 어떤 행위를 하여야 한다.
> ㄹ. 과세관청이 당초의 견해표시에 반하는 적법한 행정처분을 하여야 한다.
> ㅁ. 과세관청의 그러한 배신적 처분으로 인하여 납세자가 불이익을 받아야 한다.

① 세무서담당자의 구두설명
② 국세청법규과의 서면질의회신
③ 국세상담센터의 전화안내
④ 홈택스사이트의 Q&A

[5] 다음 중 학설과 판례에 의해 확립된 신의성실의 원칙에서 과세관청의 행위에 대해 신의성실의 원칙이 적용되기 위한 요건으로 가장 올바르지 않은 것은?

① 납세자의 신뢰의 대상이 되는 과세관청의 공적 견해표시가 있어야 한다.
② 납세자가 과세관청의 견해표시를 신뢰하고, 그 신뢰에 납세자의 귀책사유가 없어야 한다.
③ 납세자가 과세관청의 견해표시에 대한 신뢰를 기초로 하여 어떤 행위를 하여야 한다.
④ 과세관청이 당초의 견해표시에 부합하는 적법한 행정처분을 하여야 한다

[6] 다음 중 조세법의 기본원칙에 관한 설명으로 가장 올바르지 않은 것은?

① 조세평등주의란 조세법의 입법과 조세의 부과 및 징수과정에서 모든 납세의무자는 평등하게 취급되어야 한다는 원칙을 말한다.
② 국세기본법에서 규정하고 있는 실질과세의 원칙에 반하는 규정을 다른 세법에서 규정하고 있는 경우 국세기본법에서 규정하고 있는 실질과세의 원칙을 우선하여 적용한다.
③ 신의성실의 원칙이란 납세자가 그 의무를 이행하거나 세무공무원이 그 직무를 수행함에 있어서 신의에 따라 성실히 하여야 한다는 원칙을 말한다.
④ 납세의무자가 세법에 따라 장부를 갖추어 기록하고 있는 경우에는 해당 국세 과세표준의 조사와 결정은 그 장부와 이에 관계되는 증거자료에 의하여야 한다.

[7] 근로소득이 있는 김철수씨가 종합소득세의 누진세율을 피하고자 자기 아내인 김영희씨의 명의로 슈퍼마켓을 개업하였다. 김영희씨는 출자한 바 없고 경영에 관여한 바도 없다. 이 경우 적용될 국세부과의 원칙으로 가장 옳은 것은?

① 신의성실의 원칙   ② 근거과세의 원칙
③ 조세감면의 사후관리   ④ 실질과세의 원칙

[8] 다음 내용과 관련이 있는 국세부과의 원칙으로 가장 옳은 것은?

> 철 수 : 작년 부가가치세 신고시 A 거래처와의 거래에 대해서 국세종합상담센터에 부가가치세관련 상담받은 답변을 토대로 처리했음에도 불구하고 이번 세무조사에서 A 거래처에 대한 부가세처리가 부가가치세법상 적절하지 않다고 합니다. 사전 국세종합상담센터에서 받은 답변과 유사예규를 토대로 처리한 것인데 왜 과세가 되어야 하는지 모르겠습니다.
>
> 국세청 : 국세종합상담센터의 답변은 단순한 상담내지 안내수준인 행정서비스의 한 방법이고, 국세청 예규 또한 과세관청 내부의 세법해석 기준 및 집행기준을 시달한 행정규칙에 불과하므로 과세관청의 상담 및 예규는 납세자가 신뢰하는 공적인 견해표명에 해당되지 않습니다.

① 실질과세의 원칙   ② 소급과세 금지의 원칙
③ 신의성실의 원칙   ④ 조세감면의 사후관리

해답

[1] ② 국세부과의 원칙에는 실질과세의 원칙, 신의성실의 원칙, 근거과세의 원칙, 조세감면의 사후관리가 있다.
[2] ③ 국세종합상담센터는 공적인 견해표시에 해당되지 않는다.
[3] ③ 명목이 아니라 실질에 따라 과세한다는 원칙이다.
[4] ② 국세청법규, 서면질의회신이 공적인 견해표현에 해당된다.
[5] ④ 과세관청의 당초 견해표시에 반하는 적법한 행정처분이 있어야 한다.
[6] ② 개별세법을 우선 적용한다.
[7] ④ 실제로 소득이 발생한 자에게 부과해야 하므로 실질과세의 원칙이 적용된다.
[8] ③ 국세종합상담센터는 공적인 견해표시에 해당되지 않으며 신의성실의 원칙과 관계있다.

32.2 세법적용의 원칙

(1) 납세자 재산권의 부당한 침해금지 : 세법 해석의 기준

(2) 소급과세의 금지

① 법적 안정성과 예측가능성을 보장하기 위하여 개정된 세법이나 새로 제정된 법규의 소급적용을 금지하는 원칙이다.

② 입법상 소급과세 금지 : 새롭게 개정된 세법에 의하여 소급과세하지 않는다.

③ 행정상 소급과세 금지 : 일반적으로 납세자에게 받아들여진 후에는 그 해석 또는 관행에 의한 행위 또는 계산은 정당한 것으로 보며, 새로운 해석 또는 관행에 의하여 소급하여 과세하지 않는다.(유리한 소급효는 적용한다.)

(3) 세무공무원의 재량의 한계

세무공무원이 그 직무를 수행함에 있어서는 과세의 형평과 해당 세법의 목적에 비추어 일반적으로 적당하다고 인정되는 한계를 엄수해야 한다.

(4) 기업회계의 존중

[예제 32-2]

[1] 다음 중 국세부과의 원칙에 해당하는 것으로 가장 올바르지 않은 것은?

① 실질과세의 원칙
② 근거과세의 원칙
③ 소급과세 금지의 원칙
④ 조세감면의 사후 관리

[2] 다음 중 국세기본법에 따른 세법적용의 원칙에 관한 설명으로 가장 올바르지 않은 것은?

① 세법을 적용할 때에는 '과세의 형평'과 '해당 조항의 합목적성'에 비추어 납세자의 재산권이 부당히 침해되지 않도록 하여야 한다.

② 국세를 납부할 의무가 성립되는 소득·수익·재산·행위 또는 거래에 대해 그 성립 후의 새로운 세법에 따라 소급하여 과세될 수 있다.

③ 세무공무원은 그 재량에 의해 직무를 수행함에 있어서 과세의 형평과 해당 세법의 목적에 비추어 일반적으로 적당하다고 인정되는 한계를 엄수하여야 한다.

④ 세법에 특별한 규정이 있는 경우를 제외하고는 과세표준을 조사·결정할 때에는 해당 납세의무자가 계속하여 적용하고 있는 기업회계의 기준이나 관행으로서 일반적으로 공정·타당하다고 인정되는 것은 존중되어야 한다.

[3] 다음 중 소급과세의 금지 원칙에 대한 설명으로 가장 올바르지 않은 것은?

① 국세를 납부할 의무가 성립한 소득에 대하여 그 성립 후의 새로운 법에 따라 소급하여 과세할 수 없다.

② 국세청의 해석이 일반적으로 납세자에게 받아들여진 후에는 새로운 해석에 의하여 소급하여 과세할 수 없다.

③ 납세자에게 불리한 소급효 뿐만 아니라 유리한 소급효 역시 인정되지 않는 것이 통설이다.

④ 과세기간 중에 법률의 개정이 있는 경우 이미 진행한 과세기간분에 대해 소급과세하는 부진정 소급효는 허용된다.

---

[1] ③ 소급과세의 금지는 세법적용의 원칙이다.
[2] ② 소급과세를 금지한다.
[3] ③ 유리한 소급효만 인정된다

32.3 과세요건

과세요건은 납세의무자가 세금을 부과할 수 있도록 한 요건을 말하며 다음의 4가지 요소가 있다.

① 납세의무자 ② 과세물건 ③ 과세표준 ④ 세율

[1] 과세권자가 납세의무자에게 세금을 부과하기 위해서는 과세요건을 법에서 규정하고 있어야 한다. 다음 중 과세요건으로 가장 올바르지 않은 것은?

① 납세의무자 ② 세법
③ 세율 ④ 과세표준

[1] ② 과세요건에는 납세의무자, 과세물건, 과세표준, 세율이 있다.

제**33**장

과세

33.1 수정신고와 경정청구

(1) 수정신고

세금의 과소신고, 2년 이내 수정신고시 가산세 감면 혜택이 있다.

(2) 경정청구 : 과다하게 신고납부하거나 과소환급된 경우 5년 이내 경정할 수 있다.

(3) 기한후 신고 : 법정신고기한 내에 과세표준신고서를 제출하지 아니한 자가 법정신고기한 이후에 신고하는 것을 말한다.

> **[참고] 가산세의 감면**
>
> 신고불성실가산세, 영세율과세표준신고불성실 가산세 감면한다. 단, 과세표준과 세액의 경정이 있을 것을 미리 알고 수정신고를 한 경우에는 가산세를 감면하지 않는다.

수정신고		기한후신고	
1개월 이내	90% 감면	1개월 이내	50% 감면
1개월 ~ 3개월	75% 감면	1개월 ~ 3개월	30% 감면
3개월 ~ 6개월	50% 감면	3개월 ~ 6개월	20% 감면
6개월 ~ 1년	30% 감면		
1년 ~ 1년 6개월	20% 감면		
1년 6개월 ~ 2년	10% 감면		

[예제 33-1]

[1] 다음 중 수정신고와 경정청구에 관한 설명으로 가장 올바르지 않은 것은?

① 법정신고기한 내에 과세표준신고를 한 납세의무자에 한하여 수정신고 혹은 경정청구를 할 수 있다.

② 원칙적으로 수정신고는 관할세무서장이 당해 국세에 대한 과세표준과 세액의 결정 또는 경정통지를 하기 전까지 할 수 있다.

③ 납세의무자가 당초 신고 시 과세표준 및 세액을 과다신고하거나 결손금액 또는 환급세액을 과소신고한 경우에 수정신고를 할 수 있다.

④ 법정신고기한 경과 후 3개월 초과 6개월 이내에 수정신고 시 과소신고가산세 및 영세율과세표준신고 불성실가산세를 50 % 감면 받을 수 있다.

[2] 다음 중 국세기본법상 수정신고와 경정 등의 청구에 관한 설명으로 가장 올바르지 않은 것은?

① 과세표준신고서를 법정신고기한까지 제출한 자는 과세표준신고서에 기재된 결손금액이 세법에 따라 신고하여야 할 결손금액을 초과할 때에는 관할 세무서장이 각 세법에 따라 해당 국세의 과세표준과 세액을 결정 또는 경정하여 통지하기 전까지 과세표준수정신고서를 제출할 수 있다.

② 법정신고기한까지 과세표준신고서를 제출하지 아니한 자는 경정청구를 할 수 없다.

③ 과세표준신고서를 법정신고기한까지 제출한 자는 최초의 신고결정에서 과세표준 및 세액의 계산 근거가 된 거래 또는 행위 등이 그에 관한 소송에 대한 판결에 의하여 다른 것으로 확정되었을 때에는 그 사유가 발생한 것을 안 날부터 3개월 이내에 결정 또는 경정을 청구할 수 있다.

④ 세무조정과정에서의 누락 등의 사유로 불완전한 신고를 한 때에는 경정청구가 가능하다

[3] 다음은 신문기사의 일부이다. 괄호 안에 들어갈 내용으로 가장 옳은 것은?

> **빠뜨린 연말정산 추가 환급 이렇게 신청**
>
> 시간이 촉박해 소득 및 세액공제 항목 중 일부를 누락한 사람들도 많다. 국세청에서 간소화 서비스를 제공하면서 각종 영수증을 일일이 챙기는 부담은 덜었지만 1 년에 한 번 하는 연말정산이다 보니 빠뜨리는 경우가 많다. 이럴 때 활용할 수 있는 것이 바로 ( )라는 제도이다. ( )는 연말정산 시 신고는 하였으나, 소득 및 세액공제 항목 중 일부를 누락하여 세금을 환급 받지 못한 사람들에게 환급 받을 수 있는 기회를 주는 제도이다.

① 경정청구   ② 수시부과
③ 주사업장 총괄납부   ④ 기한후신고

[4] 다음 중 수정신고와 관련한 설명으로 가장 올바르지 않은 것은?

① 법정신고기한까지 과세표준과 세액을 신고한 자만이 수정신고를 할 수 있으므로 기한 내에 신고하지 못한 자는 기한 후 신고제도를 이용하여야 한다.

② 과세표준신고서에 기재된 결손금액 또는 환급세액이 세법에 따라 신고하여야 할 금액을 초과할 때 수정신고를 할 수 있다.

③ 수정신고기한은 따로 규정되어 있지 않고 관할세무서장이 결정 또는 경정통지를 하기 전까지 수정신고 할 수 있다.

④ 수정신고를 법정신고기한 경과 후 3년 이내에 한 자에 대해서는 기간경과 정도에 따라 납부할 모든 가산세의 일정비율을 경감한다.

[5] 다음 중 수정신고, 경정청구, 기한 후 신고에 관한 설명으로 가장 올바르지 않은 것은?

① 수정신고는 법정신고기한까지 과세표준과 세액을 신고한 자만이 할 수 있다.

② 납세의무자가 당초 신고시 과세표준 및 세액을 과다신고 한 경우 수정신고를 할 수 있다.

③ 경정청구는 원칙적으로 법정신고기한이 지난 후 5 년 이내에 청구하여야 한다.

④ 법정신고기한은 경과하였으나 그 후 일정 기한 내에 기한 후 신고를 하는 경우 무신고가산세의 일정 부분을 감면받을 수 있다.

[6] 다음은 신문기사의 일부를 발췌한 것이다. 빈칸에 들어갈 가장 적절한 용어는 무엇인가?

> 지난 2018 년 귀속 법인세 1000 만원을 신고납부한 중소기업 A 사는 뒤늦게 300 만원을 초과납부한 사실을 알게 됐다. A 사는 어떻게 300 만원을 돌려 받을 수 있을까?
>
> A 사와 같이 세금을 더 냈거나 덜 냈을 때에 이를 바로잡기 위해서는 (가)나 (나)라는 절차를 거쳐야 한다. 내야할 세금보다 적게 신고한 경우에는 (가)를, 내야할 세금보다 많게 신고한 경우에는 (나)를 해야한다. (나)는 더 낸 세금을 돌려받아야 할 납세자의 권리행사이기 때문에 납세자가 적극적으로 행사하게 마련이지만, (가)는 꺼릴 수 있는데, 이는 아주 위험한 일이다. 일부러 적게 신고하진 않았지만 적극적으로 (가)를 하지 않는다면 과세관청인 국세청에서 고의적인 탈루로 보고, 직접 나서서 가산세까지 물릴 수 있기 때문이다. 그렇다고 아무 때나 (가)나 (나)를 할 수 있는 것은 아니다. 법정신고기한 내에 신고한 경우에만 신청할 수 있다. 만약 법정 신고기한 내에 신고하지 않았다면, (다)를 해야한다. A 사의 경우 2014 년 귀속 법인세를 신고 · 납부했기 때문에 신고기한인 2019 년 3 월 31 일로부터 3 년이 되는 시점인 2023 년 3 월 31 일이 (나)를 할 수 있는 기한이 된다. 만약 2023 년 9 월 현재 A 사가 (나)를 하지 못했다면 A 사는 기한을 놓쳤기 때문에 (나)를 통해서는 더 낸 세금 300 만원을 환급 받을 수 없다.

	(가)	(나)	(다)
①	수정신고	경정청구	기한 후 신고
②	경정청구	수정신고	기한 후 신고
③	기한 후 신고	수정신고	경정청구
④	수정신고	기한 후 신고	경정청구

[7] 다음 중 기한 후 신고제도에 관한 설명으로 가장 올바르지 않은 것은?

① 무신고에 따른 미납부가산세부담을 줄일 수 있는 기회를 부여한 제도이다.

② 법정신고기한이 지난 후 1개월 이내에 기한후 신고를 한 경우 무신고가산세의 20%를 감면한다.

③ 관할세무서장이 세법에 의하여 당해 국세의 과세표준과 세액을 결정하여 통지하기 전까지 기한후과세표준신고서를 제출할 수 있다.

④ 기한후과세표준신고서를 제출한 자는 기한후과세표준신고액에 상당하는 세액과 세법에서 정하는 가산세를 기한후과세표준신고서의 제출과 동시에 납부하여야 한다.

해답

[1] ③ 수정신고 사유가 아니라 경정사유이다.

[2] ④ 수정신고 사유이다.

[3] ① 경정청구 사유이다.

[4] ④ 3년이 아니라 2년이다.

[5] ② 과다신고한 경우에는 경정청구를 한다.

[6] ① 가는 수정신고, 나는 경정청구, 다는 기한후신고에 대한 설명이다.

[7] ② 50%를 감면한다.

33.2 가산세

(1) 국세기본법상 가산세의 종류

① 무신고, 과소신고

    a. 과소하게 신고 또는 초과환급 신고 세액 × 가산세율(10%, 20%, 40%) × 감면율

    b. 신고불성실가산세율은 다음과 같이 계산한다.

	무신고	과소신고
부당	40%	40%
일반	20%	10%

> **[참고] 부당무신고의 범위(국령26의2⑥)**
> 1. 이중장부의 작성 등 장부의 허위기장
> 2. 허위증빙 또는 허위문서(이하 이 조에서 "허위증빙등" 이라 한다)의 작성
> 3. 허위증빙등의 수취(허위임을 알고 수취한 경우에 한한다)
> 4. 장부와 기록의 파기
> 5. 재산을 은닉하거나 소득·수익·행위·거래의 조작 또는 은폐
> 6. 그 밖에 국세를 포탈하거나 환급·공제받기 위한 사기 그 밖에 부정한 행위

  ② 납부지연 가산세

      a. 과소하게 납부 또는 초과환급세액 × 2.2/10,000 × 기간

      b. 여기에서 기간이란 납부일 다음날부터 자진납부일까지의 기간을 말한다.

  ③ 원천징수등 납부지연가산세 : 원천징수의무자의 소득세, 법인세 원천징수 납부

    Min [ⓐ, ⓑ]

    ⓐ 미납세액(과소납부 세액) × 3% + (미납세액(과소납부세액) × 미납일수 × $\frac{2.2}{10,000}$)

    ⓑ 미납세액 × 50%

> **[참고] 가산세와 가산금의 차이**
> 가산세 : 의무 불이행에 대한 제제 성격, 국세 감면시 가산세는 감면대상에서 제외
> 가산금 : 세금 등에 대한 연체이자 성격

[예제 33-2]

[1] 다음 중 국세기본법상 무신고가산세 또는 과소신고가산세 부과시 부정행위로 보는 것이 아닌 것은?

① 이중장부의 작성　　　　　　　　　② 세법상의 신고를 하지 아니하는 행위
③ 고의적으로 장부를 비치하지 아니하는 행위　　④ 거짓 증빙의 수취

[2] 다음 중 세법상 가산세를 부과하지 않는 경우로 가장 옳은 것은?

① 영리내국법인이 장부의 비치기장의무를 이행하지 아니한 경우
② 원천징수의무자인 법인이 원천징수한 세액을 납부기한이 경과한 후에 납부하는 경우
③ 거래처 임직원 경조사비로 1,000,000원을 지출한 경우
④ 납세의무자가 법정 신고기한까지 과세표준신고를 하지 않은 경우

[3] 다음 중 가산세 부과에 관한 설명으로 가장 올바르지 않은 것은?

① 무신고가산세는 납세의무자가 법정신고기한까지 세법에 따른 국세의 과세표준 신고를 하지 아니한 경우로서 해당 무신고가 부정행위로 인한 경우에는 무신고납부세액의 20% 가 된다.

② 원천징수납부 등 불성실가산세는 국세의 원천징수의무자가 징수하여야 할 세액을 세법에 따른 납부기한까지 납부하지 아니하거나 과소납부한 경우의 가산세를 말한다.

③ 납부지연가산세는 납세의무자가 세법에 따른 납부기한까지 국세를 납부하지 아니하거나 납부하여야 할 세액보다 적게 납부한 경우의 가산세를 말한다.

④ 가산세를 부과하는 경우 그 부과의 원인이 천재지변 등의 기한연장 사유 또는 납세의무자가 의무를 이행하지 않은 것에 대한 정당한 사유가 있을 때에는 해당 가산세를 부과하지 않는다.

[4] 다음 중 국세기본법상 가산세의 감면에 관한 설명으로 가장 옳은 것은?

① 국세를 감면하는 경우에 가산세는 그 감면하는 국세에 포함한다.

② 법인세 과세표준과 세액의 경정이 있을 것을 미리 알고 수정신고를 한 경우에 가산세를 감면하지 아니한다.

③ 가산세의 감면을 받고자 하는 경우에도 가산세 감면신고서를 제출하지 않아도 된다.

④ 법정신고기한이 지난 후 3 년이 되는 날에 수정신고를 한 경우 과소신고가산세의 감면을 받을 수 있다.

해답

[1] ② 일반 무신고 사유이다.

[2] ③ 법적증명서류가 있는 경우에는 손금인정 가능하며, 법적증명서류가 없으면 손금불산입이 될 뿐 가산세 대상은 아니다.

[3] ① 부정한 경우에는 40%이다.

[4] ②

33.3 납세자 권리구제

	납부고지전 (사전적 구제)	납세고지 후 (사후적 구제)		
명칭	과세전적부심사	이의신청	심사청구	행정소송
			심판청구	
담당기관	세무서, 지방국세청	세무서, 지방국세청	국세청장	행정법원
			조세심판원장	
기한	30일 이내 청구	90일 이내 신청 30일 이내 결정	90일 이내 신청 60일 이내 결정	90일 이내
특징		생략가능 (임의적 절차)	(소송전 필수) 필수적 절차	

[예제 33-3]

[1] 다음 중 납세자권리구제에 관한 설명으로 가장 올바르지 않은 것은?

① 국세처분을 받기 전에 납세의무자의 청구에 의해 그 국세처분의 타당성을 미리 심사하는 제도로서 과세전적부심사가 있다.

② 세무조사결과에 관하여 납세의무자가 과세전적부심사를 청구하려면 세무조사결과통지서를 받은 날로부터 30일 이내에 통지서를 보낸 해당 세무서장(또는 지방국세청장)에게 청구서를 제출하여야 한다.

③ 국세의 과세처분 등이 있는 경우에 그 처분에 불복이 있는 자가 처분행정청에 대해서 그 처분을 취소하거나 변경을 구하는 제도로서 이의신청, 심사청구, 심판청구 및 행정소송이 있다.

④ 납세자가 심사청구 또는 심판청구를 하기 위해서는 이의신청을 거쳐야만 한다.

[2] 다음 중 사후적권리구제에 해당하지 않는 것은?

① 과세전적부심사   ② 이의신청
③ 심사청구   ④ 심판청구

[3] 다음 중 국세기본법에 규정되어 있는 납세자권리구제 제도에 대한 설명으로 가장 올바르지 않은 것은?

① 사전권리구제제도에는 과세전적부심사가 있고, 사후권리구제제도에는 이의신청, 심사청구, 심판청구의 행정심판과 행정소송이 있다.

② 이의신청을 거친 후 심사청구를 하려면 이의신청에 대한 결정의 통지를 받은 날부터 90 일 이내에 제기하여야 한다.

③ 위법한 처분에 대한 행정소송은 행정소송법에 불구하고 국세기본법에 따른 심사청구 또는 심판청구 및 감사원법에 따른 심사청구와 그에 대한 결정을 거치지 아니하면 제기할 수 없다.

④ 세무조사결과통지 또는 과세예고통지를 받은 납세자는 과세전적부심사를 90일 이내에 청구할 수 있으며 청구받은 과세관청은 이에 대해서 30일 이내에 결정하여야 한다.

[4] 다음 중 납세자의 권리구제제도에 관한 설명으로 가장 올바르지 않은 것은?

① 납세고지서가 나오기 전에 구제받을 수 있는 사전권리구제제도에는 과세전적부심사가 있다.

② 사후권리구제제도에는 이의신청, 심사청구, 심판청구의 행정심판과 행정소송이 있다.

③ 행정소송은 조세심판원에 제기하여야 하며, 조세심판원 이외에 제기한 경우 행정소송의 효력이 발생하지 아니한다.

④ 이의신청은 처분이 있음을 안 날부터 90일 이내에 과세관청에 신청하여야 한다.

[5] 다음 중 국세기본법상 이의신청, 심사청구 및 심판청구에 관한 설명으로 가장 올바르지 않은 것은?

① 국세기본법에 따른 동일한 처분에 대하여 심사청구와 심판청구를 중복하여 제기할 수 없다.

② 이의신청을 하려면 납세고지서를 받은 날로부터 30일 이내에 신청하여야 한다.

③ 심판청구에 대한 결정이 있으면 해당 행정청은 결정의 취지에 따라 즉시 필요한 처분을 하여야 한다.

④ 납세자는 행정소송을 제기하고자 하는 경우에는 결정통지서를 받은 날(결정통지 전이라도 그 결정기간이 지난날)로부터 90일 이내에 서류를 제출해야 한다.

해답
[1] ④ 이의신청은 생략 가능하다.
[2] ① 과세전 적부심사는 사후적이 아니라 사전적 권리구제에 해당된다.
[3] ④ 과세전적부심사는 30일 이내 청구하여야 한다.
[4] ③ 행정소송은 행정법원에서 제기한다.
[5] ② 이의신청은 90일 이내 신청하여야 하며, 30일 이내 결정된다.

[참고 1] 소멸시효의 중단과 정지

과세권자가 징수권을 행사할 수 있음에도 불구하고 징수권을 행사할 수 있는 때부터 시효 정지기간을 제
외하고 5년(5억원 이상의 국세, 5천만원 이상의 지방세는 10년)간 권리를 행사하지 아니하면 소멸시효가
완성되어 해당 징수권이 소멸하게 된다.

	소멸시효의 중단	소멸시효의 정지
시효와 완성	소멸시효가 새로 시작	소멸시효의 진행이 정지
사유	납부고지 (납세고지) 독촉 교부청구 압류	세법에 따른 분납기간 납부고지 유예, 징수유예 기간 소송이 진행중인 기간 체납자가 국외 6개월 이상 계속체류하는 경우 국외 체류기간

객관식 문제

(1) 다음 중 국세기본법상 소멸시효 중단사유로 가장 올바르지 않은 것은?

① 납세고지   ② 독촉 또는 납부최고
③ 교부청구   ④ 체납처분 유예

(2) 국세기본법상 소멸시효 정지사유가 아닌 것은?

① 분납   ② 징수유예
③ 체납처분 유예   ④ 압류

(3) 다음 중 국세기본법상 소멸시효 정지사유에 해당하는 것으로 가장 옳은 것은?

① 납부고지
② 독촉
③ 압류
④ 체납자가 국외에 6 개월 이상 계속 체류하는 경우 해당 국외 체류 기간

[해답]
(1) ④   (2) ④   (3) ④

[참고 2] 국세환급금과 국세환급가산금

(1) 국세환급금 : 과오납금 또는 환급세액의 발생

금전에 의한 환급	① 금전으로 환급 (30일 이내 환급)
	② 국세환급금의 충당 세무서장 직권에 의한 충당, 납세자 신청에 의한 충당
물납재산의 환급	물납한 재산으로 환급

(2) 국세환급가산금 : 환급금에 가산되는 법정이자 (소멸시효 5년)

객관식 문제

(1) 다음 중 국세환급금 및 국세환급가산금에 관한 설명으로 가장 올바르지 않은 것은?

① 국세환급금이란 납세의무자가 국세 및 강제징수비로서 납부한 금액 중 잘못 납부하거나 초과하여 납부한 금액이 있거나 세법에 따라 환급하여야 할 환급세액이 있을 때 환급을 결정한 금액을 말한다.

② 세법에 따라 환급세액에서 공제하여야 할 세액이 있을 경우, 국세환급금은 공제한 후에 남은 금액을 말한다.

③ 국세환급가산금이란 국세환급금을 충당 또는 지급하는 경우 그 국세환급금에 가산되는 법정이자상당액을 말한다.

④ 국세환급가산금에 대한 권리는 행사할 수 있는 때로부터 3년간 행사하지 않으면 소멸시효가 완성된다.

(2) 다음 중 국세의 환급에 관한 설명으로 가장 올바르지 않은 것은?

① 국세환급금이란 납세의무자가 국세 및 강제징수비로서 납부한 금액 중 잘못 납부하거나 초과하여 납부한 금액이 있거나 세법에 따라 환급하여야 할 환급세액(세법에 따라 환급세액에서 공제하여야 할 세액이 있을 때에는 공제한 후에 남은 금액)이 있을 때 환급을 결정한 금액을 말한다.

② 국세환급금은 다른 세금과 상계하여 충당한 후 남은 잔액을 납세자에게 지급하여야 한다.

③ 납세자의 국세환급금에 관한 권리는 이를 행사할 수 있는 때로부터 10년간 행사하지 않으면 소멸시효가 완성한다.

④ 국세환급가산금이란 국세환급금을 충당 또는 지급하는 경우 그 국세환급금에 가산되는 법정이자 상당액을 말한다.

해답

(1) ④   (2) ②

원가관리회계

재경관리사 원가회계 출제경향

	2019년						2020년				
	1월	3월	5월	7월	9월	11월	1월	5월	7월	9월	11월
재무회계vs관리회계		81	81		81						
원가의 기본개념	82					81	81	81			
원가행태 따른 분류				81			82			81	
원가의 분류		82	83	82							82
제조원가	81	83	82							82	81
원가의 흐름	83		90	83	82	82	83	82	82 83		83
매출총이익률법							84		81		
원가배분	84			84 85	83	84	85	83 84	84		
제조간접비 예정배부	85			87					95		
보조부문 원가배분			84		84	83				83 84	84
이중배부율법		84									
개별vs종합원가계산	86	85	87		87	85	86	86	88		85
개별원가계산	87	86 87	85 86	86	85 86	86		87 88	85 86 87	85 86	86
종합원가 5단계							87				
완성품환산량					87					88 90	
평균법		88 90	88	89	90	88	89	90	89		87 88
선입선출법	88			90		89	88	89			
두 방법의 비교	90	89		88	88	90	90	85		87 89	89
공정별 원가계산	89		89		89						
오류가 미치는 영향									90		90
표준원가계산 이론	91 92	91 92 97	91	91	91 93	91	91 92	91	91	91 92	91 92
직접재료비 차이분석	96 97	96	96 98	92	94	92 93		94	92 94		95
직접노무비 차이분석	95	95	95	93 95	92 95	94		92	93	95	94
변동제조간접비 차이	98	98	92 97		96 97	95	93 95	93		93	93
고정원가 차이분석	93			94 96		96	94	95			
원가차이 처리방법						97				94	
표준원가계산의 한계											
변동원가계산 개념	94 99	93 100		98	98		97 98		97 98	97 98	96 99
변동원가계산 이익비교	100	94 99	99 100	100	99	99 100	99 100	96 100	96 100	96 100	98 100
변동원가계산 장단점			93					98			
초변동원가계산			94	97 99	100	98	96	97 99	99	99	97

재경관리사 관리회계 출제경향

	2019년						2020년				
	1월	3월	5월	7월	9월	11월	1월	5월	7월	9월	11월
공헌이익	103					102 105				103	103
CVP 기초이론			103				102			102	102
손익분기점	102	102 103	105	102	102		105	102 103	102 105	104	104
안전한계	104	104	102		105		103		103		
목표이익이 있는 경우	105		103	104	102 104	104	104	104	104		
영업이익 계산		105			103						
영업레버리지			104	105		103				105	105
활동기준원가계산	101	101	101	101	101	101	101	101	101	101	101
활동기준경영관리											
수명주기원가계산						120			120		
품질원가관리			120		119	119		120	120		119
특별주문 수락, 거부	114 117	117	115	112 114	113		115		114		112
제품라인 유지, 폐지	113		114	118	118	113		115		112	
부품자가제조,외부구입	120	116	116			114 115	113	113 114 118	113 115	113	113 114
즉시판매, 추가가공		118		113			112			115	
대체가격 결정		119	112	117	116	118	119	119	119		118
예산의 종류			106				105				
현금흐름의 추정			117	116	114	116	116			116	115
회수기간법	115	114	119						117		116
순현재가치법	117	113	113	115	117		117	116	116	118	117
NPV, IRR 비교	119	115	118	119	115	117	118		118	117	
책임회계기준		106 107		106			106 107	106		106	
분권화와 성과평가	106 109				106 107	106	108	107	106	107	106
투자수익률		109	108	110		109	110	110	109	111	109
잔여이익	107	112	109	108 109	109	108		108	108110	109	
균형성과표	112			120	120		120				120
경제적 부가가치	110 111	110 111	110 111	111	110 111	110 111	111	111	111	110	110 111
매출배합차이	108		107					109		108	107
기회원가, 매몰원가	116	120			112	112	114	117	112	114	
이익중심점 성과평가						107			107		
시장점유율 차이		108									108
매출가격차이				107							
매출조업도차이					108		109				
목표원가계산								112		119	

제 1 장

원가회계의 개념

1.1 재무회계와 원가관리회계의 비교

(1) 재무회계와 비교

	재무회계	관리회계
대상	외부 및 내부이해관계자	내부 이해관계자
목적	유용한 재무적 정보제공	의사결정에 활용
작성기준	일반적으로 인정된 회계기준	특정한 양식이 없음

(2) 원가회계의 특징

① 원가회계는 재무회계와 관리회계의 중간 성격이다.

② 비계량적 정보는 제공하지 못한다.

③ 수익과 비용의 계산은 원가회계가 아니라 재무회계 영역이다.

(3) 원가관리회계의 영역

분류방법	구분	
제품의 원가계산	원가 집계방법에 따른 분류	개별원가계산, 종합원가계산
	원가 측정시점에 따른 분류	실제원가계산, 정상원가계산, 표준원가계산
	제품원가 범위에 따른 분류	전부원가계산, 변동원가계산
의사결정 (계획과 통제)	① 계획 : 사전적 목표설정 ② 예산편성 : 수립된 계획을 화폐단위로 표현 ③ 통제 : 목표와 실제 결과를 비교하여 분석, 평가	
성과평가	예산관리를 통해 예산자료와 실제결과의 차이를 분석하여 원가정보 제공 (사례) 표준원가 차이분석, 경제적 부가가치	

객관식 문제

[1] 다음 중 원가회계 영역이 아닌 것은?

① 제품원가계산   ② 계획과 통제

③ 의사결정   ④ 재무제표 작성

[2] 다음 중 원가회계의 한계점 등에 대한 설명으로 올바르지 않은 것은?

① 원가회계가 제공하는 정보는 화폐단위로 표시되는 계량적 자료로서, 비화폐성 정보와 질적인 정보는 제공하지 못한다.

② 원가회계는 객관적으로 측정가능한 회계자료를 기초로 수익과 비용을 인식한다. 그러나 재무회계는 경영자의 목적에 따라 다양한 회계절차를 적용해야 하는 어려움이 있다.

③ 제품의 원가는 기업이 채택하고 있는 원가회계방법에 의하여 자동적으로 계산되기 때문에 특정한 시점에서 원가회계가 모든 의사결정에 목적적합한 원가정보를 제공할 수는 없다.

④ 경영자는 어떤 의사결정을 할 때 원가회계가 제공하는 정보가 그 의사결정에 부합되는 정보인지 여부를 사전에 충분히 검토해야 한다.

해답

[1] ④ 재무제표 작성은 재무회계의 영역이다.

[2] ② 재무회계는 객관적으로 측정가능한 회계자료를 기초로 수익과 비용을 인식한다. 그러나 원가회계는 경영자의 목적에 따라 다양한 회계절차를 적용해야 하는 어려움이 있다.

1.2 원가의 기본개념

(1) 원가(cost)

특정 목적을 달성하기 위해 소멸된 경제적 자원의 희생을 말한다. (자산이나 서비스의 구입만으로는 원가를 구성하지 못한다) 수익획득에 사용한다면 비용, 수익활동에 아직 사용되지 않았으면 자산, 수익활동에 기여하지 못하고 소멸하였으면 손실이라고 한다.

(2) 원가대상(cost object)

원가를 측정하고자 하는 대상을 말한다. 제품의 원가를 측정한다면 제품이 원가대상이 된다. 그 외에 원가대상이 될 수 있는 것에는 부문, 활동, 작업, 서비스 등 다양한 것들이 있다.

(3) 원가배분(cost allocation)

원가집합에 집계된 간접원가를 일정한 배분기준에 따라 원가대상에 배분하는 것을 의미한다. 예를 들어 같은 공장에서 오토바이와 자전거를 생산한다면 공장건물 임차료를 오토바이와 자

전거에 배분하여야 하는데 이를 원가배분이라고 한다.

예제 1. 원가배분

공장건물의 월 임차료는 9,000,000원이다. 공장에서는 오토바이와 자전거를 생산하고 있는데, 오토바이의 생산면적은 300평이고, 자전거의 생산면적은 100평이다. 오토바이와 자전거에 배분될 임차료는 각각 얼마인가?

해답

오토바이 : 6,750,000원, 자전거 : 2,250,000원

(4) 원가행태(cost behavior)

조업도 수준에 따라 변화하는 원가양상을 의미하며 변동원가와 고정원가로 구분할 수 있다.

(5) 원가동인(cost driver)

원가대상 중 총원가의 변화를 유발시키는 원인을 말한다. 예를 들어 전력비는 작업시간이 길어질수록 전력비 발생금액이 증가하는데, 여기에서는 전력비의 원가동인은 작업시간이 되는 셈이다.

(6) 조업도(volume)

기업이 보유한 자원의 활용정도 또는 작업, 산출량을 의미한다. 조업도가 증가할 수록 총수익이나 총원가가 증가하게 된다.

(7) 관련범위(relevant range)

원가와 조업도 간에 일정한 관계가 유지되는 범위를 의미한다.

예제 2. 관련범위

더존학원은 복사기를 임차하여 사용하고 있다. 월별로 복사 6,000장까지는 복사기 임차비용이 120,000원인데, 월 6,000장을 초과하면 그때부터 1장당 20원씩 추가원가가 발생한다. 이 경우 관련범위는?

해답

0장 ~ 6,000장

[예제 1-2]

[1] 다음 중 원가회계 용어에 관한 설명으로 가장 올바르지 않은 것은?

① 원가대상(cost object)이란 원가가 집계되는 활동이나 항목을 의미한다.

② 간접원가를 일정한 배분기준에 따라 원가대상에 배분하는 과정을 원가배분(cost allocation)이라고 한다.

③ 원가행태(cost behavior)란 조업도 수준의 변동에 따라 일정한 양상으로 변화하는 원가발생액의 변동양상을 의미한다.

④ 원가집합(cost pool)이란 원가대상의 총원가에 변화를 유발시키는 요인으로 작업시간, 생산량 등으로 원가대상에 따라 매우 다양하다.

[2] 다음 중 원가의 일반적인 특성에 관한 설명으로 가장 올바르지 않은 것은?

① 경제적 가치를 가지고 있는 요소만이 원가가 될 수 있다.

② 발생한 제조원가 중 기업의 수익획득에 아직 사용되지 않은 부분은 자산으로, 수익획득에 사용된 부분은 비용으로 재무제표에 계상된다.

③ 기업의 수익획득 활동에 필요한 물품이나 서비스를 단순히 구입하는 것만으로도 원가가 될 수 있다.

④ 원가란 특정목적을 달성하기 위해 소멸된 경제적 자원의 희생을 화폐가치로 측정한 것이다.

[3] 다음은 원가의 분류에 대한 설명이다. 괄호 안에 들어갈 용어로 가장 옳은 것은?

> 원가란 특정목적을 달성하기 위해 소멸된 경제적 자원의 희생을 화폐가치로 측정한 것으로 발생한 원가 중 기업의 수익획득에 아직 사용되지 않은 부분은 (a)(으)로, 수익획득에 사용된 부분은 (b)(으)로 재무제표에 계상되며 수익획득에 기여하지 못하고 소멸된 부분은 (c) (으)로 계상된다

① (a) 자산, (b) 손실, (c) 비용   ② (a) 자산, (b) 비용, (c) 손실

③ (a) 손실, (b) 비용, (c) 자산   ④ (a) 비용, (b) 자산, (c) 손실

[4] 다음 설명과 관련된 원가회계 용어로 가장 옳은 것은?

> ㄱ. 직접적인 대응이나 간접적인 원가배분방법에 의한 원가측정을 통하여 원가가 집계되는 활동이나 항목
> ㄴ. 이것에 대한 전통적인 예로는 제품, 부문 등이 있으나 최근에는 활동(activity), 작업(operation) 등으로 다양화 되고 있음

① 원가대상   ② 원가집합

③ 원가동인   ④ 원가배분

해답

[1] ④ 원가동인에 대한 설명이다.

[2] ③ 제품의 제조에 사용되어야 원가가 될 수 있다.

[3] ② 사용되지 않은 부분은 자산이고, 사용되었는데 수익의 획득에 사용되었으면 비용, 수익획득에 기여하지 못하면 손실이 된다.

[4] ① 원가대상에 대한 설명이다. 원가대상에는 제품, 부문, 활동, 작업등이 있다.

1.3 매몰원가, 기회원가, 제조원가와 비제조원가

관련원가란 의사결정에 영향을 미치는 원가로서 기회원가가 해당되며, 비관련원가란 의사결정에 영향이 없는 원가로서 매몰원가가 해당된다.

(1) 매몰원가(sunk cost)

매몰원가란 이미 발생하여 더 이상 회수할 수 없는 원가를 말한다. 의사결정시에는 매몰원가를 고려해서는 안된다.

예제 3. 매몰원가

재경관리사 시험을 준비하던 김용산는 시험에 낙방하고, 다음 시험에 재도전할지, 시험을 포기할지 고민 중이다. 시험을 준비하면서 그동안 500,000원의 비용이 발생했었고, 재도전을 한다면 추가로 200,000원의 비용이 발생하는 대신 합격가능성이 70% 정도 될 것이며, 합격시 연봉이 현재보다 500,000원 정도 증가할 것으로 예상하고 있다. 이 경우 매몰원가는 얼마인가?

해답

매몰원가는 회수불가능한 원가로서 지금까지 발생한 500,000원이다.

(2) 기회원가 (opportunty cost)

두가지 이상 대안이 있을 경우 선택을 통하여 포기하게 되는 다른 대안 중 최대이익이나 최소비용을 의미한다.

예제 4. 기회원가

수진기업은 A프로젝트, B프로젝트, C프로젝트 중에서 어느 투자안을 선택할지 고민중이다. A프로젝트는 100억원의 이익, B프로젝트는 80억원의 이익, C프로젝트는 70억원의 이익이 예상되어 A프로젝트를 선택하였을 때 기회비용은?

해답

기회비용은 어느 대안을 선택함으로서 포기하게 되는 최대이익을 말하며, 여기에서는 80억원이 된다.

(3) 제조원가와 비제조원가

제조간접비	판매비와 관리비
• 생산에 소요되는 설비자산의 감가상각비, 수선유지비	• 판매부서에서 사용하는 설비자산의 감가상각비, 수선유지비
• 공장건물의 감가상각비, 보험료	• 사무실건물의 감가상각비, 보험료
• 공장사무실의 운영비, 소모품비	• 본사사무실의 운영비, 소모품비
• 공장의 전력비, 동력비 등	• 사무실의 전력비, 동력비 등

[예제 1-3]

[1] ㈜삼일은 공장의 화재로 창고에 보관중이던 제품 5,000,000 원이 손상되었다. 이 제품을 손상된 상태에서 처분하면 200,000 원에 처분가능하나 회사는 300,000 원의 비용을 추가 투입하여 손상부분을 수선한 후 1,000,000 원에 처분하기로 하였다. 이처럼 수선 후 처분하는 경우 기회비용은 얼마인가?

① 100,000원   ② 200,000원
③ 300,000원   ④ 500,000원

[2] 다음 중 제조업을 영위하고 있는 ㈜삼일의 제조원가에 포함될 수 있는 항목으로 가장 적절한 것은?

① 인터넷을 이용한 제품 광고선전비
② 사용하던 기계의 처분으로 인한 유형자산처분손실
③ 공장설비에 대한 화재보험료
④ 본사건물에 대한 감가상각비

[3] ㈜삼일은 기계장치 A 를 10,000,000 원(추정내용연수 5 년, 추정잔존가치 1,000,000 원, 정액법 상각)에 취득하여 4 년 동안 사용하다가 기계장치 B(취득원가 12,500,000 원으로 추정)로 교체할 것인지를 의사결정하고자 한다. 이 경우 기계장치 A 의 처분가액은 3,000,000 원으로 추정된다. 다음 중 기계장치의 교체의사결정시 관련원가(relevant cost)는 무엇인가?

① 기계장치 A 의 취득원가, 기계장치 A 의 추정잔존가치
② 기계장치 A 의 취득원가, 기계장치 A 의 장부가액
③ 기계장치 A 의 처분가액, 기계장치 B 의 취득원가
④ 기계장치 A 의 장부가액, 기계장치 A 의 처분가액

해답

[1] ② 수선후 처분하면, 손상된 상태로 처분하는 대안 200,000원을 포기한 것이 된다.

[2] ③ 광고선전비, 본사 건물감가상각비는 판매비와관리비이고, 유형자산처분손실은 영업외비용이다.

[3] ③ 관련원가는 의사결정에 영향을 미치는 원가를 말하며 사용하던 기계장치 A의 처분가액과 신규 취득하는 기계장치 B가 해당된다.

제2장

원가의 분류

2.1 원가행태에 따른 분류

① 변동원가

　　조업도가 0일때는 총원가도 0이며, 조업도 증가에 따라 총원가도 비례하여 증가하는 원가를
　　순수변동원가, 고정원가가 일부 포함되어 있는 경우를 혼합원가 또는 준변동원가라고 한다.

② 고정원가

　　조업도와 무관하게 총원가가 일정한 원가를 순수고정원가, 조업도가 일정부분을 넘어서면
　　총고정비가 한 단계 증가하는 원가를 준고정원가라고 한다. 조업도와 총원가의 관계를 그
　　래프로 표시하면 다음과 같다.

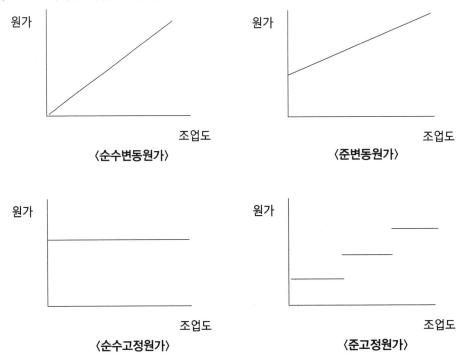

조업도 증가에 따른 변동원가와 고정원가는 다음과 같은 관계를 가진다.

- 변동원가 : 총 원가는 증가, 단위당 원가는 일정
- 고정원가 : 총 원가는 일정, 단위당 원가는 감소

[예제 2-1]

(1) ㈜삼일통신은 매월 기본요금 15,000 원과 10초당 18원의 통화료를 사용자에게 부과하고 있다. 이 경우 사용자에게 부과되는 매월 통화료의 원가행태는?

① 준고정원가   ② 고정원가
③ 준변동원가   ④ 변동원가

(2) 다음 중 준변동원가에 관한 설명으로 가장 옳은 것은?

① 조업도의 증가에 따라 원가총액과 단위당 원가가 증가한다.
② 조업도의 변동과 무관하게 원가총액이 일정하다.
③ 조업도의 변동과 무관하게 원가총액이 일정한 원가와 조업도의 증가에 따라 원가총액이 비례하여 증가하는 원가를 모두 가지고 있다.
④ 조업도가 특정범위를 벗어나면 일정액만큼 증가 또는 감소한다.

(3) 다음에서 설명하고 있는 원가를 원가행태에 따라 분류하고자 할 때 가장 적절한 것은?

> 특정범위의 조업도 내에서는 총원가가 일정하지만 조업도가 특정범위를 벗어나면
> 일정액 만큼 증감하는 원가

① 변동원가   ② 준변동원가
③ 고정원가   ④ 준고정원가

해답 (1) ③ (2) ③ (3) ④

2.2 제조원가의 종류

(1) 제조활동에 따른 분류

제품 제조에 사용되는 재료비, 공장직원의 인건비에 해당하는 노무비, 그 외의 제품원가를 구성하는 경비로 나누어 볼 수 있다.

(2) 추적가능성이 있는 직접원가와 추적가능성이 없는 간접원가로 구분된다. 제조활동에 따라 원가를 구분할때는 직접재료비, 직접노무비, 제조간접비로 구분할 수 있다.

	추적가능성 有 (직접원가)	추적가능성 無 (간접원가)
재료비	직접재료비	간접재료비
노무비	직접노무비	간접노무비
경 비		간접경비
		제조간접비

① 기초원가(기본원가) : 직접재료비 + 직접노무비

② 가공원가 : 직접노무비 + 제조간접비

③ 당기총제조원가 : 직접재료비 + 직접노무비 + 제조간접비

(3) 원가행태와 제조활동

① 직접재료비, 직접노무비 : 변동원가만 있음

② 제조간접비 : 변동원가도 있고, 고정원가도 있음

따라서 고정원가에 해당하는 제조원가가 있다면 직접재료비, 직접노무비가 아니라 제조간접비 성격이라고 볼 수 있다.

(4) 원가의 분류 정리

① 원가행태에 따른 분류 : 변동원가, 고정원가

② 추적가능성에 따른 분류 : 직접원가, 간접원가

③ 의사결정과 관련성 : 관련원가, 비관련원가

④ 통제가능성 : 통제가능원가, 통제불능원가

[예제 2-2]

[1] 다음은 ㈜삼일이 생산하는 제품에 대한 원가자료이다.

> 단위당 직접재료원가 13,500 원
> 단위당 직접노무원가 27,000 원
> 단위당 변동제조간접원가 84,500 원
> 월간 총고정제조간접원가 1,125,000 원
> 월간 생산량은 10 단위이다.

㈜삼일의 제품 (a) 단위당 기초원가와 (b) 단위당 가공원가를 구하면?

① (a) 13,500 원, (b) 84,500 원 　　② (a) 40,500 원, (b) 111,500 원
③ (a) 13,500 원, (b) 111,500 원 　　④ (a) 40,500 원, (b) 224,000 원

[2] 원가는 경영자의 의사결정 목적에 따라 다음과 같이 여러 가지로 분류할 수 있다. 다음 중 원가 분류가 올바른 것으로 짝지어진 것은?

> ㄱ. 원가행태에 따른 분류
> ㄴ. 추적가능성에 따른 분류
> ㄷ. 의사결정과의 관련성에 따른 분류
> ㄹ. 통제가능성에 따른 분류

> A. 직접원가와 간접원가
> B. 변동원가와 고정원가
> C. 관련원가와 매몰원가
> D. 미소멸원가와 소멸원가

	원가의 분류	원가 종류
①	ㄱ	A
②	ㄴ	B
③	ㄷ	C
④	ㄹ	D

해답

[1] ④ 단위당 기초원가 : 13,500 + 27,000 = 40,500원
　　단위당 가공원가 : 27,000 + 84,500 + (1,125,000 ÷ 10) = 224,000원
[2] ③ ㄱ-B, ㄴ-A, ㄷ-C, ㄹ-통제가능원가와 통제불능원가

2.3 제조기업의 경영활동

	구매과정	제조과정	판매 및 재고과정
의의	제품 제조에 필요한 각종 요소를 구입하는 과정 → 외부과정	구매과정에서 구입한 생산요소들을 결합하여 제품을 제조하는 과정 → 내부과정	제조과정에서 산출된 제품을 기업외부에 판매하는 활동과 아직 판매되지 않은 제품을 재고자산으로 관리하는 활동
내용	① 원재료의 구입 ② 노동력의 구입 ③ 생산설비의 구입	재공품 → 제품	판매 : 매출원가(비용) 미판매 : 기말재고(자산)

[예제 2-3]

[1] 다음 중 제조원가의 흐름에 관한 설명으로 가장 올바르지 않은 것은?

① 제조기업의 경영활동은 구매, 제조, 판매 및 재고과정의 세가지 과정으로 나누어진다.

② 노동력의 구입은 구매과정에서 발생하는 것으로 직접노무원가의 대상이 된다.

③ 제조과정은 구매과정에서 구입한 생산요소들을 결합하여 제품을 제조하는 과정으로 기업의 외부에서 이루어지는 활동이다.

④ 판매 및 재고과정은 제조과정에서 산출된 제품을 기업외부에 판매하는 활동과 아직 판매되지 않은 제품을 재고자산으로 관리하는 활동이다.

해답

[1] ③ 제조과정은 기업의 내부에서 이루어지는 활동이다.

제3장

원가의 흐름

3.1 제조업의 원가흐름

원 재 료	
기 초	직접재료비
당기매입	
	기 말

재 공 품	
기 초	당기제품 제조원가
당 기 총 제조원가	
	기 말

제 품	
기 초	매출원가
당기제품 제조원가	
	기 말

직접노무비	
…	직접노무비

제조간접비	
…	제조간접비

[예제 3-1]

[1] 20X1년 1월 5일에 영업을 시작한 ㈜삼일은 20X1년 12월 31일에 직접재료재고 5,000원, 재공품재고 10,000원, 제품재고 20,000원을 가지고 있다. 그런데 20X2년 들어 영업실적이 부진하자 동년 6월에 재료와 재공품 재고를 남겨두지 않고 제품으로 생산한 뒤 싼 가격으로 제품을 모두 처분하고 공장을 폐쇄하였다. ㈜삼일의 20X2 년의 원가를 큰 순서대로 정리하면?

① 매출원가 > 당기제품제조원가 > 당기총제조원가
② 매출원가 > 당기총제조원가 > 당기제품제조원가
③ 당기총제조원가 > 당기제품제조원가 > 매출원가
④ 모두 금액이 같다.

> **[2]** 1월중 22,000원의 직접재료를 매입하였다. 1월중 발생한 제조간접원가는 47,000원이었고 총제조
> 원가는 96,000원이었다. 직접재료의 1월초 재고가 5,000원이었고 1월말 재고가 8,000원이었다.
> 또한 기초재공품은 9,000원이고, 기말재공품은 21,000원이다. 1월중 직접노무원가는 얼마인가?
>
> ① 13,000원　　　　　　　　　　　　② 28,000원
>
> ③ 30,000원　　　　　　　　　　　　④ 36,000원

해답

[1] ① 기초재공품 10,000원, 기초제품 20,000원이고, 기말 재고자산은 없으며, 당기총제조원가를 100,000원이라고
　　가정한다면, 당기총제조원가 100,000원, 당기제품제조원가 110,000원, 매출원가 130,000원이 된다.

재 공 품			제　　품	
기초 10,000	당기제품제조원가 110,000		기초 20,000	매출원가 130,000
당기총제조원가 100,000	기말 0		당기제품제조원가 110,000	기말 0

[2] ③

월초재료 5,000 + 재료매입액 22,000 − 월말재료 8,000 = 직접재료비 19,000원
직접재료비 19,000 + 직접노무비 + 제조간접비 47,000 = 당기총제조원가 96,000원에서
직접노무비는 30,000원이 된다.

3.2 제조원가명세서

　제조원가명세서는 당기에 생산한 제품의 원가를 나타내는 양식이다. 제조원가명세서에서 기초
제품, 기말제품, 매출원가 등의 자료는 표시되지 않는다.

제조원가명세서		20x1.1.1~20x1.12.31
직접재료비		
기초재료매입액	₩　×××	
당기매입액	×××	
사용가능재료	×××	
기말재료재고액	(−)　××	×××
직접노무비		×××
제조간접비		×××
당기총제조원가		₩　×××
기초재공품재고액		×××
합　계		×××
기말재공품재고액		(−)　×××
당기제품제조원가		₩　×××

[예제 3-2]

[1] 다음 중 우리나라 기업의 제조원가명세서에 포함되지 않는 항목은?

① 당기제품제조원가　　　　　　　　　② 당기총제조원가
③ 직접재료원가　　　　　　　　　　　④ 매출원가

[2] 다음은 ㈜삼일의 20X1 년 2 분기 제조원가명세서이다. 아래의 (A)와 (B)에 들어 갈 금액의 합계액은
　　얼마인가?

Ⅰ. 재료비		3,800,000
기초재고액	500,000	
당기매입액	6,300,000	
기말재고액	(A)	
Ⅱ. 노무비		2,000,000
Ⅲ. 제조경비		3,000,000
Ⅳ. 당기총제조원가		8,800,000
Ⅴ. 기초재공품		1,000,000
Ⅵ. 기말재공품		(B)
Ⅶ. 당기제품제조원가		9,000,000

① 3,600,000원　　　　　　　　　　　② 3,800,000원
③ 4,000,000원　　　　　　　　　　　④ 4,400,000원

[3] 다음은 ㈜삼일의 제조원가명세서(약식)와 관련된 자료이다. 아래 자료를 이용하여 ㈜삼일의 당기제품
　　제조원가와 매출원가를 계산하면 얼마인가? (단, 기초제품원가 50,000 원, 기말제품원가 100,000원)

ㄱ. 직접재료원가	
- 기초원재료재고액	30,000원
- 당기원재료매입액	300,000원
- 기말원재료재고액	20,000원
ㄴ. 직접노무원가	90,000원
ㄷ. 제조간접원가	150,000원
ㄹ. 기초재공품원가	100,000원
ㅁ. 기말재공품원가	50,000원

	당기제품제조원가	매출원가		당기제품제조원가	매출원가
①	550,000원	500,000원	②	600,000원	500,000원
③	600,000원	550,000원	④	610,000원	550,000원

해답

[1] ④ 제품이나 매출원가는 제조원가명세서에 포함되지 않는다.

[2] ② 3,000,000 + 800,000 = 3,8000,000원

　(A) : 기초재고 500,000 + 당기매입 6,300,000 - 기말재고 = 3,8000,000원에서 기말재료는 3,000,000원이다.

　(B) : 기초재공품 1,000,000 + 당기총제조원가 8,800,000 - 기말재공품 = 9,000,000원에서 기말재공품은 800,000원이다.

[3] ③

　직접재료비 = 30,000 + 300,000 - 20,000 = 310,000원

　당기제품제조원가 = 기초재공품 100,000 + 직접재료비 310,000 + 직접노무비 90,000 + 제조간접비 150,000

　　　　　　　　 - 기말재공품 50,000

　　　　　　　　 = 600,000원

　매출원가 = 기초제품 50,000 + 당기제품제조원가 600,000 - 기말제품 100,000 = 550,000원

3.3 추정을 통한 원가계산

(1) 매출총이익률의 개념

$$매출총이익률 = \frac{매출총이익}{매출액}, \quad 매출원가대이익률 = \frac{매출총이익}{매출원가}$$

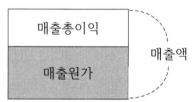

만약에 매출총이익률이 20%라면 매출원가는 매출액의 80%가 된다.

[예제 3-3]

[1] ㈜삼일은 매출총이익을 매출액의 25 % 로 설정하고 있다. 다음의 자료에서 ㈜삼일의 기말재공품은 얼마인가?

직접재료원가	1,500,000원	직접노무원가	900,000원
제조간접원가	1,100,000원	당기매출액	8,000,000원
기초제품	4,000,000원	기말제품	1,200,000원
기초재공품	1,250,000원	기말재공품	?

① 1,250,000원　　　　　　　　　　② 1,300,000원

③ 1,500,000원　　　　　　　　　　④ 1,550,000원

---

[2] ㈜삼일의 원가자료가 다음과 같을 때 기말제품재고액은 얼마인가?

매출액	200,000원
매출총이익률	30%
기초제품재고액	10,000원
제조간접원가	32,000원
기초재공품재고	25,000원
기말재공품재고	8,000원

직접재료원가는 기본원가의 50 % 이고, 직접노무원가는 가공원가의 60 % 이다.

① 13,000원   ② 15,000원
③ 21,000원   ④ 28,000원

해답

[1] ④

매출액 8,000,000원 × (1 - 매출총이익률) = 매출원가 6,400,000원
당기총제조원가 = 직접재료비 + 직접노무비 + 제조간접비 = 3,500,000원

재 공 품		제 품	
기초 1,250,000	당기제품제조원가 3,200,000	기초 4,000,000	매출원가 6,000,000
당기총제조원가 3,500,000	**기말 1,550,000**	당기제품제조원가 3,200,000	기말 1,200,000

[2] ②

매출액 200,000원 × (1 - 매출총이익률) = 매출원가 140,000원
직접노무원가가 가공원가의 60%라면 제조간접원가는 가공원가의 40%이다.
제조간접원가 32,000원 ÷ 0.4 = 가공원가 80,000원, 직접노무원가 48,000원
직접재료원가가 기본원가의 50%에서 직접재료원가도 48,000원, 당기총제조원가 128,000원

재 공 품		제 품	
기초 25,000	당기제품제조원가 145,000	기초 10,000	매출원가 140,000
당기총제조원가 128,000원	기말 8,000	당기제품제조원가 145,000	**기말 15,000**

4.1 원가배분

(1) **원가배분** : 원가를 집합하여 합리적인 기준에 따라 강제적으로 원가대상에 배분.

(2) **원가배분의 기준** : 원칙적으로는 인과관계를 우선적으로 반영하여야 하나 인과관계가 명확하지 않은 경우에는 차선으로 부담능력(매출액기준)이나 수혜기준등을 고려하여 결정

(3) 두가지 이상의 제품을 생산하는 경우에는 외부보고용 재무제표 작성을 위해서도 원가배분 작업이 필요

[예제 4-1]

[1] 원가배분은 공통원가를 원가대상에 합리적으로 대응시키는 과정이다. 다음의 원가배분기준 선택 지침 중 합리적인 원가배분을 위하여 가장 우선적으로 고려해야 하는 것은?

① 원가집합과의 인과관계   ② 모든 원가대상에 균등하게 배분
③ 비재무적 배부기준   ④ 가장 쉽게 적용 가능한 배부기준

[2] 공통원가를 일정한 배부기준에 따라 하나 또는 둘 이상의 원가대상에 합리적으로 대응시키는 원가배분(cost allocation)의 목적과 가장 거리가 먼 것은?

① 기업의 순이익 측정에 영향을 미치는 재고자산 가액과 매출원가를 측정하여 외부보고를 위한 재무제표를 작성하기 위하여
② 합리적 원가배분을 통하여 적정가격을 설정함으로써 제품가격의 정당성을 확보하기 위하여
③ 최적의 자원배분을 위한 경제적 의사결정과 관련된 원가정보 파악을 위하여
④ 보조부문원가를 제품원가에 포함시킴으로써 당기의 이익을 크게 보고하기 위하여

[3] 원가배분에서 가장 중요한 문제는 원가배분 기준의 설정이다. 다음 중 원가배분 기준에 대한 설명으로 가장 올바르지 않은 것은?

① 부담능력기준은 원가배분대상의 원가부담능력에 비례하여 공통원가를 배분하는 기준으로, 품질검사원가를 품질검사시간을 기준으로 배분하는 경우가 대표적인 예이다.

② 수혜기준은 원가배분대상이 공통원가로부터 제공받은 경제적 효익의 정도에 따라 원가를 배분하는 기준으로 수익자 부담의 원칙에 입각한 배분기준이다.

③ 인과관계기준은 원가배분대상과 배분대상 원가간의 인과관계를 통하여 특정원가를 원가배분대상에 대응시키는 배분기준이다.

④ 공정성과 공평성기준은 공정성과 공평성에 따라 공통원가를 원가배분대상에 배분해야 한다는 원칙을 강조하는 포괄적인 기준이다

[4] 다음 중 원가의 개념과 관련된 설명으로 올바른 설명을 모두 고르시오.

> ㄱ. 경영자는 원가배분 대상과 배분대상 원가간의 인과관계에 의한 원가배분이 경제적으로 실현 가능한 경우에는 인과관계기준에 의하여 원가를 배분하여야 한다.
> ㄴ. 당기제품제조원가란 당기 중에 완성된 제품의 제조원가이며, 당기총제조원가에 기초재공품재고액은 가산하고, 기말재공품재고액은 차감하여 구한다.
> ㄷ. 원가행태란 원가대상의 총원가에 변화를 유발시키는 요인을 말한다.
> ㄹ. 원가는 미래에 경제적 효익을 제공할 수 있는 용역잠재력을 갖는지에 따라 관련원가와 기회원가로 분류한다.
> ㅁ. 제품생산을 위해 구입한 공장 건물은 소비되어 없어지는 것이 아니기 때문에 원가가 아니라 자산에 해당된다.

① ㄱ, ㄴ, ㄷ 　　　　　② ㄱ, ㄴ, ㄹ
③ ㄱ, ㄴ, ㅁ 　　　　　④ ㄴ, ㄹ, ㅁ

해답

[1] ① 원가배분은 우선적으로 인과관계를 고려하여야 한다.
[2] ④ 원가배분의 목적은 이익조작과 관계없다.
[3] ① 부담능력기준은 인과관계가 아니라 매출액이나 이익에 비례해서 배부하는 방법이다.
[4] ③ ㄷ은 원가동인에 대한 설명이고, ㄹ은 소멸원가와 미소멸원가로 구분한다.

4.2 제조간접비의 예정배부

제조간접비는 제품에 직접 추적할 수 없는 간접원가이고, 정확한 원가가 뒤늦게 확정되는 특성이 있다. 그러므로, 정상원가계산에서는 제조간접비의 원가를 예정배부하게 된다. 예정배부를 할 때에는 우선 원가동인에 따른 예정배부율을 구한 뒤 여기에서 실제발생량을 곱하여 계산한다(예정배부율에서 예정배부액을 곱하는 것이 아님에 주의한다).

	실제배부	예정배부
제조간접비 배부율	$\dfrac{\text{실제발생액}}{\text{실제총배부기준}}$	$\dfrac{\text{예산}}{\text{예정총배부기준}}$
제품별 배부액	실제배부율 × 제품별 실제배부기준	예정배부율 × 제품별 실제배부기준

예제 1. 제조간접비의 예정배부 (1)

(주)연지는 작업시간을 기준으로 전력비를 예정배부 하고 있다. 작업시간이 1,000시간일 때 전력비 10,000,000원으로 예상하고 있다. 당월 실제 작업시간은 1,100시간이었고, 실제 발생한 전력비는 10,500,000원이었다.

(1) 제조간접비 예정배부율은 얼마인가?

(2) 제조간접비 예정배부액은 얼마인가?

(3) 실제발생액과 비교하였을 때 과대배부 또는 과소배부는 어떻게 되는가?

해답

(1) 10,000,000원/시간 1,000시간 = 10,000원/시간

(2) 10,000원/시간 × 1,100시간 = 11,000,000원

(3) 실제 발생액이 10,500,000원인데 11,000,000원을 예상하였으므로 500,000원 과대배부가 된다.

예제 2. 제조간접비의 예정배부 (2)

다음 물음에 답하시오. 단, 서로 독립된 문제이다.

(1) 제조간접비 실제 발생액은 2,000,000원이고, 제조간접비는 200,000원 과대배부 된 것이다.예정배부액은 얼마인가?

(2) 당사는 제조간접비를 작업시간 기준으로 예정배부 한다. 당기에 제조간접비는 100,000원만큼 과대배부 되었으며, 실제 제조간접비 발생액은 1,500,000원이다. 당기 작업시간이 8,000시간일 때 제조간접비 예정배부율은 시간당 얼마인가?

(3) 당사는 제조간접비를 작업시간 기준으로 예정배부 한다. 당기에 제조간접비는 100,000원만큼 과소배부 되었으며, 실제 제조간접비 발생액은 2,500,000원이다. 제조간접비 예정배부율이 작업시간당 3,000원이라면 실제 작업시간은 몇 시간인가?

(1) 2,200,000원 (실제 금액인 2,000,000원을 예정배부했어야 하나 200,000원 과대배부 하였음)
(2) 200원
   제조간접비 실제발생액이 1,500,000원이고, 100,000원 과대배부 되었으므로 예정배부액은 1,600,000원 이다. 예정배부율은 1,600,000원 ÷ 8,000시간 = 작업시간 당 200원
(3) 제조간접비 실제발생액이 2,500,000원인데, 100,000원 과소배부 되었으므로 예정배부액은 2,400,000원이다. 실제작업시간은 예정배부액 2,400,000원 ÷ 3,000원 = 800 작업시간

일반기업회계기준에서는 이러한 예정배부의 방법이 이익조작의 가능성이 있으므로 원가의 예정배부를 인정하지 않고 있다(단, 국제회계기준에서는 인정하고 있다). 그러므로 차액만큼은 원가확정시 실제배부금액으로 고쳐주어야 한다.

제조간접비 배부차이를 처리하는 방법은 영업외손익법과 원가배분법이 있다. 영업외손익법은 차액을 영업외손익으로 회계처리 하는 방법이고, 원가배분법은 배부차이를 기말재고와 매출원가에 비례하여 배분하는 방법이다. 제조간접비를 과소 배부한 경우에는 매출원가 또는 관련 재고자산에 부족배부한 금액을 비례하여 추가적으로 배부하여야 하며, 과대배부한 경우에는 감소시켜야 한다.

예제 3. 예정제조간접비의 배부차이

다음 자료를 이용하여 기말 제조간접비 부족배부액 100,000원을 비례배분법으로 배부할 경우 원가총액 기준에 따른 경우와 원가요소에 따른 경우에 배부할 금액은 각각 얼마인가?

	기말재공품	기말제품	매출원가
직접재료비	25,000원	8,000원	150,000원
직접노무비	30,000원	17,000원	270,000원
제조간접비	55,000원	45,000원	400,000원
합계	110,000원	70,000원	820,000원

(1) 원가총액기준 : 기말재공품, 기말제품, 매출원가의 합계금액이 110,000원, 70,000원, 820,000원, 합계 1,000,000원이므로 부족배부액 100,000원을 11/100, 7/100, 82/100의 비율로 배분한다.
   재공품 : 11,000원, 제품 : 7,000원, 매출원가 : 82,000원
(2) 원가요소기준 : 제조간접비 배부차이가 발생하는 원인은 직접재료비나 직접노무비가 아니라 제조간접비에서 차이가 발생하므로, 기말재공품, 기말제품, 매출원가에 포함된 제조간접비인 55,000원, 45,000원, 400,000원을 기준으로 배분한다.
   → 재공품 : 11,000원, 제품 : 9,000원, 매출원가 : 80,000원

[예제 4-2]

[1] ㈜삼일은 일반형 자전거와 고급형 자전거 두 가지의 제품을 생산하고 있다. 12월 한 달 동안 생산한 두 제품의 작업원가표는 아래와 같다.

	일반형 자전거	고급형 자전거
직접재료 투입액	300,000원	600,000원
직접노동시간	1,000시간	4,000시간
직접노무원가 임률	100원/시간	200원/시간

동 기간 동안 발생한 회사의 총제조간접원가는 1,000,000 원이며, 제조간접원가는 직접노동시간을 기준으로 배부하고 있다. ㈜삼일은 실제 발생한 제조간접원가를 실제조업도에 의해 배부하는 원가계산방식을 채택하고 있다. 12 월 한 달 동안 생산한 일반형 자전거의 제조원가는 얼마인가?

① 500,000원   ② 600,000원
③ 700,000원   ④ 800,000원

[2] ㈜삼일은 직접노동시간을 기준으로 제조간접원가를 예정배부하고 있으며 연간 제조간접원가는 2,000,000 원으로, 연간 직접노동시간은 5,000 시간으로 예상하고 있으나 실제로는 4,000 시간이 발생하였다. 실제 제조간접원가 2,000,000 원이 발생한 경우 #A 의 예정배부와 실제배부의 제조간접원가 차이는 얼마인가?

	# A	# B	합계
예상 직접노동시간	3,000시간	2,000시간	5,000시간
실제 직접노동시간	2,000시간	2,000시간	4,000시간

① 100,000원   ② 200,000원
③ 300,000원   ④ 400,000원

[3] ㈜삼일은 제조간접원가를 직접노무시간을 기준으로 배부하고 있다. 총 제조간접원가 추정액은 1,500,000 원이고, 추정 직접노무시간은 300,000시간이다. 전기 말 제조간접원가는 2,100,000 원이고, 실제 사용 직접노무시간은 400,000시간이다. 전기 제조간접원가 과소 또는 과대 배부액은 얼마인가?

① 100,000원 과대배부   ② 100,000원 과소배부
③ 600,000원 과대배부   ④ 600,000원 과소배부

해답

[1] ② 300,000 + (1,000 × 100원) + (1,000,000 × 1,000 ÷ 5,000) = 600,000원

[2] ②
\# A 예정배부액 = 2,000,000원 x 3,000시간 / 5,000시간 = 800,000원
\# B 실제배부액 = 2,000,000원 x 2,000시간 / 4,000시간 = 1,000,000원
따라서 200,000원의 차이가 발생한다.
[3] ②
예정배부율 = 예산 1,500,000원 ÷ 300,000시간 = 시간당 5원
예정배부액 = 5원 × 400,000시간 = 2,000,000원
실제금액이 2,100,000원이므로 100,000원 과소배부

4.3 예정배부액과 실제발생액의 차이

예정배부와 실제발생금액이 차이가 발생한 경우에는 다음과 같이 처리한다.

① 정상적인 차이와 비정상적인 차이
- 비정상적인 차이 : 영업외손익으로 조정
- 정상적인 차이 : 매출원가에서 조정하거나 비례배분하여 조정

② 금액의 조정
- 과소배부를 한 경우 : 관련 기말 재공품, 기말 제품, 매출원가를 증가
- 과대배부를 한 경우 : 기말 재공품, 기말 제품, 매출원가를 감소
  비례배분법을 적용하는 경우에는 원가총액을 기준으로 배분하는 방법과 원가요소를 기준으로 배분하는 방법으로 나누어진다.

방법	배부차이	조정방법
(방법 1) 전액 매출원가에서 조정하는 방법	과소배부를 한 경우	과소배부액 만큼 매출원가 증가
	과대배부를 한 경우	과대배부액 만큼 매출원가 감소
(방법 2) 기말 재공품, 기말 제품, 매출원가에 비례 배분하는 방법	과소배부를 한 경우	과소배부액 만큼 기말 재공품, 기말 제품, 매출원가 증가
	과대배부를 한 경우	과대배부액 만큼 기말 재공품, 기말 제품 매출원가 감소

* 제조간접비를 과소배부 : 가급적 자산에 배분(증가)하여야 이익을 크게 보고한다.
* 제조간접비를 과대배부 : 가급적 비용에 배분(감소)하여야 이익을 크게 보고한다.

[예제 4-3]

[1] 다음 중 개별원가계산에서 제조간접비의 배부차이에 대한 회계처리방법이 아닌 것은?

① 매출원가조정   ② 영업외손익처리
③ 비례배분   ④ 재공품 대체

해답
[1] ④ 비정상적인 차이는 영업외손익으로 처리하고, 정상적인 차이는 매출원가에서 조정하거나 비례배분한다.

제5장

보조부문원가계산

5.1 직접배분법

(1) 보조부문과 제조부분

① 제조부문 : 제품제조와 직접 관련이 있는 부문

② 보조부문 : 제조부문을 도와주는 역할을 하는 부분

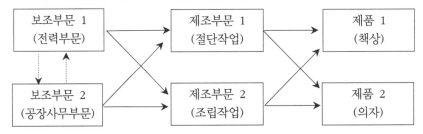

(2) 직접배분법 : 보조부문간 용역수수를 무시하는 방법.

예제. 직접배분법

보조부문과 제조부문의 발생원가와 용역제공비율이 다음과 같을 때 직접배분법에 따라 제조부문의 원가를 계산하여라.

제공 \ 사용	보조부문		제조부문	
	A	B	C	D
발생원가	800,000	600,000	1,500,000	2,000,000
A	–	25%	37.5%	37.5%
B	20%	–	30%	50%

해답 직접배분법에 따른 원가계산

제공 \ 사용	보조부문		제조부문	
	A	B	C	D
발생원가	800,000	600,000	1,500,000	2,000,000
A	(800,000)		400,000	400,000
A	A 800,000원을 C, D에 1:1* 의 비율로 배분			
B		(600,000)	225,000	375,000
B	B 600,000원을 C, D에 3:5의 비율로 배분			
합 계	0	0	2,125,000	2,775,000

* 37.5 : 37.5를 약분함

5.2 단계배분법

보조부문간 용역수수를 일부만 고려하는 방법이다. 어느 보조부문의 원가를 먼저 배분하는지에 따라 다른 결과가 도출된다.

예제. 단계배분법

보조부문과 제조부문의 발생원가와 용역제공비율이 다음과 같을 때 원가배분방법에 따라 제조부문의 원가를 계산하여라.

제공 \ 사용	보조부문		제조부문	
	A	B	C	D
발생원가	800,000	600,000	1,500,000	2,000,000
A	–	25%	37.5%	37.5%
B	20%	–	30%	50%

(1) 단계배분법 (A를 먼저 배분)에 따라 원가를 배분할 때 제조부문 C, D의 원가는?

(2) 단계배분법 (B를 먼저 배분)에 따라 원가를 배분할 때 제조부문 C, D의 원가는?

해답

(1) 단계배분법에 따른 원가계산 : A를 먼저 배분

제공 \ 사용	보조부문		제조부문	
	A	B	C	D
발생원가	800,000	600,000	1,500,000	2,000,000
A	(800,000)	200,000	300,000	300,000
A	A 800,000원을 B, C, D에 25 : 37.5 : 37.5의 비율로 배분			
B		(800,000)	300,000	500,000
B	B 800,000원을 C, D에 3 : 5의 비율로 배분			
합 계			2,100,000	2,800,000

(2) 단계배분법에 따른 원가계산 : B를 먼저 배분

제공 \ 사용	보조부문		제조부문	
	A	B	C	D
발생원가	800,000	600,000	1,500,000	2,000,000
A	(920,000)		460,000	460,000
A	② A 920,000원을 C,D에 1:1의 비율로 배분			
B	120,000	(600,000)	180,000	300,000
B	① B 600,000원을 A,C,D에 2:3:5의 비율로 배분			
합 계			2,140,000	2,760,000

5.3 상호배분법

상호배분법은 보조부문간 용역수수를 완전히 고려하는 방법이며 연립방정식을 이용한다. 상대적으로 정확한 장점이 있지만, 복잡하다는 단점이 있다.

예제. 상호배분법

보조부문과 제조부문의 발생원가와 용역제공비율이 다음과 같을 때 상호배분법에 따라 원가를 배분할 때 제조부문 C, D의 원가는?

제공 \ 사용	보조부문		제조부문	
	A	B	C	D
발생원가	800,000	600,000	1,500,000	2,000,000
A	–	25%	37.5%	37.5%
B	20%	–	30%	50%

해답

상호배분법 : 우선 연립방정식을 세워 계산한다.

 A = 800,000 + 0.2B

 B = 600,000 + 0.25A

여기에서 위의 식에서 B를 A에 대입하면,

 A = 800,000 + 0.2 × (600,000 + 0.25A) = 920,000 + 0.05A

양변에 0.05A를 차감하면,

 0.95A = 920,000원. 따라서 A = 968,421원이 되고, 아래의 식에서 A에 968,421원을 대입하면 B의 새로운 원가는 842,105원이 된다.

사용 제공	보조부문		제조부문	
	A	B	C	D
발생원가	800,000	600,000	1,500,000	2,000,000
A	(968,421)	242,105	363,158	363,158
	A 968,421원을 B,C,D에 25 : 37.5 : 37.5의 비율로 배분			
B	168,421	(842,105)	252,632	421,052
	B 842,105원을 A,C,D에 2:3:5의 비율로 배분			
합 계	0	0	2,115,790	2,784,210

지금까지의 배분방법에 따라 계산된 제조부문의 원가와 총원가는 다음과 같다.

	제조부문 C	제조부문 D	총원가
직접배분법	2,125,000	2,775,000	4,900,000
단계배분법(A먼저 배부)	2,100,000	2,800,000	4,900,000
단계배분법(B먼저 배부)	2,140,000	2,760,000	4,900,000
상호배분법	2,115,790	2,784,210	4,900,000

한편 보조부문의 원가배부는 보조부문의 원가 전부를 제조부문에 배부하는 것이므로 보조부문의 원가배부 방법에 따라 각 제조부문별 원가는 달라지나 총원가는 일정하게 계산된다.

[예제 5]

[1] 다음 중 보조부문의 원가배부 방법에 관한 설명으로 가장 올바르지 않은 것은?

① 직접배분법이란 보조부문 상호간에 행해지는 용역의 수수를 완전히 무시하고 보조부문의 원가를 배분하는 방법이다.

② 단계배분법이란 보조부문원가의 배분순서를 정하여 그 순서에 따라 단계적으로 보조부문 원가를 다른 보조부문과 제조부문에 배분하는 방법이다.

③ 직접배분법의 경우 각 제조부문이 사용한 용역의 상대적인 비율에 따라 각 보조부문 원가가 다른 보조부문에 배분된다.

④ 단계배분법의 경우에도 보조부문간의 용역수수관계를 일부 인식하며, 보조부문간의 배분순위 결정이 부적절한 경우 원가가 왜곡될 수 있다.

[2] 다음 중 보조부문간의 용역수수를 부분적으로만 반영하는 방법은 무엇인가?

① 직접배부법   ② 간접배부법

③ 상호배부법   ④ 단계배부법

[3] 다음 빈칸에서 설명하고 있는 원가배분방법은 무엇인가?

> 보조부문간의 상호 관련성을 모두 고려하는 배분방법으로서 보조부문 사이에 용역수수관계가
> 존재할 때 각 보조부문간의 용역수수관계를 방정식을 통해 계산한 다음 보조부문원가를 배부하
> 는 방법

① 직접배분법   ② 단계배분법
③ 상호배분법   ④ 간접배분법

[4] 다음 중 보조부문원가의 배부방법인 직접배분법, 단계배분법, 상호배부법에 관한 설명으로 가장 올바
르지 않은 것은?

① 가장 논리적인 보조부문원가의 배부방법은 상호배부법이다.
② 보조부문원가를 어떤 배부방법으로 제조부문에 배부하느냐에 따라 공장 전체의 제조간접원가가 달라
진다.
③ 보조부문의 원가를 각 제조부문이 사용한 용역의 상대적 비율에 따라 각 제조부문에 직접 배부하는
방법은 직접배분법이다.
④ 배부순서가 중요한 계산방법은 단계배부법이다.

[5] ㈜삼일은 두 개의 제조부문 C, D 와 두 개의 보조부문 A, B 를 두고 있다. 보조부문 A 와 B 의
발생원가는 각각 400,000 원과 480,000 원이며, 각 부문의 용역수수관계는 다음과 같다. 직접배분
법을 사용할 경우 C 가 배분받은 보조부문 원가는 얼마인가?

사용 제공	보조부문		제조부문	
	A	B	C	D
A	-	20%	30%	50%
B	40%	-	40%	20%

① 280,000원   ② 330,000원
③ 470,000원   ④ 675,000원

[6] ㈜삼일은 단계배부법을 이용하여 보조부문원가를 배부하고 있다. 다음의 자료를 이용하여 물음에 답
하시오.(단, 보조부문 A 의 원가부터 배부한다)

사용 제공	보조부문		제조부문	
	A	B	갑	을
부문원가	6,000원	7,000원	12,000원	15,000원
A	-	30%	30%	40%
B	25%	-	33%	42%

위의 자료에서 보조부문 B 가 제조부문 갑에 배부해야 하는 금액은 얼마인가?

① 2,450원   ② 3,080원

③ 3,744원   ④ 3,872 원

[7] 두 개의 제조부문과 두 개의 보조부문으로 이루어진 ㈜삼일의 부문간 용역수수에 관련된 자료는 다음 과 같다.

제공＼사용	보조부문		제조부문	
	A	B	C	D
A	-	40%	20%	40%
B	20%	-	60%	20%
발생원가	200,000원	300,000원	450,000원	600,000원

단계배분법을 사용할 경우 제조부문 C 에 배분되는 보조부문의 원가는 얼마인가(단, 보조부문원가는 A 부문의 원가를 우선 배분한다)?

① 160,000원   ② 220,000원

③ 268,000원   ④ 325,000원

[8] 두 개의 제조부문과 두 개의 보조부문으로 이루어진 ㈜삼일의 부문간 용역수수에 관련된 자료는 다음 과 같다. 상호배분법을 사용할 경우 조각부문에 배분되는 보조부문의 원가는 얼마인가?(단, 소수점 첫째자리에서 반올림한다)

보조부문 : 창고부문, 전력부문
제조부문 : 조각부문, 도료부문
창고부문의 제공용역 : 전력(40 %), 조각(30 %), 도료(30 %)
전력부문의 제공용역 : 창고(20 %), 조각(50 %), 도료(30 %)
각 부문별 발생원가 : 창고(200,000원), 전력(800,000원)

① 391,304원   ② 404,348원

③ 595,652원   ④ 956,522원

해답

[1] ③ 직접배분법은 다른 보조부문에 원가를 배분하지 않는다.
[2] ④ 단계배분법은 용역수수를 일부만 고려한다.
[3] ③ 상호배분법은 연립방정식을 이용한다.
[4] ② 공장전체의 제조간접비는 동일하고, 부문이나 제품별 원가가 달라질 뿐이다.
[5] ③
     A → C : 400,000 × 30/80 = 150,000원, B → C : 480,000 × 40/60 = 320,000원

[6] ④

제공 \ 사용	보조부문		제조부문	
	A	B	갑	을
발생원가	6,000	7,000	12,000	15,000
A	(6,000)	1,800	1,800	2,4000
	A 6,000원을 B, 갑, 을에 3:3:4의 비율로 배분			
B		(8,800)	3,872	4,928
	B 8,800원을 갑, 을에 33:42의 비율로 배분			

[7] ④ 40,000 + 285,000 = 325,000원

제공 \ 사용	보조부문		제조부문	
	A	B	C	D
발생원가	200,000	300,000	450,000	600,000
A	(200,000)	80,000	40,000	80,000
	A 200,000원을 B,C,D에 4:2:4의 비율로 배분			
B		(380,000)	285,000	95,000
	B 380,000원을 C,D에 6:2의 비율로 배분			

[8] ③ 117,391 + 478,261 = 595,652원
창고 = 200,000 + 0.2전력, 전력 = 800,000 + 0.4창고
창고 = 200,000 + 0.2 × (800,000 + 0.4창고) = 360,000 + 0.08창고
→ 창고 = 391,304, 전력 = 956,522

제공 \ 사용	보조부문		제조부문	
	창고	전력	조각	도료
발생원가	200,000	800,000		
A	(391,304)	156,522	117,391	117,391
	창고 391,304원을 전력, 조각, 도료에 4:3:3의 비율로 배분			
B	191,304	(956,522)	478,261	286,957
	전력 956,522원을 창고, 조각, 도료에 2:5:3의 비율로 배분			

개별원가계산

6.1 개별원가계산과 종합원가계산의 비교

	종합원가계산	개별원가계산
생산형태	동종제품 대량생산	다품종 주문생산
원가계산방법	기간별, 공정별, 평균화 과정	작업지시서별 원가계산
핵심과제	완성품 환산량의 계산	제조간접비의 배부
기말재공품 평가	기말재공품환산량 × 환산량단위원가	미완성 작업지시서에 기록된 원가
장 단 점	원가계산간편, 경제적이다. 그러나, 제품원가가 상대적으로 부정확하다.	정확한 제품원가계산이 가능하나 원가관리에 많은 노력과 비용이 필요하다.

원가계산방법은 다음과 같으며 세로축 간에는 조합이 가능하다. (예 : 개별원가-정상원가-전부원가 또는 종합원가-표준원가-변동원가)

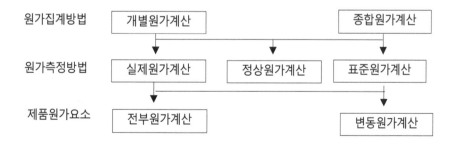

[예제 6-1]

[1] 다음 중 개별원가계산에 관한 설명으로 가장 옳은 것은?

① 제조간접원가는 개별작업과 관련하여 직접적으로 추적할 수 없으므로 이를 배부하는 절차가 필요하다.

② 개별원가계산은 해당 제품이나 공정으로 직접 추적할 수 있기 때문에 실제원가계산만 가능하다.

③ 개별원가계산은 제품원가를 개별작업별로 구분하여 집계하므로 제조직접비와 제조간접비의 구분이 중요하지 않다.

④ 대량생산시 적합한 방법이다.

해답

[1] ① 개별원가계산은 실제원가, 정상원가, 표준원가 조합이 가능하다. 개별원가계산에서는 직접원가와 간접원가의 구분이 중요하다. 대량생산시에는 종합원가계산이 적합하다.

6.2 개별원가계산

(1) 의의 : 개별원가계산은 작업별로 원가를 계산하며 제조간접비가 중요하다. 원가배분기준을 확인하고, 제조간접비를 계산하는 것이 중요하다.

(2) 작업별 원가계산 : 완성분은 제품에 대체되고, 미완성분은 기말재공품이 된다.

[예제 6-2]

[1] ㈜삼일은 개별원가계산제도를 채택하고 있다. 제조간접원가는 직접노무원가의 150 % 이다. 작업 #101에서 발생한 직접재료원가는 300,000 원이며, 제조간접원가는 450,000 원이다. 또한 작업 #201 에서 발생한 직접재료원가는 250,000 원이며, 직접노무원가는 195,000 원이다. 작업 #101 과 작업 #201 에서 발생한 총원가는 각각 얼마인가?

	# 101 총원가	# 201 총원가		# 101 총원가	# 201 총원가
①	975,000	542,500	②	1,050,000	737,500
③	975,000	737,500	④	1,050,000	542,500

[2] ㈜삼일은 개별원가계산제도를 사용하고 있으며, 제조간접원가를 직접노무원가 발생액에 비례하여 배부한다. 다음의 원가자료에서 작업지시서 #111 과 #112 는 완성이 되었으나, #113 은 미완성이다. 기초재공품이 없다면 기말재공품원가는 얼마인가?

	# 111	# 112	# 113	합계
직접재료원가	30,000	10,000	20,000	60,000
직접노무원가	24,000	5,200	10,800	40,000
제조간접원가	( )	9,100	( )	( )

① 38,900원
② 42,000원
③ 49,700원
④ 54,000원

[3] ㈜삼일은 개별원가계산제도를 채택하고 있으며, 제품 A 의 작업원가표가 아래와 같을 때 제품 A 의 제조원가는 얼마인가?

ㄱ. 직접재료 투입액	100,000 원
ㄴ. 직접노동시간	200 시간
ㄷ. 직접노무원가 임률	500 원/시간
ㄹ. 제조간접원가 배부율(직접노동시간당)	750 원/시간

① 350,000 원
② 385,000 원
③ 412,500 원
④ 435,000 원

해답

[1] ②
제조간접원가는 직접노무원가의 150%이고, # 101 제조간접원가가 450,000원이면 # 101의 직접노무원가는 300,000원이다. # 201의 직접노무원가가 195,000원이면 제조간접원가는 292,500원이다.
#101의 총원가는 300,000 + 300,000 + 450,000 = 1,050,000원이다.
#102의 총원가는 250,000 + 195,000 + 292,500 = 737,500원이다.

[2] ③ 기말재공품은 미완성된 #113을 계산하면 된다. #112의 경우 9,100 ÷ 5,200 = 1.75에서 제조간접원가는 직접노무원가의 1.75배이다. # 113 제조간접비는 18,900원이 된다.
기말재공품의 원가는 20,000 + 10,800 + 18,900 = 49,700원

[3] ① 직접노무비는 200 × 500원 = 100,000원, 제조간접비는 200 × 750원 = 150,000원
제조원가 = 100,000원 + 100,000 + 150,000 = 350,000원

6.3 이중배부율법

고정비에 대하여는 최대사용량을 기준으로 변동비에 대하여는 실제사용량을 기준으로 원가를 배분하는 방법이다. 단일배부율법에 비해 상대적으로 복잡하지만 보다 정확한 방법이다.

[예제 6-3]

[1] ㈜삼일은 2개의 제조부문과 1개의 보조부문으로 구성되어 있다. 당기 중 보조부문에서 발생한 변동 원가는 1,000,000원이고, 고정원가는 600,000원이었다. 보조부문에서는 두 개의 제조부문에 용역 을 공급하고 있는데 각 제조부문이 실제 사용한 시간과 최대사용가능시간은 다음과 같다.

	제조 # 1부문	제조 # 2부문
최대 사용 가능시간	800시간	700시간
실제 사용한 시간	400시간	400시간

제조 #2 부문에 배분될 보조부문의 원가는 얼마인가(단, 보조부문원가를 제조부문으로 배분할 때 이 중배분율법을 사용한다고 가정한다)?

① 780,000원
② 800,000원
③ 833,333원
④ 853,333원

[2] 다음 중 보조부문원가 배분방법인 이중배분율법에 관한 설명으로 가장 올바르지 않은 것은?

① 보조부문의 원가를 원가행태에 따라 고정원가와 변동원가로 분류하여 다른 배분기준을 적용하는 방 법이다.
② 고정원가는 제조부문에서 사용할 수 있는 최대사용가능량을 기준으로 배분한다.
③ 변동원가는 실제 용역사용량을 기준으로 배분한다.
④ 단일배분율법에 비해 사용하기가 간편하지만 부문의 최적의사결정이 조직전체의 차원에서는 최적의 사결정이 되지 않을 수 있다는 문제점이 있다

[3] 다음 중 원가배부에 관한 설명으로 가장 옳은 것은?

① 부문별 제조간접원가 배부율을 사용하는 경우에는 보조부문원가 배분방법에 의해 제조간접원가 배부 율이 영향을 받지 않는다.
② 이중배분율법은 변동원가와 고정원가를 구분해서 변동원가는 최대사용가능량을 기준으로 배분하고 고정원가는 서비스의 실제사용량을 기준으로 배분한다.
③ 공장전체 제조간접원가 배부율을 사용하는 경우에는 보조부문원가 배분방법에 의해 제조간접원가 배 부율이 영향을 받지 않는다.
④ 단계배분법과 상호배분법에서는 배분순서와 관계없이 배분 후의 결과는 일정하게 계산된다.

해답

[1] ① 280,000 + 500,000 = 780,000원

	제조 # 1부문	제조 # 2부문
고정비 600,000원 실제기준	320,000	280,000
변동비 1,000,000원 실제기준	500,000	500,000

[2] ④ 일부는 판매비와관리비에 배분될 수도 있으므로 제조원가로 국한하면 안된다.

[3] ① 보조부문 원가배분 방법에 따라 부문별 금액이 달라진다.

② 변동원가는 실제사용량, 고정원가는 최대사용량 기준으로 배분한다.

④ 단계배분법은 배분순서에 따라 다르게 계산된다.

제7장

종합원가계산 l

7.1 종합원가계산의 의의

개별원가계산에서는 작업지시서나 제조원가표에 따라 원가계산을 하는 반면 종합원가계산은 각 공정별로 원가를 계산한다.

제조원가	재공품		제품	매출원가
직접재료원가 가공원가 (직접노무비, 제조간접비)	→ 제1공정 →	제2공정	제품	매출원가

종합원가계산에서는 편의상 원가를 재료비와 가공비, 두가지로 구분한다. 일반적으로 재료비는 공정초기에 원가가 전액 투입되는 경우가 많은 반면 가공비는 공정전반에 걸쳐 원가가 균등하게 발생하기 때문이다(물론 시험에서는 원가흐름의 가정이 주어지는 대로 접근하여야 한다).

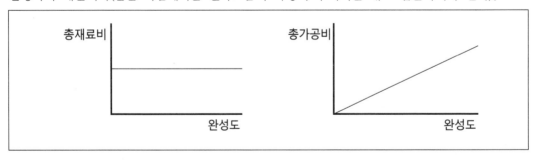

(2) 완성품 환산량

완성품환산량은 완성품이나 재공품에 대하여 몇 개에 해당하는 원가가 발생하였는지 계산하는 자료이다. 완성품 환산량은 다음과 같이 계산할 수 있다.

완성품환산량 = 물량단위 × 완성도

단, 완성품환산량에서 완성도란 물리적인 공정진척도가 아니라 투입정도를 의미한다.

예제. 기초재공품이 없는 경우 완성품환산량의 계산

다음의 각 상황에서 완성품 환산량을 구하시오. 단, 기초재공품은 없다고 가정한다.

(1) 모든 원가의 흐름은 동일하다. 당기 완성수량은 1,000개이고, 기말 재공품의 수량은 200개인데, 완성도는 50% 이다.

(2) 재료비는 공정초기에 전액 투입되고, 가공비는 공정전반에 걸쳐 균등하게 발생한다. 당기 완성수량은 2,000개이고, 기말 재공품의 수량은 500개인데, 완성도는 40%이다.

(3) 재료비는 공정초기에 전액 투입되고, 가공비는 공정전반에 걸쳐 균등하게 발생한다. 당기 완성수량은 3,000개이고, 기말 재공품의 수량은 1,000개인데, 완성도는 25%이다.

(4) 재료비는 공정초기에 80%가 투입되고, 완성시에 나머지가 투입된다. 가공비는 공정전반에 걸쳐 균등하게 발생한다. 당기 완성수량은 2,500개이고, 기말 재공품의 수량은 1,000개인데, 완성도는 20%이다.

완성품환산량	(1)	(2)	(3)	(4)
재료비				
가공비				

해답

(1) 재료비, 가공비 동일함 : 1,000개 + (200개 × 50%) = 1,100개
(2) 재료비 : 2,000개 + 500개 = 2,500개
  가공비 : 2,000개 + (500개 × 40%) = 2,200개
  * 재료비의 경우 공정초기에 전액 투입되므로, 완성도 100%로 계산한다.
(3) 재료비 : 3,000개 + 1,000개 = 4,000개
  가공비 : 3,000개 + (1,000개 × 25%) = 3,250개
(4) 재료비 : 2,500개 + (1,000개 × 80%) = 3,300개
  가공비 : 2,500개 + (1,000개 × 20%) = 2,700개

[예제 7-1]

[1] 종합원가계산의 특징 및 장단점에 대한 설명 중 올바른 것을 모두 고르시오.

ㄱ. 특정기간 동안 특정 공정에서 생산된 제품은 원가측면에서 서로가 동일하다고 가정한다. 즉 제품원가를 평균개념에 의해서 산출한다.

ㄴ. 원가의 집계가 공정별로 이루어지는 것이 아니기 때문에 개별작업별로 작업지시서를 작성해야 한다.

ㄷ. 동일제품을 연속적으로 대량생산하지만 일반적으로 어떤 공정에 있어서든지 기말시점에서는 부분적으로 가공이 완료되지 않은 재공품이 존재하게 된다.

ㄹ. 원가통제와 성과평가가 공정별로 이루어지는 것이 아니라 개별작업별로 이루어진다.

ㅁ. 기장절차가 간단한 편이므로 시간과 비용이 절약된다

① ㄱ, ㄴ, ㄷ   ② ㄱ, ㄷ, ㅁ
③ ㄴ, ㄷ, ㄹ   ④ ㄷ, ㄹ, ㅁ

[2] 다음 중 종합원가계산에 관한 설명으로 가장 올바르지 않은 것은?

① 종합원가계산의 원가요소별 단위당 원가는 완성품환산량에 기초하여 계산된다.

② 원가의 집계는 공정과 상관없이 개별작업별로 작업지시서를 통해 이루어진다.

③ 특정기간 동안 특정공정에서 가공된 제품은 원가측면에서 서로가 동일하다고 가정한다. 즉 제품원가를 평균개념에 의해서 산출한다.

④ 일반적으로 표준규격제품을 연속적으로 대량생산하는 형태에 적용된다.

해답

[1] ② 작업지시서와 개별작업별 원가계산은 개별원가계산의 특징이다.

[2] ② 개별원가계산의 특징이다.

7.2 원가흐름의 가정 – 평균법

종합원가계산은 원칙적으로 기초재공품과 당기투입원가 (=착수원가)를 완성품과 기말재공품에 배분하는 과정이다.

재 공 품

기초재공품	××	당기완성품	××
당기투입원가	××	기말재공품	××
	××		××

(1) 평균법

기초재공품원가와 당기투입원가를 평균화 하여 당기완성품과 기말재공품에 배분하는 방법이다.

재 공 품

기초재공품	↗ 당기완성품
당기착수액	↘ 기말재공품

예제 3. 평균법 원가계산

다음 자료를 이용하여 완성품의 원가와 기말재공품의 원가를 각각 구하시오. 단, 원가계산시 평균법을 적용하여 계산한다.

(1) 재료비는 공정초기에 전액 투입되고, 가공비는 공정전반에 걸쳐 균등하게 발생한다. 기초재공품 수량은 1,000개, 당기착수량은 9,000개이고, 이 중에서 8,000개가 완성되고, 나머지 2,000개는 기말재공품이며 완성도는 50%이다.

기초 재공품에 포함된 재료비는 500,000원, 당기에 착수에 사용된 재료비는 4,500,000원이다. 기초재공품에 포함된 가공비는 400,000원, 당기의 착수에 사용된 가공비는 5,000,000원이다.

(2) 재료비는 공정초기에 60%가 투입되고, 가공비는 공정전반에 걸쳐 균등하게 발생한다. 기초재공품 수량은 3,000개, 당기착수량은 8,000개이고, 이 중에서 9,000개가 완성되고, 나머지 2,000개는 기말재공품이며 완성도는 50%이다.

기초 재공품에 포함된 재료비는 440,000원, 당기에 착수에 사용된 재료비는 2,110,000원이다. 기초재공품에 포함된 가공비는 600,000원, 당기의 착수에 사용된 가공비는 7,000,000원이다.

해답 1

재료비 1,000,000원 + 가공비 600,000원 = 1,600,000원

재공품(재료비)				재공품(가공비)			
기 초		완 성 품 8,000개		기 초		완 성 품 8,000개	
	500,000원		4,000,000원		400,000원		4,800,000원
당기착수		기 말 2,000개		당기착수		기 말 1,000개	
	4,500,000원		1,000,000원		5,000,000원		600,000원

해답 2

재료비 300,000원 + 노무비 760,000원 = 1,060,000원

재공품(재료비)				재공품(가공비)			
기 초		완 성 품 9,000개		기 초		완 성 품 9,000개	
	440,000원		2,250,000원		600,000원		6,840,000원
당기착수		기 말 1,200개		당기착수		기 말 1,000개	
	2,110,000원		300,000원		7,000,000원		760,000원

* 재료비의 경우 공정초기에 60%의 원가가 발생하는 것에 유의한다.

[예제 7-2]

[1] ㈜삼일은 단일제품을 대량으로 생산하고 있으며, 평균법에 의한 종합원가계산을 채택하고 있다. 원재료는 공정초기에 모두 투입되고, 가공원가는 공정전반에 걸쳐 균등하게 발생하고 있다. 기초재공품은 5,000 단위이고 당기착수량은 21,000 단위이며 기말재공품은 2,000 단위(진척도 40 %)이다. 기초재공품에 포함된 가공원가가 33,200 원이고 당기발생 가공원가가 190,000 원이면 기말재공품에 포함된 가공원가는 얼마인가?

① 7,200원   ② 8,000원

③ 8,400원   ④ 9,200원

[2] 다음은 ㈜삼일의 원가자료이다. ㈜삼일은 평균법을 이용하여 종합원가계산을 하며, 원재료는 공정시작 시점에서 전량 투입되고 가공원가는 공정전반에 걸쳐 균등하게 발생한다.

〈수량〉
기초재공품 수량   0개   완성수량   1,200개
착수수량   2,000개   기말재공품수량   800개 (50%)

〈원가〉
당기발생원가 : 재료비 1,000,000원, 가공원가 800,000원

㈜삼일의 재료원가와 가공원가의 완성품환산량 단위당 원가는 얼마인가?

	재료원가	가공원가		재료원가	가공원가
①	625원	500원	②	625원	400원
③	500원	500원	④	500원	400원

[3] ㈜삼일은 평균법에 의한 종합원가계산을 채택하고 있다. 기초와 기말의 재공품 물량은 동일하나 기초에 비하여 재공품 기말 잔액이 증가하였다. 다음 중 이 현상을 설명할 수 있는 것으로 가장 옳은 것은?

① 전년도에 비해 노무임률이 상승하였다.
② 전년도에 비해 제조간접원가가 감소하였다.
③ 기초보다 기말의 재공품 완성도가 감소하였다.
④ 전년도에 비해 판매량이 감소하였다.

[4] ㈜삼일은 평균법을 이용한 종합원가계산제도를 채택하고 있다. 재료는 공정초기에 전량 투입되며, 가공원가는 공정전반에 걸쳐 균등하게 발생한다. (a)완성품원가와 (b)기말재공품원가는 각각 얼마인가?

〈수량〉
기초재공품 수량   50개(완성도 40%)   완성품   400개
착수수량   450개   기말재공품   100개 (20%)

〈원가〉
기초재공품원가 : 재료원가 8,000,000원, 가공원가 6,000,000원
당기발생원가 : 재료원가 32,000,000원, 가공원가 24,240,000원

① (a) 60,800,000원, (b) 9,440,000원   ② (a) 56,192,000원, (b) 56,192,000원
③ (a) 60,800,000원, (b) 56,192,000원   ④ (a) 56,192,000원, (b) 9,440,000원

[5] 다음은 평균법에 의한 기말재공품원가를 계산하는 식을 나타낸 것이다. 괄호 안에 들어갈 내용으로 적절한 것은?

$$
(\text{기초 재공품원가} + \text{당기발생원가}) \times \frac{\text{기말재공품완성품환산량}}{(\qquad)} = \text{기말 재공품 원가}
$$

① 기초재공품수량 + 당기투입수량 - 기말재공품수량
② 완성품수량 + 기말재공품의 완성품환산량
③ 기초재공품의 완성품환산량 + 완성품수량 - 기말재공품의 완성품환산량
④ 완성품수량 + 기말재공품의 완성품환산량 - 기초재공품의 완성품환산량

해답

[1] ① 기초가공비 33,200원과 착수한 가공비 190,000원의 합계 223,200원을 배분한다. 완성품환산량은 24,800단위이므로 단위당 원가는 9원이다. 기말재공품에는 800단위 × 9원 = 7,200원

재공품(가공비)

기초 5,000단위		완 성 품	24,000개
	33,200원		
착수 21,000단위		기 말	2,000단위의 40%
	190,000원		7,200원

[2] ③
재료비 완성품환산량 : 2,000개, 가공비 완성품환산량 1,600개
재료비 단위당 원가 : 1,000,000원 ÷ 2,000개 = 500원
가공비 단위당 원가 : 800,000원 ÷ 1,600개 = 500원

[3] ① 기말재공품의 완성도가 더 높거나 단위당 원가가 더 커야 한다.

[4] ① 완성품 32,000,000 + 28,800,000 = 60,800,000원, 기말 8,000,000 + 1,440,000 = 9,440,000원

재공품(재료비)				**재공품(가공비)**			
기초 + 당기발생		완 성 품 400개	32,000,000원	기초 + 당기발생		완 성 품 400개	28,800,000원
40,000,000원		기 말 100개	8,000,000원	30,240,000원		기 말 20개	1,440,000원

[5] ② 평균법의 완성품환산량은 완성품수량에서 기말재공품의 완성품환산량을 더하여 계산한다.

7.3 원가흐름의 가정 – 선입선출법

기초재공품원가가 우선 당기완성품에 대체되고 당기착수원가는 나머지 완성분과 기말재공품에 배분된다고 가정하는 방법이다.

재 공 품

기초재공품	→ 당기완성품
당기착수액	↗ 당기완성품
	↘ 기말재공품

예제. 선입선출법의 완성품환산량

다음의 각 상황에서 선입선출법에 의한 완성품 환산량을 구하시오.

단, 모든 문제에 대하여 기초재공품의 수량은 500개이고, 완성도는 20%라고 가정한다.

(1) 모든 원가의 흐름은 동일하다. 당기 완성수량은 1,000개이고, 기말 재공품의 수량은 200개인데, 완성도는 50%이다.

(2) 재료비는 공정초기에 전액 투입되고, 가공비는 공정전반에 걸쳐 균등하게 발생한다. 당기 완성수량은 2,000개이고, 기말 재공품의 수량은 500개인데, 완성도는 40%이다.

(3) 재료비는 공정초기에 전액 투입되고, 가공비는 공정전반에 걸쳐 균등하게 발생한다. 당기 완성수량은 3,000개이고, 기말 재공품의 수량은 1,000개인데, 완성도는 25%이다.

(4) 재료비는 공정초기에 80%가 투입되고, 완성시에 나머지가 투입된다. 가공비는 공정전반에 걸쳐 균등하게 발생한다. 당기 완성수량은 2,500개이고, 기말 재공품의 수량은 1,000개인데, 완성도는 20%이다.

완성품환산량	(1)	(2)	(3)	(4)
재료비				
가공비				

해답

(1) 재료비 : 1,000개 + 100개 − 100개 = 1,000개
    가공비 : 1,000개 + 100개 − 100개 = 1,000개
(2) 재료비 : 2,000개 + 500개 − 500개 = 2,000개
    가공비 : 2,000개 + 200개 − 100개 = 2,100개
(3) 재료비 : 3,000개 + 1,000개 − 500개 = 3,500개
    가공비 : 3,000개 + 250개 − 100개 = 3,150개
(4) 재료비 : 2,500개 + 800개 − 400개 = 2,900개
    가공비 : 2,500개 + 200개 − 100개 = 2,600개

예제. 선입선출법 원가계산

다음 자료를 이용하여 완성품의 원가와 기말재공품의 원가를 각각 구하시오. 단, 원가계산시 선입선출법을 적용하여 계산한다.

(1) 기초재공품 수량은 4,000개이고 완성도는 75%이다. 당기 착수량은 18,000개이다. 당기 완성수량은 17,000개이고, 기말 재공품의 완성도는 40%이다. 기초재공품의 재료비는 200,000원, 가공비는 180,000원이었으며, 당기착수액은 재료비 1,080,000원, 가공비는 1,440,000원이었다. 단, 재료비는 공정초기에 전액 투입되고 가공비는 공정전반에 걸쳐 균등하게 발생한다.

(2) 재료비는 공정초기에 전액 투입되고 가공비는 공정전반에 걸쳐 균등하게 발생한다. 기초재공품 수량은 2,000개 (완성도 25%)이며 재료비 2,000,000원, 가공비 1,000,000원으로 구성되어 있다. 반면 당기 완성수량은 10,000개이고, 기말재공품 수량은 1,000개인데, 완성도는 50%이다. 단, 당기에 착수한 재료비는 10,800,000원이고, 당기에 발생한 가공비는 10,000,000원이다.

해답 1

재료비 300,000원 + 가공비 180,000원 = 480,000원

재공품(재료비)			
기 초 4,000		기초 ⇒ 완성	4,000
	200,000원		200,000원
당기착수		착수 ⇒ 완성	13,000
			780,000원
	1,080,000원	기 말	5,000
			300,000원

재공품(가공비)			
기 초 3,000		기초 ⇒ 완성	3,000
	180,000		180,000
당기착수		착수 ⇒ 완성	14,000
			1,260,000
	1,440,000	기 말	2,000
			180,000

해답 2

재료비 1,200,000원 + 가공비 500,000원 = 1,700,000원

재공품(재료비)			
기 초 2,000		기초 ⇒ 완성	2,000
	2,000,000		2,000,000원
당기착수		착수 ⇒ 완성	8,000
			9,600,000원
	10,800,000	기 말	1,000
			1,200,000원

재공품(가공비)			
기 초 500		기초 ⇒ 완성	500
	1,000,000		1,000,000원
당기착수		착수 ⇒ 완성	9,500
			9,500,000원
	10,000,000	기 말	500
			500,000원

[예제 7-3]

[1] ㈜삼일은 선입선출법을 이용한 종합원가계산제도를 채택하고 있다. 당월 완성품환산량 단위당 원가
는 재료원가 5 원, 가공원가 10 원이며, 당월 중 생산과 관련된 자료는 다음과 같다.

기초재공품 500 단위 (완성도 40 %)
기말재공품 800 단위 (완성도 50 %)
당기완성품 4,200 단위

이 회사의 당월에 실제 발생한 가공원가는 얼마인가(단, 재료원가는 공정초기에 전량투입되고 가공원
가는 공정전반에 걸쳐 균등하게 발생한다고 가정한다)?

① 41,000원   ② 42,000원
③ 44,000원   ④ 45,000원

[2] 종합원가계산에서는 완성품원가와 기말재공품원가는 일반적으로 다섯 단계를 거쳐 계산된다. 종합원
가계산의 절차가 가장 옳은 것은?

ㄱ. 각 공정의 물량흐름 파악
ㄴ. 원가요소별 완성품환산량 단위당 원가계산
ㄷ. 원가요소별 원가배분대상액 파악
ㄹ. 원가요소별 완성품환산량 계산
ㅁ. 완성품원가와 기말재공품원가 계산

① ㄱ → ㄹ → ㄷ → ㄴ → ㅁ   ② ㄱ → ㄷ → ㄹ → ㄴ → ㅁ
③ ㄱ → ㄹ → ㄷ → ㅁ → ㄴ   ④ ㄴ → ㄹ → ㄷ → ㄱ → ㅁ

[3] 다음은 ㈜삼일의 원가자료이다. 원재료는 공정시작 시점에서 전량 투입되고 가공원가는 공정전반에
걸쳐 균등하게 발생한다.

| 기초재공품수량 | 600개(60 %) | 당기완성량 | 2,000개 |
| 당기착수량 | 1,900개 | 기말재공품수량 | 500개(70 %) |

㈜삼일의 종합원가계산 방법에 따른 가공원가 완성품환산량이 올바른 것은?

① 평균법, 1,750개   ② 평균법, 1,990 개
③ 선입선출법, 1,990개   ④ 선입선출법, 2,350 개

[4] 다음 중 종합원가계산에 관한 설명으로 올바른 것을 모두 고른 것은?

> ㄱ. 종합원가계산은 소품종 대량생산에 적합한 원가계산방법이다.
> ㄴ. 종합원가계산에서 물량은 환산량보다 항상 작거나 같다.
> ㄷ. 기말재공품이 300 단위이고 완성도가 70 % 라면 완성품환산량은 210 단위이다.
> ㄹ. 선입선출법에 따른 종합원가계산은 먼저 제조착수된 것이 먼저 완성된다고 가정한다.
> ㅁ. 평균법에 의한 종합원가계산에서는 기초재공품이 마치 당기에 착수된 것처럼 취급한다

① ㄱ, ㄴ, ㄷ   ② ㄱ, ㄷ, ㄹ
③ ㄱ, ㄷ, ㅁ   ④ ㄱ, ㄷ, ㄹ, ㅁ

[5] 제조업을 영위하는 ㈜삼일은 선입선출법을 이용하여 종합원가계산을 하며 원재료는 공정의 55 % 진행시점에서 전량 투입되고 가공원가는 공정전반에 걸쳐 균등하게 발생한다. 50 % 가 완료된 기말 재공품의 완성품환산량에는 다음 중 어떤 원가가 포함되는가?

	재료원가	가공원가		재료원가	가공원가
①	불포함	불포함	②	포함	불포함
③	불포함	포함	④	포함	포함

해답

[1] ③
   가공비 완성품환산량 : 완성 4,200 + 기말 400 - 기초 200 = 4,400단위
   가공원가 발생액 ÷ 가공비 완성품환산량 4,400단위 = 단위당 원가 10원에서 가공원가는 44,000원

[2] ①

[3] ③
   평균법 가공비 완성품환산량 : 2,000 + 500개 × 70% = 2,350개
   선입선출법 가공비 완성품환산량 : 2,000 + 500개 × 70% - 600개 × 60% = 1,990개

[4] ④ 종합원가계산에서 환산량이 물량보다 항상 작거나 같다. 나머지는 맞는 설명이다.

[5] ③ 재료는 55% 시점에 투입되므로 완성도가 50%일 때는 아직 포함되지 않는다. 가공원가는 비례해서 투입된다.

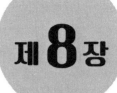

제**8**장

종합원가계산 II

8.1 평균법과 선입선출법의 비교

평균법과 선입선출법은 다음과 같이 비교할수 있다.

	평 균 법	선입선출법
기초재공품의 처리	당기투입원가와 합산하여 당기완성품과 기말 재공품에 완성품 환산량에 따라 배분	우선적으로 당기완성품에 배분
장점	계산이 상대적으로 간편	정확한 기간별 성과평가 가능
단점	기간별 성과가 부정확함	계산이 상대적으로 복잡

평균법과 선입선출법의 차이는 기초재공품의 완성품환산량만큼 차이가 발생한다. 만약에 기초 재공품의 완성품환산량이 없다면 평균법과 선입선출법은 같은 결과가 계산된다.

[참고] 완성품환산량의 계산

(1) 평균법의 완성품환산량 계산 = 당기완성수량 + 기말재공품의 완성품환산량

(2) 선입선출법의 완성품환산량 계산 = 평균법의 완성품환산량 − 기초재공품의 완성품환산량

[예제 8-1]

[1] 다음 중 평균법과 선입선출법에 의한 종합원가계산의 차이점에 관한 설명으로 가장 올바르지 않은 것은?

① 평균법은 완성품환산량 산출시 기초재공품의 기완성도를 고려한다.

② 평균법의 완성품환산량 단위당 원가에는 전기의 원가가 포함되어 있다.

③ 평균법의 원가배분대상액은 기초재공품원가와 당기투입원가의 합계액이다.

④ 선입선출법은 완성품환산량 산출시 기초재공품과 당기투입량을 구분한다.

[2] ㈜삼일은 종합원가계산제도를 채택하고 있으며 원재료는 공정의 초기에 전량 투입된다. 가공원가는 공정 전반에 걸쳐서 진척도에 따라 균등하게 발생한다. 선입선출법과 평균법을 각각 적용한 종합원가계산 시 각 방법에 의한 완성품환산량이 동일하게 산출되는 경우로 가장 옳은 것은?

① 기초제품이 전혀 없는 경우
② 기초재공품이 모두 완성품이 되는 경우
③ 기말제품이 모두 판매되는 경우
④ 기초재공품이 전혀 없는 경우

[3] 다음은 ㈜삼일의 원가자료이다. 원재료는 공정시작 시점에서 전량 투입되고 가공원가는 공정전반에 걸쳐 균등하게 발생한다.

〈 수량 〉
기초재공품수량 600개(80 %)   완성수량 2,300개
착수수량 2,500개   기말재공품수량 800 개(40 %)

평균법과 선입선출법을 적용하여 종합원가계산을 하는 경우 가공원가 완성품환산량 차이는 얼마인가?

① 선입선출법이 120 개 더 크다.   ② 선입선출법이 120 개 더 작다.
③ 평균법이 480 개 더 크다.   ④ 평균법이 480 개 더 작다.

해답
[1] ① 평균법은 기초재공품의 완성도를 고려하지 않고, 선입선출법은 고려한다.
[2] ④ 기초재공품이 없는 경우에는 평균법과 선입선출법의 완성품환산량이 같다.
[3] ③ 기초재공품의 완성품환산량만큼 평균법의 완성품환산량이 더 크다.

8.2 공정별 원가계산

2개 이상의 공정을 통해 단일제품을 생산하는 경우에 적용하는 원가계산 방법이다. 1공정이 완료되면 2공정 원가에 대체가 된다.

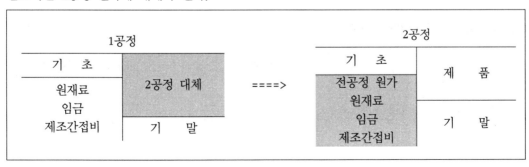

회계처리

① 제1공정 원가발생 시 : (차) 재공품(1공정)　　　(대) 원재료, 미지급임금, 제조간접비 등

② 제1공정에서 제2공정 대체 : (차) 재공품(2공정) (대) 재공품(1공정)

③ 제2공정에서 원가발생 : (차) 재공품(2공정)　　　(대) 원재료, 미지급임금, 제조간접비 등

④ 제2공정에서 완성품원가 대체 : (차) 제품　　　(대) 재공품(2공정)

[예제 8-2]

[1] 종합원가계산의 회계처리에서 원가흐름을 2 개의 공정을 가정하고 분개하였다. 다음 중 각 상황에 대한 분개의 예시가 가장 올바르지 않은 것은?

① 제 1 공정에서 원가 발생시

(차)	재공품(1공정)	XXX	(대)	재료	XXX
				미지급임금	XXX
				제조간접원가	XXX

② 제 1 공정에서 제 2 공정으로 대체시

| (차) | 재공품(2공정) | XXX | (대) | 재공품(1공정) | XXX |
| | (전공정 대체원가) | | | (차공정대체원가) | XXX |

③ 제 2 공정에서 원가발생시

(차)	재공품(2공정)	XXX	(대)	재료	XXX
				미지급임금	XXX
				제조간접원가	XXX

④ 제 2 공정에서 완성품원가의 대체시

| (차) | 배분제조비 | XXX | (대) | 재공품(2공정) | XXX |

해답

[1] ④ 차변에 제품이 기록되어야 한다.

8.3 완성도 오류가 미치는 영향

	기말재공품, 순이익	완성품 원가, 매출원가
기말 재공품의 완성도를 높게 설정	과대평가	과소평가
기말 재공품의 완성도를 낮게 설정	과소평가	과대평가

[예제 8-3]

[1] ㈜삼일은 당기 기말재공품의 완성도가 50 % 인데 이를 80 % 로 잘못 파악하였다. 기초재공품은 없다고 가정할 때 이 과대계상 오류가 완성품환산량 단위당 원가와 기말재공품원가에 어떠한 영향을 미치는가?

	완성품환산량단위당원가	기말 재공품 원가
①	과대평가	과대평가
②	과대평가	과소평가
③	과소평가	과대평가
④	과소평가	과소평가

해답

[1] ③ 완성도가 50%인데, 80%로 파악하면 기말재공품에 원가가 과대배분된다. 완성품환산량을 많이 인식하므로 단위당 원가는 과소평가 된다.

제 9 장

표준원가계산 Ⅰ

9.1 표준원가계산의 의의와 목적

(1) 표준원가계산의 의의

제품을 생산하기 전에 원가를 예측한 후 실제 성과와 비교하는 계량적인 원가계산방법으로 원가통제와 함께 신속한 원가계산이 가능하게 해준다.

(2) 표준원가의 목적

- 원가의 효과적인 관리·통제(주된 목적) 하고, 예산편성에 필요한 자료 제공
- 재고자산 평가와 매출원가 산정의 기초자료 제공
- 가격설정 및 기타 경영계획 수립에 필요한 자료 제공하고, 신속화 도모
- 성과평가를 통해 종업원의 동기부여에 활용
  * 판매량 증가, 품질향상 등은 표준원가의 목적에 해당되지 않는다.

[예제 9-1]

[1] 다음 중 표준원가계산에 관한 설명으로 가장 올바르지 않은 것은?

① 표준원가제도는 전부원가계산 및 변동원가계산제도 모두에 적용할 수 있다.

② 표준원가를 기준으로 제품원가계산을 하게 되면 원가계산이 신속해진다.

③ 원가발생의 예외를 관리하여 통제하기에 적절한 원가계산방법이다.

④ 표준원가계산제도를 채택할 경우 계량적인 정보를 무시할 가능성이 있다.

[2] 다음 중 표준원가계산의 목적과 가장 거리가 먼 것은?

① 제조기술의 향상   ② 원가통제

③ 기장사무의 신속화   ④ 제조원가 예산수립

---

[3] 다음 중 표준원가시스템에 관한 설명으로 가장 옳은 것은?

① 표준원가시스템은 책임을 명확히 하여 종업원의 동기를 유발시키는 방법으로는 적절하지 않다.

② 관리목적상 표준원가에 근접하는 원가항목을 보다 중점적으로 관리해야 한다.

③ 원가통제를 포함한 표준원가시스템을 잘 활용하여도 원가감소를 유도할 수는 없다.

④ 표준원가와 실제발생원가의 차이분석 시 중요한 불리한 차이뿐만 아니라 중요한 유리한 차이도 검토할 필요가 있다.

[4] 다음 중 표준원가와 표준원가계산제도에 관한 설명으로 가장 올바르지 않은 것은?

① 표준원가란 특정제품을 생산하는데 발생할 것으로 예상되는 원가를 사전에 결정한 것이다.

② 예산수립에 사용될 수 있다.

③ 표준원가와 실제원가의 차이를 분석함으로써 효과적인 원가통제를 수행할 수 있다.

④ 계량정보와 비계량정보를 모두 포함하는 종합적인 원가계산제도이다.

[5] 실제원가계산을 사용하던 ㈜삼일은 새롭게 표준원가계산제도의 도입을 검토하고 있다. 이에 따라 원가관리부서의 실무담당자들은 표준원가계산제도에 대해 아래와 같이 주장하고 있다. 다음 중 올바르지 않은 주장을 펼치고 있는 실무담당자는 누구인가?

> 강부장 : 표준원가를 도입하면 차이분석을 실시하는데, 차이분석의 결과는 당기에만 유용하며 차기의 표준이나 예산 설정에 피드백되어 유용한 정보를 제공하지 않는다는 점을 고려해야 합니다.
>
> 황과장 : 표준원가의 달성을 지나치게 강조할 경우 제품의 품질을 희생시킬 수 있고, 납품업체에 표준원가를 기초로 지나친 원가절감을 요구할 경우 관계가 악화될 수 있으므로 신중을 기해야합니다.
>
> 정대리 : 표준원가는 기업내적인 요소나 기업외부환경의 변화에 따라 수시로 수정을 필요로 하기 때문에, 사후 관리하지 않을 경우 향후 원가계산을 왜곡할 소지가 있습니다.
>
> 김사원 : 표준원가는 사전에 과학적이고 통계적인 방법으로 적정하게 산정되어야 하지만, 표준원가의 산정에 객관성이 보장되기 힘들고 많은 비용이 소요되는 단점이 있다는 것을 잊어서는 안됩니다

① 강부장   ② 황과장

③ 정대리   ④ 김사원

해답

[1] ④ 표준원가계산은 기업의 성과를 금액으로 표시하므로 계량적인 정보를 제공해준다.

[2] ① 판매량 증가, 품질향상 등은 표준원가의 목적에 해당되지 않는다.

[3] ④

 ① 표준원가계산은 종업원의 동기부여에 도움이 된다.

② 표준원가와 차이가 큰 부분을 중점적으로 관리해야 한다.
③ 표준원가시스템을 통해 원가감소를 유도할 수 있다.
[4] ④ 표준원가계산은 계량정보에 의한 원가계산제도이다.
[5] ① 당기의 분석결과는 차기의 표준원가 설정에 유용한 자료가 된다.

9.2 표준의 종류, 표준원가계산의 한계

(1) 이상적 표준, 정상적 표준, 현실적 표준

	이상적 표준	정상적 표준	현실적 표준
의의	최선의 조건에서 달성할 수 있는 표준	정상 조업수준이나 능률을 반영한 표준	실제 제조활동에서 노력할 경우 달성가능한 표준
특징	* 기계고장, 정상감손, 휴식시간등을 전혀 반영하지 않음 * 언제나 불리한 차이 * 외부결산목적 부적합	경제상황이 안정된 경우 현실적 표준과 유사	* 예상되는 기계고장과 휴식시간 반영 * 원가계산과 관리회계 목적으로 가장 유용한 표준

표준원가계산에서 사용하기에 적합한 표준은 현실적 표준이다. 한번 정한 표준은 기업의 상황이나 외부환경에 따라 변경될 수 있다.

(2) 표준원가계산의 한계

① 회계기준에서 인정하고 있지 않으므로 재무제표 작성시에는 실제원가를 토대로 하여 재무제표를 작성하여야 한다.
② 목표원가가 잘못 설정되었을 경우 성과평가가 잘못될 수 있다.
③ 제조간접비의 경우 고정비와 변동비의 구분이 모호할 수 있다.
④ 예산생산량과 실제생산량의 차이가 큰 경우 성과평가가 잘못될 수 있다.
⑤ 외부 협력업체와 마찰이 일어날 수 있다. (예 : 재료비의 구입단가를 낮추기 위해 거래처로부터 낮은 가격의 판매를 요구하는 경우)
⑥ 표준원가는 고정되어 있는 것이 아니라 기업환경에 따라 변동될 수 있다. 동일한 원가가 발생하더라도 전기에는 불리한 차이였던 것이 당기에는 유리한 차이가 될 수도 있다.

[예제 9-2]

[1] 다음 중 표준원가계산에 관한 설명으로 가장 올바르지 않은 것은?

① 표준원가는 일단 사전에 한번 결정되면 가능한 변경 또는 조정해서는 안 된다.
② 원가요소의 표준은 수량과 가격에 대하여 각각 설정한다.

③ 표준원가는 회사의 제반사정을 고려하여 현실적으로 달성 가능하도록 설정한다.

④ 표준원가계산은 사전에 객관적이고 합리적인 방법에 의하여 산정한 표준원가를 이용하여 제조원가를 계산하는 경우에 적용한다.

[2] 다음 표준원가의 종류에 관한 설명 중 가장 올바르지 않은 것은?

① 표준의 내용을 어떻게 설정하는가에 따라 원가관리에 더 적합할 수 있고 예산관리에 유용하게 이용될 수 있는 것은 이상적 표준이다.

② 차이분석 시 일반적으로 불리한 원가차이를 발생시켜 종업원의 동기부여에 역효과를 가져올 수 있는 것은 이상적 표준이다.

③ 기업 경영과 관련된 비교적 장기간의 과거 실적치를 통계적으로 평균화하고 미래 예상추세를 감안하여 결정되는 것은 정상적 표준이다.

④ 표준원가계산제도에서 표준원가는 일반적으로 현실적 표준원가를 의미하며 실제원가와 현실적 표준의 차이는 정상에서 벗어난 비효율을 의미한다.

[3] 다음에서 설명하고 있는 표준원가의 종류로 가장 옳은 것은?

> 기존의 설비와 제조공정에서 정상적인 기계고장, 정상감손 및 근로자의 휴식시간 등을 고려하지 않고 최선의 조건하에서만 달성할 수 있는 이상적인 목표하의 최저목표원가를 의미한다.

① 현실적 표준   ② 이상적 표준
③ 중간적 표준   ④ 정상적 표준

[4] 다음은 표준원가계산제도의 도입과 관련된 논의이다. 논의의 내용 중 올바른 것을 모두 고른 것은?

> 가. 표준원가를 설정할 때 경영의 실제활동에서 열심히 노력하면 달성할 수 있는 현실적 표준을 설정해야 합니다.
>
> 나. 현실적 표준을 설정하면 표준원가계산제도를 도입하는 의의가 없습니다. 표준은 최선의 조건하에서 달성 가능한 이상적인 목표하의 최적목표원가로 설정해야 종업원으로 하여금 최선을 다하도록 동기부여 할 수 있습니다.
>
> 다. 표준원가와 실제발생원가의 차이를 성과평가 및 보상과 연계하는 경우, 종업원은 자신에게 불리한 예외사항을 숨기려고 할 유인이 있습니다. 따라서 표준원가계산제도의 정보는 예산수립 등의 계획에만 사용하고, 통제 도구로는 사용하지 않는 것이 바람직합니다.

① 가   ② 나
③ 가, 나   ④ 나, 다

[1] ① 기업의 상황이나 외부환경에 따라 변경될 수 있다.

[2] ① 현실적 표준이다.

[3] ② 이상적인 목표는 이상적 표준과 관계가 있다.

[4] ① 표준원가계산은 현실적인 상황에서 설정하는 것이 일반적이다.

9.3 차이분석의 기초이론

(1) 유리한 차이와 불리한 차이

실제원가를 예산보다 절감하면 기업입장에서 유리한 차이가 발생한다.

반대로 실제원가가 예산보다 크면 불리한 차이가 발생한다.

성과평가시에는 불리한 차이 뿐만 아니라 유리한 차이도 검토하여야 한다.

표준원가는 유리한 차이와 불리한 차이를 수치로 표현함으로서 계량적인 정보를 제공한다.

(2) 차이분석의 종류와 발생원인

	차이종류 1	차이종류 2
직접재료비	가격차이	능률차이(=수량차이)
	표준가격 보다 저렴하게 구입하면 유리, 비싸게 구입하면 불리 → 구매담당자 책임	생산량에 허용된 표준수량보다 적게 사용하면 유리, 많이 사용하면 불리 → 생산자가 책임
직접노무비	임률차이	능률차이
	표준임률 보다 저렴하게 인력을 고용하면 유리, 비싸게 고용하면 불리	생산량에 허용된 표준시간보다 적게 작업하면 유리, 많이 작업하면 불리
변동제조간접비	소비차이	능률차이
	표준금액 보다 저렴하게 사용하면 유리, 비싸게 사용하면 불리	생산량에 허용된 표준작업량보다 적게 작업하면 유리, 많이 작업하면 불리
고정제조간접비	예산차이	조업도차이
	실제고정제조간접비가 예산액 보다 적으면 유리, 많으면 불리	주어진 고정제조간접비로 생산을 많이 하면 유리, 적게하면 불리

(3) 차이발생액의 처리

① 표준원가금액을 실제금액으로 조정하게 된다.

② 표준원가 〈 실제원가 : 과소하게 설정한 표준예산을 증가

③ 표준원가 〉 실제원가 : 과다하게 설정한 표준예산을 감소

④ 처리방법

매출원가조정법	모든 원가차이를 매출원가에 가감하는 방법으로서, 불리한 원가차이는 매출원가에 가산하고 유리한 원가차이는 매출원가에서 차감.
총원가 비례배분법	재고자산 계정과 매출채권 계정의 총원가(기말잔액)를 기준으로 원가차이를 배분하는 방법이다.
원가요소 비례배분법	재고자산 계정과 매출채권 계정의 원가요소를 기준으로 원가차이를 배분하는 방법이다

[예제 9-3]

[1] 다음 중 표준원가계산제도하의 차이분석에 관한 설명으로 가장 올바르지 않은 것은?

① 직접재료원가 가격차이에 대한 책임은 생산담당자가 지는 것이 바람직하다.

② 고정제조간접원가 실제발생액이 고정제조간접원가 예산에 비하여 과다하게 발생하였다면 불리한 예산차이가 발생하게 된다.

③ 직접노무원가 임률차이가 유리하다면 실제임률이 표준임률에 비하여 저렴하다는 것이다.

④ 가격차이란 실제단가와 표준단가의 차액에 실제 사용한 재화의 수량을 곱한 것이다

[2] 다음 중 직접재료원가 가격차이가 발생하는 원인에 대한 설명으로 가장 올바르지 않은 것은?

① 원재료 시장의 수요와 공급 상황에 따라 발생할 수 있다.

② 원재료 구매담당자의 업무능력에 따라 유리하거나 불리한 가격차이가 발생할 수 있다.

③ 표준을 설정할 때 고려한 품질수준과 상이한 품질의 원재료를 구입함에 따라 가격차이가 발생할 수 있다.

④ 생산과정에서 원재료를 효율적으로 사용하지 못함으로써 발생할 수 있다.

[3] 다음 중 차이분석에 관한 내용으로 가장 올바르지 않은 것은?

① 유리한 차이란 실제원가가 표준원가보다 작아 영업이익을 증가시키는 차이를 의미한다.

② 가격차이는 실제투입량에 대한 표준원가와 표준투입량에 대한 표준원가와의 차이를 의미한다.

③ 불리한 차이란 실제원가가 표준원가보다 커 영업이익을 감소시키는 차이를 의미한다.

④ 총차이란 실제원가와 표준투입량에 대한 표준원가와의 차이를 의미한다.

[4] 다음 중 직접재료원가 가격차이에 대한 설명 중 가장 올바르지 않은 것은?

① 기술혁신에 따라 직접재료원가 가격차이가 발생할 수 있다.

② 재료의 품질수준 차이에 의해 직접재료원가 가격차이가 발생할 수 있다.

③ 재료 구매 담당자의 능력에 따라 직접재료원가 가격차이가 발생할 수 있다.

④ 재료 시장의 수요와 공급 상황에 따라 직접재료원가 가격차이가 발생할 수 있다.

[5] 다음 중 표준원가계산에서 원가차이의 처리방법인 매출원가조정법에 관한 설명으로 가장 올바르지 않은 것은?

① 매출원가조정법을 사용하면 비례배분법을 사용하는 경우보다 당기순이익이 크게 나타난다.

② 유리한 원가차이는 매출원가에서 차감하며 불리한 원가차이는 매출원가에 가산한다.

③ 매출원가조정법은 모든 원가차이를 매출원가에 가감하여 차이를 조정한다.

④ 매출원가조정법에서는 재공품과 제품 계정은 모두 표준원가로 기록된다

[6] 다음 중 원가차이의 배분 방법에 관한 설명으로 가장 올바르지 않은 것은?

① 매출원가조정법이란 모든 원가차이를 매출원가에 가감하는 방법으로서, 불리한 원가차이는 매출원가에 차감하고 유리한 원가차이는 매출원가에서 가산한다.

② 기타손익법은 표준은 정상적 공손이나 비능률을 감안하여 설정한 것이기 때문에 이를 벗어난 차이에 대해서는 원가성이 없다고 보는 견해이다.

③ 총원가 비례배분법은 재고자산 계정과 매출채권 계정의 총원가(기말잔액)를 기준으로 원가차이를 배분하는 방법이다.

④ 원가요소별 비례배분법은 재고자산 계정과 매출원가 계정의 원가요소를 기준으로 각 해당되는 원가요소의 원가차이를 배분하는 방법이다

해답

[1] ① 가격차이는 구매담당자가 지는 것이 바람직하다.

[2] ④ 능률차이가 발생하게 되는 원인이 된다.

[3] ② 능률차이에 대한 설명이다.

[4] ① 가격차이는 구매와 관련된 것이고, 기술혁신은 능률차이와 관계가 있다.

[5] ① 불리한 차이의 경우 매출원가조정법 당기순이익이 더 작다.

[6] ① 매출원가조정법은 불리한 원가차이는 매출원가에 가산하고 유리한 원가차이는 매출원가에서 차감한다.

표준원가계산 II

10.1 직접재료비 차이분석

(1) 원가요소별 차이분석 – 변동비

A : 실제, S : 표준, Q : 수량, P : 가격

재료비의 경우에는 가격(P), 노무비의 경우에는 임률(P)의 차이를 비교하게 된다.

직접재료비, 직접노무비, 변동제조간접비는 유사하게 차이분석을 할 수 있다. 여기서 주의할 점은 표준수량은 예산 수량이 아니라 실제 산출량에 허용된 표준수량을 의미한다.

(2) 직접재료비 차이

가격차이와 수량차이로 구분한다. 가격차이에 대해서는 구매담당자가 책임을 지며, 수량차이 (=능률차이)에 대해서는 생산책임자가 책임을 지게 된다.

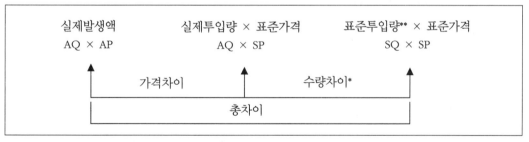

* 수량차이 대신에 능률차이라고도 한다.

** 단, 여기에서 표준투입량은 예산수량이 아니라 실제 생산량에 허용된 표준투입량을 말한다. 예를 들어 제품을 10,000개를 생산하는 것을 기준으로 할 때 재료소비량이 10,000kg 이면, 실제 생산량이 12,000개인 경우 표준소비량은 12,000kg 이 된다.

[예제 1] ㈜삼일의 생산 및 원가와 관련된 자료는 다음과 같다.

실제 생산량: 1,100 개
단위당 실제 직접재료 사용량: 3.2 Kg 단위당 표준 직접재료 사용량: 3 Kg
Kg 당 실제 직접재료원가: 28 원 Kg 당 표준 직접재료원가: 30 원

직접재료원가에 대한 가격차이와 능률차이는?

해설

실제수량 × 실제단가	실제수량 × 표준단가	표준수량 × 표준단가
3,520개 × 28원	3,520개 × 30원	3,300개 × 30원
= 98,560원	= 105,600원	= 99,000원

└ 가격차이 7,040원 유리 ┘└ 능률차이 6,600원 불리 ┘

(3) 재료차이를 구입시점에 인식하는 경우

가격차이 계산시에는 구입수량을 기준으로 계산하고, 능률차이(수량차이)는 표준수량으로 계산하는 방법이다.

실제구입수량 × 실제단가	실제구입수량 × 표준단가

└ 가격차이 ┘

실제사용수량 × 표준단가	표준사용수량 × 표준단가

└ 능률차이 ┘

[예제 2] 다음 자료는 구입시점에서 직접재료원가 가격차이를 분리하기 위한 자료이다. 직접재료원가의 단위당 표준가격은 얼마인가?

기초재고액	145,000원
기말재고액	160,000원
생산공정 투입액	400,000원
단위당 실제 구입가격	200원
유리한 가격차이	20,750원

정답 210원

실제구입수량 × 실제단가	실제구입수량 × 표준단가
2,075단위 × 200원	2,075단위 × **210원**
= 415,000원	= 435,750원

└ 가격차이 20,750원 유리 ┘

실제사용수량 × 표준단가	표준사용수량 × 표준단가

└ 능률차이 ┘

① 실제 재료비 발생액 = 생산공정 투입액 400,000 + 기말재고 160,000 - 기초재고 145,000 = 415,000원

② 단위당 실제 구입가격이 200원이므로, 실제구입수량은 415,000 ÷ 200 = 2,075개
③ 가격차이가 20,750원 유리하므로 실제구입수량 × 표준단가는 435,750원
④ 표준단가 = 435,750원 ÷ 2,075단위 = 210원

[예제 10-1]

[1] ㈜삼일은 표준원가계산제도를 채택하고 있으며, 당기의 예산생산량은 1,000 개이나 실제생산량은 600 개이다. 당기 중 직접재료 1,000kg 를 300,000원에 외상으로 구입하여 800kg 을 사용하였다. 직접재료의 기초재고는 없으며, 제품 단위당 표준직접재료원가는 아래와 같다. 직접재료원가 가격차이를 (a)사용시점에 분리했을 경우와 (b)구입시점에 분리했을 경우의 가격차이는 얼마인가?

직접재료원가 : 2kg × 200 = 400원

① (a) 80,000 유리 (b) 100,000 유리
② (a) 80,000 불리 (b) 100,000 불리
③ (a) 80,000 유리 (b) 100,000 불리
④ (a) 80,000 불리 (b) 100,000 유리

[2] 다음 중 표준원가계산제도에 관한 설명으로 올바르지 않은 것을 모두 고르면?

ㄱ. 변동원가계산제도에서 적용할 수 있다.
ㄴ. 직접재료원가 가격차이를 원재료 구입시점에서 분리하든 사용시점에서 분리하든 직접재료원가 능률차이에는 영향을 주지 않는다.
ㄷ. 원가통제를 포함한 표준원가시스템을 잘 활용하여도 원가절감을 유도할 수는 없다.
ㄹ. 기말에 원가차이를 매출원가에서 조정할 경우 불리한 차이는 매출원가에서 차감하고 유리한 차이는 매출원가에 가산한다.

① ㄱ, ㄷ   ② ㄱ, ㄹ
③ ㄴ, ㄷ   ④ ㄷ, ㄹ

[3] ㈜삼일은 표준원가계산제도를 채택하고 있다. 20X1 년 직접재료원가와 관련된 표준 및 실제원가 자료가 다음과 같을 때, 20X1 년의 실제 제품생산량은 몇 단위인가?

실제 발생 직접재료원가	28,000원
직접재료단위당 실제구입원가	35원
제품단위당 표준재료투입량	9개
직접재료원가 가격차이	4,000원 불리
직접재료원가 수량차이	3,000원 유리

① 80 단위   ② 90 단위
③ 100 단위   ④ 110 단위

[4] 다음 자료는 구입시점에서 직접재료원가 가격차이를 분리하기 위한 자료이다. 직접재료의 단위당 표
준가격은 얼마인가?

기초재고액(실제원가) 160,000 원
기말재고액(실제원가) 145,000 원
생산공정 투입액(실제원가) 400,000 원
단위당 실제 구입가격 200 원
불리한 가격차이 61,600 원

① 150원   ② 168원
③ 175원   ④ 184원

[5] ㈜삼일의 직접재료원가에 대한 자료는 다음과 같다.

직접재료실제투입수량 1,500 kg
직접재료원가 kg 당 실제가격 15 원
직접재료원가 가격차이 7,500 원(불리)

㈜삼일이 가격차이를 사용시점에서 분류하는 경우, ㈜삼일의 직접재료원가 kg 당 표준가격은 얼마
인가?

① 5원   ② 10원
③ 15원   ④ 20원

[6] 다음은 표준원가계산제도를 채택하고 있는 ㈜삼일의 직접재료원가 표준원가와 실제원가의 차이에 관
한 자료이다.

[실제원가] 직접재료원가 실제사용량 3,200kg, @₩11/kg
            실제완성품 생산수량 2,000 단위
[원가차이] 직접재료원가 가격차이 9,600 원 (유리한 차이)
            직접재료원가 능률차이 2,800 원 (불리한 차이)

㈜삼일의 제품 1 단위당 직접재료 표준투입량은 얼마인가? 단, ㈜삼일은 직접재료원가 가격차이를
사용시점에서 분리하고 있다.

① 1.3 kg	② 1.5 kg
③ 2.0 kg	④ 2.5 kg

해답

[1] ②

　1,000kg을 30,000원에 구입했다면 1kg당 300원에 구입한 것으로 1kg당 100원 비싸게 구입한 것이다..

　(a) 사용시점에 분리 : 800kg × 100원 불리 = 80,000원 불리

　(b) 구입시점에 분리 : 1,000kg × 100원 불리 = 100,000원 불리

[2] ④

　표준원가계산은 변동원가계산과 같이 적용할 수 있다. 구입시점세서 분리하든 사용시점에서 분리하는 능률차이에는 영향이 없다.

[3] ③ 표준재료투입량이 9개인데, 표준사용량이 900개라면 100단위를 생산한 것이다.

실제수량 × 실제단가	실제수량 × 표준단가	표준수량 × 표준단가
800개 × 35원	800개 × 30원	**900개** × 30원
= 28,000원	= 24,000원	= 27,000원

　　　└ 가격차이 4,000원 불리 ┘ └ 수량차이 3,000원 유리 ┘

[4] ②

　기초재고 160,000 + 구입금액 – 투입액 400,000원 = 기말재고 145,000원에서 구입금액은 385,000원이다.

실제수량 × 실제단가	실제수량 × 표준단가	표준수량 × 표준단가
1,925개 × 200원	1,925개 × **168원**	개 × 원
= 385,000원	= 323,400원	= 원

　　　└ 가격차이 61,600원 불리 ┘ └ 수량차이 원 유리 ┘

[5] ② 1,500kg를 투입하였는데, 7,500 불리라는 의미는 실제가격이 표준가격 보다 kg당 5원이 더 많다는 의미이다.

[6] ② 표준수량이 3,000개이고, 실제 2,000단위를 생산했으므로 단위당 표준투입량은 1.5kg

실제수량 × 실제단가	실제수량 × 표준단가	표준수량 × 표준단가
3,200개 × 11원	3,200개 × 14원	**3,000개** × 14원
= 35,200원	= 44,800원	= 42,000원

　　　└ 가격차이 9,600원 유리 ┘ └ 능률차이 2,800원 불리 ┘

10.2. 직접노무비 차이분석

직접노무비의 경우에는 단가라는 표현 대신에 임률, 소비량이라는 표현 대신에 작업시간이라는 용어를 사용하게 된다. 임률차이와 능률차이는 다음과 같은 원리로 계산된다.

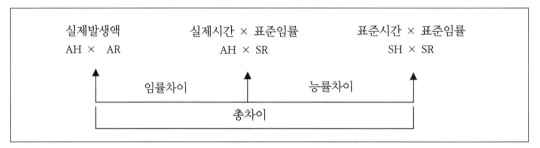

[예제] ㈜삼일의 직접노무원가와 관련된 자료는 다음과 같다.

(1) 표준 직접노무시간 11,000시간   (2) 실제 직접노무시간 10,000시간
(3) 시간당 표준임률 :   17원   (4) 시간당 실제임률 :   15원

   임률차이와 능률차이는 각각 얼마인가?

해설

실제작업시간 × 실제임률	실제작업시간 × 표준임률	표준작업시간 × 표준임률
10,000시간 × 15원	10,000시간 × 17원	11,000시간 × 17원
= 150,000원	= 170,000원	= 187,000원

   └ 임률차이 20,000원 유리 ┘ └ 능률차이 17,000원 유리 ┘

[예제 10-2]

[1] 다음 표준원가계산 자료에 의하여 당기 중의 실제직접노동시간은 몇 시간인가?

ㄱ. 실제 생산량	2,000단위
ㄴ. 노무원가 발생액	4,000,000원
ㄷ. 단위당 표준직접노동시간	24시간
ㄹ. 유리한 임률차이	1,200,000원
ㅁ. 불리한 능률차이	400,000원

① 40,000시간   ② 44,000시간
③ 50,000시간   ④ 52,000시간

[2] ㈜삼일의 직접노무원가와 관련된 자료는 다음과 같다.

> 표준 직접노무시간 11,000시간
> 실제 직접노무시간 10,000시간
> 직접노무원가 가격차이 20,000원(유리)
> 직접노무원가 실제원가 150,000원

이와 관련된 설명 중 가장 올바르지 않은 것은?

① 직접노무원가 표준원가는 180,000원 이다.
② 직접노무원가 시간당 실제임률은 15원 이다.
③ 직접노무원가 시간당 표준임률은 17원 이다.
④ 직접노무원가 능률차이는 17,000 원 유리하게 나타난다.

[3] 다음 중 직접노무원가 가격차이의 계산식을 올바르게 나타낸 것은?

① (표준직접노무시간－실제직접노무시간)×표준임률
② (실제직접노무시간－표준직접노무시간)×실제임률
③ (표준임률－실제임률)×표준직접노무시간
④ (실제임률－표준임률)×실제직접노무시간

[4] 다음은 ㈜삼일의 20X1 년 1 월 직접노무원가에 관한 자료이다.

> ㄱ. 실제 직접노무원가 7,500원
> ㄴ. 직접노무원가 가격차이 2,500원(유리)
> ㄷ. 직접노무원가 능률차이 2,800원(불리)

1 월의 실제직접노무시간이 2,500 시간이었을때 실제 생산량에 허용된 표준직접노무시간은 얼마인가?

① 1,500시간　　　　　　　② 1,800시간
③ 2,000시간　　　　　　　④ 2,500시간

해답

[1] ④

실제작업시간 × 실제임률	실제작업시간 × 표준임률	표준작업시간 × 표준임률
시간 × 원	**52,000시간** × 100원	48,000시간 × 100원
= 4,000,000원	= 5,200,000원	= 4,800,000원

└ 임률차이 1,200,000원 유리 ┘ └ 능률차이 400,000원 불리 ┘

[2] ① 187,000원이다.

실제작업시간 × 실제임률	실제작업시간 × 표준임률	표준작업시간 × 표준임률
10,000시간 × 15원	10,000시간 × 17원	11,000시간 × 17원
= 150,000원	= 170,000원	**= 187,000원**

└ 임률차이 20,000원 유리 ┘ └ 능률차이 17,000원 유리 ┘

[3] ④

[4] ②

실제작업시간 × 실제임률	실제작업시간 × 표준임률	표준작업시간 × 표준임률
2,500시간 × 3원	2,500시간 × 4원	1,800시간 × 4원
= 7,500원	= 10,000원	= 7,200원

└ 임률차이 2,500원 유리 ┘ └ 능률차이 2,800원 불리 ┘

10.3 제조간접비 차이

(1) 변동제조간접비의 차이

변동제조간접비의 경우 직접재료비, 직접노무비와 용어만 차이가 날 뿐 계산원리는 유사하다.
표준조업도란 예산생산량에 따른 조업도가 아니라 실제생산량에 허용된 표준을 의미한다.

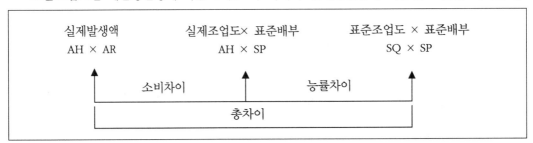

[예제] ㈜삼일의 표준원가계산제도는 제조간접원가의 배부에 있어서 직접작업시간을 배부기준으로 사용
한다. 다음은 이 회사의 원가차이분석에 필요한 자료이다. 소비차이와 능률차이를 구하시오.

(1) 실제작업시간 : 3,500시간
(2) 표준작업시간 : 3,800시간
(3) 변동제조간접비 실제배부율 : 작업시간당 2.2원
(4) 변동제조간접비 표준배부율 : 작업시간당 2.5원

해설

실제작업시간 × 실제배부율	실제작업시간 × 표준배부율	표준작업시간 × 표준배부율
3,500시간 × 2.2원	3,500시간 × 2.5원	3,800시간 × 2.5원
= 7,700원	= 8,750원	= 9,500원

└ 소비차이 1,050원 유리 ┘ └ 능률차이 750원 유리 ┘

(2) 고정제조간접비의 차이

고정제조간접원가는 변동원가와는 다른 양상을 보인다. 변동원가의 경우 예산금액이 가장 오른쪽에 위치하였으나 고정제조간접비는 가운데 위치한다. 고정비이기 때문에 산출량에 상관없이 원가발생금액을 일정해야 하지만 물가변동등으로 인한 고정비 금액이 변화할 수 있는데 이를 예산차이라고 한다.

반면 주어진 고정비를 잘 활용하여 생산성을 높일수 있다면 기업입장에서 유리한 차이로 적용될 수 있을것이다. 예산 조업도와 실제 조업도가 차이가 있는 경우 기업에서는 이를 조업도차이로 분석하게 된다. 차이분석시 작업시간 대신 생산량을 사용하여 계산할 수도 있다.

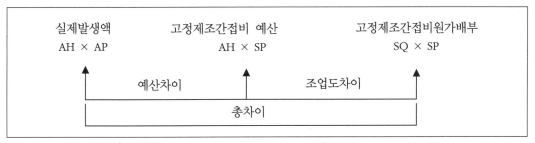

* 다른 차이분석들이 표준금액이 맨 오른쪽에 위치하는데 비해 고정제조간접비 차이는 가운데 위치한다.

[예제] 다음 물음에 답하시오.

(1) 공장건물의 월 임차료는 1,000,000원이고, 월간 작업시간은 100시간이다. 당월에 110시간을 작업했다면 임차료를 몇 원 만큼을 활용했다고 볼 수 있는가?

(2) 앞의 (1)에서 이 기업의 조업도 차이는 유리한 것인가? 불리한 것인가?

해설 (1) 1,100,000원.
예산에서는 100시간 작업하면서 임차료를 1,000,000원 지급하였는데, 실제로 110시간을 작업하였으므로 1,100,000원만큼 임차료를 활용한 것으로 볼 수 있다.
(2) 주어진 고정비로 100시간 작업할 수 있을 것을 110시간을 활용했으므로 유리한 차이가 발생한다.

참고 고정제조간접비와 변동제조간접비가 혼합되어 있는 경우
표준작업시간과 실제작업시간을 비교하여 고정비와 변동비를 구분한다. 조업도가 0일 때 예상되는 금액이 고정비가 된다.

[예제] 다음 물음에 답하시오.

㈜아인의 제조간접비 예산은 5,000 표준시간을 작업할 때 4,000,000원으로 예상하고 있다. 그리고, 작업시간이 6,000시간일 때에는 제조간접비를 4,500,000원으로 예상하고 있다.

(1) 만일 작업시간이 4,000시간이라면 제조간접비 총액은 얼마이겠는가?

(2) 예산 금액 중 고정제조간접비는 얼마인가?

(3) 만일 실제 작업시간이 7,000시간이라면 조업도차이는 얼마인가?

해설 (1) 3,500,000원

문제에서 1,000시간 작업시간이 늘어날 때 제조간접비가 500,000원 증가하였으므로, 반대로 1,000시간 작업시간이 감소하면 제조간접비가 예산에서 500,000원 감소한다.

(2) 작업시간이 0일때를 기준으로 하면 1,500,000원이 계산된다.

   * 5,000시간 작업시 4,000,000원 ⇒ 4,000시간 작업시 3,500,000원

   ⇒ 3,000시간 작업시 3,000,000원 ⇒ ... ⇒ 0시간 작업시 1,500,000원

(3) 유리한 차이 600,000원

고정비 예산은 5,000시간 일 때, 1,500,000원으로 단위당 고정비가 300원이다. 만일 7,000시간을 작업했다면 주어진 고정제조간접비 1,500,000원에 대하여 2,100,000원 만큼 활용한 것이므로 600,000원 유리한 차이가 발생한다.

[예제] 다음 자료를 이용하여 고정제조간접비의 예산차이와 조업도차이를 구하시오.

(1) 고정제조간접비 예산 : 3,000,000원

(2) 고정제조간접비 실제발생액 : 3,200,000원

(3) 기준조업도 : 10,000시간

(4) 실제산출량에 허용된 표준직접노동시간 : 11,000시간

해설 제조간접비 배부액의 계산 : 기준조업도 10,000시간 작업시 예산액이 3,000,000원이면, 11,000시간 작업시 제조간접비 예산액은 3,300,000원이 된다.

고정제조간접비 실제발생액	고정제조간접비 예산	제조간접비 배부액
3,200,000원	3,000,000원	3,300,000원

└ 예산차이 200,000원 불리 ┘ └ 조업도차이 300,000원 유리 ┘

[예제 10-3]

[1] ㈜삼일의 변동제조간접원가와 관련한 자료가 다음과 같을 때 실제생산량에 허용된 변동제조간접원가 예산은 얼마인가?

> 실제작업시간기준 변동제조간접원가 예산 2,400,000 원
> 변동제조간접원가 능률차이 200,000 원(불리)

① 2,000,000원   ② 2,200,000원
③ 2,400,000원   ④ 3,000,000원

[2] ㈜삼일의 변동제조간접원가와 관련한 자료가 다음과 같을 때 변동제조간접원가 실제 발생액은 얼마인가?

> 실제작업시간기준 변동제조간접원가 예산 185,000 원
> 변동제조간접원가 소비차이 14,000 원(유리)

① 157,000원   ② 171,000원
③ 185,000원   ④ 199,000원

[3] ㈜삼일의 생산 및 원가와 관련된 자료는 다음과 같다.

> 변동제조간접원가 실제 발생액 6,000,000 원
> 실제 투입시간에 허용된 표준 변동제조간접원가 6,500,000 원
> 실제 산출량에 허용된 표준 변동제조간접원가 6,200,000 원

변동제조간접원가 소비차이는 얼마인가?

① 300,000원(유리)   ② 300,000원(불리)
③ 500,000원(유리)   ④ 500,000원(불리)

[4] ㈜삼일은 표준원가제도를 사용하고 있다. 표준노무시간은 제품 한 단위당 5 시간이다. 제품의 실제생산량은 2,120 단위이고 고정제조간접원가 실제발생액은 24,920,000 원이다. ㈜삼일의 고정제조간접원가는 노무시간을 기준으로 배부되며 기준조업도는 10,000 노무시간이다. 고정제조간접원가 예산차이가 4,360,000 원 유리하다면 조업도차이는 얼마인가?

① 1,233,600원 유리   ② 1,233,600원 불리
③ 1,756,800원 유리   ④ 1,756,800원 불리

[5] ㈜삼일은 직접노동시간을 기준으로 고정제조간접원가를 배부하고 있다. 당기 고정제조간접원가 예산과 실제자료는 다음과 같다.

	예산	실제
직접노동시간	8,000시간	9,000시간
고정제조간접원가	4,000원	5,000원

제품 단위당 표준직접노동시간은 4 시간이고, 당기 실제생산량은 2,500 개이다. 또한 회사는 기준조업도로 예산조업도를 사용한다. 이 경우 당기 고정제조간접원가 조업도차이는 얼마인가?

① 500원 유리　　　　　　　　　② 500원 불리
③ 1,000원 유리　　　　　　　　④ 1,000원 불리

[6] ㈜삼일의 표준원가계산제도는 제조간접원가의 배부에 있어서 직접작업시간을 배부기준으로 사용한다. 다음은 이 회사의 원가차이분석에 필요한 자료이다.

제조간접비 실제발생액 15,000 원
고정제조간접비 실제발생액 7,200 원
실제작업시간 3,500 시간
표준작업시간 3,800 시간
변동제조간접비 표준배부율 작업시간당 2.5 원

변동제조간접비 소비차이는 얼마인가?

① 950 원 불리　　　　　　　　　② 750 원 불리
③ 750 원 유리　　　　　　　　　④ 950 원 유리

해답

[1] ②

실제발생액	실제작업시간기준 변동제조간접원가 예산	실제생산량에 허용된 변동제조간접원가 예산
	2,400,000	**2,200,000**

└ 능률차이 200,000원 불리 ┘

[2] ②

실제발생액	실제작업시간기준 변동제조간접원가 예산	실제생산량에 허용된 변동제조간접원가 예산
171,000원	185,000	

└ 소비차이 14,000원 유리 ┘

[3] ③

실제발생액	실제작업시간기준 변동제조간접원가 예산	실제생산량에 허용된 변동제조간접원가 예산
6,000,000원	6,500,000원	6,200,000원

          ⌐ 소비차이 500,000원 유리 ⌐ ⌐ 능률차이 300,000원 불리 ⌐

[4] ③

기준조업도가 10,000시간이고 단위당 5시간이 소모된다면 기준생산량은 2,000개이다.

고정제조간접비 실제발생	고정제조간접비 예산	고정제조간접비 배부액
24,920,000	2,000개* 생산 × 14,640 = 29,280,000	2,120개* 생산 × 14,640 = 31,036,800

          ⌐ 예산차이 4,360,000원 유리 ⌐ ⌐ 조업도차이 1,756,800원 유리 ⌐

* 생산량 대신 10,000시간 × 2,928원, 10,600시간 × 2,928원을 사용할 수도 있다.

[5] ③ 단위당 표준직접노동시간이 4시간이고, 예산직접노동시간이 8,000시간이면 표준생산량은 2,000개

고정제조간접비 실제발생	고정제조간접비 예산	고정제조간접비 배부액
	2,000개 생산 × 2원 = 4,000원	2,500개 생산 × 2원 = 5,000원

          ⌐ 조업도차이 1,000원 유리 ⌐

[6] ④

제조간접비(전체) 15,000원 − 고정제조간접비 7,200원 = 변동제조간접비 7,800원

표준배부율 2.5원 × 실제 3,500시간 = 8,750원

실제 금액이 950원 적으므로, 950원 유리

제11장

변동원가계산

11.1 전부원가계산, 변동원가계산. 초변동원가계산의 비교

	전부원가계산	변동원가계산	초변동원가계산
제조원가의 범위	직접재료비 + 직접노무비 + 변동제조간접비 + 고정제조간접비	직접재료비 + 직접노무비 + 변동제조간접비	직접재료비
특징	원가부착 개념 전통적인 손익계산서 (외부공시용 재무제표)	원가회피개념 공헌이익 손익계산서	현금창출공헌이익 손익계산서
손익계산서	매출액 - 매출원가 매출총이익 - 판매비와관리비 영업이익	매출액 - 변동매출원가 제조공헌이익 - 변동판매비와관리비 공헌이익 - 고정원가 영업이익	매출액 - 직접재료원가 현금창출공헌이익 - 운영비용 영업이익

[예제 11-1]

[1] 제품의 생산에는 원가의 모든 요소가 공헌하므로 변동원가는 물론 고정원가도 제품의 원가에 포함되어야 한다는 개념하에서 계산되는 원가계산방법은 무엇인가?

① 정상원가계산   ② 종합원가계산

③ 전부원가계산   ④ 변동원가계산

[2] 다음 중 변동원가계산을 사용하는 목적으로 가장 올바르지 않은 것은?

① 판매부문성과의 정확한 평가 ② 합리적인 제품제조 의사결정
③ 외부공시용 재무제표 작성 ④ 이익계획의 효과적인 수립

[3] 다음 괄호 안에 들어갈 알맞은 용어를 고르면?

전부원가계산제도는 (A)개념에 근거를 두고 있다. (A)개념이란 제품생산과 관련한 원가는 원가의 행태에 관계없이 모두 제품의 원가로 보는 것이다. 변동원가계산제도는 (B)개념에 근거를 두고 있다. (B)개념이란 발생한 원가가 미래에 동일한 원가의 발생을 방지할 수 없다면 그 원가는 자산성을 인정할 수 없다는 것이다.

	A	B		A	B
①	원가부착	원가회피	②	원가회피	원가부착
③	원가부착	기간원가	④	원가회피	기간원가

[4] 다음 중 변동원가계산 하의 손익계산서와 관련된 설명으로 가장 올바르지 않은 것은?

① 매출액에서 모든 변동원가를 차감하여 공헌이익을 구한다.
② 고정제조간접원가는 공헌이익 산출에 포함되지 않는다.
③ 고정제조간접원가는 제품원가로 처리한다.
④ 판매비와 관리비는 변동원가와 고정원가로 분리하여 작성한다.

[5] 다음 중 변동원가계산과 전부원가계산의 차이점을 설명한 것으로 가장 올바르지 않은 것은?

① 변동원가계산을 적용하여 원가산정을 하게 되면 모든 제조원가가 기말재공품에 포함된다.
② 변동원가계산은 내부계획과 통제 등 경영관리를 하기 위한 목적이다.
③ 변동원가계산에 있어 고정원가는 원가회피가능성이 없으므로 기간비용으로 처리해야 한다.
④ 변동원가계산을 적용하게 되면 생산량은 이익에 영향을 주지 않는다.

[6] 다음 중 변동원가계산에 의한 손익계산서와 관련된 내용 중 옳은 것을 모두 나열한 것은?

ㄱ. 공헌이익을 계산한다.
ㄴ. 변동제조간접원가를 기간비용으로 처리한다.
ㄷ. 고정제조간접원가는 공헌이익 산출에 포함되지 않는다.
ㄹ. 제품생산량이 영업이익에 영향을 미친다.
ㅁ. 판매비와관리비를 변동비와 고정비로 분리하여 보고한다.

① ㄱ, ㄴ, ㄷ ② ㄱ, ㄷ, ㅁ
③ ㄴ, ㄷ, ㄹ ④ ㄴ, ㄷ, ㅁ

[7] 다음 중 변동원가계산과 전부원가계산에 관한 설명으로 가장 옳은 것은?

① 변동원가계산은 의사결정에 유용하므로 전부원가계산에 비하여 외부보고용으로 적절한 원가계산방법이다.

② 기초재고자산이 없고 당기 생산량과 판매량이 동일하다면 변동원가계산과 전부원가계산의 순이익은 같게 된다.

③ 변동원가계산은 표준원가를 사용할 수 있으나 전부원가계산은 표준원가를 사용할 수 없다.

④ 변동원가계산은 변동판매비와관리비를 제품원가로 인식하고 전부원가계산은 고정제조간접원가를 제품원가로 인식한다.

[8] 발생한 원가가 미래의 동일한 원가의 발생을 방지할 수 없다면, 그 원가는 자산성을 인정할 수 없다는 원가회피개념에 근거를 두고 있는 원가계산방법은 무엇인가?

① 정상원가계산   ② 종합원가계산
③ 변동원가계산   ④ 전부원가계산

[9] 변동원가계산에 의한 공헌이익 손익계산서 작성을 위한 자료가 아래와 같을 경우 변동원가계산에 의한 영업이익은 얼마인가?

판매수량	4,500개
단위당 판매가격	3,500원/개
단위당 변동제조원가	2,300원/개
단위당 변동판매비와관리비	300원/개
고정제조간접원가	2,000,000원
고정판매비와관리비	500,000원

① 1,550,000원   ② 2,050,000원
③ 3,400,000원   ④ 3,550,000원

해답

[1] ③ 전부원가계산에 대한 설명이다.
[2] ③ 외부공시용 재무제표를 작성하기 위해서는 전부원가계산을 사용하여야 한다.
[3] ① 전부원가계산은 원가부착 개념이고, 변동원가계산은 원가회피 개념이다.
[4] ③ 변동원가계산에서 고정제조간접원가는 기간비용으로 처리한다.
[5] ① 고정제조간접원가는 기말재공품에 포함되지 않는다.
[6] ② 변동원가계산에서는 변동제조원가를 제품의 원가로 계산한다. 제품 생산량이 아니라 재고수량이 영업이익에 영향을 미친다.
[7] ②
변동원가계산은 외부보고용으로 적절하지 않다. 전부원가계산도 표준원가를 사용할 수 있다. 변동원가계산에서도 판매비와관리비는 제품의 원가가 아니다.

[8] ③ 원가회피개념은 변동원가계산이다.

[9] ①

매출액 - 변동제조원가 - 변동판매관리비 - 고정제조간접원가 - 고정판매비와관리비

(3,500 - 2,300 - 300) × 4,500개 - 2,000,000 - 500,000 = 1,550,000원

11.2 전부원가계산 순이익 vs 변동원가계산 순이익

(1) 기말 재고자산 금액의 비교

전부원가계산 기말재고	(단위당 직접재료비 + 단위당 직접노무비 + 단위당 변동제조간접비 + 단위당 고정제조간접비) × 재고수량
변동원가계산 기말재고	(단위당 직접재료비 + 단위당 직접노무비 + 단위당 변동제조간접비) × 재고수량

(2) 순이익의 비교

재고자산에서 고정제조간접비의 포함여부에 따라 전부원가계산 순이익과 변동원가계산 순이익은 다음과 같은 관계를 가진다.

기초재고자산 〈 기말재고자산	변동원가계산 순이익 〈 전부원가계산 순이익
기초재고자산 〉 기말재고자산	변동원가계산 순이익 〉 전부원가계산 순이익

예를 들어 기초 재고자산은 없으며, 기말 재고자산에 포함된 고정제조간접비가 1,000,000원이라면 전부원가계산 순이익이 1,000,000원 더 크다.

[예제 11-2]

[1] ㈜삼일은 당기 초에 영업활동을 시작하여 당기에 제품 500 단위를 생산하였으며, 당기의 원가자료는 다음과 같다(단, 기말재공품은 없다).

단위당 직접재료원가	300원
단위당 직접노무원가	200원
단위당 변동제조간접원가	100원
단위당 변동판매비와관리비	150원
고정제조간접원가	100,000원
고정판매비와관리비	150,000원

당기 판매량이 400 단위였다면, 전부원가계산에 의한 기말제품재고액은 얼마인가?

① 50,000원 ② 60,000원

③ 70,000원 ④ 80,000원

[2] 올해 개업한 ㈜삼일의 원가자료이다. 전부원가계산하의 영업이익이 변동원가계산하의 영업이익보다 20,000 원이 많다면, 생산수량은 몇 개인가?

매출액 : 350,000원	단위당 판매가격 : 1,000원
단위당 변동제조원가 : 300원	단위당 고정제조간접원가 : 250원

① 80개
② 350개
③ 430개
④ 520 개

[3] ㈜삼일의 7 월 한달 간 변동원가계산에 대한 자료이다. 7 월의 총매출액은 얼마인가?

제품 단위당 판매가격 7,000 원
단위당 변동원가 4,500 원
총고정원가 2,300,000 원
영업이익 8,750,000 원

① 19,890,000원
② 30,940,000원
③ 38,590,000원
④ 42,500,000원

[4] ㈜삼일은 20X1 년 1 월 1 일 영업을 개시하였으며, A 제품을 50,000 단위 생산하여 개당 800 원에 판매하였다. 20X1 년 A 제품의 제조원가에 관한 자료는 다음과 같다. 변동원가계산방법에 의한 A 제품의 영업이익은 얼마인가?

	변동비	고정비
직접재료비	단위당 200원	-
직접노무비	단위당 80원	-
제조간접비	단위당 40원	8,000,000원

① 8,000,000원
② 16,000,000원
③ 18,000,000원
④ 24,000,000원

[5] 20X1 년 ㈜삼일은 신제품 A 를 500 단위 생산하였는데 이에 대한 단위당 변동원가는 10 원이고 단위당 고정원가는 3 원 이다. 20X1 년에 신제품에 대한 기초재고액은 없었으며 기말재고 수량만이 100 단위일 경우, 전부원가계산방법 대신에 변동원가계산방법을 적용한다면 20X1 년 12 월 31 일의 기말재고액은 전부원가계산방법에 비해 얼마나 변동할 것인가?

① 100원 증가
② 100원 감소
③ 300원 증가
④ 300원 감소

[6] ㈜삼일은 20X1 년에 사업을 개시하였다. 20X1 년 변동원가계산에 의한 순이익이 200,000 원일 때, 다음 자료를 이용하여 전부원가계산에 의한 순이익을 구하면?

구분	제조간접원가 배부액	
	변동제조간접원가	고정제조간접원가
재공품	20,000원	40,000원
제품	60,000원	60,000원
매출원가	200,000원	100,000원

① 300,000원   ② 430,000원

③ 470,000원   ④ 500,000 원

[7] ㈜삼일은 당기 초에 영업활동을 시작하여 당기에 제품 500 단위를 생산하였으며, 당기의 원가자료는 다음과 같다(단, 기말재공품은 없다).

단위당 직접재료원가 300원	단위당 변동판매비와관리비 150원
단위당 직접노무원가 200원	고정제조간접원가 100,000원
단위당 변동제조간접원가 100원	고정판매비와관리비 150,000원

당기 판매량이 300 단위였다면, 전부원가계산에 의한 기말제품재고액과 변동원가계산에 의한 기말제품재고액의 차이는 얼마인가?

① 40,000원   ② 60,000원

③ 80,000원   ④ 100,000원

해답 [1] ④ 500단위를 생산해서 400단위를 판매했다면 기말재고자산은 100단위이다.
(300 + 200 + 100) × 100단위 + 100,000원 × 100단위/500단위 = 80,000원
[2] ③ 단위당 고정제조원가 250원 × 재고증가수량 = 이익차이 20,000원에서 재고증가수량은 80개
매출액이 350,000원이고, 단위당 판매가격이 1,000원이면 판매수량은 350개이고, 생산수량은 430개가 된다.
[3] ②
(단위당 판매가격 - 단위당 변동원가) × 판매수량 - 총고정원가 = 영업이익에서
(7,000 - 4,500) × 판매수량 - 2,300,000 = 8,750,000에서 판매수량은 4,420개이다.
매출액 = 7,000 × 4,420 = 30,940,000원
[4] ② (800 - 200 - 80 - 40) × 50,000 - 8,000,000 = 16,000,000원
[5] ④
기초재공품에 포함된 고정제조간접원가 0원, 기말재공품에 포함된 고정재고간접원가 300원
변동원가계산을 사용하면 이익이 300원 감소한다.
[6] ①
기초재고에 포함된 고정제조간접원가 0원, 기말재고에 포함된 고정재고간접원가 100,000원
전부원가계산이익이 변동원가계산 이익보다 100,000원 더 크다.
[7] ①
단위당 고정제조간접원가 = 100,000원 ÷ 500단위 = 200원
기말재고수량이 200개이므로 200원 × 200개 = 40,000원만큼 차이가 발생한다.

11.3 전부원가계산 순이익 vs 초변동원가계산 순이익

(1) 기말 재고자산 금액의 비교

전부원가계산 기말재고	(단위당 직접재료비 + 단위당 가공비) × 재고수량
초변동원가계산 기말재고	단위당 직접재료비 × 재고수량

(2) 순이익의 비교

재고자산에서 고정제조간접비의 포함여부에 따라 전부원가계산 순이익과 변동원가계산 순이익은 다음과 같은 관계를 가진다.

기초재고자산 〈 기말재고자산	초변동원가계산 순이익 〈 전부원가계산 순이익
기초재고자산 〉 기말재고자산	초변동원가계산 순이익 〉 전부원가계산 순이익

예를 들어 기초 재고자산은 없으며, 기말 재고자산에 포함된 가공비가 1,000,000원이라면 전부원가계산 순이익이 1,000,000원 더 크다.

[예제 11-3]

[1] 다음 중 변동원가계산, 전부원가계산 및 초변동원가계산에 대한 설명으로 가장 올바르지 않은 것은?

> 가. 전부원가계산에서는 표준원가를 사용할 수 없다.
> 나. 변동원가계산에서는 고정제조간접원가를 기간비용으로 인식한다.
> 다. 초변동원가계산은 판매가 수반되지 않는 상황에서 생산량이 많을수록 영업이익이 낮게 계산되므로 불필요한 재고누적 방지효과가 변동원가계산보다 크다.
> 라. 전부원가계산은 생산량이 이익에 아무런 영향을 미치지 않는다.

① 가, 다   ② 가, 라
③ 나, 라   ④ 나, 다

[2] ㈜삼일전자의 20X1 년 2 월의 제품 생산 및 판매와 관련된 자료는 다음과 같다.

생산량 3,000 개	직접노무원가 20 원
판매량 2,800 개	변동제조간접원가 30 원
판매가격 250 원	고정제조간접원가 25 원
직접재료원가 80 원	단, 기초 제품재고는 없다.

초변동원가계산을 이용한 삼일전자의 20X1 년 2 월의 재료처리량 공헌이익은 얼마인가?

① 336,000원 ② 420,000원

③ 476,000원 ④ 510,000원

[3] 다음 중 초변동원가계산방법에 관한 설명으로 가장 올바르지 않은 것은?

① 매출액에서 판매된 제품의 직접재료원가를 차감하여 현금창출 공헌이익을 계산한다.

② 직접노무원가와 제조간접원가도 운영비용에 포함하여 기간비용으로 처리한다.

③ 초변동원가계산방법도 외부보고목적의 재무제표 작성에 이용될 수 있다.

④ 초변동원가계산방법이 변동원가계산방법보다 불필요한 재고누적 방지효과가 크다.

[4] 삼일전자의 다음 자료를 기초로 전부원가계산에 의한 영업이익을 계산하면?

기초재고자산에 포함된 가공원가 3,000,000 원
기말재고자산에 포함된 가공원가 1,500,000 원
초변동원계산의 영업이익 5,000,000원

① 500,000원 ② 3,500,000원

③ 6,500,000원 ④ 9,500,000원

[5] ㈜삼일의 20X1 년 손익에 대한 자료가 다음과 같을 경우 (a) 전부원가계산에 따른 매출총이익, (b) 변동원가계산에 따른 공헌이익, (c) 초변동원가계산에 따른 재료처리량공헌이익은 각각 얼마인가?

단위당 판매가격	500 원	고정제조간접원가	200,000 원
단위당 직접재료원가	150 원	고정판매비와관리비	70,000 원
단위당 직접노무원가(변동원가)	120 원	기초제품	없음
단위당 변동제조간접원가	50 원	생산량	20,000개
단위당 변동판매비와관리비	30 원	판매량	20,000개

① (a) 3,400,000원 (b) 3,600,000원 (c) 7,000,000원

② (a) 3,600,000원 (b) 3,600,000원 (c) 4,600,000원

③ (a) 3,400,000원 (b) 3,000,000원 (c) 7,000,000원

④ (a) 3,600,000원 (b) 3,000,000원 (c) 4,600,000원

해답

[1] ② 전부원가계산과 표준원가계산을 같이 사용할 수 있다. 생산량에 의한 기말재고만큼 이익에 영향을 미친다.

[2] ③ (250원 - 80원) × 판매량 2,800개 = 476,000원

[3] ③ 전부원가계산만 외부보고목적 재무제표 작성에 이용될 수 있다.

[4] ② 5,000,000 - 1,500,000 = 3,500,000원

기말재고자산에 포함된 가공원가가 1,500,000원 적으므로 그 만큼 초변동원가계산의 영업이익이 더 크다.

[5] ③

전부원가계산 매출총이익 : (500 - 150 - 120 - 50) × 20,000개 - 200,000 = 3,400,000원

변동원가계산 공헌이익 : (500 - 150 - 120 - 50 - 30) × 20,000개 = 3,000,000원

초변동원가계산 재료처리량 공헌이익 : (500 - 150) × 20,000개 = 7,000,000원

* 관리회계의 체계

	의의	사례
CVP 분석	원가, 조업도, 이익과 관계	손익분기점, 안전한계, 영업레버리지
단기적 의사결정	최적대안을 선택하는 과정	① 특별주문의 수락 또는 거부 ② 제품라인의 유지 또는 폐쇄 ③ 부품의 자가제조 또는 외부구입 ④ 결합제품의 즉시판매, 추가가공 ⑤ 특별가격의 결정
장기적 의사결정	기업의 총괄적 투자계획	① 회수기간법 ② 회계적 이익률법 ③ 순현재가치법 ④ 내부수익률법 ⑤ 수익성지수법
책임회계와 성과평가	책임중심점 관리자의 성과를 평가	① 원가중심점 : 배합차이, 수율차이 ② 수익중심점 ③ 이익중심점 ④ 투자중심점 : ROI, RI, EVA • 비재무적 측정 : 균형성과표
새로운 원가관리시스템		① 활동기준 원가계산 ② 수명주기 원가계산 ③ 품질원가관리

원가-조업도-이익 분석 I

제12장

12.1 CVP 분석의 기초이론

(1) CVP 분석의 활용

① 손익이 0원이 되는 판매량(조업도) 또는 손익분기점(매출액) 계산

② 특정 매출액에서 얻을 수 있는 이익 계산

③ 일정한 목표이익을 달성하는데 필요한 매출액 계산

④ 가격과 원가의 변화가 이익과 손익분기점에 미치는 영향 계산

⑤ 제품의 가격결정과 생산, 판매계획 수립

(2) CVP 분석의 가정

① 모든 원가는 변동원가와 고정원가로 구분 가능하다.

② 수익과 비용은 관련 범위내에서 선형이다.

③ 생산량과 판매량은 같다고 가정한다.

④ 두가지 이상 제품을 생산하는 경우 매출배합은 일정하다고 가정한다.

⑤ 화폐의 시간가치는 고려하지 않는다.

(3) 원가-조업도-이익 도표

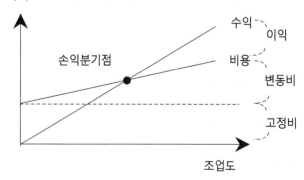

[예제 12-1]

[1] 원가–조업도–이익 도표(CVP 도표)에 관한 다음 설명 중 가장 올바르지 않은 것은?

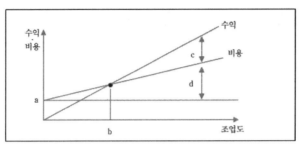

① a 는 총고정원가를 의미한다.　　　　② b 는 손익분기점 판매량을 의미한다.

③ c 는 공헌이익을 의미한다.　　　　　④ d 는 총변동비를 의미한다.

[2] 다음은 ㈜삼일의 원가·조업도·이익(CVP) 도표이다. 이에 관한 설명으로 가장 올바르지 않은 것은?

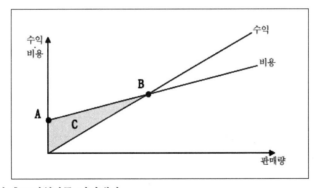

① 점 A 는 회사의 총고정원가를 나타낸다.

② 점 B 는 회사의 손익분기점을 나타낸다.

③ 회사의 생산량 단위당 판매가격은 생산량 단위당 변동원가보다 크다.

④ C 부분은 회사의 손실을 나타내는 부분으로 이 부분에서 회사는 제품 1 단위를 판매할 때마다 손실이 증가한다.

[3] 다음 중 원가–조업도–이익분석에서 고려하지 않는 가정은?

① 수익과 원가행태는 관련범위 내에서 곡선적이다.

② 모든 원가는 변동원가와 고정원가로 나누어질 수 있다.

③ 단위당 판매가격과 단위당 변동원가는 일정하다.

④ 생산량과 판매량이 일치한다.

[4] ㈜삼일의 과거 원가자료를 바탕으로 총제조간접원가를 추정한 원가함수는 다음과 같다. 이에 관한 설명으로 가장 올바르지 않은 것은?(단, 조업도는 기계시간이다.)

$$y = 200,000 + 38x$$

① 200,000 은 기계시간당 고정제조간접원가를 의미한다.

② x 는 기계시간을 의미한다.

③ 38 은 기계시간당 변동제조간접원가를 의미한다.

④ 조업도가 1,000 기계시간일 경우 총제조간접원가는 238,000 원으로 추정된다.

[5] 다음 중 원가-조업도-이익(CVP) 분석에 관한 설명으로 가장 올바르지 않은 것은?

① 수익과 원가의 행태는 관련범위 내에서 선형이다.

② 공헌이익이 총고정원가보다 큰 경우에는 손실이 발생한다.

③ 화폐의 시간가치를 고려하지 않는다.

④ 모든 원가는 변동원가와 고정원가로 분류할 수 있다고 가정한다.

해답

[1] ③ 총이익을 의미한다.
[2] ④ 제품 1 단위를 판매할 때마다 단위당 공헌이익만큼 손실이 감소한다.
[3] ① 수익과 원가행태는 관련범위 내에서 직선이다.
[4] ① 기계시간당 이라는 표현을 하면 안된다.
[5] ② 공헌이익이 총고정원가보다 큰 경우에는 이익이 발생한다.

12.2 공헌이익과 손익분기점

(1) 공헌이익 = 총매출액 - 변동원가

(2) 단위당 공헌이익 = 단위당 매출액 - 단위당 변동원가

(3) 공헌이익률 = $\dfrac{총공헌이익}{총매출액}$

(4) 공헌이익과 순이익의 관계

① 손익분기점 매출 (공헌이익의 합계 = 총고정비) : 순이익 0원

② 손익분기점 초과시 순이익 : 손익분기점 초과 매출액 × 공헌이익률 = 순이익

[예제 12-2]

[1] 다음 자료를 이용하여 공헌이익률을 계산하면 얼마인가?

> 제품단위당 판매가격 400 원
> 제품단위당 변동제조원가 150 원
> 제품단위당 변동판매비 130 원
> 고정제조간접원가 500,000 원
> 고정판매비와관리비 1,100,000 원

① 10%   ② 20%
③ 30%   ④ 40%

[2] 다음 자료를 이용하여 공헌이익을 계산하면 얼마인가?

생산수량	2,500개
판매수량	2,000개
단위당 판매가격	3,500원
단위당 변동제조원가	2,000원
단위당 변동판매비	300원
고정제조간접원가	400,000원

① 1,750,000원   ② 2,000,000원
③ 2,400,000원   ④ 3,000,000원

[3] ㈜삼일의 20X1 년도 매출액은 800,000 원, 손익분기점 매출액은 500,000 원, 공헌이익률은 40% 이다. ㈜삼일의 20X1 년도 순이익은 얼마인가?

① 120,000 원   ② 200,000 원
③ 320,000 원   ④ 400,000 원

해답
[1] ③ 공헌이익 = 400 - 150 - 130 = 120원, 공헌이익률 = 120원/400원 = 30%
[2] ③ (3,500 - 2,000 - 300) × 2,000개 = 2,400,000원
[3] ① 손익분기점 초과매출 300,000원 × 공헌이익률 40% = 120,000원 이익

12.3 손익분기점 (Break-even Point) 수량의 계산

손익분기점이란 순이익이 0이 되는 매출수량을 말한다.

(1) 손익분기점 수량 계산

$$\text{손익분기점수량} = \frac{\text{고정비}}{\text{단위당 공헌이익}}$$

(2) 손익분기점 매출액 계산

손익분기점 수량 × 단위당 판매가격 = 손익분기점 매출액

(3) 계산사례

단위당 판매금액 5,000원, 단위당 변동비 3,000원, 고정비 1,000,000원으로 가정

① 단위당 공헌이익 = 5,000원 - 3,000원 = 2,000원

② 손익분기점 판매수량 = $\dfrac{\text{고정비 } 1,000,000\text{원}}{\text{단위당 공헌이익 } 2,000\text{원}}$ = 500개

③ 손익분기점 매출액 = 5,000원 × 500개 = 2,500,000원

(4) 관련금액의 변동과 손익분기점 수량의 관계

① 고정비의 증가 : 앞의 (3)사례에서 고정비가 20% 증가하는 경우를 가정한다.

손익분기점 판매수량 = $\dfrac{\text{고정비 } 1,200,000\text{원}}{\text{단위당 공헌이익 } 2,000\text{원}}$ = 600개 (20% 증가)

② 단위당 변동비 증가 : 앞의 (3)사례에서 단위당 변동비가 20% 증가를 가정한다.

단위당 공헌이익 = 5,000원 - 3,600원 = 1,400원

손익분기점 판매수량 = $\dfrac{\text{고정비 } 1,000,000\text{원}}{\text{단위당 공헌이익 } 1,400\text{원}}$ = 714개 (약 42% 증가)

③ 단위당 변동비 감소 : 앞의 (3)사례에서 단위당 변동비가 20% 감소를 가정한다.

단위당 공헌이익 = 5,000원 - 2,400원 = 2,600원

손익분기점 판매수량 = $\dfrac{\text{고정비 } 1,000,000\text{원}}{\text{단위당 공헌이익 } 2,600\text{원}}$ = 384개 (약 24% 감소)

④ 단위당 판매가격의 증가 : 앞의 (3)사례에서 단위당 판매금액 20% 증가를 가정한다.

단위당 공헌이익 = 6,000원 - 3,000원 = 3,000원

$$\text{손익분기점 판매수량} = \frac{\text{고정비 } 1,000,000\text{원}}{\text{단위당 공헌이익 } 3,000\text{원}} = 333\text{개 (약 33\% 감소)}$$

이를 정리하면 다음과 같다.

원가의 변동	손익분기점 수량
고정비의 증감	고정비의 증감율과 동일한 비율만큼 변동
변동비의 증감	변동비의 증감율 보다 큰 비율만큼 변동
판매가격의 증감	판매가격의 증감율 보다 큰 비율만큼 변동

[예제 12-3]

[1] ㈜삼일의 제품생산에 관한 자료는 다음과 같다. 이때 손익분기점 판매량은?

제품단위당 판매가격	1,000 원
제품단위당 변동제조원가	600 원
제품단위당 변동판매비와관리비	150 원
고정제조간접원가	2,500,000원
고정판매비와관리비	1,250,000원

① 6,250개   ② 9,375개

③ 10,000개   ④ 15,000개

[2] 단위당 판매단가와 단위당 변동원가는 변함이 없고 고정원가만 20 % 증가하였을 경우 손익분기점 매출수량은 어떻게 변화하는가?

① 20 % 증가한다.   ② 20 % 보다 많게 증가한다.

③ 20 % 보다 적게 증가한다.   ④ 상황에 따라 달라진다.

[3] 다음은 원가 · 조업도 · 이익(CVP)분석과 관련된 신문기사이다. (ㄱ)와 (ㄴ)는 각각 얼마인가(단, 한 달은 30 일로 가정한다)?

월세 1 억 원 내는 커피숍 하루 (ㄱ) 팔아야 남는다
서울 강남역 인근에 위치한 커피전문점 OO 카페 강남역점의 인건비와 임차료 등의 월 평균 고정원가는 1억 9천 2백만원이다. 점포전문 포털 점포라인과 커피전문점 업계에 따르면 매장면적에 따라 인건비 비중이 다르지만 최소 하루 매출이 (ㄴ) 이 되어야 손익분기점을 맞출 수 있는 것으로 나타났다. 이는 4,000 원짜리 커피를 하루 (ㄱ) 판매해야 달성할 수 있다는 의미이다. 커피 한잔의 평균 변동원가는 잔당 800 원이다.

	(ㄱ)	(ㄴ)		(ㄱ)	(ㄴ)
①	1,000잔	400만원	②	1,500잔	600만원
③	2,000잔	800만원	④	2,500잔	800만원

[4] ㈜삼일은 단위당 판매가격이 500 원이고, 단위당 변동원가가 400 원이며, 총고정원가가 100,000 원이다. ㈜삼일은 새로운 시설투자를 하려고 한다. 시설투자 후 고정원가는 20 % 증가되는 반면에 변동원가가 25 % 감소된다고 하면, 시설투자 전에 비하여 손익분기 판매량은 어떻게 될 것인가?

① 증가한다. ② 감소한다.
③ 변함없다. ④ 고정원가와 변동원가의 관계에 따라 달라진다.

[5] ㈜삼일은 지난해에 제품 10,000 단위를 판매하여 1,000,000 원의 이익을 보고하였으며 손익분기점 은 8,000 단위였다. 만약 판매가격을 제품단위당 100 원 감소시키면, 새로운 손익분기점은 몇 단위 인가?

① 10,000단위 ② 13,000단위
③ 14,000단위 ④ 15,000단위

[6] 다음 중 단위당 판매가격과 단위당 변동원가가 불변이고 총고정원가가 증가할 경우 가장 옳은 것은?

① 총공헌이익이 감소한다. ② 총공헌이익은 증가한다.
③ 손익분기점 총매출액이 증가한다. ④ 손익분기점 총매출액이 감소한다

해답

[1] ④
　단위당공헌이익 : 1,000 - 600 - 150 = 250원
　손익분기점 수량 = 총고정비 3,750,000원 ÷ 단위당 공헌이익 250원 = 15,000개
[2] ①
[3] ③
　단위당 공헌이익 = 4,000 - 800 = 3,200원
　손익분기점 수량 = 월 고정비 192,000,000원 ÷ 3,200원 = 60,000개 (1일 2,000잔)
[4] ②
　변경전 손익분기점 판매량 : 고정비 100,000 ÷ 단위당 공헌이익 100 = 1,000개
　변경후 손익분기점 판매량 : 고정비 120,000 ÷ 단위당 공헌이익 200 = 600개

[5] ①

　　손익분기점 보다 2,000단위 더 판매했을 때 1,000,000원 이익 → 단위당 공헌이익 500원

　　손익분기점에서 공헌이익 = 총고정비 ∴ 총고정비 = 500원 × 8,000단위 = 4,000,000원

　　판매가격이 100원 증가하면 공헌이익은 400원으로 감소

　　새로운 손익분기점 수량 : 4,000,000원 ÷ 400원 = 10,000단위

[6] ③ 고정원가가 증가하면 손익분기점 수량과 총매출액이 증가한다.

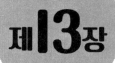

원가-조업도-이익 분석 II

13.1 목표이익이 있는 경우 판매수량

(1) 목표이익이 있으며 법인세를 고려하지 않는 경우

$$목표판매수량 \ = \ \frac{총고정비 \ + \ 목표이익}{단위당 \ 공헌이익}$$

(2) 목표이익이 있으며 법인세를 고려해야 하는 경우

참고로 법인세가 있어도 손익분기점 수량은 같다.

① 목표세전이익 계산

목표 세전이익 × (1 - 법인세율) = 목표 세후이익

목표 세후이익 ÷ (1 - 법인세율) = 목표 세전이익

② 목표 판매수량의 계산

$$목표판매수량 \ = \ \frac{총고정비 \ + \ 세전 \ 목표이익}{단위당 \ 공헌이익}$$

(3) 목표이익이 비율로 주어진 경우

① 목표 매출액 × 공헌이익률 = 고정비용 + 목표영업이익

② $목표 \ 매출액 \ = \ \dfrac{고정비용 \ + 목표영업이익}{공헌이익률}$

③ 예시 : 총매출액의 20%만큼 이익을 달성하고자 하는 경우

$$목표 \ 매출액 \ = \ \frac{고정비용 \ + \ (목표 \ 매출액 \ \times \ 0.2)}{공헌이익률}$$

[예제 13-1]

[1] 다음은 신제품 도입과 관련한 ㈜삼일의 회의내용이다. 다음 중 괄호 안에 들어갈 수량으로 가장 옳은 것은(단, 세금은 없는 것으로 가정한다)?

> 사장 : 이전에 지시한 신제품 도입에 대한 타당성검토는 잘 이루어지고 있습니까?
> 상무 : 일단 원가·조업도·이익(CVP)분석으로 대략적인 윤곽은 드러났습니다. 생산부장 : 신제품 제조원가에 대한 내역이 다음과 같이 조사되었습니다.
>
> | 제품 단위당 예상 판매가격 | 5,000원 |
> |---|---|
> | 제품 단위당 예상 변동원가 | 3,000원 |
> | 예상 총 고정원가 | 1억원 |
>
> 영업부장 : 사장님께서 지시하신 목표이익 2 억원을 달성하기 위해서는 ( )를 생산하여 판매하면 됩니다.
> 사장 : 좋습니다. 이것으로 오늘 회의는 마치겠습니다.

① 10,000개   ② 50,000개
③ 100,000개   ④ 150,000개

[2] ㈜삼일의 식품사업부를 총괄하는 김철수 전무는 해외식품사업부의 김영수 부장에게 총 매출액의 20%의 이익 달성을 지시하였다. 김영수 부장의 분석 결과 해외식품사업부의 변동비는 매출액의 70%, 연간 고정비는 30,000 원이다. 총 매출액의 20%의 이익을 달성하기 위한 목표 매출액은 얼마인가?

① 150,000원   ② 200,000원
③ 250,000원   ④ 300,000원

[3] ㈜삼일의 제품 단위당 판매가격과 원가자료는 다음과 같다

단위당 판매가격	500원
단위당 직접재료원가	90원
단위당 직접노무원가(변동원가)	60원
단위당 변동제조간접원가	70원
단위당 변동판매비와관리비	30원
연간 고정원가	800,000원

㈜삼일이 영업이익 700,000원을 달성하기 위한 판매량은 얼마인가?

① 4,000 단위   ② 5,000 단위
③ 6,000 단위   ④ 7,000 단위

[4] ㈜용산의 손익분기점 매출액은 4,500,000 원이고, 공헌이익률은 30 % 이다. ㈜용산이 600,000 원의 영업이익을 달성하고자 한다면 총매출액은 얼마이어야 하는가?

① 4,800,000원   ② 5,200,000원

③ 5,600,000원   ④ 6,500,000원

[5] ㈜삼일은 회계프로그램을 판매하는 회사로 단위당 판매가격은 40 원이며, 단위당 변동원가는 30원이다. 연간 고정원가는 30,000 원이며 당기에 10,000 원의 이익을 목표로 하고 있다. 다음 설명 중 가장 올바르지 않은 것은?

① 공헌이익률은 25% 이다.

② 단위당 공헌이익은 10원이다.

③ 목표이익을 달성하려면 150,000원의 매출을 하여야 한다.

④ 손익분기점 매출액은 120,000원이다.

해답

[1] ④ (고정비 1억원 + 목표이익 2억원) ÷ 단위당 공헌이익 2,000원 = 150,000개

[2] ④

공헌이익은 매출액의 30%이다.

매출액 × 0.3 = 매출액 × 0.2 + 고정비 30,000원에서 매출액은 300,000원이 된다.

[3] ③

단위당 공헌이익 = 500 - 90 - 60 - 70 - 30 = 250원

목표이익 700,000원 판매량 = (800,000원 + 700,000원) ÷ 250원 = 6,000단위

[4] ④

손익분기점 매출액 + (목표이익 ÷ 공헌이익률) = 4,500,000 + 2,000,00 = 6,500,000원

[5] ③

목표이익 매출수량 = (고정비 + 목표이익) ÷ 단위당 공헌이익 = 4,000개

목표이익 매출액 = 4,000개 × 40원 = 160,000원

13.2 안전한계 (Margin of Safety)

① 안전한계의 정의

손익분기점을 초과하는 매출액을 말한다.

다시 말해 안전한계 까지는 매출액이 감소하여도 손실이 발생하지 않는다는 의미이다.

② 안전한계율 : 손실이 발생하지 않는 매출감소율

$$\text{안전한계율} = \frac{\text{안전한계}}{\text{매출액}} = \frac{\text{매출액} - \text{손익분기점 매출액}}{\text{매출액}}$$

③ 공헌이익 손익계산서를 작성한 경우에는 다음과 같이 계산할 수도 있다.

$$안전한계율 = \frac{영업이익}{공헌이익}$$

④ 참고로, 고정비에서 공헌이익률을 나누면 손익분기점 매출액이 계산된다.

[예제 13-2]

[1] ㈜삼일의 차기 예산자료는 다음과 같다. ㈜삼일의 안전한계율은 얼마인가?

| 매출액   3,000,000원,   공헌이익률 25%,   고정원가 600,000원 |

① 20%   ② 25%
③ 30%   ④ 35%

[2] ㈜삼일은 단위당 판매가격이 500 원, 단위당 변동원가가 200 원인 제품을 생산하여 판매하고 있다. 당기의 판매량은 10,000 개이고, 고정원가는 1,800,000 원이다. ㈜삼일의 안전한계율을 계산하면 얼마인가?

① 10%   ② 20%
③ 30%   ④ 40%

[3] ㈜삼일은 단위당 판매가격이 800 원, 단위당 변동원가가 600 원 인 제품을 생산판매하고 있으며, 다음과 같이 4분기 예산자료를 작성하였다.

매출액	16,000,000원
변동원가	12,000,000원
공헌이익	4,000,000원
고정원가	1,800,000원
영업이익	2,200,000원

위와 같은 예산 하에서 안전한계율을 계산하면 얼마인가?

① 45%   ② 50%
③ 55%   ④ 60%

해답

[1] ①
   고정원가 600,000원 ÷ 공헌이익률 0.25 = 손익분기점 매출액 2,400,000원
   안전한계율 = (3,000,000 - 2,400,000) ÷ 3,000,000 = 20%
[2] ④
   손익분기점 수량 = 고정비 1,800,000원 ÷ 단위당 공헌이익 300원 = 6,000개
   안전한계율 = 안전한계 4,000개 ÷ 현재 판매량 10,000개 = 40%
[3] ③ 안전한계 공헌이익 2,200,000 ÷ 현재 공헌이익 4,000,000 = 55%

13.3 영업레버리지

(1) 영업레버리지 의미

레버리지의 사전적 의미는 지렛대를 의미한다. 영업레버리지란 고정원가로 인하여 매출액의 변화율 보다 영업이익의 변화율이 커지는 현상을 말한다.

(2) 영업레버리지도

$$영업레버리지 = \frac{영업이익의 \ 변화율}{매출액의 \ 변화율} = \frac{공헌이익}{영업이익}$$

(3) 영업이익 변화율

영업이익의 변화율 = 매출액의 변화율 × 영업레버리지

→ 만일 영업레버리지가 4라고 한다면 매출액이 1% 증가할 때 영업이익은 4% 증가한다.

(4) 매출액의 변화에 따른 공헌이익 변화의 관계

$$공헌이익 \ 변화비율 = \frac{매출액}{공헌이익}$$

예시

매출액이 100원, 변동비가 80원인 상태에서 매출액이 10% 증가했다고 가정.

변경전	매출액 100원 - 변동비 80원 = 공헌이익 20원
변경후	매출액 110원 - 변동비 80원 = 공헌이익 30원 (50% 증가)

[예제 13-3]

[1] ㈜삼일의 20X1 년도 매출액은 500,000 원, 손익분기점 매출액은 350,000 원, 공헌이익률은 30 % 이다. ㈜삼일의 20X1 년도 순이익은 얼마인가?

① 45,000원 ② 50,000원
③ 55,000원 ④ 60,000원

[2] 다음 영업레버리지에 관한 설명 중 옳지 않은 것은?

① 영업레버리지란 고정원가로 인하여 매출액의 변화율보다 영업이익의 변화율이 더 커지는 현상을 말한다.
② 영업레버리지는 영업레버리지도로 측정하는데, 영업레버리지도는 공헌이익을 영업이익으로 나누어 계산한다.

③ 어떤 기업의 영업레버리지도가 7 일 경우 경기불황으로 인하여 매출액이 20% 감소하면 영업이익은 40% 감소할 것이다.

④ 영업레버리지도는 손익분기점 근처에서 가장 크고 매출액이 증가함에 따라 점점 작아진다.

[3] 다음 중 CVP 분석에 관한 설명으로 가장 올바르지 않은 것은?

① 공헌이익률은 원가구조와 밀접한 관련이 있으며 변동원가 비중이 높으면 공헌이익률이 낮게 나타난다.

② 영업레버리지도가 3 이라는 의미는 매출액이 1 % 변화할 때 영업이익이 3 % 변화한다는 의미이다.

③ 법인세를 고려하는 경우 손익분기점 분석결과는 변화한다.

④ 복수제품인 경우 매출배합은 일정하다고 가정한다.

[4] 20X1 년도에 ㈜삼일의 변동원가는 매출액의 60% 였다. 20X2 년도에 경영자가 단위당 판매가격을 10% 인상하였을 경우, 20X1 년 대비 20X2 년도의 공헌이익증가율은? (단, 판매량과 단위당 변동원가 및 고정원가는 동일하다고 가정한다.)

① 10%   ② 15%

③ 20%   ④ 25%

[5] 다음 중 안전한계와 영업레버리지에 관한 설명으로 가장 올바르지 않은 것은?

① 안전한계는 손실을 발생시키지 않으면서 허용할 수 있는 매출액의 최대 감소액을 의미하므로 기업의 안전성을 측정하는 지표로 많이 사용된다.

② 안전한계가 높을수록 기업의 안전성이 높다고 말할 수 있으며, 안전한계가 낮을수록 기업의 안전성에 문제가 있다고 말할 수 있다.

③ 영업레버리지는 영업레버리지도(DOL)를 이용하여 측정할 수 있으며, 영업레버리지도(DOL)는 공헌이익을 영업이익으로 나누어 계산한다.

④ 영업레버리지는 고정원가로 인하여 매출액의 변화액보다 영업이익의 변화액이 더 커지는 현상을 말한다.

해답

[1] ① 손익분기점 초과매출액 150,000원 × 공헌이익률 30% = 45,000원

[2] ③ 영업이익은 140% 감소한다.

[3] ③ 손익분기점일때는 이익이 0이라서 법인세가 없으므로, 손익분기점과 법인세는 무관하다.

[4] ④ 공헌이익률이 40%인 상황에서 10%는 25%증가에 해당된다.
   (다른방법) 임의의 수를 대입
   매출액 100원 – 변동원가 60원 = 공헌이익 40원
   매출액 110원 – 변동원가 60원 = 공헌이익 50원 (40원일때와 비교하여 25% 증가)

[5] ④ 영업레버리지는 고정원가로 인하여 매출액의 변화율보다 영업이익의 변화율이 더 커지는 현상을 말한다.

제14장

단기적 의사결정

14.1 의사결정의 기초이론

(1) 관련원가와 비관련원가

① 관련원가 : 여러 대안간에 차이가 발생하는 원가

   (예시) 변동원가, 회피가능원가, 기회원가

② 비관련원가 : 매몰원가, 회피불능 고정원가

(2) 의사결정의 접근방법

① 총액접근법 : 각 대안별로 총수익과 총비용을 구하여 다른 대안과 비교

② 차액접근법 : 각 대안 간에 차이가 발생하는 항목만을 비교

(3) 사례

㈜삼일이 자가제조하고 있는 부품의 원가자료는 다음과 같다.

> 부품단위당 직접재료원가 1,200 원
> 부품단위당 직접노무원가(변동원가) 800 원
> 부품단위당 변동제조간접원가 400 원
> 고정제조간접원가 10,000,000 원
> 생산량 50,000 단위

부품을 자가제조하지 않는 경우 고정제조간접원가의 30 % 를 회피할 수 있다면 부품을 외부구입할 때 지불할 수 있는 최대가격은 얼마인가? (19년 1월 수정)

〈풀이〉

① 총액접근법

자가제조	(1,200원 + 800원 + 400원) × 50,000단위 + 10,000,000원 = 130,000,000원
외부구입	외부구입 가격 × 50,000단위 + 7,000,000 ≤ 130,000,000원 * 외부구입가격이 2,460원 이하이면 외부구입하는 것이 유리하다.

② 차액접근법: 외부구입하면 변동제조원가가 발생하지 않고, 고정비가 절감된다.

변동원가 절감액 : (1,200원 + 800원 + 400원) × 50,000단위 = 120,000,000원

고정원가 절감액 : 3,000,000원

→ 외부구입액의 합계가 123,000,000원 이하이면 외부구입이 유리하다.

[예제 14-1]

[1] ㈜삼일은 3 년 전 기계장치를 10 억원에 구입하였으나 이 기계를 사용할 수 없게 되었다. 이에 따라 동 기계장치를 처리하고자 하는데 방안 A 는 2 억원을 지출하여 수리한 후 7 억원에 판매하는 것이고, 방안 B 는 4 억원에 바로 처분하는 것이다. 이 경우 매몰원가는 얼마인가?

① 2 억원   ② 4 억원

③ 7 억원   ④ 10 억원

[2] ㈜삼일은 파손된 제품 500 단위를 보유하고 있다. 이 제품을 200,000 원을 들여 재작업하는 경우 3,000,000 원에 판매할 수 있고, 재작업을 하지 않으면 2,700,000 원에 판매할 수 있다. 재작업을 할 경우 기회원가는 얼마인가?

① 2,600,000원   ② 2,700,000원

③ 2,800,000원   ④ 3,000,000원

[3] ㈜삼일은 8 개월 전에 기계장치를 4,000,000 원에 구입하였으나 사업전환으로 인해 이 기계를 더 이상 사용할 수 없게 되었다. 회사는 동 기계에 대하여 수리비용 1,500,000 원을 들여 2,500,000 원에 판매할 수 있거나 현재 상태로 거래처에 2,000,000 원에 판매할 수도 있다. 이 경우 매몰원가로 가장 옳은 것은?

① 예상수리비용 1,500,000 원

② 현재 상태에서의 예상판매금액 2,000,000 원

③ 수리된 상태에서의 예상판매금액 2,500,000 원

④ 과거 구입금액 4,000,000 원

[4] 다음은 신인가수 발굴 오디션에서 일어난 심사위원과 지원자 김삼일의 인터뷰 내용이다. 의사결정 기초개념과 관련하여 밑줄 친 (ㄱ), (ㄴ)에 가장 적절하게 대응되는 용어는 무엇인가?

> 심사위원 : 오디션에 합격하면 (ㄱ) 현재의 직장을 포기해야 하는데도 가수를 하실 생각이신가요?
> 김 삼 일 : 과거에 (ㄴ) 직장에 들어가기 위해 많은 노력을 했습니다. 하지만, 오디션에 합격하여 어릴 적 꿈이었던 가수로서 제 2 의 인생을 살고 싶습니다

① (ㄱ) 기회원가   (ㄴ) 간접원가   ② (ㄱ) 지출원가   (ㄴ) 기회원가
③ (ㄱ) 기회원가   (ㄴ) 매몰원가   ④ (ㄱ) 매몰원가   (ㄴ) 간접원가

해답

[1] ④ 매몰원가란 이미 발생하여 회수할 수 없는 원가를 말한다.
[2] ② 재작업을 하면, 재작업을 하지 않고 판매하는 2,700,000원이 기회원가가 된다.
[3] ④ 의사결정과 관계없는 과거 구입금액이 매몰원가가 된다.
[4] ③ 포기하게 되는 것이 기회원가, 회수할 수 없는 원가가 매몰원가이다.

14.2 특별주문의 수락 또는 거부

대량구매조건으로 정상가격 이하로 주문을 받는 경우 수락여부를 결정

(1) 유휴생산능력이 존재하고, 기회원가가 없는 경우

① 예시 : 최대생산량 10,000개(유휴시설 사용안함) ≥ 현재 생산량 8,000개 + 특별주문 2,000개
② 의사결정 기준(관련항목) : 증분수익과 증분원가만 고려함
③ 증분수익(특별주문원가) 〉 증분원가 → 주문수락

(2) 유휴생산능력이 존재하고, 기회원가가 있는 경우

① 예시 : 최대생산량 10,000개(유휴시설에서 임대수익발생) ≥ 현재 생산량 8,000개 + 특별주문 2,000개
② 의사결정 기준(관련항목) : 증분수익, 증분원가, 기회원가를 고려함
③ 증분수익(특별주문원가) 〉 증분원가 + 기회원가 → 주문수락

(3) 유휴생산능력이 존재하지 않는 경우

① 예시 : 최대생산량 10,000개 ≥ 현재 생산량 10,000개 + 특별주문 2,000개
② 의사결정 기준 (관련항목)
  – 설비를 추가하는 경우 : 증분수익, 증분원가, 추가설비원가를 고려함
  – 기존판매량 감소를 하는 경우 : 증분수익, 증분원가, 기존판매량 감소를 고려함
③ 증분수익(특별주문원가) 〉 증분원가 + 추가설비원가, 기존판매량 공헌이익

[예제 14-2]

[1] 매월 1,000 단위의 제품을 생산하는 ㈜삼일의 단위당 판매가격은 700 원이고 단위당 변동원가는 500 원이며 고정원가는 월 300,000 원이다. ㈜삼일은 ㈜용산으로부터 400 단위의 특별주문을 받았다. 현재 유휴설비능력은 특별주문 수량보다 부족한 상황이며, 특별주문을 수락할 경우 주문 처리를 위한 비용 900 원이 추가로 발생한다. 다음 중 특별주문에 대한 의사결정을 함에 있어 관련항목으로만 구성된 것은 어느 것인가?

① 특별주문 수락 전의 단위당 고정원가, 단위당 변동원가
② 단위당 변동원가, 특별주문 처리비용, 기존판매량 감소분의 공헌이익
③ 특별주문 수락 후의 단위당 고정원가, 특별주문 처리비용
④ 특별주문가, 특별주문 수락 후의 단위당 고정원가

[2] ㈜삼일의 생산 및 판매에 대한 자료는 다음과 같다.

> 제품단위당 판매가격 80 원
> 제품단위당 변동제조원가 25 원
> 고정제조간접원가 400,000 원
> 고정판매비 200,000 원
> 연간 생산능력 20,000 단위
> 연간 판매량 15,000 단위

최근 고객사로부터 제품 3,000 단위를 단위당 40 원에 공급해 달라는 특별주문을 받았다. 특별주문에 대하여 ㈜삼일이 취할 행동으로 가장 옳은 것은(단, 특별주문 수락으로 인한 기존 판매수량 및 판매가격에는 영향이 없다)?

① 특별주문의 가격이 시장가격보다 낮으므로 주문을 거절하여야 한다.
② 제품단위당 제조원가가 45 원이므로 주문을 거절하여야 한다.
③ 제안을 받아들일 경우 15,000 원의 이익이 추가로 발생하므로 주문을 수락하여야 한다.
④ 제안을 받아들일 경우 45,000 원의 이익이 추가로 발생하므로 주문을 수락하여야 한다

[3] 다음 중 의사결정에 관한 설명으로 가장 올바르지 않은 것은?

① 고정원가가 당해 의사결정과 관계없이 계속 발생한다면 고정원가는 비관련원가이다.
② 현재 시설능력을 100 % 활용하고 있는 기업이 특별주문의 수락 여부를 고려할 때 동 주문생산에 따른 추가 시설 임차료는 고려할 필요가 없다.
③ 제품라인을 폐지한 후 유휴생산시설을 이용하여 발생시키는 수익은 의사결정 시 고려하여야 한다.
④ 부품의 자가제조 또는 외부구입 의사결정시 회피가능원가가 외부구입원가보다 큰 경우에는 외부구입하는 것이 바람직하다.

[4] ㈜삼일의 손익계산서는 다음과 같다.

매출액	2,000,000원
매출원가	1,000,000원
매출총이익	1,000,000원
판매비와관리비	500,000원
영업이익	500,000원

제품의 단위당 판매가격은 200 원이며, 매출원가와 판매비와관리비 중 50 % 는 고정원가로 구성되어 있을 때, 회사가 제품 단위당 90 원에 500 단위의 추가 주문을 받아들인다면 회사의 영업이익에 미치는 영향은 어떠한가? (단, 유휴 생산능력은 충분하다)

① 5,000원 감소   ② 30,000원 감소
③ 7,500원 증가   ④ 45,000원 증가

[5] ㈜삼일은 최근 고객사로부터 제품 300 단위를 단위당 20,000 원에 구입하겠다는 제안을 받았다. 이 주문의 수락여부와 회사의 이익에 미치는 영향은 어떠한가(단, 제품과 관련된 자료는 다음과 같으며 동 주문을 수락하더라도 고정원가에는 아무런 영향을 초래하지 않는다)?

	제품 단위당 원가
직접재료원가	11,000원
직접노무원가(변동원가)	4,000원
변동제조간접원가	2,500원
고정제조간접원가	3,000원
변동판매비와관리비	500원
고정판매비와관리비	1,000원
	22,000원

① 수락, 150,000원의 이익 증가   ② 수락, 600,000원의 이익 증가
③ 거절, 150,000원의 손실 증가   ④ 거절, 600,000원의 손실 증가

해답

[1] ② 특별주문을 하게 되면 단위당 변동원가 증가, 특별주문처리비용이 발생한다. 만일 특별주문 수락시 기존판매량을 포기해야 한다면 기존판매량 감소분의 공헌이익도 고려하여야 한다.

[2] ④
　증분수익 = 3,000단위 × 40원 = 120,000원, 증분원가 = 3,000단위 × 25원 = 75,000원
　→ 45,000원의 이익이 증가하므로 주문을 수락하여야 한다.

[3] ② 현재시설을 100% 활용하는 상태에서 특별주문을 받게 되면, 기존 판매를 일부 포기하거나 시설을 확장하여야 한다.

[4] ③
　매출액이 2,000,000원인데, 단위당 판매가격이 200원이면, 판매수량은 10,000개이다.

매출원가와 판매비와관리비의 50%가 변동비이면, 변동비 750,000원이고, 단위당 변동비는 75원이다.
(90원 - 75원) × 500단위 = 7,500원 이익 증가한다.

[5] ②
(거래가격 20,000 - 단위당 변동원가 18,000) × 300단위 = 600,000원 이익증가

14.3 제품라인의 유지 및 폐지

제품라인의 일부 또는 사업부를 폐지하였을 때 순이익의 변화를 판단한다.

(1) 일부 부문을 폐지하였을 때 이익의 변화

폐지하는 부문의 공헌이익만큼 이익감소

(2) 폐지부문의 회피가능고정원가가 있는 경우

(폐지부문의 공헌이익 - 절감되는 고정비) 만큼 순이익 감소

예시

공헌이익이 1,000,000원인 부문을 폐지하는데, 고정비가 600,000원 절감된다면, 해당 부문을 폐지할
경우 순이익은 400,000원 감소하게 된다.

[예제 14-3]

[1] ㈜삼일의 프로젝트 A 에 대한 매출액은 200,000 원, 변동원가는 100,000 원이고, 고정원가는
200,000 원 이다. 고정원가 중 100,000 원은 프로젝트 A 를 포기하더라도 계속하여 발생하는 금액
이다. 만약 ㈜삼일이 프로젝트 A 를 포기한다면 회사의 순이익은 어떻게 변화하는가?

① 변화없음   ② 100,000원 감소
③ 100,000원 증가   ④ 200,000원 감소

[2] 다음은 세 사업부문(A, B, C)을 보유한 ㈜삼일의 손익자료이다. 다음 중 자료에 관한 분석으로 가장
올바르지 않은 것은?

	A 사업부	B 사업부	C 사업부	전체
매출액	4,000	3,000	2,000	9,000
변동원가	2,400	2,000	1,200	5,600
공헌이익	1,600	1,000	800	3,400
회피불능고정원가	1,900	1,200	400	3,500
이익(손실)	(300)	(200)	400	(100)

① 사업부 A, B 를 폐쇄하면 회사의 전체손실은 2,700 원이 된다.
② 사업부 B, C 를 폐쇄하면 회사의 전체손실은 1,900 원이 된다.
③ 사업부 A, C 를 폐쇄하면 회사의 전체손실은 2,500 원이 된다.
④ 사업부 A, B, C 모두를 폐쇄하면 이익(또는 손실)이 0 원이 된다.

[3] ㈜삼일은 여러 사업부를 운영하고 있는 기업이며, 20X1 년의 당기순이익은 500,000 원이다. 여러 사업부 중에서 사업부 갑의 공헌이익은 100,000 원이고, 사업부 갑에 대한 공통원가 배분액은 50,000 원이다. 공통원가배분액 중 30,000 원은 사업부 갑을 폐지하더라도 계속하여 발생하는 것이다. 만약 회사가 사업부 갑을 폐지하였다면 20X1 년 당기순이익은 얼마로 변하였겠는가?

① 400,000원   ② 420,000원
③ 450,000원   ④ 470,000원

[4] ㈜삼일의 프로젝트 A 에 대한 매출액은 1,000,000 원, 변동원가는 300,000 원이고, 고정원가는 500,000원이다. 고정원가 중 100,000 원은 프로젝트 A 를 포기하더라도 계속하여 발생하는 금액이다. 만약 ㈜삼일이 프로젝트 A 를 포기한다면 회사의 순이익은 어떻게 변화하는가?

① 변화없음   ② 200,000원 감소
③ 300,000원 감소   ④ 700,000원 감소

[5] ㈜삼일은 3 개의 사업부를 운용하고 있으며, 20X1 년의 당기순이익은 500,000 원이다. 이 중 A 사업부의 공헌이익은 60,000 원이고, A 사업부에 대한 공통원가 배분액은 50,000 원이다. 공통원가배분액 중 30,000 원은 A 사업부를 폐지하더라도 계속하여 발생한다. A 사업부를 폐지하는 경우 20X1 년 당기순이익은 얼마인가?

① 450,000원   ② 460,000원
③ 470,000원   ④ 480,000원

해답

[1] ① 공헌이익이 100,000원 감소하지만 고정비 100,000원이 절감되어 순이익의 변화는 없다.
[2] ④ 사업부를 모두 폐쇄하면 공헌이익이 3,400원 감소하여 3,500원 손실이 된다.
[3] ② 폐지전 당기순이익 500,000 - 폐지로 인한 공헌이익 감소 100,000원 + 폐지로 인한 공통원가 절감 20,000원
= 420,000원
[4] ③ 폐지로 인한 공헌이익 감소 700,000원 + 폐지로 인한 고정비 절감 400,000원 = 300,000원 이익감소
[5] ② 폐지전 당기순이익 500,000 - 폐지로 인한 공헌이익 감소 60,000원 + 폐지로 인한 공통원가 절감 20,000원
= 460,000원

단기적 의사결정 II

제**15**장

15.1 부품의 자가제조 및 외부구입

(1) 자가제조와 외부구입의 장점

	자가제조	외부구입
장점	부품의 공급업자에 대한 의존도를 줄일 수 있는 장점이 있다.	① 자가제조시 발생하는 변동원가와 회피가능 고정원가를 절감할 수 있다. ② 기존 설비를 다른 용도로 사용할 수도 있다.
단점	① 기존 외부공급업자와의 유대관계를 상실된다. ② 향후 급격한 주문의 증가로 회사의 생산능력을 초과할 때 제품을 외부구입하기 어려울 수 있다.	① 생산관리를 외부에 의존해야 하므로 품질관리가 매우 어렵다. ② 부품의 공급업자에 대한 의존도가 커진다.

(2) 외부구입시 고려사항

① 외부구입가격 ≤ 회피가능원가 + 기회원가 → 외부구입이 유리

② 외부구입가격 ≥ 회피가능원가 + 기회원가 → 자가제조가 유리

[예제 15-1]

[1] ㈜삼일은 제조에 필요한 부품을 자가제조할 것인지 아니면 외부구입할 것인지의 여부에 대한 의사결정을 하려고 한다. 다음 설명 중 가장 옳은 것은?

① 변동원가는 모두 비관련원가로 보아 의사결정을 하는데 영향을 미치지 않는다.

② 회피불가능한 고정원가는 관련원가로 의사결정을 하는데 반드시 고려하여야 한다.

③ 외부구입원가가 회피가능원가보다 큰 경우에는 외부구입하는 것이 바람직하다.

④ 기존설비를 다른 용도로 사용함에 따라 발생할 수 있는 기회비용도 함께 고려해야 한다.

---

[2] ㈜삼일은 부품 A 를 자가제조하고 있으며, 이와 관련된 연간 생산 및 원가자료는 다음과 같다.

> 직접재료원가 20,000원
> 변동직접노무원가 13,000원
> 변동제조간접원가 2,000원
> 고정제조간접원가 30,000원
> 생산량 200 단위

최근 외부업체로부터 부품 A 200 단위를 단위당 400 원에 공급하겠다는 제안을 받았다. 외부업체의 제안을 수용하면, 자가제조보다 연간 얼마나 유리(또는 불리)한가?

① 15,000원 유리　　　　　　　　　　② 15,000원 불리
③ 45,000원 유리　　　　　　　　　　④ 45,000원 불리

[3] ㈜삼일은 부품 A 를 자가제조하고 있으며, 이와 관련된 연간 생산 및 원가자료는 다음과 같다.

> 직접재료원가 43,000 원
> 직접노무원가 17,000 원
> 변동제조간접원가 13,000 원
> 고정제조간접원가 30,000 원
> 생산량 250 단위

최근 외부업체로부터 부품 A 250 단위를 단위당 500 원에 공급하겠다는 제안을 받았다. 외부업체의 제안을 수용하면, 자가제조보다 연간 얼마나 유리(또는 불리)한가?

① 22,000 원 불리　　　　　　　　　　② 22,000 원 유리
③ 52,000 원 불리　　　　　　　　　　④ 52,000 원 유리

[4] ㈜삼일은 제품 제조에 사용되는 부품 10,000 단위를 자체 생산하여 왔다. 10,000 단위 생산수준에서 부품을 제조하는데 소요되는 단위당 원가는 다음과 같다.

	금액
직접재료원가	200원
직접노무원가(변동원가)	100원
변동제조간접원가	60원
고정제조간접원가	20원
제품 단위당 원가	380원

동일한 부품을 생산하고 있는 ㈜용산이 이 부품 10,000 단위를 공급하겠다고 제안하였을 경우 ㈜삼일이 최대한 허용할 수 있는 부품의 단위당 구입가격은 얼마인가(단, 부품을 외부에서 구입할 경우 고정제조간접원가는 전혀 회피할 수 없다)?

① 300원   ② 360원
③ 370원   ④ 200원

[5] ㈜삼일의 부품제조에 대한 원가자료는 다음과 같다.

직접재료원가	200원/단위
직접노무원가	50원/단위
변동제조간접원가	50원/단위
총고정제조간접원가	600,000원
생산량	20,000단위

외부제조업자가 이 부품의 필요량 20,000 단위를 전량 납품하겠다고 제의하였다. 부품을 외부에서 구입할 경우 고정제조간접원가의 1/3 을 회피할 수 있다면, 다음 중 ㈜삼일이 최대한 허용할 수 있는 부품의 단위당 구입가격은 얼마인가?

① 340원   ② 330원
③ 320원   ④ 310 원

[6] ㈜삼일의 부품제조에 대한 원가자료는 다음과 같다.

부품단위당 직접재료원가	1,200 원
부품단위당 직접노무원가	700 원
부품단위당 변동제조간접원가	350 원
고정제조간접원가	480,000 원
생산량	800 단위

외부의 제조업자가 이 부품을 납품하겠다고 제의하였다. 부품을 외부에서 구입할 경우 고정제조간접원가의 1/4 을 회피할 수 있다고 한다면 ㈜삼일이 최대한 허용할 수 있는 부품의 단위당 구입가격은 얼마인가?

① 2,250원   ② 2,300원
③ 2,400원   ④ 2,900원

[7] ㈜삼일은 부품의 자가제조 또는 외부구입에 대한 의사결정을 하려고 한다. 이 때 고려해야 하는 비재무적 정보에 대한 설명 중 가장 올바르지 않은 것은?

① 부품을 자가제조 할 경우 부품의 공급업자에 대한 의존도를 줄일 수 있는 장점이 있다.
② 부품을 자가제조 할 경우 기존 외부공급업자와의 유대관계를 상실하게 되는 단점이 있다.

③ 부품을 외부구입 할 경우 향후 주문량의 변동에 유연하게 대응할 수 있다는 장점이 있다.

④ 부품을 외부구입 할 경우 외부공급업자를 통해 부품의 품질관리를 용이하게 할 수 있다는 장점이 있다.

[8] 다음 중 부품을 자가제조하고 있는 어떤 기업이 외부에서 부품을 구입하는 대안을 고려하고 있다고 가정할 경우 가장 부적절한 의사결정은 무엇인가(단, 고정제조간접원가는 당해 부품 생산설비의 감가상각비만 존재한다고 가정한다)?

① 금액적인 증분수익과 증분원가 이외에 외부공급처의 지속적 확보 여부, 품질의 동질성 등 비재무적 요인도 고려하여야 한다.

② 유휴설비를 1년간 임대해 주고 임대료를 받을 수 있는 경우에는 변동제조원가 절감액과 임대료 수입액의 합계에서 외부부품 구입대금을 차감한 금액이 0(영)보다 큰 경우 외부구입 대안을 선택한다.

③ 유휴설비의 다른 용도가 없는 경우에는 변동제조원가 절감액에서 외부부품 구입대금을 차감한 금액이 0(영)보다 큰 경우 외부구입 대안을 선택한다.

④ 유휴설비를 다른 제품의 생산에 이용할 수 있는 경우에는 변동제조원가 절감액에서 외부부품 구입대금을 차감한 금액이 0(영)보다 작은 경우 외부구입 대안을 선택한다.

해답

[1] ④ 변동원가는 관련원가이다. 회피 불가능한 고정원가는 의사결정에 반영하지 못한다. 외부구입원가가 회피가능원가보다 크면 자가제조가 더 바람직한다.

[2] ④ 외부구입가격이 회피가능원가 보다 45,000원 크므로 45,000원 불리하다.
외부구입가격 : 200단위 × 400원 = 80,000원
회피가능원가 : 20,000 + 13,000 + 2,000 = 35,000원

[3] ③ 외부구입가격이 회피가능원가보다 52,000원 더 불리하다.
외부구입가격 : 250단위 × 500원 = 125,000원
회피가능원가 : 43,000 + 17,000 + 13,000 = 73,000원

[4] ②
외부구입시 회피가능원가 : 200 + 100 + 60 = 360원
외부구입가격이 360원 이하여야 한다.

[5] ④
회피가능원가 : (200 + 50 + 50) × 20,000 + 600,000 × 1/3 = 6,200,000원
단위당 외부구입가격이 6,200,000 ÷ 20,000단위 = 310원 이하이면 허용가능하다.

[6] ③
회피가능원가 : (1,200 + 700 + 350) × 800 + 120,000 = 1,920,000원
단위당 외부구입가격이 1,920,000 ÷ 800 = 2,400원 이하이면 허용가능하다.

[7] ④ 부품을 외부구입하면 부품의 품질관리가 어려워진다.

[8] ④ 유휴설비 + 변동원가 절감액 > 외부구입가격 일 때, 외부구입 대안을 선택한다.

15.2 결합제품의 즉시판매와 추가가공

제품을 그대로 판매할 것인지, 추가가공해서 판매할 것인지를 결정하는 문제이다.

(1) 관련원가와 비관련원가

- 관련원가 (의사결정 반영) : 즉시 판매가능금액, 추가가공금액, 가공후 판매 가능금액
- 비관련원가 (의사결정 반영안함) : 매몰원가 (현재까지 소요된 원가)

(2) 추가가공 여부의 판단 사례

① 즉시 판매 1,000원 〉 가공후 판매 1,200원 - 추가가공비 300원 → 즉시판매 유리

② 즉시 판매 1,000원 〈 가공후 판매 1,500원 - 추가가공비 300원 → 가공후 판매유리

[예제 15-2]

[1] ㈜삼일은 진부화된 의류 500벌을 보유하고 있다. 이 제품에 대한 총제조원가는 45,000,000원이었으나 현재로는 의류 한벌당 25,000원에 처분하거나, 11,000,000원을 투입하여 개조한 후 의류 한벌당 50,000 원에 판매할 수 있는 상황이다. 다음 설명 중 가장 옳은 것은?

① 그대로 의류 한벌당 25,000원에 처분하면 32,500,000 원의 손실이 발생하므로 처분해서는 안된다.

② 개조하여 판매하면 11,000,000원의 추가적인 손실이 발생한다.

③ 개조하여 판매하는 것이 그대로 처분하는 것보다 1,500,000 원 만큼 유리하다.

④ 11,000,000 원의 추가비용을 지출하지 않고 의류 한벌당 25,000 원에 판매하는 것이 유리하다.

[2] ㈜삼일은 흠집이 있는 제품 A 를 4 개 보유하고 있다. 흠집이 없는 정상적 제품 A 의 판매가격은 300원이다. 제품 A 의 생산에는 단위당 변동제조원가 80 원과 단위당 고정제조원가 20 원이 투입되었다. 흠집이 있는 제품 A 를 외부에 단위당 150 원에 처분하려면 단위당 판매관리비가 15 원이 소요될 것으로 추정된다. 이 의사결정에 고려될 관련원가로 가장 옳은 것은?

① 단위당 변동제조원가 80원   ② 단위당 판매관리비 15원

③ 단위당 고정제조원가 20원   ④ 정상판매가격 300원

해답

[1] ③ 개조해서 처분하는 것이 1,500,000원 유리하다.

그대로 처분 : 25,000 × 500 = 12,500,000원,

개조해서 처분 : 50,000 × 500 - 11,000,000 = 14,000,000원

[2] ② 흠집이 있는 제품을 판매하고자 할 때 추가로 발생하는 금액은 ②번 뿐이다.

15.3 사내대체가격의 결정

(1) 대체가격의 개념

① 동일한 기업의 한 부문에서 다른 부분으로 재화나 용역을 이전하는 것

② 대체가격의 결정에 따라 각 사업부의 성과평가가 달라지므로 합리적인 결정이 필요

③ 준최적화가 발생하지 않도록 하여야 함

(2) 준최적화 : 기업의 목표와 부문의 목표가 달라지는 것.

(3) 대체가격의 결정

① 수요부문(구입하는 입장) – 가급적 낮은 가격으로 공급 받으려고 함

최대지출원가 = MIN [단위당 지출가능원가, 단위당 외부구입가격]

> 사례

외부구입가격	완제품 판매가격	추가가공원가	최대 구입원가
1,000	1,500	600	900
1,000	1,500	100	1,000

② 공급부문(판매하는 입장) – 가급적 높은 가격으로 공급 하려고 함

최소판매가격 = MAX [단위당 지출원가, 단위당 판매가격 – 대체시 원가절감액]

> 사례

변동원가	외부 판매가격	대체시 절감원가	최소 공급원가
700	1,000	0	1,000
700	1,000	200	800

(4) 그림을 통한 설명사례

> 예시

수요부문 : 외부구입하면 1,000원, 완제품 판매가격 1,500원, 추가가공원가 600원

공급부문 : 외부판매하면 1,000원, 사내대체시 단위당 200원의 원가절감 가능

800원   900원

공급사업부   수요사업부

[예제 15-3]

[1] ㈜삼일은 A, B 두 개의 사업부를 갖고 있다. 사업부 A는 부품을 생산하여 사업부 B 에 대체하거나 외부에 판매할 수 있다. 완제품을 생산하는 사업부 B는 부품을 사업부 A에서 매입하거나 외부시장에서 매입할 수 있다. 사업부 A와 B의 단위당 자료는 다음과 같다.

사업부 A		사업부 B	
부품 외부판매가격	11,000원	최종제품 외부판매가격	25,000원
변동원가	7,000원	추가변동원가	10,000원
고정원가	3,000원	고정원가	3,000원

A, B 두 사업부 사이의 대체가격결정과 관련된 다음의 설명 중 가장 옳은 것은?

① 사업부 A는 부품을 외부에 단위당 11,000 원에 팔 수 있으므로 사업부 B에 11,000원 이하로 공급해서는 안 된다.

② 사업부 B는 외부에서 부품을 단위당 11,000원에 매입할 수 있더라도 사업부 A 로부터 부품을 단위당 12,000원 이하로 구입하면 이익을 올릴 수 있으므로 대체가격을 12,000 원 이하로 결정하면 된다.

③ 사업부 A에 유휴생산시설이 없는 경우 사업부 B 가 외부에서 부품을 단위당 10,000 원에 매입할 수 있더라도 회사 전체의 이익을 위해서 두 사업부는 내부대체를 하여야 한다.

④ 사업부 B가 외부공급업체로부터 부품을 구입할 수 없다면 사업부 A는 유휴생산시설이 없더라도 외부판매를 줄이고 사업부 B에 부품을 공급하는 것이 회사전체의 이익에 도움이 된다.

[2] 다음 중 대체가격 결정시 고려할 사항으로 가장 올바르지 않은 것은?

① 각 사업부의 성과를 공정하게 평가할 수 있는 방법으로 결정되어야 한다.

② 준최적화 현상이 발생하더라도 각 사업부의 이익극대화가 이루어지도록 결정되어야 한다.

③ 각 사업부의 경영자가 자율적으로 의사결정을 하여 대체가격을 결정해야 한다.

④ 각 사업부 관리자의 경영노력에 대한 동기부여가 가능하도록 결정되어야 한다.

[3] ㈜삼일의 A 사업부는 LED 를 생산하고 있으며, 연간 생산능력은 100,000 단위이다. ㈜삼일의 A 사업부 수익과 원가자료는 다음과 같다.

> 단위당 외부판매가격 300 원
> 단위당 변동원가 150원
> 단위당 고정원가(연간 100,000 단위 기준) 9원

㈜삼일은 텔레비전을 생산하는 B 사업부도 보유하고 있다. B 사업부는 현재 연간 10,000 단위의 LED 를 단위당 290 원에 외부에서 조달하고 있다. A 사업부가 생산하는 제품 전량을 외부시장에 판매할 수 있고 사내대체시 단위당 변동원가 20 원을 절감할 수 있다면, 각 사업부 및 회사 전체의 이익극대화 입장에서 LED 의 단위당 대체가격은 얼마인가?

① 150원   ② 159원

③ 280원   ④ 300원

[4] ㈜삼일은 두 개의 사업부 A, B 로 구성되어 있다. A 사업부는 단위당 변동비가 100 원인 부품을 제조하고 있는데 이를 170 원에 외부에 판매할 수도 있고 B 사업부에 대체할 수도 있다. B 사업부가 이 부품을 외부에서 구입할 수 있는 가격은 180 원이다. 회사전체의 이익극대화를 위한 B 사업부의 의사결정으로 가장 옳은 것은?

① 외부에서 구입하는 경우와 A 사업부에서 구입하는 경우 차이가 없다.

② 외부에서 구입하여야 한다.

③ A 사업부에서 구입하여야 한다.

④ 유휴생산시설이 있으면 외부에서 구입한다.

[5] ㈜삼일의 A 사업부는 모터를 생산하고 있으며, 연간 생산능력은 300,000 단위이다. ㈜삼일의 A 사업부 수익과 원가자료는 다음과 같다.

> 단위당 외부판매가격 700 원
> 단위당 변동원가 570 원
> 단위당 고정원가(연간 300,000 단위 기준) 350 원

㈜삼일은 냉장고를 생산하는 B 사업부도 보유하고 있다. B 사업부는 현재 연간 10,000 단위의 모터를 단위당 680 원에 외부에서 조달하고 있다. 회사가 생산하는 제품 전량을 외부시장에 판매할 수 있고 사내대체시 단위당 변동원가 30 원을 절감할 수 있다면, 회사 전체의 이익극대화 입장에서 모터의 단위당 최소 대체가격은 얼마인가?

① 570원   ② 600원

③ 670원   ④ 700 원

[6] ㈜삼일은 A 사업부와 B 사업부로 구성되어 있다. B 사업부는 A 사업부에서 생산되는 부품을 가공하여 완제품을 제조한다. B 사업부에서 부품 한 단위를 완제품으로 만드는 데 소요되는 추가가공원가는 500원이며, 완제품의 단위당 판매가격은 1,100 원이다. 부품의 외부시장가격이 단위당 550 원인 경우, B 사업부가 받아들일 수 있는 최대대체가격은 얼마인가?

① 550원   ② 600원

③ 700원   ④ 1,100원

해답

[1] ④

　① A에 유휴생산시설이 있다면 변동원가 7,000원 보다 더 받으면 이익이다.

　② 외부로부터 구입가격 보다 비싸게 구입할 필요는 없다.

　③ 사업부 A의 유휴생산시설이 없다면, 사업부 B는 10,000원에 외부구입하는 것이 유리하다.

[2] ② 준최적화가 발생해서는 안된다.

[3] ③ A, B 둘 다 만족하는 것은 ③번이다.

　A입장 최소대체가격 : 외부판매가격 300원 - 변동원가 절감액 20원 = 280원 이상

　B입장 최대구입가격 : 외부구입가격 290원

[4] ③ A사업부는 170원 이상에 판매하면 되고, B사업부는 180원 이하에 매입하면 되므로 내부거래를 하는 것이 유리하다.

[5] ③ A사업부 입장에서 판매가능금액 700원 - 사내대체시 원가절감액 30원 = 670원

[6] ① B사업부 입장에서는 외부구입가격보다 비싸게 구입할 수 없으므로 최대대체가격은 외부구입가격 550원이 된다.

장기적 의사결정 I

16.1 예산의 종류

(1) 예산편성에 따른 분류
① 종합예산 : 기업전체에 적용되는 예산
② 부문예산 : 기업 내의 특정부문에 적용되는 예산

(2) 예산편성 성격에 따른 분류
① 운영예산 : 구매, 생산, 판매 등의 영업활동에 대한 예산이다.
② 재무예산 : 설비투자, 자금조달 등의 예산이다.

(3) 예산편성방법에 따른 분류
① 고정예산 : 특정조업도를 기준으로 작성되는 예산
② 변동예산 : 조업도의 변동에 따라 조정되는 예산, 성과평가시에 중요한 예산이다.

[예제 16-1]

[1] 기업은 미래의 불확실성에 대처하기 위하여 계획을 수립하며, 이러한 계획의 일부분으로서 예산을 편성한다. 예산은 다양하게 분류할 수 있는데 조업도의 변동에 따라 조정되어 작성되는 예산을 무엇이라 하는가?

① 변동예산   ② 고정예산
③ 종합예산   ④ 운영예산

해답

[1] ① 조업도에 따라 변동될 수 있는 예산을 변동예산이라고 한다.

16.2 현금흐름의 추정

(1) 적용 사례

㈜삼일에서는 신형 기계장치를 구입하려고 한다. 이 기계장치의 취득원가는 30,000,000원이고, 내용연수는 5년이며, 매년 10,000,000원의 순현금의 추가유입이 예상된다.

현재	1년후	2년후	3년후	4년후	5년후
-30,000,000	10,000,000	10,000,000	10,000,000	10,000,000	10,000,000

(2) 현금흐름추정의 기본원칙

① 증분기준 : 의사결정 간 차이가 발생하는 현금흐름 기준으로 한다.

② 세후기준 : 법인세를 차감한 후의 금액을 기준으로 한다.

③ 감가상각비 : 취득시 현금유출로 인식했으므로, 감가상각비는 현금유출로 보지 않는다. 단, 감가상각비의 법인세 절감효과를 고려하여야 한다.

④ 이자비용 : 이자비용이 없는 상황을 가정하여 현금흐름을 추정한다.

[예제 16-2]

[1] 장기의사결정시에는 미래 현금흐름을 추정하는 것이 중요하다. 다음 중 장기의사결정을 위한 현금흐름 추정의 기본원칙이 아닌 것은?

① 이자비용은 할인율을 통해 반영되므로 현금흐름 산정시 이자비용은 없는 것으로 가정한다.

② 법인세는 회사가 통제할 수 없기 때문에 현금흐름을 추정할 때 고려해서는 안 된다.

③ 명목현금흐름은 명목할인율로 할인해야 하며, 실질현금흐름은 실질할인율로 할인해야 한다.

④ 감가상각비 감세효과는 현금흐름을 추정할 때 고려해야 한다

[2] 다음 중 자본예산을 편성하기 위해 현금흐름을 추정할 때 주의해야 할 사항으로 가장 올바르지 않은 것은?

① 현금유입과 현금유출의 차이를 순현금흐름이라 한다.

② 세금을 납부하는 것은 현금의 유출에 해당하므로 세금을 차감한 후의 현금흐름을 기준으로 추정하여야 한다.

③ 감가상각비를 계상함으로써 발생하는 세금의 절약분인 감가상각비 감세 효과는 현금흐름을 파악할 때 고려해야 한다.

④ 이자비용은 명백한 현금유출이므로 현금흐름 추정에 항상 반영해야 한다

[3] ㈜삼일은 당기 말 순장부가액이 300,000원인 기존의 기계장치를 500,000원에 처분하고, 새로운 기계장치를 1,000,000원에 매입하였다. 법인세율이 20% 라고 가정하면, 위 거래로 인한 순현금지출액은 얼마인가(단, 감가상각비는 고려하지 않는다)?

① 460,000원

② 500,000원

③ 520,000원

④ 540,000원

해답

[1] ② 세후기준으로 현금흐름을 추정하므로 법인세도 고려하여야 한다.

[2] ④ 이자비용은 할인율에 반영하므로 현금흐름 추정에 반영하지 않는다.

[3] ④ 기계장치 처분 500,000 − 처분이익에 대한 법인세 40,000 − 기계장치 취득 1,000,000 = 순현금지출 540,000원

16.3 자본예산 – 회수기간법, 회계적 이익률법

(1) 회수기간법 : 투자한 금액을 회수하는데 소요되는 기간을 계산

① 예시

‐ 현재 3,000만원을 투자하면 매년 1,000만원씩 5년간 현금 유입 : 회수기간 3년

‐ 목표 회수기간 보다 짧으면 채택함

② 장단점

장점	① 이해하기 쉽고, 여러 투자안을 평가할 때 시간과 비용 절약 ② 위험지표로서 정보 제공. 회수기간이 짧은 투자안일수록 안전한 투자안 ③ 기업의 유동성 확보와 관련된 의사결정에 유용
단점	① 회수기간 이후 현금흐름 무시 ② 화폐의 시간가치 무시 ③ 목표회수기간 설정시 자의적인 판단이 개입

(2) 회계적이익률의 계산

① 회계적 이익률 $= \dfrac{\text{연평균 순이익}}{\text{평균 투자액}} = \dfrac{\text{연평균 순이익}}{(\text{최초투자액} + \text{잔존가치}) \div 2}$

② 장단점

장점	① 계산하기 간편하고 이해하기 쉽다. ② 회수기간법과는 달리 수익성을 고려한다. ③ 재무제표를 이용하므로 자료확보가 쉽다.
단점	① 화폐의 시간가치를 무시한다. ② 목표수익률을 설정하는데 자의적인 판단이 개입된다. ③ 투자안의 현금흐름이 아닌 회계적 이익에 기초하고 있다.

> **사례**
>
> 신규사업은 초기에 2,500,000원을 투자해야 하며, 4년 후 잔존가치는 500,000원으로 예상된다. 신규 사업으로 인한 당기순이익은 다음과 같이 예상된다.
>
> | 현재 | 1년후 | 2년후 | 3년후 | 4년후 |
> |---|---|---|---|---|
> | | 300,000 | 400,000 | 500,000 | 600,000 |
>
> (1) 연평균 순이익은 얼마인가?
> (2) 연평균 투자액은 얼마인가?
> (3) 회계적 이익률은 얼마인가?

해답

(1) (300,000 + 400,000 + 500,000 + 600,000) ÷ 4년 = 450,000원
(2) (2,500,000 - 500,000) ÷ 2 = 1,000,000
(3) 450,000 ÷ 1,000,000 = 45%

[예제 16-3]

[1] 다음은 ㈜삼일의 신규투자담당 팀장과의 인터뷰 내용이다. 괄호 안에 들어갈 말로 가장 올바르지 않은 것은?

> 기자 : 신규 투자 기획팀에서 15 년 동안 팀장을 맡고 계신데 신규 투자에 대한 타당성 검토에는 어떠한 모형들이 사용됩니까?
> 팀장 : 여러 모형이 있지만 우리 회사에서는 회수기간법, 순현재가치법, 내부수익률법, 수익성지수법을 이용하여 타당성 검토를 합니다.
> 기자 : 그렇다면, 그 중에서 가장 중요시 하는 모형이 있습니까?
> 팀장 : 물론입니다. 투자안마다 약간 다르긴 하지만 우리 회사는 회수기간법을 가장 중요시 합니다. 왜냐하면 (   )

① 회수기간이 짧을수록 높은 수익률을 얻게되는 투자안이기 때문입니다.
② 투자자금을 빨리 회수하는 투자안을 선택하여 기업의 유동성확보에 도움을 줄 수 있기 때문입니다.
③ 현금흐름의 할인을 고려하지 않고 계산할 수도 있는 장점이 있기 때문입니다.
④ 회수기간이 짧을수록 안전한 투자안이라는 위험지표로서의 정보를 제공하기 때문입니다.

[2] 장기의사결정을 위한 방법 중 회수기간법은 여러 가지 이론적인 단점에도 불구하고 실무상 많이 사용되고 있다. 다음 중 회수기간법이 실무에서 많이 사용되는 이유로 가장 올바르지 않은 것은?

① 비현금자료도 반영되는 포괄적 분석기법이다.
② 기업의 유동성 확보와 관련된 의사결정에 유용하다.

③ 화폐의 시간적 가치를 고려하지 않으므로 순현재가치법, 내부수익률법에 비해서 적용하기가 쉽다.

④ 투자후반기의 현금흐름이 불확실한 경우에는 유용한 평가방법이 될 수 있다.

[3] ㈜삼일은 20,000 원에 기계를 구입할 예정이며, 기계를 사용할 때 연간 원가절감액은 아래의 표와 같다. 연중 현금흐름이 고르게 발생한다고 가정하고 이 투자안의 회수기간을 계산하면 얼마인가?

연도	1년	2년	3년	4년
연간 원가절감액	5,000원	9,000원	8,000원	6,000원

① 2.75년   ② 2.95년

③ 3.05년   ④ 3.45년

해답

[1] ① 회수기간법은 수익률 보다는 안전성이나 유동성에 중점을 둔 방법이다.

[2] ① 비현금적 자료는 반영하지 않는다.

[3] ① 2년까지 14,000원 회수, 3년째 8,000원 중에서 6,000원의 회수는 0.75년에 해당된다.

장기적 의사결정 II

17.1 순현재가치법 (Net Present Value)

(1) 계산방법

현금유입액의 현재가치 - 현금유출액의 현재가치

순현재가치가 0보다 크면 채택하고, 0보다 작으면 기각한다.

(2) 장단점

장점	① 화폐의 시간가치를 고려한다.
	② 회계적 순이익이 아닌 현금흐름을 기준으로 투자안을 평가한다.
	③ 가치가산의 원칙이 적용된다.
단점	① 투자안의 할인율을 정하기 어렵다.

(3) 계산사례

① 현재 투자금액 10,000원, 1년 후 현금유입액 5,000원, 2년후 현금유입액 7,000원 자본비용은 10%로 가정한다.(소수점 이하는 반올림)

$$\rightarrow \frac{5,000}{(1+0.1)} + \frac{7,000}{(1+0.1)^2} - 10,000 = 331$$

② 현재 투자금액 800,000원, 5년 동안 매년 300,000원의 현금유입을 예측하고 있다. 자본비용이 12%일 경우 순현재가치는 얼마인가? 단, 5년 연금현가계수는 3.60이다. (20년 9월 수정)

$$\rightarrow 300,000 \times 3.60 - 800,000 = 280,000원$$

* 객관식 문제

[1] 다음 중 순현재가치법(NPV 법)에 관한 설명으로 가장 올바르지 않은 것은?

① 투자기간 동안의 현금흐름을 자본비용으로 재투자한다고 가정한다.

② 순현재가치를 계산할 때 사용하는 할인율인 자본비용의 산출이 간단하다.

③ 독립적인 투자안에 대한 의사결정시 순현재가치가 0(영)보다 크면 수익성이 있는 것으로 판단되어 투자안을 채택한다.

④ 복수투자안의 순현재가치는 그 복수투자안을 구성하는 개별투자안 각각의 순현재가치를 합산한 것과 같다.

[2] ㈜삼일은 당기 초 새로운 투자안에 500,000 원을 투자하였다. 회사는 이 투자안으로부터 앞으로 5 년 동안 매년 말 200,000 원의 현금유입을 예측하고 있다. 회사의 최저필수수익률이 연 12 % 일 경우 이 투자안의 순현재가치(NPV)는 얼마인가?

연 12% - 5년 현가계수 0.57,   연금현가계수 3.60

① 114,000원   ② 220,000원

③ 456,000원   ④ 500,000원

[3] ㈜삼일은 내용연수가 3 년인 기계장치에 투자하려고 하고 있다. 기계장치를 구입하면, 1 년째에는 5,000,000 원, 2 년째에는 4,000,000 원, 그리고 3 년째에는 3,000,000 원의 현금지출운용비를 줄일 것으로 판단하고 있다. 회사의 최저필수수익률은 12 % 이고 기계장치에 대한 투자액의 현재가치는 8,000,000 원 이라고 할 때, 기계장치에 대한 투자안의 순현재가치(NPV)는 얼마인가(단, 이자율 12 % 의 1 원당 현재가치는 1 년은 0.9, 2 년은 0.8, 3 년은 0.7 이며 법인세는 없는 것으로 가정한다)?

① 1,800,000원   ② 1,900,000원

③ 2,000,000원   ④ 2,100,000원

[4] ㈜삼일은 당기 초에 내용연수 5 년에 잔존가치가 없는 새 기계를 1,000,000 원에 구입했다. 이 기계는 정액법으로 감가상각될 것이며, 매년 500,000 원의 법인세비용차감전 현금유입을 창출할 것으로 기대된다. ㈜삼일은 12 % 의 할인율을 사용하고, 법인세율이 매년 40 % 라고 가정한다. 12 % 할인율의 1 원에 대한 5 년 후의 현재가치는 0.57 이며, 12 % 할인율의 1 원에 대한 5 년 연금의 현재가치는 3.61 이다. 이 기계를 구입하는 투자안의 순현재가치는 얼마인가?

① 321,500원   ② 354,200원

③ 365,400원   ④ 371,800원

[5] ㈜삼일은 내용연수가 3 년인 기계장치에 투자하려고 하고 있다. 기계장치를 구입하면, 처음 2 년 동
안은 매년 6,000,000 원을, 그리고 3 년째에는 3,000,000 원의 현금지출운용비를 줄일 것으로 판단
하고 있다. 회사의 최저필수수익률은 12 % 이고 기계장치에 대한 투자액의 현재가치는 8,000,000
원이라고 할 때, 기계장치에 대한 투자안의 순현재가치(NPV)는 얼마인가(단, 이자율 12 % 의 1 원당
연금의 현재가치는 1 년은 0.89, 2 년은 1.69, 3 년은 2.40 이며 법인세는 없는 것으로 가정한다)?

① 2,580,000원   ② 3,650,000원

③ 4,270,000원   ④ 5,100,000 원

해답

[1] ② 자본비용 산출이 어렵다.

[2] ② 200,000 × 3.60 − 500,000 = 220,000원

[3] ① 5,000,000 × 0.9 + 4,000,000 × 0.8 + 3,000,000 × 0.7 − 8,000,000 = 1,800,000

[4] ④ 감가상각비의 절세효과도 반영해야 한다.

법인세비용차감전 현금유입 500,000원 − 법인세(40%) 200,000 + 감가상각비 절세효과 80,000원 → 법인세를
고려할 경우 매년 380,000원의 현금유입이 된다.

380,000 × 3.61 − 1,000,000 = 371,800원

[5] ③

연금의 현재가치는 1 년은 0.89, 2 년은 1.69, 3 년은 2.40라는 의미는 1년은 0.89, 2년은 0.8, 3년은 0.71이라
는 의미가 된다.

6,000,000 × 0.89 + 6,000,000 × 0.8 + 3,000,000 × 0.71 − 8,000,000 = 4,270,000

17.2 내부수익률 (Internal rate of return method)

(1) 의의

– 투자안의 내부수익률을 구하여 최저필수수익률보다 높으면 채택하는 방법

– 순현재가치가 0이 되도록 하는 할인율

(2) 계산사례

현재 100만원을 투자하면 2년후에 121만원의 현금유입이 예상

→ 시행착오에 의한 계산

① 할인률이 11% : 121만원 $\times \dfrac{1}{(1\ +\ 0.11)^2}$ − 100만원 = − 17,937원

② 할인률이 9% : 121만원 $\times \dfrac{1}{(1\ +\ 0.09)^2}$ − 100만원 = 18,433원

③ 할인률이 10% : 121만원 $\times \dfrac{1}{(1\ +\ 0.1)^2}$ = 0원 (투자안의 내부수익률은 10%)

(3) 순현재가치법과 내부수익률법의 비교 (순현재가치법의 우위성)

① 공통점 : 화폐의 시간가치를 고려

② 순현재가치의 우위성
- 내부수익률법은 시행착오에 의하여 계산하므로 계산과정이 복잡하다.
- 순현재가치법의 재투자수익률이 더 현실적이다. 순현재가치법은 투자기간 동안 자본비용(최저요구수익률)로 재투자한다고 가정하지만 내부수익률법은 내부수익률로 재투자한다고 가정한다.
- 순현재가치법은 가치가산의 원칙이 적용된다.
    (예시) 투자안 A의 순현재가치 10억원, 투자안 B의 순현재가치 5억원, 동시에 하면 15억원
    투자안 A의 내부수익률 12%, 투자안 B의 내부수익률 10%, 동시에 하면 10%~12% 사이

[예제 17-2]

[1] 다음 중 순현재가치(NPV)법과 내부수익률(IRR)법에 대한 설명으로 가장 올바르지 않은 것은?

① 내부수익률법은 가치가산의 원칙이 적용되나 순현재가치법은 그렇지 않다.
② 내부수익률법은 투자안의 내부수익률이 자본비용을 상회하면 그 투자안을 채택한다.
③ 두 방법 모두 화폐의 시간적 가치를 고려하는 방법이다.
④ 순현재가치법은 투자안의 순현재가치가 '0(영)' 보다 크면 그 투자안을 채택한다.

[2] 다음 중 순현재가치(NPV)법과 내부수익률(IRR)법에 관한 설명으로 가장 올바르지 않은 것은?

① 내부수익률(IRR)법에서는 내부수익률이 자본비용을 상회하는 투자안을 채택한다.
② 내부수익률(IRR)법은 가치가산의 원칙이 적용되나 순현재가치(NPV)법은 그렇지 않다.
③ 두 방법 모두 화폐의 시간가치를 고려하는 방법이다.
④ 순현재가치(NPV)법에서는 순현재가치가 0(영)보다 큰 투자안을 채택한다.

[3] 다음은 투자안 타당성 평가와 관련한 담당이사들의 대화내용이다. 각 담당이사 별로 선호하는 모형을 가장 올바르게 짝지은 것은?

> 최이사 : 저는 투자안 분석의 기초자료가 재무제표이기 때문에 자료확보가 용이한 (a)모형을 가장선호합니다.
>
> 박이사 : (a)모형의 경우 현금흐름이 아닌 회계이익에 기초하고 있다는 단점이 있습니다. 그래서 저는 현금흐름을 기초로 화폐의 시간가치를 고려하는 (b)모형을 가장 선호합니다. 이 모형은투자기간 동안 자본비용으로 재투자된다고 보기 때문에 가장 현실적인 가정을 하고 있습니다.

① (a) 내부수익률법, (b) 순현재가치법　　② (a) 회계적이익률법, (b) 순현재가치법
③ (a) 회수기간법, (b) 내부수익률법　　④ (a) 회계적이익률법, (b) 회수기간법

[4] 다음 중 투자안으로부터 얻어지는 현금유입액의 현재가치와 투자에 소요되는 현금유출액의 현재가치를 같게 해주는 할인율을 산출하는 자본예산모형으로 가장 옳은 것은?

① 수익성지수(PI)법　　② 내부수익률(IRR)법
③ 회계적이익률(ARR)법　　④ 순현재가치(NPV)법

해답

[1] ① 순현재가치법은 가치가산의 원칙이 적용되나 내부수익률법은 그렇지 않다.
[2] ②
[3] ② 회계이익에 기초한 것은 회계적이익률법이다. 화폐적 시간가치를 고려한 방법은 순현재가치법, 내부수익률법, 수익성지수법이 있다.
[4] ② 내부수익률법에 대한 설명이다.

17.3 수익성지수법

(1) 계산방법

$$수익성\ 지수 = \frac{현금유입액의\ 현재가치}{현금유출액의\ 현재가치}$$

(2) 의사결정기준 : 수익성지수가 1보다 높으면 채택, 1보다 낮으면 기각

책임회계와 성과평가 I

18.1 책임회계제도의 의의

(1) 책임회계제도의 의의

각 책임중심점 별로 관리자에 대한 성과평가를 하는 회계제도

(2) 책임회계제도의 장점

① 신속한 의사결정에 대응하고, 부문 관리자에게 동기부여

② 개인 및 조직단위별로 경영계획과 통제가 이루어짐

③ 특정원가나 수익에 대하여 누가 책임을 져야 하는지 규정

④ 실제성과와 예산과의 차이를 쉽게 파악할 수 있게 해줌

(3) 책임중심점의 종류

① 원가중심점 : 통제 가능한 원가의 발생에 대해서만 책임 (생산부서)

② 수익중심점 : 매출액에 대해서만 통제책임 (영업부서, 판매부서)

③ 이익중심점 : 수익과 원가 모두 책임 (사업부, 판매부서)

④ 투자중심점 : 수익과 원가, 투자의사결정에도 책임 (지점)

(4) 성과보고서 작성원칙

ⅰ. 통제불가능한 원가는 제외하거나 통제가능원가와 구분하여 표시하여야 한다.

ⅱ. 공통고정원가 : 여러 사업부에 공통적으로 사용되는 고정원가는 특정사업부에 부과시키거나 임의로 배분하지 않고, 총액으로 관리한다.

ⅲ. 해당 관리자에게 전달하여 현행 운영활동을 개선하기 위한 조치를 강구하거나 미래 계획을 수정하여 새로운 예산에 반영할 수 있어야 한다.

ⅳ. 예외에 의한 관리가 필요하다.

[예제 18-1]

[1] 다음 중 책임회계에 근거한 성과보고서에 관한 설명으로 가장 옳은 것은?

① 통제가능원가의 실제발생액과 예산과의 차이를 포함시키지 않는 것이 바람직하다.

② 예외에 의한 관리가 가능하도록 작성하여야 한다.

③ 예산과 실적간의 차이 원인을 분석하기 위해 작성되며 해당 관리자에게 전달하지 않는 것이 바람직하다.

④ 통제가능원가와 통제불능원가를 구분할 필요는 없다.

[2] 다음 중 원가와 수익 모두에 대해서 통제책임을 지는 책임중심점은 무엇인가?

① 이익중심점

② 수익중심점

③ 원가중심점

④ 생산중심점

[3] 다음 중 책임회계제도에 대한 설명으로 가장 올바르지 않은 것은?

① 책임회계제도가 그 기능을 효율적으로 수행하기 위해서는 각 책임중심점의 경영자가 권한을 위임받은 원가항목들에 대해 통제권을 행사할 수 없어야 한다.

② 책임중심점이란 경영관리자가 특정활동에 대해 통제할 책임을 지는 조직의 부문을 말한다.

③ 책임회계제도 하에서는 권한을 위임 받은 관리자가 책임범위 내에서 독자적인 의사결정을 내릴 수 있다.

④ 책임중심점은 책임의 성격 및 책임범위에 따라 원가중심점, 수익중심점, 이익중심점 및 투자중심점으로 분류할 수 있다.

[4] 책임회계제도에 기반을 둔 경영체제가 운영되기 위해서는 책임중심점이 있어야 한다. 다음 중 책임중심점별로 통제책임을 지는 부문(부서)의 연결이 가장 옳은 것은?

① 원가중심점 - 분권화된 조직

② 수익중심점 - 구매부문

③ 이익중심점 - 판매부서

④ 투자중심점 - 제조부문

[5] 다음 중 책임회계제도에 대한 설명으로 가장 올바르지 않은 것은?

① 책임중심점이란 경영관리자가 특정활동에 대해 통제할 책임을 지는 조직의 부문을 말한다.

② 책임중심점은 책임의 성격 및 책임범위에 따라 원가중심점, 수익중심점, 이익중심점 및 투자중심점으로 분류할 수 있다.

③ 수익중심점은 매출액에 대해서만 통제책임을 지는 책임중심점으로 기업의 최종산출물인 제품 또는 서비스의 판매수익을 창출하는데 일차적인 책임을 진다.

④ 원가중심점은 특정 원가의 발생에만 통제책임을 지는 책임중심점으로 판매부서 및 영업소 등이 원가중심점의 예가 될 수 있다.

[1] ② 예외에 의한 관리가 필요하다.

[2] ① 이익중심점은 수익, 원가 등을 포함하고 있다.

[3] ① 통제권을 부여하여야 책임을 질 수 있다.

[4] ③ 원가중심점—성과부서, 수익중심점—판매부서, 투자중심점—지점 등

[5] ④ 판매부서 및 영업소는 수익중심점이다.

18.2 매출가격차이와 매출조업도차이

판매부서의 차이분석은 다음과 같이 정리할 수 있다.

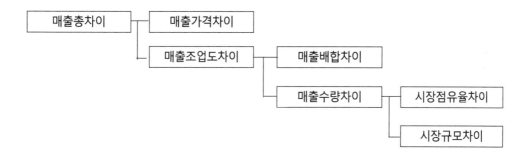

(1) 매출가격차이와 매출조업도 차이

① 매출가격차이 : 실제판매가격과 예산판매가격의 차이로 인하여 발생

② 매출조업도차이 : 실제판매량과 예산판매량의 차이로 인하여 발생

③ 매출차이는 비용이 아니라 수익을 비교한 것이므로 왼쪽 금액이 클 때 유리함

〈판매부서의 성과평가〉

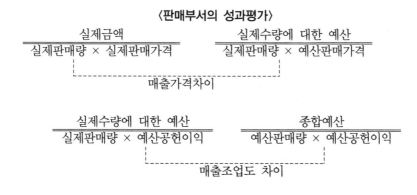

[주의]

① 판매중심점의 성과평가시에는 원가가 아니라 수익을 평가한다. 매출과 관련된 차이는 왼쪽 금액이 더 클 때 유리한 차이가 발생한다.

② 실제판매가격은 매출가격차이에서만 사용한다. 그 외는 예산공헌이익을 사용한다.

[예제 18-2]

[1] ㈜삼일은 계산기를 생산하여 판매하고 있다. 올해 계산기의 예산매출수량 및 단위당 판매가격은 각각 10,000 단위와 200 원이며, 단위당 표준변동제조원가와 표준변동판매비는 각각 120 원과 30 원이다. 올해 실제 매출수량과 단위당 판매가격은 다음과 같다.

생산 및 매출수량 : 11,000단위	단위당 판매가격 180원

이 경우 (a) 매출가격차이와 (b) 매출조업도차이는 각각 얼마인가?

	매출가격 차이	매출조업도 차이
①	50,000원 유리	220,000원 불리
②	50,000원 불리	220,000원 유리
③	220,000원 유리	50,000원 불리
④	220,000원 불리	50,000원 유리

[2] ㈜삼일의 20X1 년 고정예산 대비 실적자료는 다음과 같다. 동 자료를 토대로 당초 예상보다 영업이익이 차이가 나는 원인을 (i) 매출가격차이, (ii) 변동원가차이, (iii) 고정원가차이 이외에 중요한 차이항목인 매출조업도차이를 추가하여 경영진에게 의미 있게 요약 · 보고하고자 한다. 매출조업도차이의 금액은 얼마인가?

	실적	고정예산
판매량	400개	300개
단위당 판매가격	18원	20원
단위당 변동원가	12원	10원
단위당 공헌이익	6원	10원
고정원가	1,400원	1,800원

① 1,000 원 유리   ② 1,000 원 불리
③ 1,800 원 유리   ④ 1,800 원 불리

[3] ㈜삼일이 제조판매하고 있는 제품 A 와 제품 B 에 관련된 자료는 다음과 같다. 회사의 매출가격차이와 매출조업도차이에 대한 설명으로 가장 올바르지 않은 것은?

	제품 A	제품 B
단위당 예산판매가격	2,000원	3,000원
단위당 예산변동원가	1,200원	2,000원
단위당 실제판매가격	2,200원	2,900원
예산매출수량	200단위	150단위
실제매출수량	180단위	180단위

① 회사가 제품 A 에 대해 예산보다 높은 가격으로 판매한 결과 유리한 매출가격차이가 발생하였다.

② 제품 A 의 경우, 예산보다 실제판매가격은 높았으나 당초 예산매출수량을 달성하지 못하여 불리한 매출조업도차이가 발생하였다.

③ 제품 B 의 경우, 실제판매가격이 예산에 미치지 못하므로 불리한 매출총차이가 발생하였다.

④ 제품 B 의 경우, 매출수량의 증가로 유리한 매출조업도차이를 보이고 있다.

해답

[1] ④

실제금액	실제수량에 대한 예산
실제판매량 × 실제판매가격	실제판매량 × 예산판매가격
11,000 × 180	11,000 × 200
= 1,980,000	= 2,200,000원

매출가격차이 220,000원 불리

실제수량에 대한 예산	종합예산
실제판매량 × 예산공헌이익	예산판매량 × 예산공헌이익
11,000 × 50	10,000 × 50
= 550,000원	= 500,000

매출조업도 차이 50,000원 유리

[2] ① 예산공헌이익은 10원이고, 실제 판매량이 100개 많으므로 1,000원 유리 (실적에 따른 공헌이익은 매출가격차이 이외에는 사용하지 않는다)

[3] ③ 실제매출액 : 2,900 × 180 = 522,000원, 예산매출액 : 3,000 × 150 = 450,000원
유리한 매출총차이가 발생한다.

18.3 매출배합차이와 매출수량차이

매출배합차이는 2가지 이상의 제품을 생산, 판매하는 경우에 계산하게 된다.

변동예산(실제배합)	변동예산(예산배합)	종합예산
Σ 제품별 실제판매수량 × 예산단위당 공헌이익	Σ 예산배합비율에 따른 제품별 실제판매수량 × 예산단위당 공헌이익	Σ 제품별 예산판매수량 × 예산단위당 공헌이익

매출배합차이 　　　　　　매출수량 차이

① 매출배합차이 : 상대적으로 공헌이익율이 높은 제품을 더 많이 판매하면 유리한 차이가 발생한다.

② 매출수량차이 : 판매수량이 많을 경우 유리한 차이가 발생한다.

[예제 18-3]

[1] ㈜삼일이 판매하고 있는 제품 A 와 제품 B 에 관련된 자료는 다음과 같다.

	제품 A	제품 B
단위당 예산공헌이익	2,000원	3,000원
예산매출수량	700단위	300단위
실제매출수량	950단위	250단위

㈜삼일의 매출배합차이는 얼마인가?

① 110,000 원 불리　　　　　　　　② 110,000 원 유리

③ 460,000 원 불리　　　　　　　　④ 460,000 원 유리

[2] ㈜삼일은 A, B 의 두 가지 제품을 생산하여 판매한다. 20X1 년 예산과 실제자료는 다음과 같다.

〈20x1년도 예산〉

제품종류	단위당 판매가격	단위당 변동원가	판매수량 및 비율	
			수량	비율
A	800원	500원	4,000개	40%
B	600원	400원	6,000개	60%
합계			10,000개	100%

〈20x1년도 실제결과〉

제품종류	단위당 판매가격	단위당 변동원가	판매수량 및 비율	
			수량	비율
A	780원	510원	4,950개	45%
B	560원	390원	6,050개	55%
합계			11,000개	100%

20x1년 매출배합차이와 매출수량차이는 얼마인가?

	매출배합차이	매출수량차이
①	55,000원 유리	240,000원 유리
②	55,000원 불리	240,000원 불리
③	60,000원 유리	235,000원 유리
④	60,000원 불리	235,000원 불리

[3] ㈜삼일은 A 와 B 의 두 제품을 생산·판매하고 있다. 예산에 의하면 제품 A 의 단위당 공헌이익은 20 원이고, 제품 B 의 공헌이익은 4 원이다. 20X1 년의 예산매출수량은 제품 A 가 800 단위, 제품 B 는 1,200단위로 총 2,000 단위였다. 그러나 실제매출수량은 제품 A 가 500 단위, 제품 B 가 2,000 단위로 총 2,500 단위였다. ㈜삼일의 20X1 년 매출배합차이와 매출수량차이를 계산하면 각각 얼마인가?

	매출배합차이	매출수량차이
①	8,000원 불리	5,200원 유리
②	8,000원 유리	5,200원 불리
③	5,200원 불리	8,000원 유리
④	5,200원 유리	8,000원 유리

해답

[1] ① 2,650,000 - 2,760,000 = 110,000원 불리

실제판매수량 950 + 250 = 1,200단위,

실제판매 : A 950단위, B 250단위

예산배합비율에 따른 실제판매수량 : A 840단위, B 360단위

실제매출에 대한 예산공헌이익 = 2,000 × 950 + 3,000 × 250 = 2,650,000원

예산배합비율에 따른 예산공헌이익 = 2,000 × 840 + 3,000 × 360 = 2,760,000원

[2] ①

변동예산(실제배합)	변동예산(예산배합)	종합예산
4,950 × 300	4,400 × 300	4,000 × 300
6,050 × 200	6,600 × 200	6,000 × 200
= 2,695,000	= 2,640,000	= 2,400,000

매출배합차이 55,000원 유리   매출수량 차이 240,000원 불리

[3] ①

변동예산(실제배합)	변동예산(예산배합)	종합예산
500 × 20	1,000 × 20	800 × 20
2,000 × 4	1,500 × 4	1,200 × 4
= 18,000	= 26,000	= 20,800

매출배합차이 8,000원 불리   매출수량 차이 5,200원 유리

책임회계와 성과평가 II

19.1 시장점유율차이와 시장규모차이

변동예산(예산배합)	변동예산(예산배합)	종합예산
실제시장 점유율	예산시장 점유율	예산시장 점유율
× 실제시장규모	× 실제시장규모	× 예산시장규모
× 예산단위당 공헌이익	× 예산단위당 공헌이익	× 예산단위당 공헌이익

시장점유율 차이 ⎯⎯⎯⎯⎯⎯ 시장규모 차이

[예제 19-1]

[1] 다음 자료를 이용하여 ㈜삼일의 시장점유율차이를 계산하면 얼마인가?

> 단위당 예산평균공헌이익 100원
> 실제시장점유율 35%
> 예산시장점유율 40%
> 실제시장규모 100,000개

① 800,000원(불리)　　　　　　② 800,000원(유리)
③ 500,000원(유리)　　　　　　④ 500,000원(불리)

[2] 다음 중 이익중심점인 판매부서의 성과평가 시 나타나지 않는 차이는 무엇인가?

① 수율차이　　　　　　　　② 매출조업도차이
③ 매출배합차이　　　　　　④ 시장점유율차이

해답

[1] ④ 500,000원 불리
　　실제점유율 : 35,000개 × 100원 = 3,500,000원
　　예산점유율 : 40,000개 × 100원 = 4,000,000원
[2] ① 수율차이는 생산부서의 성과평가시 나타난다.

19.2 원가중심점의 성과평가

두 가지 이상의 대체 가능한 원재료의 배합으로 인한 차이

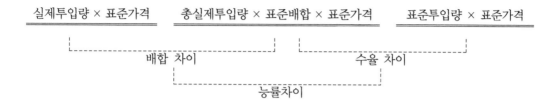

[예제 19-2]

[1] 다음은 ㈜삼일이 생산하는 제품에 대한 단위당 표준원가 중 원재료에 관한 자료이다.

	수량표준	가격표준
원재료 A	2kg	20원/kg
원재료 B	3kg	10원/kg

㈜삼일은 당기 중 8,000개의 제품을 완성하였고, 기초재공품과 기말재공품은 없었다. 원재료의 실제 사용량이 A가 14,000kg(kg당 22원)이고 B가 28,000kg (kg당 9원)일 경우, 재료(a) 배합차이와 (b) 수율차이는 얼마인가?

① (a) 28,000 유리, (b) 28,000 불리
② (a) 28,000 불리, (b) 28,000 유리
③ (a) 36,400 유리, (b) 28,400 불리
④ (a) 36,400 불리, (b) 28,400 유리

해답

[1] ① 재료의 사용량을 비교하는 것이므로 재료의 가격은 실제가격이 아니라 표준가격으로 비교한다. 실제로 총 42,000kg를 사용했고, 표준배합비율대로라면 A는 16,800kg, B는 25,200kg가 된다.

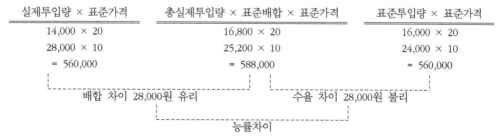

19.3 투자중심점의 성과평가

(1) 투자수익률 (ROI : Return On Invesetment)

① 계산방법

$$투자수익률 = \frac{영업이익}{투자중심점의\ 영업자산} = \frac{영업이익}{매출액} \times \frac{매출액}{투자중심점의\ 영업자산}$$

$$= 매출액이익률 \times 자산회전율$$

② 투자수익률의 장점

사업부의 이익 뿐만 아니라 투자액도 고려함. 투자규모가 다른 투자중심점 비교가 용이함.

③ 유의사항 : 준최적화가 발생하지 않도록 주의함.

예시

A투자안의 수익률은 20%, B투자안의 수익률은 18%이며, 두가지 투자안을 모두 실행가능하다. 기업의 목표수익률은 12% 이다.

→ 기업의 이익을 극대화 하기 위해서는 A, B 두가지 투자안을 모두 실행해야 하지만, 투자수익률 극대화를 위해서는 A 투자안만 실행할 가능성이 있다.

---

(2) 잔여이익 (RI : Residual Income)

① 계산방법

잔여이익 = 투자안의 영업이익 − (투자자산의 영업자산 × 최저필수 수익률)

② 잔여이익의 장단점

장점	상대적으로 준최적화 문제가 적게 발생한다.
단점	투자안의 규모가 다른 경우에는 성과평가의 비교가 어렵다.

[예제 19-3]

[1] 다음은 K 프로젝트 도입에 대한 가전사업부의 강부장과 김과장의 회의 내용이다. 이와 관련하여 부문 성과평가에 투자수익률(ROI)을 적용할 경우 유의사항으로 가장 옳은 것은?

> 김과장 : 부장님, 사장님께서 도입하시려고 하는 K 프로젝트의 투자수익률(ROI)을 검토한 결과 12 % 로, 현재 저희 가전사업부 투자수익률(ROI)인 15 % 보다 낮습니다. 이를 저희 사업부에서 실시하게 될 경우 저희 사업부의 투자수익률(ROI)이 낮아지게 됩니다.
>
> 강부장 : 그렇다면 사장님께서는 왜 K 프로젝트를 도입하시려고 하시는 것이지?
>
> 김과장 : 그것은 회사 전체의 투자수익률(ROI)은 10 % 수준인데 K 프로젝트의 투자수익률은 그보다 높기 때문입니다.
>
> 강부장 : 그렇군. 회사 전체적인 관점에서는 수익성을 높여 주지만, 우리 사업부 입장에서는 그렇지 않다는 말이군. 그렇다면, K 프로젝트 추진을 반대해야겠어..

① 투자수익률을 극대화하기 위해 매출액이익률은 증가시키고 자산회전율은 감소시키도록 해야 한다.

② 현금의 흐름이 아닌 회계이익을 기준으로 성과를 평가하므로 업종에 따라 각 투자중심점에 서로 다른 회계원칙이 적용되더라도 이로 인한 영향은 고려하지 않아도 된다.

③ 투자규모의 차이를 고려하지 않고 이익 금액만을 비교하여 평가하므로 각기 다른 투자중심점의 성과를 직접적으로 비교하기가 어렵다는 점을 고려해야 한다.

④ 투자중심점의 투자수익률 극대화 노력이 기업전체적으로는 이익의 감소를 초래하여 준최적화 현상이 발생하지 않도록 유의해야 한다.

[2] ㈜삼일은 다음과 같은 방법을 사용하여 성과를 평가하고 있다.

$$\frac{\text{매출액 } 1{,}200{,}000원}{\text{영업자산 } 1{,}000{,}000} \times \frac{\text{영업이익 } 240{,}000원}{\text{매출액 } 1{,}200{,}000원} = 24\% \text{ (투자수익률)}$$

다른 조건이 일정할 때 ㈜삼일이 투자수익률(ROI) 30 % 를 달성하기 위한 영업자산 감소액은 얼마인가?

① 200,000 원   ② 220,000 원

③ 240,000 원   ④ 250,000 원

[3] 다음 중 투자수익률(return on investment, ROI)에 근거한 성과평가의 특징으로 가장 올바르지 않은 것은?

① 일반적으로 매출액이익률이 감소하는 경우 투자수익률은 증가된다.

② 사업부의 이익뿐만 아니라 투자액도 함께 고려하는 성과평가 기준이다.

③ 매출액이익률과 자산회전율로 구분하여 분석이 가능하다.

④ 회사전체의 최저필수수익률을 상회하는 투자안이 개별투자중심점의 투자수익률보다 낮기 때문에 투자가 포기되는 준최적화 현상이 발생하지 않도록 유의해야 한다.

[4] 다음 중 투자수익률법(return on investment, ROI)에 대한 설명으로 가장 올바르지 않은 것은?

① 투자규모가 다른 투자중심점을 상호 비교하기가 용이하다.

② 사업부의 이익뿐만 아니라 투자액도 함께 고려하는 성과평가 기준이다.

③ 매출액이익률과 자산회전율로 구분하여 분석이 가능하다.

④ 회사전체의 최저필수수익률을 상회하는 투자안이 개별투자중심점의 투자수익률보다 낮기 때문에 투자가 포기되는 준최적화 현상이 발생하지 않는다.

[5] ㈜삼일은 선박을 생산하여 판매하는 조선회사로서, 분권화된 세 개의 제품별 사업부를 운영하고 있다. 이들은 모두 투자중심점으로 설계되어 있으며, 회사의 최저필수수익률은 10 % 이다. 각 사업부의 영업자산, 영업이익 및 매출액에 관한 정보는 다음과 같다. 각 사업부를 잔여이익법으로 평가했을 경우 잔여이익이 높은 사업부의 순서로 알맞은 것은?

구분	군함사업부	여객선사업부	화물선사업부
평균영업자산	500,000원	1,000,000원	2,000,000원
영업이익	100,000원	170,000원	230,000원
매출액	1,000,000원	3,000,000원	2,000,000원

① 군함 → 여객선 → 화물선   ② 여객선 → 군함 → 화물선

③ 화물선 → 여객선 → 군함   ④ 여객선 → 화물선 → 군함

[6] 다음 중 분권화, 책임회계, 성과평가와 관련된 설명으로 가장 옳은 것은?

① 잔여이익에 의하여 채택되는 투자안은 투자수익률법에 의해서도 항상 채택된다.

② 잔여이익이 갖고 있는 준최적화의 문제점을 극복하기 위하여 투자수익률이라는 개념이 출현하였으므로 투자수익률에 의한 성과평가기법이 잔여이익보다 더 우월하다고 볼 수 있다.

③ 하부경영자가 자신의 성과측정치를 극대화할 때 기업의 목표도 동시에 극대화될 수 있도록 하부경영자의 성과측정치를 설정해야 하는데, 이를 목표일치성이라고 한다.

④ 투자수익률법은 투자규모가 다른 투자중심점을 상호 비교하기가 어렵다는 문제점이 있는 반면에 잔여이익법에는 이런 문제점이 없다.

[7] 다음은 ㈜삼일의 컨설팅부분 20X1 년 재무자료이다. ㈜삼일의 컨설팅부문 20X1 년 잔여이익은 얼마인가?

| 매출액 | 100,000,000원 | 평균 영업자산 | 20,000,000원 |
| 영업이익 | 7,000,000원 | 최저필수수익률 | 15% |

① 900,000원
② 3,000,000원
③ 4,000,000원
④ 7,000,000원

[8] ㈜삼일의 사업부 X 는 현재의 부문투자수익률보다는 높으나 최저필수수익률에 미달하는 투자계획을 고려하고 있는 반면 사업부 Y 는 투자자본에 대한 최저필수수익률을 초과하는 수익률이 기대되나 현재의 부문투자수익률보다 낮은 투자계획을 고려하고 있다. 잔여이익을 극대화시키려고 한다면 각 부문은 어떤 의사결정을 하여야 하는가?

	사업부 X	사업부 Y
①	기각	채택
②	기각	기각
③	채택	채택
④	채택	기각

[9] ㈜삼일은 A, B 두 개의 사업부만 두고 있다. 투자수익률과 잔여이익을 이용하여 사업부를 평가할 때 관련 설명으로 가장 옳은 것은? (단, 최저필수수익률은 6 %라고 가정한다.)

구분	A 사업부	B 사업부
투자금액	250,000,000원	300,000,000원
감가상각비	25,000,000원	28,000,000원
영업이익	20,000,000원	22,500,000원

① A 사업부가 투자수익률로 평가하든 잔여이익으로 평가하든 더 우수하다.
② B 사업부가 투자수익률로 평가하든 잔여이익으로 평가하든 더 우수하다.
③ 투자수익률로 평가하는 경우 B 사업부, 잔여이익으로 평가하는 경우 A 사업부가 각각 더 우수하다.
④ 투자수익률로 평가하는 경우 A 사업부, 잔여이익으로 평가하는 경우 B 사업부가 각각 더 우수하다.

[10] 현재 투자수익률이 각각 17 % 와 16 % 인 (a) 마포사업부와 (b) 용산사업부는 모두 신규투자안을
　　 고려하고 있다. 마포사업부와 용산사업부가 고려하고 있는 신규투자안은 기대투자수익률이 각각 15
　　 % 와 17 % 이고, 자본비용은 각각 14 % 와 18 % 이다. 이 경우 각 사업부가 잔여이익 극대화를
　　 목표로 한다면 각 부문은 어떤 의사결정을 하여야 하는가?

① (a) 채택, (b) 채택　　　　　　　　　② (a) 채택, (b) 기각

③ (a) 기각, (b) 채택　　　　　　　　　④ (a) 기간, (b) 기각

해답

[1] ④ 투자수익률법은 준최적화 현상이 발생하지 않도록 유의해야 한다.

[2] ① 영업이익 240,000 ÷ 영업자산 = 투자수익률 30%가 되려면 영업자산은 800,000원이 되어야 한다. 따라서
　　 현재 1,000,000원에서 200,000원이 감소하여야 한다.

[3] ① 일반적으로 매출액 이익률이 감소하면 투자수익률도 감소된다.

[4] ④ 투자수익률법에 따라 성과평가를 하면 회사전체의 필수수익률을 상회하더라도 포기하는 상황이 생길 수 있다.

[5] ②
　　 군함사업부 잔여이익 : 100,000 − (500,000 × 10) = 50,000원
　　 여객선사업부 잔여이익 : 170,000 − (1,000,000 × 10%) = 70,000원
　　 화물선사업부 잔여이익 : 230,000 − (2,000,000 × 10%) = 30,000원

[6] ③
　　 투자규모가 다른 경우 투자수익률에서 선택되는 투자안과 잔여이익에서 선택되는 투자안이 다를 수도 있다. 투자
　　 수익률이 갖고 있는 준최적화의 문제점을 극복하기 위해 잔여이익 개념이 생겨났다. 잔여이익법은 투자규모가 다
　　 른 투자중심점을 비교하기 어렵다는 문제점이 있다.

[7] ③ 7,000,000 − (20,000,000 × 15%) = 4,000,000원

[8] ① 잔여이익을 극대화 하려면 최저필수수익률을 초과하는 투자안만 실행한다.

[9] ①
　　 A 사업부 투자수익률 8%, 잔여이익 5,000,000원
　　 B 사업부 투자수익률 7.5%, 잔여이익 4,500,000원

[10] ②
　　 (a) 현재 자본비용 14% 보다 신규투자안 수익률 15%가 더 높으므로 채택
　　 (b) 현재 자본비용 18% 보다 신규투자안 수익률 17%가 더 낮으므로 기각

새로운 원가관리 시스템 I

20.1 경제적 부가가치 (EVA : Economic Value Added)

(1) 경제적 부가가치의 계산

> 경제적 부가가치 = 세후 영업이익 – 투하자본 × 가중평균자본비용(WACC)

① 세후 영업이익의 계산 = 세전 영업이익 × (1 – 법인세율)

> **예시**
>
> **세후순영업이익 110억원, 투하자본 500억원, 가중평균자본비용 10%일 때 경제적 부가가치는?**
>
> → 110억원 – (500억원 × 10%) = 60억원

② 투하자본의 측정 = 영업관련 총자산 – 영업관련 유동부채 (매입채무, 미지급비용 등)
　　　　　　　　＝ 영업관련 총자산 – 무이자 유동부채 (차입금은 차감하지 않음)

> **사례**
>
> 유동자산(영업자산) 12,000원, 비유동자산(영업자산) 8,000원, 유동부채 8,000원(단기차입금 2,000원 포함)일 때 투하자본은? (20년 11월 수정)
>
> → 12,000원 + 8,000원 – (8,000원 – 2,000원) = 14,000원

③ 가중평균자본비용
　ⅰ. 자본비용의 의미 : 기업이 자본의 사용대가로 지급하는 비용으로 타인자본과 자기자본
　　　비용의 가중치로 계산한다.
　ⅱ. 타인자본비용 = 이자율 × (1 – 법인세율)
　ⅲ. 자기자본비용 = 주주들의 최저요구수익률

iv. 가중평균자본비용

$$= 타인자본비용 \times \frac{타인자본}{(타인자본 + 자기자본비용)} + 자기자본비용$$

$$\times \frac{자기자본}{타인자본 + 자기자본}$$

> **예시**
>
> **<예시 1> 법인세와 단기차입금이 없는 경우**
>
> 타인자본 100억원, 자기자본 100억원, 타인자본비용 6%, 자기자본비용 8%, 법인세는 무시할 경우 가중평균자본비용은?
>
> $$\rightarrow \quad 6\% \times \frac{100억원}{200억원} + 8\% \times \frac{100억원}{200억원} = 7\%$$
>
> **<예시 2> 법인세와 단기차입금이 있는 경우**
>
> 타인자본 100억원, 자기자본 100억원, 타인자본비용 6%, 자기자본비용 8%, 법인세율이 25%일 경우 가중평균자본비용은?
>
> $$\rightarrow \quad 6\% \times (1 - 0.25) \times \frac{100억원}{200억원} + 8\% \times \frac{100억원}{200억원} = 6.25\%$$

(2) 경제적 부가가치와 잔여이익의 비교

	잔여이익 (전통적인 투자중심점 성과평가)	경제적 부가가치 (잔여이익에서 발전된 방법)
이익	세전 영업이익	세후 영업이익
투자액	영업자산(총자산)	영업자산(총자산) - 영업관련 유동부채
요구수익률	최저필수수익률	가중평균자본비용

(3) 경제적 부가가치의 장점

① 잔여이익처럼 투자중심점과 회사전체의 목표일치성을 충족시킨다.

② 투자중심점의 자본조달비용이 다를 경우 서로 다른 가중평균자본비용을 사용하여 성과평가를 할 수 있다.

③ 자기자본비용을 고려하여 성과평가를 한다.

(4) 경제적 부가가치 증대방안

① 영업이익을 증가시켜야 한다.

② 자본구조를 최적화하여 자본비용을 감소시켜야 한다.

③ 비효율적으로 관리되고 있는 자산을 매각한다.

④ 생산활동의 효율적 관리를 통해 적정수준의 재고자산을 유지한다.

[예제 20-1]

[1] 다음 중 경제적부가가치를 구하는 방법으로 가장 옳은 것은?

① 세후순영업이익 − 투하자본 × 가중평균자본비용
② 세후순영업이익 − 투하자본 × 타인자본비용
③ 영업이익 − 투하자본 × 가중평균자본비용
④ 영업이익 − 영업자산 × 최저필수수익률

[2] 20X1 년도 ㈜삼일의 용산사업부에 대한 자료는 다음과 같다.

> 영업이익 10,000 원
> 총자산(전액 영업자산) 100,000 원
> 유동부채(전액 무이자부채) 20,000 원

㈜삼일의 자금원천은 두 가지인데, 하나는 시장가치가 80,000 원, 이자율이 5 % 인 타인자본이고 다른 하나는 시장가치가 120,000 원, 자본비용이 15 % 인 자기자본이다. 용산사업부의 경제적부가 가치는 얼마인가(단, 법인세는 고려하지 않는다.)?

① 800원   ② 1,200원
③ 1,600원   ④ 2,400원

[3] 다음 중 경제적부가가치와 관련한 설명으로 가장 옳은 것은?

① 투하자본에 대한 자본비용이 높아지고 세후순영업이익은 변동이 없다면 경제적부가가치는 일반적으로 감소한다.
② 당기순이익과 마찬가지로 타인자본비용은 고려하나 자기자본비용은 고려하지 않는다.
③ 일반적으로 투하자본이 증가하면 경제적부가가치가 증가한다.
④ 경제적부가가치는 손익계산서상의 당기순이익보다 항상 높다.

[4] 다음 중 경제적부가가치(EVA)에 관한 설명으로 가장 올바르지 않은 것은?

① 경제적부가가치는 기업의 영업, 투자, 재무활동을 모두 반영한 이익개념이다.
② 경제적부가가치는 자기자본에 대한 자본비용을 고려한 이익개념이다.
③ 주주관점에서 기업의 경영성과를 보다 정확히 측정하는데 도움이 된다.
④ 투자중심점과 회사전체의 목표일치성을 충족시킬 수 있다.

[5] 아래에 주어진 재무자료를 이용하여 경제적부가가치(EVA)를 산출하면 얼마인가(단, 법인세효과는 무시한다)?

매출액	80 억원
매출원가	50 억원
판매비와관리비	20 억원
투하자본	50 억원(타인자본 25 억원, 자기자본 25 억원)
타인자본비용	10 %
자기자본비용	16 %

① 3.5 억원　　　　　　　　　　　② 4 억원
③ 4.5 억원　　　　　　　　　　　④ 5 억원

[6] 다음은 ㈜삼일의 재무상태표와 포괄손익계산서 자료의 일부이다.

항목	금액	항목	금액
유동자산(영업자산)	12,000원	유동부채(무이자부채)	6,000원
비유동자산(영업자산)	8,000원	세전영업이익	4,000원

㈜삼일의 가중평균자본비용 계산에 관련된 자료가 다음과 같을 때 경제적부가가치(EVA)는? (단, 법인세율은 30 % 이다.)

타인자본	14,000원	이자율 10%
자기자본	14,000원	자기자본비용 14%

① 600 원　　　　　　　　　　　② 840 원
③ 1,270 원　　　　　　　　　　④ 1,330 원

[7] 다음 중 경제적부가가치를 증대시키기 위한 방안으로 가장 올바르지 않은 것은?

① 자본구조 최적화를 통해 자본비용을 절감한다.
② 유휴설비 등 비효율적으로 관리되고 있는 자산을 매각한다.
③ 생산활동의 효율적 관리를 통해 적정수준의 재고자산을 유지한다.
④ 조직 분위기를 위해 적자사업부를 계속 유지한다.

[8] 다음 중 경제적부가가치(EVA)와 관련된 설명으로 가장 올바르지 않은 것은?

① 경제적부가가치 증대방안 중의 하나는 재고수준을 높이는 것이다.
② 경제적부가가치는 외부보고를 위한 목적보다는 진정한 사업부의 성과평가를 위한 내부 관리회계 필요성에서 대두된 개념이다.

③ 매출채권 회수기일을 단축할 경우 경제적부가가치가 높아진다.

④ 투하자본의 회전율을 높이면 매출액이익률이 동일하더라도 경제적부가가치는 높아진다.

해답

[1] ①

[2] ②

가중평균자본비용 = 80,000/200,000 × 5% + 120,000/200,000 × 15% = 11%

영업이익 10,000 − (영업자산 100,000 − 유동부채 20,000) × 11% = 1,200원

[3] ① 자기자본비용도 고려한다. 투하자본이 증가하면 경제적부가가치가 감소한다. 경제적부가가치는 자본비용을 차감하기 때문에 일반적으로 당기순이익 보다 낮다.

[4] ① 영업활동 등을 모두 반영하지는 않는다.

[5] ①

영업이익 = 80억 − 50억 − 20억 = 10억원

가중평균자본비용 = 25/50 × 10% + 25/50 × 16% = 13%

경제적부가가치 = 10억원 − (50억원 × 13%) = 3.5억

[6] ④

세전영업이익이 4,000원이고, 법인세율이 30%라면 세후영업이익은 2,800원

가중평균자본비용 = 14,000/28,000 × 10% × (1−0.3) + 14,000/28,000 × 14% = 10.5%

경제적부가가치 = 2,800 − (12,000 + 8,000 − 6,000) × 10.5% = 1,330원

[7] ④ "세후순영업이익 − 투하자본 × 가중평균자본비용" → 경제적 부가가치를 증대시키려면 영업이익을 증가시키거나 투하자본, 가중평균자본비용을 줄여야 한다.

[8] ① 재고수준을 높이는 것이 아니라 적정재고를 유지해야 한다.

20.2 수명주기 원가계산

(1) 의의 : 제품수명주기 동안 발생하는 연구개발, 설계, 제조, 마케팅, 유통, 고객서비스에서 발생하는 모든 원가를 제품별로 집계하는 원가계산 방법이다.

(2) 대두배경 : 신제품의 수명주기가 줄어듬, 제조기술 변화속도가 빨라짐, 시장경쟁 심화.

(3) 참고 : 가치사슬모형
- 정의 : 기업이 제품 또는 서비스를 생산하기 위한 자원을 결합하는 과정
- 주요활동은 조달(구매), 제조, 출하, 판매, 서비스 5단계로 분류한다.

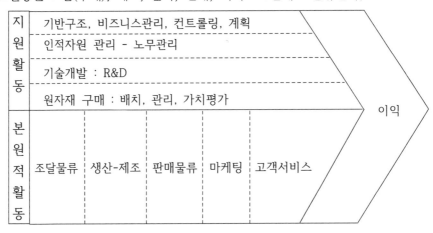

(4) 가치사슬과 관계

제조 이전단계의 현금지출액은 적지만, 제품수명주기 동안 발생하는 대부분의 원가는 제조이전단계에서 이미 확정된다.

(5) 유용성
① 제품 또는 서비스의 수명주기 동안 발생하는 수익과 비용에 대한 집계를 하여, 프로젝트 전체에 대한 이해가 향상된다.
② 제조이전 단계에서 대부분 제품원가가 결정된다는 인식을 토대로 연구개발단계와 설계단계에서부터 원가절감을 위한 노력을 기울여야 한다는 것을 강조한다.
③ 프로젝트와 관련하여 언제 어떤 가치사슬단계에서 얼마만큼의 원가가 발생하는지를(비율로) 알게 됨으로써 상이한 가치사슬단계에서 원가발생의 상호관계 파악이 가능하다.
④ 장기적 관점에 의한 원가절감 및 원가관리에 유용하다

[예제 20-2]

[1] 다음 중 수명주기원가계산에 관한 설명으로 올바르지 않은 것은?

① 최근에 제품의 수명이 짧아지면서 생산주기 이외의 주기에서 발생하는 원가가 기업 전체 입장에서 중요해지면서 대두된 관리회계기법이다.

② 프로젝트와 관련하여 언제 어떤 가치사슬단계에서 얼마만큼의 원가가 발생하는지를 알게 됨으로써 상이한 가치사슬단계에서의 원가발생의 상호관계 파악이 가능하다.

③ 제품 또는 서비스의 수명주기 매 단계마다 모든 가치사슬단계에서 발생하는 수익과 비용에 대한 집계를 가능하게 하여 프로젝트 전체에 대한 이해가 향상된다.

④ 제품수명주기원가의 대부분이 제조단계에서 확정되므로 제조단계에서의 원가절감을 강조한다.

[2] 다음 중 수명주기원가계산의 유용성으로 가장 올바르지 않은 것은?

① 제품 또는 서비스의 수명주기 동안 모든 가치사슬단계에서 발생하는 수익과 비용에 대한 집계를 가능하게 하여 프로젝트 전체에 대한 이해가 향상된다.

② 제조이전단계에서 대부분의 제품원가가 결정된다는 인식을 토대로 연구개발단계와 설계단계에서부터 원가절감을 위한 노력을 기울여야 한다는 것을 강조한다.

③ 프로젝트와 관련하여 언제 어떤 가치사슬단계에서 얼마만큼의 원가가 발생하는지를(비율로) 알게 됨으로써 상이한 가치사슬단계에서 원가발생의 상호관계 파악이 가능하다.

④ 재무적 관점에 의한 단기적 성과 및 원가관리에 유용하다.

해답)

[1] ④ 제품수명주기원가의 대부분이 제조단계 이전에 확정된다.

[2] ④ 수명주기 원가계산은 장기적 성과 및 원가관리에 유용하다.

20.3 목표원가계산

(1) **의의** : 목표가격으로부터 목표원가를 도출하고, 목표원가를 달성하고자 하는 원가관리기법이다. 원가기획이라고도 한다.

(2) **작업순서**

생산할 제품을 개발 → 판매가격 결정 → 목표원가 설정 → 목표원가 달성을 위한 제품설계

[예제 20-3]

[1] 다음의 목표원가계산의 절차를 올바르게 나타낸 것은 무엇인가?

ⓐ 목표원가 달성을 위한 가치공학을 수행
ⓑ 잠재 고객의 요구를 충족하는 제품의 개발
ⓒ 목표가격에서 목표이익을 고려하여 목표원가를 산출
ⓓ 고객이 인지하는 가치와 경쟁기업의 가격 등을 고려하여 목표가격을 선택

① ⓐ → ⓑ → ⓒ →ⓓ   ② ⓑ → ⓓ → ⓒ →ⓐ
③ ⓒ → ⓑ → ⓐ →ⓓ   ④ ⓓ → ⓐ → ⓒ →ⓑ

해답
[1] ②

새로운 원가관리 시스템 Ⅱ

21.1 활동기준 원가계산 (Actually Based Costing)

(1) 의의

① 제조간접원가 배분시 원가동인을 최대한 반영하여 계산하는 방법이다.

② 최근에는 원가에서 간접비의 비중이 높아지면서 필요성이 커짐

③ 개별원가계산, 종합원가계산과 동시에 사용가능하다.

(2) 활동기준 원가계산의 절차

① 활동분석 : 단위수준 활동, 배치수준활동, 제품유지활동, 설비유지활동

사례

활동의 종류	의의	예시	원가동인
단위수준활동	제품 생산량에 따라 비례	재료원가투입활동 동력소비활동 기계작업활동	재료 사용량 전력 사용량 기계 작업시간
배치수준활동	일정량에 대한 생산이 이루어질 때마다 수행	구매주문활동 작업준비활동 품질검사활동	주문횟수 작업준비횟수 검사횟수
제품유지활동	특정제품을 회사의 생산품목으로 유지하는 활동	특정제품 연구개발 A/S 활동	연구기간 A/S 횟수
설비유지활동	제품생산을 위하여 설비유지를 하는 활동	건물임차활동 안전유지활동	임차면적 안전교육시간

② 각 활동별로 제조간접원가를 집계

③ 원가동인 결정

④ 제조간접원가 배부율 결정

$$활동별 \ 제조간접원가배부율 \ = \ \frac{활동별 \ 제조간접원가}{원가동인}$$

⑤ 원가대상별 원가계산

(3) 활동기준 원가계산이 유용한 기업

① 생산하는 제품의 제조간접비 비중이 높은 경우

② 생산하는 제품이 다양한 경우

③ 작업의 과정과 종류 등이 다양한 경우

(4) 활동기준원가계산의 장단점

장점	단점
① 상대적으로 정확한 원가계산 가능	① 활동분석, 원가파악의 어려움
② 비부가가치 활동제거	② 원가동인을 파악하기 어려운 원가가 있음
③ 의사결정과 성과평가에 유용	③ 기존 구성원의 반발 가능성
④ 장기적으로 회사 전체 효율성 향상	

(5) 활동기준원가계산 사례 : ㈜삼일은 활동기준원가계산제도(ABC)를 사용하며, 작업활동별 예산자료와 생산관련자료는 다음과 같다.

〈작업활동별 예산자료 (제조간접원가)〉

작업활동	배부기준	배부기준당 예정원가
포장	생산수량	300원
재료처리	부품의 수	15원
절삭	부품의 수	20원
조립	직접작업시간	150원

〈생산관련자료〉

제품	보급형	특수형
생산수량	5,000개	4,000개
부품의 수	90,000개	80,000개
직접작업시간	6,000시간	4,000시간
직접재료원가	8,000,000원	8,000,000원
직접노무원가	7,000,000원	4,000,000원

보급형 제품과 특수형 제품의 제조원가는 얼마인가?

[해설]

	보급형	특수형
포장비	300원 × 5,000개 = 1,500,000원	300원 × 4,000개 = 1,200,000원
재료처리	15원 × 90,000개 = 1,350,000원	15원 × 80,000개 = 1,200,000원
절삭	20원 × 90,000개 = 1,800,000원	20원 × 80,000개 = 1,600,000원
조립	150원 × 6,000시간 = 900,000원	150원 × 4,000시간 = 600,000원
직접재료원가	8,000,000원	8,000,000원
직접노무원가	7,000,000원	4,000,000원
합계	20,550,000원	16,600,000원

[예제 21-1]

[1] 다음 중 활동기준원가계산의 절차로 가장 옳은 것은?

> ⓐ 각 활동별로 제조간접원가를 집계
> ⓑ 활동별 원가동인(배부기준)의 결정
> ⓒ 활동분석
> ⓓ 제조간접원가 배부율의 결정
> ⓔ 원가대상별 원가계산

① ⓐ – ⓓ – ⓑ – ⓒ – ⓔ   ② ⓐ – ⓔ – ⓓ – ⓑ – ⓒ

③ ⓒ – ⓐ – ⓑ – ⓓ – ⓔ   ④ ⓔ – ⓐ – ⓓ – ⓑ – ⓒ

[2] 다음은 활동기준원가계산(ABC)에 관한 설명으로 가장 올바르지 않은 것은?

① 개별원가계산제도와는 결합되어 함께 사용될 수 있으나, 종합원가계산제도와는 함께 사용될 수 없다는 한계점이 존재한다.

② 일반적으로 활동기준원가계산은 전통적 원가계산제도보다 더 다양한 원가동인 요소를 고려한다.

③ 제조간접원가의 비중이 과거보다 커진 것이 활동기준원가계산제도를 도입하는 주된 배경이다.

④ 활동 및 활동원가의 분석을 통하여 원가통제를 보다 효과적으로 수행할 수 있다.

[3] 다음 중 활동기준원가계산제도의 도입에 따른 효익이 크게 나타날 수 있는 기업의 조건이 아닌 것은?

① 아주 큰 비중의 간접원가가 한 두 개의 원가집합을 사용해서 배부되는 경우

② 기존의 원가시스템이 확립된 후에 제조하는 제품의 종류가 크게 감소하고 있는 경우

③ 복잡한 제품은 수익성이 높게 나타나고, 간단한 제품에서는 손실이 발생되는 것처럼 보이는 경우

④ 생산량, 작업량, 제조과정의 다양성 때문에 제품의 자원소비가 다양한 경우

[4] 다음 중 활동기준원가계산의 도입배경에 관한 설명으로 가장 올바르지 않은 것은?

① 제조환경의 변화로 단일배부기준에 의한 원가의 배부가 원가의 왜곡현상을 초래하였다.

② 최근에는 종전에 비해 원가개념이 확대되어 연구개발, 제품설계 등의 기타원가를 포함한 정확한 원가계산이 요구되었다.

③ 컴퓨터통합시스템의 도입으로 제조와 관련된 활동에 대한 원가를 수집하는 것이 용이해졌다.

④ 직접노무원가와 같은 직접원가의 증가로 인해 새로운 원가배부기준이 필요하게 되었다.

[5] ㈜삼일은 다음과 같이 활동기준원가계산(ABC)제도를 운영하고 있다. 20X1년 9월에 제품 20 단위가 생산되었으며, 각 단위에는 10개의 부품과 5시간의 기계시간이 소요된다. 완성된 단위당 직접재료원가는 50,000원이며, 다른 모든 원가는 가공원가로 분류된다.

제조관련 활동	배분기준으로 사용되는 원가동인	배부기준 단위당 가공원가
기계	기계시간	400원
조립	부품의 수	10,000원
검사	완성단위의 수	5,000원

9월에 생산된 제품 20단위의 총제조원가는 얼마인가?

① 2,140,000원　　　　　　　② 2,640,000원

③ 3,140,000원　　　　　　　④ 3,640,000원

[6] ㈜삼일은 활동기준원가계산을 사용하며, 제조과정은 다음의 세가지 활동으로 구분된다.

활동	원가동인	연간 원가동인수	연간 가공원가총액
운반	재료의 부피	50,000리터	200,000원
압착	압착기계시간	45,000시간	900,000원
분쇄	분쇄기계시간	20,000시간	500,000원

X 제품 한 단위당 재료부피는 200 리터, 압착기계시간은 30 시간, 분쇄기계시간은 10 시간이다. X 제품의 단위당 재료원가가 500 원일 경우 제품의 단위당 제조원가는 얼마인가?(위 자료 이외에 추가로 발생하는 원가는 없다)

① 1,400원　　　　　　　② 1,650원

③ 1,900원　　　　　　　④ 2,150원

[1] ③

[2] ① 활동기준원가계산은 개별원가계산, 종합원가계산과 함께 사용이 가능하다.

[3] ② 활동기준원가계산은 다양한 제품을 생산하거나 제조과정이 복잡할수록 유용하다.

[4] ④ 제조간접가 같은 간접원가의 증가로 인해 새로운 원가배부기준이 필요하게 되었다.

[5] ③ 기계 5시간 × 20단위 × 400원 + 조립부품 10개 × 20단위 × 10,000원 + 검사 20단위 × 5,000원 +
직접재료원가 1,000,000원 = 3,140,000원

[6] ④

운반 : 리터당 4원, 압착 : 시간당 20원, 분쇄 : 시간당 25원

200리터 × 4원 + 30시간 × 20원 + 10시간 × 25원 + 재료 500원 = 2,150원

21.2 품질원가계산

품질원가 종류	정의	사례
예방원가 (생산전)	불량품의 생산을 예방하기 위한 원가	품질관리 기획, 품질교육 원자재 공급업체 평가
평가원가 (검사)	불량여부를 검사하기 위한 원가	원재료와 제품의 검사, 생산라인 검사
내부실패원가 (고객인도 전)	불량품이 고객에게 인도되기 전 발견되어 발생하는 원가	공손품, 작업폐물, 재작업, 작업중단
외부실패원가 (고객인도 후)	불량품이 고객에게 인도된 후 발생하는 원가	반품, 보증수리, 손해배상, 평판의 감소

[예제 21-2]

[1] 다음 중 품질원가에 관한 설명으로 가장 올바르지 않은 것은?

① 품질원가란 불량품이 생산되지 않도록 하거나 불량품이 생산된 결과로 발생하는 모든 원가를 말한다.

② 예방원가란 불량품의 생산을 예방하기 위한 원가로 품질교육원가, 예방설비 유지원가 등이 있다.

③ 내부실패원가와 외부실패원가는 불량품이 생산된 결과로써 발생하는 원가이므로 실패원가라고 한다.

④ 일반적으로 예방원가와 평가원가가 증가하면 실패원가도 증가하게 된다.

[2] 다음 중 불량품이 고객에게 인도되기 전에 발견됨으로써 발생하는 원가로 공손품, 작업폐물, 재작업 후 재검사, 작업중단 등으로 발생하는 품질원가로 가장 옳은 것은?

① 평가원가

② 예방원가

③ 외부실패원가

④ 내부실패원가

[3] 품질원가는 예방원가, 평가원가, 내부실패원가, 외부실패원가로 분류한다. 다음 중 내부실패원가에 해당하는 것은?

① 공급업체 평가 ② 재작업
③ 반품 ④ 보증수리

[4] 프린터를 생산하여 판매하고 있는 ㈜삼일의 품질원가와 관련한 정보이다. 외부실패원가는 얼마인가?

생산라인 검사원가	3,000 원	반품원가	2,500 원
생산직원 교육원가	1,000 원	구입재료 검사원가	2,000 원
제품 검사원가	1,500 원	소비자 고충처리비	5,000 원

① 1,000 원 ② 1,500 원
③ 7,500 원 ④ 9,000 원

[5] 노트북을 제조하여 판매하는 ㈜삼일의 20X1 년도 품질과 관련된 재무적 자료는 아래와 같다.

품질교육 및 훈련 38,000 원	원자재 공급사 평가 2,000 원
원재료 검사 및 시험 5,000 원	재작업품 1,500 원
교환비용 3,000 원	손해배상 3,000 원

위의 자료에 근거하여 품질원가 중 예방원가금액은 얼마인가?

① 18,000 원 ② 38,000 원
③ 40,000 원 ④ 45,000 원

해답

[1] ④ 일반적으로 예방원가와 평가원가가 증가하면 실패원가는 감소한다.
[2] ④ 공손품 등은 내부실패원가이다.
[3] ② 내부실패원가는 공손품, 작업폐물, 재작업 후 재검사, 작업중단등이 있다.
[4] ③ 반품 2,500 + 소비자 고충처리 5,000 = 7,500원
[5] ③ 품질교육 38,000 + 공급사 평가 2,000 = 40,000원

21.3 균형성과표 (BSC, Blanced score Card)

(1) 의의

① 기존의 재무적 측정치와 고객, 기업내부프로세스, 학습과 성장 등의 관점에 의한 비재무적 측정치간의 균형 있는 성과평가를 달성할 수 있다.

② 재무적 관점에 의한 단기적 성과와 고객관점, 기업내부프로세스 관점, 학습과 성장 관점에 의한 장기적 성과 간의 균형을 이룰 수 있다.

(2) 균형성과표의 네가지 관점

관점	목표	전략
재무적 관점	순이익 증가 (매출액증가, 원가절감)	
고객관점	시장점유율 증가, 고객만족도 증가	고객 요구 예측, 고객충성도
내부프로세스 관점	판매후 서비스 증가	서비스 개선, 일부공정 재설계
학습과 성장관점	종업원 만족,	직원 참여 확대, 정보수집

[예제 21-3]

[1] ㈜삼일의 사장은 새로운 성과측정지표를 도입하고자 ㈜HE 컨설팅의 컨설턴트와 협의 중이다. 다음 사장과 컨설턴트의 대화에서 괄호 안에 들어갈 말로 가장 올바르지 않은 것은?

사 장 : 우리 회사는 기존의 손익계산서상 순이익이 아닌 새로운 성과지표를 도입하고 싶습니다.
컨설턴트 : 사장님, 많은 기업들이 균형성과표(BSC)를 활용하고 있습니다.
사 장 : 균형성과표(BSC)는 어떤 성과지표입니까?
컨설턴트 : 균형성과표(BSC)는 (   )

① 재무적 관점 외에 고객, 내부프로세스, 학습과 성장이라는 비재무적 관점도 함께 고려하여 조직의 전략과 성과를 종합적, 균형적으로 관리, 평가할 수 있는 효과적인 가치중심 성과관리 기법입니다.

② 조직의 수익성을 최종적인 목표로 설정하기 때문에 4 가지 관점의 성과지표 중에서 고객관점의 성과지표를 가장 중시합니다.

③ 기업이 추구하는 전략적 목표와 경쟁상황 등의 다양한 변수를 고려하여 측정 지표들을 개발합니다.

④ 매출액 등의 계량화된 객관적 측정치와 종업원의 능력 등과 같은 주관적 측정치 간의 균형을 이룰 수 있는 성과지표입니다.

[2] 다음 중 균형성과표의 관점과 그에 대한 적절한 성과평가지표를 연결한 것으로 가장 올바르지 않은 것은?

① 재무적 관점 – 총자산수익률, 시장점유율
② 고객 관점 – 고객만족도, 고객수익성
③ 내부프로세스 관점 – 서비스대응시간, 배송시간
④ 학습과 성장 관점 – 종업원만족도, 이직률

[3] 다음 중 균형성과표(BSC)의 장점으로 가장 올바르지 않은 것은?

① 재무적 관점에 의한 단기적 성과와 고객관점, 기업내부프로세스 관점, 학습과 성장 관점에 의한 장기적 성과 간의 균형을 이룰 수 있다.
② 기존의 재무적 측정치와 고객, 기업내부프로세스, 학습과 성장 등의 관점에 의한 비재무적 측정치간의 균형 있는 성과평가를 달성할 수 있다.
③ 비재무적 측정치에 대해도 객관적인 측정이 가능하며, 업종을 불문하고 정형화된 측정수단까지도 제공한다.
④ 투자수익률 등의 과거 노력에 의한 결과측정치와 종업원 교육시간 등과 같이 미래 성과를 유발하는 성과동인 간의 균형을 이룰 수 있다.

해답
[1] ② 균형을 강조하므로 특정 부문만 중시하지 않는다.
[2] ① 재무적 관점은 매출, 영업이익 같은 지표가 활용된다.
[3] ③ 업종에 따라 다양한 측정수단이 나타난다.

재경관리사 한권으로 끝내기

편 저 자	김운주 편저
제 작 유 통	메인에듀(주)
초 판 발 행	2024년 05월 01일
초 판 인 쇄	2024년 05월 01일
마 케 팅	메인에듀(주)
주 소	서울시 강동구 성안로 115, 3층
전 화	1544-8513
정 가	30,000원

I S B N   979-11-89357-62-7